U0920968

兰州市城关区年鉴 2017

LANZHOUSHI CHENGGUANQU NIANJIAN

兰州市城关区人民政府 主办
兰州市城关区地方志编纂委员会 编

兰州大学出版社

图书在版编目（CIP）数据

兰州市城关区年鉴. 2017 / 兰州市城关区地方志编纂委员会编. -- 兰州 ：兰州大学出版社，2018.4
ISBN 978-7-311-05340-6

Ⅰ. ①兰… Ⅱ. ①兰… Ⅲ. ①区（城市）－兰州－2017－年鉴 Ⅳ. ①Z524.21

中国版本图书馆CIP数据核字（2018）第070356号

责任编辑 李 丽
封面设计 李中安

书 名 兰州市城关区年鉴（2017）
作 者 兰州市城关区地方志编纂委员会 编
出版发行 兰州大学出版社 （地址：兰州市天水南路 222 号 730000）
电 话 0931-8912613（总编办公室） 0931-8617156（营销中心）
0931-8914298（读者服务部）
网 址 http://press.lzu.edu.cn
电子信箱 press@lzu.edu.cn
印 刷 兰州新华印刷厂
开 本 880mm×1230mm 1/16
印 张 21.75（插页 20）
字 数 717 千
版 次 2018 年 4 月第 1 版
印 次 2018 年 4 月第 1 次印刷
书 号 ISBN 978-7-311-05340-6
定 价 198.00 元

编辑说明

1.《兰州市城关区年鉴（2017）》是兰州市城关区人民政府主办、区地方志编纂委员会办公室主编的综合性地方年鉴，全面、系统地载录兰州市城关地区2016年度经济社会发展的基本情况，为国内外人士了解城关提供全面、系统、翔实、准确和权威的资料，逐年出版，公开发行。

2.《兰州市城关区年鉴（2017）》采用分类编辑法，除特载、大事记、附录和统计公报外，主体内容分为类目、分目、子目和条目四个结构层次，以条目为表现基本形式。全书条目的标题统一用黑体加【 】表示。

3.《兰州市城关区年鉴（2017）》记述2016年度的城关区情。设特载、大事记、区情综述、政治、军事·政法、经济、经济管理与监督、国土管理城乡建设与环境保护、社会事业、街道办事处、文件选要、附录等12个类目。全书有48个分目、187个子目、1269个条目。

4.《兰州市城关区年鉴（2017）》所载内容，由全区各部门、单位、社会团体、行业组织、企事业单位提供。全区经济社会发展统计资料由统计局提供；人口数据由卫计局提供；所附照片由宣传部提供。

5. 由于编者水平有限，缺漏错讹之处在所难免，敬请广大读者指正。

2016 年 11 月 17 日上午，区委第十一次党代会第一次大会

2016 年 12 月 1 日—6 日，区人大十八届一次会议

2016 年 12 月 1 日—5 日，政协城关区第九届委员会第一次会议

2016 年 1 月 12 日，区委经济工作暨扶贫开发工作会议

2016 年 1 月 30 日，城关区党组织书记抓基层党建述职评议暨述纪述廉述作风会议

2016 年 1 月 31 日，全区安全生产工作会议暨区安委会 2016 年第一季度全体（扩大）会议和大气污染防治工作调度会及烟花爆竹安全管理工作会议

2016 年 6 月 27 日，城关区纪念建党 95 周年暨“两优一先”表彰大会

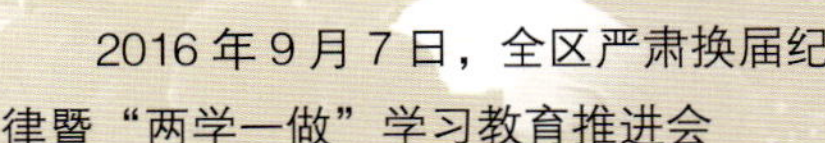

2016 年 9 月 7 日，全区严肃换届纪律暨“两学一做”学习教育推进会

2016 年 9 月 8 日，全区教师节表彰大会

2016 年 1 月 28 日，人大代表视察全区经济社会发展成果

2016 年 2 月 2 日，区委书记王宏带队进行春节前安全生产检查（东部市场、焦家湾水产市场）

2016 年 2 月 3 日，区委书记王宏、区人大常委会主任高星等慰问环卫、交警、公安一线职工

2016 年 2 月 19 日，区委书记王宏调研文化产业项目

2016 年 3 月 1 日，区委书记王宏调研区工商局党建工作

2016 年 3 月 2 日，嘉峪关市代表团观摩城关区“大众创业万众创新”工作

2016 年 3 月 18 日，区委宣传部部长张淼实地查看白银路棚户区改造项目

2016 年 9 月 7 日，区委书记韩显明调研铁路西村街道居安社区“两学一做”学习教育情况

2016 年 9 月 8 日，区委书记韩显明调研伏龙坪、五泉、火车站街道地质灾害点暨兰山健身步道工程可行性

2016 年 9 月 21 日，区委书记韩显明调研区执法局、环卫局、三维数字化中心

2016 年 3 月 4 日，全省三八妇女维权“建设法治甘肃·巾帼在行动维权服务进社区、进家庭”活动

2016 年 3 月 8 日，区旅游局检查辖区旅游店铺

2016 年 3 月 15 日，区工商局纪念 3·15 国际消费者权益日宣传活动

2016 年 3 月 16 日，区食药监局检查辖区校园食堂

2016 年 3 月 29 日，雁南街道张苏滩社区清理安居小区“僵尸车”

2016 年 4 月 10 日，城关区“生本教育”工作启动会

2016 年 4 月 15 日，城关区慈善协会“小白杨”慈善义卖活动华侨小学现场

2016 年 4 月 15 日，城关区廉租房选房现场

2016 年 4 月 19 日，城关区中小学生运动会

2016 年 5 月 13 日，兰州国际马拉松嘉年华书画、广场舞展示活动

2016 年 5 月 27 日，城关区首届全民健身节暨 2016 全民健身运动会

2016 年 6 月 9 日，“我们的节日”端午节吟诵会

2016 年 6 月 20 日，“两学一做”知识问答竞赛

2016 年 7 月 7 日，第二十二届兰洽会城关区投资环境说明暨重点项目推介活动

2016 年 8 月 1 日，“八一送法进军营”活动

2016 年 9 月 19 日，“全国科普日”甘肃省主会场启动仪式

2016 年 9 月 25 日，城关区大学生创新创业大赛决赛

2016 年 9 月 26 日，城关区 2015 年度精神文明建设先进集体和个人典型事迹巡礼活动

2016 年 9 月 29 日，城关区联合网易直播开展正宁路小吃街网络直播活动

2016 年 9 月 29 日，城关区组织老干部赴两当县开展主题教育活动

2016 年 10 月 12 日，城关区 20 条小街巷改造

2016 年 10 月 19 日，环卫局新型特种作业车辆发车仪式

2016 年 10 月 27 日，“弘扬社会主义核心价值观，传立家训、家风、家教”专题讲座

目 录

特 载

大 事 记

区情综述

城关概貌

国民经济和社会发展

统筹城乡发展

精神文明建设

爱国卫生运动

组织机构与负责人

政　　治

中国共产党兰州市城关区委员会

中共兰州市城关区纪律检查委员会

政协城关区委员会

民主党派与工商联

人民团体

军事·政法

军　　事

政　　法

经　济

工业、农业、林业、水利

商贸流通

经济管理与监督

经济管理

经济监督

国土管理
城乡建设与环境保护

国土管理与环境保护

社会事业

教育科技

气象地震

社会服务与管理

街道办事处

临夏路街道

伏龙坪街道

白银路街道

张掖路街道

五泉街道

皋兰路街道

东岗西路街道

火车站街道

团结新村街道

渭源路街道

嘉峪关路街道

焦家湾街道

拱星墩街道

东岗街道

雁南街道

雁北街道

靖远路街道

草场街街道

盐场路街道

青白石街道

文件选要

附 录

特 载

抢抓战略机遇 加快率先发展 为建设美丽幸福新城关而努力奋斗

——2016年11月17日在中国共产党兰州市城关区第十届委员会第十一次代表大会上的报告

兰州市城关区委书记 韩显明

同志们：

现在，我代表中国共产党兰州市城关区第十届委员会向大会做报告。

中国共产党兰州市城关区第十一次代表大会，是城关经济社会发展进入新阶段、全面实施“十三五”新征程的关键时期召开的一次重要会议。大会的主题是：高举中国特色社会主义伟大旗帜，坚持以马列主义、毛泽东思想、邓小平理论、“三个代表”重要思想和科学发展观为指导，紧紧围绕在以习近平同志为核心的党中央周围，深入学习贯彻习近平总书记系列重要讲话精神和“四个全面”战略布局、“五大发展理念”，团结带领全区广大党员干部群众，抢抓机遇，乘势而上，全面建设美丽幸福新城关。

一、过去五年来的工作回顾

五年来，我们在中央和省、市委的坚强领导下，认真贯彻党的十八大和十八届三中、四中、五中、六中全会精神，高起点谋划发展蓝图，大手笔推进战略实施，经济持续健康快速发展，社会事业取得明显进步，全面建成小康社会迈出坚实步伐，圆满完成了区第十次党代会确定的各项目标任务，谱写了城关科学发展的新篇章。

（一）综合实力显著增强。五年来，我们面对艰巨繁重的改革发展任务，主动适应经济发展新常态，统筹推进稳增长、调结构、保民生、促改革等各项工作，主要经济指标保持稳定增长，预计2016年经济总量实现831亿元，城镇固定资产投资增长11%，社会消费品零售总额增长9.5%，公共财政预算收入增长10%，城镇居民人均可支配收入增长9%，农村居民人均可支配收入增长9%。产业结构进一步优化，传统商贸业加快改造升级，电子商务、现代物流、文化创意等新兴产业加快培育，三次产业结构调整为0.24∶14.41∶85.35。率先实施“全省创新创业示范区”建设，制定“2+X”区级优惠政策和措施办法，培育船说创业咖啡、西部创客等众创空间40个，建成首个民办公助生物化工科技企业孵化器。坚持以“3341”项目工程为抓手，加大招商选资力度，累计实施各类重大项目342个，投资总额为“十一五”时期的1.2倍；引进“四个500强”企业110家，新增中科大厦等10个总部楼宇，文化产业增加值占生产总值的比重达到4.89%。

（二）城市形象大幅提升。五年来，我们始终把城市建设管理摆在突出位置，持续推进“五城联创”和城市精细化管理，全面推行网格化、数字化、“门前三包”等管理模式，累计投入资金25.2亿元，是“十一五”时期的2.32倍，在大气污染防治、违法建设监管、重点区域整治、市容市貌提升等方面取得明显成效。持续推进城市基础设施建设，完成征收500万平方米，全力保障兰渝铁路、北环路、轨道交通、盐什公路等重大工程实施，南山路及天水路、白银路上跨下穿工程建成通车。深化环卫体制改革，积极探索政府购买环卫服务，实现监管与作业分离。全面实施“三不管”楼院提升改造，打造82条“城市管理示范化一条街”，集中开展黄河城关段、铁路沿线及城区三大出入口综合治理，特别是今年深入开展雁滩地区市容环境综合整治和“五小”行业、背街小巷整治行动，全力打通7条“断头路”，使雁滩地区市容环境面貌大幅提升，创造了“雁滩速度”。持续加强生态环境建设，新增城市绿地116公顷，森林覆盖率达到38.92%，获得“全国绿化先进县区”称号。举全区之力打好大气污染防治攻坚战，实行全域洒水和喷雾降尘作业，燃煤锅炉及燃煤污染物排放实现“双清零”，空气优良天数逐年增加，是成效最为显著、群众最为满意的“碧水蓝天”工程。

（三）民生事业协调推进。五年来，我们始终把保障和改善民生、提升公共服务能力作为重中之重，持续加大投入，扩大公共资源，民生领域支出高达94.92亿元，是“十一五”时期的2.24倍，为民兴办实事80件，群众幸福指数不断提升。坚持教育优先发展战略，累计投入36.5亿元，大力实施教育资源增容扩量工程，改扩建学校27所，新增教学面积7.2万平方米、学位5000个，组建十九中教育集团和4个教育发展联盟，被国家认定为全省首批义务教育均衡县区。持续推进医疗事业发展，中医骨伤科医院晋升为“二甲中医院”，率先在全省实现社区卫生服务机构与省级医院双向转诊，社区卫生服务覆盖率达到98%以上。持续提升社会保障能力，实施全国首批民生科技项目，率先在全省推行城乡低保一体化，率先在全省升级虚拟养老服务模式，率先在全省实现养老、医疗、工伤等“五险合一”，率先在康乐医院开展“医养结合”服务试点。大力实施旧城区、棚户区和城中村改造，建成保障性住房2.49万套，实现491个“三不管”楼院物业管理全覆盖，建成15个标准化菜市场，群众生产生活更加便捷。持续打造民生就业360、虚拟养老院、社区少年宫、亲情助残等民生品牌，建成雁滩劳务市场和8个省级创业孵化基地，新增就业19.2万人；全力推进“保民生、促三农”行动，为8416户困难群众谋发展、送政策、献爱心、解民忧；建成“智慧养老”服务平台，新增社区老年人日间照料中心23家，惠及十万余名老人；建成社区学校少年宫29处，打造一刻钟服务圈20个；持续推进“放管服”改革和事中事后监管，调整、承接、取消7批次82项行政审批事项，建成“权责清单一张网”；建成区残疾人综合服务中心，荣获“全国残疾人之家”称号，上学难、看病难、就业难、住房难、养老难等群众“难心事”得到缓解。

（四）发展大局和谐稳定。五年来，我们始终围绕“平安城关”建设主线，着力维护社会秩序，促进社会和谐稳定。大力推动社会治安防控体系建设，建成7类18个二级社会管理综合平台和24个街道维稳综治信访司法中心，组建三级万人大巡防队伍，实施“六治”和两个“一万”工程，形成街道部门联动和网格化巡查机制，实现主城区治安巡查和视频监控全覆盖。深入开展反恐、反邪教和人民禁毒斗争，严厉打击各类违法犯罪活动，群众安全感不断提升。全力开展矛盾纠纷大排查大化解活动，建立重大事项社会稳定风险评估、信访案件分级办理机制，实行定期接访、包案督办、带案下访等制度，推行“网上信访”模式，一批信访积案、群访案件得到有效化解。全面推进依法治区，加大法律援助、司法救助力度，有序开展公证体制、法官检察官员额制改革，深入开展“六五”普法工作，荣获“全国法治宣传教育先进县区”称号。严格落实“一岗双责、党政同责、失职追责”责任制，建立安全生产“两个责任清单”，持续开展道路交通、消防安全等九大领域专项整治行动，安全生产形势持续稳定。逐步完善食品药品安全监管体系，建成食品安全电子追溯系统和药品经营企业电子监管系统，切实保障群众饮食用药安全。

（五）党的建设全面加强。五年来，我们始终坚持全面从严治党管党，扎实开展党的群众路线教育实践活动、“三严三实”专题教育和“两学一做”学习教育，深入推进社会主义核心价值观教育，广大党员干部的理想信念和宗旨意识更加牢固。制定《关于贯彻全面从严治党要求切实加强党的建设的意见》《关于加强新形势下发展党员和党员管理工作的实施意见》等一系列文件，全面加强党的建设目标任务更加明确，流动党员、失联党员管理及党费收缴工作等更加规范有序。区委常委会坚持以上率下，带头抓好学习教育，带头包抓重大项目，带头开展党建十四项调研等活动，区委领导核心作用进一步发挥。制定《党政领导干部选拔任用初始提名办法》《推进干部能上能下实施细则（试行）》，坚持好干部“五条标准”，注重选用有原则、明是非、敢碰硬、有担当的干部，选人用人公信度不断提高。着力强化意识形态工作，率先在新浪网开通全国首家区级政务微博矩阵，“城关发布”“掌上城关”客户端位列全省前列。深化拓展“民情流水线”工程，着力推动政务服务改革，率先在全省试点开展街道社区行政服务分离改革，有效解决了服务群众“最后一公里”问题。深入开展街道“大工委制”和社区“兼职委员制”、机关党建“五务六位”工作法、学校党建“三师一建”、非公组织“双强六好”等创建活动，形成了“千家帮扶上联下进”“在职党员进社区”“为民服务代理制”等一批示范性成果，党组织的战斗力、号召力和凝聚力进一步增强。

（六）主体责任有效落实。五年来，我们始终把纪律和规矩挺在前面，把干部作风建设贯穿全过程，营造风清气正的政治生态。研究出台《关于狠抓工作落实的决定》，建立挂账销号、红黄牌警告等制度，形成了崇尚实干氛围。制定落实“两个责任”的《实施意见》和《实施细则》，建立约谈提醒、签字背书、一案三查等配套制度办法，构建了“142”责任落实体系，党风廉政建设和反腐败工作取得了新成效。严格落实中央和省、市委改进作风各项规定，有针对性地开展了“落实党委主体责任、整治突出问题”八大专项行动。五年来，开展作风建设各类监督检查300余次，通报和处理各类典型问题81起、174人。加大纪律审查力度，始终坚持以“零容忍”态度惩治腐败，2013年以来共受理各类信访举报909件次，立案114件，结案107件，给予党政纪处分107人。大力加强纪检监察队伍建设，在机构设置、人员经费、职能强化等方面全力支持纪检监察机关推进“三转”，新设立综合派出纪工委6个、街道片区纪工委5个，进一步夯实了基层纪检监察组织力量。

五年来，我们充分发挥区委总揽全局、协调各方的领导核心作用，积极支持人大、政府、政协履行职能，民主法治建设有序推进，人大代表、政协委员参政议政水平不断提高，统一战线、民族宗教、党校党史、双拥、老干部、人民武装、民兵预备役等工作成效显著，工青妇、科协、工商联等群团组织桥梁纽带作用充分发挥，人口计生、老龄、残疾人、社会慈善等事业全面发展。

五年来，获得“全国先进基层党组织”“全国文明单位”等国家级奖项119个，“全省就业先进单位”“全省科普工作先进集体”等省部级奖项232个。这些成绩的取得，得益于省、市委的坚强领导，得益于历届区委打下的坚实基础，得益于全区广大党员和干部群众的齐心努力，得益于区人大、政府、政协班子和各级各部门的团结奋斗，更得益于社会各界人士的关心支持。在此，我代表中共兰州市城关区第十届委员会，向奋战在全区各条战线上的广大党员和干部群众，向各民主党派、各人民团体和社会各界人士，向所有关心、支持和参与城关改革发展的同志们、朋友们，表示崇高的敬意和衷心的感谢！

二、未来五年面临的发展形势

回首过去，经验弥足珍贵；展望未来，更需砥砺奋进。在总结成绩的同时，我们也要清醒地认识到，制约城关发展的深层次矛盾和问题还比较突出，主要有：一是产业转型亟须加速。虽然在全区以第三产业为主导的产业布局更加清晰，但传统商贸业更新升级缓慢，现代服务业发展后劲不足，保持经济中高速增长难度增大，推动产业结构优化升级的任务依然艰巨。二是发展空间严重受限。受“两山夹一河”地理条件限制，发展用地供求矛盾不断加剧，土地成本越来越高，资源短板越发凸显，空间承载面临巨大挑战，拓展城市发展空间的任务迫在眉睫。三是城市管理水平亟待提升。城市管理体制机制不够健全，基础设施欠账仍然较大，管网老化、交通拥堵、物业管理粗放等短板问题亟待解决，城市科学管理的任务仍很繁重。四是改革活力有待激发。一些重点领域改革推进深度不够、激发活力不足，一些党员干部思想僵化、安于现状，创新意识和探索精神不强。五是公共资源配置不足。随着流动人口逐年增加，文化、体育、医疗、养老等基本公共服务供给不足，特别是全区教育资源总量不足、分布不均，优质资源严重缺乏，教育现代化水平还不够高。六是从严治党仍需深化。一些党员干部特别是党员领导干部对“两个责任”思想认识不到位、落实措施不具体，个别党组织活力不足，慵懒散慢、廉而不勤等现象依然存在，作风建设任重道远。以上这些问题，需要我们在今后的工作中切实加以解决。

未来五年，城关发展面临重大机遇，随着国家和省市一系列重大发展战略和举措的深入实施，“一带一路”核心节点城市建设、兰白科技创新改革试验区、兰州新区等大平台的跨越升级，必然有力支撑全区多极融合发展，特别是经过多年来的持续发展，形成了“六大优势”：一是区位独特优势。我区是全国唯一的集省、市、区三级党政军机关于一地的县区，驻区中央和省市单位众多，为率先发展带来了更多政策、资金支持。二是人才高地优势。辖区科研院所、高等院校分布广泛，科技资源富集，特别是以中科院驻兰院所为代表的尖端科研单位，以兰州大学为代表的知名高等院校，以两院院士为代表的高层次人才队伍，为转型发展提供了智力支撑。三是信息汇聚优势。全区大数据、互联网等新技术广泛应用，各类新型网络平台活跃、信息流汇聚，后发优势明显，为创新发展提供了良好信息支持。四是金融服务优势。辖区银行、证券、保险等各类金融机构集聚众多，金融产品供给充裕丰富，金融辐射和服务功能强大，为持续发展提供了有力融资保障。五是物流便利优势。近年来，全区航空、铁路、高速公路、轨道交通发展迅速，路网四通八达、物流通畅便利，为开放发展夯实了互联互通基础。六是消费潜力优势。辖区人口众多，居民收入不断增长，消费需求旺盛，市场潜力巨大，为拉动经济增长提供了重要动力。同时，历届区委打下的坚实基础，广大党员干部干事创业的激情、无私奉献的精神，都为城关未来五年发展提供了坚实的后盾。只要我们充分利用优势，挖掘潜力，主动协调，多方争取，就一定能把城关发展推向新的更高水平。

三、未来五年工作的总体目标和重点任务

根据我区发展的阶段性特征和面临的历史任务，未来五年的指导思想是：高举中国特色社会主义伟大旗帜，以马列主义、毛泽东思想、邓小平理论、“三个代表”重要思想和科学发展观为指导，深入贯彻党的十八大和十八届三中、四中、五中、六中全会及习近平总书记系列重要讲话精神，按照“1355”的总体发展思路，围绕建设美丽幸福新城关这一目标，重点实施空间拓展、文化引领、教育发展“三大攻坚行动”，着力抓好经济发展、城市管理、民生改善、社会治理、深化改革“五项重点”，全力打造现代城关、美丽城关、宜居城关、平安城关、活力城关。

“建设美丽幸福新城关”这一目标，涵盖了经济社会发展各个方面，既符合城关省会中心区的地位，也符合人民群众期盼，是我们今后必须长期为之努力的政治使命和崇高追求。未来五年全区经济社会发展的奋斗目标是：“一个跨越”“两个突破”“四个提升”，到2020年地区生产总值跨越1000亿元大关，年均增长8%；深化改革、创新创业实现历史性突破，发展质量、城市形象、人民生活、社会环境显著提升，城镇居民和农民人均可支配收入年均增长10%、8%，分别达到49177元、29619元，提前两年在全省率先全面建成小康社会。

重点实施“三大攻坚行动”

城市空间是未来发展的重要承载，城市文化是持续发展的厚重积淀，人才教育是长远发展的核心支点，当前要突破三大要素瓶颈，变不利为有利，变制约为动力，努力推动在更长时期占领发展高地。

（一）空间拓展攻坚行动。积极争取和紧抓国家低丘缓坡荒滩等未利用地开发利用试点政策，加快土地开发整理，深入实施碧桂园兰州新城、白道坪整体改造、三条岭、三条沟等重点开发整理项目，到2020年开发整理土地20平方千米以上。优化土地利用结构，合理增加生态绿化、保障性住房和公共服务设施等发展用地，逐步推进大型市场外迁，有序推进旧城区、棚户区和城中村改造，加大雁滩、东岗、伏龙坪及铁路沿线等片区改造力度，每年筛选包装启动一批改造项目，力争通过3~5年时间完成改造250万平方米，实现土地资源可持续发展。提高空中地下空间利用效益，盘活用好闲置楼宇，培育壮大楼宇经济、众创平台，探索开发地下空间，大力发展地铁经济、地下交通、过街廊道、立体停车场和仓储设施，实现公共空间的立体开发和复合利用，逐步形成南北相向、多点支撑、布局优化的空间发展格局。

（二）文化引领攻坚行动。依托“华夏文明传承创新区建设”政策机遇，深化文化体制改革，组建文化体育旅游发展集团有限公司，充分发挥文化产业发展基金作用，扶持形成一批有影响、有品牌、竞争力强的文化企业。以“互联网+”为背景，积极发展文化创意、文化贸易等新业态，做大做强文化创意产业园、华源文化孵化基地等重点项目，力争到2020年文化产业增加值达到80亿元，年均增长15%，占地区生产总值的比重超过6%。完善公共文化服务体系，加快推进“两馆一场”项目建设，谋划实施区级图书馆、博物馆等项目，配套建设街道、社区文化设施，提升公共文化服务水平。加快实施“国家级全域旅游区”建设，着力打造大兰山生态文化旅游景区，高标准建设上下通道、特色小镇，高层次推进农家乐“酒店式”改造，将兰山打造成为集休闲娱乐、避暑纳凉、观光游览、餐饮住宿为一体的文化旅游胜地。加大优秀文化人才培育和引进力度，承接举办国内大型金牌赛事、文化演艺等活动，着力打造金城社区艺术节、城关区文化旅游节、精品文化推介、特色文化专业展等品牌，构建繁荣发展、充满活力、富有特色的文化发展新局面。

（三）教育发展攻坚行动。坚持教育优先发展战略，深化“三师一建”品牌，打造“四优教育”生态，全面提高教育现代化水平。着力扩大教育总量，采取规划新建、提升改造、用地拓展、配建回收、恢复办学、职校转化、产权划拨、项目还建“八个一批”措施，优化全区特别是黄河北、雁滩、东岗等区域学校布局，组建教育发展集团有限公司，实施推进100个重点教育建设项目。着力抓好校长、教师两支队伍建设，推行校长聘任制、职级制改革，继续实施“三百双千教师培养工程”，全面落实奖励性绩效、救助基金、健康体检等措施，引导全社会关心关爱教师。着力推进现代学校制度建设和管、办、评分离改革，深化多种模式办学、课程教学改革，激发教育发展活力。着力推进素质教育，坚持“立德树人”目标和社会主义核心价值观导向，全力抓好中小学生思想道德教育和综合能力建设，提升“社区学校

少年宫”品牌内涵，建设城关“智慧教育”云平台，促进学校教育、社区教育、家庭教育协同发展，打造“基础完善、功能多元、均衡优质、西北领先”的教育强区。

着力抓好“五项重点”，全力打造“五个城关”

（一）构建都市产业体系，全力打造现代城关。坚持“高层级、高聚集、高辐射”发展方向，推动主导产业高端化、新兴产业规模化、传统产业品牌化。突出产业优化调整。围绕延伸产业链条支撑、构建多元产业新体系，打造互联网+经济、现代金融服务、文化旅游体育、养老服务和牛肉面五大千亿产业链；围绕提升产业层次、壮大产业实力，发展总部（楼宇）经济、现代商贸业、新型房地产、商务会展、城市物流五大主导优势产业；围绕优化发展空间、集聚要素资源，打造武都路酒泉路中央商务区，建设黄河北、雁滩两大商业副中心，改造提升西关、南关、东方红广场、东部四大商圈，推进九州、东岗产业园区发展，提升产业集约化发展水平。强化重大项目支撑。突出创新驱动、产业升级、补齐短板，加快培育消费新增长点和发展新增长极，积极谋划、加快推进一批产业转型升级项目、重大基础设施建设项目、生态环境保护和民生保障项目，全面实行“一个项目、一名领导、一套班子、一抓到底”的工作机制，全力以赴抓好有效投资和重点项目建设，为经济社会发展提供有力支撑。加快创新创业步伐。持续推动“全省双创示范区”建设，进一步完善政策扶持体系，鼓励发展众创、众包、众扶、众筹空间，发展天使、创业、产业投资，着力扶持创新研发，鼓励企业与高校、科研院所建立产业技术创新战略联盟，建设“A9创意国际园区”“金昌北路高端信息科技孵化一条街”，打造“会宁路双创示范一条街”，形成辐射全省的双创示范基地。扶持非公经济转型发展，加强小微企业孵化培育，推动高成长性企业延伸产业链，建设实体经济产业园，到2020年形成100个西北领先的众创空间、“互联网+”创业服务平台，进一步放大“双创”的蝶变效应。

（二）突出精细常态管理，全力打造美丽城关。坚持科学发展理念，注重从根本上研究制定破题之策，提升城市现代化水平。优化城市功能布局。配合轨道交通、交通疏解等重大工程实施，加快大型立体停车场、地下停车场建设，打通小区街巷交通“微循环”，疏通城市交通“毛细血管”。深入推进“示范化一条街”建设，打造休闲商业、特色美食、民俗文化等各具特色的街巷，加快规范化夜市、标准化市场、社区便民店和垃圾中转站、公厕等配套设施建设，配合实施全市地下综合管廊建设，提升城市综合承载能力，进一步解决总量不足、标准不高、运行管理粗放等问题。健全管理体制机制。按照“人随事转、费随事走、人岗相适、人尽其才”的原则，全面构建“大城管”体系，理顺部门、街道条块管理机制，推行集中领导、分级管理，进一步强化街道、社区管理职责，明确责、权、利，促进城市管理重心下移。全面加快智慧城市建设，推动信息化与城市管理深度融合。稳步推进环卫作业市场化改革，加强精细化考核管理，提升专业化作业水平。按照点线面结合的方式，着力推进重点区域薄弱点、各横轴沿线、各大片区综合整治，成立雁园街道办事处和雁滩综合整治管理办公室，加强雁滩等重点地区常态化管理，特别要根治背街小巷脏乱差问题，从整体上改善环境面貌，提升人民群众居住环境和生活质量。提升生态环境质量。推进绿色城市、森林城市、海绵城市建设，加强地质灾害治理，加大南北两山生态保护和造林绿化力度，着力打造“生态兰山”“城市花海”；改造提升南河道沿线景观，打造“兰州后海”；实施南滨河东路读者大道“破墙透绿”工程，将沿线单位自有绿地与绿色公园、水车博览园、雁滩公园形成衔接，构建沿黄河绿色生态走廊，形成文化浓郁、设施完善、功能齐全的现代化都市景观带。始终把大气污染防治作为改善生活质量、提升生活水平的重要举措，严格落实网格监管、洒水降尘、全域巡查等措施，建立科学有效的长效监管机制，持续不断改善空气质量，打造“兰州蓝”城市名片。

（三）增进人民群众福祉，全力打造宜居城关。始终把改善民生作为最大责任，积极兴办惠民利民实事，构建全覆盖、多层次的社会保障体系。推动更高质量就业。进一步完善就业政策体系，拓展各类就业服务平台，持续实施创业带动就业、青年就业专项计划、终身职业技能培训、重点人群就业援助等工程，着力解决就业结构性问题，全力推进创业型城区建设。推动“健康城关”建设。进一步优化全区卫生资源配置，实施医养院建设、区疾控中心业务大楼、区妇幼保健所改造等基础项目，推广双向转诊、家庭医生、中医药服务、专业康复等医疗模式，提升疾病防控、卫生应急、医疗救治和妇幼保健能力，加强人口综合服务管理，推进公共卫生服务均等化。推动社会保障覆盖。进一步推进城乡低保、医疗救助、教育救助等各类救助制度的配套衔接，加大对低收入家庭、失独家庭、重病患者、“三无老人”、留守儿童等重点群体救助力度，大力发展社会福利和慈善事业，鼓励和支持社会力量兴办养老院、福利院等公益性福利设施，不断提高社会救助整体水平。推动民生品牌升级。进一步推广“智慧养老”“文化养老”“医养结合”等养老模式，健全社区养老服务网络，探索完善市场化运行机制，加快智能化养老步伐；拓展区残疾人综合服务中心项目，完善残疾人福利保障体系，持续推动虚拟养老、亲情助残等民生服务品牌迈向更高层次。

（四）创新社会治理方式，全力打造平安城关。广泛调动社会力量，着力构建政府依法治理、社会自我调节、居民自治良性互动的良好格局，不断提升人民群众安全感和满意度。强化社会治理能力。深化拓展街道综治维稳信访司法中心平台功能，健全多元化矛盾纠纷排查化解机制，强化重点群体、重点人员稳控，最大限度减少不和谐因素。加快构建立体化社会治安防控体系，探索建立社区帮教中心、疏导中心，加强刑满释放人员、问题青少年帮教安置。深入开展反恐、反邪教斗争，扎实抓好禁毒工作，严密防范和依法打击各类违法犯罪活动，推动社会秩序持续好转。强化依法治区建设。持续加强政府法律顾问工作，引导律师等专业工作者积极介入政府项目建设、行政决策和行政执法各个领域，提高依法决策、依法行政水平。加强政法队伍能力建设，完善人民调解、司法救助、法律援助网络，做到严格执法、公正司法。全面推广村级权力清单制度，规范农村“三资”管理和村务、财务公开，促进基层民主管理科学化。有序推进“七五”普法，搭建多元化普法平台，营造全社会尊法、学法、守法、用法氛围。强化城市安全管理。严格落实安全生产“两个责任清单”，构建安全生产责任体系，持续开展分领域、分行业、分层面的大检查大排查大整治，加快消防基础设施建设，严防重特大安全事故发生。坚决落实习近平总书记“四个最严”要求，大力加强食品药品安全监管，完善信息化监管平台和追溯体系，持续治理“餐桌污染”，切实保障人民群众“舌尖上的安全”。完善区、街道、社区三级防灾减灾体系和城市应急救援体系，健全综合协调机制，提高风险防范和应急处置能力。强化精神文明建设。持续实施文明城市创建工程，加强公民思想道德建设和社会主义核心价值观教育，健全社会诚信自律体系，开展形式多样、各具特色的主题创建活动。大力加强社工和志愿者队伍建设，优化服务项目、丰富活动载体，提升志愿服务社会化水平。强化意识形态工作，紧跟时代发展要求，推进传统媒体与新媒体融合发展，突出策划宣传、主题宣传和典型宣传，讲好城关故事、传播城关声音，巩固壮大主流思想舆论，推动全社会弘扬正能量。

（五）统筹推进各项改革，全力打造活力城关。深入落实中央和省市委深化改革总体要求，紧紧抓住经济社会发展热点难点问题，着力推动系统性、整体性、协调性改革。深化行政服务改革。坚持简政放权、放管结合、优化服务“三管齐下”，加快转变政府职能，加大简政放权力度，深化行政审批、商事制度等改革，推动多证合一、网上办理等便民措施，构建“亲”“清”新型政商关系，着力打造更具竞争力的政务环境、政策环境和人文环境。深化经济领域改革。强力推进供给侧结构性改革，探索参与对外经济的渠道办法，加快完善市场体系和市场机制，放宽市场准入，加强非公经济政策性、金融性、定向性扶持，营造高效透明的政务环境、公平竞争的法治环境、规范安全的市场环境。深化农村产权改革。坚持和完善农村基本经营制度，推进农村土地所有权、承包权和经营权“三权分置”改革，在推进全区农村集体资产确权到户和股份合作制改革的基础上，健全农村产权交易体系，让农民财产活起来、收益多起来。深化社会事业改革。加快投融资体制改革，建立城市管理投融资公司，推广政府与社会资本合作模式。持续推进环卫、养老、卫生、助残、社区服务等领域综合改革，扩大政府购买公共服务范围，完善资源交易、招投标、资金管理和绩效评价机制，鼓励和支持社会资本、社会力量平等参与社会服务。

四、着力推进全面从严治党

全面建成小康社会，建设美丽幸福新城关，关键在党，关键在党要管党、从严治党。各级党组织要把抓党建作为最大政绩，坚持党的领导，推进党的建设，把全面从严治党抓实抓细。

（一）加强政治理论学习，坚定理想信念。坚持不懈推进理论武装。党的十八届六中全会全面分析了党的建设面临的形势和任务，就新形势下加强党的建设做出新的重大部署，正式提出“以习近平同志为核心的党中央”这一重大决定，必须学深学透，把握精髓、明确方向、推动实践。充分发挥各级党委（党组）中心组示范带动作用，认真落实“三会一课”制度，把学习贯彻习近平总书记系列重要讲话精神作为重大政治任务，教育引导党员干部读原著、学原文，切实增强“四个自信”，牢固树立“四种意识”。持之以恒抓实党性教育。充分发挥党校主阵地作用，深入开展理想信念教育、党的宗旨教育和革命传统教育，广泛拓展媒体宣传方式，教育引导党员干部讲诚信、懂规矩、守纪律，对党忠诚老实、光明磊落，说老实话、办老实事、做老实人，自觉用党章规范言行，不折不扣地贯彻好各项决策部署。紧扣发展提升领导能力。坚持学用结合、学以致用，将“走出去”与“请进来”相结合，加强与知名院校、科研院所及专业部门的联系，开设各类高层次主体班次，通过异地培训、现场教学、专题进修、挂职轮岗，大力培养想干事、能干事、会干事、干成事的领导干部，切实解决改革发展稳定的重大问题、群众反映强烈的突出问题、党的建设面临的紧迫问题。

（二）加强党内政治生活，推进党内民主。坚持以党章为根本遵循。认真落实《关于新形势下党内政治生活的若干准则》，坚持党的政治路线、思想路线、组织路线、群众路线，着力增强党内政治生活的政治性、时代性、原则性、战斗性，确保党员干部党性坚强、党纪严明、对党忠诚。贯彻民主集中制原则。强化区委全委会决策和监督作用，完善区委常委会议事规则和决策程序，完善各级党委讨论决定重大问题和任用重要干部票决制，严格按程序办事、按规则办事、按集体意志办事。始终把纪律和规矩挺在前面。严明党的纪律，严守政治纪律和政治规矩，有令必行、有禁必止，坚决维护党中央权威和党中央集中统一领导，坚决落实中央和省市区委决策部署。发挥区委总揽全局作用。健全完善调查研究、定期报告、领导包抓等制度，全力支持人大、政府、政协履职尽责和加强自身建设，加大对党委部门、人民团体工作指导，充分发挥统一战线、民族宗教、民主党派参政议政作用，及时听取全区重点工作报告，不断增强各级党组织领导发展、统筹各方、凝聚力量的执政能力。

（三）加强党的组织建设，夯实执政基础。创新党建服务方式。加强基层党组织带头人队伍建设，逐步推进村、村社区城市化管理，加强和改进行政服务分离改革，持续加大党建经费投入，加强党建阵地建设、规范党费收缴等工作，加快社区办公用房标准化建设，把基层党组织打造成政治过硬、服务高效、作风优良的坚强堡垒。创新流动党员管理。制定加强和改进流动党员教育管理办法，全面加强党员流动前、流动期间、流动后等各环节的跟踪管理教育，切实做到党员教育管理全覆盖，特别是加强对失联党员的查找管理，实施“归航工程”，唤醒党员身份意识，增强党员归属感。创新基层党建品牌。按照“市内一流、省内先进、全国知名”的定位，着力提升街道社区、学校、农村、两新组织、机关单位等各领域党建水平，深入打造一批有特色、有内涵、有影响的党建品牌，为各级党组织树标杆、做样板。创新党建考核机制。突出“建强组织、配强干部、增强活力”要求，健全完善党建目标考核办法，分领域设置考核指标，强化考评结果运用，为党建工作提供有力保障。建立容错纠错机制，关心和爱护广大基层干部，充分调动广大党员干部推动发展、参与改革的积极性。

（四）加强选人用人工作，打造忠诚队伍。树立鲜明用人导向。坚持德才兼备、以德为先，坚持五湖四海、任人唯贤，坚持信念坚定、为民服务、勤政务实、敢于担当、清正廉洁的好干部标准，真正把事业需要、群众公认、实绩突出的优秀干部，精心培养起来，及时发现出来，合理使用起来。严格选人用人机制。进一步完善干部选拔任用初始提名办法，落实民主提名、公开提名、按需提名选人用人机制，对拟提拔的干部进行党纪政纪、廉政法规、密切联系群众规定、法律知识考试，严格落实干部个人事项报告制度，确保干部使用程序规范。优化班子结构功能。充分考虑不同领导班子特点，推进班子成员知识互补、专业综合配套、性格相融协调、年龄合理搭配，突出领导班子整体评价，注重任期全过程考评，不断提高领导干部队伍的专业化水平。创新人才工作机制。实施“引才引智”计划，建立完善专家智库、特殊人才库、本土人才库，依托辖区各类优势资源，开展职业技术培训、电商队伍培养、急需人才引进三项重点工作，设立人才激励专项基金，确保各类人才引得进、留得住、有作为。

（五）加强党员作风教育，持续反对“四风”。大力弘扬密切联系群众的作风。改进和创新联系群众方法，把对上负责和对下负责一致起来，提高做好新形势下群众工作的能力，带着感情接近群众、多为群众利益着想，切实保持党同人民群众的血肉联系。大力弘扬理论联系实际的作风。各级领导干部要经常性深入街道社区、城市管理、项目现场、居民小区、对口单位、联系企业进行调研走访，全面掌握第一手资料，指导帮助开展工作、解决问题、推动发展，真正把自己和本单位融入全区发展大局，做到讲实话、出实招、办实事、求实效。大力弘扬狠抓工作落实的作风。全区广大党员要发扬“永远在路上”精神，坚持求真务实、真抓实干，紧紧围绕中央和省市区委决策部署，恪守职责抓落实、紧扣重点抓落实、创新督查抓落实、盯住问题抓落实，加大对慵懒散慢、不作为、慢作为、乱作为等问题问责力度。驰而不息反对“四风”。按照“抓常、抓细、抓长”要求，严格落实中央和省市区委作风规定，健全改进作风的各项制度，加强明察暗访，防范查处隐性变异的“四风”问题，以踏石留印、抓铁有痕的劲头把作风建设进行到底。

（六）加强党风廉政建设，落实主体责任。逐级传导责任压力。认真落实全面从严治党主体责任，细化完善各级党组织的集体领导责任、主要负责人的第一责任和班子其他成员职责范围内的领导责任，严格执行党风廉政建设责任制约谈、宣讲、督导、报告等制度，积极探索责任传递、压力传导向村、社区延伸的管用措施和办法。提高预防教育水平。进一步强化理想信念教育、党风党纪教育和警示教育，深入开展主体责任宣讲、廉政讲堂、以案说纪、廉政文化等活动，注重家庭、家教、家风，教育引导广大党员干部牢固树立纪律规矩意识，切实筑牢思想防线，永葆共产党人拒腐蚀、永不沾的政治本色。突出关键领域监督。严格落实《中国共产党党内监督条例》，加强对党的领导机关和领导干部特别是主要领导干部的监督，加强对干部任用、资金使用、民生项目等重点领域监督，拓展审计监督、舆论监督、群众监督等方式，不断完善权力运行监督制约机制。严格执行《中国共产党纪律处分条例》和《问责条例》，切实做到有权必有责、有责要担当，用权受监督、失责必追究。加大纪律审查力度。正确运用监督执纪“四种形态”，突出纪律审查重点，严肃查办重点领域和关键岗位党员干部违纪案件，严肃查处群众身边的不正之风和腐败问题，做到无禁区、全覆盖、零容忍，推动管党治党从“宽松软”走向“严实硬”。深化纪检体制改革。按照“三转”要求，全力支持纪检监察机关开展工作，进一步深化纪检监察体制机制改革。加强纪检监察干部队伍建设，完善内部监督机制，严格监督执纪问责，以铁的纪律打造一支忠诚、干净、担当的纪检监察干部队伍。

各位代表，使命光荣、责任重大，前景光明、催人奋进。让我们高举中国特色社会主义伟大旗帜，紧紧围绕在以习近平同志为核心的党中央周围，在省、市委的正确领导下，牢牢把握区委“1355”总体发展思路，团结带领全区广大党员干部群众，以更加昂扬的斗志、更加创新的理念、更加务实的作风，凝心聚力、真抓实干、开拓奋进，为建设美丽幸福新城关而努力奋斗！

兰州市城关区人民政府工作报告

——2016年12月3日在兰州市城关区第十八届人民代表大会第一次会议上的报告

兰州市城关区人民政府代区长　高文阳

现在，我代表区人民政府向大会做工作报告，请予审议，并请各位政协委员和列席人员提出意见。

过去五年政府工作回顾

五年来，在市委市政府和区委的坚强领导下，在区人大、区政协的监督支持下，区人民政府团结和带领全区人民，在稳增长、强管理、保民生、促改革上创新举措，狠抓落实，全面完成了区十七届人大历次会议确定的各项目标任务，为建设美丽幸福新城关奠定了坚实基础。2016年，预计实现地区生产总值831亿元、城镇固定资产投资415亿元、社会消费品零售总额688亿元、公共财政预算收入32亿元、城镇居民可支配收入33283元、农村居民可支配收入20984元，五年来年均分别增长11%、16%、12%、18%、12%和12%。

五年来，我们始终坚持发展为先，综合经济实力迈上新台阶

（一）项目建设成效显著。大力推行领导包抓、指挥部模式等项目服务机制，组织实施庙滩子整体改造、红楼时代广场等342个重大项目，城关万达广场、酒钢结算中心等81个项目竣工投用，累计完成投资1032亿元，项目数量、投资额度均实现翻番增长。签约引进项目1948个，到位资金1930亿元，碧桂园、民生银行等110家“三个500强”企业落地入驻。申报中央和省市各类预算资金项目192个，争取到位资金27.35亿元。

（二）产业结构不断优化。出台《文化旅游体育产业发展规划》《现代服务业发展扶持办法》等12个规划办法，设立总规模达1亿元的四大产业发展基金，组建电子商务、现代物流、会展经济、“互联网+”4个行业协会。投入4.8亿元，扶持各类企业4449家，建成十大电商平台，举办展会活动225次，建成运营总部楼宇10座，有力推动了新兴产业集约化、规模化发展。旅游总收入突破200亿元，文化产业增加值占地区生产总值的比重达到4.89%。三次产业结构优化调整为0.24：14.41：85.35。

（三）创新能力明显增强。出台《城关区众创空间扶持办法》等五大配套政策，投入2091万元，精准培育各类众创空间40个，其中11个被认定为国家级众创空间，入孵企业1500余家，带动就业2.5万余人。设立1亿元“双创”小微企业信贷风险补偿金，为1960家“双创”小微企业融资5.5亿元。健全创业服务体系，成立全区众创空间联盟，组建创业指导专家团队，举办城关区大学生创新创业大赛等活动300余场次，培训各类创业人员2万余人次，有力激发了全社会创新创业热情，被省政府确定为“全省双创示范区”。

五年来，我们始终坚持建管并举，城乡环境面貌发生新变化

（一）城市基础功能不断完善。城市立体化路网体

系加快形成，轨道交通1、2号线全面开工，南山路、北环路、雁白黄河大桥等一批路桥工程竣工通车。配合省市重大基础设施项目，累计完成征收近500万平方米。城市发展空间加快拓展，实施碧桂园一二期、九州片区土地开发等重点项目8个，整理开发土地11平方千米。大力推进棚户区改造工程，累计实施项目41个，完成改造1.5万户130万平方米。城市配套设施投入不断加大，改造小街巷220条，完成400条小街巷路灯亮化，建成标准化菜市场15个、便民肉菜店84个、垃圾中转站12座、公厕112个。城乡一体化步伐加快，完成石沟、马家沟新农村建设，改建农村公路56千米。

（二）城市管理水平明显提升。不断创新城市管理理念，探索实行环卫作业市场化、“门前三包”五级包抓、执法中队长轮岗交流等一系列新机制，实现清扫保洁、垃圾收集、物业管理全覆盖。不断加大投入力度，累计增加环卫、执法临聘人员1800人，购置环卫车辆518台、果皮箱8400个。全力打好城市管理攻坚战，集中整治三大出入口、雁滩地区、背街小巷、铁路沿线、河洪道等区域环境卫生，改造“三不管”楼院239个，打造城市管理示范街82条，拆除违法建设95万平方米、违法户外广告33万平方米，打通T603号、T605号两条“肠梗阻”路段，创造了群众拍手称赞的“雁滩速度”。

（三）生态建设加快推进。实施兰山山地生态公园、皋兰山面山等六大绿化提升工程，累计栽植苗木127万余株。完成雁滩公园提升改造，实施雁北路等11条道路绿化提升工程，新建小游园10个，新增绿地116公顷，绿地率达到38%。完成皋兰山大型泵站改造等9个水利项目，累计改造管网1.7万米。实施皋兰山二期等12处地质灾害治理工程，完成大砂沟综合治理项目。全力打好大气污染防治攻坚战，大力推行网格化管理、片区督查等工作模式，完成474台燃煤锅炉、83万平方米未供暖设施改造任务，空气质量显著改善，为打造“兰州蓝”做出了突出贡献。

五年来，我们始终坚持改善民生，人民生活水平得到新提高

（一）民生保障水平不断提高。全力打造“民生就业360”服务品牌，发放小额担保贷款6亿元，新增就业19.2万人。完成“五险合一”工程，大病保险覆盖所有城乡医保参保人群，生育、工伤保险实现实时结算，将2.35万名失地农民、公益性岗位和政府临聘人员纳入养老保险统筹范围。完成虚拟养老院改造升级，建成社区老年人日间照料中心23家，累计服务老人578万人次。城乡低保标准逐年提高10%。发放各类救助金1.2亿元，救助困难群众96万人次。建成区残疾人综合服务中心，完成850户残疾人家庭无障碍设施改造，将3100名重度残疾人纳入居家托养范围。改造175户农村危房。发放廉租房补贴3249万元。建成保障性住房2.49万套，分配入住2.11万套。累计为民兴办实事70件。

（二）社会事业发展不断加强。投入4.5亿元，完成27所学校改扩建工程，全面消除中小学D级危房，新增办学面积7.2万平方米、学位5000个。投入3828万元，扶持民办托幼机构455所次，设立街道幼儿托护点176个。引进优秀教师571名，成立名校长、名师、名班主任工作室140个。率先在全省实施学区化管理和多种模式办学改革，完成全区义务教育标准化学校建设，成为全省首批国家义务教育均衡发展县区。建成区文化艺术交流中心，提升改造基层文化活动室40个，建立全省首个县区国民体质监测数据库，新建全民健身路径210条。持续开展文明城市创建活动，成立区志愿者联合协会，打造社区学校少年宫29个。率先开展医养融合、分级诊疗试点工作，打造医养融合示范点6个，改扩建社区卫生中心6个，完成中医骨伤科医院改扩建工程。投入科技三项经费1.57亿元，扶持科技企业156家、项目269个，获得“全国科技进步示范区”荣誉称号。

（三）社会治理能力不断提升。建成街道平安与便民服务综合信息平台，安装监控探头7338个，组建“大巡防”队伍，立体化治安防控格局初步形成。完成24个街道维稳综治信访司法中心建设，建成标准化派出所13个、社区警务室169个，招录民警130名、协警397名，社会治理基础不断夯实。严厉打击“两抢一盗”、非法集资等犯罪行为，社会治安持续好转。全面推行网上信访、风险评估和领导包案制度，信访总量、集体访人数呈现“两个下降”态势。完成“六五”普法，建成区法律援助大厅。深入开展安全生产九大领域专项整治行动，健全“1+4”制度体系，配备专职安监员73名，安全生产形势持续保持平稳。设立1000万元应急专项资金，组建各类应急队伍16支，妥善处置突发事件200余起。加大市场监管力度，理顺食品药品监管体制，完成食品药品追溯系统建设，创建诚信市场21个、食品药品放心门店466家。蝉联全省双拥模范区，实现“八连冠”。

五年来，我们始终坚持自身建设，行政服务效能得到新提升

（一）简政放权步伐明显加快。完成新一轮政府机

构改革和事业单位分类改革，撤并重组各类机构 24 个。深化行政审批制度改革，全面做好“放、管、服”工作，建成“三张清单一张网”，承接各类行政审批事项 67 项，撤销 15 项。建成全省一流的政务服务中心。推行商事制度改革，实现“一照一码”，市场主体同比增长 32%。稳步推进“营改增”改革，累计减税 5 亿元。完成街道社区行政服务分离改革，实现“行政化社区”向“服务型社区”全面转型。投入 2 亿元，实施政府购买服务 200 余项次。完成公务用车改革。

（二）依法行政水平明显提升。出台《政府工作规则》《重大行政决策程序暂行规定》，组建政府法律、金融、科技顾问团，行政决策水平不断提升。建立行政执法岗位监督考核和责任追究机制，试点开展行政处罚自由裁量权规范工作，行政执法更加文明公正。出台《政府投资项目管理办法》，建成行政审批电子监察系统和公共资源交易平台，项目管理、行政审批、政府采购实现规范化。全区预算单位全部纳入国库集中支付范围，财政预决算、部门预决算、“三公”经费预决算实现全公开。主动接受区人大法律监督、工作监督和区政协民主监督，办理人大代表建议 432 件、政协委员提案 474 件、网民留言 6000 余条、行政复议申请 52 件，办复率均达到 100%。

（三）工作作风持续明显好转。深入开展党的群众路线教育实践活动、“三严三实”专题教育和“两学一做”学习教育，持之以恒整治“四风”问题，清理机关办公用房 7364 平方米，“三公”经费支出年均下降 14%。推行领导干部经济责任任中、离任审计，累计审计领导干部 123 人次、政府投资项目 655 个，核减工程款 3.5 亿元。全力做好“双审”问题整改工作。建立“大督查”机制，实行责任清单制度，执行落实能力明显提升。严格落实党风廉政主体责任，健全完善工作约谈、责任追究等 8 项工作机制，累计约谈 1.2 万人次，形成了风清气正的干事创业环境。

与此同时，民宗、人防、地震、民兵预备役和国防动员等工作全面加强，档案、保密、史志、侨务等工作取得新成效，大力支持工会、共青团、妇联、工商联和各民主党派积极发挥作用，为经济社会发展做出新的贡献。

这些成绩的取得，是市委、市政府和区委坚强领导的结果，是区人大、区政协监督支持的结果，是广大干部职工奋力拼搏的结果，也是全区人民共同奋斗的结果。在此，我代表区人民政府，向辛勤奋战在全区各条战线上的广大干部群众，向各位人大代表、政协委员，向各民主党派、人民团体、离退休老同志、驻区单位，向支持城关发展的社会各界人士，表示崇高的敬意和衷心的感谢！

回顾过去五年的工作，我们也清醒地认识到，城关经济社会发展中还存在一些问题和不足：产业转型升级压力较大，现代服务业发展水平不高，经济增长缺乏内生动力；城市用地供求矛盾突出，承载能力明显不足，亟须拓展发展空间；基础设施欠账较多，城市管理长效机制有待健全，占道经营、违法建设等现象屡禁不止；改善民生任务艰巨，教育、文化、医疗、养老等公共服务供给不足，社会保障水平有待提高；社会治理难度加大，安全生产监管任务繁重，市场监管仍有缺位；改革活力有待激发，一些干部服务意识和进取精神不强，不严不实和懒政怠政现象仍然存在；等等。对于这些困难和问题，我们将高度重视，采取有力措施，切实加以解决。

今后五年全区工作的指导思想和总体目标

各位代表，未来五年是城关全面建成小康社会的决战决胜时期，也是实现转型跨越发展的关键时期。按照区十一次党代会精神，今后五年全区经济社会发展的指导思想是：高举中国特色社会主义伟大旗帜，以马列主义、毛泽东思想、邓小平理论、“三个代表”重要思想和科学发展观为指导，深入贯彻党的十八大和十八届三中、四中、五中、六中全会及习近平总书记系列重要讲话精神，按照区委确定的“1355”总体发展思路，围绕建设美丽幸福新城关这一目标，重点实施空间拓展、文化引领、教育发展“三大攻坚行动”，着力抓好经济发展、城市管理、民生改善、社会治理、深化改革“五项重点”，全力打造现代城关、美丽城关、宜居城关、平安城关、活力城关。

今后五年全区经济社会发展的总体目标是：“一个跨越”“两个突破”“四个提升”，到 2020 年地区生产总值跨越 1000 亿元大关，年均增长 8%；深化改革、创新创业实现历史性突破，发展质量、城市形象、人民生活、社会环境显著提升，城镇居民和农村居民人均可支配收入年均增长 10%、8%，分别达到 49177 元、29619 元，提前两年在全省率先全面建成小康社会。

2017 年政府工作

2017 年是新一届政府的开局之年，也是实施“十三五”规划的关键之年，做好全年工作意义重大。2017 年政府工作的总体思路是：深入贯彻区委“1355”总体发展思路，统筹推进经济发展、城市管理、民生改善、社会治理、深化改革“五项重点”，努力实现空间拓展、文化引领、教育发展“三大突破”，不断开创美丽幸福新城关建设新局面。

2017年全区经济社会发展的主要预期目标是：地区生产总值增长8%，城镇固定资产投资增长10%，社会消费品零售总额增长9%，公共财政预算收入增长10%，城镇居民人均可支配收入增长10%，农村居民人均可支配收入增长9%，城镇居民登记失业率控制在2.6%以内。

一、着力加快经济转型，不断提升综合经济实力

坚持投资支撑、消费促进、产业带动、创新引领四轮驱动，加快培育新动能、创造新供给、释放新需求，着力提高经济发展质量和效益。

（一）*充分发挥投资支撑作用*。加强项目跟踪服务。不断健全手续审批、土地征收等项目跟踪服务机制，实施重大项目100个，加快名城广场等70个续建项目进度，力争焦家湾CBD等14个以上项目开工、省图书馆改扩建等16个以上项目竣工，确保年内完成固定资产投资240亿元以上。加大招商选资力度。围绕“大三产”实施精准招商，建立招商引资绩效评价机制，签约项目300个以上，引进“三个500强”企业10家以上，到位资金450亿元以上，签约项目当年开工率达到60%以上。同时，充分利用城关各类资源优势，切实加大向上争取资金的力度。

（二）*充分发挥消费促进作用*。优化商业空间布局。完善现代服务业发展规划，加快城关商业主中心建设，着力打造武都路酒泉路中央商务区，高起点规划建设东岗商业副中心，改造提升西关、南关、东方红广场、东部四大商圈，努力将城关打造成为全省现代服务业中心。优化传统商业结构。积极引进战略投资、先进业态和知名品牌，大力发展高端商贸业，促进批零住餐四大传统行业转型升级，加快提升大众巷美食街等六大特色商业街区，扶持重点商贸企业50家以上，培育限上企业20家以上，实现社会消费品零售总额740亿元以上，力争消费对经济增长的贡献率达到60%以上。

（三）*充分发挥产业带动作用*。着力构建以五大千亿产业为支撑、四大新兴经济为补充的“5+4”现代产业体系。着力打造五大千亿产业链。促进“互联网+”产业创新发展，启动实施浪潮悦达大数据产业基地等3个项目，建设金昌路IT产业一条街；培育壮大秀宝网等十大本土特色电商平台，建成三维e家社区电商便民店60个，实现电商交易额320亿元以上。促进现代金融业聚集发展，引进金融机构2家以上，实施百家企业新三板工程，力争新增上市挂牌企业5家以上。促进文化旅游体育产业融合发展，加快建设A9国际文化创意产业园等8个重点项目，力争文化产业增加值增长15%，旅游收入增长25%。促进养老服务产业快速发展，扶持培育新型养老服务企业5家以上，开工建设区综合福利老年养护中心。促进牛肉面产业规模发展，建成兰州牛肉面产业孵化基地，打造牛肉面品牌连锁店500家，实现产值50亿元以上。着力培育四大新兴经济。大力扶持会展、物流、总部、地铁经济，努力打造经济增长新引擎。举办兰州艺术品收藏博览会等展会50场以上，实现交易额80亿元以上；加快物流企业“出城入园”步伐，新增智能快递配送终端100部以上；建成天宝大厦等总部楼宇5座，新增商务楼宇面积100万平方米以上，打造税收千万以上楼宇10座；主动加强与市轨道公司的合作，编制地铁经济发展规划，启动地铁沿线商业网点开发，全力打造地铁商圈。

（四）*充分发挥创新引领作用*。实施区域协同创新工程。依托辖区科研院所，组建区域协同创新中心3个，完成产学研合作项目5个，打造会宁路“双创”示范街，努力实现创新资源开放共享。实施领军企业培育工程。强化企业创新主体地位，大力扶持金盾化工等10家创新型领军企业，力争专利申请量达到2000件以上。实施创新载体搭建工程。引导社会力量投资建设创客空间、创新工场等新型孵化平台，加快构建“创业苗圃+孵化器+加速器+产业园”的全产业孵化链条，培育众创空间10个，入孵企业300家以上，带动就业3000人以上。实施创业服务提升工程。建立涵盖创业指导、投融资、信息服务、成果转化等功能的区级“双创”服务平台；加大创业培训力度，开展创业培训2万人次，实现自主创业1万人。实施企业融资助推工程。有效发挥“双创”小微企业信贷风险补偿金作用，为各类小微企业融资3.5亿元以上；引进天使投资基金2家以上，鼓励各大银行开发“双创”小微企业金融产品。

二、着力强化城市建管，加快建设宜居宜业城市

坚决打好城市管理攻坚战，努力在拓空间、夯基础、强管理上下功夫，加快推动城市管理精细化、长效化、科学化。

（一）*实施空间拓展攻坚行动*。推进九州片区开发。加快九州园区“增容扩区”步伐，争取省市批准《九州经济开发区“增容扩区”规划》，积极引入战略投资者，采取多种融资方式，启动九州北部、三条沟、三条岭等区域土地整理开发项目。推进青石片区开发。加快实施碧桂园三期、兰大青白石校区、白道坪南区改造等3个项目建设，力争整理开发面积达到6平方千米以上。

（二）*增强城市基础承载能力*。加快重点市政项目建设。全力配合轨道交通1、2、4号线，雁青黄河大桥

等重点市政工程，完成征收50万平方米以上。投入1.5亿元，启动红山根至营盘岭公路建设。全面打通S421号等7条“断头路”。加快便民服务设施建设。鼓励社会力量投资建设公共停车场，新增停车泊位5000个以上。新建改造公厕100座，建成垃圾转运站6座、垃圾收集点20处。改造“三不管”楼院10个。建成规范化夜市2个、标准化菜市场2个。加快棚户区改造步伐。按照“政府主导、社会参与，安置先行、以房等人”的原则，统筹实施“一区四片”棚改计划，加快推进主城区27个续建项目，启动伏龙坪、盐场路、青白石、雁儿湾四大片区改造项目，确保省列12个项目全部开工建设，完成改造4374户。

（三）提高城市现代化管理水平。健全监督考核体系。建立城市管理责任清单制度，将专业部门纳入监督考核范围，实现监督考核全覆盖；制定《网格员管理办法》，加快构建职责明确、管理规范、考核科学的网格化管理机制。提高精细化管理水平。严格落实“门前三包”责任制，建立城中村、小街巷、夜市环境卫生巡查机制。全面推进垃圾不落地工作，实现城区清扫保洁无缝隙、垃圾收集全覆盖。加强物业企业监管，健全物业服务市场准入退出机制，开展物业行业网格化整合发展试点，通过行业规范和市场竞争，不断提高物业管理水平。加快智慧城市建设。积极推行“互联网+城市管理”模式，依托数字城管平台，有效整合建设、环卫、公安、综治等数字管理平台，加快建成统一调度、数据共享的全区城市管理综合信息平台。实施小街巷综合整治。通过基础设施改善、门头店招规范、占道经营治理、交通微循环改造、保洁质量提升五项举措，整治小街巷800条，改造小街巷10条，亮化小街巷135条，打造城市管理示范街100条，彻底解决“路不平、水不畅、灯不亮”等问题，着力营造“管理有序、交通顺畅、环境优美”的街巷环境。打好大气污染防治攻坚战。严格落实网格监管、督查问效等管控措施，集中整治“四烧”、小火炉、扬尘、燃煤四大污染源，推进大气污染防治标准化、精细化、常态化，努力以“网格蓝”织就“兰州蓝”。打造绿色生态景观。实施皋兰山面山观景栈道、南山花海、南滨河东路绿色生态廊道三大景观提升工程，打造南河道生态水系，新建小游园2个，摆放鲜花50万盆，栽植苗木100万株，新增公共绿地6.67公顷，着力打造“三季有花、四季常青”的城市生态景观。

三、着力改善民生福祉，健全完善社会保障体系

牢固树立共享发展理念，持续加大民生投入力度，不断扩大公共服务供给，努力让发展成果更多惠及人民群众。

（一）实施教育发展攻坚行动。推进扩容增量工程。投入1.45亿元，完成和政路小学等4所学校改扩建工程，开工建设清华小学等2所学校教学楼，加快学校用地拓展和新建小区配建学校回收工作，力争新增办学面积1.8万平方米、学位3360个。推进学前教育发展。积极落实《城关区第二期学前教育三年行动计划》，扶持民办托幼机构100所，逐步提高幼儿入园率。加快两支队伍建设。推进校长、教师交流轮岗工作，引进免费师范生、优秀人才120名。继续深化“三师一建”品牌内涵。着力打造智慧教育。探索推行“互联网+家庭教育”，建成教育专网、安全监控、课程录播三大教育信息平台。

（二）实施文化引领攻坚行动。大力发展文化事业。启动城关区“两馆一场”建设。完成17个街道、107个社区文化服务中心标准化建设，提升改造18个农家书屋和乡村舞台。组建千人基层文化志愿者队伍，扶持60支群众文化团队，举办第二届城关区文化旅游节等10场群众性文化活动。完善文物保护体系，开展“非遗”进校园活动。大力发展体育事业。出台《城关区全民健身实施计划》，新建全民健身路径30条，建成社区国民体质监测点2个，培训社会体育指导员100名，引导经常参加体育锻炼的人数达到50万人以上。大力发展旅游事业。积极创建国家全域旅游示范区。加快“大兰山”建设，启动实施兰山生态景区、兰州战役遗址公园、兰山特色小镇、三台阁维修改造等工程，着力打造兰山都市旅游休闲带。力争将南湖公园创建为3A级旅游景区。提升改造农家乐30户。

（三）不断提升医疗服务水平。创新医疗服务模式。依托康乐医院和社区卫生服务机构，全面推进“医养融合、分类服务”工作，开展家庭医生签约服务，打造医养融合示范点5家以上。不断扩大分级诊疗范围，积极开展省级专家多点执业试点工作。加强基层卫生服务设施建设。加快区医院提升改造步伐，完成团结新村社区卫生服务中心扩建工程，打造集康复、养生、保健等功能于一体的中医养生馆5家。提高流动人口服务水平。启动流动人口卫计公共服务均等化试点，建成24个街道流动人口服务管理平台，为流动人口提供健康教育、传染病防控等12项服务。

（四）切实提高社会保障标准。加强就业服务能力。实施就业服务“1124”计划，发放小额担保贷款1亿元，职业技能培训1万人，安置困难人员就业2000人，新增就业4万人。深入推进“万企计划”，扶持小微企业、电商企业和便民服务门店1000家。扩大社保覆盖

范围。全面完成全民参保登记工作，开通24个街道养老金领取资格认证窗口，推行医保网络征缴模式，实现社会保险“金保网”信息系统全覆盖。加强失地农民养老保险参保工作，力争实现应保尽保。加大社会救助力度。继续提高城乡低保补助标准。实施残疾人“三补”制度，为困难、重度及70岁以上残疾人每人每月发放100元生活补贴。完成100户残疾人家庭无障碍设施改造，为200名重度残疾人提供慢性病干预防治服务。探索新型慈善捐赠方式，试点开展慈善超市和社会捐助站建设工作。分配保障性住房1000套以上。

四、着力加强社会治理，维护社会大局和谐稳定

坚持源头治理，标本兼治，不断提高社会治理能力，进一步增强人民群众的安全感。

（一）加快平安城关建设。健全治安防控体系。深入开展社会治安防控体系试点县区建设，加快公安分局业务技术用房项目建设，建成1万个公共部位监控探头，健全1万人巡防队伍，组建3万人平安志愿者队伍，加快构建立体化社会治安防控体系。突出重点领域整治。严厉打击危害国家安全、暴力恐怖、邪教组织、涉毒、“两抢一盗”等犯罪活动，继续加大城中村等治安复杂区域综合治理。严格落实信访维稳责任。不断健全领导包案制度，建立群体性上访预防化解机制，加强重大事项社会稳定风险评估，深入开展矛盾纠纷排查，着力化解信访积案。

（二）加快依法治区进程。加大普法宣传教育。出台《城关区“七五”普法规划》，扎实推进“七五”普法，实行“谁执法谁普法”责任制，组建普法讲师团，开展法律“八进”活动。加强基层司法阵地建设。成立区级社区矫正监管中心，推行集动态监控、应急处置、远程教育等功能为一体的社区矫正模式。启动24个街道公共法律服务站建设，引进社工组织和律师事务所，为基层群众提供法律服务。完善“大调解”体系，建立劳资纠纷、物业纠纷两个专业调解组织，打造品牌调解室5个。

（三）健全市场监管体系。完善市场监管机制。整合商务、工商、食药、质监、物价等市场监管力量，建立跨部门综合执法模式。深入开展市场经济秩序整治行动，重拳整治制假售假、价格欺诈等违法行为，维护良好的市场环境。推进信用体系建设。编制《城关区社会信用体系建设规划》，建立行业“黑名单”、市场禁入和信用审查制度。积极创建国家食品安全城市。实行食品生产分级分类管理，建立网络订餐备案管理制度，完成5300家企业“明厨亮灶”工程。

（四）强化城市安全管理。提升安全监管能力。严格落实安全生产责任制，深入开展九大领域专项整治，启动安全生产监管信息平台建设，建成微型消防站48个，确保安全生产形势持续稳定向好。提升防灾减灾能力。推进黄河湿地修复治理、大浪沟综合治理项目，加大24条洪道清淤疏浚。加快实施伏龙坪地质灾害综合治理项目，完成南山路小学等3处地质灾害治理。提升应急处置能力。加快应急队伍建设，建立应急管理责任追究制度，完善区、街道、社区三级应急管理体系。

（五）加强精神文明建设。推动思想道德建设。大力开展社会主义核心价值观宣传教育，深入实施“兰州好人”“城关好人”“道德模范”“美德少年”评选活动。健全志愿服务机制。加快建设志愿者组织网络和服务阵地建设，建立志愿者星级评定制度，鼓励全社会参与志愿服务。深入开展文明创建活动。全力争创全国文明城市，确保40项测评指标全面达标。新建10个社区学校少年宫。

五、着力深化体制改革，不断增强发展内生动力

坚持把改革创新贯穿于政府工作的各个环节，继续深化重点领域改革，加快推进体制机制创新，努力为经济社会发展注入新活力。

（一）深化行政体制改革。加快行政审批制度改革。全面做好行政审批事项承接、管理、服务工作，加强事中事后监管，加快实施企业“五证合一”、个体工商户“两证合一”，推进工商登记前置改后置审批管理工作，实行“双随机一公开”抽查机制。加快城市管理体制改革。以建立“大城管”体制为目标，出台《城关区城市管理执法体制改革方案》，理顺城市管理部门职责，推动城市管理重心下移，成立24个街道综合执法队伍，加快构建全区统一调度、部门行业监管、街道属地管理的城市管理新格局。

（二）深化投融资体制改革。创新政府投资方式。组建城市建设管理投融资公司，编制政府投资计划，建立投资项目库，设立投资基金，充分发挥政府资金的引导作用和放大效应。加大社会融资力度。通过“PPP”、特许经营等方式，积极鼓励社会力量参与基础设施、生态保护、民生事业等领域投资，包装储备项目50个以上。大力推广购买服务。按照政府购买公共服务目录，在环卫作业、养老服务、法律援助等公共领域推广购买服务，力争购买项目达到80项次以上。

（三）深化财税体制改革。不断强化预算管理。推进预决算公开工作，启动编制财政中长期规划，完善财政专项资金清单，建立政府综合财务报告制度，实行全

口径预算管理，全面提升财政管理透明度。加强财政支出管理。建立财政支出绩效评价体系，实现评价结果与预算安排挂钩，切实提高财政资金使用效益。全面推进税制改革。开展“营改增”纳税评估，落实过渡期税收政策，切实防范税收执法风险。

（四）深化农村领域改革。加强“三资”管理。建立农村“三资”管理平台，加大村集体财务公开力度，推进村级财务街道代理和定期审计，实现农村“三资”规范透明管理。加快土地产权制度改革。全面完成土地确权登记，探索推行股份合作制，加快土地流转工作，努力形成农村土地所有权、承包权、经营权“三权分置”新格局。

六、着力加强自身建设，努力打造人民满意政府

紧紧围绕发展新目标，不断加强自身建设，切实提高政府执行力和公信力。

（一）加强理论武装，建设学习型政府。不断深化“两学一做”学习教育成效，认真学习党章党规和习近平总书记系列重要讲话，进一步增强政治意识、大局意识、核心意识、看齐意识，自觉在思想上政治上行动上同党中央、省市委保持高度一致，坚决执行区委决定。严格落实政府系统学习制度，主动贯彻新理念，学习新政策，掌握新知识，不断提高谋划发展、统筹发展、推动发展的本领。

（二）严格依法行政，建设法治型政府。严格落实国务院《法治政府建设实施纲要》，完善重大行政决策程序，建立法律顾问列席政府常务会议、参与重大项目合法审查机制，切实把政府工作全面纳入法治轨道。自觉接受区人大法律监督、工作监督和区政协民主监督，切实办好人大代表建议和政协提案。健全重大执法案件备案、执法人员资格管理等制度，推进公正文明执法。强化政务公开、政事公开，切实保障群众的知情权、参与权、监督权。

（三）牢记为民宗旨，建设服务型政府。坚持全心全意为人民服务的根本宗旨，时刻把群众冷暖记在心上，想民之所想，忧民之所忧，急民之所急，着力解决就业、就学、就医、养老、住房等方面的民生难题，真心实意为群众办实事、做好事、解难事。大力推行首问负责、服务承诺、限时办结等制度，加快“互联网+政务服务”工作，建立“一号一窗一网”服务机制，着力压缩办理时限，简化办事流程，努力营造良好的服务环境。

（四）强化担当意识，建设责任型政府。始终把干事创业作为从政履职的最大责任，切实增强敢于担当的勇气，修订完善目标考核、责任追究等办法，建立激励机制和容错纠错机制，激励广大干部敢作为、勤作为、善作为。认真践行一线工作法，大力推行挂牌督办、责任清单、定期通报等制度，坚决整治不作为、慢作为、乱作为等行为，不折不扣狠抓落实。

（五）坚持从严执政，建设廉洁型政府。始终把纪律规矩挺在前面，严格落实《廉洁自律准则》《纪律处分条例》《问责条例》《党内监督条例》和《党内政治生活若干准则》，认真履行党风廉政建设责任制，全面做好廉政约谈、警示教育等工作。坚决贯彻中央“八项规定”和国务院“约法三章”，持续整治“四风”问题。不断强化行政监察和审计监督，加大国有资产、项目建设等关键领域监管力度，严肃查处腐败问题，坚决纠正损害群众利益的不正之风。

各位代表，扬帆奋起正当时，凝心聚力谋发展。区十一次党代会为全区未来五年经济社会发展绘就了宏伟蓝图，站在新的历史起点上，创造城关更加美好的未来，我们深感责任重大，使命光荣。让我们在市委、市政府和区委的坚强领导下，团结带领全区人民，坚定信心，奋发图强，开拓创新，锐意进取，为建设美丽幸福新城关而不懈奋斗！

兰州市城关区人大常委会工作报告

——2016年12月4日在兰州市城关区第十八届人民代表大会第一次会议上的报告

兰州市城关区人大常委会主任　高　星

我受区十七届人大常委会委托，向大会报告工作，请予审议。

过去五年工作的总结回顾

五年来，在区委的坚强领导下，区人大常委会深入学习贯彻党的十八大和十八届三中、四中、五中全会精

神及习近平总书记系列重要讲话精神，紧紧围绕全区经济社会率先跨越发展目标，按照常委会“123356”工作思路及“讲规则、重程序、抓重点、建亮点、创特色、争一流”的总体要求，依法履行职责，切实发挥作用，共召开常委会议40次，听取和审议“一府两院”专项工作报告135项，开展执法检查、视察、调研活动176次，较好地完成了十七届人大各次会议确定的目标任务，为全区改革发展稳定和民主法治建设做出了应有贡献。

一、牢固树立大局观念，始终坚持围绕中心议大事，全力促进经济社会健康发展

五年来，常委会突出发展导向，把贯彻区委重大决策部署作为首要任务，依法履职，凝心聚力，主动服务全区工作大局。

——聚焦全区中心工作，认真审定重大事项。紧紧抓住牵动全局的重大问题，深入调查研究，广泛征求意见，及时听取“一府两院”有关汇报，认真行使重大事项决定权，依法做出“十三五”规划纲要、“六五”普法和计划财政等决议决定48项；主动融入发展大局，认真抓好联系街道项目建设、征地拆迁、环境整治，深入督查“冬防”“创卫”等重点工作，督促其有力有效开展；健全任前法律知识考试、投票表决和向宪法宣誓制度，依法任免国家机关工作人员和人民陪审员431人次；按照选举法和省、市、区委的统一部署，依法选举产生252名区十八届人大代表。

——聚焦发展提质增效，助推经济稳中求进。对年度计划、预算编制及时审查，把好“初审关”，增强计划、预算编制的科学性、可行性；对执行过程依法监督，探索全口径预算审查监督方式，审议计划、预算执行和财政决算报告，听取同级财政审计报告，督促加强税收征管，落实计划任务；审议统计法执行情况，对项目建设、非公经济发展、政府集中采购进行视察，分析研判经济发展态势，着力保障重大项目实施。

——聚焦城市品位提升，助推生态文明建设。围绕城市绿色发展，组织代表检查市容环境、南北两山绿化、出入口景观绿化工程、爱国卫生和森林法、市大气污染防治办法贯彻实施等工作，支持有关方面抓整治、抓改造、抓落实；围绕城市交通治理，对全区交通运营工作进行调研，视察非主干道单向停车位设置情况，督促交管部门规范行车秩序，落实畅交通各项措施；围绕市政建设管理，听取审议全区土地资源开发利用和市国有土地上房屋征收与补偿条例执行情况，对行政执法、网格化管理、物业管理、小街巷改造、南河疏浚等工作进行实地视察，提出改进意见和建议，完善精细化管理机制。

——聚焦结构持续优化，助推产业转型升级。着眼于农业增效，组织代表深入涉农街道，就春耕生产、标准化种植基地建设等工作进行视察，督促落实惠农政策，推进农村转型、农民增收；着眼于二产转型发展，对九州园区建设进行专题调研，深入生物化工园区开展视察，促进企业改造提升和第二产业优化发展；着眼于服务业提档升级，听取我区“双创”示范区建设情况，对现代服务业、创意文化产业园、互联网平台建设等工作开展调研，提出打造五大产业链，发展与中心城区相匹配的多元产业，推动电子商务、总部经济、现代物流等新型业态集聚发展。

二、牢固树立为民理念，始终坚持增进民生福祉促和谐，着力推动幸福城关建设

五年来，常委会突出民生导向，把提升群众幸福指数作为工作的落脚点，体察民情，反映民意，努力维护人民群众根本利益。

——关注社会保障体系建设。常委会将城乡低保、医疗救助、养老保险、就业和再就业、弱势群体法律援助、保障性住房建设、虚拟养老院建设和贯彻老年人权益保障法等工作列入监督议题，采取调研、视察、审议等有效形式，督促有关方面完善社会保障服务、创新养老服务体系，为打造我区民生保障品牌和提升社会保障水平发挥积极作用。

——关注安全质量监管工作。从保障消费安全入手，先后组织代表对农产品质量安全法、食品安全法和消费者权益保护法实施情况进行执法检查，实地视察食品、农产品生产、流通、销售加工环节，检查超市、药店、餐厅等消费者权益保护工作，督促相关部门构建安全体系，加强全程监管，推进示范街店建设，强化维权服务，有力维护群众的食品安全和消费权益。

——关注社会公共服务发展。针对教育资源短缺问题，开展调研，在省、市人代会上提出相关议案，促使有关方面提高认识，加大经费投入，核拨教师编制，扩充教育资源；针对公共卫生增效问题，对创建全省中医药示范区、深化医疗体制改革、卫生监督进行调研，推动社区卫生内涵建设；针对文体普惠发展问题，对文化产业、群众文化、文化市场监管和体育法实施等工作进行检查，督促有关部门加强文化阵地建设，发展建设文化产业和文体惠民工程；针对科技创新问题，调研科技进步法执行、科技成果转化、创新型城区建设工作，建议加大扶持力度，完善创新平台，解决与群众公共服务需求不相适应的问题，推进民生事业协调发展。

——关注惠民实事办理。在每年检查政府实事办理情况的基础上，先后组织代表对涉及群众“医、食、住、行”的医保社保、小街巷改造、卫生服务中心、物价监管、廉租房建设、肉菜市场建设、流动人口计生服务、“三不管”楼院整治等工作开展视察，督促相关部门落实惠民措施，并对跨年度工作列出进度计划，加强后续管理。特别是2015年，常委会坚持依法履职与跟踪问效并重，对推进难度较大、涉及群众利益的政府兴办实事工作开展专题询问，进行满意度测评，要求被询问单位制定整改方案，承诺办结时限，督促工作的落实。通过创新监督方式，搭建了代表民主问政的新平台，增强了承办部门责任意识，一批民生热点难点问题得到较好解决，取得了良好的社会效果和监督实效。

三、牢固树立法治思维，始终坚持依法监督重实效，大力推进依法治区进程

五年来，常委会突出法治导向，把贯彻中央《关于全面推进依法治国若干重大问题的决定》放在突出位置，强化法律监督，促进依法行政、公正司法，致力营造良好的法治环境。

——持续开展法制宣传教育。积极组织“国家宪法日”学习宣传活动，认真举办以宪法、监督法等为主要内容的16场法制讲座，全面加强“一府两院”组成人员法制教育；专题检查“六五”普法和依法治区规划实施工作，依法做出《关于继续加强法制宣传教育和依法治区工作的决议》，要求深入推进法律“七进”，使普法教育与法治实践相结合；制定我区组织实施宪法宣誓制度办法，认真组织人大选举任命的国家工作人员正式就职时公开向宪法宣誓，强化国家工作人员对宪法和法律的敬畏之心，增强执行宪法法律的责任感和使命感。

——扎实开展执法检查。以提高法律监督能力、促进依法行政为重点，坚持“查前学法”制度，深化执法检查活动。五年来，围绕事关经济发展、教育科技、城市建管、安全生产、社会保障等18部法律法规贯彻情况进行专项检查，督促解决存在的突出问题，健全执法责任机制，有力保障了法律法规的贯彻实施。同时，拓展监督领域，审议全区依法行政工作情况，专题对区质监局、国土城关分局、区文化稽查大队等9个单位依法行政工作进行检查，推动垂直部门强化属地监管职责，严格规范执法，建立全方位执法监督新模式，着力推进全区依法治理工作。

——深入开展司法监督。组织代表每年听取法、检两院和公安、司法工作情况汇报，旁听法院案件审理，对区政府司法所建设、社区矫正和禁毒，区法院社会管理创新、执行、刑事审判和司法公开，区检察院队伍建设、侦查监督、查办预防职务犯罪和公安城关分局派出所建设开展专项监督，为规范司法执法工作、营造公平正义法治环境提供监督支持。

——认真做好群众来信来访和规范性文件备案审查工作。五年来，常委会坚持运用法治方式妥善化解信访难题，受理群众来信来访717件次，实现了登记、接访、交办和反馈四个100%，有效发挥了人大信访工作化解矛盾、维护稳定的积极作用。同时，按照监督法的要求，制定《区人大常委会规范性文件备案审查办法》，对城关区教师管理办法（试行）、区查处违法建设责任追究办法等49件规章制度进行了备案审查。此外，常委会还充分发挥省、市立法联系点的作用，对消防法、社会救助条例等30多部法律法规征集修订意见，为上级科学立法提供了依据。

四、牢固树立服务意识，始终坚持完善机制增活力，致力发挥代表主体作用

五年来，常委会突出服务导向，把代表工作作为各项工作的依托，创新载体，丰富内涵，加强代表活动常态化、规范化建设。

——多层面抓代表服务保障。通过订阅资料、举办讲座、专题培训等方式，加强代表学习教育，提高代表履职能力；邀请代表列席常委会和参加执法检查、调研活动，通报常委会和“一府两院”工作情况，扩展代表知情履职渠道；制定常委会领导联系代表、代表联系选民办法，下发《区人大代表履职管理评价暂行办法》，调动代表履职意愿，畅通民意反映渠道，规范代表履职行为；根据省、市人大要求，按照“八有”标准，扎实推进代表履职阵地建设，率先在全省建成24个“人大代表之家”和88个“人大代表工作站”，为闭会期间代表开展活动、知情知政搭建了重要的履职平台。此项工作得到省、市人大的充分肯定和高度评价，市人大为此还专门召开现场学习观摩会，外地和本市县区人大先后有20多批次团队来我区考察学习。

——多举措抓代表活动组织。制定《街道代表小组活动办法》和年度代表工作安排意见，督促指导代表小组有效开展活动；建立三级代表参与代表活动和区、街联动开展调研视察机制，创新代表活动方式；组织开展代表接待日、代表活动周、代表联系选民月活动，丰富代表活动内容。五年来，市、区两级人大代表倾听群众呼声，反映群众诉求，参加各类调研、民主评议460多次，围绕“三不管”楼院整治、区域经济社会发展、贫困户帮扶等主题活动献计献力，捐款374万元整治“三不管”楼院，捐助130万促进教育事业发展，购置电脑等设备改善基层办公条件，资助贫困家庭子女上学，充分发挥了代表助推发展、服务群众、监督支持的主体作用。

——多途径抓代表建议督办。常委会严把代表建议“提出关”“交办关”和“督办关”，通过会前组织议案建议工作安排会，引导代表深入调查研究，在提出建议上求质量；通过完善建议交办和考核流程，靠实责任，督促承办单位加强与代表沟通，在办理方式上求实效；通过健全重点建议主任领办、邀请代表视察评议和常委会审议督办等机制，面对面“交账”、硬碰硬“查账”，实现建议从“办复”向“解决”转变。本届会议提出的379件代表建议均按时限办理完毕，办复率为100%，办结率为95.3%，一批群众最关切的问题得到有效解决。

——多方面抓街道人大工作指导。报请区委批转《关于进一步加强和改进街道人大工作的指导意见》，制定《街道人大工委工作规范》，建立街道人大工委主任列席常委会及参加调研和工作例会制度，健全常委会领导联系街道人大和年度督查工作机制，推动基层人大工作全面开展。我区加强街道人大工作的创新做法得到省人大肯定，并在2014年平凉市泾川县召开的全省乡镇（街道）人大工作现场会上进行了经验介绍。

五、牢固树立创新精神，始终坚持改进作风强素质，努力提高常委会履职能力

五年来，常委会突出问题导向，把新时期对人大工作的新要求作为职责使命，建章立制，增强效能，努力推动工作与时俱进。

——加强政治建设。坚持和依靠党的领导，建立每周理论学习制度，深入学习党的十八大和十八届三中、四中、五中、六中全会精神及习总书记系列重要讲话精神，学习全国人大加强县乡人大意见和省、市、区委会议精神，做到全年工作要点、半年总结、常委会情况及时向区委请示汇报，使人大工作与党委要求合拍、合力。认真贯彻《全国人大党组关于加强县乡人大工作和建设的若干意见》，配合区委组织召开区委人大工作会议，制定关于加强和改进人大工作的意见，与时俱进推动工作创新，使党的方针政策和区委决策部署在人大工作中得到有效贯彻落实。

——加强作风建设。按照中央和省、市、区委部署，认真组织开展党的群众路线教育实践活动、“三严三实”专题教育、“两学一做”学习教育，坚持“三会一课”制度，对照践行群众路线、严守政治纪律和政治规矩、党章党规要求认真撰写心得体会，严肃开展批评和自我批评，不断加强思想建设、作风建设和素质能力建设。认真学习中国共产党廉洁自律准则、纪律处分条例、党内监督条例和党内生活若干准则，自觉执行中央八项规定和省、市、区委党风廉政建设的有关规定，严格落实主体责任和约谈制度，使机关干部党的观念和宗旨意识明显增强。坚持把整顿改进贯穿始终，会议经费、公务车辆运行费大幅度下降，会议次数、发文数量明显减少，会期压缩精简，使人大工作从严规范管理，为民务实清廉作风进一步树立。

——加强制度建设。常委会坚持重程序、讲规则，用制度管人管事，本届履职之初就把工作机制创新作为工作原动力，突出问题导向，修订议事程序，新制定提高会议质量、专题询问、宪法宣誓等16项工作制度和机关学习、考核等6项内部管理制度；采取主任会议听取专项工作报告、部分人大代表列席常委会会议、涉及议题部门全程听取意见等举措；建立审议意见落实反馈制度，以无记名投票方式对专项工作进行满意度测评，认真开展刚性监督；在调研中实行以专业性代表主导的集中视察，随机性抽查和专题性调查并重，拓展了监督工作的深度和广度，使常委会议事有规则、行权有要求、履职有标准，形成了一整套符合人大职能的工作规范，较好地顺应了新时期对地方人大工作的要求。

——加强机关建设。注重班子建设，充分发挥常委会党组核心表率作用，坚持做到“七个带头”；注重干部队伍建设，教育引导大家把好干部的“五条标准”作为自觉追求；注重管理创新，制定《区人大常委会各委室目标考核制度》，完善与“一府两院”及部门对口联系机制，建成常委会电子表决系统，推动机关效能建设；注重宣传交流工作，认真编发工作通讯，创设学习宣传专栏，在新闻媒体积极刊登工作信息文章，加强与其他县区学习交流，为扩大人大影响力、凝聚发展合力营造了良好的氛围。

五年来成绩的取得，是区委坚强领导、区“一府两院”自觉接受监督和全区人民积极关心支持的结果，也是常委会组成人员和全体代表以及人大工作者依法履职的结果！在此，我代表区十七届人大常委会，向所有关心、支持人大工作的各位领导、各级代表、各界人士表示衷心的感谢并致以崇高的敬意!

在肯定成绩的同时，我们也清醒地认识到，常委会工作还存在一些不足。主要是：中央18号文件和区委人大工作会议精神的贯彻尚需进一步努力；宪法、法律赋予的职权有待于进一步落实；监督的质量有待于进一步提高；代表主体作用发挥需进一步加强；常委会履职能力和工作水平还需要进一步提升等。

过去五年工作的主要体会

各位代表，发挥地方国家权力机关、监督机关、民意机关作用，做好新时期人大工作，我们深刻体会到：

——坚持党的领导，坚定政治方向，是人大工作的

根本保证。我们坚持正确处理好党的领导与依法履职的关系，始终把贯彻党的路线方针政策和维护区委权威、大局和谐稳定作为重要政治原则。自觉增强政治意识、大局意识、核心意识、看齐意识，把党的方针政策贯穿到人大工作的各个环节，体现在各项决议决定、工作监督、人事任免中，使党的主张通过法定程序转变为人民意志。

——围绕中心，服务大局，是人大工作的必然要求。我们坚持工作大局意识，紧紧围绕区委决策部署、全区改革发展的重大问题和涉及群众根本利益的热点问题来谋划工作、行使职权，使人大工作既与经济社会发展大局相适应、相促进，又及时督促工作中存在问题的解决与改进，为发展提供有力支撑。

——尊崇宪法，依法履职，是人大工作的基本准则。我们树立宪法法律至上的观念，坚持以法律为依据，严格规范履职活动，确保人大各项工作在依法、规范、有序中进行。正确处理与“一府两院”的关系，坚持在参与中监督，寓监督于支持之中，推动经济社会发展和法治建设。

——牢记宗旨，改善民生，是人大工作的目标追求。我们坚持执政为民，紧紧联系和依靠代表，围绕群众关注的教育、医疗、就业、养老、安居、环保、食品安全等民生民计问题开展调研，提出建议，搞好监督。

——依靠代表，强化监督，是人大工作的坚实基础。我们认真听取人大代表的意见，切实加强与代表的日常联系，紧紧围绕“保障代表依法履职、发挥代表主体作用”这一主题，完善代表履职和为代表服务机制，突出抓好代表履职阵地建设，积极开展代表主题实践活动，充分发挥代表的监督主体作用和示范带头作用。

——积极进取，开拓创新，是人大工作的重要动力。我们始终把创新贯穿于人大工作的全过程，从机制入手，创新求变，在监督工作、代表工作、常委会自身建设等方面注重探索新方式，推行专题询问、任前承诺、宪法宣誓、满意度测评、代表评议、代表列席常委会、三级代表联动等创新举措，增强了常委会履职效果，使人大工作水平在实践创新中有新的提升。

今后工作的建议

各位代表，当前，我区正处在全面深化改革、率先全面建成小康社会的关键时期。新一届人大常委会要在区委的领导下，按照中央、省市委关于加强和改进人大工作的部署要求，紧紧围绕区第十一次党代会确定的“建设美丽幸福新城关”这一目标和“1355”总体发展思路，认真履行宪法和法律赋予的各项职权，为全力打造“五个城关”和民主法治建设做出新的贡献。

一要进一步贯彻落实省、市、区委人大工作会议精神。要把党的领导贯穿始终，继续深入抓好中央18号文件和省、市、区委人大工作会议及定西试点推进会精神的落实，围绕《意见》中提出的干部队伍建设、规范机构设置、有效行使职权等关键问题，推动区、街人大工作进一步制度化、规范化，使人员构成、机构设置、工作条件与担负的职责和任务相适应，着力形成区委有力支持和人大充分履职、“一府两院”自觉接受人大监督的新常态；要把务实创新贯穿始终，牢固树立创新、协调、绿色、开放、共享五大发展理念，在围绕区十一次党代会目标任务、服务全区改革发展大局中找准切入点，完善人大工作机制，通过监督、重大事项决定、规范性文件备案审查等工作，为全区经济社会健康发展凝心聚力，确保省、市、区委关于加强和改进人大工作的各项举措落到实处。

二要切实落实重大事项决定权。要按照区委人大工作会议提出的“重大事项决定突出规范性，全面推行重大事项年度清单制度”的要求，健全政府重大决策出台前向人大报告制度，推行每年年底提出下一年度拟提请人大讨论决定的重大事项建议清单，确保重大事项及时由人大及其常委会依法讨论决定；要健全重大事项调查研究和决策协商机制，成立预算审查和司法监督专家委员会，为科学决定重大事项提供决策咨询；要及时跟进全面深化改革、民主法治建设、保障改善民生等社会关切的重大事项，科学做出决议决定，依法保障区委重大决策部署全面贯彻实施。

三要着力增强监督工作实效。要全面贯彻监督法，改进监督方式，充分运用执法检查、听取审议专项工作报告、工作评议、代表视察等监督方式，加大刚性监督力度，对重要事项开展专题询问、满意度测评，促进依法行政、公正司法；要突出监督重点，注重提升经济运行质量和城市建管水平，注重保障民利和改善民生，注重依法治区和维护正义，增强监督工作的针对性、实效性，切实提高人大监督的整体效果。

四要认真行使人事任免权。要坚持党管干部与人大依法选举任免干部相统一的原则，依照法律程序落实党委人事方案。要规范任免程序，严格任职资格审查，健全完善候选人、拟任命人选介绍程序和内容，认真落实任前法律知识考试、表态发言和向宪法宣誓制度，依法做好人事任免工作。要探索任后监督的有效方式，加强对国家机关工作人员依法履职、廉洁从政情况的监督，不断强化任命人员的责任意识、法律意识、人大意识和宗旨观念。

五要不断深化代表工作。要加强代表小组建设，完善“人大代表之家”运行机制，拓展“人大代表在行动”活动，坚持代表集中视察、联系选民、列席常委会等制度，推进代表履职常态化、规范化；尊重代表主体地位，健全“双联系”制度，改进建议办理工作，拓宽代表知情知政渠道，进一步健全代表学习培训和服务保障机制，努力把代表履职的积极性保护好、引导好、发挥好。

六要持之以恒加强自身建设。不断适应新形势的要求，持续深入推进“两学一做”学习教育，坚持把思想政治建设放在首位，认真贯彻中央和省、市、区委全面从严治党的相关规定，落实廉政建设主体责任，不断加强常委会的组织纪律、作风和能力建设；坚持民主集中制原则和议事决策制度，充分发挥常委会、主任会议、专委会及人大机关、人大街道工委的作用，建设学习型、创新型、廉洁型人大组织，着力推动全区人大工作再上新台阶。

各位代表，实现改革发展新跨越，谱写美好生活新篇章，群策谋之无不赢，众力举之无不胜。让我们在中共兰州市城关区委的坚强领导下，团结一心，凝心聚力，锐意进取，扎实工作，为建设美丽幸福新城关而努力奋斗！

凝心聚力　团结奋进
为建设美丽幸福新城关贡献智慧和力量

——2016年12月2日在政协兰州市城关区第九届委员会第一次会议上的报告

政协兰州市城关区委员会主席　冯广宸

各位委员、同志们：

现在，我代表政协兰州市城关区第八届常务委员会向大会做报告，请予审议。

政协兰州市城关区九届一次全体会议，是在全区上下深入学习贯彻区第十一次党代会精神，站在城关发展新起点，全面开启“十三五”新征程的关键时期召开的一次重要会议。大会的主题是：高举中国特色社会主义伟大旗帜，以马列主义、毛泽东思想、邓小平理论、“三个代表”重要思想和科学发展观为指导，更加紧密地围绕在以习近平同志为核心的党中央周围，深入学习贯彻党的十八大，十八届三中、四中、五中、六中全会和习近平总书记系列重要讲话精神，回顾总结区政协八届常委会五年来的工作，对今后工作提出建议。进一步团结和依靠全区各族各界人士，紧紧围绕党中央“四个全面”战略布局、“五大发展理念”和省、市、区党委决策部署，凝心聚力、继往开来，团结奋进、助推发展，为建设美丽幸福新城关贡献智慧和力量。

过去五年的工作和经验总结

八届区政协任期的五年，是在继承发扬往届政协工作的基础上，开拓创新、务实发展的五年。在中共兰州市城关区委的正确领导下，区政协常委会始终坚持中国共产党领导的多党合作和政治协商制度，调动一切积极因素，团结一切可以团结的力量，动员和组织广大政协委员、各族各界人士，围绕中心、服务大局，为助推城关改革发展、社会和谐稳定做出应有的贡献。

——五年来，我们始终坚持以围绕中心、服务大局为己任，政治协商水平不断提升。

习近平总书记指出，服务大局、参政议政是政协组织的工作核心。五年来，常委会始终坚持把服务全区中心工作作为工作的出发点和落脚点，在协商内容上坚持把握重点，协商形式上体现灵活多样，协商实践中注重实际成效，努力为党委政府科学决策提供依据。

（一）政治协商力度不断加大。坚持发挥人民政协在发展协商民主中的重要作用，探索和形成“全委会议集中协商、常委会议专题协商、主席会议重点协商”的工作格局，政治协商质量明显提高。一是认真开展集中协商。召开全委会议5次，组织全体政协委员重点围绕《政府工作报告》及其他有关报告展开讨论，积极建言献策、参政议政，提出了很多有分量、有见解、可操作的意见建议。二是精心组织专题协商。采取实地调研视察、召开常委会专题议政的方式，邀请区委、区政府分管领导和区直有关部门参加，与政协委员面对面交流，协商提出具体意见。五年来，围绕南北两山及“大兰山”生态环境建设、食品药品卫生安全、创建全国文明城市、招商引资和“一带一路”建设、电子商务与文化产业发展、“创新创业”示范区建设等重点工作召开专题协商议政会18次，为区委、区政府科学决策、高效推进重点工作发挥了积极作用。三是扎实开展重点协商。在掌握区委、区政府不同阶段的工作部署后，及时召开主席会议进行认真学习传达，围绕重大项目建设、大气污染防治、民生改善、非公经济发展等内容，会同有关部门进行积极协商，并形成协商意见向区委进行汇报。

（二）参政议政质量不断提高。充分发挥人民政协人才荟萃、智力密集的优势，坚持紧扣改革发展献计出力，不断推动和实现广泛有效的人民民主协商制度，畅通民主协商渠道，开展调研视察活动。五年来，组织政协委员参与视察调研活动400余人次，特别是重点围绕基层文化阵地建设、社区卫生服务、城市建设和管理、安全生产等方面开展调研视察活动29次，形成视察和调研报告24份，建议案8份，视察简报8期，提出意见建议140余条，将一些重要的意见建议和带有倾向性、苗头性的问题真实地反映给区委、区政府，为党委、政府和有关部门处理解决有关问题提供参考依据，以卓有成效的工作业绩不断丰富社会主义民主政治的内容和形式。

（三）提案工作水平不断提升。坚持推进履职能力建设，提案选题更加注重与区委、区政府中心工作相结合，征集转办更加注重科学细致，督办落实更加注重实际效果。一是征集渠道进一步畅通。通过召开政情通报会、协商议政会等方式，为委员撰写提案提供帮助，引导委员贴近中心、贴近大局、贴近民生提出提案，提案数量和质量明显提升。二是办理质量进一步提高。坚持主席督办重要提案和副主席督办提案制度，由各副主席带队定期深入提案承办单位，听取汇报、现场察看，了解办理情况，协商指出问题，提出意见建议。三是办理效果进一步凸显。每年选择一些重点提案或办理难度较大、涉及部门较多的提案，列入全年目标任务，采取跟踪督办、视察催办、协商办理等方式，促进提案办理工作的有效落实。五年来，征集提案689件，立案415件，送交区委、区政府及有关部门承办，已全部办复。

——五年来，我们始终坚持以服务群众、履职为民为根本，民主监督工作不断推进。

关注民生、履职为民是政协组织的根本宗旨。五年来，常委会始终把改善民生作为履行职能的重大使命，发挥联系群众广泛的优势，积极反映群众诉求，协助党委政府解决群众最关心最直接最现实的利益问题，努力把人民群众的注意力和积极性引导到助推城关深化改革发展和社会和谐稳定上来。

（一）社情民意的反映渠道进一步畅通。一方面，建立健全社情民意工作机制。实行主席亲自过问、分管主席督办、专委会主任为第一责任人的社情民意工作机制，结合委员分组活动，组织政协委员在调研、视察和走访活动中深入街道社区，了解和听取基层群众的呼声和诉求，解决实际问题。另一方面，通过政协网站“社情民意”专栏和政协机关对口联系渠道，积极反映社情民意，为党政领导了解民情、汇聚民智、科学决策提供参考。五年来，编发《城关政协》55期，《提案通报》11期，收集和反映各类意见建议159条，对于促成相关部门完善工作思路、解决群众生产生活实际问题起到了积极的促进作用。

（二）政协委员奉献社会的热情进一步提升。在区委和政协常委会的带领下，立足政协自身特点和优势，积极引导广大政协委员关注民生、服务基层，广大政协委员以实际行动全力投入和支持城关各项工作，使政协工作职能和委员履职切实体现在工作上、活跃在基层中，进一步增强了广大政协委员的荣誉感、责任感和使命感。五年来，组织广大政协委员开展文化科技、法律咨询、教育培训、劳动就业、医疗服务等便民活动11次，义务为群众提供科技咨询、医疗卫生等服务1200人次，协调解决安置下岗职工再就业300余名。积极鼓励和支持各界别委员以帮困助贫、义务服务和捐资捐物等形式为群众解难题、办实事。特别是发动政协委员募集款物400余万元，组织实施了以“酒泉小院”为代表的22处“三不管”楼院整治工作，取得了显著成效，成为全市乃至全省的示范，发挥了典型引领带动作用，彰显了广大政协委员关注民生、奉献社会的高尚情怀和服务城关、支持城关的“主人翁”精神。

（三）政协委员的自身发展进一步提高。进一步深化实施“委员分组联系群众”“岗位建功、履职为民”等主题活动，积极开展优秀政协委员、优秀提案评选活动，54名委员被评为区政协优秀委员，50件提案被评为优秀提案，多名委员被评为省市劳动模范和先进工作者，使广大政协委员在本职工作中的带头作用、政协工作中的主体作用、界别群众中的代表作用进一步发挥。同时，各民主党派和广大政协委员积极投身城关和全市全省经济社会发展主战场，积极献计献策，在各自岗位上施展才华、建功立业，在自身不断成长发展的基础上，持续关注帮困助学、就业保障、医疗卫生等社会公益事业，为推动城关乃至全市全省经济社会持续健康发展发挥了应有作用，展现了新时期政协委员的风采。

——五年来，我们始终坚持以团结民主、汇聚力量为主题，共谋发展的局面不断巩固。

习近平总书记指出，“大团结大联合是统一战线的本质要求，是人民政协组织的重要特征”。常委会始终紧扣团结民主两大主题，把发扬民主、增进团结、协调关系、化解矛盾、凝聚人心、汇聚力量作为履行政协职能的着力点，在发扬社会主义民主、促进社会和谐上做出了积极贡献。

（一）各党派团体的团结合作不断加强。认真贯彻“长期共存、互相监督、肝胆相照、荣辱与共”的方针，主动加强与各民主党派、团体和无党派人士的团结合作。在政协全委会议、常委会议上，重点安排民主党派、工商联人士发言，在调研视察、专题协商期间，邀请民主党派、无党派人士参加，充分听取他们的意见和建议。坚持不定期走访委员，先后走访慰问民主党派6次，多次与各党派主委进行座谈交流，及时了解他们的工作、生活和履职情况，掌握广大委员特别是经济界委员在生产经营中存在的实际困难，并通过政协层面给予积极协调解决，实实在在帮助委员发展事业。不断提高政协机关服务委员的意识，逐步形成政协机关与委员相互理解、相互支持、相互帮助的工作局面，进一步增强了政协各参加单位之间的凝聚力和亲和力。

（二）各民族宗教的关系不断和顺。认真贯彻党的民族宗教政策，坚持民族宗教政策宣传经常化，加强同民族宗教界人士的团结、沟通和联系。通过委员活动日、宗教场所视察、走访看望委员，积极宣传《宗教事务条例》等党的民族宗教政策和相关法规知识。先后重点组织视察调研宗教场所9次，大力支持宗教界委员积极参与社会公益活动，各宗教组织和信教群众为低保户、特困学生和特困群众捐款捐物。特别是在藏历新年、古尔邦节、尔德节等少数民族节日期间，看望慰问宗教界人士，及时通报区委、区政府和区政协工作情况，引导宗教界委员带头讲政治、顾大局，带头落实民族宗教政策，尤其是在涉及维稳、拆迁等重点工作中，通过政协组织层面发动宗教界人士带头宣传政策、带头支持政府工作，主动配合，促进了相关工作的顺利推进。

（三）社会各界共谋发展的局面不断巩固。认真做好社会各阶层的团结工作，促进社会各阶层和不同利益群体的和谐共处，营造共谋发展、致力发展的良好氛围。通过委员小组活动、界别联谊活动等形式，进一步加强“三胞”联络工作，动员“三胞”委员加强与海外亲友的联系，不断拓宽海峡两岸交流交往的渠道。五年来，持续开展“四个一”活动，即与海外亲友通一次电话、写一封信、做一件沟通联谊的事以及给相关部门提一条建议。委员们与海外亲友通过电话、短信等通讯方式，保持着高频率联系。组织台湾黄埔同学联谊交流活动6次，为促进我区对外开放、招商引资、发展外向型经济做出了积极努力。

——五年来，我们始终坚持以提升素质、改进作风为基础，自身建设水平不断提高。

加强自身建设、夯实工作基础是政协履职尽责的前提保障。常委会始终坚持把加强自身建设放在首位，积极倡导广大委员和机关干部树立政治意识、大局意识和看齐意识，有效提升了政协工作整体水平。

（一）加强理论学习，始终保持坚定正确的政治方向。通过举办学习报告会、专题讲座、政协大讲堂、委员培训等多种形式，定期组织机关干部和政协委员开展集中学习，认真传达中央及省、市、区重要会议精神。与北京师范大学合作建立了城关区政协委员培训基地，选送80名委员赴北京参加专题培训。利用“政协大讲堂”的形式在政协委员中开展授课培训4次。政协党组和机关党支部通过开展群众路线教育实践活动、“三严三实”专题教育和“两学一做”学习教育，“四风”问题得到有效整治，纪律作风明显好转，进一步筑牢了广大政协委员和政协机关党员干部的思想基础，坚定了正确的政治方向。

（二）加强班子建设，不断提高服从和服务大局的能力。坚持把政协工作融入全区工作大局来谋划和推进，以转变作风、提高思想认识为抓手，政协党组和常委会成员切实做到“三个带头”。一是带头讲政治。牢牢把握正确的政治方向，始终保持政治上的清醒和坚定，时刻与党委保持高度一致，切实做到重大事项、重要意见建议及时向区委汇报，切实把区委的主张融入政协工作的具体实践中。二是带头讲纪律。自觉落实中央和省、市、区委党风廉政建设和反腐败工作各项规定，努力为党员干部、政协委员和人民群众做好表率。三是带头讲履职。坚持把政协工作融入全区中心工作之中，在服从和服务中体现工作特色，在助推发展中彰显职责作用，从而使政协的各项工作更加符合党委政府中心工作，更加符合城关改革发展的大局，更加符合广大政协委员和各界群众的期盼。

（三）加强队伍建设，为提升政协工作整体水平提供保障。一方面，加强政协委员队伍建设。以创新政协委员履职机制为重点，探索实践《委员管理办法》，对于成绩突出、积极主动参政议政的委员，给予相应的鼓励和宣传；对极个别不负责任、参政议政意识较差、不能有效履职的委员，按照相关规定进行处理，努力营造鼓励委员干事业、支持委员干成事业的良好氛围。另一方面，加强政协机关队伍建设，以实施“三化建设”、打造“五型机关”为目标，改进工作作风，提高工作效率，在政协机关树立“为委员服务、为发展服务、为群众服务”的理念，坚持“讲政治、讲廉洁、讲效率、讲协作”，不断提高工作质量和工作效率，使整个政协机关呈现出学习进取、团结合作的良好氛围。

各位委员、同志们：五年来，在中共兰州市城关区委的坚强领导下，全区上下积极投身全面建成小康社会、实现“中国梦”的伟大实践，各项事业取得长足发展，政协组织和广大委员与党委政府和各界群众同心同向、和衷共济，同呼吸、共命运，共同为城关改革发展发挥了不可替代的积极作用，这是区委正确领导的结果，是区人大、区政府大力支持的结果，凝聚着全区各族各界、广大政协委员和政协工作者的心血和汗水。在此，我代表区政协八届常委会向多年来关心支持城关政协工作的各级领导、各界人士，向全体政办委员致以崇高敬意和衷心感谢！

过去五年的实践，不仅取得了一定成绩，更为我们今后的工作提供了有益启示。站在新的起点，面对新的征程，成绩令人鼓舞，经验弥足珍贵。五年来的工作实践，使我们深深体会到：一是必须始终坚持高举中国特色社会主义伟大旗帜。党的领导是中国特色社会主义最本质的特征，也是人民政协事业发展进步的根本保证。二是必须始终坚持中国特色社会主义制度优势和特点。人民政协要始终把坚持和发展中国特色社会主义作为巩固共同思想的政治基础。三是必须始终坚持广泛凝聚中华民族伟大复兴的正能量。要最大限度调动一切积极因素，将团结和民主贯穿于人民政协工作的各个方面和全过程。四是必须始终坚持紧扣改革发展献计出力。发展仍然是我们工作的关键，要切实把促进发展作为政协履行职能的第一要务。五是必须始终坚持推进履职能力建设。要始终关注民生，切实履职，助推发展，充分体现人民政协服务大局、服务人民的本质。六是必须始终坚持发挥人民政协在协商民主中的重要作用。在依照宪法法律和政协章程的基础上，大力推进政协各项工作和各项事业不断向前发展。这“六个坚持”不仅是我们的经验总结，更是党中央和习总书记对人民政协组织提高履职能力现代化水平的具体要求。总之，五年的实践，是我们不断前进的重要基础；五年的经验，是我们再创佳绩的宝贵财富。回顾过去，展望未来，我们对新一届区政协工作充满信心！

对今后工作的建议

今后五年，既是城关经济社会转型升级的关键期，又是全面建成小康社会的决胜期。各级政协组织和广大委员要深入学习贯彻习总书记系列重要讲话精神，自觉服从服务于全面建成小康社会目标，始终与党委思想同心、目标同向、工作同步。特别是区第十一次党代会立足新起点、着眼新发展，提出“建设美丽幸福新城关”奋斗目标和“1355”总体发展思路，为我区未来五年和今后一个时期的发展描绘了宏伟蓝图，指明了前进方向。面对新形势、新任务、新要求，区政协九届委员会肩负着光荣使命。为此，我们向区政协九届委员会建议：

一、高举中国特色社会主义伟大旗帜，切实巩固团结奋斗的思想基础

习总书记指出，中国特色社会主义是前无古人的伟大事业。作为政协组织和新一届政协委员要进一步强化责任意识和大局意识，始终高举中国特色社会主义伟大旗帜，不断增进对中国特色社会主义的政治认同和思想认同，坚持用中国特色社会主义理论体系统一思想、凝聚力量，确保工作的正确方向。进一步增强道路自信、理论自信、制度自信、文化自信，推进政治协商、民主监督、参政议政制度建设，切实做到知政明政、懂政议政，提高政治把握能力、调查研究能力、联系群众能力、合作共事能力，看深看清问题，彰显议政水平，切实把中国共产党领导的多党合作和政治协商制度坚持好、完善好，把最广泛的爱国统一战线巩固好、发展好，把人民政协的独特优势运用好、发挥好。

二、切实发挥参政议政职能，为助推城关改革发展献计出力

习总书记指出，“协商民主是中国社会主义民主政治中独特的、独有的、独到的民主形式，人民政协是社会主义协商民主的重要渠道”。政协组织和广大政协委员必须深入学习贯彻中央和省、市、区委关于推进协商民主的意见，紧紧围绕中央“四个全面”战略布局以及区第十一次党代会确定的“1355”总体思路，自觉服从和服务城关发展大局，坚持把助推发展、服务大局作为政协履行职能的第一要务，围绕供给侧改革、产业结构转型升级、西部大开发战略实施、“一带一路”战略、“大众创业、万众创新”、“互联网+”战略、城市管理和棚户区改造等重点工作，充分发挥政协人才荟萃、智力密集的特点和优势，选准角度、把好尺度、增加深度，积极开展调研视察和参政议政，努力为促进全区发展献计出力。

三、牢牢把握团结和民主两大主题，巩固和壮大最广泛的爱国统一战线

把团结和民主两大主题贯穿于政协工作的各个方面

和履行职能的全过程。进一步扩大团结面、增强包容性，大力倡导平等协商的良好氛围，充分调动各方面的积极性和主动性，广泛凝聚各方面的智慧和力量，充分运用人民政协参政议政这一民主形式，广泛吸收各党派、各团体、各民族、各阶层、各方面人士参与和支持发展，营造团结民主、和谐活跃的议政氛围。充分发挥人民政协协调关系、汇聚力量的优势，积极促进政党关系、民族关系、宗教关系、阶层关系、海内外同胞关系的和谐，不断加强同台湾同胞、港澳同胞、海外侨胞以及一切关心支持城关改革发展的国内外人士的大团结，在协商中推进合作共事，在合作中实现党的领导。

四、始终关注民生问题，努力维护人民群众的根本利益

把实现好、维护好、发展好最广大人民的根本利益作为政协工作的出发点和落脚点，把协助党委和政府办好改善民生的实事作为政协履行职能的重要内容，为解决好人民群众最关心、最直接、最现实的利益问题咨政建言、献计出力。充分发挥人民政协化解矛盾、维护稳定的重要作用，主动协助党委和政府宣传政策，理顺情绪、化解矛盾、维护稳定。组织政协委员深入实际、深入基层、深入群众，真诚倾听群众呼声，真实反映群众愿望，真情关心群众疾苦，加强对保障民生、改善民生的社会建设问题的民主监督，协助党委和政府促进社会公平正义，体现发展为了人民、发展依靠人民、发展成果由人民共享，促进社会和谐。

五、切实加强自身建设，提高政协履行职能的能力和水平

充分发挥政协党组的领导核心作用，全面加强政协常委会建设，以踏石留印、抓铁有痕的劲头，坚决贯彻党中央和省、市、区委决策部署，准确把握方向，服从服务大局。同时，认真贯彻“长期共存、互相监督、肝胆相照、荣辱与共”的方针，加强多党合作，进一步支持民主党派和无党派人士在政协履行职能、发挥作用。切实加强政协机关各专委会建设，充分发挥专委会的基础作用，认真探索发挥界别作用的方法和途径，健全规范有序的工作机制。提高委员履行职责的能力，增强责任和义务意识，尊重和依法保护委员的各项民主权利，加强委员培训和管理，充分发挥委员的主体作用。把创建服务型机关放在政协机关建设的首位，强化服务基层、服务委员的政治意识，努力造就一支政治坚定、作风优良、学识丰富、业务熟练的高素质政协工作干部队伍。

各位委员、同志们：回顾走过的历程，我们倍感欣慰。展望美好的前景，我们的使命更加光荣。我们衷心希望新一届区政协，在中共兰州市城关区委的坚强领导下，高举中国特色社会主义伟大旗帜，紧紧围绕区委“1355”总体发展思路，同心同德、群策群力，务实奋进、扎实工作，为谱写人民政协事业新篇章、助推美丽幸福新城关建设和实现中华民族伟大复兴中国梦而团结奋斗！

坚守责任担当　严格执纪问责
不断推动全面从严治党取得新成效

——中共兰州市城关区纪律检查委员会向中共兰州市城关区第十一次代表大会的工作报告

城关区纪律检查委员会书记　杨斌宏

现将中共兰州市城关区纪律检查委员会自中共兰州市城关区第十次代表大会以来的工作情况及今后五年工作的建议报告如下，请予审议。

一、区第十次党代会以来党风廉政建设和反腐败工作基本情况

区第十次党代会以来的五年，是城关快速发展、各项工作实现历史性跨越的五年，也是全区党风廉政建设和反腐败斗争深入推进的五年。五年来，在区委和市纪委的正确领导下，全区各级纪检监察组织以邓小平理论、“三个代表”重要思想和科学发展观为指导，深入贯彻党的十八大及十八大以来历次全会精神，全面落实中央和省市纪委各项决策部署，坚持全面从严治党，深入贯彻落实“3783”主体责任体系，忠诚履行党章赋予的职责，强化监督执纪问责，创新体制机制，持之以恒抓作风纪律建设，着力解决群众身边的不正之风和腐败问题，坚决遏制腐败蔓延势头，党风廉政建设和反腐败工作取得了新的成效。

（一）坚持挺纪在前，纪律规矩意识进一步增强。区委始终把严明党的纪律、严守党的规矩，自觉遵守和执行党章作为重大政治任务，不断加大监督检查力度，坚决维护党的集中统一。区委常委会带头遵守党的政治纪律和政治规矩，自觉落实“五个必须”，严格防止“七个有之”现象。始终按照党的组织原则、党内政治生活准则和制度规定办事，凡重大决策、重大决定和重要人事任免，都坚持集体讨论、民主决策，思想和行动上坚决维护党中央权威。区纪委把遵守政治纪律、政治规矩和民主集中制、重大事项请示报告等制度的落实作为纪律审查的重点，强化纪律刚性约束，确保令行禁止、政令畅通。《中国共产党廉洁自律准则》《中国共产党纪律处分条例》和《中国共产党问责条例》颁布后，区委及时安排部署学习宣传和贯彻落实工作，通过区委中心组学习、专题辅导讲座、城关发布微信平台、城关廉政网设立学习辅导专栏等形式深入解读《廉洁自律准则》《纪律处分条例》和《问责条例》，开展宣讲100余场次，广大党员干部接受了集中教育，增强了遵章守纪意识。

（二）明确工作职责，党委主体责任进一步落实。区委坚持把党风廉政建设和反腐败工作纳入全区总体工作部署之中，做到党风廉政建设与经济社会发展同研究、同部署、同检查、同考核、同落实。成立党风廉政建设主体责任贯彻落实推进工作领导小组，不断加强党风廉政建设的组织领导。区委常委会议认真研究党风廉政建设有关议题，对相关工作做出具体部署；区委主要领导主动履行第一责任人职责，做到重要工作亲自部署、重大问题亲自过问、重点环节亲自协调、重要案件亲自督办；班子其他成员认真履行“一岗双责”，做到管人和管事相统一。五年来，区委先后召开常委会、党风廉政建设联席会议60多次，讨论研究党风廉政建设方面工作45项，有力推动了主体责任的落实。围绕党风廉政建设，先后制定出台《城关区贯彻落实〈建立健全惩治和预防腐败体系2013—2017年工作规划〉实施方案》《关于落实党风廉政建设党委主体责任的实施细则》《城关区“三述”实施办法》《党风廉政建设责任制报告制度》《区级领导落实党风廉政建设责任制约谈、宣讲、督导工作安排意见》以及《城关区纪检监察组织加强对同级党委及其成员监督工作暂行办法》等一系列制度办法，对落实党委主体责任、纪委监督责任提出了明确要求，为党风廉政建设各项工作的深入开展提供了有力的制度保障。围绕责任落实，先后建立完善了工作约谈、警示教育、述职评议、督导检查、责任追究等8项工作机制，形成了上下贯通、层层负责、逐级落实的完整链条。在历届区纪委全会上，区委分别与各街道、各单位签订目标责任书，逐层逐级分解靠实目标任务。每半年和年终两次由区委常委带队，对全区各单位党风廉政建设工作情况进行督促检查，促进了工作责任的落实。建立“初核+约谈、审计+约谈、预防+约谈、督查+约谈”等四种约谈模式，强化对苗头性、倾向性问题的警示提醒。2014年约谈工作规范开展以来，全区共开展各类约谈4022次，涉及12044人，其中：工作约谈3410次，提醒约谈256次，告诫约谈87次，鼓励约谈269次。

（三）加强监督检查，作风建设进一步加强。坚持以优化发展环境为主线，以转变干部作风，建设廉洁、勤政、务实、高效的干部队伍为目标，坚持不懈加强作风建设。区委坚持把贯彻落实改进作风各项规定作为一项长期性工作任务，制定出台《改进工作作风密切联系群众的十条规定》《改进工作作风的实施细则》等制度，从党员领导干部外出考察、公务接待、厉行节约及精简会议文件等十个方面做出明确要求。中央八项规定出台以来，全区性会议、文件逐年下降，“三公”经费支出大幅度缩减。围绕作风建设，先后组织开展效能风暴行动、领导干部出入私人会所、违规经商办企业、小金库专项治理和固定资产核查等集中治理活动。2015年，根据省委巡视组反馈意见，积极开展落实党委主体责任、整治突出问题八大专项行动，及时纠正解决了一批作风问题。紧盯春节、中秋、国庆等重要时间节点和“四风”隐形变异问题开展常态化监督检查，狠刹公款送礼、公款吃喝、公款旅游、公车私用及违规操办婚丧喜庆事宜等不正之风。五年来，共开展各类监督检查300余次，对81起典型问题进行了处理和通报，涉及174人，其中：违反中央八项规定精神典型问题22起，给予党政纪处分13人，其他方式处理20人。下发《行政效能检查建议书》14份，《行政效能督办通知书》54份，对66家单位进行了通报批评；审查备案公职人员操办婚丧事宜229人。

（四）严格纪律审查，惩治力度进一步加大。始终以“零容忍”态度惩治腐败，坚持把纪律审查作为遏制腐败增量、减少腐败存量的有效抓手，持续保持惩治腐败的高压态势。注重加强与审判、检察、公安、审计等机关的协作配合，定期召开区委反腐败协调工作领导小组联席会议，实现案件信息互通共享，形成案件查办的整体合力。开通网站举报方式，进一步畅通监督举报渠道。实行信访办理的“两制度、三文书”，进一步规范办信方式。积极实践监督执纪“四种形态”，扩大谈话、函询范围，让有反映的干部讲清问题，让有错误的干部及时改正。五年来，全区共受理各类信访举报909件次，立案114件，结案107件，给予党政纪处分107人。纪律审查总体呈现“一降四升”态势，减存量、遏增量成效进一步凸显。在严肃查办案件的同时，坚持抓早抓小，对发现的一般性问题及时进行纠正，化解在萌芽状态。注重教育保护干部，在查明事实的基础上，为受到不实举报的党员干部澄清是非。

（五）注重抓早抓小，预防教育作用进一步发挥。以理想信念教育和党性党风党纪教育为主要内容，不断创新教育形式、拓展教育内涵，提高反腐倡廉教育的针对性和实效性，引导党员领导干部筑牢拒腐防变的思想道德防线。加强正面教育力度。每年在全区集中组织开展反腐倡廉系列宣传教育活动。通过举办廉政大讲堂、开展主体责任大宣讲、组织党纪条规知识竞赛和测试、撰写理论文章等形式，组织广大党员干部特别是领导干部认真学习，系统掌握近年来中央和省市出台的一系列党纪条规。以学习贯彻《中国共产党廉洁自律准则》《中国共产党纪律处分条例》和《中国共产党问责条例》为重点，深入开展专题教育，引导广大党员明确行为规范和纪律规定。五年来，全区各单位共组织党员干部集中观看警示电教片1800场次，观看人数达3万多人次。向全区党员干部配发《违反中央八项规定精神典型问题案例选编》6期、6000多份，发放“落实中央八项规定精神明白卡”2000余份。每年组织召开全区领导干部廉政警示教育大会，通报典型违纪违法案件；组织新任领导干部参观预防职务犯罪警示教育基地和听取职务犯罪服刑人员现身说法；组织各涉农街道和村（社区）负责同志、财务人员旁听法院案件庭审，从身边的人、身边的事中汲取深刻教训。加强廉政文化建设，举办廉政文艺巡回演出，组织开展家庭助廉活动。创建市级廉政文化示范点2个，区级廉政文化示范点6个。制作播出廉政公益广告《不同的轨迹、不同的人生》，获全省二等奖。

（六）落实“三转”要求，纪检体制机制得到进一步完善。区委积极支持纪检监察组织落实“三转”要求，对区纪委牵头参加议事协调机构进行清理调整，取消56个，保留8个。将“三转”后明确规定不属于纪委的工作整体移交相关部门，进一步聚焦主责主业、突出监督执纪职能。新增6个综合派出纪工委和5个街道片区纪工委，新配备纪检监察专干46名，不断加强纪检监察队伍建设。通过联合办案、交叉办案、提级办案等方式，不断提高执纪工作实效。综合派出纪工委设立以来，共承办各类信访线索47条，立案10件，结案8件。注重对纪检监察干部的教育培训、调整优化和选拔任用，先后举办纪检监察干部业务培训班8期、培训430余人，选派60多名纪检监察干部赴外地参观学习，抽调40多名纪检监察干部到区纪委机关挂职锻炼和以案代训，任用交流纪检监察干部35人。

五年来，全区党风廉政建设和反腐败工作取得了新进展。各级领导干部的纪律规矩观念和廉洁自律意识不断增强，一些消极腐败现象得到了有效遏止，部门和行业风气进一步好转，为全区经济社会转型跨越发展创造了良好环境，提供了坚强保证。区纪委派出机构改革、廉政约谈、“两个责任”落实、干部教育培训、专题调研等工作，得到了上级纪委的肯定。但是，我们也清醒地看到，当前党风廉政建设和反腐败工作还存在一些不足：少数党组织对全面从严治党主体责任上紧下松，制度执行不严格；有的党员干部党性意识不强，工作作风不够扎实，损害群众利益的问题依然存在；个别党员领导干部自律不严，以权谋私、贪污受贿等违纪违法案件仍有发生；“四风”问题隐形变异，查处难度加大；纪检监察干部职能不专，主动发现问题线索能力不强，在监督执纪和纪律审查上急需改进。对此，我们将高度重视，切实加以解决。

二、区第十次党代会以来党风廉政建设和反腐败工作主要经验

五年来，全区各级党政组织和纪检监察组织始终把党风廉政建设和反腐败工作作为一项重大政治任务来抓，积极探索创新，强化制度措施，形成和积累了一些基本经验。

（一）必须坚持党的领导，积极开展党风廉政建设和反腐败工作。回顾五年来我区党风廉政建设和反腐败工作的成绩，无不是在区委和市纪委的正确领导和大力支持下取得的。区委的鲜明立场、坚决态度和有力措施，是我们做好工作的根本保证。历年来，区委带头履行主体责任，推动责任层层落实。区委主要领导对党风廉政建设工作亲自部署、亲自过问、亲自协调、亲自督促。在区委的示范带动下，各级各部门落实主体责任的自觉性进一步增强，为党风廉政建设工作的深入开展创造了有利条件。

（二）必须坚持围绕中心、服务大局，为全区经济社会发展提供纪律保证。发展是第一要务，是解决一切问题的关键。党风廉政建设和反腐败工作必须始终放在全区经济社会发展的大局中来把握，紧紧围绕区委的中心工作、重点工作来研究思路、制定政策、落实措施；始终围绕中央和省市区委关于改革发展的重大决策部署开展监督检查，督促党员领导干部用良好的作风谋发展、抓发展；始终把解决党风政风方面影响全区改革发展稳定的突出问题作为重点，努力营造良好的发展环境。

（三）必须坚持抓早抓小，把纪律规矩贯穿到全面从严治党的全过程。五年来，我们坚持抓早抓小，把纪律挺在前面，充分发挥约谈提醒作用，一批苗头性、倾向性问题得到有效纠正；作风监督坚持逢节必查，不断加大通报曝光力度，有效发挥了警示震慑作用。这些工作成效的取得充分表明，各级党组织和纪检组织必须充分把握运用好监督执纪“四种形态”，发现问题就及时提醒告诫，违反纪律必须受到处理，让纪律规矩真正发挥作用，才能使全面从严治党要求落到实处。

（四）必须坚持以群众利益为根本，扎实推进全面从严治党向基层延伸。基层党风廉政建设是全面从严治党的重要组成部分。当前，一些基层单位和部门还存在着吃拿卡要、虚报冒领、贪污侵占、欺上瞒下等损害群众利益的不正之风和腐败问题。对此，必须把维护最广大人民群众的根本利益作为出发点和落脚点，从群众最关心、最迫切的问题入手，大力查处解决群众身边的不正之风和腐败问题，把改进作风成效落实到基层。

（五）必须始终保持惩治腐败的高压态势，从严从快开展纪律审查工作。五年来，党风廉政建设和反腐败斗争取得了明显成效，但形势依然严峻复杂，一些违纪违法案件仍然时有发生。对此，我们只有坚决贯彻执行中央和省市的决策部署，力度不减、节奏不变、尺度不松，坚持严查快办，始终保持反腐败的高压态势，以党风廉政建设和反腐败斗争永远在路上的精神，才能把腐败蔓延的势头遏制住，营造风清气正的良好政治生态。

三、今后五年加强党风廉政建设和反腐败工作的建议

今后五年全区党风廉政建设和反腐败工作的指导思想和总体思路是：全面贯彻党的十八大和十八届历次全会精神，深入贯彻习近平总书记系列重要讲话精神，协调推进“四个全面”战略布局，保持坚强政治定力，坚持全面从严治党、依规治党，把纪律挺在前面，忠诚履行党章赋予的职责，创新体制机制，聚焦监督执纪问责，持之以恒落实中央八项规定精神，着力解决群众身边的不正之风和腐败问题，持续保持遏制腐败高压态势，建设忠诚干净担当的纪检监察干部队伍，不断取得党风廉政建设和反腐败斗争新成效。

（一）着眼于纪律约束，进一步严明党的纪律规矩。全面从严治党关键在严格执纪，要把严明纪律规矩作为治本之策。各级党组织要把严明党的纪律、严守党的规矩，自觉贯彻落实《党章》和《关于新形势下党内政治生活的若干准则》作为重大政治任务，教育引导广大党员干部特别是党员领导干部牢固树立纪律规矩意识，在守纪律、讲规矩上做表率，树立道德高线、守住纪律底线。各级纪检监察组织要加强对贯彻执行党的各项纪律和落实区委决策部署的监督检查，坚持纪在法前、纪严于法，强化纪律刚性约束，把监督执纪各项工作做深做细做实。紧盯“关键少数”，坚决纠正组织涣散、纪律松弛、自由主义、好人主义等现象。坚决贯彻执行《廉洁自律准则》《纪律处分条例》《问责条例》和《党内监督条例》，以“六大纪律”为尺子，敢于担当、敢于较真，坚决维护党纪党规的严肃性。

（二）着眼于巩固成果，进一步夯实管党治党责任。围绕落实“3783”主体责任体系，建立健全定期研究解决重大问题、有效防控廉政风险、协调推动重点任务的体制机制。加强同级监督，通过开展约谈提醒、督促检查、考核评价、责任追究等工作，进一步强化压力责任传导，把监督触角向前向下向深延伸，解决好基层党组织对党风廉政建设“不愿抓、不敢抓、不会抓”的问题。严格责任追究，对党的领导弱化，党的建设缺失，全面从严治党不力，主体责任、监督责任落实不到位，“四风”和腐败问题多发频发，整改落实不力的，综合运用约谈提醒、通报批评、组织处理、纪律处分等方式，追究主体责任、监督责任，使问责形成制度、成为常态，通过强有力的追责问责，倒逼主体责任落实。

（三）着眼于作风建设，进一步加大监督检查力度。坚持从具体抓起，从小处着手，盯住重要时间节点，逐个解决具体问题，不断加大监督执纪和曝光力度。严肃查处顶风违纪行为，坚持、巩固和扩大作风建设成果。围绕领导班子和领导干部、重点单位和重要岗位、街道和基层村（村社区、社区）组织，加强监督检查，推动作风建设常态化、制度化。紧盯惠民政策落实、专项资金使用、征地拆迁、农村“三资”管理、吃空饷等重点领域继续推进专项整治行动，坚持“回头看”、再检查。加大对公车私用、公款吃喝、违规操办婚丧事宜等问题的监督检查力度，持之以恒把落实中央八项规定精神引向深入。

（四）着眼于抓早抓小，进一步加强廉政预防教育。要坚持抓早抓小、关口前移，推动廉政预防教育制度化、规范化。深入开展理想信念教育、党风党纪教育和警示教育，进一步发挥廉政大讲堂、警示教育大会、廉政文化示范点创建、廉政风险防控、干部任前廉政考试、电子监察等作用。积极实践监督执纪“四种形态”，正确运用约谈、函询、组织处理等多种手段，让咬耳扯袖、红脸出汗成为常态。深入推进党务、政务、村务公开，加强对权力运行的监督制约，构建决策科学、执行坚决、监督有力的权力运行体系，用制度管

权管事管人。

（五）着眼于群众利益，进一步推进全面从严治党向基层延伸。党的执政根基在基层，党的事业血脉在基层，要以纠正侵害群众利益的不正之风和腐败问题为着力点，扎实推进全面从严治党向基层延伸。密切注意“四风”新动向、新表现，紧盯年节假期和不收手、不知止、规避组织监督的违纪行为，发现一起，查处一起。加强对基本公共服务项目、保障性住房建设分配、工程建设质量的监督检查，严肃查处在办理低保、医保、申请廉租住房、经济适用住房等工作中弄虚作假、以权谋私、优亲厚友、损害群众利益的行为，保障各项惠民政策落实到位。畅通信访举报和舆论监督渠道，认真受理群众投诉，切实解决不作为、慢作为、乱作为和办事不公、与民争利等问题。

（六）着眼于惩治腐败，进一步加大纪律审查力度。坚持把严格纪律审查作为从严治党、惩治腐败的重要举措，突出纪律审查重点，重点惩治十八大后不收敛、不收手，问题严重、群众反映强烈，现在重要岗位可能还要提拔使用的三类人。严肃查处插手工程项目建设、侵吞专项资金、买官卖官、以权谋私、失职渎职等问题。从严查处干预司法和纪律审查、转移赃款赃物、销毁证据、搞攻守同盟、对抗组织审查等行为。坚持运用法治思维和法治方式开展纪律审查工作，落实办案责任制，规范办案程序，做到依纪依法、安全文明办案。加强反腐败协调工作，充分发挥反腐败协调领导小组的职能作用，加强与公安、法检、组织、审计、财税等相关部门的协作配合，进一步整合办案力量。

（七）着眼于队伍建设，进一步提高执纪监督水平。要积极适应新形势新任务的要求，加强对纪检监察干部的业务指导和教育培训，加大对纪检监察干部的任用、轮岗、交流和调整力度，通过参与上级机关办案、以案代训、协作办案、交叉办案等方式，锤炼严细深实的工作作风，不断提高监督执纪能力和水平。进一步深化“三转”，为基层纪检监察干部聚焦主责主业提供保障，切实解决基层纪检监察组织“零立案”“零审查”问题。严格教育、监督、管理纪检监察干部，完善内部监督机制，严格工作纪律、办案纪律和保密纪律，严肃查处纪检监察干部违反纪律规矩和跑风漏气、以案谋私等行为，以铁的纪律打造一支忠诚、干净、有担当的纪检监察干部队伍。

各位代表、同志们，区第十一次党代会已描绘出城关今后五年发展的宏伟蓝图，让我们在区委和市纪委的正确领导下，以更加强烈的责任感和使命感，以更加饱满的工作热情和更加扎实的工作作风，全面推进党风廉政建设和反腐败工作，为建设美丽幸福新城关提供坚强纪律保证！

关于兰州市城关区2016年财政预算执行情况及2017年财政预算（草案）的报告

——2016年12月3日在兰州市城关区第十八届人民代表大会第一次会议上的报告

兰州市城关区财政局

各位代表：

受区人民政府委托，向大会提交全区2016年财政预算执行情况及2017年财政预算草案，请予审议，并请各位政协委员和其他列席人员提出意见。

一、2016年财政预算执行情况及过去五年工作回顾

（一）2016年财政预算执行情况

1. 财政预算调整情况

区十七届人大五次会议审议通过的全区2016年度公共财政预算收入为321899万元，公共财政预算支出为357908万元，后经2016年4月8日区十七届人大常委会第35次会议审议批准，区级公共财政预算支出调整为359014万元。

2. 财政预算收支情况

2016年1—10月，全区地区性财政收入完成222.12亿元，同比增长3.95%；公共财政预算收入完成294935万元，完成预算的91.62%，同比增长19.11%；公共财政预算支出完成428706万元，完成预算的72.3%，同比增长34.11%。预计，2016年区级公共财政预算收入实现32.19亿元，同比增长10%；公共财政预算支出实现49亿元，同比增长6.87%。由于2016年财

政预算目前仍在执行当中，以上收支数据为初步预计数，待全年结束后，再向区人大常委会专题报告。

（二）过去五年工作回顾

过去的五年，是我区发展进程中极不平凡的五年，也是财政发展速度最快、改革力度最大、成效最显著的五年。五年来，财政工作紧紧围绕区委决策部署，抢抓机遇，攻坚克难，不断增强财政工作在稳增长、调结构、惠民生、促改革中的作用和能力，圆满完成了区十七届人大历次会议批准的预算任务，为全区经济和社会各项事业平稳较快发展提供了坚实的财力保障。

——双轮驱动，精准发力，支持发展更加扎实有效。五年来，我们始终坚持发挥财政政策引导和资金杠杆效应，全力支持经济发展的重点领域和关键环节，财源建设成效显著。加大减税清费力度。坚定推行结构性减税政策，“营改增”改革减税面达到试点纳税企业总数的97%以上，累计减免税负5亿元。全面落实各项税收优惠政策，清理取消与经济发展不相适应的行政事业性收费和政府性基金22项，努力促进经济发展。拓宽资金筹措渠道。注资1亿元，创设现代服务业等4个产业发展基金，与兴业等3家银行签订70亿元授信额度战略协议，申请到位地方政府债券5.64亿元，为14个区列重点项目融资9.9亿元，实现了由财政资金单一扶持向财银、财企合作扶持的转变。要素驱动双创发展。科技专项占财力比重由1%提高到1.2%，设立规模1亿元“双创”小微企业信贷风险补偿金，每年整合7000万元专项资金用于扶持创新创业园、孵化器发展，累计为4449家中小企业兑现各类扶持资金4.8亿元，为1960家“双创”小微企业融资5.5亿元，全力推动“全省双创示范区”建设。

——强化征管，主动作为，财政综合实力显著增强。五年来，我们始终坚持把组织收入摆在首位，千方百计挖掘增收潜力，收入总量持续扩大。财政收入破关倍增。面对经济下行压力，紧扣收入增长主线，协同征管部门多方施策、齐抓共管，地区性财政收入、区级公共财政预算收入分别突破260亿元、30亿元大关，年均增速达到14.52%、18.48%，五年翻了一番多，总量连续保持全市第一，确保了“十二五”任务圆满收官、“十三五”目标良好开局。收入质量不断提高。全区公共财政预算收入占地区生产总值比重由2011年的3.06%，提高到2016年的3.81%；税收收入由2011年的12.27亿元，提高到2016年的27.77亿元，五年净增1.26倍，年均增长17.75%；税收收入占区级公共预算收入比重保持在90%左右，财政收入质量稳定向好，内生动能持续增强。向上争资大幅增长。紧紧围绕国家、省市稳增长促发展政策导向，针对提高群众生活质量、提升城市建管水平、提振三产经济发展，以项目为载体做好资金争取工作，累计争取上级财政补助资金12.38亿元，占到五年间财政收入的10%，为全区经济社会发展注入了强劲动力。

——统筹兼顾，优化支出，公共财政体系持续完善。五年来，我们始终坚持把保障和改善民生作为财政工作的出发点和落脚点，保障职能更加凸显。三公经费全面下降。认真贯彻落实中央八项规定和省、市、区厉行节约要求，制定出台党政机关公务接待、会议费、差旅费开支标准，规范公务开支行为，“三公”经费支出由2011年的1052万元，下降到2016年的486万元，下降幅度达到53.8%，年均下降14.31%。保障能力明显提升。全区公共财政预算支出总量突破40亿元，从2011年的25.53亿元增长到2016年的49亿元，年均增长13.93%，其中：民生领域支出由2011年的15.61亿元，增长到2016年的28亿元，年均增长12.4%。支持教育均衡发展。五年来，教育支出36.5亿元，全面落实教育投入“三个增长”，完成27所学校改扩建和教育信息化建设工程，为全区455所次民办托幼机构提供运行补贴，将义务教育学校小学、初中生均公用经费补助标准分别提高到600元和800元，每年7.6万人次义务教育阶段学生享受“两免一补”政策、3.4万人次流动人口随迁子女接受义务教育，按每生每学年1000元标准免除在园幼儿保教费，促进了学前教育、义务教育均衡发展。完善社会保障体系。五年来，社保和就业支出24.02亿元，加大资金向普惠、基本和弱势群体倾斜，城乡低保、农村五保提高到每人每月567元，将2.35万名失地农民和公益性岗位、政府临聘人员纳入养老保险统筹范围，通过社会保险补贴、公益性岗位补贴、小额担保贷款贴息等财税政策新增就业19.2万人，累计发放各类救助金1.2亿元，救助困难群众96万人次。发展社会福利事业，增加财政资金投入，支持虚拟养老院运行、日间照料中心建设、残疾人托养服务。社会事业持续改善。五年来，科技文化体育支出2.8亿元，全力打造全国科技进步示范区建设，建成区文化艺术交流中心，提升改造基层文化活动室40个，全民健身路径210条，支持文体场所免费开放。医疗卫生与计生支出17.67亿元，人均基本公共卫生服务经费从25元提高到45元，城镇居民医保提高到每人每年420元，药品零差率销售达到100%全覆盖，改扩建社区卫生中心6个，完成中医骨伤科医院改扩建工程。宜居建设步伐加快。五年来，城建支出31.67亿元、环保支出4.36亿元、农林水支出5.77亿元，完成燃煤锅炉、小街巷、“三不管”楼院改造任务，空气质量优良天数持续增加，实施兰山山地生态公园、皋兰山面山等六大绿化提升工程，完成雁滩公园提升改造，实施雁北路等11条道路绿化提升工程、皋兰山大型泵站改造等9个水利项目，改建农村公路56千米，完成地质灾害隐患治理12处，农村公益事业“一事一议”财政奖补项目47个，实施石沟、马家沟新农村建设。加大基层组织运转支出保障力度，街道、社区年度工作经费由10万元和3万元，平均提高到100万元以上和20万元以上。

——认真谋划、积极实施，财税体制改革深入推进。五年来，我们始终坚持财政改革、机制创新，精细化管理水平显著提升。积极推进税费改革。稳步推进“营改增”改革，纳税企业移交户数位居全市、全省第一，企业税负普遍降低。实行收费目录清单制度，严格执行“收支两条线”管理，积极推行非税收缴电子化管理，征管效率和服务水平进一步提高。预算体系日益完善。将残保金等11个项目由政府性基金预算转列一般公共预算，启动实施中期财政规划管理，制定权责发生制政府综合财务报告实施方案并进行试编，现代预算制度框架初步建立。全力打造阳光财政。整理财政权力责任清单16项、区级财政部门专项27个35467万元，除涉密单位以外，区级财政和所有财政拨款部门的预决算、“三公”经费信息在规定时限内公开，公开率达到100%，接受社会监督。建立“1+7+N”内部控制体系，即1个基本制度、7个专项风险控制办法和各科室内部操作规程，切实提高风险防控能力和内部管理水平。集中支付全面覆盖。采取先试点、后推广，边实施、边规范的方式，稳步推进国库集中支付改革，所有预算单位实现“网上申报、网上审核、网上查询”的集中支付方式，集中支付比例达到总支出的60%以上，减少了资金转拨环节，确保财政资金运行安全。政府采购效益显著。彻底理顺“管采分离”体制，严格实施政府采购目录、限额标准和预算编制管理。制定政府购买服务实施方案，将适合采用市场化方式提供的6大类、57款、302项服务纳入政府购买范围。累计投入近2亿元，实施政府购买服务项目220项次，变“养人办事”为“办事养人”，取得了明显的经济和社会效益。

——依法理财、规范行政，财政管理水平提升明显。五年来，我们始终坚持适应工作新形势和新要求，不断夯实财政基础管理，促进了财政事业又好又快发展。强化预算执行刚性。贯彻落实新预算法，完善预算编制体系，落实“双审”问题整改，进一步细化预算编制。严格执行人大批准的预算，预算追加履行人大审批程序。监督职能持续加强。创新财政监督机制，建立“日常监督管理”与“重点专项检查”双线并进、“全程参与”与“全面覆盖”双全监督的“两双”监督模式，整合财政检查、行政监察、审计监督、中介机构等检查力量，针对关系人民群众切身利益的重点资金、重点领域，累计开展30多个项次全区性财政检查。财政效能不断提升。建立结余结转资金、财政专户定期清理机制，盘活结余结转资金2.8亿元，撤销财政专户41个。覆盖全部单位的财政一体化大平台、行政事业单位国有资产管理、非税票据电子化管理等3个信息化系统投入运行，提高工作运行效率。政府债务有效化解。建立“借得来、用得好、还得上、控得住”的政府性债务管理体系，综合采取多种措施化解存量债务，累计偿还政府债务5.6亿元，其中：政府置换债券2.2亿元、直接归还3.4亿元，债务成本进一步降低，债务结构进一步优化。

各位代表，五年的发展历程令人难忘，五年的发展成就令人鼓舞，五年的发展势头令人振奋。这些成绩的取得，是区委统揽全局、正确领导的结果，是区人大、区政协和社会各界全面监督、鼎力支持的结果，也是广大财税干部辛勤工作的结果。在肯定成绩的同时，我们也清醒地认识到，在新常态下，财政发展还存在着一些困难和问题：一是稳增长的任务重。全面实施“营改增”后企业税负降低，加之国家结构性减税政策等，财政收入难以持续保持高速增长。二是保平衡的任务重。虽然收入总量逐年增大，但是民生等刚性支出增长更快，收支矛盾依然突出。三是防风险的任务重。债务风险虽然总体可控，但以前年度工程欠账和财政挂账资金仍然较多，消化欠账压力依旧很大。四是促改革的任务重。随着财税改革不断深化，配套政策陆续出台，对财政预算管理提出更高的要求，依法理财水平仍需提高。对于这些问题，我们将高度重视，采取积极有效措施努力加以解决。

二、未来五年工作重点

未来五年，是城关全面建成小康社会的决战决胜时期，是实现国民经济和社会发展第十三个五年规划的关键时期。按照区十一次党代会会议精神，财政发展的奋斗目标是：

——“一个高于”。即公共财政预算收入增长高于地区生产总值增长速度。

——“两个达到”。即到2020年，公共财政收入、支出分别达到46亿元、65亿元。

——“三个增强”。即财政支出结构不断优化，保障能力明显增强；财政改革不断推进，资金使用效益明显增强；财政管理不断夯实，精细化水平明显增强。

为提前两年在全省率先全面建成小康社会打下坚实的财政基础。

三、2017 年财政预算草案及主要工作

2017 年是新一届政府的开局之年，也是加快推动城关转型跨越发展的关键一年，财政工作的总体思路是：坚决贯彻党中央、国务院、省、市和区委、区政府决策部署，坚持“四个全面”战略布局，牢固树立“创新、协调、绿色、开放、共享”发展理念，按照区委“1355”总体发展思路，全面落实积极的财政政策，统筹兼顾、培植财源、优化结构、倾力民生、提质增效、防范风险，增强经济社会持续增长动力，为实现美丽幸福新城关建设目标提供坚实有力的财政保障。

2017 年财政预算的安排原则：一是收支平衡。坚持量入为出、量力而行，部门所有收入和支出纳入预算，根据区级财力实际安排预算，硬化预算管理，从严控制各项支出。二是统筹兼顾。按照保工资、保运转、保民生、保重点、保建设的顺序合理安排项目支出预算，确保民生和社会事业投入。三是勤俭节约。认真落实中央八项规定和党政机关厉行节约反对浪费条例，严格控制一般性支出，压减“三公经费”。

2017 年财政收支的预算安排是：公共财政预算收入计划 354089 万元，同比增长 10%；区级财力 391205 万元，建议区级财政支出安排 391205 万元。以上收支预算仅是初步安排意见，待细化预算确定后，再向区人大常委会专题报告。

围绕上述目标任务，重点做好以下五个方面工作：

（一）着力稳增长转方式，在助力产业发展上取得新进展

立足生财，继续发挥财政政策工具和资金导向、杠杆作用，支持经济结构调整和发展方式转变。突出空间前导。以拓展发展空间为重点，全力支持九州、青白石片区开发建设，多渠道筹集资金，加大道路、水电、管网等基础设施投入，加速土地熟化进程，为招商引资、项目建设打下空间基础。坚持政策引导。实施积极财政政策，贯彻落实各项减税降费措施，及时兑现企业扶持资金，进一步减轻企业负担，以税费之“减”促企业发展之“加”。实施创新先导。推行政府和社会资本合作（PPP）模式，加强财金联动，鼓励创新信贷产品，形成政府主导、多方参与的多元筹融资模式，为重大项目和中小企业融资创造有利条件。全面落实双创 5 大配套扶持政策，发挥 1 亿元“双创”信贷风险补偿金撬动作用，解决中小微企业融资难题。强化产业主导。通过政府投入，发挥财政资金的杠杆作用和乘数效应，吸引更多社会资金、金融资本，大力扶持以五大千亿产业为支撑、四大新兴经济为补充的“5+4”现代产业体系，培育新的经济增长点。

（二）着力强征管促增收，在提升财政实力上实现新跨越

立足聚财，主动应对财政收入增收困难，加强经济社会发展和财政运行的研究分析，多措并举，全力以赴壮大财力规模。突出抓早抓实。履行好牵头组织收入职责，加强对全区收入工作的调度和协调，将全年收入目标细化分解到各月、各季，抓好收入均衡入库。进一步加强收入管理考核，坚持落实责任与激励机制并重，增强各征收部门抓收入和协税护税的积极性。狠抓挖潜增收。依法实施税收征管，重点抓好增值税、企业所得税和个人所得税等主体税种的征管，强化零散税源征收，确保管控有力、应收尽收。调整非税征管思路，在落实清费政策的同时，挖掘非税收入新的征收潜力，促进非税收入增长。积极向上争取。把向上争取资金作为“第二财源”，利用好“一带一路”、兰白科技创新改革试验区等政策契机，加快项目库建设，与各主管部门做好包装、申报、协调工作，重点打造“靶向”度高的项目，积极争取中央、省市资金支持。

（三）着力抓统筹优结构，在保障改善民生上再创新业绩

立足用财，调整优化支出结构，集中财力，构建全覆盖、多层次、高水平的民生保障体系，让改革发展成果惠及更多人民群众。支持教育优先发展。进一步完善城乡义务教育经费保障机制，统筹使用教育费附加专项资金，完成 4 所学校改扩建，开工教学楼建设 2 所，新增办学面积 1.8 万平方米、学位 3360 个。通过“以奖代补”资金，引导社会力量加快发展学前教育，扶持民办托幼机构 100 所，切实提升办园水平。提高社会保障水平。统筹五大社保基金，足额发放城乡医保、低保、企业退休人员基本养老金、重点优抚对象抚恤金，实现应保尽保。继续通过就业再就业资金、社会保险补贴、公益性岗位补贴、小额担保贷款贴息等财税政策手段，全力支持就业服务“1124”计划。多渠道、多方式筹集资金，加强老、弱、病、残、困特定人群困难帮扶。完善医疗卫计体系。加大公共卫生经费投入，支持街道社区卫生服务中心正常运行，完成社区卫生服务中心标准化建设 1 处，打造中医养生馆 5 个。按政策兑现计生利益导向补助资金，建成街道流动人口服务管理平台 24 个，推进流动人口计生服务均等化。发展文化体育事业。加大文体建设资金投入力度，推动文化引领攻坚行动，支持 17 个街道、107 个社区文化服务中心标准化建设，30 条全民健身路径建设，多元筹措资金支持“两馆一场”项目开工，扶持国家全域旅游示范区创建。推动城市建设管理。积极争取国开行贷款和国家、省市配套资金，加快棚户区改造、保障性住房工程实施。多

渠道筹措资金，推进轨道交通等重大市政工程和标准化菜市场等基础设施建设。支持城市管理重心下移，保障环卫、执法部门一线工作人员配置、设备更新、办公用房建设经费。落实生态建设资金，确保南北两山景观、城市路网绿化、生态水系治理等项目实施，建立大气污染防治经费投入长效机制。促进城乡统筹发展。整合惠农资金，增强支农投入的针对性、精准性和实效性，持续抓好公共运行机制维护、“一事一议”财政奖补等农村综合改革项目实施，加强综合水利、道路交通等农村基础设施建设，培育发展休闲农业。强化基层基础投入。加大社会治理重点工作经费保障力度，切实规范街道社区工作经费使用。提高政法经费保障能力，支持防灾减灾和突发事件应急处置，做好安全生产和食品药品安全管理工作，全力维护社会和谐稳定。

（四）着力促改革增效益，在提高资金效益上呈现新亮点

立足理财，认真落实全面深化改革要求，突出重点，持续推进，建立全面规范、公开透明的现代预算制度。继续推进财税改革。加强“营改增”重点税源监控，认真做好“营改增”行业纳税评估，杜绝漏管漏征，确保税收可持续增长。充分利用国家推进中央与地方财政事权和支出责任划分改革的有利契机，全面梳理我区政府承担的各项事权，积极争取与政府事权相匹配的财政分享体制，确保我区既得利益。深化预算制度改革。编制政府综合财务报告，推进全口径预算管理，建立健全定位清晰、分工明确的政府预算体系，加快政府投资项目库建设，编制三年滚动预算，强化支出预算约束，建立跨年度预算平衡机制。继续推进预决算公开，严格公开时限，细化预算编制和政府预决算、部门预决算以及“三公经费”信息公开内容，继续推进财政专项资金清单管理，提高财政运行透明度。完善集中支付改革。进一步健全国库集中支付运行机制和国库单一账户体系，加快国库管理电子化进程，探索推进支付电子化(无纸化)，切实提高国库资金支付效率、安全性和透明度。严格执行公务卡强制结算目录，凡目录规定的公务支出项目，全部按规定使用公务卡结算，不再使用现金结算。加大购买服务力度。加强政府采购监督管理，强化政府采购预算约束。继续扩大政府购买服务范围，在环卫作业、养老服务、法律援助等公共领域大力推广购买服务，实施政府购买服务项目 80 个以上，提高财政资金使用效益和政府购买服务质量。推进预算绩效管理。坚持清理结转结余资金长效机制，继续加大财政存量资金盘活力度，统筹用于发展急需的重点领域和优先保障民生支出。加快构建财政资金绩效评价体系，开展事前、事中、事后全过程监督，将绩效评价结果与下年度预算安排相挂钩，增强预算单位花钱的责任意识和效率意识。

（五）着力强机制重绩效，在深化财政管理上再求新突破

立足管财，以财政监督为抓手，完善公共财政管理，提高财政依法理财能力。健全资金管理机制。严格控制“三公经费”和一般性支出，降低行政运行成本。健全预算执行动态监控体系，强化预算执行主体责任，确保资金尽快到位、政策尽快落实、项目尽快落地。规范国有资产管理。完善国有资产管理机构，将资产配置、使用及处置全部纳入监管范围。规范政府经营性资产管理，加强对资产出租出借、对外投资、担保等各环节的风险控制，确保应收尽收和规范使用。强化财政监督检查。切实履行财政监督法定职责，通过预算管理、会计管理、政府采购管理、项目财务管理等手段，加大对管理使用财政资金的重点部门单位，以及重点民生资金落实情况的监督检查。加强政府债务管理。加大预算统筹力度，结余资金、超收收入及新增财力，优先用于偿还到期政府债务，通过债券置换、合理展期等途径降低利息负担，优化期限结构，减轻债务压力，防范财政风险。

各位代表，2017 年预算和财政工作任务繁重，使命光荣，我们将在区委的坚强领导下，在社会各界的大力支持下，主动接受人大监督指导，认真听取政协意见建议，以高度的责任感和紧迫感，按照区十八届人大一次会议对财政工作的要求，以更加开放的理念、更加宽广的视野、更加扎实的工作，开拓创新，攻坚克难，真抓实干，奋勇争先，为圆满完成 2017 年各项财政目标任务、建设美丽幸福新城关而努力奋斗！

兰州市城关区人民法院工作报告

——2016年12月4日在兰州市城关区第十八届人民代表大会第一次会议上的报告

兰州市城关区人民法院院长　张四恩

各位代表：

现在我代表区人民法院向大会报告工作，请予审议，并请政协委员和列席会议的同志提出意见。

五年工作回顾

五年来，我院在区委领导，人大监督，政府、政协、上级法院以及社会各界的关心、支持、指导下，紧紧围绕“努力让人民群众在每一个司法案件中都感受到公平正义”的目标，坚持服务大局、司法为民、公正司法，忠实履行职责，审判执行、队伍建设、自身管理等各项工作实现了平稳发展。

一、围绕一个中心，坚持公正司法

围绕审判执行中心工作，充分发挥职能作用，五年来，案件数量持续增长，共受理各类案件55433件，结案49971件。

（一）依法惩治犯罪，维护社会安全稳定

受理刑事案件10704件14557人，审结10103件13618人。充分发挥刑事审判惩罚犯罪、维护正义的作用，突出打击重点，严厉打击影响人民群众安全的犯罪，审结抢劫、盗窃、危险驾驶等案件4267件5605人。惩治职务犯罪，审结贪污、贿赂、渎职等犯罪案件332件455人。惩处破坏市场经济秩序犯罪，审结集资诈骗、合同诈骗等犯罪案件195件296人，涉案金额7.97亿元。惩处食品药品犯罪，审结危害食品药品安全犯罪案件97件173人。贯彻执行宽严相济的刑事政策，做到宽严有据、罚当其罪，对犯罪较轻且具有法定从轻、减轻情节及轻微犯罪，依法从轻或减轻处罚，判处缓刑1725人，免刑43人。稳步推进量刑规范化，力求量刑公正均衡。

（二）加强民商审判，保护平等主体合法权益

受理民商事案件32580件，审结28796件。大力保护民生权益，审结劳动报酬、医疗赔偿等案件3780件。平等保护各类市场主体合法权益，审结金融、合同类案件3991件。支持、保障、促进企业健康发展，加强企业清算案件的审理，依法清理“僵尸企业”，审结破产、企业改制类案件253件。针对大幅增长的民间借贷纠纷，严格审查借贷行为，制裁虚假诉讼及高利贷，保护合法融资行为，审结民间借贷案件4617件。加强知识产权司法保护，审结知产案件231件。注重以调解方式化解纠纷，民商事案件调撤率56.27%。积极参与社会治理，健全诉讼与非诉讼相衔接的矛盾纠纷解决机制，加大诉前调解与司法确认的力度，促进社会矛盾的化解。

（三）化解行政争议，促进行政机关依法行政

受理行政案件611件，结案608件。审查非诉行政执行案件308件，准予执行69件。注重运用法律手段实质性解决行政争议，回应群众关切，支持、监督行政机关依法行政。加大协调解决行政争议的力度，依法协调处理征地、拆迁等案件179件。大力推进行政首长出庭应诉工作，行政机关负责人出庭应诉36件。针对数量不断增加的国有土地上房屋征收补偿及集体土地上违法建筑物拆除案件中行政行为存在程序等方面的问题，进行专题调研，召开行政座谈会，就所涉问题给予法律指导，推进依法行政。

（四）突出未成年人审判特点，注重做好延伸工作

受理未成年人刑事案件930件，审结899件，受理未成年人民事案件471件，审结417件。强化“关爱、挽救、保护”的未成年人审判工作思路，落实分案审理、犯罪记录封存制度，采用圆桌审判、亲情会见、心理干预工作方式，落实对未成年人身心健康的关爱与保护。加强延伸工作，坚持社会调查、法庭教育、回访帮教的统一运用，达到寓教于审的目的。在未成年人民事案件审理中，贯彻未成年人特殊优先保护的司法原则，积极主动维护和保障未成年人权益及地位，切实有效地进行维权审判，审结抚养权、抚育费案件290件。

（五）攻坚克难狠抓执行，构建社会诚信体系

受理执行案件11538件，结案10464件，执结标的额13.69亿元。注重实现当事人胜诉权益，确保用两到三年时间基本解决执行难问题。通过各类执行专项行

动，规范执行行为，强化执行措施，推动执行工作的深入开展。进一步加强与公安、金融等部门的联动执行，对491名被执行人提交公安机关进行查控，以涉嫌拒不执行判决裁定罪移送公安机关5案5人。完善执行信息化建设，通过执行查控专线与各商业银行、信用社等金融机构的连接，做到全方位、全时空掌握被执行人银行账户、存款等信息。继续加大信用惩戒力度，对863名失信被执行人名单在城区人流量大的场所、媒体及微信公众平台持续曝光，让失信被执行人在行政审批、融资信贷、高消费等方面受到制约。邀请媒体记者参与重大案件执行活动，并在媒体公开报道案件执行情况。

（六）重视涉诉信访，全力解决群众诉求

坚持强化群众观念、加强源头治理、建立长效机制、工作重心下移的理念，完善内部信访工作流程，对来访群众及时接待、答复，对日常来信及时登记、转办，并按照催办、督办制度严格办理涉诉信访案件，畅通群众诉求渠道。定期分析信访案件，重点突破，整体推进，着力解决越级上访和重复上访。进一步建立健全信访工作机制，推行“诉访分离”、信访案件终结、责任通报制度，对案件及时甄别、及时分流、及时导入，以终结促息诉罢访，规范信访秩序，促进问题有效解决。坚持“院长接待日”制度、中层领导轮流接访制度，实现预约接访和定期接访常态化、制度化。接待来访657件787人次，处理群众来信275件，处理相关机关转办函件684件。

二、深化两大创新，提升质量效率

（一）审判管理信息化

成立审判管理办公室，建立以局域网为依托的审判管理综合系统，在审判执行、政务管理两大运行模块中建成集“质效评估、流程管理、质量监控、层级管理、信息平台”为一体的审判管理体系。通过运用信息化管理系统，院、庭室领导实现了对各自管理权限范围内的案件从立案、庭审、裁判到执行等各个节点、各个时限的全面掌控，确保了程序的合法性以及公正性。审判管理办公室定期通过系统对同步录入的案件信息、自动生成的案件质效评估数据及各项指标的实时排序向院、庭室领导及全院干警及时反馈，提升了案件办理质量效率。通过审判流程管理、案件质量评估、运行态势分析、审执问题研判的同步推进，促进了审执工作的公正与高效。

（二）诉讼服务标准化

扎实推进诉讼服务中心建设，运用信息技术整合诉讼事项，为当事人提供一站式、综合性、低成本的诉讼服务，使服务更集中、高效。在诉讼服务中心为案件当事人配置可以上网的电脑，提供立案短信通知服务，及时告知当事人立案结果及所立案号，使服务渠道多元化。推行网上预约立案，通过网络预约立案平台，减少办理立案的等待时间。建立远程视频信访接待室，通过四级法院网络远程视频接访平台，实现信访人在区法院即可由上级法院工作人员直接接访，便捷信访途径。建立网上申诉信访平台，使传统意义上的“走访”转变成为“网上访”。公布微信公众号二维码，方便当事人通过手机了解法院定时推送的工作动态，有效搭建互动平台。

三、落实三项举措，促进司法为民

（一）加大司法公开

深化司法公开，全面推进审判流程、庭审程序、裁判文书、执行信息四大公开平台建设，让人民群众以看得见、听得懂、信得过的方式，从方便、快捷、权威的渠道感受到公平正义。审判流程公开。打造审判流程信息公开平台，及时将办案部门及承办法官等信息通过短信推送平台发送至当事人手机，方便当事人联系办案法官，办理诉讼事务。当事人借助电子触摸屏，通过身份证号验证及时掌握立案、送达、庭审、结案等节点信息和办案进度，实现审判流程信息的外部公开。庭审程序公开。强化科技法庭应用，以视频、音频、图文等方式公开庭审过程，大力推进庭审同步录音录像和庭审网络直播。对有重大社会影响的案件及时在院官方微博、微信发布信息，微博图文直播案件审理与宣判过程。裁判文书公开。按照“以公开为原则，不公开为例外”的规定，对符合公开条件的裁判文书全部在中国裁判文书网予以公开，实现了案件生效后审判管理系统自动提取文书上网公布，互联网公布裁判文书11955份。执行信息公开。将执行实施权的运行过程作为执行公开的核心内容，公开执行案件的立案标准、执行人员、执行流程。加强执行信息平台建设，建立执行现场与执行指挥中心实时对接的信息系统，通过无线监控装备“单兵”，将执行现场的场景实时传输回指挥中心，使执行指挥更具可操控性。

（二）增强为民力度

创新和落实便民利民措施，增强司法为民的实际效果。通过加强诉讼服务窗口建设，完善服务功能，规范工作流程，方便当事人参与诉讼。从繁简分流、高效便捷入手，开展小额速裁试点工作，快速化解简单民事纠纷，方便群众诉讼。大力开展司法救助工作，向69案经济确有困难的当事人和刑事案件受害人发放司法救助金375.8万元。加大对弱势群体的诉权保护力度，为155件案件当事人缓、减、免交诉讼费189.3万元。加大对刑事被告人的权利救济，依法为299案刑事被告人指定辩护人，彰显司法人文关怀。注重发挥人民法庭接近基层、了解民情的特殊优势，强化人民法庭在解决基层民间纠纷中的作用，通过开展法律宣传和巡回审判，服务基层群众。根据审判工作的要求逐步扩大人民陪审员规模，完成人民陪审员数量“倍增计划”，保障人民陪审员充分行使陪审权利。

（三）创新服务形式

加强新媒体信息传播的运用，加大院门户网站、官方微博、微信的使用力度，适时发布法院新闻、案件快报、便民措施、法律法规、法律咨询等，让公众更加全面深入地了解法院审判执行工作，共发布网络信息622条，微博832条，微信139条。建立新闻发言人制度，并将其手机号码及邮箱在中国法院网予以公布，公开接受媒体和社会各界的监督。召开新闻发布会5次，对兰州局部自来水苯超标侵权责任纠纷等重大案件的审理进程及结果及时向社会予以公开。自觉接受人大、检察院法律监督，认真接受政协民主监督，广泛接受社会监督。举办“法院开放日”活动，在国家宪法日邀请社会公众走进法院，了解法官日常办案，增进公众对法院工作的理解与支持。

四、把握四个重点，加强队伍建设

（一）落实两个责任

落实党风廉政建设主体责任和监督责任，切实增强党组书记第一责任、分管领导分管责任、纪检监察监督责任。党组书记亲自谋划从严治党主体责任的落实，听取意见建议，开展工作调研，督办有重大社会影响的案件，严肃查处群众举报和舆情反映的违纪违法问题。明确分管领导工作目标、工作内容、工作要求，党组书记与党组成员，分管院长、副院长与主管部门，纪检部门与分管领导分别签订党风廉政建设责任书，以层级管理制度为抓手，逐级强化党风廉政“一岗双责”。采取工作约谈、提醒约谈、告诫约谈与鼓励约谈相结合的方式，党组书记定期约谈党组成员，分管领导定期或不定期约谈庭室领导，庭室领导随时约谈部门干警，形成逐级约谈机制。

（二）开展主题教育活动

深入开展党的群众路线教育实践活动，通过查摆与整改工作中存在的“四风”问题及“六难三案”问题，进一步端正干警作风。开展“工作落实年”活动，通过抓精神传达、抓责任分解、抓教育管理、抓督导检查四项措施，全面提高工作效率。开展“两学一做”学习教育，按照制定的实施方案、宣传方案，通过院长带头讲党课，其他副院长在各党支部分别讲的自上而下的学习模式，组织党员干警认真学习党章及系列讲话。知行并重，通过召开工作推进会、组织生活会、专题研讨会落实学习成果。设立“天平帮扶捐助基金”，帮助特别困难的联系帮扶户解决难题。根据区委安排，积极参与五城联创，开展清扫街区卫生、植树造林等活动。

（三）强化司法能力建设

以岗位培训、岗位练兵和技能训练为重点，不断提高法官的司法水平和业务能力。根据审判执行及司法保障工作的实际需要，制定培训规划，做好培训落实。邀请专家学者开展专题讲座，有计划选派业务骨干参加业务培训，五年累计培训3506人次。与甘肃政法学院、西北民族大学共同开展“法官讲堂”活动，选派优秀法官授课，形成司法实践与法学理论的有效互动。强化书记员能力培养，举行书记员技能培训及速录竞赛，推动书记员庭审记录能力的提高。开展案件评析、庭审观摩、裁判文书评比等活动，增强法官驾驭庭审、制作法律文书和解决审判工作实际问题的能力。开展司法警察业务技能大练兵活动，增强司法警察服务审判、确保安全、处置突发事件的能力。完成人民陪审员倍增计划，新增人民陪审员161人，开展岗前培训与宣誓入职，为陪审员正确履职打好基础。

（四）优化岗位配置

院党组强化对审判力量的统一调配优化，从全院工作大局出发合理配置审判资源。坚持正确的选人用人导向，对全院人员结构进行摸底排查，根据案件类型、案件难度，对比人均结案数与各庭室平均结案数，科学分配工作量，科学配置人员，从综合部门抽调具有审判职称的人员调配至审判一线，充实审判一线队伍。加大对司法辅助人员的招录培养，确保审判辅助性事务集中专门处理、有效跟进，从而提升办案质效。

五、推动五项改革，完善司法运行机制

（一）推行立案登记制

全面实施立案登记制，对依法应该受理的案件，做到有案必立、有诉必理，全面保障诉权。规范诉讼指引，细化登记立案流程，立案工作效率得到极大提高，实现了快速立案、当场立案，现场登记立案率达到95%。对于不符合形式要件的案件，在及时释明的基础上，推行“一次性”告知制度，将需要补充的诉讼材料以补正告知书的形式通知当事人，减轻了当事人的诉累。

（二）落实法官办案责任制

贯彻落实《甘肃省高级人民法院关于在人民法庭推行法官办案责任制暂行办法》，在六个法庭推行主审法官办案责任制，改变传统的案件汇报及法律文书由院

长、庭长签发的模式，通过明晰审判组织权限和审判人员职责，清除审判权运行过程中的行政化倾向，实现司法用权全程留痕，从而使院、庭长不能以审批形式改变主审法官及合议庭意见，真正做到让审理者裁判，让裁判者负责，确保了审判权的独立公正行使。

（三）尝试分段审理模式

为有效防止“关系案、人情案、金钱案”，消除当事人合理怀疑，提高审判效率，尝试分段审理模式，即将案件从立案到宣判的审理流程以开庭为界点划分为两个阶段，对人员进行重新配组，由书记员与部分助理审判员组成审判辅助工作组，审判员担任主审法官或组成合议庭，两个小组先后介入案件，从而完成整个审判过程。审判辅助工作组完成送达、安排庭审档期、制作案情报告等庭前准备事项。审理阶段根据前期确定好的开庭日期，在开庭前三日通知双方当事人采用摇号的方式随机抽取承办案件的法官或合议庭，由该法官或合议庭审理案件并做出裁判。

（四）启用法官助理模式

在执行工作中，从全院各部门抽调业务能力强的中坚力量，形成由三名执行骨干分别配备辅助人员的“法官+助理”模式，组成执行工作小组，以组为单位开展执行工作，专门执行新收执行案件。执行工作小组成立以来共执结案件918件，有效提升了全院执行工作的整体效率，化解了执行难题，为法官助理模式的推进和纵向发展提供了有益的经验。

（五）推进法官员额制改革

为提升法官队伍正规化、专业化、职业化水平，按照司法规律配置审判人力资源，根据全省司法改革工作统一部署，推进法官员额制改革。全院庭长、副庭长、审判员、助理审判员共121名法官通过个人申请、责任承诺、资格审查等程序，从刑事、民事、行政、执行等四个方向选择一类参加全省法院组织的法官入额考试。考试后，通过对办案数量、质量、效率，办案年限，法律职务及裁判文书、调研成果获奖情况等进行考核，选拔出88名业务水平高、司法经验丰富的法官进入员额，完善司法人员分类管理。

各位代表，通过五年来的不懈努力，我院办结了数量巨大的案件，化解了一批又一批社会矛盾，维护了当事人的正当权益，坚守了社会公平正义，取得了良好的法律效果和社会效果。五年来，我院涌现出一批高素质的专业法官和先进人物、先进集体，多项工作受到国家、省、市级的表彰奖励，被省委、省政府评为省级文明单位，被省高院评为全省先进法院；行政庭两次被最高人民法院评为全国先进集体；刑庭被评为全国法院刑事审判工作先进集体；少年法庭荣获全国少年法庭先进集体称号。少年法庭庭长被全国妇联评为全国维护妇女儿童权益先进个人；1名法官被评为全国法院办案标兵。这些成绩的取得是区委高度重视和强有力领导，人大、政府、政协和社会各界积极支持的结果。在此，我代表区法院全体干警向长期以来关心、支持法院工作的各位领导、各位代表和同志们表示衷心的感谢！

我们也清醒地认识到，我们的工作与区委、区人大、上级法院的要求和人民群众的期望还有一定的差距，主要是案件数量持续增长，新类型案件大量增加，办案压力与难度越来越大；法院服务发展、服务群众的能力有待进一步提高，在满足人民群众司法需求方面还有差距；司法行为不规范问题仍然在一定范围内存在，部分干警对待工作效率不高，损害了法官形象和司法公信力。这些问题我们将高度重视，在今后的工作中加以改进。

2017年主要工作

2017年，我院将全面贯彻落实党的十八大和十八届五中、六中全会及区第十一次党代会精神，牢固树立“创新、协调、绿色、开放、共享”五大发展理念，坚持为民司法、公正司法，大力加强队伍建设和党风廉政建设，维护人民群众的合法权益，在工作中提出新思路、拿出新举措，针对困难想出新办法，为全区经济发展继续提供有力的司法保障。

一、在服务经济社会发展上有新作为

按照区委总体部署，围绕全区2017年经济社会发展目标，以围绕中心、服务大局为指导思想，积极践行能动司法理念，立足审判实际，发挥审判职能，主动出击，靠前服务，不断适应经济发展新常态。以刑事审判为依托，及时严厉打击非法集资、制售假冒伪劣商品等违法犯罪活动，营造良好的社会治安环境；以民商事审判为依托，平等保护市场主体的合法生产经营活动，营造诚实守信的经济运行环境，妥善处理重点项目建设和重点产业发展进程中的涉诉纠纷，营造良好投资环境；以行政非诉审查为依托，为依法行政及时提供法律意见，不断优化经济发展所需要的政务、政策环境。

二、在履行审判职责上有新提高

刑事审判坚持惩罚犯罪和保障人权并重，贯彻宽严相济刑事政策，维护社会和谐稳定；民商事审判依法保障和改善民生，坚持司法为民，维护人民群众合法权益；行政审判贯彻我省跨行政区域集中管辖规定，重点做好非诉行政执行案件的审查与协调；建立健全多部门联动执行机制，增强执行威慑力，下大力气解决执行难

问题；涉诉信访提升信息化水平，拓展网上接访、远程视频接访工作，推进解决涉诉信访突出问题。健全完善审判管理机制，不断提高审判质量和效率，为经济社会发展提供优质、可靠的司法服务和保障。

三、在加强法院队伍建设上有新提升

引导干警在执法办案中自觉贯彻五大发展理念，坚持把思想政治建设摆在第一位，深入开展“两学一做”学习教育，加强党性修养，提高党性觉悟，坚定理想信念。坚持从严治院，全面落实党风廉政建设“两个责任”，更新司法理念，强化担当精神，提升工作水平。扎实抓好司法综合能力培养，创新人才培养机制，努力提升职业素养和专业水平。进一步推进法院文化建设，为干警队伍提供价值引导力、文化凝聚力和精神推动力。切实在解决队伍建设难题上下功夫，增强干警信仰法治、坚守法治的动力，推进队伍建设水平整体提升。

四、在深化司法为民上有新进展

准确把握信息化时代人民群众多样化、复杂性司法需求，有针对性地提供契合时代要求和发展实际的司法服务，在推进司法为民上展现新作为。深入推进诉讼服务中心建设，规范诉讼服务流程，完善诉讼服务功能，认真做好诉调对接工作，实现诉讼服务标准化。不断延伸司法触角，拓展司法职能，优化诉讼服务，加强人民法庭工作，加大巡回审判工作力度，最大限度满足人民群众的司法需求。加强未成年人司法保护，不断完善工作制度，为未成年人营造良好成长环境。进一步深化司法公开，通过互联网和信息技术，拓展“互联网+”环境下司法便民新途径，逐步增加庭审直播案件数量，做到应当上网的裁判文书全部上网公开，不断拓展公开的广度和深度。

五、在落实司法改革上有新突破

强化创新意识，深化司法改革，有序推进司法责任制改革，正确处理放权与监督的关系，确保放权不放任、监督不缺位，保护法官办案积极性，建立符合司法规律的谁办案谁负责的新型审判权力运行机制。在促进审判体系和审判能力现代化上求突破，深入推进以审判为中心的诉讼制度改革，牢牢把握改革的总体要求和重点环节，坚持问题导向，着眼于解决影响刑事司法公正的突出问题，通过程序公正保障实体公正。扎实推进繁简分流和多元化纠纷解决机制改革，完善多元化纠纷解决机制，妥善化解矛盾纠纷，最大限度激发改革内生动力。

兰州市城关区人民检察院工作报告

——2016年12月4日在兰州市城关区第十八届人民代表大会第一次会议上的报告

兰州市城关区人民检察院检察长　王　锐

各位代表：

现在，我代表兰州市城关区人民检察院向大会报告五年来的主要工作情况，请予审议，并请各位政协委员和列席的同志提出意见。

五年工作回顾

2012年以来，我院在区委和市院的坚强领导下，在区人大和区政府、区政协的监督支持下，以党的十八大和十八届三中、四中、五中、六中全会精神为指导，深刻认识和整体把握全面推进依法治国、建设中国特色社会主义法治体系的核心要义和精神实质，将促发展、保民生贯穿于检察工作的全过程，扎实开展系列学习教育活动，严格遵守八项规定，落实党风廉政建设主体责任和监督责任，忠实履行检察职能，为我区经济社会发展、人民安居乐业提供了有力的司法保障。

一、打击犯罪、服务大局，保障经济社会健康发展

惩恶除凶，守护百姓安居乐业。五年来，共受理侦查机关提请批准逮捕的各类刑事案件8360件10787人，经审查，批准逮捕7452件9454人，不批准逮捕842件1242人；监督立案166人，纠正漏捕300人。共受理侦查机关移送审查起诉的各类刑事案件9953件13108人，审查后提起公诉8837件11338人，不起诉119件166人；纠正遗漏同案犯61人。严厉打击严重暴力犯罪、多发性侵财犯罪，批捕杀人、故意伤害、强奸等犯罪嫌疑人1001人，“两抢一盗”3798人，保障人民群众生命财产安全。

利剑出击，维护正常市场秩序。积极参与整顿和规范市场经济秩序，依法批准逮捕侵犯知识产权、生产销售伪劣产品、危害税收征管等各类经济犯罪嫌疑人251人，提起公诉379人。查办了出售非法制造总面值27亿元假发票案、制售假冒“五粮液”注册商标标识案、损害商业信誉案等一批有社会影响力的案件。针对涉众型经济犯罪频发、受害人数众多、涉案金额巨大、损失难以追回、被害人多次群体性上访造成社会不稳定因素的问题，成立专案组，共审查起诉非法吸收公众存款案36件103人、集资诈骗案4件37人、传销案22件29人，涉案金额约120亿元。

重拳整饬，打击危害民生犯罪。重点打击食品药品安全领域的严重危害民生刑事犯罪。查处了制售毒面条、毒酿皮、毒鸡爪、“口水油”火锅、病死猪肉加工肉制品，制售“黑心棉”、制售甲醛严重超标的伪劣板材等严重损害群众生命健康安全的案件。今年6月，提前介入并快速批捕了最高人民检察院挂牌督办的庞某非法经营疫苗系列案件兰州地区营销人员张某。严厉打击涉嫌非法行医、销售假药、制售伪劣产品等犯罪，保护群众医疗、餐桌和家装安全。

“三个穷尽”，化解涉法涉诉矛盾。针对大量涉法涉诉问题集中发生在基层的特点，做到“穷尽法律程序、穷尽法律职责、穷尽检察诚心”，将信访事项依法导入司法程序，对不予受理的做好解释说明，对应当由其他司法机关处理的依法移送，对确有问题的案件依法纠正错误，对未发现错误的做好释法析理、息诉罢访工作。同时建立健全矛盾纠纷排查化解机制和应急处置工作机制，确保每一个信访案件都有明确的部门和人员处理。五年来，共受理举报539件，申诉481件，接待来访群众1500余人次，均妥善办理。涉检信访案件从2014年的57件下降到2016年的7件，下降了87.7%，已连续4次、16年保持“全国文明接待示范窗口”荣誉称号。为67名生活确有困难且无法得到赔偿的被害人或其近亲属发放23万余元救助款，保护弱者权益，促进社会和谐。

宽而不纵，为未成年人提供有温度的司法保护。自2012年未成年人犯罪刑事检察科成立以来，我院对涉罪未成年人的平等保护、宽严相济、预防帮教等工作一直走在全国、全省的前列。首创“六个一”跟踪帮教制度，与辖区学校共建青少年维权基地，开展“家长培训”和“网络课堂”活动预防青少年犯罪；在辖区企业和学校挂牌成立了3家未成年人观护帮教基地；率先与江苏省扬州市宝应县检察院、临夏州所辖8个基层检察院签订未成年人刑事检察省内、跨省异地协作机制，使不批准逮捕的强制措施、附条件不起诉的特殊制度惠及更多的轻罪未成年人。在今年配合高检院开展的庆祝未检工作30年的系列活动中，我院利用“两微一端”平台推出的未成年人法制宣讲课“姣姐课堂”和挽救涉罪未成年人办案纪实H5作品《寒冬里的一缕阳光》，在网络收到大量点赞，得到了省院及高检院的通报表扬；6月发布的《关于“校园暴力”案件调研报告》受到省、市、区委领导关注和媒体广泛传播。

二、反腐倡廉、惩防并举，深入查办和预防职务犯罪

坚定不移查处贪腐犯罪。深入贯彻中央关于反腐败的要求，坚持有腐必反、有贪必肃，持续保持打击贪腐犯罪力度不减的高压态势。严肃查办工程建设、征地拆迁、教育医疗、招标投标等领域内发生的容易引发社会矛盾的职务犯罪，积极参与治理商业贿赂工作。五年来，共受理贪污贿赂线索283件328人，立案侦查162件207人，其中大案160件201人，要案28件29人，侦查终结移送起诉150件188人，提起公诉143件181人，法院已判决123件163人。共挽回经济损失2125余万元。先后查办了国税、地税系统的行、受贿窝串案，基层干部在征地拆迁过程中收受贿赂、滥用职权窝串案，省信托公司人员贪污、受贿窝案等一批大案要案，诠释了检察机关在反腐败斗争中的责任和担当。

坚决惩治渎职侵权犯罪。加强反渎职侵权举报宣传，重点查办司法人员和行政执法人员玩忽职守、滥用职权等犯罪案件。共受理渎职侵权案件线索94件131人，立案侦查29件54人，大案17件32人，要案4件7人。侦查终结28件52人，全部移送审查起诉，提起公诉22件42人，法院已判决12件22人。同步介入安全生产事故调查20起，依法严查事故涉嫌的职务犯罪。

坚持不懈抓好职务犯罪预防。结合办案实际，加强和改进职务犯罪预防工作，努力建立不敢腐、不能腐、不想腐的有效机制。向有关部门、单位发出预防职务犯罪检察建议80份，69家单位已进行整改。为政府机关、国企、高校、部队及非公企业人员开展警示教育及法治宣传280余次，受众2万余人次。与区民政局联合制定《预防职务犯罪加强联系配合的办法》，共同致力于保障和改善民生。建立健全行贿犯罪档案查询机制，设置自助查询机，完善查询信息库，五年来共提供行贿犯罪档案查询51900次，促进社会、市场诚信体系建设。

三、主动担当、靠前服务，专项行动拓展检察服务职能

“两联系、两促进”保障企业健康发展。从2013年

开展“联系企业、联系项目，促进廉洁、促进发展”专项行动至今，我院负责跟进的330千伏兰州北输变电工程等项目已顺利竣工，正在跟进的省人民医院二期工程、轨道交通2号线一期工程、兰大一院门诊综合楼建设、兰州重离子医用加速器产业化及应用示范区项目等8个省列重点项目进展顺利，未发生项目进度、质量和违规使用资金问题。在省电力公司、省人民医院、省公航旅等8家单位内建立检察联络室，签订《检企共建协议书》，为企业提供法律咨询服务，帮助解决项目实施中遇到的困难问题，协助开展廉政体系建设，查处职务犯罪，努力为地区建设、企业发展、干部清廉保驾护航。

“保民生、促三农”构建阳光检察服务。2014年以来，在区委大力支持下，我们以“保民生、促和谐”为主题，搭建“保民生阳光行政服务”平台，在我区14个职能部门及24个街道、169个社区（村）按照“七个一”标准挂牌成立检察（联络）室，建立了惠民资金发放等“五个台账”，使基层政务、惠农惠民政策、资金、信息实现全节点公开。专项行动中查办国家工作人员和农村基层干部利用职务之便侵害百姓利益的职务犯罪案件8件14人，全部获有罪判决。今年12月，根据省检察院和省编委的要求和计划，拟在城关区24个街道设置18个派驻检察室，对基层执法活动、街道（村）组织政务、财务、重大项目等应当公开的事项依法进行监督。

“两好两促”构建警示训诫防线。通过查处犯罪、以案释法、警示教育、预防约谈、法治宣讲等工作，进一步引导各级领导干部带头尊法、学法、守法、用法，树立法治意识，依法办事、公正履职，推动依法治区建设。从2015年开展预防职务犯罪约谈工作以来，已对7家单位的相关人员进行了预防约谈，提醒一部分人不犯错误，控制一部分人少犯错或不犯大错，最大限度地教育、挽救一般违纪的党员干部，构建职务犯罪警示训诫防线，力争实现“约谈一人、警示一片，挽救一批”的预防效果。

四、加强监督、依法履职，忠诚守护法治生命线

提前介入引导侦查，共同守护公平正义。在公安机关对涉黑、涉恶犯罪，严重破坏社会主义市场经济、扰乱社会秩序等涉众性犯罪，有重大社会影响的恶性犯罪案件的侦查工作中，派员提前介入侦查，引导取证，就证据的补充、完善及固定提出意见，为案件顺利起诉、判决打下坚实基础。共提前介入案件997件，提前介入率为12.2%。2015年，提前介入并快速批捕“11·15”暴力袭警案9名犯罪嫌疑人、“4·07”冲击“创意城”聚众扰乱社会秩序案38名犯罪嫌疑人，维护了国家公权力的威严。

开展社区矫正，有效纠正脱管漏管。在监督监外执行工作中，注重选准切入点，加强法律宣传、心理疏导和结对帮教，促进监督管理规范运作，帮助监外执行罪犯早日回归社会。五年间对辖区4243名监外执行罪犯进行监督检察，对脱管漏管的73人进行了监督纠正。2014年，开展了减刑、假释、暂予监外执行专项检察活动，对辖区30名保外就医的罪犯情况进行摸底，10名不符合保外就医条件的罪犯被重新收监。2015年，通过检察建议使符合条件的23名社区矫正人员获得特赦。今年开展羁押必要性审查专项工作，共受理93件116人，变更强制措施34件50人，有效保障了在押人员的合法权益。

构建“两法衔接”平台，让监督“一以贯之”。先后与公安、工商、质检、食药、烟草、环保、国土、林业等行政执法部门建立了信息共享、案件移送、立案监督、行政执法监督等月通报制度和信息共享联系机制，确保行政执法与刑事司法相衔接工作取得实效。共督促行政机关向公安机关移送案件79件86人，公安机关立案76件83人，我院起诉23件35人，法院判决19件30人。

深入推进民事行政公益诉讼，共建绿色城关。通过“保护母亲河公益诉讼专项行动”共排摸出涉嫌损害公共利益的案件线索11件，办理公益诉讼诉前程序案件7件，对辖区内2起国有资产流失及5起污染环境行为向负有监管职责的行政机关发出诉前检察建议书，对4起拟提起行政公益诉讼案件层报上级检察机关审批后，依法提起公益诉讼。

五、规范司法、刚性约束，筑牢公正司法基石

完善制度体系，筑起规范司法坚实屏障。将规范司法、程序公正和人权保障放在办案第一位，全面排除非法证据。职务犯罪查办工作出台立案前“三不准”与讯问时“看审分离、审录分离”规定；制定《权利义务告知制度实施细则》，扩大告知对象范围和内容，延伸告知时段，特别对犯罪嫌疑人实行了自身的权利义务以及办案人权限的双告知；实行“一案三卡”，全程强化办案监督。切实保障律师依法执业权，听取并采纳律师意见建议187条；定期召开公、检、法“三长”联席会议，就各项议题达成共识，共同促进司法公正。

全面清查案件，确保规范履职。围绕9个重点业务部门的办案全过程和重点环节，以及省检察院公示的

12个方面134个司法不规范问题，2015年6月至今，对办案全程和重点环节开展了7次全面清理、重点检查、抽查工作，从程序到实体多方面查摆共性问题，纠正个性行为。对评查出的问题特别是反复出现的问题进行公示、问责，从根本上纠正了专项行动“一阵风”“走过场”的懈怠、应付思想，规范成效明显。

加强内部制约，强化案件管理。为从源头上杜绝人情案、关系案、金钱案等情形的发生，成立案件管理办公室，实行电脑轮流随机分案模式；建立涉案款物监管台账，对办案程序全程动态监控，增加了办案透明度。运行统一业务应用系统，实现办案信息网上录入、检察业务网上审批、办案流程网上管理、执法活动网上监督，确保“全员、全面、全程、规范”监督管理。

开展员额制改革促进检察队伍专业化、职业化。根据省检察院安排部署，积极组织全院人员开展检察官员额资格审查、考试、考核、民主测评等工作，已确定第一批入额人员名单，共有58名干警入额检察官。下一步，将检察人员划分为检察官、检察辅助人员和司法行政人员三类，并对内设机构进行合并改革，促进检察官高效、公正办案。

六、从严治检、改进作风，提高检察队伍综合素质

筑牢思想根基，把政治建检摆在首位。根据中央和省、市、区委安排部署，开展了一系列专题教育：“八项规定”端正干部作风，“群众路线教育实践活动”革除“四风”弊习，“三严三实”培养优秀党员领导干部，“两学一做”加强对全体党员的纪律约束。坚持在加强群众观念教育、党风党纪教育和检察职业道德教育上下功夫，着力解决检察队伍在思想、组织、作风、纪律等方面存在的突出问题，切实增强学习教育的针对性和实效性，努力培养讲政治、有信念，讲规矩、有纪律，讲道德、有品行，讲奉献、有作为的党员干警。

落实两个责任，严肃检察队伍作风纪律。把党风廉政建设作为一项重大政治任务，通过立破并举、扶正祛邪，不断增强党员干部队伍的凝聚力和战斗力。切实做到党组积极负责不松手、检察长自觉尽责不甩手、班子成员主动担责不缩手。落实党组定期研究、听取汇报和安排部署党风廉政建设工作制度，明确主体责任划分。完善责任追究制度，增强内部监督意识，提高制度的执行力。层层签订《党风廉政建设责任书》，人人签订《廉洁从检承诺书》，真正把党风廉政建设的“两个责任”融入检察业务、队伍建设、检务保障等各项工作之中。深入开展约谈工作，检察长约谈班子成员、检委会专委及部门负责人，纪检组长约谈部门负责人和干警。在各党支部增设纪检委员，同时兼任廉政监督员，履行好党支部对本支部、本部门的监督职责，形成环环相扣、一级抓一级的格局。

强化队伍建设，提高职业素养。一是健全干部选拔和管理机制，优化领导班子配备。五年来共提拔任命副检察长及部门正副职55人，调整6人。二是培养青年干警成才。实行对年轻干警“优先宣传、优先培养、优先推荐、优先提拔”的“四优先”培养机制，为年轻干警营造良好的成长空间，提供发挥作用的舞台，素质高、业务精的青年干警脱颖而出，形成了活力迸发的良好局面。三是通过听庭评议、案件讲评、文书评比、对抗论辩等方式，开展“岗位练兵、岗位成才”活动。选拔理论功底扎实、实践能力较强的干警参加上级检察机关组织的业务竞赛、业务培训，拓宽视野，提升业务水平。近年来，先后涌现出“全国侦监业务标兵”、“全国优秀公诉人”、“全国检察机关先进个人”、“全国扫黄打非先进个人”、全国公诉人电视论辩赛“优秀风采选手”、全省“十佳公诉人”、全省“侦查监督业务标兵”、全省“未检办案能手”、全省“最美”青年检察官及“感动金城政法人物”和全市“十佳”检察官等国家、省、市级先进模范数十人次。

七、敞开大门、接受监督，确保检察权在阳光下运行

诚恳接受人大监督、民主监督。建立与人大代表、政协委员沟通联系的日常工作机制，定期向人大常委会报告全面和单项工作，听取对检察工作的评议。贯彻落实代表、委员对法律监督工作的决议和决定。邀请人大代表、政协委员及人民监督员来院参加“检察开放日”活动，了解我院在接待群众来访、案件信息公开、举报受理等检察工作的流程，召开座谈会，认真听取对检察工作的意见建议。

全面推行人民监督员制度。充分发挥人民监督员对检察权运行的外部监督制约作用。建立职务犯罪案件监督台账供人民监督员随时查阅。修订《人民监督员监督事项告知制度》《人民监督员参与案件跟踪回访、执法检查、现场监督制度》《案件质量评查办法和标准》等制度，保障人民监督员依法履职。五年来，人民监督员共监督案件46件。

深化检务公开，接受社会检阅。为群众提供“一站式”窗口服务，敞开大门接受群众监督、评议。通过人民检察院信息公开网及窗口接待、电子大屏滚动播放等方式，提供案件程序性信息查询服务，向社会公开重要案件信息和法律文书，保障人民群众对检察工作的知情权和监督权，增强检察机关执法办案的透明度。2015

年6月建立官方微博、微信、新闻客户端等新媒体掌上平台，已获得4000多网友关注，发布图文并茂的检察要闻、城检动态、专项工作、先进人物事迹和日常普法等信息2000余条。通过新媒体发布正面、真实信息，引导社会热点，传播检察“正能量”。

五年来，在区委、区人大、区政府及社会各界的关心支持下，我院基础建设和检察业务工作取得了长足发展，先后获得全国先进基层检察院、全国检察机关宣传先进单位、全国检察新媒体建设优秀奖、全省文明单位、全省科技强检示范院、全省规范司法行为专项整治工作先进集体、全省司法警察编队管理示范单位、全市先进基层党组织、全市基层建设先进院等国家、省、市级荣誉，最近又被省检察院推选参加全国“群众最满意的基层检察院”评选。这些成绩的取得，归功于全院干警的不懈努力，更得益于区委和市检察院的坚强领导、区人大的有力监督，区政府、区政协及社会各界的关心和支持。在此，我代表区检察院，向长期以来关心支持检察工作的各位领导和同志们表示衷心的感谢并致以诚挚的敬意！

当然，我们也清醒地认识到，与党和人民的期盼和要求还存在一定的差距：一是服务大局的思路和措施还须进一步拓展和细化，法律监督的方法和力度还须进一步创新和加强；二是规范司法、人权保障和程序公正的意识须进一步强化，执法的公开性、透明度有待进一步提高；三是纪律作风建设有待进一步加强；四是检察队伍建设和职业素养有待进一步提升。对此，我们将以更加务实负责的态度，认真加以解决。

2017年工作打算

在今后的工作中，区检察院将深入贯彻执行党的十八大和十八届三中、四中、五中、六中全会以及习近平总书记系列重要讲话精神，围绕区委制定的“建设美丽幸福新城关”这一目标，抢抓机遇，乘势而上，切实履行好检察机关维护社会大局稳定、促进社会公平正义、保障人民安居乐业的职责使命。

一是深入学习贯彻十八届六中全会精神。紧密团结在以习近平同志为核心的党中央周围，牢固树立政治意识、大局意识、核心意识和看齐意识，坚持创新、协调、绿色、开放、共享的发展理念，坚定推进全面从严治党，坚持思想建党和制度治党紧密结合，集中整饬党风，严厉惩治腐败，净化党内政治生态，围绕“四个着力、一个局面”加强和规范党内政治生活。认真学习、严格遵守《中国共产党党内监督条例》和《关于新形势下党内政治生活的若干准则》，规范和加强党内监督，严肃党内政治生活，全面落实从严治党各项规定。

二是打击犯罪，营造和谐稳定发展环境。严厉打击各类刑事犯罪，维护社会治安稳定；重点打击集资诈骗、非法吸收公众存款等涉众型经济犯罪，保护群众合法权益；突出打击合同诈骗、职务侵占等犯罪，保障公平有序市场环境；重拳打击金融证券保险领域犯罪，促进资本市场健康发展；深入开展危害食药安全犯罪专项立案监督，保障人民群众“舌尖上的安全”。

三是坚持有腐必反、有贪必肃不动摇。严肃查办工程建设、项目落地、城市改造中的不作为、乱作为、失职渎职、贪污挪用项目资金等职务犯罪案件。坚决查处发生在食品安全、医疗卫生、社会保障、征地拆迁、涉农扶贫等领域群众反映强烈的失职渎职、行贿受贿案件。同时有针对性地开展犯罪预防，深入剖析典型案例，继续推动形成不敢腐、不能腐、不想腐的有效机制。

四是全面开展派驻检察工作，促基层政务依法运行。派驻检察室成立后，将充分发挥检察监督职能，开展对基层执法活动、街道（村）组织政务、财务、重大项目等事项的监督，开展对惠农惠民资金的发放和公开的监督以及送法入户、送法进社区和调解基层矛盾等工作；进一步延伸检察职能，全力配合、保障区委区政府征地拆迁、棚户区改造等重大工作的顺利实施，依法查处基层政务人员的职务犯罪案件和侵害群众利益的案件；同时结合“两联系、两促进”工作，拓宽联系全区重大项目建设的渠道，为项目建设提供有效的法律保障，做到尽职不越权，参与不干预，保护不偏理，服务不添乱，保证工程优质、资金安全、干部清廉，更好地为全区经济社会发展保驾护航。

五是强化对诉讼活动的法律监督。强化对刑罚执行、刑事强制措施执行和强制医疗执行的监督；开展集中清理判处实刑罪犯未执行刑罚专项活动，财产刑执行检察监督工作；加强和规范羁押必要性审查；加强对民事行政诉讼活动的监督，全面推进公益诉讼工作力度，对经过诉前程序后仍然整改不力或抗拒整改的责任主体提起行政或民事公益诉讼，为我区营造“绿水青山”良好生态环境提供检察保障。

六是打造一支信念坚定的检察队伍。不断打牢高举旗帜、听党指挥、忠诚使命的思想基础，切实增强“四个意识”。要求党员干警始终绷紧纪律这根弦，始终保持清醒头脑，严格用党纪党规约束自己的一言一行，做到心有敬畏、言有所戒、行有所止，不断增强廉洁从检意识，切实筑牢公正廉洁执法的思想道德底线。完善检察人员违纪违法行为举报机制，对违纪违法行为敢于亮剑、敢于亮丑，以零容忍的态度坚决整治以权谋私、以权压法、徇私枉法的行为。

七是深化和巩固规范司法行为专项整治成果。紧紧围绕检察权运行重点领域和关键环节，建立检察人员权力清单制度，健全内外部监督制约机制。高度重视并坚决纠正自身司法不规范的突出问题，真正把深入推进司法规范化建设作为一项基础性、全局性工作抓紧抓好，形成公正司法、严格执纪的思想自觉和行为习惯。

八是积极开展司法改革试点工作。全面推进以司法责任制为核心的四项改革试点工作。推进以审判为中心的诉讼制度改革，深化刑事案件速裁程序试点，探索检察环节认罪认罚从宽制度。研究建立行政违法行为法律监督制度。完善民事执行活动监督范围和程序。确保各项检察工作顺利进行，落到实处。

各位代表，在今后的工作中，区检察院将以党的十八届六中全会精神为统领，紧紧围绕全区中心工作大局，牢牢把握检察机关的宪法定位，适应新常态、抢抓新机遇，观念上与时俱进、工作上稳中求进、作风上团结奋进，认真完成区委、市院的工作部署和本次大会确定的各项任务，为建设美丽幸福新城关做出新的贡献。

谢谢大家！

大事记

1月

8日—12日 城关区开展2016年献爱心送温暖“慈善一日捐”活动。

9日 区委书记王宏主持召开九州合作新村危楼应急处置专题会议，张永财、杨斌宏、王友平、宋锦荣、伏禄代、张淼、付松华参加。

12日 区委书记王宏在区委区政府会议中心三楼会议厅主持召开区委经济工作暨扶贫开发工作会议，区四大班子全体领导参加。

是日 区委书记王宏陪同省委党校常务副校长范鹏调研城关区委党校。

15日 政协兰州市城关区八届委员会第五次会议在区委区政府会议中心三楼会议厅召开。

16日 兰州市城关区十七届人民代表大会第五次会议在省政府礼堂召开。

19日 区委书记王宏调研慰问青白石街道，并集体约谈街道班子成员和各村主要负责人，杨斌宏、付松华陪同。

20日 区委书记王宏在区委区政府会议中心三楼会议厅主持召开2015年度全区市管领导班子和领导干部考核工作大会，区四大班子全体领导参加。

是日 区委书记王宏在区委区政府会议中心六楼会议室主持召开区委老干部政情通报会，区四大班子主要领导参加。

22日 区委书记王宏在区委区政府会议中心四楼常委会议室主持召开全区文化、旅游、体育专项规划第三次专家评审会议，张永财、宋锦荣、张淼、陶军参加。

30日 区委书记王宏在区委区政府会议中心六楼会议室主持召开城关区党组织书记抓党建述职评议暨述纪述廉述作风会议。

31日 区委书记王宏在区委区政府会议中心三楼会议厅主持召开全区安全生产工作会议暨区安委会2016年第一季度全体（扩大）会议。

2月

1日 区委书记王宏赴张掖路街道检查春节期间燃放烟花爆竹安排部署工作。

是日 区委书记王宏在区政府三楼会议室听取全区燃放烟花爆竹整治专项汇报，相关部门领导参加。

2日 区委书记王宏赴客运中心、东部市场、食品公司检查安全生产工作。

3日 区委书记王宏慰问环卫、交警、执法、公安一线职工，高星、张永财、冯广宸、王友平、伏禄代陪同。

4日 区委书记王宏主持召开审计报告整改专题会议，张永财、杨斌宏参加。

5日 区委书记王宏调研五泉山公园、五泉菜市场、白云观、城隍庙、文殊院。

是日 区委书记王宏赴禄家巷垃圾中转站、保洁一公司基层站点慰问一线职工。

7日 区委书记王宏赴五泉山公园检查敬香祈福安全维稳工作。

19日 区委书记王宏先后赴甘肃省文化产权交易中心、兰州创意文化产业园、甘肃华源文化产业集团、爱立方民族文化婚庆创意产业园调研文化产业项目。

23 日 区委书记王宏赴新华社甘肃分社参加座谈。

26 日 区委书记王宏在区委区政府会议中心四楼常委会议室会见中铁二十局集团董事长孟广顺一行，张永财、宋锦荣、陈一夫参加。

3 月

1 日 区委书记王宏赴区工商局、区教育局调研基层党建工作。

4 日 区委书记王宏主持召开区委专题会议，听取“双创”工作、全区重大项目、棚户区改造包抓工作情况，2016 年创建城市管理一体化示范街工作汇报，传达学习《兰州市大数据产业发展“十三五”规划》，高星、张永财、冯广宸、宋锦荣、寇桂杰、陶军、付松华、陈一夫参加。

8 日 区委书记王宏调研 607 号路项目建设情况和雁北街道党建工作。

11 日 区委书记王宏在区委区政府会议中心七楼会议室主持召开全区重大项目建设工作推进会。

15 日 城关区工商局在金轮广场举行“新消费 3·15 做主”纪念“3·15”国际消费者权益日宣传活动。宣传活动结束后，销毁大批假冒伪劣商品。

18 日 全区“领导干部上讲台”活动在区委党校七楼会议室召开，区四大班子全体领导参加。

26 日 区委书记王宏在区委区政府会议中心五楼会议室参加轨道交通 1 号线省政府站及中央商务区项目签约仪式。

29 日 市委主要领导调研北环路项目建设进展情况，王宏、张永财陪同。

30 日 区委书记王宏调研南河道环境卫生整治情况，张永财、宋锦荣、付松华参加。

4 月

5 日 区委书记王宏调研通渭路、木塔巷“城市管理示范化一条街”打造情况。

6 日 区委书记王宏调研黄河风情线、南河道环境综合整治情况和北出口建设情况，陈一夫参加。

9 日 区委书记王宏主持召开南河道综合整治专题会议。

11 日 市委主要领导调研轨道交通工程项目建设进展情况，区委书记王宏陪同。

13 日 市委主要领导调研南河道综合整治情况，区委书记王宏陪同。

是日 区委书记王宏主持召开区委专题会议，研究南河道综合整治相关事宜。

14 日 新闻记者驻城关挂职活动启动仪式暨新闻宣传工作培训会议在区委后三楼会议室举行，来自市级多家媒体的 40 余名记者参加此次挂职活动。

15 日 区房管局召开 2016 年城关区经适房选房大会。

16 日 城关区在皋兰山举行 2016 年植树活动，千余名干部职工参加。

19 日 城关区在兰州大学体育场举办“运动、健康、阳光、快乐”2016 年度城关区中小学生田径运动会。

21 日 城关区在西北民族大学举行“牵手企业进校园——2016 年城关区大学生创业就业服务周”活动启动仪式。

是日 区委书记王宏调研德力邦生物化工园。

5 月

4 日 城关区“两学一做”学习教育工作推进会在区委区政府会议中心三楼会议厅召开，区四大班子全体领导参加。

7 日 城关区首届文化旅游节在金轮广场开幕，旅游节以“灵山秀水·多彩城关”为主题，在为期 6 个月的时间里举办八大系列活动。

9 日 区委书记王宏调研伏龙坪街道地质灾害情况。

是日 由城关区主办，甘肃金味餐饮有限公司承办的兰州牛肉拉面产业孵化园启动仪式在城关区鱼儿沟基地举行。

10 日 城关区召开“城市管理一体化示范街”观摩会。

是日 城关区举办“两学一做”学习教育领导干部上讲台——城市管理专题学习研讨班，区四大家主要领导及相关领导参加。

是日 由区委、区政府主办，区文化和体育局、区书画院承办的“丹青墨韵·文化城关”城关区书法家、美术家协会成立大会暨首届会员作品展在兰州创意文化产业园多功能厅举行。

11 日 区委书记王宏在区委区政府会议中心三楼会议厅主持召开全区城市管理工作推进会。

12 日 甘肃省首个社区防灾减灾安全服务工作站在酒泉路街道畅家巷社区成立。

13 日 区十届十二次全委会议在区委区政府会议中心六楼会议室召开，会议听取《关于召开中国共产党兰州市城关区第十一次代表大会的决议（草案）》的说明，审议《中国共产党兰州市城关区第十届委员会第十二次全体会议关于召开中国共产党兰州市城关区第十一次代表大会的决议（草案）》。

18日 区委书记王宏赴五泉街道和火车站街道调研“两学一做”学习教育开展情况。

是日 区委书记王宏在区委区政府会议中心四楼常委会议室主持召开“两学一做”学习教育及重点项目推进会。

19日 省委副书记、省长林铎调研城关区安全生产和环保工作，区委书记王宏陪同。

21日 区委书记王宏在区委区政府会议中心四楼常委会议室主持召开区委专题会，研究港联项目、绿色市场等相关事宜。

24日 区委书记王宏在区委区政府会议中心四楼常委会议室主持召开城关区严肃换届纪律工作约谈工作会。

是日 区委书记王宏先后赴甘肃华歆养老产业园、陇源互联网+品牌孵化中心调研新兴业态小项目。

28日 城关区首届全民健身节暨2016年全民健身运动会开幕式在兰州大学本部田径场举行。

30日 区委书记王宏赴静宁路小学、宁卧庄小学、铁西幼儿园开展“6·1”慰问活动。

31日 由共青团兰州市委、兰州市少工委主办，共青团城关区委、区教育局承办的“红领巾相约中国梦——关注十三五，创造新生活”主题队会在白银路小学举行。

6月

2日 区委书记王宏在区委区政府会议中心七楼会议室主持召开全区挂职记者座谈会暨新闻线索征集会。

3日 国家信访局局长舒晓琴调研酒泉路街道政务大厅，区委书记王宏陪同。

7日 区委书记王宏检查兰州国际马拉松赛筹备和安保工作，张永财、宋锦荣、陶军参加。

8日 区委书记王宏在区委区政府会议中心四楼常委会议室主持召开区委党的建设暨党风廉政建设主体责任落实工作联席会议，张永财、杨斌宏参加。

9日 由市委宣传部、市文明办、团市委和城关区委、区政府联合主办的“我们的节日·端午：中华好家风·吟诵传美德——兰州大型传统文化公益推广实践活动”在兰州市民广场开幕。

12日 区委书记王宏调研碧桂园项目建设情况。

是日 省委副书记、省长林铎一行调研碧桂园项目建设情况，区委书记王宏陪同。

13日 区委书记王宏赴火车站街道老狼沟、五泉街道红泥沟、伏龙坪街道自强沟调研地质灾害整治情况，付松华参加。

16日 加强换届风气监督中心组（扩大）专题学习会议在区委区政府会议中心三楼会议厅召开，观看专题片《镜鉴——南充、衡阳拉票贿选案警示》，区委书记王宏做专题党课讲座。

21日 区委书记王宏慰问西关清真寺、南关清真寺、桥门清真寺。

是日 区委书记王宏主持召开区委党的建设暨党风廉政建设主体责任落实工作领导小组会议，高星、张永财、冯广宸、杨斌宏、寇桂杰、张森参加。

22日 区委书记王宏主持召开区委专题会议，传达学习市委专题会议精神。

23日 区委书记王宏赴南山路处理绿色市场信访堵路事件。

是日 区委书记王宏主持召开区委专题会议，研究市政府关于港联项目处置方案。

27日 城关区纪念建党95周年暨“两优一先”表彰大会举行，对55名优秀共产党员和党务工作者、22个先进基层党组织进行表彰。

27日—28日 “媒体进校园”活动在城关区多个中小学展开，兰州晨报记者受邀探访、体验中小学教育的个性特色及变化。

30日 区委书记王宏主持召开区委专题会议，安排部署换届选举人员把关相关工作。

7月

7日 区委书记王宏与两当县考察团座谈，张永财参加。

是日 兰洽会城关区重点项目签约仪式在组工大厦举行。

13日 全区人大代表换届选举投票在区委区政府会议中心三楼会议厅举行。

18日 区委书记王宏主持召开区委专题会议，研究轨道交通省政府站及中央商务区建设情况。

19日 区委书记王宏赴焦家湾街道、广武门街道调研“两学一做”学习教育开展情况。

是日 区委书记王宏主持召开区委专题会议，研究港联相关事宜。

20日 区委书记王宏调研酒泉路街道“两学一做”学习教育开展情况。

21日 全区“两学一做”学习教育推进会在区委区政府会议中心六楼会议室召开，“两学一做”联系各街道的县级领导干部参加。

22日 省委常委、组织部部长吴德刚检查酒泉路街道迎检工作，区委书记王宏陪同。

27日 区委书记王宏召开专题会议，听取人社局关于临聘人员工资情况汇报，建设、环卫部门关于政府购买服务工作汇报。

8月

1日 区委书记王宏召开区委专题会，研究部署雁滩地区环境卫生综合整治工作。

是日 区委书记王宏在区委区政府会议中心四楼常委会议室主持召开华润置地项目座谈会，肖正明参加。

3日 区委书记王宏主持召开605号—607号规划路征收拆迁工作会。

4日 区委书记王宏主持召开区委专题会议，安排部署雁滩区域城市管理及综合整治工作。

8日 区委书记王宏带队检查雁滩区域城市管理综合整治情况，宋锦荣参加。

10日 区委书记王宏主持召开区委专题会议，研究万达供电事宜。

是日 区委书记王宏在区委区政府会议中心六楼会议室主持召开全区县级领导干部大会。

18日 区委书记王宏在区委区政府会议中心三楼会议厅主持召开全区领导班子换届考察党委全体（扩大）会议，区四大班子全体领导参加。

19日 区委书记王宏主持召开城关区“双创”加速器启动仪式筹备会议。

24日 区委书记王宏赴张掖路街道察看路面塌陷情况。

29日 区委书记韩显明主持召开专题会议，研究雁滩区域道路畅通及土地征拆事宜，高文阳、付松华、肖正明参加。

30日 区委书记韩显明主持召开区委专题会议，研究万达广场安置楼30号地块项目有关事宜，高文阳、伏禄代、肖正明参加。

9月

2日 《人民日报》调研采访组调研酒泉路街道畅家巷社区行政服务分离、网格化管理工作，区委书记韩显明陪同。

5日 区委书记韩显明赴南河道读者集团、雁滩公园、30号地块、605号—607号规划路调研雁滩地区城市管理、道路征拆工作。

6日 区委书记韩显明在雁北街道会议室听取雁滩地区市容环境综合整治行动汇报。

7日 全区严肃换届纪律暨“两学一做”学习教育推进会召开，重申换届工作纪律，同时对全区“两学一做”学习教育进行安排部署。

是日 区委书记韩显明赴宁卧庄小学、铁路西村幼儿园慰问教师。

是日 区委书记韩显明赴铁路西村街道居安社区调研“两学一做”学习教育开展情况。

8日 区委书记韩显明调研皋兰山地质灾害、市民健身步道建设及社区“两学一做”学习教育开展情况。

9日 城关区庆祝第三十二个教师节表彰大会暨文艺演出在金城剧院举行，区政府表彰了第二批20位“名班主任”及10位第三届苏雁芝最美教师。

12日 区委书记韩显明主持召开区委专题会议，研究“高价药方”事件。

是日 第十一届金城社区艺术节群众文化展演开幕式在甘肃大剧院举行，94支群文团队3000余名群众参加了为期两天的演出活动。

19日 区委书记韩显明调研“两馆一场”项目建设、港联大道河洪道治理及九州合作新村二区危房整改情况，高文阳陪同。

20日 区委书记韩显明主持召开区委专题会议，研究解决近期重点信访维稳案件，伏禄代参加。

21日 区委书记韩显明调研区执法局、区数字化城管中心、区环卫局近期重点工作及“两学一做”学习教育开展情况。

22日 区委书记韩显明主持召开专题会议，研究轨道交通1号线省政府站暨中央商务区项目房屋征拆相关事宜，高文阳、杨斌宏参加。

是日 区委书记韩显明调研区建设系统近期重点工作及“两学一做”学习教育开展情况。

23日 城关区十届十三次全委会议在区委区政府会议中心六楼会议室召开，区委委员参加。

25日 城关区第二届大学生创新创业大赛决赛暨颁奖大会在兰州大学学生活动中心举行，22个优秀团队齐聚兰州大学学生活动中心。

26日 “德润城关——城关区2015年度精神文明建设先进集体和个人典型事迹巡礼”展示活动在兰州音乐厅举行，区四大班子主要领导和分管领导参加。

是日 区委书记韩显明调研老酒泉路夜市（南关回坊夜市）、正宁路夜市环境卫生整治情况。

27日 区委中心学习组（扩大）学习会议暨廉政大讲堂在区委区政府会议中心三楼会议厅举行，市纪委常委、办公厅主任张秋兴就《中国共产党问责条例》和

《甘肃省实施〈中国共产党问责条例〉办法（试行）》有关精神做专题报告。

28 日 区委书记韩显明赴恒大绿洲项目现场调研重大项目建设，肖正明陪同。

10 月

9 日 城关区 2016—2017 年度冬季大气污染防治工作动员大会暨城市管理工作大会召开，对大气污染防治、城市管理工作进行安排部署，确定了目标，细化了任务。

14 日 由区政府主办的著名经济学家走进高校大型论坛活动，分别在兰州大学榆中校区、兰州资源环境职业技术学院学术报告厅举行，兰州本地的企业家代表、创业者及兰州各高校大学生代表共 800 余人参加论坛。

17 日 中组部调研组检查酒泉路街道畅家巷社区，区委书记韩显明陪同。

18 日 区委书记韩显明赴五泉力行新村、旧大路灯泡厂、庙滩子十字、新港城十字、雁滩公园调研。

19 日 全面推行垃圾袋装化不落地收集模式暨新型专用车辆发车仪式在省政府东南角轨道交通工地空场举行，韩显明、高文阳、王立山、张淼参加。

20 日 区委书记韩显明赴城关区虚拟养老院、广武门街道黄河沿社区、船说创业咖啡、兰州创意文化产业园、银河国际、碧桂园等地调研检查工作并慰问联扶户。

21 日 区委书记韩显明赴伏龙坪、铁路西村、铁路东村、火车站 4 个街道调研工作开展情况，并分别集体约谈班子成员。

25 日 区委书记韩显明赴东岗、拱星墩、渭源路、团结新村、嘉峪关街道及嘉峪关西路社区调研。

26 日 区委书记韩显明赴甘肃华源文化产业集团、甘肃省文化产权交易中心、爱立方民族文化婚庆创意产业园、兰州电子竞技运动馆调研重点文化产业项目。

31 日 省禁毒委调研组检查静宁路小学禁毒工作，区委书记韩显明陪同。

11 月

2 日 全区背街小巷综合整治动员大会在区委区政府会议中心三楼会议厅召开，区四大班子全体领导参加。

是日 区委书记韩显明主持召开专题会议，研究轨道交通 1 号线省政府站暨中央商务区项目房屋征拆相关事宜，高文阳、杨斌宏参加。

3 日 区委书记韩显明主持召开全区第三季度经济指标调度会。

7 日 区委常委（扩大）会议在区委区政府会议中心三楼会议厅召开，传达学习贯彻党的十八届六中全会精神，区四大班子全体领导参加。

是日 区委书记韩显明主持召开区委专题会议，听取全区背街小巷综合整治情况汇报，安排部署下一步工作。

11 日 区委书记韩显明会见重庆力帆集团总裁一行并座谈。

是日 区委书记韩显明会见甘肃万华实业集团牛新伟董事长一行并座谈。

是日 区委书记韩显明调研浪潮悦达大数据总部项目。

15 日 城关区十届十四次全委会议在区委区政府会议中心六楼会议室召开。

16 日—19 日 中国共产党兰州市城关区第十一次代表大会召开，区委书记韩显明代表中国共产党兰州市城关区第十届委员会向大会做工作报告。会议回顾总结了过去五年城关区社会经济发展取得的进步，提出了未来五年的发展目标和任务。

22 日 国家禁毒委检查组一行 6 人检查渭源路派出所禁毒工作，区委书记韩显明陪同。

30 日 区委常委（扩大）会议在区委区政府会议中心三楼会议厅召开，传达贯彻中国共产党兰州市第十三次代表大会会议精神，区四大班子全体领导参加。

12 月

1 日 区委书记韩显明参加“自强不息·独树一帜——兰州市道德模范、好人代表与市民见面交流走进兰州大学”活动。

2 日 政协兰州市城关区九届委员会第一次会议在西北宾馆召开。

3 日 兰州市城关区十八届人民代表大会第一次会议在宁卧庄宾馆召开。

13 日 市委宣传部部长王宏检查城关区文明城市创建工作，区委书记韩显明陪同。

23 日 区委中心学习组（扩大）学习会议暨廉政大讲堂在区委区政府会议中心三楼会议厅召开，邀请市宣讲团成员、市纪委副书记、监察局局长谢敏剑做专题宣讲报告。

是日 全区村和社区“两委”班子换届选举工作动员部署暨业务培训会议在区委区政府会议中心三楼会议

厅召开，区四大班子主要领导参加。

24 日　城关区十一届二次全委会议在区委区政府会议中心六楼会议室召开。

29 日　全区领导干部警示教育大会在区委区政府会议中心三楼会议厅召开，区四大班子全体领导参加。

是日　区委书记韩显明调研轨道交通 1 号线省政府站暨中央商务区项目建设进展情况。

30 日　区委书记韩显明主持召开区委专题会，研究徐家湾旧城改造项目相关事宜。

区情综述

城关概貌

【名称来历】　因明清兰州城郭而得名城关区，兰州方言称城郭为关。

【地理位置】　位于东经103°46′~103°59′，北纬35°58′~36°9′，地处兰州市区东部，东、南与榆中县接壤，西与七里河区相邻，西北与安宁区相连，北与皋兰县毗邻。区人民政府驻武都路480号，电话区号0931，邮政编码730030，距兰州市政府0.9千米。

【建置沿革】　秦始皇三十三年（前214年）置陇西郡榆中县，治所在今城关区东岗镇一带。汉武帝元狩二年（前121年）置金城县，今城关区在其东部。历经魏晋十六国，今城关区均属金城县，在其东部。北魏今城关区属武始郡勇田县，在其北部。隋文帝开皇元年（581年）在皋兰山下置兰州，领金城郡，治所在今城关区。开皇三年废郡存州，省金城郡、武始郡并入兰州，废勇田县，在今城关区置五泉县。从此以后今城关区遂为兰州治所的所在地。隋炀帝大业三年（607年）改兰州为金城郡。唐高祖武德二年（619年）复置兰州。唐代宗广德元年（736年）吐蕃占领兰州，今城关区散居吐蕃族帐。宋仁宗景祐三年（1036年）西夏党项羌占据兰州，今城关区为西夏辖地。宋神宗元丰四年（1081年）宋收复兰州，今城关区为治所。金太宗天会九年（1131年）金占领兰州，今城关区为治所。元太宗六年（1234年）元占领兰州，今城关区为治所。明太祖洪武二年（1369年），明军占领兰州，因人口少，降为兰县，属临洮府。明宪宗成化十三年（1477年）人口增加，兰县升为兰州。今城关区均为治所。清康熙五年（1666年）陕甘分省，甘肃巡抚驻兰州，成为省会，今城关区属兰州，为省、州治所。乾隆三年（1738年）临洮府移治兰州，改称兰州府，兰州改为皋兰县，今城关区属皋兰县，为府、县治所。乾隆二十九年（1764年）陕甘总督移驻皋兰县，今城关区为总督治所。民国二年废府设道，并兰州府、巩昌府为兰山道，今城关区属兰山道皋兰县，为甘肃省政府、道、县治所。民国十六年废道设区，今城关区属兰山行政区，为行政区治所。民国二十五年皋兰县直隶于省，今城关区仍为省、县治所。民国二十八年实行新县制，皋兰县设8镇，其中广武、东岗、河北、太平、萃英5镇及金城镇部分属今城关区。民国三十年7月1日兰州市政府成立，其辖地为省会警察局管辖范围，大抵为皋兰县城区与近郊，即今城关区大部，面积16平方千米。次年扩大兰州市的辖区，东至阳洼山，西至土门墩，南至石嘴子、八里窑、皋兰山一线，北至盐场堡、十里店，面积146平方千米，今城关区为其主要部分。民国三十三年兰州市第一区、第二区、第三区、第四区、第七区的全部及第五区、第六区的东部，为今城关区辖地。兰州解放后沿置。1953年3月属兰州市第一区、第二区、第三区、第六区4区。1955年兰州市第一区与第二区合并为城关区，第三区改为东岗区，第六区改为盐场区。1958年2月盐场区并入城关区和东岗区。1960年12月东岗区及阿干区的阿干人民公社皋兰山大队并入城关区，区域遂定型。1968年改为东风区，建立区革命委员会（简称革委会）。下辖17个街道革委会和1个城市公社革委会及5个农村人民公社革委会。1973年8月恢复为城关区。1979年1月，恢复街道办事处。1981年恢复区人民政府。1983年辖20个街道、5个乡。2013年辖24个街道、148个社区、18个行政村。城关区为兰州军区、中共甘肃省委、甘肃省人民政府、中共兰州市委、兰州市人民政府驻地。

【行政区划】　2016年末，全区辖临夏路街道、伏龙坪街道、白银路街道、张掖路街道、五泉街道、酒泉路街道、广武门街道、铁路西村街道、铁路东村街道、皋兰路街道、东岗西路街道、火车站街道、团结新村街道、渭源路街道、嘉峪关路街道、焦家湾街道、拱星墩街道、东岗街道、雁南街道、雁北街道、靖远路街道、草场街街道、盐场路街道、青白石街道24个街道办事处，151个社区居民委员会、18个村民委员会。

【人口民族】　2016年，全区总人口1454156人，其中，非农业人口1085254人，占总人口的74.60%；农业人口368902人，占总人口的25.40%。另有流入人口452109人。按性别分，男性729875人，占总人口的50.20%，女性724281人，占总人口的49.80%；0~14岁194959人，占总人口的13.41%，15~64岁1106265人，占总人口的76.08%，65岁以上152932人，占总人口的10.52%。有回族、藏族、满族、东乡族、蒙古族、维吾尔族、土族、壮族、土家族、裕固族等52个少数民族，68936人。其中，回族53968人，藏族5042人，东乡族2663人，蒙古族1108人，裕固族198人，撒拉族128人，保安族55人，哈萨克族27人，其他少数民族5747人。2016年出生率10.03‰，死亡率2.48‰，人口自然增长率为7.55‰。

【地形地貌】　地处陇西黄土高原的西部与青藏高原的过渡地带，地势南北高，中部低，西高东低。地形分为南部黄土山梁，中部黄河河谷盆地，北部土石山梁。主要山脉有皋兰山、白塔山。境内最高峰皋兰山，位于城关区南，海拔2129.6米；最低点北面滩，位于城关区东北部，海拔1503米。

【气候】　属于半干旱气候，其特点是日照充足，光能富裕；昼夜温差大，降水量少，蒸发量大，四季分明。多年平均气温9.1℃。1月平均气温-6.6℃；7月平均气温22.2℃。极端低温-21.7℃（1964年1月27日），极端高温39.8℃（2000年7月24日）。平均气温年较差1.2%。生长期年平均215天；无霜期年平均177天，最长达185天，最短为168天。年平均日照时数2092小时，年总辐射5462.72兆焦/平方米。0°C以上持续期300天。年平均降水量327.8毫米，最长连续降水日达8天（1996年），最长连续无降水日为90天（2005年）。极端年最大雨量368.8毫米（1996年），极端最小雨量为208.2毫米（2005年）。降水集中在每年7月至9月，8月最多。

【水文】　境内河道属黄河流域。黄河干流自七里河区入境，从西至东流经境内白马浪、中山桥、雁滩，至桑园峡入榆中县，长14.5千米，流域面积220平方千米，年过境水量238.7亿立方米。主要支流有雷坛河（中上游属七里河区）、大砂沟、红沟、仰望沟等4条。

【矿藏及其他资源】　境内已探明地下矿藏有天然红黏土5亿立方米，可供开采的约2亿立方米；洗沙、毛沙、砾石约2亿立方米，可开采的约1亿立方米；花岗岩储量约4亿立方米。其他自然资源有植物种类29科、51属；畜禽品种43个，天然鱼类20多种，其他水产86种，野生鸟类25种，野生动物7种。年太阳总辐射129.7541千卡/平方厘米。

【自然灾害】　主要自然灾害有旱灾、水灾、雹灾、地震、滑坡等。最严重的旱灾发生在民国十八年（1929年），粮食绝收，树皮草根剥剜殆尽。人相食。最严重的水灾发生在光绪三十年（1904年）农历六月初一至初六，黄河上游普降大雨，河水暴涨，洪峰流量达8500立方米/秒，桑园峡壅塞，河水倒流，淹没东十八家滩，洪水漫至东稍门外。最严重的地震发生在民国九年（1920年）12月16日，受海原、固原大地震影响，震坏城墙、房屋，死273人，伤236人，死牲畜8000多头。

国民经济和社会发展

【概况】　2016年，全区经济社会发展呈现转型加快、改革突破、环境提升、民生改善的良好态势。全区生产总值完成853.65亿元，同比增长9.3%，其中：一产2.15亿元，增长5.2%；二产116.69亿元，增长5.5%；三产734.81亿元，增长9.9%。全社会固定资产投资完成408.22亿元，同比增长9.1%。实现社会消费品零售总额687.96亿元，同比增长9.55%。公共财政预算收入完成35.77亿元，同比增长22.23%。城镇居民人均可支配收入33399元，同比增长9.4%；农村居民人均可支配收入20780元，同比增长7.9%。

【产业转型升级】 培育“互联网+”经济、现代金融服务、文化旅游体育、养老服务、牛肉面五大千亿级产业链，大力发展电子商务、文化旅游、会展经济等新兴产业，推动产业结构优化升级。光网城关、华歆养老产业孵化器、兰州牛肉拉面产业孵化园、A9·国际三创示范区等五大千亿产业链项目有序推进。“宽带中国—光网城关”覆盖住户22.5万户，完成9.77万户宽带用户的免费提速。接待国内外游客2725万人次，同比增长27.6%；实现旅游总收入271.75亿元，同比增长33.3%；文化产业法人单位达1655家，实现文化产业增加值42.52亿元，增长15.89%。主导优势产业增速明显高于地区生产总值增速。

【重大项目建设】 采取指挥部模式、县级领导包抓、跟踪帮办等多项举措，优服务，促项目，切实发挥投资拉动效应。100个重点项目，全年开工87项，其中兰州市城市规划馆等22项竣工，汽车新东站等21个项目进行基础施工，鸿运金茂等32个项目进行主体施工，兰州红楼时代广场等12个项目主体封顶并进行装修施工，河北地区“两馆一场”等13个项目正在进行土地、规划及拆迁等工作。全年完成投资242亿元，年度全省“3341”项目库上报项目423个，完成投资451亿元。加大项目包装申报力度，累计申报项目40个，16个项目已列入国家、省、市计划，争取到位资金3亿元。全区共实施招商引资项目531项，总投资1937亿元，到位资金419亿元，占市列计划到位资金的108.07%，其中省外项目365项，总投资1718亿元，到位资金392亿元。

【创新驱动战略】 充分利用“双创”政策扶持体系，全面推动大众创业、万众创新。成立城关区众创空间联盟，在创业培训、项目孵化、导师辅导、贷款融资等方面实现资源共享，培育陇源互联网+品牌孵化中心等众创空间10个，入孵企业300余家，带动就业3000多人。举办“城关区第二届大学生创新创业大赛”，开展“双创”进高校、进科研机构、进社区“三进”活动，不断激发全民创新创业热情。利用小额担保贷款、“万企计划”、城关区“双创”风险补偿金等融资政策，发放各类贷款2.23亿元，扶持小微企业917户。推荐申报省级项目5项、市级72项，受理区级专利资助申请233件。持续深化“放管服”改革。将27项行政审批事项由前置改为后置，涉税审批报件精简幅度达到40%，全面实行“五证合一、一照一码”制度，新发展个体工商户7862户、私营企业5145户，同比分别增长7.73%和18.3%。按照省市统一部署，完成全区党政机关单位公务用车制度改革。

【城市建设管理】 加快推进市政基础设施建设，轨道交通1、2号线进展顺利，开工建设九州东南出口S417号道路，北环路、雁白黄河大桥建成通车，完成20条小街巷改造和150条小街巷路灯安装。征收建设双管齐下，完成徐家湾旧城改造等重点项目房屋征收约25万平方米。省手工业联社家属院、兰州煤矿设计院等13个省列棚户区改造项目全部开工建设。生态城关建设紧抓不懈，南北两山及城市各出入口新栽植树木50万株，城区植树71.5万株，摆放盆花50余万盆，新增城区绿地35公顷。不断强化优化“兰州蓝”防治污染工作模式，截至11月底空气质量优良天数达到239天。全面推进环卫体制改革，采取24小时不间断循环人机结合作业模式，打造“垃圾桶—车辆—中转站—垃圾场”的“四步闭环式”清运模式，环卫工作效率和作业质量得到全面提升。扎实有效开展南河道、背街小巷、城市出入口专项整治活动，拆除各类户外广告6155处、13.86万平方米，拆除各类违法建设593处、24.4万平方米，查处店外店4.5万个。新建“城市管理一体化示范街”50条。

【社会事业发展】 城镇新增就业55014人，城镇登记失业率控制在1.92%以内。城乡低保由515元提高到567元，五保供养标准由年人均7416元提高到年人均8160元，同比提高10%。城镇职工基本养老保险、居民社会养老保险、城镇失业保险等社会保险实现政策全覆盖。分配保障性住房2536套，发放保障房住房补贴1500万元，完成三环小区等13处“三不管”老旧楼院综合改造。建成5家社区老年人日间照料中心，打造集立体化养老服务、社区便民服务与O2O便民商城为一体的综合养老服务网点7个。建成城关区残疾人辅具适配中心及5家示范性社区康复站，完成100户残疾人家庭无障碍设施改造。公共服务资源均衡发展。4所学校改扩建工程开工建设，元森北新时代等小区三所配建学校签订移交协议，对2万名在园幼儿全面落实补助保教费政策。举办2016年城关区文化旅游节等群众性文化活动60余场、城关区首届全民健身节等全民健身活动700余项次，完成2016兰州国际马拉松赛城关段的各项工作任务。社会矛盾纠纷调处6998件，成功率达99%，“12345”政务热线回复率达100%；深入推进平安城关建设，安全检查生产经营单位、场所4350家，排查整改隐患2788项，安全生产形势稳定有序，安全生产四项统计指标全面下降。

（宋伟荣）

统筹城乡发展

【改善农村人居环境】 2016年，城关区持续推进农村人居环境改善，制定印发《城关区新农村建设专项资金报账管理制度》《城关区新农村建设资金报账制操作规程（试行）》等一系列政策文件，进一步规范完善项目立项、审批、招投标、施工质量管理、验收审计、报账等程序，严格按照程序拨付资金，确保资金安全运行，杜绝违法乱纪行为发生；组织协调相关部门完成2014、2015年美丽乡村建设项目的审计工作。督促城关区农村环境卫生保洁经费落实到位，印发改善农村人居环境宣传册3000余册，在青白石、伏龙坪街道设立宣传栏，开展农村环境卫生整治宣传。

【完成新农村建设】 经过3年的不懈努力，于2016年5月31日顺利完成马家沟新农村建设项目，并完成验收工作，交付马家沟村委会使用。

（付　威）

精神文明建设

【公民思想道德建设】 深入学习贯彻习近平总书记系列重要讲话精神，围绕“四个全面”战略布局谋划和推动精神文明建设工作。把宣传阐释中国特色社会主义理论的深刻内涵和精神要义作为精神文明建设工作的聚焦点和根本任务，引导广大干部群众进一步增强道路自信、理论自信、制度自信、文化自信和价值观自信。以“中国梦·我的梦”为主题，组织开展专题宣讲、报告会、知识竞赛、座谈交流等形式多样的活动，广泛深入开展“中国梦”主题教育活动。

深入实施24字“人知人晓”“人信人守”工程，在促进核心价值观落细落小落实上下功夫、出实招。开展社会主义核心价值观“进社区、进学校、进家庭、进机关、进军营”活动。修订完善乡规民约、学生守则、团体章程、行业规章等，推动社会主义核心价值观建设融入各行各业。利用微博、手机客户端和“城关发布”微信平台，滚动播出“中国梦”的相关内容。在市区公园设立社会主义核心价值观主题园，将一些优秀传统文化故事打造成文化景观墙供市民、游人参观浏览，让人们在潜移默化中受到教育熏陶。

广泛开展道德教育实践活动。在全区开展寻找“最美家庭”、“好家风幸福一座城”家规家训征集和“家风评议”活动。开展“百场家庭教育公益讲座进社区”、和谐家庭大讲堂、家训诵读、家教故事征集、家庭教育实践等活动。组织召开城关区道德讲堂主持人培训会。累计建成道德讲堂258所，举办活动2500余场次，参与人数10多万人次。“三评选、三推荐”活动扎实开展，身边好人评选和道德模范评选深入人心，推荐产生城关区好人114人、兰州好人89人，15人荣登中国好人榜。开展“道德模范、兰州好人”巡讲活动10次。制作完成“城关区道德模范光荣榜”。组织“德润城关”2016年度城关区精神文明建设先进集体和个人典型事迹巡礼活动。

持续深化“我们的节日”主题活动，利用春节、元宵节、端午节等民族传统节日和重大节庆纪念日，以经典诵读、节日民俗、文化娱乐和体育健身活动为载体，引导人们大力弘扬中华优秀传统美德，在全社会唱响共产党好、社会主义好、改革开放好、伟大祖国好、各族人民好的时代主旋律，更好地聚中国人的心、铸中国人的魂。扎实推进诚信建设制度化，完善“红黑榜”发布制度和诚信建设联席会议制度，推动教育、司法、住建、环保、交通、商务、卫生、税务、工商、质监等行业建立社会征信系统，构建奖励诚信、约束失信的工作机制。开展诚信主题实践活动，大力宣传“诚实守信”先进典型，曝光失信案例和失信企业，营造诚实守信的社会风尚。以食品、药品、卫生、旅游行业为重点，巩固提升张掖路“诚信经营街”创建成果。

【未成年人思想道德建设】 发挥学校、家庭、社会“三结合”教育体系作用，举办以“树立良好家风、传承家庭美德”为主题的“和谐大讲堂”活动8场；开展“家庭和谐的艺术”“家校合作——共护儿童健康成长”家庭教育公益讲座10场，参加人数1万余人。举办未成年人心理健康教育工作骨干培训班。累计投入近2000万元建成29所社区（学校）少年宫，作为推进城市未成年人课外活动场所建设的创新载体，为26000多名未成年人参与课外活动创造条件。承办2016年兰州市乡村（社区）学校少年宫成果展示暨骨干培训班活动。

深入实施“金种子”工程，突出爱国、友善、孝敬、诚信教育，开展万名“金种子”美德少年榜、节日小报创作、“金种子”发芽展示、“我的价值观——精彩课堂”

等主题活动，营造广大未成年人人知人晓、人信人守核心价值观的浓厚氛围。开展“小手拉大手，共创文明城”主题系列活动，影响带动广大家长参与“家风家训家规征集”和创建文明城市活动。组织开展第四届“城关区美德少年”星级评选活动，大力宣传涌现的典型人物和先进事迹。开展优秀童谣征集评选传唱展示活动。征集未成年人童谣作品384篇，成年人童谣作品83篇，承办兰州市2016年中小学优秀童谣传唱暨社会主义核心价值观宣传活动。评选2016年度城关区美德少年5人。

持续净化社会文化环境，加大联动力度，对学校周边乱搭乱建、占道经营、销售“五无食品”、乱停乱放等问题进行彻底整治，严格落实监管职责，促进校园周边治安环境、交通环境、文化环境、经营环境、卫生环境改观。深入开展“扫黄打非”“清源2016”专项行动，加强对出版物市场、校园周边及网吧的清理和整治，为未成年人健康成长营造良好社会文化环境。认真落实监管责任，健全管理制度，实现对社会文化环境的常态化、长效化管理。

【群众性精神文明创建活动】 推进群众性精神文明创建活动，在各行各业开展“创文明行业、建满意窗口”活动，开展“以诚实守信为荣、以见利忘义为耻”主题教育活动，强化职业道德建设，倡导诚信经营，加强和改善服务环境，深入推进优质规范服务，涌现出一批创建工作的先进单位和个人。从创建文明单位、文明社区、文明小区、文明楼院、文明家庭、五星级文明农户抓起，使创建活动覆盖到所有街道、社区、小区，进楼入户到人，促进城市整体文明程度不断提高。

深入推进文明单位“五个一”（一堂、一队、一牌、一桌、一传播）建设，不断提高创建工作水平。重点抓好政务窗口、车站、公园等单位的精神文明创建活动，着力在便民利民、诚信履诺、礼仪规范、优质高效方面提高服务水平。以文明单位测评体系为导向，探索把文明创建延伸到新经济组织、新社会组织和科技创新单位的新途径，不断扩大创建工作的覆盖面。2016年共计表彰区级文明单位26个、区级文明小区1个、文明家庭1256户、五星级文明农户49户。

按照《2016版全国文明城市测评体系》要求，将全区创建各项工作任务及时分解到各责任部门，多次召开专题会议部署迎检工作。区委区政府专门成立创建文明城市迎检测评领导小组，由主要领导担任组长、副组长，包街县级领导深入一线部署检查指导迎检工作，开展专项督察，落实创建工作任务。组织市民开展文明交通行动，组织机关、社区、辖区单位、居民参与优化社区环境活动。圆满完成中央、省文明办对城关区文明程度指数测评和全国文明城市创建工作测评。

突出主题，狠抓落实，不断深化“讲文明树新风”活动。实施文明餐桌、文明交通、文明旅游、网络文明等引导行动，开展不文明行为监督、评议、整治活动，不断深化“做文明有礼的城关人”主题系列活动，市民文明素质得到明显提升。

【志愿服务工作】 推进志愿服务制度化建设，建立健全志愿者招募、培训、星级认证、服务记录及激励、嘉许和回馈制度，逐步实现志愿服务管理规范化、科学化。按照统一招募、统一组织、统一管理的模式，建立和完善志愿者注册登记制度。全区登记注册志愿者人数达14.5万余人，已建立起党员志愿者、社区志愿者、青年志愿者、大学生志愿者、扶残助残志愿者等志愿者队伍1000余支，志愿服务站54个，志愿者服务队156个。

发挥城关区志愿者协会和各级志愿者组织作用，加强对志愿服务的引导和管理。进一步完善区、街、社区三级志愿服务组织体系，整合社会各类志愿者资源，完善社区志愿服务工作站建设，培育发展各类志愿者组织，构建多方位志愿服务组织网络体系，推动志愿服务管理由松散型向规范化转变。在火车站、汽车站及商场、超市等公共场所设立志愿服务站点，打造经常化、便利化志愿服务活动平台。加强志愿者队伍建设，提高志愿者服务意识、服务能力和服务水平。2016年，全区志愿者向社会提供超过200万小时的志愿服务，逐步形成一个规范化、制度化和高效的志愿服务组织网络。

深入宣传兰州市志愿服务“四个十佳”和城关区志愿服务“四个优秀”先进事迹及经验做法，提倡宣扬好人文化，充分发挥榜样的示范引领作用，使志愿服务逐步成为人们的自觉行动和生活方式。以“邻里守望”为主题，围绕关爱空巢老人、留守儿童、困难职工、残疾人等困难群体，开展便民利民的志愿服务，营造与邻为善、与邻为亲、与邻为乐的邻里和谐氛围。围绕兰洽会、兰州国际马拉松赛等赛事和重大节会，组织开展接待引导、秩序维护等志愿服务活动。开展物业志愿服务活动，不断拓展志愿服务领域，扩大志愿服务覆盖面。

（高　翔）

爱国卫生运动

【爱国卫生运动】 逐步完善"区—街道—社区"三级联动体系，充分发挥三维数字优势，形成"区—街道—社区—辖区单位"的四级联动机制，使创卫工作细致化、常态化。

4月12日，组织区爱卫会20多个成员单位300余人在东方红广场举办以"清洁家园、灭蚊防病"为主题的第二十八个爱国卫生月暨城乡环境整治大型宣传活动，共印制6类10种10余万份宣传材料，制作宣传展板200多块。爱卫月期间，共清理脏源点和卫生死角331处，清理垃圾126.73吨。发动辖区人民参与1664人次，清理卫生死角468处，清运垃圾183.4吨；整治楼群院落120处，清运垃圾77.62吨；清理"三乱"广告5021处；清理背街小巷962处，入户宣传7586户；督查"门前三包"16585家；清理坡面垃圾7处，14.2吨；清理铁路沿线垃圾6处，20吨；清理楼顶垃圾30处，20.4吨；清理城中村垃圾3处，13吨。

6月9日，由区爱卫办（区控烟办）、区健康教育所主办，雁南街道承办的"端午情，健康行"城关区《兰州市爱国卫生条例》暨《兰州市公共场所控制吸烟条例》大型宣传活动在欣大百货广场前举行，活动共发放控烟宣传折页及手册彩页10000余册，禁烟标识5000余份，海报1000份，健康知识手册2000余册，健康知识宣传折页3000余份。

【周末卫生大扫除活动】 在工作模式和督查模式上采取"常规工作+专项整治+联合执法"和"驻点督查"模式。至12月，累计出动人员29865人次，擦拭护栏506110米，宣传和落实"门前三包"68375家，清理脏源点4488处，清理垃圾1022.56吨。清理坡面垃圾187处，45.1吨；清理楼顶垃圾693处，174.02吨；整治楼群院落1815处，498.3吨。3月10日下午，组织召开"周末卫生大扫除"督查人员培训会。

【"卫生细胞"工程建设】 10月19日，在广武门街道办事处会议室召开城关区省、市、区"卫生细胞"复审验收培训工作会议，并于10月19日至25日对全区2013至2015年创建的"卫生细胞"开展复审验收工作。截至12月，全区累计创建省级卫生单位9个、卫生社区（村）10个，省级卫生街道6个；市级卫生单位49个、卫生小区36个，市级卫生街道18个、卫生社区（村）45个；区级卫生单位162个、卫生小区141个、卫生社区（村）66个。9月26日，兰州市爱卫办对城关区省级卫生单位进行验收。

【病媒生物防制】 根据城关区病媒生物消长规律，在全区组织以"清洁家园灭蚊防病"为主题的春秋两季爱国卫生运动，将城乡环境综合治理作为主要核心工程，共清理卫生死角垃圾1810处，1124.55吨；楼群院落垃圾490处，177.84吨；整理背街小巷302处，2508平方米；城乡接合部480处，2890平方米；清理楼顶垃圾80处，49.6吨。8月24日，区爱卫办组织专业消杀公司开展病媒生物防制消杀工作。10月20日，由兰州市爱卫办牵头，组织省、市级专家对城关区病媒生物防制效果进行评估回头看督导检查。截至12月底，全区累计投入病媒生物防制经费412012.52元，消灭病媒生物滋生地680余处。

【控烟工作】 1月6日，组织召开《兰州市公共场所控制吸烟条例》培训会议。1月7日，国家控烟办主任梁晓峰带队，组成调研检查组，对城关区控烟工作进行调研检查。5月31日，在东方红广场举办兰州市第二十九个"世界无烟日"主题宣传活动，发放宣传折页及手册彩页60000余册，禁烟标识50000余份，海报20000份。9月6日，迎接兰州市控烟领导小组关于《兰州市公共场所控制吸烟条例》执行情况的联合执法检查。国家控烟办于9月19日至9月27日在城关区开展空气尼古丁被动采样工作。同时将9月作为城关区控烟联合执法月，对全区各类公共场所进行控烟联合执法检查。至12月，全区累计出动执法人员196人次，劝导吸烟人员210人次，处罚1人次，个人罚款150元；检查各类场所1141处，出具监督意见书327份，给予警告行政处罚场所318家，责令整改9家。

（赵琦卉）

组织机构与负责人

·区级机关·

区委

中国共产党兰州市城关区委员会

书　记　王　宏（2016.08免）
　　　　韩显明（2016.08任）
副书记　张永财（2016.08免）
　　　　高文阳（2016.08任）
　　　　寇桂杰（2016.11任）
　　　　郭海泉（2016.11免，挂职）

常　委　王　宏（2016.08 免）
韩显明（2016.08 任）
张永财（2016.08 免）
高文阳（2016.08 任）
寇桂杰
伏禄代（2016.11 免）
杨斌宏
赵国钧（2016.11 免）
王友平（2016.04 免）
宋锦荣（2016.09 免）
王立山（2016.09 任）
赵春林（2016.10 任）
张　淼
朱家鹏（2016.06 任）
陶　军（2016.10 免）
荆　都（2016.09 免，挂职）
郭海泉（2016.11 免，挂职）
肖正明（2016.11 任）
蒋毅群（2016.11 任）
茆小林（2016.11 任，挂职）

区委办公室

主　任　张兴成
副主任　方　炘
史军永
马元明

区委机要局

局　长　方　炘
副局长　毛保玲（2016.01 免）

区委区政府督查室

主　任　吴先宏（2016.03 免）
副主任　陈胜之若（2016.06 免）
陈延儒

区委政研室

主　任　史军永

区保密局

副局长　王　洁
李兰萍

区档案局

局　长　王巧云
副局长　沈　瑾
康中萍

区人大

兰州市城关区人大常委会

主　任　高　星（2016.12 免）
冯广宸（2016.12 任）
副主任　赵银生（2016.01 免）
姜惠琴（2016.12 任）
李春玲
徐安全
闫　琳
郭建中
牛田一（2016.01—2016.12）
颜春生（2016.01 任）

区人大常委会办公室

主　任　刘　璇
副主任　吴庆明

财经工作委员会

主　任　白喜亮
副主任　李　阳

代表工作委员会

主　任　陈友竹
副主任　杨　瑾

法制工作委员会

主　任　王振帮
副主任　叶　芳

科教文卫工作委员会

主　任　陈永强
副主任　陈淑芳

城建工作委员会

主　任　曹　敏
副主任　汪　立（2016.05 免）
许亚琼（2016.05 任）

信访室

主　任　杨学珍
副主任　薛　琰

区政府

兰州市城关区人民政府

区　长　张永财（2016.08 免）
高文阳（代理 2016.08—2016.12；2016.12 任）
副区长　王友平（2016.04 免）
宋锦荣（2016.10 免）
王立山（2016.10 任）
包海涛（2016.10 任）
陶　军（2016.11 免）
荆　都（2016.09 免，挂职）
茆小林（2016.11 任，挂职）
付松华
陈一夫（2016.06 免）
肖正明（2016.12 免）
蒋毅群（2016.12 任）
张海宾（2016.12 任）
曹宏亮（2016.12 任）

区政府办公室

主　任　王生堂
副主任　郭文昀（2016.01 免）
贾炳智
桂国琪
魏凯桥（2016.01 任）

区应急办

主　任　郭文昀（2016.01 免）
副主任　李雁军
魏传英（2016.05 任）

信息中心

主　任　贾炳智
副主任　张雅琴

区政府法制办公室

主　任　耿玉龙

区侨务工作办公室

副主任　王亚红

区信访局

局　长　魏凯桥
副局长　安培成

区政协

政协兰州市城关区委员会

主　席　冯广宸（2016.12 免）
伏禄代（2016.12 任）
副主席　姜惠琴（2016.12 免）
张　军（2016.12 免）
党瑞舫
王　满
张盛明
王金明
潘建西（2016.12 任）
赵　彬（2016.12 任）

区政协办公室

主　任　丁小光（2016.05 免）

经济和科教文卫体委员会

主　任　侯永新

副主任　李永红

提案和社会法制委员会

主　任　杨晓兵

民族宗教和三胞联络委员会

主　任　朱德平

副主任　蔺丽萍（2016.04 免）
　　　　白　阳（2016.04 任）

城建和环境委员会

主　任　魏万良（2016.05 免）
　　　　魏世科（2016.05 任）

副主任　马　军

文史资料和学习委员会

主　任　杨禔名

中共兰州市城关区纪律检查委员会

书　记　杨斌宏

副书记　周胜前（2016.07 免）
　　　　张发育（2016.07 任）
　　　　董　亮

区纪委综合派出机构

区纪委第一综合派出纪工委书记
　牛田一（2016.06 免）
　高　岑（2016.06 任）

区纪委第二综合派出纪工委书记
　曾振江

区纪委第三综合派出纪工委书记
　苏官虎

区纪委第四综合派出纪工委书记
　费　翔

区纪委第五综合派出纪工委书记
　马　蓉

区纪委第六综合派出纪工委书记
　杨善义

·武装法检单位·

区人民武装部

部　长　徐宗泉

政　委　赵国钧（2016.11 免）
　　　　郝修杰（2016.11 任）

副部长　高卫虎

甘肃陆军预备役高射炮兵师第三团

团　长　丁光帅

政治委员　申　达

参谋长　张玉新

政治处主任　马利翔

后勤和装备处处长　韩　波

区人民法院

党组书记、院长　张四恩

党组副书记、副院长　高　超

党组成员、副院长　郑晓齐
　　　　苏克鸿
　　　　赵永亮

党组成员、纪检组长
　　　　廖广伟
　　　　（2016.06 任）

党组成员、机关党委书记　韩国培

党组成员、政工科科长　邸冰红

党组成员、办公室主任　王　沛

党组成员、审管办主任　刘怡峻

党组成员、执行局局长　张　炜

党组成员、行政庭庭长　赖兴萍

区人民检察院

党组书记、检察长　王　锐

党组副书记、副检察长　韩荣翠

党组成员、副检察长　马　春
　　　　李　程

党组成员、副检察长、反贪局局长
　　　　张耀东

党组成员、纪检组组长　李　旭

党组成员、政工科科长　陈海洋

党组成员、办公室主任　刘昕明

·区委部门·

区委组织部

部　长　寇桂杰（2016.11 免）
　　　　赵春林（2016.11 任）

副部长　李嘉晨
　　　　张　平（2016.06 免）
　　　　汪　静
　　　　田永利（2016.06 任）
　　　　王　榕
　　　　李延梅
　　　　严　肃

区委老干部工作局

局　长　王　榕

副局长　刘　刚

区关工委办公室

主　任　朱　晶

副主任　王　芳

区委宣传部

部　长　张　森

副部长　杨军民
　　　　林怡辛

区精神文明建设委员会办公室

主　任　杨军民

副主任　徐江华

区委统战部

部　长　党瑞舫（2016.12 免）
　　　　朱家鹏（2016.12 任）

副部长　王玉霞
　　　　刘玉柱

区委政法委员会

书　记　伏禄代（2016.12 免）
　　　　肖正明（2016.12 任）

副书记　姚　巍
　　　　高丽娜
　　　　杨　吉（2016.04 免）

区直属机关工作委员会

书　记　杨智勤

副书记　王启帆
　　　　石　玮

区委编制办公室

主　任　李延梅

副主任　李成江（2016.06 免）
　　　　李梓瑞（2016.04 任）
　　　　杨海峰（2016.06 任）

区委城乡统筹办公室

主　任　梁贵湖

副主任　刘　陇

区新农村办公室

主　任　车尚宏

·区政府工作部门·

区发展和改革局

局　长　马　强
副书记　马建武（2016.01 免）
副局长　林　兵
　　　　张耀明
　　　　张多伟（2016.01 任）

区物价局

局　长　常弘玗

区教育局

局长、党委副书记
　　　　蒋毅群（2016.12 免）
　　　　王生堂（2016.12 任）
党委副书记　朱益民
　　　　祁永礼（兼）
副局长　苏永军
　　　　甘永武

区科技局

局长、党组副书记
　　　　高　岑（2016.06 免）
　　　　张　平（2016.06 任）
党支部书记　程景民
副局长　许晓华
　　　　陈钰伟

区工业和信息化局

局长、党委副书记
　　　　王　鹏
党委书记　朱凤华
副局长　许　毅
　　　　陈　敏
　　　　李　明（2016.03 任）

区非公有制经济发展服务局

局　长　许　毅
副局长　徐尚文（2016.05 免）

区民族宗教事务局

局　长　陈　陇
副局长　党幼舟（2016.05 免）
　　　　崔向荣（2016.05 任）

区监察局

局　长　周胜前（2016.06 免）
　　　　张发育（2016.07 任）
副局长　吴雪梅（2016.03 任）

区民政局

局长、党委副书记　丁月英
党委书记　张国裕
副局长　李生萍
　　　　魏　巍
　　　　夏　冰（2016.04 免）
　　　　李成斌（2016.04 任）

区司法局

局　长　刘　伟
党总支书记　杨伟国
副局长　魏旭峰（2016.05 免）
　　　　李　明（2016.03 免）
　　　　陈　曦（2016.03 任）
　　　　成　梅（2016.05 任）

区财政局

局长、党组副书记
　　　　罗宏才（2016.11 免）
党支部书记　魏莉萍
副局长　郭　磊
　　　　段晓卫
　　　　昔建宏

区人力资源和社会保障局

局长、党委副书记　严　肃
副局长　赵立群
　　　　田永利（2016.06 免）
　　　　蒲　丽
　　　　虎吁平
　　　　陈　曦（2016.03 免）

区社保局

局　长　赵立群
副局长　杨　睿（2016.01 免）
　　　　蒋剑斌
　　　　张应霞（2016.05 任）

区就业局

局　长　张晓蓉
副局长　潘兰成（2016.05 免）
　　　　侯舜元
　　　　杨衍鹏（2016.05 任）

区医保局

局　长　赵芝红
副局长　曾一洺
　　　　罗　清

区劳动监察大队

大队长　郝志坚
副队长　甘怀民
　　　　甘培嘉

区环保局

局长、党组副书记　张大旺
党总支书记　赵　坤
副局长　牛新玲
　　　　杨　强

区住房和城乡建设局

局长、党委副书记　张海宾
党委书记　颜宗成
副局长　谢登龙
　　　　汤　淼
　　　　费成国（2016.01—2016.05）
　　　　王成喜（2016.06 任）

区人防办

主　任　谢登龙
党支部书记　钱海珍
副主任　张林强

区城市管理委员会

主任、党委副书记
　　　　吕绍东（2016.01 任）
副主任　陈　石（2016.04 免）
　　　　颜仰礼（2016.04 免）
　　　　夏　冰（2016.04 任）
　　　　包　承（2016.04 任）
　　　　周吉雷（2016.04 任）

区环卫局

局长、党委副书记　陈　石
党委书记　窦培民
副局长　史建平
　　　　张　丽
　　　　陈　鑫
　　　　林怡洁

区数字化城市管理中心

主　任　张建虎

副主任　白　阳（2016.04免）
张　燕
曹　佳（2016.05任）

区雁滩环卫市政所

所　长　颜仰礼
所　长　谭应海
孙卫东
王立新（2016.03免）

区城市管理执法局

局长、党委副书记、执法大队队长
曹　民
副局长　滕志海
丁生民
刘　斌
副大队长　谭其华
焦思臻

张掖路步行街商业街管理办公室

主　任　李　燕
副主任　杨丽华

区安全生产监督管理局

局长、党组副书记　严　刚
党支部书记　徐建忠
副局长　车杰安

区农业水务局

局长、党委副书记　陶　宏
党委书记　何巨川
副局长　原俊峰
王有祥
邵旭平

区林业局

局长、党委副书记
陈坚元（2016.05免）
陆祖成（2016.06任）
党委书记　田　曦
副局长　崔世麟
陶志锐
杨　刚

区南北两山绿化工程指挥部

指　挥　崔世麟

区商务局

局长、党组副书记
魏世科（2016.05免）
局长、党组书记
董　波（2016.05任）
副局长　田祥年（2016.04免）
马兴国
雷宏亮
孙智斌（2016.04任）

区文体局

局　长　曾照婷
党总支书记　孙爱荣
副局长　周　宁
白　虎
何建农
保　铭

区卫计局

局　长　姜文秀
党委书记　高秀刚
副局长　彭　力
宋宝瑞
王素君
王丽婷

区爱卫会办

主　任　常　宏
副主任　马媛媛（2016.03免）
邵　莉（2016.06任）

区审计局

局长、党组副书记
郜　伟（2016.06免）
局长、党组书记
周胜前（2016.06任）
党支部书记　徐万彪
副局长　刘红霞
任俊华
郭继涛

区统计局

局长、党组副书记　栾　娟
党组书记　汪　涛
副局长　张燕青
杨小玲

区食药局

局　长　成维祥
党委书记、纪检组长
王立元
副局长　张晓霞
印智辉
尚淑宁

区质监局

局　长　汪小良
副局长　姚淑霞
桂　荣

区工商局

党组书记、局长　胡云鸿
党组成员、副局长　王晓红
李名喜
杨　海
范玉舫
高立军
杜小枫
党组成员、纪检组长　张志豪
党组成员、办公室主任　张　力

·区委区政府直属事业单位·

区委党校（行政学校）

校　长　王胜太（2016.01免）
常务副校长　杨文侠
副校长　乔关民
专职校务委员　权宏恩

区委党史办（地方志办）

主　任　韩春梅
副主任　高　峰
孙　霞（2016.03免）

甘工委纪念馆

馆　长　张同喜
副馆长　罗小刚

区地震局

局　长　朱济生

区机关事务管理局

局　长　杨学东

副局长　刘利群

　　　　施建军

兰州九州经济开发区管理委员会

主　任　梁迎祥

党工委书记　王玉兰

副主任　王建军

　　　　陈玉忠

　　　　杨　吉（2016.04任）

区房产管理局

局　长　陆祖成（2016.06免）

　　　　常沁萍（2016.06任）

副局长　常沁萍（2016.06免）

　　　　张志晓

区供销合作社

主　任　田祥年

兰山公园

主　任　宋锦荣

　　　　（2016.05—2016.09）

　　　　王立山（2016.09任）

党工委副书记

　　　　王建武（2016.03任）

副主任、党总支书记

　　　　颜春生（2016.01免）

副主任　曾振江

　　　　王建武（2016.01任）

　　　　郜　伟（2016.06任）

区南河疏浚工程管理办公室

负责人　梁自昌

副主任　党如喜（2016.01免）

　　　　胡临峰

区政府政务服务中心

主　任　张秀珍

副主任　马　莉

　　　　党浩然

区政府投资项目管理办公室

主　任　胡厚升

副主任　暴兴炜

区公共资源交易中心

主　任　曹喜荣

副主任　朱思桦（2016.03任）

区经济合作服务局（机构改革变为直属事业单位）

局长、党组书记　王效强

副局长　许有福

　　　　张德礼

　　　　王　蕾

　　　　冯　磊

·区属单位·

市公安局城关分局

党委书记、局长

　　　　魏旭杲（2016.07免）

　　　　赵　林（2016.07任）

党委副书记、政委

　　　　郭玉宏

副局长　李勇宝（2016.01免）

　　　　周　建

　　　　王景德

　　　　牛小安（2016.08免）

　　　　张剑英

　　　　刘　庆（2016.01任）

区国家税务局

党组成员、局长　种建军

党组成员、副局长

　　　　郭永海

　　　　边振忠（2016.10免）

　　　　刘富杰（2016.04免）

　　　　徐圣恩（2016.04免）

　　　　张云鹏（2016.04任）

　　　　付　炜（2016.04任）

　　　　姜　皓（2016.12任）

党组成员、纪检组长

　　　　孙　涛（2016.04免）

　　　　刘国彤（2016.04任）

区地方税务一局

党组书记、局长

　　　　王艺璇（2016.09任）

党组副书记、纪检组长　冯旭东

党组成员、副局长　撖君祖

　　　　苏克明

　　　　郭智强

　　　　（2016.10任）

区地方税务二局

党组书记、局长　曹廷军

党组副书记、纪检组长　康文海

党组成员、副局长　蒋丽霞

　　　　李　强

　　　　张　健

　　　　（2016.04任）

市国土局城关分局

局长、书记　石小蓉

专职副书记　庆迎军

副局长　高忠平

　　　　王永明

执法大队大队长　茹建华

·人民团体·

区总工会

主　席　李春玲

常务副主席　付文英

副主席　陈军秋

　　　　李兰君

团区委

书　记　刘益煜

副书记　王卓尔

区妇联

主　席　郭　斌

副主席　滕翠文

　　　　李春丽（2016.01任）

区工商联

主　席　马慧慧

党组书记　王玉霞

副主席　巨雅芳

区残联

理事长　温照军

副理事长　王桂萍

寇馨元（2016.05 免）

庞卫平

区科协

主　席　宗志温

副主席　凌　佳（2016.12 免）

·街道办事处·

临夏路街道

党工委书记　沈　毅

党工委副书记、办事处主任

魏琼颖

党工委副书记、人大工委主任

杜来元

党工委副书记、社区工作中心主任

马培琳（2016.03 任）

党工委副书记、纪工委书记

马培琳（2016.03 免）

金　波（2016.03 任）

副主任　刘　铭

边怀强（2016.03 免）

王　博（2016.03 任）

伏龙坪街道

党工委书记　王建武（2016.01 免）

韩向阳（2016.01 任）

党工委副书记、办事处主任

韩向阳（2016.01 免）

郭文昀（2016.01 任）

党工委副书记、人大工委主任

陈胜才

党工委副书记、纪工委书记

岳海燕

副主任　胡建昌

白玉禄

白银路街道

党工委书记　董　波（2016.05 免）

丁小光（2016.05 任）

党工委副书记、办事处主任

刘兰伊

党工委副书记、人大工委主任

张建辉

党工委副书记、社区工作中心主任

吕琳娜

党工委副书记、纪工委书记

边怀强（2016.03 任）

副主任　龙珏竹

魏芳霞

张掖路街道

党工委书记　刘丽萍

党工委副书记、办事处主任

王治钢

党工委副书记、人大工委主任

张玉成

党工委副书记、社区工作中心主任

杨月荣

党工委副书记、纪工委书记

朱莉蓉

副主任　任万萍

魏永良（2016.01 免）

张天河（2016.01 任）

五泉街道

党工委书记　马　莉

党工委副书记、办事处主任

高振声

党工委副书记、人大工委主任

杨　平

党工委副书记、社区中心主任

张晓玲

党工委副书记、纪工委书记

程金蕊

副主任　脱　伟（2016.03 免）

杨小龙

李　晔（2016.03 任）

酒泉路街道

党工委书记　张　鹏

党工委副书记、办事处主任

郭　佳

党工委副书记、人大工委主任

张新英

党工委副书记、社区工作中心主任

郑春红

党工委副书记、纪工委书记

孙宏博

副主任　李秉武

曲艳玲

广武门街道

党工委书记　赵宇宁（2016.03 免）

吴先宏（2016.03 任）

党工委副书记、办事处主任

马中浩

党工委副书记、人大工委主任

刘桂珍

党工委副书记、社区工作中心主任

毛保玲（2016.03 任）

党工委副书记、纪工委书记

王　燕（2016.05 免）

瞿丽君（2016.06 任）

副主任　朱家骕

陈永良

铁路西村街道

党工委书记　樊发仓

党工委副书记、办事处主任

王三元

党工委副书记、人大工委主任

王锡宝

党工委副书记、社区工作中心主任

张德智（2016.03 任）

党工委副书记、纪工委书记

张德智（2016.03 免）

姚慧佳（2016.03 任）

副主任　李小玲

魏麟懿

铁路东村街道

党工委书记　滕泽亭（2016.01 任）

党工委副书记、办事处主任

王　全（2016.11 免）

党工委副书记、人大工委主任

冯旭肇

党工委副书记、社区中心主任

倪　玲

党工委副书记、纪工委书记
王　虹（2016.01 任）
副主任　何国华
辛　丽

皋兰路街道

党工委书记　魏莉萍（2016.05 免）
费成国（2016.05 任）
党工委副书记、办事处主任
李普哲
党工委副书记、人大工委主任
高新云（2016.06 免）
李文芳（2016.06 任）
党工委副书记、社区工作中心主任
常　莉
党工委副书记、纪工委书记
刘　艳
副主任　王兆勤
王晓刚

东岗西路街道

党工委书记　金　哲
党工委副书记、办事处主任
郭　霆（2016.01 免）
党工委副书记、人大工委主任
杨琴梅
党工委副书记、社区工作中心主任
刘俊琪（2016.03 任）
党工委副书记、纪工委书记
刘俊琪（2016.03 免）
张文博（2016.03 任）
副主任　侯　勇
张文博（2016.03 免）
徐玉萍（2016.03 任）

火车站街道

党工委书记　祁秀红
党工委副书记、办事处主任
陈晓霞
党工委副书记、人大工委主任
边　锐
党工委副书记、社区工作中心主任
房军欣（2016.03 任）
党工委副书记、纪工委书记
王立芳
副主任　房军欣（2016.03 免）
王　刚
张治奇（2016.03 任）

团结新村街道

党工委书记　滕泽亭（2016.01 免）
李晓兰（2016.03 任）
党工委副书记、办事处主任
李晓兰（2016.03 免）
陈胜之若
（2016.06 任）
党工委副书记、人大工委主任
余淑华
党工委副书记、社区中心主任
温吉奎
党工委副书记、纪工委书记
曹永琪
副主任　文海霞
陈　涛

渭源路街道

党工委书记　郭　霆（2016.01 任）
党工委副书记、办事处主任
张立霞
党工委副书记、人大工委主任
杜小珍
党工委副书记、社区中心主任
王　黎
党工委副书记、纪工委书记
李　薇
副主任　马艺萍
慕　军

嘉峪关路街道

党工委书记　吴治巍
党工委副书记、办事处主任
冯兰印
党工委副书记、人大工委主任
宋　燕
党工委副书记、纪工委书记
曹宇红
副主任　张　蓉
钱凌江

焦家湾街道

党工委书记　吕绍东（2016.01 免）
刘　康（2016.01 任）
党工委副书记、办事处主任
林　灵
党工委副书记、人大工委主任
都吉荣
党工委副书记、社区工作中心主任
悦惠芳
党工委副书记、纪工委书记
魏玉玲
副主任　赵　斌
王阳中

拱星墩街道

党工委书记　秦力红
党工委副书记、办事处主任
张克让
党工委副书记、人大工委主任
刘维智
党工委副书记、社区中心主任
徐金生
党工委副书记、纪工委书记
甘延刚
副主任　陈　波
徐　甲
徐　晓（2016.03 任）

东岗街道

党工委书记　赵　琴
党工委副书记、办事处主任
李鋆璞
党工委副书记、人大工委主任
钟　声
党工委副书记、社区工作中心主任
王新军
党工委副书记、纪工委书记
巨虎如
副主任　薛力群
罗宏文
张吉庆

雁南街道

党工委书记　陈效慧
党工委副书记、办事处主任

王戎江
党工委副书记、人大工委主任
周元德
党工委副书记、社区中心主任
柴亚玲
党工委副书记、纪工委书记
郭德辉（2016.01 免）
脱　伟（2016.03 任）
副主任　毕露敏
王立俊
杨　丽

雁北街道

党工委书记　曹宏亮
党工委副书记、办事处主任
刘　蕾
党工委副书记、人大工委主任
陈瑜峰
党工委副书记、社区工作中心主任
马媛媛（2016.03 任）
党工委副书记、纪工委书记
廖广伟（2016.06 免）
副主任　费芳洲
陈添军
王　斌

靖远路街道

党工委书记　刘晓华
党工委副书记、办事处主任
李　卓
党工委副书记、人大工委主任
刘勇利
党工委副书记、社区中心主任
牛　斌
党工委副书记、纪工委书记
梁　宴
副主任　张佩珍
宋玉萍

草场街街道

党工委书记　杨云智
党工委副书记、办事处主任
陆锡伟
党工委副书记、人大工委主任
张　力
党工委副书记、社区工作中心主任
王芝萍
党工委副书记、纪工委书记
高　慧
副主任　梁海燕
杨　洁
陈永泉

盐场路街道

党工委书记　丁　伟
党工委副书记、办事处主任
刘　康（2016.01 免）
赵国刚（2016.04 任）
党工委副书记、人大工委主任
桂建红
党工委副书记、社区工作中心主任
刘引明（2016.03 任）
党工委副书记、纪工委书记
刘引明（2016.03 免）
段莉华（2016.03 任）
副主任　王德毓
段莉华（2016.03 免）
施　刚（2016.03 任）
关　锋（2016.03 任）

青白石街道

党工委书记　潘　琦
党工委副书记、办事处主任
丁巧云
党工委副书记、人大工委主任
朱新民
党工委副书记、纪工委书记
刘一辉（2016.03 任）
副主任　刘凤鸣
包　承（2016.04 免）
贾信铮（2016.03 任）
王弘斐（2016.04 任）

政 治

中国共产党兰州市城关区委员会

·区委常委会·

【概述】 2016年，区委召开区委常委会55次，印发会议纪要55期。

【传达学习文件精神】 学习传达《中国共产党第十八届中央委员会第六次全体会议公报》《中共中央国务院关于印发〈国家创新驱动发展战略纲要的通知〉》《中共甘肃省委办公厅印发〈关于在全省党员中开展“学党章党规、学系列讲话，做合格党员”学习教育实施方案〉的通知》《中共甘肃省委办公厅关于印发〈甘肃省党政领导干部生态环境损害责任追究实施办法（试行）〉的通知》《中共兰州市委办公厅印发〈关于落实全面从严治党主体责任进一步强化党内监督工作的实施办法〉的通知》《中共兰州市委办公厅印发〈关于在全市党员中开展“学党章党规、学系列讲话，做合格党员”学习教育实施方案〉的通知》等政策文件和习近平总书记在庆祝中国共产党成立95周年大会上、在纪念红军长征胜利80周年大会上的讲话精神，省市领导在“两学一做”学习教育工作推进会上的讲话精神等中央、省市主要领导讲话精神。

【研究制定方案】 研究制定《关于全面构建社会矛盾纠纷“大调解”工作体系和机制的实施意见》《关于在全区党员中开展“学党章党规、学系列讲话，做合格党员”学习教育实施方案》《关于在“两学一做”学习教育中开展“三双”载体活动的实施方案》《中共兰州市城关区委关于贯彻落实〈中共兰州市委关于全面深化法治兰州建设打造全省法治建设先行区的实施意见〉的意见》《城关区纪检监察组织加强对同级党委及其成员监督工作暂行办法》《城关区纪委综合派出纪工委书记、部门纪检组长（纪委书记）提名考察办法（试行）》《城关区街道纪工委书记、副书记提名考察办法（试行）》《城关区村级党组织和第九次村民委员会换届选举工作实施方案》《城关区社区党组织和第六届居民委员会换届选举工作实施方案》等政策文件。

【研究通过工作报告】 研究通过《中共兰州市城关区委常委会2016年工作要点》《关于2015年度全区目标考核情况的通报》《区纪委十届六次全会工作报告》《2016年全区精神文明建设工作要点》《关于召开中国共产党兰州市城关区第十一次代表大会有关事宜的报告》《中国共产党兰州市城关区第十一次代表大会代表选举工作方案》《关于中国共产党兰州市城关区第十一次代表大会代表选举情况的报告》《关于确定出席中国共产党兰州市城关区第十一次代表大会代表候选人预备人选的报告》等。

【其他事项】 研究环境整治、城市建设、招商引资、精神文明建设、党风廉政建设、教育、卫生、信访、维稳、民族宗教、统战、人口计生、安全生产及区委、区政府领导分工调整和干部任免、机构调整等工作。

·重大决定·

【开展“两学一做”学习教育】 制定城关区《“两学一做”学习教育实施方案》和区委常委会《“两学一做”学习教育学习计划表》，确定《习近平谈治国理政》等19项学习专题，设立学习教育协调推进小组，对区级机关、学校、非公企业、社会组织、涉农街道党组织学习教育开展情况进行指导，提出集中+自主“系统学”、线上+线下“互动学”、区内+区外“体验学”、研讨+党课“强化学”、培训+检查“督促学”的“五+”学习模式，强化分类指导，确保学习教育不出偏差、不走过场。

【落实“两个责任”】 建立“初核+约谈”“审计+约谈”“预防+约谈”和“督查+约谈”四种约谈模式，开展经常性约谈提醒和督促检查；印制发放《严肃换届纪律文件选编》及“九个严禁、九个一律”要求提醒卡，用铁规、铁纪维护换届工作严肃性；制定出台《2016年基层不正之风和腐败问题监督检查工作安排》，紧盯元旦、春节、清明、“五一”、端午、中秋、“十一”等重要时间节点开展监督检查，狠刹公款送礼、公款吃喝、公款旅游、公车私用和铺张浪费等不正之风，全区作风建设不断深化。

【大气污染防治工作】 全面落实“六个百分百”抑尘措施和网格化监管责任，推行道路洒水抑尘、湿法清扫等作业方式，加强施工工地、煤炭市场、低空面源、二次扬尘、“四烧”现象等重点污染源管控，加大督查巡防力度，对出现问题的单位和个人严格落实问责，确保全市空气优良天数达到既定目标。

【推进大众创业万众创新】 成立城关区众创空间联盟，新培育A9创意国际产业园区、华源兰州文化创客产业孵化基地、天狼创客孵化园、华歆居家养老服务有限公司等众创空间10个；严格落实国家小额担保贷款、兰州市扶持创业带动就业“万企计划”、城关区1亿元“政-银-保”风险补偿金等政策融资，累计培育西部创客等各类众创服务平台40余个，其中国家级众创空间11个，省级众创空间22个，入孵企业1400余家，带动就业2.5万余人。

【城市精细化管理】 建立城市管理联席会议制度，完善城市管理考评体系和奖惩办法，健全“门前三包”五级包抓网络，实行执法中队长轮岗交流机制，推进环卫作业市场化运作，持续开展黄河城关段、铁路沿线、高坪地带、城乡接合部及城区三大出入口等重点部位综合治理，加大城市立面和地面综合治理，持续推进雁滩地区市容环境综合整治和“五小”行业、背街小巷整治行动，全力打通雁滩地区T603号、T605号等一批“断头路”和“肠梗阻”。

【创建城市管理一体化示范街】 按照“一街一景”标准，以市容环境整治、门头广告规范、绿化设施改造、亮化设施提升、环卫综合治理、市政设施完善为重点，打造82条“城市管理示范化一条街”，推动城市管理提档升级。

【深化大巡防体系】 扎实推进综治信息化建设，高效处置各类预警信息，强化社会面治安动态管控，加强公安、街道、辖区单位和物业小区4支巡防队伍建设，实行重点区域治安巡防全覆盖，强化社会面治安动态管控，试点开展流动人口“群租式”管理，社会治安形势持续好转，群众的安全感进一步增强。

【全力排查纠纷化解矛盾】 充分发挥街道维稳综治信访司法中心作用，深入开展信访积案化解和矛盾纠纷大排查大调处活动，严格落实领导包案督办和街道党工委书记、派出所所长稳控劝返第一责任人责任，坚决依法打击违法上访行为，全区重大矛盾纠纷化解率达90%以上，12个街道实现“零”上访。

·重要会议·

【区委经济工作暨扶贫开发工作会议】 1月12日，区委经济工作暨扶贫开发工作会议在区委会议中心三楼会议厅召开，区四大班子全体领导参加。

【全区党组织书记抓基层党建述职评议暨述纪述廉述作风会议】 1月30日，全区党组织书记抓基层党建述职评议暨述纪述廉述作风会议在区委区政府会议中心六楼会议室召开，区委委员、区纪委委员参加。

【全区安全生产工作会议暨区安委会2016年第一季度全体（扩大）会议】 1月31日，全区安全生产工作会议暨区安委会2016年第一季度全体（扩大）会议在区委区政府会议中心三楼会议厅召开，区委书记王宏出席并讲话。

【全区“两学一做”学习教育工作推进会】 5月4日，城关区“两学一做”学习教育工作推进会在区委区政府会议中心三楼会议厅召开，区四大班子全体领导参加。

【区十届十二次全委会议】 5月13日，区十届十二次全委会议在区委区政府会议中心六楼会议厅召开，区委委员参加。会议听取《关于召开中国共产党兰州市城关区第十一次代表大会的决议（草案）》的说明，审议《中国共产党兰州市城关区第十届委员会第十二次全体会议关于召开中国共产党兰州市城关区第十一次代表大会的决议（草案）》。

【全区领导班子换届考察党委全体（扩大）会议】 8月18日，城关区领导班子换届考察党委全体（扩大）会议在区委区政府会议中心三楼会议厅召开，区四大班子全体领导参加。

【全区严肃换届纪律暨“两学一做”学习教育推进会】 9月7日，全区严肃换届纪律暨“两学一做”学习教育推进会在区委区政府会议中心三楼会议厅召开，四大班子全体领导参加。

【全区2016—2017年冬季大气污染防治工作动员大会暨城市管理工作大会】 10月9日，全区2016—2017年冬季大气污染防治工作动员大会暨城市管理工作大会在区委区政府会议中心三楼会议厅召开，区四大班子主要领导和分管领导参加。

【全区背街小巷综合整治动员大会】

11月2日，全区背街小巷综合整治动员大会在区委区政府会议中心三楼会议厅召开，区四大班子全体领导参加。

【中国共产党兰州市城关区第十一次代表大会】 11月16日至19日，中国共产党兰州市城关区第十一次代表大会召开，区委书记韩显明代表中国共产党兰州市城关区第十届委员会向大会做工作报告。会议回顾总结了过去五年城关区社会经济发展取得的进步，提出了未来五年按照“1355”总体发展思路，围绕建设美丽幸福新城关这一目标，重点实施空间拓展、文化引领、教育发展“三大行动”，着力抓好经济发展、城市管理、民生改善、社会治理、深化改革“五项重点”，全力打造现代城关、美丽城关、宜居城关、平安城关、活力城关“五个城关”，提前两年在全省率先全面建成小康社会。

【全区领导干部警示教育大会】

12月29日，全区领导干部警示教育大会在区委区政府会议中心三楼会议厅召开，区四大班子全体领导参加。

·重大活动·

【城关区2016年大学生创业就业服务活动周】 4月21日，“城关区2016年大学生创业就业服务活动周”启动仪式在西北民族大学西北新村校区举行，此次活动为期6天，共开展创业项目展示、求职用工招聘、见习岗位对接、职业技能培训、创业培训指导、创业分享沙龙等多项活动。

【城关区（首届）文化旅游节开幕】

5月7日，“灵山秀水·多彩城关”2016兰州·城关区文化旅游节在金轮广场盛大开幕，开幕式期间举办“最美风景在路上”自驾游活动发车仪式以及文化、旅游产业项目产品展览演示、创意市集等互动体验活动。

【“城市管理一体化示范街”观摩会】 5月10日上午，区四大家领导和部分区直部门主要负责人组成观摩团，参观临夏路街道木塔巷示范街、白银路街道南城巷示范街等13个示范街。

【城关区首届全民健身节暨2016年全民健身运动会】 5月28日，城关区首届全民健身节暨2016年全民健身运动会开幕式在兰州大学本部田径场举行。本届城关区全民健身节自5月25日开始至10月31日结束，共举办2016城关区第六届职工运动会、甘肃省首届电子竞技比赛、国民体质监测达人赛、2016年青少年运动会、“全民行动、全民参与”——群众健身系列活动、百名社会体育指导员进社区、健身传统项目进校园等7大全民健身活动。

【城乡环境卫生综合整治】 6月22日至7月22日，开展为期一个月的城乡环境卫生综合整治行动，重点针对城市出入口、铁路沿线、城乡接合部环境卫生，主次干道、背街小巷市容保洁、垃圾清运、楼宇广告清理及建筑立面清洁，以及火车站、商场等人员聚集区域环境卫生，工地扬尘管控及渣土车辆监管等开展专项整治行动。

【“德润城关——城关区2015年度精神文明建设先进集体和个人典型事迹巡礼”展示活动】 9月26日，“德润城关——城关区2015年度精神文明建设先进集体和个人典型事迹巡礼”展示活动在兰州音乐厅举行，通过播放短片、现场访谈、先进人物事迹介绍、文艺表演等形式，集中展示城关区一年来精神文明建设和创建文明城市所取得的丰硕成果以及涌现出的先进人物和先进集体。

【城关区第二届大学生创新创业大赛决赛暨颁奖大会】 9月25日上午，城关区第二届大学生创新创业大赛决赛暨颁奖大会在兰州大学学生活动中心举行。

·区委办公室工作·

【督查】 制定《城关区城市管理及大气污染防治督查工作流程》《城关区城市管理及大气污染防治督查工作组职责》《城关区城市管理及大气污染防治督查工作组人员考核办法》等制度办法，成立城关区城市管理及大气污染防治督查工作组；分别对区委、区政府重要会议、重要文件及区委、区政府部署的重点工作等严格按照时间节点进行全程督办；对全区重大项目、城市建设管理综合整治、为民兴办实事、“文明城市创建”、河洪道治理、夜市提升改造、棚户区改造、大气污染防治等重点工作集中开展专项督查；对游商占道经营污染环境及居民生活用水、供暖存在的问题等社会关注事项进行督查调研。全年建立督查台账15个，督办各类事项1801项，下发督办通知23期，督查通报8期，督查工作简报8期，下发催办事项37件次、黄牌催办3件次，办理人民网和省、市、区主要领导网民留言515条，办理回复网络舆情462件，区委区政府主要领导批示交办事项412项，各项工作办结率均达90%以上。

【机要】 制定《2016年城关区党政密码工作要点》并下发成员单位，签订《2016年密码管理保密责任书》及时调整城关区密码工作领导小组成员，按时上报各类报表，完成2015年度中央发电密电清退工作。配合市委机要局完成密码通信主渠道密钥更换及密码主、备用设备维护检修，按时对铱星电话进行放电及测试，完成省、市机要系统多次重要电报演练，参加中办机要系统全国性培训和省委机要系统业务培训。完成每日应急事件处置及信息报送工作，全年处置上报各类应急信息1030期，其中多条应急信息被省、市领导批示。完成机要值班及文电处理工作，全年办理文电747份，其中传真192份、电报555份，未发生失泄密事件。

【保密】 继续加强保密“两识”教育，采取多种形式开展保密宣教工作，举办保密演讲比赛和征文比赛，推荐优秀作品参加全市总决赛。组织全区各单位共200人次参观“全市防泄密防窃密技术展示”，为全区各单位配发保密宣教资料1000余份，组织参加全省、全市保密培训4场次、260余人。继续将保密工作目标纳入全区年度目标考核体系，在开展5次保密专题检查的基础上，对全区150余个单位开展保密自查自评工作。对各单位保密工作的实际情况和存在的泄密隐患进行排摸，抓主抓重，解决问题，防患于未然，杜绝了全区失泄密事件的发生。严格按照国家和省、市要求，开展重要军事设施周边环境安全保密督查工作，先后3次组织相关部门实地查看，召开专题会议研究解决方案，形成可行性报告上报，并顺利通过中央军委和国家保密局的联合督查。清理销毁文件资料6次，共8000余千克，其中涉密文件543份。全年共拟办转发省、市文件22件，其中涉密文件6件6份，以区委办公室、区政府办公室名义印发执行的文件5件，及时上报各类统计数据，落实办达率100%。

【文件处理】 2016年，收到上级文件377件，其中：中央办公厅35件，省委办公厅121件，其他省级单位6件，市委办公厅176件，其他市级单位39件。呈签本级文件52件。

【信息】 围绕中央及省、市重大决策部署和区委中心工作，不断拓展信息渠道，及时将调研成果、重点工作进展情况及基层建议进行上报。全年向省、市委上报信息1070条，被省委办公厅采用15条、市委办公厅采用130条，编发《城关信息》50期。

（王国斌）

·组织工作·

【组工干部队伍建设】 大力推进“学习型”机关建设，通过脱产培训、研讨交流、业务讲座等方式，组织全体组工干部认真学习组织工作法律法规，熟练掌握党的组织工作方针政策、原则程序，提高工作能力和水平。开展“学精神、理思路、促工作”活动，围绕党组织建设情况、干部教育培训情况等调研课题进行深入调研，营造出自觉学习、深入思考、开拓创新的部风。为全体组工干部订阅《党建研究》等报刊书籍，组工干部利用业余时间或工作间隙认真研读并积极撰写学习体会，切实提高了理论指导实践的能力。开展“讲忠诚、重公道、明识人、尚清廉、肯奉献”组工文化培育活动，全体组工干部围绕“上级的政策规定是什么？理论前沿的最新成果是什么？外地一些好的经验和做法是什么？我们的工作现状是什么？下一步的工作措施和打算是什么？”等组织工作中的一些热点难点问题开展调研，形成了《城关区村“两委”履职尽责情况调研报告》等一批调研成果。推行组工干部全员办信息制度，组工信息在全市8个区县位居前列。深入开展以“到组织部门为什么？在组织部门干什么？离开组织部门留下什么？”为内容的组工干部“三自问”活动，采取撰写心得体会、定期党性分析、制定整改措施等办法，切实做好组工干部自省教育。引导组工干部时刻保持良好心态，培养组工干部“容言、容人、容事”的“三容”能力，做到相互补台而不拆台，既能干事也能共事，营造出团结互助、和谐共进的工作氛围。

【“两学一做”学习教育】 及时组织召开全区“两学一做”学习教育工作推进会，对全区学习教育进行安排部署。针对领导干部、机关事业单位、基层党组织的不同特点和领导干部党员、普通党员的不同层面，分门别类列出学习书单。为县级领导配发《习近平总书记系列重要讲话读本》（2016年版），为各街道、各部门基层党组织书记订阅1000本《党的建设》，向机关在职党员配发12000本《党章党规》口袋书和《城关区“两学一做”学习教育纪实手册》，向社区、村党组织配发500本《基层党组织书记理论知识读本》《基层党组织书记案例选编》等学习资料。提出“五+”学习模式。组织全区各级党组织召开四个专题研讨会。举办全区‘两学一做’学习教育知识竞赛和“扬五四风帆，做合格党员”青年演讲比赛。刘云山同志在7月下旬的调研中，对全区“两学一做”学习教育开展情况给予充分肯定。组织召开“城关区纪念建党95周年暨‘两优一先’表彰大会”，对2016年以来全区各条战线涌现出来的20个先进基层党组织、30名优秀共产党员和25名优秀党务工作者分别予以表彰。

【丰富党员干部知识储备】 制定《2016年区级干部教育培训项目计划》和《全区基层党组织书记集中轮训工作方案》，把习近平总书记系列重要讲话精神和《党章》《廉洁自律准则》《纪律处分条例》纳入必修学习课程，共举办各类培训班24次，累计培训2500余人次。分街道社区和部门两个层面，举办2期“两学一做”学习教育基层党务骨干培训班。开展“读书季”活动，为各街道党工委、各党委投入购书专款共计50余万元，号召广大党员干部做到“日读1小时、月读2本书”。结合纪念建党95周年，先后组织开展赴井冈山理想信念专题培训6批、300人次，让全体参训学员接受一次全方位的革命精神洗礼。

【强化干部管理监督】 组织实施县区换届各项工作任务，保证区四大班子换届工作圆满成功。坚持“德才兼备、以德为先”“注重实绩、群众公认”用人标准和“重品行、重基层、重实绩、重发展”用人导向，2016年，从街道、社区提拔（转任）使用干部50名，调整招商引资、项目建设、信访维稳、督查一线的干部15名。实施职务与职级并行工作，对符合晋升职级的人员兑现工资待遇。全面落实区党代会、区人代会和政协会中组织组的各项工作，圆满完成三次会议中的相关工作和选举任务。

【人才工作】 不断充实“科技合作顾问团”“双高人才库”“特约专家库”成员，使“一团”“二库”高层次人才达到近300名。开展“城关区第二届大学生创新创业大赛”，参与学生共计3000余人，受训学生达到1500人次，辅导大学生创业团队780余个，发现优秀项目近百个，颁发奖金100余万元，在培养学生青年创新创业意识的同时增强学生青年创新创业的实践能力。全力抓好“生物化工专业孵化器暨大学生创新创业园”的入驻运行，已入科技企业20余家。

【基层组织建设】 指导临夏路、张掖路2个街道党工委在“七一”分别获得“全国先进基层党组织”“全省先进基层党组织”荣誉称号。配合完成中央党建研究室领导对城关区非公党建工作的调研指导，得到中央和省市领导的充分肯定。进一步严格党内组织生活，对2015年全区261名预备党员进行“一对一”的谈话，取消2名不符合规定的预备党员的资格，对党组织主要负责人进行约谈。向全区2万余名党员发放党费证，实行一月一缴纳制度，规范党费收缴管理工作。公开选拔29名优秀区直机关年轻干部担任社区书记，招聘75名优秀大学生担任党建专干，基层党建工作力量得到进一步充实。大力开展“城市管理一体化示范街”创建工作，打造“金城故里”“陆都小巷”等一批精品街巷。以“调查摸底先行、方案制定先行、舆论宣传先行”和“注重业务保障、注重形成合力、注重纪律约束”的“三个先行”“三个注重”方式，确保全区村和社区“两委”换届选举工作稳步有序推进。

（龚振龙）

·宣传工作·

【理论学习】 始终把学习宣传习总书记系列重要讲话精神摆在突出位置，深入学习宣传党中央治国理政新理念新思想，切实把学习宣传引向深入，增强干部群众的道路自信、理论自信、制度自信、文化自信。以区委理论学习中心组为龙头，以基层党委（党组）中心组为主体，以区委党校为依托，以十八届六中全会精神、“两学一做”学习教育、社会主义核心价值观、供给侧结构性改革、加强换届选举风气监督等为专题，通过专题研讨、辅导讲座、党课讲授、观看视频等方式，安排组织区委中心组集中学习 12 次、区委常委党校授课 13 次。组织开展领导干部“微党课”活动，全区各县级领导、各单位一把手、各社区（村）主要负责人讲党课 900 余次，开展理论研讨 1000 余次。

【新闻宣传】 创新主题宣传模式，精心组织开展“魅力城关”直播宣传和新闻媒体记者驻城关挂职锻炼活动。加快传统媒体和新兴媒体融合发展，统筹微博、微信、新闻客户端等多种平台联合发力。全年刊发新闻 1894 条，平媒专版 66 个，新闻专题 42 个，网络刊发转载 11364 条，“两微一端”推送城关新闻信息 2.5 万余条。

【舆论引导】 建立健全网络舆情信息搜集、报送、办理、反馈机制，制定出台《城关区突发事件和热点敏感问题网络舆情应急预案》，不断提高舆情主动监控和引导能力，及时稳妥处置九州开发区合作新村二区地基下沉、绿色市场出现暴乱流血等负面舆情事件。编印《一周热点舆情汇总》48 期，《城关区重点舆情专报》30 期，向中央、省、市报送舆情信息，被中宣部采用 5 条。积极发展壮大全区网军规模，组建了一支 98 名政治素质高、业务能力强的核心网评员队伍，针对热点、敏感问题和重大突发事件开展网上舆论引导评论 6500 余次。

【创新工作】 率全市之先全面启动新闻媒体记者驻城关挂职锻炼活动，组织实施以“记好一本挂职笔记、汇编一本记者挂职手记、撰写一篇调研报告或心得体会、组织召开一次座谈会、组织一次挂职记者照片展、拍摄一部挂职记者纪录片和表彰一批优秀挂职记者及优秀稿件”为内容的“六个一”主题活动。91 名挂职记者分两批先后赴 71 个单位担任“一把手”助理，充分履行宣传落实政策、传播塑造典型、发挥专业优势和体验基层工作的挂职职责，挂职期间共采写刊发新闻稿件 850 余篇，帮助基层解决实际问题 11 件，提出意见建议 53 条，有力传播城关声音，展示城关形象。率全市之先组织开展“好家风·幸福一座城”主题教育实践活动，组织实施“律己齐家正党风”“翰墨飘香传家训”“寻找城关好家风”“尺牍馨香倡廉风”“说说我家好风范”“幸福家庭好门风”“家风清朗国风正”“立根固本树家规”等 8 大主题 14 项子活动，征集到和美家庭 200 余户、家风家训书法作品 500 余件，推出名人家风故事 80 余则、家风家训 1000 余则、“我的家风小故事”600 余个，拍摄家风主题纪录片 1 部，以好的家风家训影响、带动和支撑起好的党风、政风和社风。

（沙金涛）

·统战工作·

【概况】 2016 年，全区统一战线深入学习《中国共产党统一战线工作条例（试行）》，贯彻落实中央、省、市和区委统战工作会议精神，把握大团结大联合主题，围绕中心，服务大局，打造特色亮点，不断巩固和发展全区统一战线。

【指导换届选举】 配合区政协党组完成区政协换届委员人事安排。通过中央统战部非公经济人士信息登记平台对社会各界推荐的 241 名委员开展网上综合评价，听取区纪委等 23 个部门的考察核实意见，对综合评价不合格的 11 人不列入政协委员推荐人选。完成区政协八届委员个人信息采集更新、调整和增补等工作。筹备完成区政协八届五次和九届一次会议中的预备会议、中共党员会议、开幕会议、主席团会议、选举会议组织工作。指导民主党派、工商联完成班子换届工作。

【调研】 组织民主党派围绕区委中心工作，围绕群众普遍关心的热点、难点问题开展调研，形成有针对性的调研报告：民革着眼推进社区民主协商议事工作，提出《关于城关区社区民主协商的调研报告》；民盟着眼推进教育改革，提出《关于兰州市优质高中对口分配情况调研报告》；民建着眼推进民生养老工作，提出《关于兰州市城关区虚拟养老院的调研报告》；民进着眼推进城市管理工作，提出《关于进一步做好我区环境卫生管理工作的调研报告》；农工党着眼推进医疗卫生结合工作，提出《适应医养结合新常态，提升分类养老服务上水平调研报告》；九三学社着眼居民健康，提出《关于城关区精神卫生工作发展现状的调研报告》。

【参政议政】 在区政协八届五次全委会议上，各民主党派提交提案 57 件，其中农工党城关基层委员会提交的《关于把我区广场舞纳入规范化管理的提案》、民进城关区基层委员会集体提案《关于对我区校园周边“小饭桌”加强监督管理的提案》和《关于解决空巢老人养老问题的提案》被评为优秀提案，受到区政协表彰奖励。区政协九届一次会议上提交的 88 件提案中，各民主党派和党派成员提交的提案占到提案总量的 70%以上。5 月，民进城关区基层委员会荣获民进省委会“民进全省先进集体”荣誉称号，撰写的调研报告被民进市委会评为优秀调研报告，农工党城关区基层委员会被农工党市委会授予“三星级基层组织”称号。

【民主监督】 向区效能办推荐14名民主党派优秀代表人士，作为机关作风民评代表，不定期深入街道、部门和单位开展监督。

【民主协商】 在区政协九届一次会议期间，区委召集党外人大代表、党外区政协委员就区委、区政府重要人事任免展开民主协商，广泛征求意见建议。针对统战服务对象普遍关心的党外干部培养选拔、少数民族群众就业技能培训、信教群众朝觐、非公经济信贷融资等热点问题展开协商。针对民族宗教方面出现的矛盾纠纷采取“一事一策”的方式进行协商，妥善解决问题。

【宗教事务管理】 加强元旦、春节期间群众自发敬香祈福安全应急保障工作，对21处佛道教场所安全工作进行排查、指导，跟踪落实各项安全措施，确保群众生命财产安全。在5月东川拱北大型跨地区宗教活动中，协调公安、交警、维稳、国保、环卫、卫生、街道等部门，做好政策法规宣传引导，及时通报活动情况和工作信息，主动疏导信教群众，确保活动平稳进行。加强伊斯兰教圣纪、荒郊聚礼，佛教水陆法会、清明节追远，道教法会，天主教、基督教礼拜等常规宗教活动常态化管理，确保社会和谐稳定。

【宗教场所安全应急教育培训】

组织全区82处宗教活动场所、140余名负责人参加消防安全、防震避震、财务管理知识等专题培训会，进一步增强各场所防震减灾安全意识。

【打造“两个共同”示范点】

推进“两个共同”（共同团结奋斗、共同繁荣发展）宗教场所图书馆项目建设，设立1处少数民族书屋、5处民族宗教场所图书室，共采购书籍1450本。争取省市配套资金，打造桥门社区少数民族流动人口服务站，改造提升桥门社区办公硬件设施、统战信息模块和少数民族微信公众平台。年初，省委常委、统战部部长王玺玉，市委常委、统战部部长段英茹视察调研桥门社区、桥门清真寺民族宗教服务工作，给予充分肯定。筛选新建示范点，申报福惠寺安全供水工程、绣河沿清真寺燃气锅炉改造工程等5个项目为兰州市“两个共同”建设项目，5月底追加申报50万元提升打造五泉街道“民族风情示范一条街”项目，截至12月底，5个项目获批，争取的省市配套资金38万元全部到位。

【党外人士统战工作】 将党外人士和党外干部队伍建设纳入全区统战工作重点任务，对城关区党外人士人才库实行动态管理。注重党外干部培养选拔，及时与组织部门联系沟通。2016年推荐党外政协委员136名，党外人大代表52名，区委提拔使用党外干部19名，少数民族干部5名，区政协领导班子配备党外副主席2名，区人大配备党外副主任1名，区政府配备党外副区长1名。

【经济统战工作】 开展非公人士理想教育，组织非公经济人士和驻区商会集中学习6次。发挥工商联桥梁纽带作用，走访对接商会60余次。集中开展工商联系统大走访大调研活动，全面了解会员企业发展现状和实际困难，及时对接工信、经合、科技等政府职能部门，畅通信息交流渠道，加大扶持力度。

【台侨海外统战工作】 组织城关区对台干部参加市委举办的台海形势报告会。10月在市人大培训中心举办两场对台形势报告会，邀请市委党校蒲政副校长就台湾地区选举后形势变化为全区170名党政干部和台侨统战人士做专题报告。通过兰洽会宣传城关区招商引资优惠政策，吸引台资投资兴业。台湾DB. Choice公司与兰州丹德拉美业有限公司合资5000万元建成的兰州丹德拉美业广场项目，已经投入正常营运。加强基础信息管理。对城关区453户台属和33家台资企业进行动态管理，及时更新台属和台资企业相关信息，在节假日与重点台属进行电话交流，宣传政策，畅通联系沟通渠道。

【“六进社区”活动】 按照“一党派一特色、一社区一品牌”要求，组织6个民主党派先后在伏龙坪街道后街社区、广武门街道新华巷社区、临夏路街道桥门社区、酒泉路街道南稍门社区、靖远路街道庙滩子社区、皋兰路街道詹家拐子社区、靖远路街道白塔山社区、渭源路街道南河新村社区、雁北街道雁西路社区、盐场路街道上川村社区、铁东街道和政东街社区、靖远路街道九州大道社区、嘉峪关路街道排洪南路社区、铁西街道居安社区等14个社区开展法律知识、法律援助、儿童身心健康、艾滋病预防、心理咨询、大气污染防治和纪念红军长征胜利80周年等各类讲座和便民利民活动19场次，捐款14.6万余元，捐赠图书5000余册、书画作品40余幅、春联500余副，医疗义诊8次，健康体检1800人次，惠及群众5000余人。招募到爱心车辆近百台，义务送高校考生千余人次，在盐场路上川嘉园设立“民建社区阅览室”，慰问书画家、百岁老人、台胞、困难群众18人。

【核心价值观宣传】 紧贴“幸福城关好家风”主题，组织动员民主党派成员开展“说说我家好风范”家训家规故事征集活动，精选民主党派成员家庭15篇家规和10篇家风小故事，及时报送区委宣传部。

【帮扶与慰问】 在传统节日，对全区10所宗教活动场所和4名宗教界代表人士进行走访慰问，发放慰问金1.7万元。为全区166名宗教教职人员发放生活补贴，月发放额2.84万元。加大对少数民族经济发展的政策扶持、资金投入，为少数民族特色优势企业争取贷款贴息80万元。为全区1719名低保、五保少数民族困难群众，发放肉食补贴每人每月20元，合计41.11万元。扶贫济困结对帮扶45人次，捐资助学90人次。在五泉街道举办的2016年城关区“民族团结进步”宣传月活动中，60名少数民族学生获得城关区非公人士捐助的4.8万元帮扶助学金，近100名社区居民得到农工党专家的医疗义诊服务，现场发放民族、宗教政策宣传资料1000余份。“两节”期间慰问60名台胞台属、归侨侨眷和少数民族困难群众。入户慰问12名民主党派老主委、老党员和7名黄埔老人。在2016年元旦春节期间开展的“一帮一”包干帮扶活动中，对全区60名贫困统战人士进行帮扶慰问，发放慰问金4.8万元。动员非公经济人士累计捐款16.5万元，帮扶89户困难群众。

（黄　涛）

·政法工作·

【概况】 2016年，城关区政法工作坚持以“平安城关”建设为主线，主动适应经济发展新常态，切实增强忧患意识、责任意识和看齐意识，在防控风险、打击犯罪、综合治理、维护稳定、依法治区、破解难题、补齐短板上抓实见效，各项工作统筹推进，呈现“两升四降一平稳”的良好态势，刑事案件破案率同比上升6%，治安案件查处数同比上升8.2%，刑事案件发案同比下降42%，两抢一盗案件发案同比下降59%，群体性上访和群体性事件总数同比下降8%，信访总量同比下降11.7%，全区社会大局持续平稳。

【完善运行机制】 将政法工作纳入全区目标考核体系，坚持每年与24个街道和60个成员单位签订目标责任书，进一步明确各级党政主要领导、分管领导和班子成员的工作责任，各街道、各部门通过层层签订责任书，将政法各项工作的责任落实到社区（村）和基层单位。健全完善并坚持落实政法工作汇报制度，政法委员会会议议事规则，政法委员会书记办公会议议事规则，法院院长、检察院检察长和公安城关分局局长工作联席会议制度等制度规则。及时调整政法委员会等政法议事机构组成人员，政法委员会组织领导得到充实和加强；落实政法委员会例会和书记办公会议等制度，认真分析研究影响社会和谐稳定、队伍建设等方面的突出问题和薄弱环节，有针对性地在全区政法系统做出总体计划，解决了一些影响和制约政法工作的突出问题，形成认识一致、协调联动、齐抓共管的工作局面。

【强化保障】 以省上确定城关区为社会治安防控体系建设试点县区为契机，按照信息化、精细化、法治化的要求，坚持抓基层打基础、强化政法工作保障，努力破解重点人员服务管理、重点行业和重点领域安全监管等难题。累计增配公安辅警及执法、环卫临聘人员870人。一次性投入5000万元用于公安城关分局新业务技术大楼建设；投入2000多万元用于雁滩地区综合整治；投入400多万元一次性将1856名综治员月工资待遇标准提高至2000元；专门拨付350万元用于公安城关分局购买辅警人员及文职人员制式服装；投入500多万元，新建公共部位高清探头1126个，改造699个，全区公共部位视频探头达到11000多个。区财政列支政法专项经费300万元，拨付群防群治经费600余万元，设立1000万元应急专项基金，各项政法经费投入达1.2亿元。

【反邪教工作】 发挥区反邪教警示教育基地和街道警示教育室、反邪教警示教育微信公众号两个平台作用，集中开展宣传活动，推进警示教育“七进”活动，实现城关区反邪教斗争线上线下全覆盖。积极推进无邪教创建，在创建24个市级无邪教街道基础上，完成90%的无邪教社区创建工作，申报中央“无邪教示范工程”街道1个、社区1个，申报省级“无邪教工程”街道3个、社区20个。

【排查矛盾纠纷】 充分发挥街道维稳综治信访司法中心职能作用，整合基层政法工作资源，围绕征地拆迁、项目建设、涉法涉诉、集资诈骗、医患纠纷、农民工工资等领域存在的突出问题和长期没有化解的“骨头案”“钉子案”，狠抓“五排查”制度的落实，组织开展“突出社会矛盾和信访问题集中排查化解”等活动，以就地维稳、就地治理、就地接访、就地调解为抓手，将各类信访问题吸附在源头和基层，形成“矛盾联调、治安联防、工作联动、问题联治、平安联创”的工作新格局，各类矛盾纠纷和信访问题化解水平得到提高，群体性上访和群体性事件得到遏制，非正常越级上访明显减少。

【分类施策管控】 采取一案一策促化解的措施，对58件新发生的和长期疑难复杂信访案件及突出的涉众型信访案件，实行区委常委、区政府副区长包案督办化解。对社会关注度较高、存在重大不稳定因素的案事件，采取派驻维稳工作组等方式有针对性地进行稳控。进一步规范社会稳定风险评估工作，制定下发《城关区社会稳定风险评估督办通知单》，强化稳评工作责任落实，深入开展社会稳定风险评估示范县区创建活动，组织各街道开展稳评信息平台培训，促进全区稳评工作提质增效。今年以来，完成力行新村棚户区改造项目等重大项目51件、重大活动稳评5件，切实从源头上预防和化解不稳定因素，保障重大项目和活动的顺利推进。

【强化预案建设】 牢固树立维稳意识，坚持预案先行，切实增强工作的针对性和主动性。多次召开专题会议安排部署，研究制定切实可行的工作预案；针对除夕夜群众敬香祈福、跨地区大型宗教活动、兰州国际马拉松赛、绿色市场关闭提升改造等重大事项制定维稳工作预案，落实24小时值班制度，做好“零报告”制度。出色完成“两节”、“两会”、兰马赛、兰洽会等一系列重大安保和重要警卫任务89批次。

【打击违法犯罪活动】 按照“快破大案、多破小案、准确办案、严控发案”要求，组织开展打黑除恶、打击涉黄涉赌、打击“两抢一盗”、打击非法集资、打击电信诈骗、打击拐卖妇女儿童、打击网络犯罪和缉枪治爆等各类专项行动，最大限度地挤压违法犯罪空间。坚持多警联动、集中攻坚、快侦快破，破获命案现案19起，破案率保持100%，破获命案积案8起。专案专办，深入排查涉黑涉恶线索，先后打掉黑恶势力团伙6个。成功破获“5·9”省督运输合成毒品案件等一系列大案，破获毒品案件559起，缴获海洛因43.13千克、合成毒品5.32千克，强制隔离戒毒1212人。深入推进“破案会战”和打击“盗抢骗”犯罪专项行动，破获“两抢、盗窃”及诈骗案件1971起，破获经济案件127起。

【十大整治行动】 围绕雁滩、张苏滩、沙洼河、东部、火车站周边等重点区域，结合“扫黄打非”“打四黑、除四害”专项行动，持续开展治脏、治乱、治暗、治堵、治破、治危等“六治”工程，先后组织开展城市管理突出问题专项整治行动、南河道市容环境专项整治行动、“三大”出入口专项整治行动、背街小巷综合整治行动、城乡环境卫生综合整治行动、雁滩地区城市管理整治行动、雁滩地区五小行业集中整治行动、高校及校园周边综合整治、中小学周边治安环境综合整治、交通安全综合整治等十大整治行动，全天候全覆盖开展社会治安综合整治，清理“三乱”广告8000余处，在130条小巷设立交通标识标牌，98条小巷实行单向通行，安装交通标识标牌562块、道钉599组，划定停车泊位3397处，查处机动车乱停乱放1万余起；检查企业商户1.3万家、限期整改475家，检查娱乐场所1200家、限期整改355家，取缔无证回收站点81家，检查运输企业82家、车辆4583辆、驾驶员5221名，排查消除隐患路段13处，先后侦破各类违法犯罪案件394起，关停行业场所12家，得到市民的广泛称赞。

【立体化社会治安防控体系建设】 完善“万人巡防”队伍建设，推进四级巡防网络，在全区43个巡区，布控340辆警车定位巡逻，建立13处治安巡防点、5个反恐支撑点、3个反恐治安派出所，加强群防群治队伍建设，强化对“三不管”楼院和学校周边等易发案区域、部位的治安巡逻。加强校园安保，在114个“护学岗”定点执勤，配备校园保安195名，完成69个校园警务室建设。组织30000名平安志愿者上街面、进市场、保平安。在24个街道维稳综治信访司法中心已建成的基础上，从健全基础台账、整合基层力量入手，每个中心入驻工作人员平均达8人。提升区司法行政法律服务中心，通过排摸登记充实专兼职调解员队伍，完善“智慧司法”系统，运用现代科技手段，促进社区矫正人员监管智能化，城关区社会治安防控体系两个“中心”全面提升。将全区划分为733个三级网格，精细网格化管理，建立了综治网格员队伍，完成城关区数字化管理监控平台4.0版升级，完成综治信息化平台测试验收和校园安全云平台建设。数字化管理平台已实现与公安派出所、国土、城管等部门的视频信息共享，校园安全云平台已实现对全区72所中小学的视频监控联网和适时管理全覆盖，以信息化建设为支撑的三个“平台”建设正在全面推进。

【重点人群服务管理】 2016年，全面实行流动人口“居住证”制度，积极推广实有人口、实有房屋“全覆盖”管理和出租房屋“旅店式”“公寓式”“委托式”“分类式”管理等做法，强化房主、业主的治安责任，全面摸清流动人口、居住出租房屋底数，登记流动人口39.8万人，出租房屋登记建档6.04万户。加强社区服刑人员、刑满释放人员、涉邪教重点人员、吸毒人员、易肇事肇祸精神病患者、易感染艾滋病病毒危险行为人员、闲散青少年和流浪乞讨人员等特殊人群的服务管理工作，对重点涉案人员、高危人员，全部采集十指指纹信息和DNA样本。列管刑释解教人员、有违法犯罪前科劣迹重点人口，排查登记一般精神病患者、易肇事肇祸精神病人，健全政府、社会、家庭三位一体的关怀帮扶、救治康复和监管体系，并拨付刑满释放人员和社区服刑人员安置帮教专项经费，落实教育、矫治、分类管理以及综治干预措施，城关区没有发生重大恶性刑事案件和个人极端暴力事件。

【创新信访机制】 把网上信访作为推行“阳光信访、愿意信访、满意信访”的重要切入点，通过全方位、多角度开展依法信访主题宣传活动，引导群众依法逐级走访。制定《城关区关于开展网上信访办理工作的细则》，从受理范围、办理流程、办理时限、工作标准、考核评价、责任追究等六个方面精准指导，并制定“一案三评”和“四跟进三承诺”等标准化工作模式，有效引导群众通过网络平台反映诉求，变“上访”为“上网”，全区受理网上信访79件次，网上信访办结率100%，满意率100%。区法院进一步落实立案登记制，大力推进诉讼服务中心建设，整合诉讼服务职能，完善诉讼服务大厅、诉讼服务网络、诉讼电话热线“三位一体”的诉讼服务中心建设。坚持“院长接待日”制度、中层领导轮流接访制度，实现预约接访和定期接访常态化、制度化，共接待来访165件185人次，处理群众来信46件，处理相关机关转办函件63件。

【执法司法规范化建设】 按照依法监督、集体监督、事后监督的要求，成立工作领导小组，制定下发《关于建立全区政法系统执法监督工作机制的实施意见》《2016年城关区执法监督工作要点》《兰州市城关区涉法涉诉信访工作改革实施方案》等文件，建立区级政法部门涉法涉诉信访案件内部运行机制、执法督导会议制度、重点案件督办会议制度、领导包案制度、涉法涉诉上访案件报告制度以及政法部门分工协作、职能监督、督导检查机制和回复报告等制度，执法监督工作“新模式”逐渐形成，政法部门案件自查覆盖率达100%。

（王多财）

·机构编制·

【概况】 2016年，城关区编办持续推进“放管服”改革各项工作，强化机构编制动态调整，严格执行控编减编各项规定，不断创新机构编制管理手段，为区委、区政府提供坚强的机构编制保障。

【机构保障】 设立雁滩区域综合管理办公室（副县级建制）。结合城关区国有资产、政府投资项目和投融资管理现状，设立城关区国有资产管理中心。完成区纪委区监察局内设机构调整。调整增强南河道管理办公室内设机构和人员编制。设立城关区育才学校、城关区旅游服务管理中心、城关区建设工程安全质量监督管理站等机构。

【编制动态调整】 调整城关公安分局、安全生产监察队、商务局、农水局等单位部门行政事业编制。给各街道增加1名副科级领导职数，用于配备党建主任，充实基层党建工作力量。为解决教育师资不足问题，由上级机构编制部门批准新下达100名中小学教职工基本编制，并对城关区教育系统所属部分学校事业编制进行动态调整，促进教育教学优质均衡发展。

【行政审批承接取消】 完成2批次10项行政审批的承接、取消和调整工作，更新公布《城关区行政审批事项目录》和《城关区备案制管理事项目录》，将27项行政审批事项由前置改为后置。

【行政审批事中事后监管】 制定印发《城关区关于加强行政审批事中事后监管工作实施方案》，督促各单位建立相应行政审批监管配套制度20多项，重点对35家部门单位进行实地督查，再次确保“接得住、管得好”。

【权责清单管理】 强化政府工作部门权力和责任清单管理，制定《城关区权责清单动态调整管理制度》，完成权责清单动态调整28项。

【机构编制实名制管理】 严格人员实名制管理，落实机构编制实名制“三个统一”工作机制，每半年统一实地检查各单位机构编制使用及挂牌情况。完成全区各单位12个月《人员变动核编、消编统计表》，及全区4个季度《实名制、招考、销核编三表合一花名册》，调整机构编制实名制信息19400余条次。完成全区24个街道事业人员年龄层分析、机关事业单位进人情况分析等工作，在全区干部选拔、人员调配、编制调整等工作中，通过实名制系统数据删选和分析，为领导决策和各单位开展工作提供了保障。

【机构编制“零增长”】 制定《城关区进一步严肃机构编制纪律严控总量工作意见》。完成省编办控编减编专项督查工作，行政事业编制机构数均在省市下达限额内，行政事业编制和机构总额均在省市下达限额内。

【监督检查】 印发《城关区行政审批制度改革和机构编制管理督查工作实施方案》。对全区各行政事业单位开展机构、挂牌、人员编制、行政审批制度改革等工作进行实地检查。

【事业单位登记管理】 从“企业登记注册”业务入手，在执行“三证合一”的基础上，实行“五证合一”，完成188家事业单位统一社会信用代码赋码和登记换证工作。

【调查研究】 聚焦区委、区政府城市综合治理、政府项目推进、临时用工管理等热点问题，先后向区委、区政府提交《强化雁滩区域综合管理建议》等11份建议报告，及《城关区土地征收和项目推进中存在的问题分析》等10余份专项分析报告。针对国有资产管理工作和强化政府投融资体系建设，发挥职责调整和协调沟通作用，赴市国资委学习国有资产管理经验，2次专题向区委、区政府提交《关于完善城关区城投公司管理架构的报告》，并提交区委常委会讨论，全面参与区城投公司（企业）重组和改制工作。

（张多黎）

·区直机关工委·

【概况】 2016年，区直机关共有基层党组织89个，其中，党委2个，总支7个，支部80个，直属单位47个；党员1251名，其中，女党员598名，少数民族党员42名，研究生以上学历党员51名，本科学历党员674名。

【基层组织建设】 按照《党章》《机关基层组织工作条例》的规定，对基层组织按期换届选举开展检查，协调解决问题，严格组织程序，提出时限要求。召开工委会议11次，集体研究换届选举报告，考察党组织领导成员候选人，提出批复意见，督促指导基层党组织全部完成换届选举任务。选举出席区第十一次党代会代表53名。强化基层组织功能，总结提炼出“五务六位”工作法，并入选人民网全国第四届基层党建创新案例库。

【党员发展与管理】 按照发展指标，制订发展计划，仔细审核资料和时限，坚持成熟一个、发展一个，全年新发展党员18名、转正9名。对违反党纪的党员做出处理，给予1名党员撤销党内职务、3名党员党内严重警告的处分。开展党员组织关系排查和党费收缴检查，对2名长期不缴纳党费的党员提出处理意见。

【“两学一做”学习教育知识竞赛】

制定全区竞赛方案，在各基层党组织初步学习的基础上，组织全区现场问答知识竞赛。经初赛、复赛、决赛，评选出一等奖1个、二等奖2个、三等奖3个、优秀组织奖2个。

【党建主题活动】 广泛开展“先锋引领”行动，先后就联系帮扶、党员进社区、环境卫生整治、社会治安综合治理、生态环境建设、兰州国际马拉松赛、精神文明建设等组织党员积极参与，发挥党员的先锋模范作用和基层党组织战斗堡垒作用，使党建工作的成效体现在各项具体业务工作中。

（王启帆）

·党史和地方志工作·

【概况】 2016年，区志办围绕存史、资政、育人工作目标，认真把握方志、党史资料征编研宣等环节，在资料收集、整理和研究，为社会各界提供区情咨询服务，编写地情资料丛书等方面取得一定成绩。

【《兰州市城关区年鉴（2016）》编纂出版】 《兰州市城关区年鉴（2016）》全面、系统地载录城关区年度经济社会发展的基本情况，为国内外人士了解城关提供全面、系统、翔实、准确和权威的资料。全书共计72.9万字，已于年底正式出版。

【史志文化丛书编纂出版工作】

“城关区史志文化丛书”编纂出版工作有序进行。《人物春秋》《土木之功》《街巷旧事》《太平鼓韵》《名札集束》《良风美俗》《工商辐辏》《千载芸香》《艺苑经典》《杏坛遗泽》《文博精藏》《金声玉振》等册初稿完成，进入集中校稿阶段。

（区史志办）

·档案工作·

【档案接收及利用】 2016年接收进馆文书档案507卷、7648件。

接待利用者2000余人次，查阅档案资料万余卷册，复印档案资料5000余页。

【档案信息化建设】　在原有档案数据库基础上，陆续对新进馆的永久性档案进行扫描录入。档案全文扫描417836画幅，目录扫描21603条。及时更新档案数据，对数据库进行日常维护，对各类上网信息、文件及时进行更新。

【档案安全管理】　按照国家有关档案工作的法律法规，对应归档的文件材料进行收集，并按程序做好鉴定、销毁、归档工作。对档案存放严格执行“八防”要求，正确处理好档案安全保管和方便利用的关系。对档案电子监控设备经常进行维护，配备24小时监控人员。

【业务指导】　对兰州高新区九州经济开发区管委会1988—2008年的科技档案进行指导装订，共115卷105盒。指导两家律师事务所开展建档工作，其中甘肃天旺律师事务所装订建立2010—2016年诉讼档案137卷24盒、2010—2015年会计档案59卷19盒；甘肃赛莱律师事务所2010—2015年诉讼档案45卷15盒。渭源路街道兰大社区等四家社区档案室晋升为省三级档案室。

【业务培训】　11月14日至18日，举办部门、社区档案业务培训各1期，培训人员100余人。

（王　鸿）

·老干部工作·

【概况】　2016年，城关区有老干部159人，其中，离休干部77人，县级退休干部82人。

【老干部政治待遇】　组织离退休老干部进行政治理论学习。1月，区委区政府召开全区老干部政情通报会，向全区老干部通报经济社会发展情况，听取老干部对全区经济发展、城市管理、民生保障、社会治理等方面的意见建议。组织老干部代表参加区人代会、区政协会等重要会议。在建党95周年、红军长征胜利80周年，为县级离退休干部订阅《兰州日报》，并向全区老干部发放书报费。为各离休干部党支部订阅《支部生活》等杂志。坚持做到在职人员联系老干部，及时看望生病住院老干部。开展离退休老干部党支部学习活动。离退休党支部定期组织离退休党员学习中央、省、市、区重要文件，学习区委、区政府主要领导讲话内容和重大会议精神。对部分长期患病、行动不便的离休干部，各离退休党支部开展送学上门活动。9月，组织全区老干部赴两当参观两当兵变纪念馆。11月中旬，邀请老领导列席中国共产党兰州市城关区第十一次代表大会，审议党代会报告。11月下旬，区政府办公室、区委老干部局上门，将《政府工作报告（征求意见讨论稿）》分别送到在兰的75位离退休老领导手中，广泛征求老领导对报告的意见建议。

【老干部生活待遇】　开展重大节日走访慰问老干部活动。春节期间，走访慰问离休干部、县级实职退休干部、无固定收入离休干部遗属。元旦春节期间区四大家领导上门慰问部分老领导，送去慰问信、慰问金和慰问品。开展困难离退休干部（遗属）帮扶工作，及时审核报批帮扶资料，春节上门为困难离退休干部（遗属）送上帮扶金。开展为老干部送生日祝福活动。老干部生日当天，为老干部送上生日祝福，送去生日贺卡和生日礼品。落实“五必访”工作制度，2016年走访慰问老干部280余人次。开展老干部年度体检工作，11月，为全区离休干部、县级退休干部进行健康体检。

【开展增添正能量活动】　制定印发《城关区为党的事业增添正能量活动的实施方案》，召开全区正能量活动动员部署大会，成立活动领导小组。编辑印发《为党的事业增添正能量学习资料》200余份。落实《在全省离退休干部中开展“我看从严治党新气象”调研活动的通知》精神，组织开展专题宣讲报告会、县级离退休老同志“我看从严治党新气象”调研活动、科级退休老同志“我看从严治党新气象”座谈会等系列活动，形成专题调研报告，上报市委老干部局。搭建老干部建言献策平台，通过走访慰问老干部、组织离退休干部参观考察、召开老干部座谈会和政情通报会等形式，引导离退休老同志为城关区经济社会发展建言献策。

【利用社会资源提供服务】　利用社区活动中心（室）、市民学校、辖区单位活动场所，组织离退休干部开展政治学习、文体娱乐、书画创作等活动，丰富离退休干部精神文化生活。利用区虚拟养老院的优势资源，为离退休干部提供日常用餐、生活照料、家政服务、心理咨询、精神慰藉等多种个性化服务。各社区组织大学生志愿者为高龄老干部、行动不便的老干部送餐、代买生活用品等。社区卫生服务站定期为离退休干部开展保健康复服务，举办医疗保健知识讲座，为常年多病、行动不便的离退休干部设立家庭病床，提供健康咨询及各种辅助医疗服务。

（王　榕）

·关心下一代工作·

【基层关工委组织建设】 全区建立各级各类关工组织296个，其中街道24个、城市社区关工组织128个、学校92个、村社区18个，成员单位12个，个别企事业单位也成立了关心下一代工作组织，形成区、街道、社区、学校关工网络。

【"五老"队伍建设】 对全区的"五老"（老干部、老专家、老教师、老模范、老战士）进行摸底造册，通过领导谈话、互动吸引、"五老"带动、登门邀请等方式，使更多的"五老"参加到关心下一代工作中。不断壮大"五老"工作队伍，每年聘请"五老"300人左右。区关工委有一支由老同志组成的36人区级报告团和207人参加的"五大员"队伍。每个街道、社区保证有10名以上的老同志经常参加关心下一代工作，全区从事关心下一代工作的老同志已达2万余人，形成专兼职结合、素质较高的"五老"工作队伍。全区各级党政组织积极为老同志搭建发挥余热的平台，老同志发挥自己的特长教育青少年，为下一代办好事、办实事。

【青少年关爱工作】 配合慈善协会、教育局开展"小白杨爱心基金"活动，41家学校举办"小白杨校园慈善一日行"校园献爱心义卖活动，筹得爱心专项募捐款近30万元。4月，协调社会公益组织举办"关爱自闭症儿童"公益徒步行活动，42个家庭（包括特殊孩子及普通孩子家庭）及志愿者100多名，徒步完成4.2千米的行程。5月12日，协调兰州市户外登山协会在三十五中开展"未雨绸缪，防震减灾演练进校园"活动。5月21日，配合兰州德爱心智障碍者社会服务中心等单位举办"共建、共融、共享"甘肃首届心智障碍儿童家庭摄影展。12月，组织开展为期一个月的"送法下学校"主题活动。组织"五老"网吧义务监督员配合相关部门开展校园周边环境治理，关注青少年的交通安全，净化青少年成长的社会文化环境。

（朱　晶）

·中共甘肃工委纪念馆·

【概况】 兰州市城关区中共甘肃工委纪念馆展馆面积约500平方米，展线约150米，陈列各类照片资料500多张，其中报刊、电报、书籍等历史资料和实物100多件。2016年，更换展板11块，修改展板内容16处。接待参观团体近500个，参观人数5.8万多人次。纪念馆被中宣部特批为"全国爱国主义教育示范基地"，被省委宣传部确定为"甘肃省爱国主义教育基地"，被省文物局确定为"历史再现工程·博物馆"。

【资料征集】 截至2016年底，征集到各类照片资料500多张，搜集档案、文书、电报、报纸、书籍、照片、证件等历史资料和实物220多件，整理81名烈士小传，制作14个展柜进行展览陈列。

【媒体宣传】 2016年8月至11月，与兰州晚报社联合举办"信仰的力量——纪念红军长征胜利及西路军西征80周年大型采访报道"。兰州晚报还采访报道了纪念馆关于甘工委书记孙作宾的事迹。结合纪念活动和节假日，开展经典朗读等活动，悬挂宣传标语，开放馆藏资料，扩大纪念馆的影响力和知名度。

【主题展览】 制作"为人民服务的楷模""伟大的征程"2个主题展览，在馆内展出；举办"中国共产党甘肃革命斗争历史展览"，自7月1日起不间断在市内各公园及区属中小学巡回展出。

【争取支持】 与省市文物局、党史办、档案馆、博物馆、纪念馆等有关部门单位、行业专家、本土知名文化人士等联系沟通交流，争取到50万元的运行补助资金等各项支持。申请将纪念馆纳入省市博物馆（纪念馆）管理范畴，加入博物馆协会，积极接受指导管理，主动参加学习培训、讲解员大赛等各项活动，并获得兰州市讲解员大赛优秀组织奖。与50多名革命先辈后代建立联系，邀请他们到纪念馆参观指导，捐献部分资料，宣讲革命故事。

【讲解培训】 邀请省博物馆和八办纪念馆专家和讲解员，通过参观学习和来馆指导，对讲解人员进行接待礼仪、态势语言、讲解规范、服务程序、普通话等方面的培训，邀请党史专家进行2次辅导。通过参加省博物馆协会组织的学习推介活动和到市内博物馆、纪念馆实地参观学习，开阔眼界，学习经验；通过组织早读、讲解点评、集中培训等方式，加强职工教育培训，提高综合素质。

（肖俊存）

·党校工作·

【概况】 2016年，举办各级各类培训班87期，培训各类干部10188人。其中主体班次39期，培训学员4616人次；联合办班48期，培训学员5572人次。

【教学】 突出理论教育和党性教育主业主课地位，加强学科建设，注重教学特色，增强干部教育培训的针对性和实效性，确保理论教育和党性教育主业主课教学占总课时的70%以上。全年安排优秀骨干教师下基层宣讲27场次，听众达3000余人次。打破传统封闭式课堂教学，探索实行“领导干部上讲台”常教学、邀请名家专题式精教学、依托名校高层次强教学、走入基层流动式活教学、党员教育研讨式深教学、现场教学体验式新教学等十大培训模式，构建多元化的干部教育体系，促进学习成果转化。组织全区理论骨干11人赴中国人民大学参加深入贯彻学习十八届六中全会精神的主题研讨班；依托井冈山革命传统研究院举办4期城关区科级干部和基层党务工作者“理想信念及党性教育”专题培训班，培训学员192人；依托深圳大学优质师资举办1期城关区科级领导干部“互联网+”电子商务专题培训班，培训学员46人。

【科研】 围绕全区经济社会发展、食品药品管理、社区矫正、丝绸之路经济带上甘肃贫困节点城市的战略响应与对策研究等7个课题开展实践调查，全年共计发表论文10篇（国家级1篇、省级6篇、市级3篇）。编印《区情研究》4期（理论研究成果12篇），编写《塑造坚强党性　引领“两学一做”》论文集。9位教师受邀参加省委党校科学社会主义年会和市委党校理论研讨会，并递交理论研讨会论文16篇，入会9篇（其中4篇荣获省级二等奖和三等奖，5篇荣获市级二等奖和三等奖）。鼓励教师围绕国家、省、市、区重大理论与现实问题，申报国家、省、市、区科研课题。全年完成国家社科基金项目申报1项，甘肃省人才项目申报1项。

【后勤保障】 对后勤岗位、职责等重新明确和调整。对党校固定资产进行全面清查。完善学校《电梯运行管理制度》《二次供水卫生管理制度》等制度。对下水管道定期进行维护修理，并清洗蓄水池，办理二次供水卫生许可证，保证用水安全。配合文明办和街道接受创建文明城市达标测评等各项工作。组织消防讲座，完善消防设施。继续抓好校园环境的绿化、美化，不断改善办公环境和条件。建立来客登记及夜间值班汇报等制度，确保校园无重大治安事件发生。按程序完成餐厅宾馆到期承包经营招标事宜，与前承包公司进行财产清点核查，并做好新承包公司的财产移交工作。

【信息化建设】 发挥网络平台优势，创新党员干部教育形式，积极服务于区委“三会一课”干部网络教育平台，负责全面发布最新干部教育培训学习动态，做好干部网络教育平台学习内容的更新、考试评定等工作。重视信息的收集、整理和适时上报，将信息工作纳入目标考核，做到人员、责任、制度“三落实”，全年向区委办公室、区政府办公室、宣传部、发改局、省委党校网站等八家单位和部门报送信息126篇，被采用49篇次。

【业务交流】 实施“名师工程”，加强拔尖人才、中青年教师培养，引进专业教师2名，先后选派10名优秀教师到省市党校、高校参加培训和深造，选派1名教师到井冈山参加理想信念及党性教育专题培训学习，选派2名骨干教师参加全市党校系统教学比赛并分别荣获一等奖和三等奖。加大党校教师到党政机关或基层蹲点调研力度，选派2名教师赴司法局、食品药品监督局做好调查研究。将“领导干部上讲台”纳入党校干部教育培训计划，印发《城关区“领导干部上讲台”实施方案》，先后安排8名区四大班子主要领导到党校讲课、做辅导或与学员交流，带动全区科级领导干部到党校授课20多次，实现全区干部纵向沟通与横向交流。

（张丽华）

中共兰州市城关区纪律检查委员会

·纪委全会·

【中共兰州市城关区第十届纪律检查委员会第六次全体会议】 2月23日召开，传达学习中纪委十八届六次全会、省纪委十二届五次全会、市纪委十二届六次全会精神；回顾总结2015年城关区党风廉政建设和反腐败工作，部署2016年反腐倡廉任务；区委与各党委（党工委、党组）签订2016年党风廉政建设和反腐败工作重点任务目标责任书；基层纪检组织主要负责人向全会做述职述廉述作风工作报告并进行民主测评。

【中共兰州市城关区第十届纪律检查委员会第七次全体会议】 11月14日召开，会议回顾总结了区第十次党代会以来党风廉政建设和反腐败工作，提出今后五年加强党风廉政建设和反腐败工作的建议。

【中共兰州市城关区第十一届纪律检查委员会第一次全体会议】

11月19日召开，会议选举产生新一届区纪委常委、书记、副书记，杨斌宏当选为书记，张发育、董亮当选为副书记。

·纪律检查·

【专项监督检查】 组织开展作风纪律规定方面的监督检查30余次，紧盯元旦、春节、五一、中秋、国庆等重要时间节点对餐饮、超市、宾馆、娱乐等场所明察暗访40余次，狠刹公款送礼、公款吃喝、公款旅游、公车私用和违规操办婚丧事宜等不正之风。发现问题线索30余个，查处公车私用等违反中央八项规定精神典型问题6起，给予党政纪处分8人；分8次通报曝光12起典型问题，涉及18人。

【腐败预防治理】 坚持把纪律挺在前面，准确把握执纪监督“四种形态”，开展经常性约谈提醒和督促检查，让咬耳扯袖、红脸出汗成为常态，在严抓严管中做到小过即问、小错即纠。全区共开展各类约谈3545次，涉及11860人。

【反腐倡廉宣传教育】 举办廉政大讲堂12期，开展党纪党规专题辅导报告6次。编印《违反中央八项规定精神典型问题案例选编》8期1200余册、《“学思践悟”专栏文章汇编》300册、《以案说纪——典型案例解读》18期，发放《中央八项规定精神明白卡》3200余份，发出廉政提醒短信2000余条次。在“城关发布”刊发《以画释纪》系列漫画50余次。召开全区领导干部警示教育大会，通报典型案例4起。组织领导干部和财务人员120余人旁听法院职务犯罪案件庭审1次。协调开展“律己齐家正党风”“尺牍馨香倡廉风”家书征集活动。

【违纪违法案件查处】 受理信访举报299件，同比增长10.7%。涉及科级领导干部163件，一般干部及其他人员136件。初核信访线索190件，立案查处48件，同比持平；结案47件，给予党纪处分25人，政纪处分27人，双重处分6人；涉及乡科级干部24人，一般干部和其他人员23人。为受到不实举报的236名党员干部澄清是非、消除影响。

【群众反映强烈问题治理】 结合省市“两查两保”专项行动，以多种方式对低保、救助、以奖代补、土地流转补偿和楼院长补贴等进行监督检查，从中发现问题线索30余个，立案调查2件；查处群众身边不正之风和腐败问题2起，给予党政纪处分4人。

【经济发展软环境优化】 督促全区24个街道规范运行社区服务中心，要求全区具有行政审批职能的单位入驻区政务服务中心，行政审批事项实现“一站式”办理。成立多个检查组，通过各种方式对窗口服务人员为民服务、办件情况进行检查，重点查处企业反映的“门难进、脸难看、话难听、事难办”和“不给好处不作为，给了好处乱作为”现象。开展社会评议，畅通信访举报渠道，使全区经济发展软环境进一步优化。

【巡视工作】 围绕市委第五巡察组巡察青白石街道后反馈的81个问题线索，按照“事事须回应、条条要整改、件件有着落”的工作要求，召开专题会议安排部署，成立问题核查工作组，深入核查问题线索，实行台账管理、挂账销号，督促街道按期整改，整改率100%。

【队伍建设】 完成区纪委领导班子换届工作。新增6个综合派出纪工委和5个街道片区纪工委，新配备纪检监察专干46名，不断加强纪检监察队伍建设。注重对纪检监察干部的教育培训、调整优化和选拔任用，先后举办纪检监察干部业务培训班8期，培训430余人，选派60多名纪检监察干部赴外地参观学习，抽调40多名纪检监察干部到区纪委机关挂职锻炼和以案代训，任用交流纪检监察干部35人。强化自身监督，聘请8名特邀监督员开展对纪检监察干部的外部监督。

（姚　俊）

城关区人大常委会

·重要会议·

【城关区第十七届人大常委会第三十三次会议】 1月11日上午在会议中心七楼会议室召开，会期半天。区人大常委会主任高星，副主任赵银生、杨振宇、李春玲、徐安全、闫琳、郭建中，办公室主任刘璇及委员共26人出席会议。区人民政府有关副区长，区人民法院院长，区人民检察院检察长，区人大常委会各委、室负责人，区政府办、区发改局负责人，区人大常委会各街道工委主任列席会议。区人大常委会主任高星主持会议。会议听取和审议区政府关于区“十二五”规划实施和“十三五”规划纲要（草案）编制情况的报告；审议通过兰州市城关区第十七届人民代表大会常务委员会代表资格审查委员会名单（草案）；审议通过关于召开兰州市城关区第十七届人民代表大会第五次会议的有关事项；审议人事任免事项；其他。

【城关区第十七届人大常委会第三十四次会议】 2月23日上午在会议中心七楼会议室召开，会期半天。区人大常委会主任高星，副主任赵银生、杨振宇、李春玲、徐安全、闫琳、郭建中，办公室主任刘璇及委员共26人出席会议。区人民政府有关副区长，区人民法院院长，区人民检察院检察长，区人大常委会各委、室负责人，区政府办负责人，区人大常委会各街道工委主任列席会议。区人大常委会副主任李春玲主持会议。会议讨论通过兰州市城关区人大常委会2016年工作要点（草案）；审议人事任免事项；其他。

【城关区第十七届人大常委会第三十五次会议】 4月8日上午在会议中心七楼会议室召开，会期半天。区人大常委会主任高星，副主任赵银生、杨振宇、李春玲、徐安全、闫琳、郭建中，办公室主任刘璇及委员共26人出席会议。区人民政府有关副区长，区人民法院院长，区人民检察院检察长，区人大常委会各委、室负责人，区政府办、区发改局、区财政局、区民政局、区老龄办负责人，区人大常委会各街道工委主任，部分区人大代表列席会议。区人大常委会副主任徐安全主持会议。会议听取和审议区政府关于2016年财政收支预算调整及预算安排编制情况的报告；听取和审议区政府关于贯彻执行《中华人民共和国老年人权益保障法》情况的报告；其他。会议邀请省人大财经预算工委预算审查监督处处长薛朝虹做关于《甘肃省预算审批监督条例》的讲座。

【城关区第十七届人大常委会第三十六次会议】 5月30日上午在会议中心七楼会议室召开，会期一天。区人大常委会主任高星，副主任赵银生、杨振宇、李春玲、徐安全、闫琳、郭建中，办公室主任刘璇及委员共26人出席会议。区人民政府有关副区长，区人民法院院长，区人民检察院检察长，区人大常委会各委、室负责人，区政府办、区发改局、区工商局、区房管局、区旅游局负责人，区人大常委会各街道工委主任参加会议。区人大常委会副主任徐安全主持会议。会议听取和审议区政府关于申请变更2016年全区国民经济和社会发展主要指标计划的报告；听取和审议区政府关于贯彻执行《中华人民共和国消费者权益保护法》情况的报告；听取和审议区人民法院诉讼服务中心建设情况的报告；决定关于城关区人民代表大会换届选举的有关事项；审议辞职事项；审议人事任免事项；其他。

【城关区第十七届人大常委会第三十七次会议】 7月26日上午在会议中心七楼会议室召开，会期半天。区人大常委会主任高星，副主任赵银生、杨振宇、李春玲、徐安全、闫琳、郭建中，办公室主任刘璇及委员共26人出席会议。区人民政府有关副区长，区人民法院院长，区人民检察院检察长，区人大常委会各委、室负责人，区政府办、区发改局、区财政局、区审计局、区司法局、区综治办负责人，区人大常委会各街道工委主任参加会议。区人大常委会副主任郭建中主持会议。会议听取和审议区政府关于2016年上半年国民经济和社会发展计划执行情况的报告；听取和审议区政府关于2016年上半年财政预算执行情况的报告；听取区人民法院2016年上半年工作情况的报告；听取区人民检察院2016年上半年工作情况的报告；听取公安城关分局2016年上半年工作情况的报告；审议辞职事项；审议人事任免事项；其他。

【城关区第十七届人大常委会第三十八次会议】 9月2日上午在会议中心七楼会议室召开，会期半天。区人大常委会主任高星，副主任赵银生、杨振宇、李春玲、徐安全、闫琳、郭建中，办公室主任刘璇及委员共26人出席会议。区人民政府有关副区长，区法院院长，区检察院检察长，区人大常委会各委、室负责人，区人大各街道工委主任，部分区人大代表列席会议。区人大常委会主任高星主持会议。会议审议辞职事项；审议人事任免事项；其他。

【城关区第十七届人大常委会第三十九次会议】 10月19日上午在会议中心七楼会议室召开，会期半天。区人大常委会主任高星，副主任赵银生、杨振宇、李春玲、徐安全、闫琳、郭建中，办公室主任刘璇及委员共26人出席会议。区委副书记、区政府代区长，区人民法院院长，区人民检察院检察长，区人大常委会各委、室负责人，区政府办、区财政局、区审计局负责人，区人大各街道工委主任，部分区人大代表列席会议。区人大常委会主任高星主持会议。会议听取和审议区政府关于2015年财政决算情况的报告；听取和审议区政府关于2015年财政预算执行情况和其他财政收支情况同级审计工作情况的报告；听取和审议区政府关于对区十七届人大五次会议代表意见建议办理情况的报告；审议辞职事项；审议任职事项；其他。

【城关区第十七届人大常委会第四十次会议】 11月28日上午在会议中心七楼会议室召开，会期半天。区人大常委会主任高星，副主任赵银生、杨振宇、李春玲、徐安全、闫琳、郭建中，办公室主任刘璇及委员共26人出席会议。区人民政府相关副区长，区人民法院院长，区人民检察院检察长，区人大常委会各委、室负责人，区政府办负责人，区人大常委会各街道工委主任，部分区人大代表列席会议。区人大常委会主任高星主持会议。会议听取区第十八届人民代表大会第一次会议有关情况和筹备工作的报告；听取和审议兰州市城关区人大常委会关于调整兰州市城关区第十八届人民代表大会第一次会议召开时间的决定；听取和审议兰州市城关区第十八届人民代表大会第一次会议建议议程（草案）；听取和审议兰州市城关区第十八届人民代表大会第一次会议日程（草案）；听取和审议兰州市城关区第十七届人民代表大会常务委员会代表资格审查委员会关于兰州市城关区第十八届人民代表大会代表资格的审查报告（草案）；听取和审议兰州市城关区第十八届人民代表大会第一次会议主席团等建议名单（草案）；听取和审议兰州市城关区第十八届人民代表大会第一次会议关于大会执行主席的决定（草案）；听取和审议兰州市城关区第十八届人民代表大会第一次会议关于提出议案截止时间的决定（草案）；听取和审议兰州市城关区第十八届人民代表大会第一次会议关于代表联合提名候选人截止时间的决定（草案）；听取和审议兰州市城关区第十八届人民代表大会第一次会议选举和表决办法（草案）；听取和审议《兰州市城关区人大常委会工作报告（草案）》；审议辞职事项；审议免职事项；其他。

【城关区第十八届人民代表大会第一次会议】 12月3日至12月7日在西北宾馆召开。会议应到代表252名，出席会议代表243名。区委区政府有关领导，区政府工作部门主要负责人，区人民法院负责人等105人列席会议。区人大常委会主任高星主持会议。会议审议和通过《兰州市城关区人民政府工作报告》《兰州市城关区2016年国民经济和社会发展计划执行情况及2017年国民经济和社会发展计划（草案）的报告》《兰州市城关区2016年财政预算执行情况及2017年财政预算（草案）的报告》。听取、审议通过高星主任做的《城关区人大常委会工作报告》、张四恩院长做的《城关区人民法院工作报告》、王锐检察长做的《城关区人民检察院工作报告》。选举产生兰州市城关区第十八届人民代表大会常务委员会组成人员39人，其中主任1人、副主任6人、委员32人；兰州市城关区人民政府区长1人、副区长6人；兰州市城关区人民法院院长1人；兰州市城关区人民检察院检察长1人；出席兰州市第十六届人民代表大会代表90人。表决通过兰州市城关区人民政府工作报告的决议，兰州市城关区2016年国民经济和社会发展计划执行情况与2017年计划的决议，兰州市城关区2016年财政预算执行情况及2017年财政预算的决议，兰州市城关区人大常委会工作报告的决议，兰州市城关区人民法院工作报告的决议，兰州市城关区人民检察院工作报告的决议。

·常委会工作·

【概况】 2016年，组织召开常委会会议8次，听取和审议“一府两院”专项工作报告14项，开展执法检查、视察、调研活动6次，依法任免国家机关工作人员55人次。召开区第十八届人民代表大会第一次会议，完成换届选举工作。

【议案建议办理】 区十八届人大一次会议期间，人大代表就区政府各方面的工作提出意见建议101件。其中财政经济类6件，主要有加强商会管理、维护消费者合法权益、加强对外文化贸易合作等；城建城管类38件，主要有加强市政基础设施建设、加大老旧楼院管网改造、健全多部门综合执法工作机制、推行城市管理市场化、拆除违法建设、规范夜市管理、解决停车难问题、推进城乡环卫一体化、加快南北两山生态建设、提升城区绿地率等；政法民政类28件，主要有积极开展公益诉讼试点、加强社会治安防控、增加基层派出所警力、扶持民营小微企业、强化餐饮行业监管、建立互助合作养老社区等；科教文卫类20件，主要有加快幼儿园及中小学扩容增量、合理配置教育资源、关注中小学生心理健康、新建群众文化活动场所、鼓励和引导全民健身、建立社区急救机制等；其他类9件，主要有推进“智慧城关”建设、提高基层工作人员待遇等。

【人大代表视察与调研】 3月10日，城关区人大常委会执法检查组和部分市、区人大代表通过实地查看、听取汇报、座谈等方式对全区贯彻实施《中华人民共和国老年人权益保障法》工作进行执法检查。

5月5日，城关区人大常委会检查组和部分市、区人大代表通过实地查看、听取汇报、座谈等方式对区人民法院诉讼服务工作情况进行检查。

5月17日，城关区人大常委会执法检查组和部分市、区人大代表通过实地查看、听取汇报、座谈等方式对全区贯彻执行《中华人民共和国消费者权益保护法》工作进行执法检查。

7月5日，城关区人大常委会检查组和部分市、区人大代表通过实地查看、听取汇报、座谈等方式对全区贯彻执行《兰州市物业管理条例》工作情况进行检查。

7月21日，城关区人大常委会检查组和部分市、区人大代表通过实地查看、听取汇报、座谈等方式对区政府关于文化市场规范管理工作情况进行调研。

【代表工作】 抓好制度建设，健全完善代表学习培训制度、常委会组成人员联系代表之家制度、代表履职评价和保障等制度。创新代表工作机制，组织开展十八届人大代表初任培训，坚持以会代训，以代表小组组织代表集中学习和个人自学相结合，采取授课、座谈、研讨、法制讲座等方式进行，使其获取履行人大代表职责所必备的知识和技能。拓宽知情知政渠道，坚持为代表订阅人大报刊等工作资料，定期召开政情通报会议，向代表通报全区工作动态；坚持邀请代表列席常委会会议制度，组织代表参加常委会开展的视察、执法检查和专题调研。搭建履职平台，加强对24个街道代表小组活动的组织、检查和指导，提升代表家站建设水平。强化街道人大工作指导，建立完善常委会组成人员联系街道代表小组、代表之家工作制度，制定下发关于加强和改进街道人大工作的指导意见和城关区街道人大工作规范，坚持街道人大工委主任列席常委会会议制度，参与常委会组织的执法检查、视察调研。认真督办代表建议，对代表建议办理落实情况进行跟踪监督、动态化管理，通过召开交办会、重点督查、听取和审议办理情况等方式，督促政府承办部门把代表议案和建议意见落到实处。区十七届人大五次会议代表共提出意见建议68件，办复率达100%。

【听取“一府两院”专项工作报告】 听取和审议区政府关于2016年财政收支预算调整及预算安排编制情况的报告；听取和审议区政府关于贯彻执行《中华人民共和国老年人权益保障法》情况的报告；听取和审议区政府关于贯彻执行《中华人民共和国消费者权益保护法》情况的报告；听取和审议区人民法院诉讼服务工作情况的报告；听取和审议区政府关于2016年上半年国民经济和社会发展计划执行情况的报告；听取和审议区政府关于2016年上半年财政预算执行情况的报告；听取区人民法院2016年上半年工作情况的报告；听取区人民检察院2016年上半年工作情况的报告；听取公安城关分局2016年上半年工作情况的报告；听取和审议区政府关于2015年财政决算情况的报告；听取和审议区政府2015年财政预算执行情况和其他财政收支情况同级审计工作情况的报告；听取和审议区政府关于为民兴办实事办理情况的报告；听取和审议区政府关于区十七届人大五次会议代表意见建议办理情况的报告；听取区政府关于国库集中支付工作情况的汇报；听取区政府关于小游园建设工作情况的汇报；听取区政府关于社区管理工作情况的汇报；听取区政府关于文化市场规范管理工作情况的汇报；听取区政府关于“双创”示范区建设工作情况的汇报；听取区政府关于农产品质量监管工作情况的汇报。

（许亚琼）

城关区人民政府

·政府常务会议·

【概况】 2016年，区政府召开常务会议18次，印发会议纪要18期。

【第74次常务会议】 1月8日召开。研究2016年全区主要经济指标预计目标有关事宜，讨论《2015年国民经济和社会发展计划执行情况及2016年国民经济和社会发展计划（草案）》，讨论《2015年区级财政预算执行情况和2016年财政预算（草案）》，研究确定2016年区政府为民兴办实事，研究区政府领导分工调整事宜。

【第75次常务会议】 1月20日召开。听取2015年全区安全生产情况汇报，讨论《城关区进一步加快养老服务业发展的实施方案》，研究城关区虚拟养老院拆建项目装修工程款增加事宜，研究S682号规划路等两条道路命名事宜，研究兰州市轨道交通1号线省政府站及中央商务区项目房屋征收协议有关事宜，研究火车站街道红二村社区购置办公用房事宜，研究“大兰山”区域暂时停发林权证事宜，研究九州金利花园5号区31号楼应急避险费用上调事宜，研究2015年度城关区地质灾害隐患点住户临时搬迁避让补助费事宜，研究干部辞职事宜。

【第76次常务会议】 2月23日召开。召开区政府党组会议，传达学习中央和省、市纪委全会精神，传达学习《中共甘肃省委关于深入学习贯彻习近平总书记在中央政治局“三严三实”专题民主生活会上重要讲话精神的通知》精神，传达学习《省委办公厅省政府办公厅关于三年来全省贯彻执行中央八项规定精神和省委“双十条”规定情况的报告》精神，组织学习《以案说纪学〈条例〉系列解读之五》，传达学习省市党政主要领导干部研讨班相关精神，研究西部创客等6个城关区众创空间扶持补贴资金拨付事宜，研究2016年城关区县级领导包抓重大项目事宜，研究干部任免事宜，研究调整区政府领导分工事宜。

【第77次常务会议】 3月18日召开。研究区属困难企业2016年度解困金有关事宜，研究2016年区级财政预算安排事宜，研究2015年全区目标考核有关事宜，研究政府主导棚户区改造项目采用政府与社会资本合作模式（PPP模式）有关事宜，讨论《城关区国有土地上房屋征收项目工作人员补助发放标准及奖励办法》，研究公布区级政府部门承接取消调整市级政府部门第十二批行政审批项目事宜，研究王亮等22名“西部计划”志愿者安置事宜，研究干部辞职事宜。

【第78次常务会议】 3月23日召开。研究兰州市轨道交通1号线省政府站及中央商务区项目安置房购置协议有关事宜，研究城关区虚拟养老院与甘肃华龙养老服务产业发展基金管理有限公司合作有关事宜，研究干部任免事宜。

【第79次常务会议】 4月22日召开。研究区教育局公开招聘编制外临时专任教师事宜，研究对2015年度现代服务业重点企业进行扶持奖励事宜，研究2015年重点商贸企业及新培育上限入库企业奖励资金事宜，讨论《城关区现代服务业发展扶持办法（修订）》，研究2015年民生实事项目建设扶持资金拨付事宜，研究绿色市场关闭后建设便民肉菜市场事宜，研究理顺区民族保育院行政管理事宜，研究2015年城关区区级卫生社区（村）、卫生小区、卫生单位命名事宜，讨论《城关区兰州创意文化产业园发展扶持办法》《华源文化创意产业孵化基地发展扶持办法》，研究伏龙坪街道三营村土地流转事宜，研究干部职工义务植树示范基地综合楼维修经费事宜，研究建设党风廉政建设主体责任和监督责任考评监督系统事宜，研究干部政纪处分事宜，研究符合职务与职级并行制度拟晋升职级待遇人员事宜，研究公安城关分局公开招聘文职人员事宜，研究干部辞职事宜，研究干部任免事宜。

【第80次常务会议】 5月13日召开。开展区政府党组“两学一做”学习教育活动，学习《党章》，听取关于全区安全生产工作情况的汇报，研究实行安全生产监管监察岗位津贴事宜，研究合作新建、住宅小区配建回收学校相关事宜，听取关于行政企事业单位固定资产清查工作情况的汇报，研究国有资产清查存在具体问题整改事宜，讨论《城关区行政事业单位固定资产管理实施细则》，讨论《兰州市城关区权责发生制政府综合财务报告制度改革实施方案》，研究解决重点转业士官安置事宜。

【第81次常务会议】 5月25日召开。研究干部辞职事宜，研究干部任免事宜。

【第82次常务会议】 6月15日召开。讨论兰洽会签约项目相关事宜，传达港联大道兰州市相关精神，研究提升大砂沟、石门沟洪道行洪能力可行性分析的相关事宜，研究“西部计划”志愿者安置事宜，研究干部任免事宜，研究干部辞职事宜，研究购买甘肃百合物联科技信息有限公司健康养老服务有关事宜，研究干部处分事宜，区政府党组“两学一做”集体学习。

【第83次常务会议】 7月22日召开。研究轨道交通1号线省政府站及中央商务区项目（黄家园片区）房屋征收有关事宜，研究GC1408地块城中村改造资金事宜，研究大砂沟洪道防治项目土方量及费用增加事宜，研究2016年氛围营造工程相关事宜，研究伏龙坪地区铺设天然气管道事宜，研究兰山民族梁建设现代设施农业项目事宜，研究解决城关区供销合作社人员待遇事宜，研究提高机关聘用人员工资事宜，研究2015年度全区目标考核结果运用事宜，讨论《城关区加强行政审批事中事后监管工作实施方案》，研究增加农产品质量安全监测员工资事宜。

【第84次常务会议】 8月18日召开。研究在五一山打造爱立方婚庆文化主题公园项目事宜，研究2015年实施教育项目追加投资事宜，研究东岗街道社区卫生服务中心装修工程资金变更事宜，研究拨付燃煤锅炉提标治理改造专项资金补助事宜，研究雁滩地区增加协警事宜，研究公安城关分局业务技术用房项目建设用地土地补偿事宜，讨论《关于G1210号宗地非住宅楼房拆迁补偿及T603号道路西段半幅代征费用结算协议》，听取雁滩综合整治情况汇报，研究干部辞职事宜，区政府党组“两学一做”集体学习。

【第85次常务会议】 10月26日召开。研究数字化二级平台运行经费事宜，研究城关区第二届大学生创新创业大赛奖项设置及奖金安排事宜，研究雁滩地区增设街道办事处事宜，研究和平新村棚户区改造项目前期费用有关事宜，讨论《关于兰州港联购物中心项目罚没移交后相关事宜函》。

【第 86 次常务会议】 11 月 10 日召开。区政府党组会议传达党的十八届六中全会公报解读、10 月 28 日中央政治局会议精神，传达《党的十八届六中全会公报》，研究推荐命名 2015 年度城关区“守合同、重信用”企业事宜，研究报送城关区 2017 年省列棚户区改造项目计划事宜，研究支付解除万达商业广场道路拆迁居民安置经济适用房项目（30 号地块）原 BT 协议相关费用事宜，讨论《城关区教育系统在职教职工及离退休教职工健康体检实施方案》，讨论《选聘教育部直属师范类院校 2017 年优秀免费师范生实施方案》，讨论《城关区民办托幼机构 2016 年“以奖代补”实施方案》，研究团结新村街道居民杨×事件经费安排事宜，研究区文体局续租办公用房事宜，研究拨付区属企业 2016 年下半年解困金事宜，研究兰山公园退休职工发放退休费有关事宜。

【第 87 次常务会议】 11 月 22 日召开。研究拨付全区背街小巷综合整治经费事宜，讨论《政府工作报告》。

【第 88 次常务会议】 11 月 30 日召开。研究申报李钢同志为烈士事宜。

【第 1 次常务会议】 12 月 8 日召开。研究区政府班子工作分工事宜。

【第 2 次常务会议】 12 月 26 日召开。研究城关区 2016 年科技经费有关事宜。

【第 3 次常务会议】 12 月 28 日召开。研究河洪道保洁及工作经费纳入预算事宜，研究正式印发《城关区众创空间孵化器认定管理办法》《城关区众创空间孵化器扶持办法》，研究 2016 年重大项目经费有关事宜，研究 2016 年科普经费支出项目有关事宜，研究 2016 年科技计划项目经费事宜，讨论《城关区人口和计划生育利益导向暂行规定》（2017—2018），研究拨付计划生育利益导向相关配套工作经费事宜，研究拨付兰钢小区棚户区改造项目 2016 年 10 月至 2017 年 10 月过渡费事宜，研究禁毒工作有关事宜。

·政府办公室工作·

【概况】 2016 年，办公室全面规范发文，拟发区政府文件 120 件，拟发区政府办公室文件 98 件，印发各类会议纪要和通知 80 多件，起草撰写各类调研汇报材料 100 多件。严格会议审批，努力减少会议数量，压缩会议规模和时间。共组织召开区政府全会 1 次、区政府常务会议 18 次。接待上级领导检查调研、友好县区交流学习等 50 余次。向省、市报送政务信息 226 条，信息报送工作名列全市第一。

【建议提案】 共办理人大代表建议 80 件，其中市人大代表建议 12 件，区人大代表建议 68 件；办理政协提案 75 件，其中省政协提案 7 件，市政协提案 11 件，区政协提案 57 件；办复率达 100%，满意率达 100%。

【政务公开】 整合全区网络资源，依托政府门户网站等平台加强与公众的信息沟通与交流，推进财政预决算、三公经费、重大项目、食品药品安全等重点领域的信息公开力度，加大政务、村务公开力度，畅通群众监督反馈渠道，强化社会化监督力度，通过政府信息公开平台公开政府信息 2078 条，受理依申请信息公开 8 件次，政务公开工作全市排名第一。

·信息工作·

【短信平台信息发布】 2016 年为全区各单位发送应急管理、文明创建、大气污染防治、会议通知等多种内容信息 1059160 条。

【网民留言工作】 充分发挥“区长信箱”公众互动交流功能，妥善处理好人民网、市政府网站、城关区政府网站等各大相关网站及政务微博的网上留言提问。累计接收群众留言 3000 余条，办结率达 99.27%。

【区政府门户网站及政务微博微信信息更新】 以全区信息网络为依托，主动服务，督促各单位主动更新网站相关内容，精心挑选有价值的信息在区政府网站和微博微信显示，区政府门户网站保持每日更新。2016 年门户网站发布信息 8211 条，办事服务类信息 171 条，政务微博微信 2403 条。

【政府门户网站改版升级】 按照全国网站普查的最新标准和要求，对城关门户网站进行全新改版，开辟领导关心、公众关注、内容权威的栏目，从网站架构、栏目内容、信息发布、界面风格等方面进行整合和优化，改版后的门户网站共有

7个频道页，分别为首页、印象城关、领导之窗、信息公开、办事服务、政民互动、部门服务。新改版升级后的网站做到静态内容权威准确，动态内容及时更新，网站内容丰富多彩，更加贴近群众。

·应急工作·

【概况】 2016年，全区共发生有影响的突发事件60余起，其中：自然灾害12起，事故灾难26起，突发公共卫生事件3起，社会安全事件22起。

【应急值守和信息报告】 制定并严格执行区委区政府领导24小时带班、专职人员值班值守等制度，做好值班电话记录等工作。设立专门值班室，白天安排专人4名，负责日常电话接听，每天8小时之外安排1人值班；节假日每天安排值班人员3名，要求所有值班人员必须在指定办公室值班。突发事件处置中，及时完成上级交办事项，落实市、区政府及领导决定、批示及相关要求；严格按照信息报送要求上报信息，保质保量完成市政府应急办部署的日常工作。

【预案体系建设】 严格按照“横向到边、纵向到底”应急预案体系建设总体要求，辖区24个街道、相关职能部门做到总体应急预案全覆盖。全年修订完善区级专项应急预案4个，组织开展盐场路地质灾害、环卫车辆安全事故、地震救援等综合演练4次，各街道、部门及学校、医院组织应急演练80余次。

【突发事件监测预警】 严格执行预警信息发布制度，重点加强对危险区域24小时预警监测，采取短信、广播、敲锣等形式及时发布信息。在重要节假日及高温、雨雪天气通过信息平台发布防火、防雨预警信息，针对强降温等恶劣天气，根据气象部门提供的预报，及时通过网站、短信等平台发出预警，及时启动相应的应急预案，全年发布各类应急预警信息130余条。各街道和部门定期开展风险隐患排查，对排查出来的隐患建立台账及时整改，将较大以上隐患及时上报市直部门。

【应急救援队伍建设】 建立安监、消防、医疗、地质灾害等综合性应急救援队伍和专业应急救援队伍，定期组织培训、演练等活动；在安全生产、消防、地质灾害、卫生医疗等行业成立应急管理专家组，建立健全专家决策咨询制度，在应急事件处置中为区委、区政府决策提供科学依据；在24个街道和相关部门建立应急志愿者队伍，组织培训，充分发动社会力量参与到应急事件处置中来。

【应急保障能力建设】 在商务、建设、民政、卫生等部门储备食物、饮用水、机械装备、救灾物资、医疗用品等应急物资，确定联系人和联系方式，确保突发事件应对需要。

【应急知识宣教培训】 每年在党校开展应急管理、安全生产、地质灾害防治等法律、法规及相关知识宣传教育活动；在“4·22地球日”“3·22世界水日”“3·15消费者权益保护日”“6·26禁毒宣传日”“12·4全国法制宣传日”等组织开展应急科普知识进企业、校园、社区、村组宣教活动，做好应急知识普及推广工作。

【突发公共事件】 1月6日，九州合作花园二区9号楼住户反映楼体安全质量问题集体上访；2月21日，铁路新村东街989号3楼住户家中天然气发生闪爆；3月3日，临夏路街道绣河沿社区发现三处渗水；4月22日，一台农用车去将军山植树时侧翻8人受伤；4月29日，伏龙坪街道二营村64号边坡崩塌，造成1人死亡；5月31日，市交通委在查黑车时发生冲突，导致100余人聚集；6月23日，绿色市场住户封堵南山路造成大量车辆拥堵；7月3日，盐场路红柳滩蜀渝味道餐馆液化气泄漏闪爆，6人受伤；8月14日，东岗雁儿湾高速公路出口一辆拉运电石货车燃爆，致使6人受轻伤；8月23日，张掖路步行街、五一山甘南花园门前、五里铺公交车站等3处路面发生塌陷；9月11日，白云宾馆米阿力法烤肉店，10人就餐后轻微中毒；10月7日，阳光大酒店西侧路面发生燃气泄漏；11月5日，皋兰路光源大厦1名学生坠亡；11月15日，东岗恒达物流园车载三氯丙酮泄漏；12月31日，东岗欣欣嘉园21名民工讨要工资事件。

·法制工作·

【完善考核机制】 印发《2016年依法行政工作要点》，将依法行政工作内容进行全面扩充，涵盖依法行政能力建设、加强和改进制度建设、依法科学民主决策、规范行政执法行为、全面推进政务公开、强化行政监督问责、依法化解矛盾纠纷和加强组织领导等10个方面。

【培养法治思维】 加强学习培训。坚持区政府常务会议和领导干部学法制度，协调组织区政府常务会议学法6次。组织全区领导干部学法2次。营造法制环境。大力推进依法行政示范创建活动，总结推广典型经验。坚持依法行政统计台账制度，采取看案卷和征求意见、外部评议、问卷调查等措施，加强日常动态管理，在“3·15”消费者权益日、“5·12”防灾减灾日、“6·5”环境日、“6·26”禁毒日、“12·4”宪法日等，组织集中宣传活动40余场次，发放宣传资料11万余份。

【严格决策程序】 区政府建立“一把手”牵头的依法行政领导协调机制，把全面推进依法行政与实现经济社会转型跨越发展同规划、同部署、同落实、同考核，全力保障科学民主依法决策。严格重大决策程序。研究制定《兰州市城关区人民政府重大行政决策程序暂行规定》，规定凡事关全区经济社会发展重大决策，须经过公众参与、专家论证、风险评估、合法性审查和政府常务会议集体讨论决定。建立重大决策出台前向本级人大报告制度，降低决策风险。建立落实部门论证、专家咨询、公众参与、专业机构测评相结合的风险评估机制，开展社会稳定风险评估活动，按照《城关区社会稳定风险评估责任追究办法》，全面推进社会稳定风险评估工作，实施重大事项和重大项目评估23项。

【加强规范性文件管理】 严格落实相关规范性文件三统一制度要求，按照“拟定计划、前期调研、组织拟稿、征求意见、专家论证、风险评估、前置审查、集体决定、媒体公布”的程序，提升规范性文件质量。审查区政府规范性文件1件。

【法律顾问队伍建设】 建立以政府法制机构人员为主体、吸收专家和律师参加的法律顾问队伍，保证法律顾问在制定重大行政决策、谈判重大项目、签订重要合同、建设重要工程、处理紧要事务中发挥积极作用。积极筹备成立法律专家咨询委员会。

【加强政府合同起草与审查】 按照《兰州市政府合同起草和审查暂行规定》要求，区政府法制办对城关区重大合同进行审查、备案，截至11月20日，审核备案政府合同协议858份，政府招商引资项目签约文本89份，有效降低了政府合同纠纷的法律风险，确保政府各项合法权益得到保障。

【落实行政执法责任制】 建立并落实行政执法主体资格，确认公示制度、行政执法人员资格制度、行政执法机关领导任前法律知识培训考察测试制度、行政执法证件管理制度、法律法规和规章执行情况报告制度、依法行政评议考核和年度报告制度、规范性文件发布及备案审查制度、行政执法争议调处制度等8项行政执法监督基本制度，并把这些制度规定的程序严格落实到日常行政执法各个环节，从源头上、制度上防止执法腐败的发生和滋长。认真贯彻落实《甘肃省行政处罚自由裁量权规定》，加强行政处罚自由裁量权细化标准应用工作，各部门将细化标准汇编成册并予公开，督促行政执法人员严格按照法定权限、法定程序、裁量标准行使权力。通过案件回访、案卷评查等方式对规范行政处罚自由裁量权情况进行检查，确保各执法单位严格按照细化标准执行自由裁量权，切实维护相对人正当权益。建立重大处罚决定备案审查制度，备案审查执法部门重大处罚决定2件。

【严格执法资格管理】 明确执法主体资格。严格执法人员持证上岗和资格管理制度，提高行政执法队伍的整体素质。加强法律知识培训和考试考核，行政执法人员的政治、业务素质和执法水平明显提高，执法方式明显改观，文明执法、公正执法和亮证执法已成为广大行政执法人员基本工作准则。拓展群众监督行政执法的途径。把行政机关及其执法人员的行政执法活动置于人大、政协以及新闻媒体及社会公众的监督之下。

【行政执法案卷定期评查】 区政府法制办组织区政府法律顾问等法律专家对全区关系群众切身利益、社会反映强烈的行政执法单位开展行政执法案卷评查工作，评查案卷160宗。

【矛盾化解】 加强行政复议规范化建设，依法办理行政复议与应诉案件，行政复议公信力得到提升。办理行政复议案件5件，受理5件（撤回申请1件，维持2件，撤销1件，正在审理1件）。

【政务公开】 规范和监督医院、学校、供水、供电等公共事业领域在岗位职责、服务承诺、收费项目及依据、监督渠道等方面办事公开。加大“三公”经费信息公开力度，明确公开主体和公开内容。区财政部门全部公开2015年本级财政决算、2016年本级财政预算、汇总“三公”经费预算，所有预算单位公开2015年部门决算、2016年部门预算和部门“三公”经费预算，主动接受社会监督。探索建立政府购买服务制度，制定《关于向社会力量购买服务的实施意见》，尝试在基本公共服务、社会管理服务、行业管理与协调、技术服务、政府履职等服务项目进行政府集中采购。及时公布行政规范性文件，推行执法公示制度，促进各级行政执法机关依法行使职权。

·侨务工作·

【归侨情况】 城关区侨务工作对象约100人，其中归侨73人，贫困侨眷22人。绝大多数归侨、侨眷分布在辖区内的科研机构、大专院校。

【侨务政策落实】 做好归侨侨眷身份认定工作，严格落实退休归侨困难补贴等一系列惠侨政策。2016年向56名老归侨发放补助金20.16万元，向17名新归侨发放补助金4.08万元，向29名贫困侨眷发放补助金5.22万元，共计发放补助金29.46万元。

【扶贫解困】 春节前期，国务院侨办主任裘援平一行对城关区2名知名归侨专家何元庆、叶启智进行慰问。市区侨办对全区10名困难归侨侨眷进行慰问，共计发放慰问金2万元；10月份城关区组织30余名困难归侨侨眷参加全市为期一周的侨界家政服务技能培训，拓宽侨界失业人员再就业渠道。

【全国社区侨务工作明星社区挂牌】 2016年，渭源路街道宁卧庄社区等3家社区被国务院侨办授予“全国社区侨务工作明星社区”称号。

【侨务外联】 配合市侨办，选拔城关区教师曹海蓉赴毛里求斯参加2016年“中华文化大乐园”夏令营活动。选派优秀教师黑亮、王莉赴菲律宾执教华文，对中华文化以及甘肃特色文化起到很好的宣传作用。

（刘文峰）

·城关区政务服务中心·

【概况】 2016年，全区有20家单位（部门）入驻政务服务中心，入驻窗口116个，办理事项149项，窗口工作人员145名，管理人员8名，引导人员2名，后勤人员10名，全体入驻人员约200人。中心累计受理各类申请事项65万余件，其中即办件58万余件，办结率为98%。中心各窗口累计开展上门服务13次，预约服务60余次，延时服务60余次。

【强化督查考核】 建立完善纪检监察部门、中心管理机构和社会公众三位一体的监督制约机制。依托电子监察系统对中心各窗口工作人员进行全方位监察，及时掌握工作人员服务情况和工作动态，实现业务办理即时监督纠错、投诉事项实时图像取证等功能。设立银行一门式收费窗口，全面规范行政审批收费行为，有效保证行政权力阳光运行。对外公开服务热线、监督电话、投诉信箱，全面公开窗口审批事项、收费标准、服务流程、服务承诺等，接受办事群众及社会各界广泛监督。制定《兰州市城关区政务服务中心窗口单位考核评议细则》《兰州市城关区政务服务中心管理办法》《城关区政务服务中心窗口及工作人员考核办法》，配套制定岗位责任、服务承诺、限时办结、首问负责、一次性告知、离岗告示和失职追究、安全保卫等制度，形成较为完善的制度体系。

【压缩办理时限】 在保证所有办理事项严格按公开流程和法定时限办理的前提下，对入驻窗口办事环节和流程进行全面梳理，入驻事项在法定时限基础上压缩40%，累计压缩工作时限357个工作日，办理提速35%以上。

【打造“妇女之家”阵地】 2016年中心被命名为兰州市和城关区“妇女之家”示范点。邀请专业机构长期进驻，为群众和工作人员免费提供心理咨询、法律援助、妇女保健等服务。启动“守望幸福 和合之家”项目，在全国首创“预约离婚、离婚劝和”服务，设立婚姻家庭辅导室“心之家”，成功劝和400多对夫妻。

【开展“三亮三评”活动】 “三亮”即窗口工作人员亮身份、亮职责、亮承诺。亮身份即要求所有工作人员佩戴胸牌，党员佩戴党徽，工作台摆放公示牌，离岗时公示离岗原因；亮职责即要求各窗口工作台公开办事指南、办事流程、办理时限；亮承诺即要求所有工作人员手签承诺书，对服务态度、服装规范、办事流程、办结时限等事项做出承诺，公开监督电话，接受群众监督。三评即评选“优秀服务窗口”“优秀服务标兵”“最美窗口工作人员”。聘请人大代表、政协委员、企业代表、办事群众、新闻媒体等，不定期对窗口进行厅内厅外综合打分评议，有效促进各窗口工作的进一步改进和提升。

【政务服务中心入驻单位及服务事项】

入驻单位	服务事项
发改局	政府投资项目审批；企业不使用政府性资金投资建设《甘肃省政府核准的投资项目目录》外项目的备案。
工信局	小额担保贷款；微小企业扶持。
民政局	“三属”定期抚恤金审核；烈士评定审核；警察及公务员伤残等级评定审核；军人及民政代管人员死亡一次性抚恤金审核；重点优抚对象抚恤金、补助金领取证审核；退伍伤残军人伤残证换证、补证审核；参战、参试人员定期定量生活补助审核；重点优抚对象抚恤金审核；重点优抚对象门诊补助、住院补助的审核；全国优抚信息管理系统优抚对象数据更新及维护。
财政局	除会计事务所以外的代理记账机构的设立许可；会计从业资格证核发。
社保局	养老保险关系转移接续；企业职工基本养老保险养老金结算；灵活就业人员基本养老保险养老金结算；用人单位参保登记；城镇个体工商户和灵活就业人员参保登记；参保单位社会保险变更、注销登记；城镇个体工商户和灵活就业人员信息变更登记；参保单位社会保险缴费基数核定；城镇个体工商户和灵活就业人员社会保险缴费基数核定；参保单位社会保险费征收；城镇个体工商户和灵活就业人员社会保险费征收；参保人员因病、因工或非因工死亡待遇审核；参保已退休人员死亡待遇审核；企业年金备案；企业职工在职转退休。
医保局	城镇职工工伤保险待遇支付核定；城镇男职工生育津贴待遇支付；城镇职工（女职工）生育津贴待遇支付核定；城镇职工、居民转外就医办理程序；医疗保险定点医疗机构审批；城镇居民特殊病长期门诊审批及结算；城镇职工特殊病长期门诊审批及结算；城镇职工、灵活就业人员、居民就医住院费用结算；城镇居民基本医疗保险参保登记、续保申报、核定；居民医保证挂失办理；城镇企业职工、灵活就业人员养老保险金待遇发放及资格认证；城镇职工失业保险待遇支付。
建设局(含项目办)	临时占用和挖掘城区小街小巷审批；临时占用城市园林绿地审批；修剪、砍伐、移植城市园林树木申请审查；辖区洪道临时开挖、占用审批。
城管执法局	户外广告（门头、招牌）设置申请核准；临时占用道路申请核准。
农水局	主要农作物种子生产许可证核发；农作物种子经营许可证核发；在草原上开展经营性旅游活动的审批；修建直接为草原保护和畜牧业生产服务的工程设施审批；在草原上采土、采砂、采石等作业活动使用草原的审批；临时占用草原的审批；渔业捕捞许可证审核；全民所有水域或滩涂养殖使用证核发；动物防疫条件合格证核发；兽药经营许可证核发；植物检疫证书签发；种畜禽生产经营许可证核发；拖拉机、联合收割机操作证核发；动物诊疗许可证核发；生鲜乳收购许可证、准运证明核发；取水许可；生产建设项目水土保持方案及设施竣工验收审批；建设项目水资源论证报告书审批；在河道管理范围内进行采砂、取土、淘金、弃置砂石、爆破、钻探、挖筑鱼塘、存放物料、开采地下资源等审批；国家重点保护水生野生动物或其产品的运输审批；省间调运植物和植物产品检疫同意；占用农业灌溉水源、灌排工程设施（不含省管工程）审批。
林业局	林木采伐许可证核发；林木种子生产许可证核发；林木种子经营许可证核发；临时占用林地审批；森林、林木、林地权属登记及证书核发；森林植被恢复费征收；育林基金征收；森林植物检疫登记证核发；木材经营（加工）行政许可证核发。

续表

入驻单位	服务事项
环保局	建设项目环境影响报告书（表）、环境影响登记表审批；建设项目环境保护设施竣工验收；排污费征收。
食药局	医疗器械经营企业备案证核发；餐饮服务业健康培训合格证核发；餐饮服务许可证核发；保健食品经营证明核发。
国税局	税务登记；纳税申报；普通发票代开。
工商局	内资企业设立、变更、注销登记；有限责任公司登记；合伙企业登记；个人独资企业登记；企业集团登记；股权出质登记；农民专业合作社登记；个体工商户登记；户外广告登记；动产抵押登记。
卫监所	供水单位卫生许可证核发；公共场所卫生许可证核发。
婚姻登记中心	结婚登记；离婚登记；复婚登记；补办登记；补领登记；婚姻登记档案查询；婚姻登记证明出具。
区地税一局	地税相关业务咨询。
区地税二局	地税相关业务咨询。
区行政投诉中心	面向全区受理政务服务有关投诉并进行调查处理。
区电子监察中心	对入驻中心各窗口单位的服务态度、服务质量进行视频监控；对入驻中心各窗口单位办理事项进行实时监控。

（董文娇）

·信访工作·

【概况】 2016年，信访局累计接待来访343批3114人次，办信85件，受理网上信访843件次；发生进京非正常上访16批16人次，其中重复进京非正常上访14批14人次；发生赴省市集体访26批667人次。全区重点信访积案58件，涉及重点稳控人员34名。

【强化基础】 充分发挥24个街道维稳综治信访司法中心作用，通过整合职能、整合人员，形成“矛盾联调、治安联防、工作联动、问题联治、平安联创”的工作合力，使矛盾纠纷发现在基层，化解在萌芽状态。9个街道实现“零上访”的工作目标。明确街道党工委书记和辖区派出所所长作为稳控劝返第一责任人的责任，对辖区重点人员按照“一人一案、一人一组”的要求，靠实工作责任，最大限度减少非访指标。

【依法加强信访秩序】 全方位、多角度开展依法信访主题宣传活动，引导群众依法逐级信访。按照国家四部门《指导意见》精神，对上访过程中的违法犯罪行为坚决依法打击，累计行政拘留60人，刑事拘留23人次，警告20人次，逮捕4人，有效规范了信访秩序。

【队伍建设】 配备163人的专、兼职干部队伍，定期举办基础业务培训班，对所有专兼职干部分期分批进行培训；每月抽调2名街道信访专干到区信访局轮训。

【网上信访】 信访局把网上信访作为推行“阳光信访、愿意信访、满意信访”的重要切入点，制定《城关区关于开展网上信访办理工作的细则》，从受理范围、办理流程、办理时限、工作标准、考核评价、责任追究等六个方面精准指导，并建立“一案三评”（办理单位自评、群众互评、信访点评）和“四跟进三承诺”（交办环节、受理环节、办理环节和答复环节全程跟进，承诺受理百分百、办结百分百、答复百分百）等标准化工作模式，有效引导群众通过网络平台反映诉求，变“上访”为“上网”。

【信访积案化解】 全面梳理58件重点信访案件，严格实行县级领导包案制度，明确“包组织协调、包跟踪督办、包矛盾化解、包停诉息访”四包责任，确保息诉罢访、案结事了。制定出台《工作落实责任清单制度》，对每一起信访案件建档立册，实行每月督查报告，年底挂账销号。截至年底，名城广场周边房屋地基下沉、兰州外国语高中学生意外身亡等12件案件已妥善化解。

（王　薇）

·公共资源交易中心·

【规范公共资源交易行为】　紧紧围绕城关区的重点项目、重点工程、民生项目建设，坚持以优质服务为宗旨，积极支持和配合全区各单位全力做好政府采购和工程建设项目工作，通过上门走访、座谈交流等形式，重点宣传招标采购法律法规、操作流程、办事须知，扩大知晓度；对中心政务公开、政策法规、办事指南等内容进行调整充实并印制《服务手册》分发，及时宣传公共资源交易服务工作的政策信息和工作动态，建立优质高效的服务途径。

【强化干部监督管理】　为全体人员制作桌牌，公示姓名、职务等信息，做到“亮身份、亮职责、亮承诺”，树立党员形象，认真履行职责，争做先进表率，接受来访人员监督。购买相关业务书籍、资料，配发给每一名工作人员，要求所有人员加强自学，同时组织学习讨论。先后安排工作人员7批次集中到市交易中心进行相关业务和理论知识学习，组织工作人员到兄弟县区交易中心进行参观、学习、交流；主动邀请市交易中心相关处室领导来中心，对中心工作人员进行培训及传授经验、答疑解惑。邀请数位相关专业的专家来中心对招标文件及工作中存在的问题进行指导，主动与采购单位联系对接，虚心听取各方意见和建议，不断改进工作方法，提升工作水平。

【强化信息平台建设】　为加强公共资源交易项目过程的公开透明，提升服务品质，中心从建设初期就主抓“信息化平台”建设，信息发布过程全面公开，除在省级政府采购网站发布交易信息外，还在城关区政府门户网站设立公共资源信息发布版块，所有项目公告、文件均发布在财政部门指定媒体上，并公布项目负责人联系电话，接受社会监督。中心建设专家抽取系统并与市交易中心沟通协调，开通端口，调用市级平台专家库，在项目开标前，由采购单位现场监督，由电脑随机抽取评标专家，确保评标专家抽取流程公平、公正、高效。

（贺文彬）

·机关事务管理·

【概况】　区机关事务管理局主要负责区政府武都路办公楼、中街子办公楼、庆阳路办公楼、曹家厅办公楼、滨河路办公楼等房产及其设施（设备）的维修管护、消防安保、国有资产管理、办公室调配等工作；协调中街子办公楼大中型维修及改扩建、电梯维修、国有资产管理等工作；做好中山大厦办公用房物业管理工作。

【基础建设】　对中街子办公楼卫生间进行维修改造；对区政府各办公楼安全消防设施进行改造维修；对武都路办公楼外墙瓷砖及时进行修补；利用国庆假期，对办公楼门、楼厅、大院门楼进行清洗；对政府办公楼雨水管道进行更换。

【公务用车改革】　10月底前对涉改单位的车辆进行统一封存，对大砂坪所有封存车辆进行维护保养。

【绿化美化亮化】　严格按照卫生管理制度和周末大扫除制度，每天对办公大楼、大院按时清扫（每天清扫不少于4次），对卫生间全天不定时进行保洁、消毒，做到卫生干净、优美整洁。坚持每周末的卫生大扫除，对大楼、大院卫生死角进行全面清理。定期对机关大院花园、草坪、树木和绿篱进行松土平整、浇水灌溉、种植栽植、品种更新、修剪养护。

【职工食堂管理】　在食堂管理理念与管理模式、质量与品种、人员与技术组合、成本核算与服务理念等方面进行研究与实践，要求后厨人员在菜品品种、质量上不断推陈出新，精益求精。做好食堂服务人员定期体检工作，确保机关干部吃饱、吃好，吃得健康，吃得满意。

【水电暖保障】　加强对水电暖各种设备的维修保养工作，定期对设备进行检修，全天不定时对大楼进行巡查，及时排除水电暖供应中出现的各种问题。冬季供暖前对供暖设备进行检查维修，确保冬季正常供暖。

【会议服务】　认真布置会场，努力为参会人员创造优美、洁净、舒适的会务环境。全年共接待各类大中型会议400多场40000多人次，做到“零失误”。

【公共机构节能降耗】　围绕节电、节水、节油、节材等节能环节，强化日常管理，狠抓工作落实。根据省、市机关事务局的安排部署，于6月15日—19日，全力组织好全区公共机构节能宣传周活动；始终坚持领导干部率先垂范，厉行节约，为群众做好榜样，各单位密切配合，通力协作，为全面推进公共机构节能工作奠定组织基础；抓节能管理创新，不断优化节能降耗工作具体措施。针对冬季水、电、气、暖超标的实际情况，组织专业人员对办公楼使用电热水器、电暖气等设备进行检查，确保冬季用电安全。

【安全防范整治】 健全安全管理制度，完善岗位职责。严格出入人员登记制度；对上访人员引导至信访接待室；对保安人员进行岗位培训，加强管理，进一步提高保安队伍人员素质，增强凝聚力；加强出入车辆管理，严格检查车辆通行证，遇机关大院重大活动、大型会议时，正确疏导车辆有序停放，保持通道畅通，确保机关大院安全无事故；对区属各办公楼院的消防设施进行配备、换药，对消防通道进行疏通。联系兰州政安消防中心对各办公楼院单位、部门全体干部职工进行消防安全知识培训，普及消防安全知识，增强干部职工的安全意识和防范能力。

（陈慧涛）

政协城关区委员会

·重要会议·

【区政协八届五次会议】 1月15日—17日在区委会议中心召开。会期两天半。会议应到委员260人，实到委员238人。市政协副主席范文、市政协科教文卫委员会主任王蒲新，区委、区人大、区政府、区政协全体领导，区法院、区检察院、公安城关分局、预备役三团主要负责人，往届区人大常委会主任、往届区政协主席，七届、八届政协副主席共45人应邀出席开幕大会；区委和区直各部门、各街道、区属各单位、各民主党派和人民团体有关负责人29人列席会议。张军副主席兼任大会秘书长，丁小光、方炘（女）、张平（女）、王玉霞（女）、桂国琪为大会副秘书长。会议期间，听取和审议冯广宸主席代表区政协常委会所做的工作报告、张盛明副主席所做的提案工作报告；表彰优秀政协委员31名、优秀提案12件；列席区第十七届人大五次会议，听取和讨论张永财区长作的《政府工作报告》、区“十三五”规划纲要及其他有关工作报告；补选区政协第八届委员会常委；审议通过《政协兰州市城关区第八届委员会第五次会议决议》《区政协提案审查委员会关于八届五次会议提案审查情况的报告》。在本次会议上，提案审查委员会共收到委员提案和建议113件，经过审查确定立案65件，合并后立案57件。

【区政协八届十七次常委会议】

3月17日在区委会议中心七楼会议室召开。会期半天。主席冯广宸，副主席姜惠琴、张军、党瑞舫、王满、张盛明、王金明和八届区政协常委出席会议，区政协机关各委室主任列席会议。冯广宸主席主持会议。会议传达学习《中共甘肃省委关于加强社会主义协商民主建设的实施意见》和《中共甘肃省委关于加强政党协商的实施办法》；审议通过《区政协常委会2016年工作要点》。

【区政协八届十八次常委会议】

8月2日在区委会议中心七楼会议室召开。会期半天。主席冯广宸，副主席张军、党瑞舫、王满、张盛明、王金明和区政协八届常委出席会议，区政协机关各委室主任列席会议。冯广宸主席主持会议。会议听取区委统战部常务副部长王玉霞关于区政协九届委员人事安排情况的说明，审议通过区政协九届委员建议名单；讨论通过区政协九届一次会议筹备工作方案和日程；讨论区政协第八届委员会常务委员会工作报告（讨论稿）和区政协第八届委员会常务委员会关于提案工作情况的报告（讨论稿）；表决通过有关人事任免事项。

【区政协八届十九次常委会议】

11月22日在区委会议中心七楼会议室召开。会期半天。主席冯广宸，副主席姜惠琴、张军、党瑞舫、王满、张盛明、王金明和区政协八届常委34人出席会议，区政协机关各委室主任列席会议。冯广宸主席主持会议。会议听取和讨论区政府关于区政协八届五次会议提案办理情况的通报；审议通过关于调整区政协九届委员会部分委员建议名单；协商提出和讨论通过区政协九届一次会议议程、日程和有关名单；讨论通过区政协九届一次会议提案审查委员会组成人员建议名单；讨论通过区政协九届一次会议提案工作方案及提案截止时间的决定；审议通过区政协常委会工作报告；审议通过政协常委会关于提案工作情况的报告。

·常委会工作·

【专题调研】 4月下旬，由区政协经科委牵头，王满副主席带队，对全区非公有制经济改革和发展情况进行专题调研。4月26日召开调研座谈会，邀请区工信局（区非公局）、12家非公企业代表人士参加，搜集非公企业困难和问题，征求对区委区政府工作的意见和建议。5月1日，王满副主席带领区科技局、区三产办、区政协经科委负责同志，赴甘肃迅美节能科技股份有限公司开展调研，约见甘肃伊曼斯顿食品有限公司负责同志，了解企业发展现状及困难问题。在此基础上，形成《关于对全区非公有制经济改革和发展情况的调查报告》，及时报送区委、区政府及相关部门。

【委员视察】 5月6日，由区政协城建和环境委员会牵头，王金明副主席带队，组织城建城管界部分委员，对春季城区绿化工作情况进行专题视察。委员们通过实地察看嘉峪关北路绿化建设工程、天水北路绿地景观提升工程、平沙落雁“春园”绿地景观提升工程进展情况，通过听取区住建局负责人关于春季城区绿化进展情况的介绍和座谈交流，详细了解城关区春季城区绿化进展情况及存在的困难和问题，并向区委、区政府报送视察简报。

6月7日，由区政协民族宗教和三胞联络委员会牵头，区政协副主席、区委统战部部长党瑞舫带队，组织区政协民族宗教和经济界部分委员，在区民宗局、区工商联负责人陪同下，对城关区民族宗教及非公企业发展情况进行专题视察。委员们通过走访雁滩常山寺、白云观等宗教场所，实地察看大润发清真食品专柜和非公企业——甘肃卓力汽车销售服务有限公司，听取区民宗局负责人关于近年来城关区民族宗教工作情况的介绍和座谈交流，详细了解城关区民族宗教工作情况及存在的困难和问题，并向区委、区政府报送视察报告。

6月22日，由区政协城建和环境委员会牵头，王金明副主席带队，组织部分界别委员，在区委组织部干部的陪同下，对城关区城市管理示范街创建工作情况进行专题视察。委员们通过实地察看已创建的临夏路街道木塔巷商业一条街、张掖路街道通渭路金城故里文化艺术展示墙，伏龙坪、焦家湾、东岗街道在南山路两侧打造的不同风格商铺、围墙，听取上述街道关于创建示范街工作情况的介绍，详细了解城关区城市管理示范街创建工作情况，提出应继续做好示范街后期管护工作，巩固创建成果，在全区全面打造城市管理示范街，争取年底完成50条街的创建任务等工作建议。向区委区政府报送视察报告。

【提案工作】 八届四次会议以来，委员们共提出提案130件，经审查立案86件，对内容相近的提案进行合并后，最终交办72件。截至10月底，全部办结，办复率100%。在八届五次会议上，区政协对八届一次会议以来31名优秀政协委员和八届四次会议12件优秀提案进行表彰。

【委员学习】 5月23日—29日，区政协组织85名政协委员，在张军副主席带领下，前往北京师范大学文学院，参加为期一周的政协委员学习培训。北师大文学院教授、博士生导师王建中做《发挥专业优势，积极参政议政——以民俗学为例》授课，北师大文学院教授李山做《诗经——中国人的精神家园》授课，北师大马克思主义学院教授、博士生导师卫志民做《经济新常态与供给侧改革》授课，北师大文学院院长、教授、博士生导师过常宝做《中国古代的婉谏艺术》授课。委员们还参观了中关村创业大街、北京市规划展览馆、北京新能源体验中心、西长安街街道办事处侨福芳草地、北京市第35中学等。

8月29日，九届一次会议召开前夕，区政协在兰州中山宾馆举办政协兰州市城关区第九届委员会委员培训班。区政协八届主席冯广宸，区政协副主席、区委统战部部长党瑞舫和九届区政协235名委员参加培训。兰州大学马列主义学院教授、博士生导师倪国良，甘肃省政协提案委副主任石玉亭分别进行授课。

9月2日，区政协组织九届新委员，在区委会议中心六楼会议室观看警示教育片《镜鉴——衡阳、南充违反换届纪律案件警示录》。区政协党瑞舫副主席、区政协机关全体干部、区委统战部全体干部和委员们一同观看。

【团结合作】 进一步拓宽渠道，加强同政协委员和各界代表人士的联系，由区政协主要领导和分管领导带队对各民主党派、宗教场所分别进行走访慰问，与各民主党派负责人、民族宗教界代表人士进行座谈交流，了解他们在工作运行、基础设施配备、参政议政作用发挥等方面的情况。在政协全委会议、常委会议、调研座谈上，重点安排民主党派、宗教界人士、工商联人士发言，在组织调研视察、专题协商期间，邀请民主党派、民族宗教界人士和无党派人士参加，充分听取他们的意见建议。积极支持各党派团体与政协机关各专门委员会开展调研，及时协调解决各民主党派反映的工作生活中遇到的困难问题。

（侯永新）

民主党派与工商联

·民革兰州市城关区委员会·

【概况】 2016年6月2日，召开民革兰州市城关区党员代表大会，选举产生新一届民革城关区委员会，杜播升当选主委，马军、张学军、张鸿俊、吴诗蓉、高逢君当选副主委。2016年民革区委会共有党员219人，委员25人，下辖10个支部。在各级人大、政协中，有15位党员担任代表、委员，其中省政协委员和市政协常委各1人，区人大常委1人，区政协常委2人，区政协委员14人，区人大代表5人。城关民革区委会被民革中央授予“民革全国机关工作先进集体”称号。

【参政议政】 在省市区“两会”提交议案提案40余件，在省市“两会”为区上代交议案提案近10件，完成调研报告多件，多条意见建议得到政府采纳。参与市、区政府工作报告讨论，提出意见建议。5月15日—29日，区委会主委被推荐参加民革全国参政议政骨干培训班，区民革组织政协委员参加区政协在北师大的培训。协助市委对台部门邀请民革中央副主席来兰州做对台工作报告。主委杜播升于11月1日，在厦门大学为省台联中青年干部和台胞骨干做学习习近平对台工作新理念新思想新战略辅导报告；11日，在武威市为统战干部做当前两岸关系和对台工作辅导报告；21日，在兰州市人大培训中心为全市涉台干部做台海辅导讲座。

【社会服务】 春节期间，开展入户慰问活动，先后慰问马德璞、闫仲雄、赵启让等书画名家，并对天平街社区残疾人家庭进行慰问。9月14日，时任市人大常委会主任、市委常委、统战部部长段英茹，市政协副主席、省民革副主委、市民革主委孙晓钢先后在临夏路桥门社区、酒泉路南稍门社区看望两位百岁老人。9月5日，市台办副主任桂蓉，市台联会长、城关民革主委杜播升探望来兰台胞邱盟鉴夫妇。参加民族团结宣传月活动，参与征集书画展品47件，全部入选兰州市少数民族台胞台属书画摄影展，并组织艺术家就《兰州百里黄河风情揽胜图》创作以及文化服务社区展开研讨。8月15日，城关区委会在广武门街道新华巷社区召开促进社区法制文化建设座谈会。

【祖统工作】 6月7日，区委会参与承办“传统端午节　共话牛肉面——兰州市促进两岸牛肉面产业发展观摩座谈会”，邀请区政协委员、区属台胞台属、牛肉面行业代表、专家学者50余人参加会议，市政协副主席孙晓钢出席会议。与会代表参观了兰州城市规划展览馆，观摩了城关民革参与组织台胞台属创作的《兰州百里黄河风情揽胜图》百米长卷部分创作稿。相关专家学者、牛肉面行业代表就“端午节与文化产业发展”“兰州台北牛肉面交流情况”以及“一带一路与兰州对外开放机遇”进行讲解。兰州市台胞台属代表围绕如何将兰州黄河文化资源转化为兰台交流合作资源以及推动兰台民间交流等话题做交流发言。

·民盟城关区基层委员会·

【概况】 5月30日，召开民盟城关区盟员代表大会，选举产生新一届民盟城关区委员会，民盟城关总支更名为民盟兰州市城关区基层委员会，赵立群当选主委，梁建芳、周雯、高永祥、王金太当选副主委。2016年，民盟城关区基层委员会共有盟员312人，下辖14个支部，有市人大代表1名，市政协委员3名，区人大代表2人，区政协委员14人。全年报送信息18条，全部被民盟兰州市委采用。其中12篇被民盟甘肃省委采用，1篇在《兰州日报》刊载。参加民盟中央举办的第四届民盟基础教育论坛并提交两篇论文。参加民盟甘肃省委召开的社情民意信息工作会议并作交流发言。

【参政议政】 2016年上报社情民意信息5条，召开调研会议2次，形成《关于兰州市优质高中对口分配中出现的问题及对策建议》，被民盟兰州市委评为优秀提案。组织盟员深入铁路东村街道和政东街社区开展调查研究，听取社情民意，在市、区两会上共提交提案、议案41份。其中《关于稳妥推进城关区环卫作业市场化管理的提案》被评为区政协优秀提案。

【社会服务】 组织民盟城关总支主委、副主委及部分总支委员、政协委员一行13人，在城关区政务服务中心进行调研，提出引入网上预约办事等手段为群众提供更高效便捷服务的意见建议。联合相关单位在“五一”“十一”期间开展“关注环境，关爱野生动物”宣讲宣传活动，志愿者们在公园内与游客互动交流，向游客发放宣传资料。与西北师范大学传媒学院等共同组织开展帮助与关爱困难地区贫困家庭在校学生及留守儿童“媒介信息素养”教育活动，带领陇南青坪村贫困留守儿童到市动物园，进行“关爱留守儿童、增强环境保护意识及爱护野生动物”的素质教育主题活动。先后两次组织盟员到榆中北山哈岘小学及榆中县马坡乡河湾小学，开展“助学助老助产业”活动，给孩子们送观摩课、图书和价值4000元的生活学习用具，并捐资10000元。在国际妇女节，邀请兰州市成人教育中心培训部主任、国家二级心理咨询师彭霞为十六中盟员及女教师进行《绽放女性生命的精彩》专题讲座。在五四青年节，派出青年盟员8人到兰州城市规划展览馆参观学习。利用春节、教师节、重阳节等重要节日，先后走访慰问退休老盟员十余人次。

·民建城关区基层委员会·

【概况】 5月30日，召开民建会员代表大会，选举新一届民建城关区基层委员会领导班子，董小涛当选主委，杨欣、李杨、高建军、朱碎杰、王伟、马生华当选副主委。换届中对城关区的3个总支及10个支部也进行换届调整。2016年民建城关区基层委员会共有基层组织16个，其中，基层委员会1个，总支3个，支部12个，会员358名，会员中有城关区政协委员18人，区人大代表2人，20余名会员担任省委效能风暴监督员、民评代表及各种特邀监督员等。民建基层委员会制定并完善《民建城关区基层委员会总支经费使用管理暂行办法》《民建城关区基层委员会会议管理制度》等制度，推荐1人参加民建全国基层组织主委培训班，推荐1名会员参加全省基层组织主委培训班，推荐4名会员参加全省新阶层人士培训班。编印12期简报，报送工作信息120余条。

【参政议政】 开展调查研究。围绕全区项目建设、城建城管、民生改善、社会事业等重点工作开展调查研究，全年共完成调研报告12篇。抓好社情民意信息工作。完善反映社情民意信息工作日常工作机制，建立社情民意信息员队伍，采集各类社情民意40余篇。做好两会提（议）案工作。在市区人大、政协会上共提交提、议案53件。其中，市级两会34件，城关区两会19件。履行民主监督职能。城关区基层委有省级特邀职务人员5人，市级特邀职务人员7人，城关区特邀职务人员8人。在效能风暴行动中，城关区基层委推荐5名会员为监督员，其中1名会员担任组长，1名会员担任副组长。

【社会服务】 开展帮困助学活动。通过走进社区、走进校园开展捐资助学、送医送药、公益捐赠等活动，捐款捐物近100万元。6月，依托民建城关区社会服务工作委员会，成立兰州思源慈善公益服务中心，引导会员投身社会公益事业。9月，前往天祝县松山镇对接20个贫困学生，捐助款项12000余元，捐助价值1万余元的物品。为市委会联扶村杨河村及皋兰路街道42名品学兼优、家庭困难学子送去2.52万元助学金。在市委会开展的“精准扶贫，助力春播”活动中，为杨河村精准扶贫户送去总价值5000余元的种子和化肥。开展“民建法制进职校”活动。民建兰州法制宣讲团在甘肃省卫生学校、兰州市卫生学校、兰州市女子中专等中职院校开展法制宣讲活动10场。创新社会服务模式。在社区投资设立“民建社区阅览室”，举办“爱心义诊”主题活动，开展“粽叶飘香情意浓、巧手共舞庆端午”民俗活动等。

·民进城关区基层委员会·

【概况】 至2016年底，民进城关区基层委员会共有会员230人，由教师进修学校支部、第三十五中学支部、宁卧庄小学支部、水车园小学支部、金塔路小学支部、幼教联合支部、静宁路小学支部等7个支部组成。6月3日，召开民进城关区会员代表大会，选举产生新一届民进城关区基层委员会，民进城关总支更名为民进城关区基层委员会，姜惠琴当选主委，梁志胜、李建国、郭建、张茂君当选副主委。民进城关基层委员会先后有16人担任市区人大代表、政协委员，其中市人大代表3名，市政协委员3名，区人大代表2名，区政协委员12名，区政协常委2名，主委姜惠琴担任城关区人大常委会副主任；有5人先后担任兰州市、城关区政风行风评议员，3人担任公检法特邀监督员、监察员，2人担任城关区特邀纪律监督员。民进城关区基层委员会有2人被评为省级优秀教师，3人被评为市级优秀教师，13人被评为区级优秀教师，19人被分别任命为市、区级教学新秀和教学骨干，8人次被评为优秀班主任或优秀中队辅导员，民进城关区基层委员会荣获民进省委会“民进全省先进集体”荣誉称号。

【参政议政】 2016年两会期间，民进代表和委员共向大会提交建议和提案16篇。其中，民进城关区基层委员会12位政协委员集体提案、会员张茂君个人提案，获得优秀提案，民进城关区基层委员会获得参政议政先进集体，会员郭健、张茂君获得参政议政先进个人。《关于加强中小学体育健身队伍建设的建议》《关于尽快建立雪天清雪除冰应急处理机制的建议》《关于发展高科技产业集群，培育可持续发展基础，争得区域竞争优势的建议》《关于发展我区职业教育的建议》《关于对我区校园周边“小饭桌”加强监督管理的建议》等优秀提案受到大会表彰。民进城关区基层委员会主委主持关于城中村改造调研活动，对城中村文化和精神文明建设、教育和村民素质提高以及农业科技推广等进行调查研究，与村民进行座谈，听取村民对城中村改造的想法和具体要求，并在城关区委统战部民主党派联合调研会议上就“城中村改造过程中教育均衡发展的问题”作专题发言。上报社情信息8篇。梁志胜、罗克歧、苟小燕、高翔参加兰州市、城关区政府组织的对多家市、区级单位的政风行风评议活动；副主委梁志胜被城关区国税局聘为特邀监察员，会员韩海涛被兰州市公安局城关分局特邀为监督员；会员王歌平、关春林、曹宏多次参加市、区两级政协组织的提案督办活动，梁志胜、曹宏担任城关区特邀纪律监督员，多名会员中的政协委员多次参加政协组织的专题调研活动。会员王歌平通过市长热线12345反映每晚雁滩公园陕北秧歌队严重扰民和雁宁路东出口南端危墙存在严重安全隐患之事，得到相关部门的重视并妥善解决。民进会员参加情况通报会、政协视察、征求意见会和现场督办会十余次，就落实城关区重大事项决策、重要措施出台协商讨论，发表意见建议。

【社会服务】 利用界别优势，依托金塔路小学、金塔路小学支部和金塔路社区，开展教育进社区活动。各学校民进支部陆续开展“名师助学进社区”“教育进家门”“教师妈妈进社区”“少年素质培养计划”“小手牵大手，跟着文明走”等多项活动，为“六进社区”活动开展、和谐城关建设贡献力量。年初，获悉会员毛焕新患白血病急需救助情况，民进城关区基层委员会第一时间发出倡议并为其捐款27000元，其中李健国一人捐款10000元；民进城关基层委员会副主委、甘肃国翔房地产开发有限公司总经理李健国发起“万瓶矿泉水奉送环卫工人”公益活动，为城关环卫工人捐赠价值2万余元的10000瓶矿泉水；会员王歌平老师带领水车园20多名学生利用双休日，前往康乐县八松乡纳沟小学，捐赠400多本图书和近100件学习用品；会员周照林（“秀宝网”创始人）策划、组织、实施“精准扶贫进社区”活动，惠及城关区3个街道百余家庭，将扶贫工作变“输血”为“造血”，真正实现困难家庭“自我造血”功能；金塔路小学支部在姜惠琴主委的亲自参与下组建少儿武术队，并在甘肃省2016传统武术锦标赛暨全国武术大赛选拔赛中获得集体项目第一名，共获得15枚金牌、17枚银牌、18枚铜牌，并获得武术发展特殊贡献奖，为民进赢得荣誉，扩大了民主党派社会影响力；发挥教育资源优势，会员张宏强、张茂君参加甘肃三区人才支教教师专项计划，在甘肃省教育薄弱地区义务支教。

·农工党城关区基层委员会·

【基本概况】 5月30日，召开农工党城关区基层委员会代表大会，选举产生新一届农工党城关区委员会领导班子，赵彬当选主委，常寅龙、刘树明、张晓霞、薛文军、李云、傅连鸿、甄文君、连海平、张青霞、杨俏、周万银当选副主委。2016年农工党城关区基层委员会有5个总支委员会，其中3个医药总支、1个教育总支、1个直属总支，15个支部，共有党员208名，党员以医疗医药卫生界为主。党员中区政协副主席2名，市人大代表2名，市政协委员3名，区人大代表2名，区政协委员12名。全年有30名党员参加“农工党兰州市2016年参政议政骨干培训班”，10名党员参加在北京师范大学为期一周的培训，11名党员参加全区党外干部及统战人士培训班；选派3名党员骨干参加省社会主义学院培训学习。农工党党员史建钢等3名专家获第四批“甘肃省名中医”称号。2016年农工党城关区基层委员会被农工党市委会授予“三星级基层组织”称号。

【参政议政】 组织党员调研“致兰斋”、兰州城市规划展览馆、甘肃渭源生态疗养有限公司及城关区康乐医院等，重点对生态疗养与医养结合养老模式进行调研，完成《适应医养结合新常态 提升分类养老服务上水平》调研报告。在区政协会议上，提交关注社情民意提案5件。1件提案在区政协会议上荣获优秀提案，2名党员获优秀政协委员称号。2016年有5名委员被区纪委聘为特邀监督员，检查单位61个，向区效能办提交效能风暴行动督察情况报告61份。

【社会服务】 组织党员为辖区居民开展健康知识讲座8次，健康体检700人次，免费发放价值2万多元的药品，参加各种义诊服务10次；免费为社区群众书写、赠送春联500余副；7月在教育进社区活动中，组织全国模范教师、甘肃省特级教师张文，为30余名社区家长和孩子以“让孩子健康快乐地学习生活”为主题展开专题讲座，并就中高考改革趋势、孩子学习习惯养成、城关区教育现状及择校问题等进行交流探讨。

·九三学社城关区基层委员会·

【概况】 5月30日召开九三学社城关区基层委员会第二届代表大会，选举新一届九三学社城关区基层委员会领导班子，李立新当选主委，高建华、陆乐人当选副主委。2016年，九三学社城关区基层委员会有省人大代表1人，省政协委员1人，市人大代表3人，市政协委员8人，区政协委员8人，区人大代表1人，社员337名。

【参政议政】 11月，向城关区政协九届一次会议提交《关于对政府机关工作人员开展心理健康干预的提案》《关于规范社区预防接种流程的提案》《关于加强监管禁止教师体罚和侮辱学生的提案》《关于率先推行城市管理执法全过程记录的提案》《关于建立社会化养老专业陪护人员培训机构的提案》《关于提升城关区精神卫生服务水平提案》《关于进一步合理规范城关区交通信号灯的建议》《关于优化快递物流的提案》《关于加快大兰山开发的建议》《关于建立城关区失信查询系统的提案》《关于规范城关区教育培训机构管理的建议》等12件提案，8件提案已立案。九三学社城关区基层委员会《关于城关区精神卫生工作发展现状的调研报告》上报区相关部门。

【社会服务】 1月，组织九三学社书法家为联系帮扶村和村民送文化和慰问活动。3月，组织城关基层委员会6名专家，就精准扶贫、项目扶贫在榆中县定远镇陈家沟村进行调研座谈，提出在该山区实验种植中草药（牛至、大青叶），并向村民提供种子和中草药种植技术；组织社员在张掖市民乐县永固镇牛顺村开展法律援助活动，发放九支社主委全迎红编写的《村镇常见100个法律问题解答》50册。5月，组织社员前往榆中县北部山区上花岔乡马儿岔社献爱心，为留守老人提供中医针灸治疗服务。7月，组织社员深入铁东、铁西和团结新村街道，普及艾滋病防治知识，进行“生命要设防”健康教育讲座。9月，组织社员走入中医药大学为入校新生开展“青春要设防”健康教育讲座。11月，组织城关基层委心理咨询专家和医疗专家，在靖远路九州大道社区开展“家庭幸福的秘诀”专题心理辅导讲座，宣讲有关焦虑症、抑郁症等精神类疾病的防治知识，同时马建丽带领内、外、妇、儿科的6名专家，现场为212名社区居民进行义诊，并发放价值3000元的医疗药品及预防慢性病、结核病、艾滋病、精神病宣传资料172份。

（黄　涛）

·工商联·

【概况】 围绕区委、区政府工作大局，以“服务立会”为宗旨，以协调联系商会为抓手，充分发挥中心区域优势，强化服务、拓展平台、积极作为。2016年年初，被甘肃省工商业联合会命名为“全省‘五好’县级工商联建设示范点”，5月被中华全国工商业联合会确认为“2015年全国‘五好’县级工商联”。

【理想信念教育】 先后6次组织会员企业集中学习，切实加强非公有制经济人士思想政治工作，积极引导非公经济人士参政议政；组织工商联执常委和非公有制经济人士参加5次培训班，增强广大非公有制人士敬业爱国意识和社会责任意识，服务全区经济社会发展；深入开展以诚信守法为重点的非公经济人士理想信念教育实践活动，引导非公经济人士遵纪守法、爱国敬业、诚信经营、照章纳税。

【服务协调】 以驻区商会为抓手，联合区工信局、经合局、科技局等职能部门，走访对接商会，把对非公企业的扶持政策传递到会员企业，解决了政府职能部门掌握很多扶持政策，但无法对接和覆盖到需要政策的企业的问题；结合2016年换届，广泛走访执常委成员，征求对工商联工作的意见、建议；组织工商联副主席、执常委参观调研会员企业旭阳集团公司、聪颖驾校、广晟圆工贸有限公司，了解会员企业的经营模式、经营现状、发展思路、投资意向等。

【兼职副主席轮值工作】 年内开展2次兼职副主席轮值活动。学习3月4日习近平总书记在全国政协十二届四次会议民建、工商联界委员会见面会重要讲话精神，交流座谈。组织以“城关区非公经济人士座谈会”为主题的副主席轮值活动。甘肃省江西商会、川渝商会、福建商会、晋商商会等驻区商会的40多名企业家参加座谈。

【扶危济困】 动员十二届执委会成员40多人先后10多次深入对口帮扶的五泉街道、广武门街道、火车站街道、白银路街道共30户贫困户以及青白石街道白道坪村，入户摸底，了解情况，宣传政策，并在元旦、春节、端午节、中秋节等节庆期间开展慰问活动，累计帮扶资金达到10万元。助残日当天，为兰州市脑瘫儿童捐赠生活用品价值3.5万元。民族团结进步宣传月期间，组织动员会员企业为少数民族贫困学生提供助学捐款3万元。

【换届】 城关区工商业联合会于2016年12月21日召开第十三届会员代表大会，选举产生兰州市城关区工商业联合会第十三届执行委员会领导班子，选出城关区工商联主席1人，副主席13人（其中企业家兼职副主席12人），常务委员14人，执行委员42人，圆满完成换届大会选举任务。

（王华秀）

人民团体

·城关区总工会·

【概况】 2016年城关区总工会所属工会组织1753个，会员总数156218人（其中：区属国有、集体及其控股企业和行政事业单位工会组织556个，会员23527人；非公企业工会组织1197个，会员132691人）。2016年度，在兰州市总工会工作目标责任书考核中获得优秀等次。

【工作职能】 不断扩大工会组织覆盖面，切实维护职工合法利益和民主权利，广泛动员和组织职工参加社会经济建设和改革，积极代表和组织职工参与企业、事业和机关民主管理，教育职工不断提高思想道德素质和科学文化素质，大力开展对特困弱势职工群众的帮扶救助。

【全委会】 4月14日，召开城关区总工会七届十七次全委（扩大）会议。传达全总、省、市总工会全委（扩大）会议精神，全面总结2015年全区工会工作，安排部署2016年全区工会工作；分解全年各项工作任务，与各街道总工会、系统工会、直属工会和非公企业工会签订2016年工会工作目标责任书。替补由于工作岗位变动的8名区总工会第七届委员会委员，选举3名区总工会第七届委员会常委。

【基层组建】 把在非公企业中建立工会组织作为全年组建工作重点任务，新建工会组织131家，净增独立法人单位131家，新发展会员2617人，发展农民工入会3719人，换届选举区总工会直属工会组织8个。进一步完善全国工会基层组织建设工作管理系统动态管理机制，共录入企业6562家，涵盖职工211239人，为做好非公企业建会和规范化管理工作打下坚实的基础。兰州城关物业管理有限公司工会联合会和兰州新广通讯批发商城工会创建为省级模范职工之家，兰州金属文件柜厂工会组装车间工会小组创建为省级职工小家。

【提升职工技能素质】 制定下发《关于广泛开展岗位练兵技术比武活动的通知》。区公安分局组织全局45岁以下民警开展“轮训轮值、战训合一”岗位大练兵比武活动，进一步提升和更新民警特别是基层一线民警法律业务知识和警务实战技能。兰州城关物业服务集团举办第二届员工技能比武活动，近千名员工参加秩序维护、水暖维修等8个项目的比赛。区环卫局组织开展保洁车和垃圾桶清洗、扎扫帚、道路细扫、道路人工清洗等劳动技能竞赛活动。教育、卫生、建设等基层工会也都分别结合各自行业特点，组织开展职业技能大比武、岗位练兵等活动。同区安监局一起组织开展“安康杯”竞赛活动，66家基层企事业单位参加，涵盖职工7730余人。

【精准帮扶救助】 充分发挥区、街道、社区、企业“四级帮扶救助体系”作用，强化精准帮扶救助工作。实现困难职工档案动态化和科学化管理。严格管理和使用帮扶资金，坚决执行“依档帮扶，实名发放”制度。积极开展“两节送温暖”“三八关爱女职工”“夏送清凉”“金秋助学”等活动，共筹集发放帮扶慰问资金110余万元，救助慰问职工1200多人次。将对区属在职患有大病的干部职工进行救助作为精准帮扶救助重点工作，对救助范围及标准进行适当调整，通过排摸审核，全年救助34人，发放救助金10.8万元。

【“五一”系列活动】 举办庆“五一”展风采——“唱响五一律动金城天山琴韵”文艺演出，全区环卫、卫生、非公企业和街道社区的300多名一线职工共同观看精彩节目；举办关爱女职工从健康开始——城关区总工会庆“五一”女职工健康知识讲座，邀请专家给100多名女职工讲解妇女病预防和保健等知识；组织各基层工会主席和专干及劳动模范代表，观摩城关区虚拟养老院、秀宝网和船说创业咖啡三家单位“双创”工作成果和先进经验；组织基层工会主席和专干参观张一悟革命烈士故居；组织职工参加市总工会举办的“兰州在我心中”书画摄影展，收集上报职工创作的书画摄影作品38件。

【工会干部培训】 9月21日、22日，在区党校举办全区工会干部培训班，60余名基层工会主席和工会专干参加培训，进一步提升全区工会干部队伍整体素质和工作能力。

【服务农民工】 联合区就业局开展农民工职业技能培训工作，已培训的200名农民工中有175人取得中级职业资格证书、25人取得初级职业资格证书。将困难农民工救助工作纳入全区困难职工帮扶体系之中，积极开展慰问农民工、救助困难农民工、关爱女农民工等活动。

【工资集体协商】 进一步加强集体协商指导员队伍建设，开展工资集体协商“要约季”行动。已建会企业和企业化管理事业单位集体合同、工资专项集体合同覆盖率动态保持在80%以上，劳动安全卫生专项集体合同覆盖率动态保持在70%以上。开展工资集体协商示范点创建活动，金昌路手机一条街工会联合会被省、市总工会分别确定为“第二批省级工资集体协商示范单位”“兰州市工资集体协商示范单位”，在全市工资集体协商工作推进会上，接受全市各县区、产业工会和兰州新区、高新区、经济开发区工会主要负责人及工资集体协商指导员的观摩交流。

【弘扬劳模精神】 对全区各级劳模进行摸底，为21名全国和省级劳模、27名市级劳模、20名区级劳模建立劳模电子档案，开展服务劳模、慰问劳模和救助困难劳模等活动。向上级工会上报工作在一线的优秀职工，酒泉路小学张文老师被省总工会授予2016年“甘肃省五一巾帼奖”荣誉称号；区环卫局道路清扫保洁队清扫工张富兰和兰州市第十九中学教师敦莉被省委、省政府授予“甘肃省五一劳动奖章”。在市总工会举办的“劳动报国·匠心圆梦”庆“五一”劳模访谈节目中，区环卫局的全国劳模高存花接受访谈；推荐高存花当选区第十八届人大代表。

【职工互助保险】 加强中国职工保险互助会在职职工互助保障计划的宣传和规范化管理工作，新参保单位8家，新参保职工736人，办理赔付1255起，发放保险赔付金56.14万元。

【职工书屋】 在兰州新广通讯批发商城工会、城关区政务服务中心工会、兰州民召物业管理集团工会3家基层工会组织建立市级职工书屋。

【工会经审】 全区工会组织认真贯彻落实《中国工会审计条例》，区总工会经审工作规范化建设经考核达到A等级。

（尹 菲）

·共青团城关区委·

【组织建设】 坚持党建带团建，大力推进“两新”组织等领域的团建工作，完成“两新”组织团建30家，进一步延伸团的工作领域，有效扩大了党在青年中的群众基础。履行“全团带队”职责，加强少先队组织建设，承办兰州市“红领巾相约中国梦——关注‘十三五’，创造新生活”庆“六一”主题队会活动，市区两级领导和少先队工作者走进白银路小学，与少先队员互动交流，形成关心少先队工作的合力，为少先队工作的开展创造有利条件。通过实地调研、调查走访等形式，精心筛选并创建21家“青年之家”，申报广武门街道大教梁社区成为国家级“青年之家”。贯彻落实“1+100”团干部直接联系服务青年制度，切实加强对基层团组织的指导联系和服务，每名专职团干部经常性联系100名青年、兼职团干部直接联系10名青年，全区69名专、兼职团干部已联系青年5500名，共开展活动200余次，并如实录入团中央“1+100”工作系统。

【青年志愿者活动】 开展“生命的延续”器官（遗体）捐献志愿者社区关爱宣传活动，深入挖掘志愿者的人生经历及感人故事，通过微信公众平台等新媒体大范围、多角度进行宣传报道。在12月3日召开的第三届中国青年志愿服务项目大赛暨2016年志愿服务交流会上，“生命的延续——器官（遗体）捐献志愿者社区关爱宣传行动”荣获全国银奖；10月9日重阳节，举办“爱满城关　空巢不空”共青团关爱空巢老人活动启动仪式，组织社区青年志愿者、团干部为老人赠送含有助步器、老花镜、护膝等用品的“老人包”，活动覆盖全区数十个街道、社区，受益老人近千人；开展“衣呼百应”废旧衣服回收公益项目，经过前期摸底及实地调研，近千个废旧衣物回收箱已科学、系统地分布在全区楼院、小区、学校。

【青年就业创业】 打造“大学生就业见习基地”，组织200余名高校毕业生参加见习，做好青年小额贷款推荐工作，为50名青年发放小额贷款387万元。4月下旬，参加“牵手企业进校园”城关区2016年大学生创业就业服务活动周活动，将特色工作介绍印制传单发放给前来参加活动的大学生，充分发挥共青团联系党和青年的桥梁和纽带作用。

【青少年思想道德建设】 深入开展“五四”系列活动，举办“扬五四风帆，做合格党员”主题演讲比赛，在全区共青团系统内掀起“争做合格党员典范、争当优秀团员青年”浪潮。在中国少年先锋队建队67周年纪念日，“红领巾相约中国梦——听党的话，做好少年”建队日主题教育活动在城关区耿家庄小学举行。运用微信、微博等网络新媒体联系、服务和引导青年，重点打造“城关青年 youth”微信公众号，关注人数已达六百余人，全年推送六百余条图文信息，实现共青团工作服务青年成长载体有效延伸。

【青少年法制教育】 按照《未成年人保护法》要求，承接政府青少年事务，积极配合区检察院、公安城关分局等单位进行多次青少年违法犯罪案件的审理；开展闲散青少年教育帮助和预防犯罪工作，加强对闲散青少年公益性职业技能培训、职业介绍、信息咨询等服务，提高就业技能，拓展就业渠道；联合区教育局和蓝天救援队，在全区范围内启动“青春自护 平安城关”中小学生自护教育巡回公开课，第一批覆盖全区10所中小学，上万名中小学生，推动学生在实践中学习灾难现场自救互救、避险逃生等知识和技能。

【环卫之家】 建成68家“环卫之家”，配备桌椅、微波炉、饮水机、常用药品等设施物品，为环卫工人提供临时休息、饮水、热饭等服务，切实解决环卫工人的实际困难。“环卫之家”工作开展以来，得到人民网、新华网、网易新闻、每日甘肃、甘肃电视台等多家媒体的关注，录制拍摄“环卫之家”专题访谈片及主题宣传片，在多家媒体进行播放宣传，在全社会引起广泛好评。

【爱心帮扶】 以“大走访、回头看”为契机，走进青山村，逐户听民声、访民意、解民忧，因地制宜、结合实际，为每一户贫困户制订具体帮扶计划。采用1+1+1>3、“互联网+联扶+公益”的新模式，开发“青山果缘情帮扶暖民心”公益项目，通过高校团购、企业自购、网络销售等不同渠道，帮助青山村贫困户销售苹果12000斤。通过微信公众平台进行宣传，发布公益倡议，呼吁爱心人士及企业为困难户捐资捐物。

（王卓尔）

·城关区妇女联合会·

【概况】 2016年，有区级妇联组织1个，街道妇联组织24个，区直部门妇委会25个，非公经济组织妇委会18个，社区妇联151个，村妇委会18个，各级妇联组织作用发挥良好。2016年12月19日获得全国妇联系统先进集体称号。

【打造妇联工作品牌】 广泛开展陇原巧手展洽活动，组织带领“陇原巧手”与未来四方集团进行洽谈合作，组织“巧手”参加城关区首届文化旅游节创意市集活动。开展以“巧手编织幸福梦”为主题的培训班4期，200余名贫困妇女参加培训。支持女性发展，展现巾帼风采。慰问10名“最美巾帼窗口工作人员”、5名“最美医务工作者”、5名“最美基层妇女工作者”。“三八”节期间，省市妇联领导深入区政务服务中心共同开展“巾帼岗位建功”活动。

【妇女创业就业】 联合区就业局在区人力资源市场开展以“搭建供需平台，促进转移就业”为主题的大型“春风行动”——“三八”专场招聘会。

【“最美家庭”评选】 积极落实“幸福城关好家风”社会主义核心价值观主题教育实践活动，在全区范围内开展寻找“最美家庭”和“好家风好家训”征集评选活动。征集“最美家庭”280余户、“最美母亲”80多人，其中2户荣获兰州市“最美家庭”荣誉称号，2人被授予兰州市“最美母亲”荣誉称号。将“最美家庭”“最美母亲”故事在“城关发布”“城关女性之声”微信公众号广泛宣传，弘扬正能量。联合宣传部，组织各街道举办“好家风好家训”文艺演出8场次。围绕妇女节、儿童节等重要节点开展系列活动，提升妇联工作影响面。举办以“树立良好家风、传承家庭美德”为主题的“和谐大讲堂”活动8场。

【维权工作】 开展《反家庭暴力法》宣传活动，发放各类宣传资料2000余份。邀请专家举办法律知识进社区讲座5场次。接待来电来访62人次，做到事事有着落。主动拓宽维权领域。启动“守望幸福和合之家”工程项目，组织成立10支专家团志愿者队伍，开展和谐幸福大讲堂15场次。联合区政务服务中心、区民政局婚姻登记中心共同承办全省“三八”妇女维权“建设法治甘肃·巾帼在行动——维权服务进社区、进家庭”暨“构建幸福婚姻、共创和谐家园”婚姻家庭服务活动。

【实施“两个规划”】 组织召开全区两规划监测和中期评估工作协调推进会，认真分析考核指标体系，部门联动，推动重点、难点指标落实和阶段性目标完成。3月16日，省政府妇儿工委督察组实地查看了解城关区妇女儿童在健康、教育、维权、环境等领域的发展情况并给予高度评价。城关区政府荣获“2015年度兰州市实施妇女儿童发展规划先进集体”称号，区政府副区长付松华在全市妇儿工委扩大会议上做经验交流发言。

【文化活动】 组织优秀节目代表城关区参加兰州市第八届家庭才艺大赛，分获二、三等奖，区妇联获得“优秀组织奖”。

【农村妇女小额担保贷款】 深入贯彻落实妇女小额贷款政策，为

16人发放妇女小额担保贷款128万元。

【扶贫帮困送温暖活动】 组织环卫一线女职工428人进行免费健康体检活动，对200名环卫一线女职工代表进行慰问，合计发放慰问金5万元。认真开展“两癌”筛查服务工作，组织13人参加农村“两癌”贫困妇女创业技能和康复能力培训。争取尹建敏慈善基金爱心捐助1万元，慰问10名“两癌”贫困妇女。重阳节期间联合庙滩子社区组织辖区老人100余人开展“大爱无限欢度重阳”敬老爱老活动。为区民族保育院赠送价值5000余元的学习体育用品。联合省质监局、省妇联开展“守护儿童安全远离产品伤害”主题实践活动；在五泉小学开展“圆梦明天金城天使”关爱捐助活动，兰州市女企业家协会会长、陇星集团董事长吴爱华向40名优秀贫困学生捐资2万元。参加由省妇联、省妇女儿童发展基金会联合发起的“快乐宝贝”公益项目捐助启动仪式，68名困境儿童得到价值1000元礼包捐助。联合区慈善协会、关工委等单位开展“爱心永恒基金·助力成长”孤儿助学活动，为32名社会散居孤儿、事实孤儿发放7.9万元资助金。组织25名贫困女童接受全国妇联“春蕾计划”资助，连续三年每人资助400元。推荐草场街街道砂坪村社区实施全国妇儿工委“儿童保护服务体系”项目，利用项目资金5万元深入推进留守流动儿童心理健康教育。

【妇女干部培训】 以促进妇联各项工作创新发展为目的，组织妇女干部参加各级各类培训15期160人次。积极贯彻落实《全国妇联改革方案》和市委《关于加强服务型基层妇联组织建设的实施意见》。组织召开全区《全国妇联改革方案》专题学习传达会议。区妇儿工委办公室分别给区民政局和各涉农街道发函，为做好换届选举中女性特别是村妇代会主任进“两委”工作提出意见，草拟《关于加强服务型基层妇联组织建设的实施意见》。

（杨美玲）

·城关区科学技术协会·

【概况】 2016年，贯彻落实《全民科学素质行动计划纲要》（2016—2020年），根据《2016年城关区科普工作要点》，大力实施科普益民计划，动员和组织广大科普工作者积极投身科普，组织开展科普活动，广泛开展科普宣传。

【科技支农活动】 1月27日，在雁北街道北面滩新村参加由区委宣传部牵头组织的“城关区2016年文化、科技、卫生三下乡”活动。开展科普展板展览，科普大篷车展品展示体验活动，精心制作2个科普知识有奖大转盘，通过有奖竞答，为村民朋友赠送科普图书1000册，学生文具800件，受到农民群众的欢迎。1月28日，向青白石街道和伏龙坪街道送去优良籽种2000余袋。

【主题科普活动】 5月14日至21日，开展以“创新引领·共享发展”为主题的科技活动周活动，开展大篷车宣传活动8次，科普讲堂讲座1次，联合各街道、社区开展社区科普活动51次，参加人数7100多人次。联合嘉峪关路街道嘉峪关北路社区组织辖区居民、未成年人参加中国科学院兰州分院近代物理研究所的“公众科学日”活动。社区还与甘肃电视台都市频道工作人员联合，为嘉峪关路小学及幼儿园的孩子们发放4月30日至5月15日以“筑梦航天·保国利民”为主题的2016西北首届航空科技展暨国防知识普及活动的参观券，动员师生们积极参与，了解航空科技知识。9月中旬，开展主题为“创新放飞梦想·科技引领未来”的全国科普日系列活动。9月17日，在兰州文理学院承办甘肃省全国科普日启动仪式，现场展演科普大篷车展品、3D打印技术、机器人表演、无人机等项目。全国科普日期间，组织各街道、有关部门开展科普活动79次，参加人数达到17600余人次。

【青少年科技活动】 城关区第七届青少年科技创新大赛成功举办。共评选出科幻画获奖作品100幅；中小学生科学竞赛项目获奖67项；科技辅导员创新项目获奖2项；优秀DV作品5项；优秀教师方案8项；优秀科技实践活动6项。2016年创新大赛评选方式与国家省市大赛接轨，首次增加答辩和科学课知识测试环节，锻炼了孩子们的逻辑思维和表达能力，提升创新思维能力。推荐40幅科幻画一等奖作品和40项科技创新项目一二等奖作品及优秀DV作品、优秀教师方案、优秀科技实践活动报送市科协，参加第32届兰州市青少年科技创新大赛。

【科普宣传】 深入社区、学校、农村，通过展品展演、展板宣传、人员讲解、语音广播等方式开展大篷车“三进”活动60次，受益人数达到42000余人次。对全区67处科普画廊全盘维修和更换、轮换画面。与北方文化影视传媒有限公司签约制作《20世纪科技史上的重大发现》光盘，预制作100集，已完成前60集样片，2017年制作完成后发放到区属各中小学。

（谢　婷）

·城关区残疾人联合会·

【概况】 以贯彻落实省市《关于加快推进残疾人小康进程的实施意见》为主线，着力提升康复服务能力、改善重度残疾人生活质量、解决轻度残疾人就业问题、提高残疾学生和残困家庭子女受教育水平，全区残疾人生产生活状况进一步好转。

【为民办实事项目】 投入50万元，建成城关区残疾人辅具适配中心，为残疾人提供符合个性化需求的辅具适配；投入20万元为全区100户听力残疾人家庭配备闪光门铃、马蹄闹钟、手写沟通板、助听电感项圈、闪光电水壶等无障碍设施；投入10万元，为5家社区康复示范站（张掖路广武门社区卫生服务中心、草场街社区卫生服务中心、白银路社区卫生服务中心、伏龙坪社区卫生服务中心、东岗社区卫生服务中心）配备健身按摩椅、电动跑台、平行杠、关节旋转训练器等康复器材，为辖区残疾人提供各类康复服务；继续实施好省、市为民兴办实事项目，为2737名重度残疾人审核发放护理补贴；为1500名70岁以上老年残疾人审核发放生活补贴；配合区民政局，完成困难残疾人生活补贴的审核工作。

【中国残联项目验收工作】 按照中国残联《残疾人就业机构规范化建设标准（试行）》，规范城关区残疾人就业服务所标准化建设，在中国残联组织的项目验收中，城关区残疾人就业服务机构规范化建设总评97分（全国最高分98分），为全国第二名，受到中国残联的好评。继续开展好中国残联布置的“残疾人服务状况和需求动态更新工作”，经过3个月的入户调查、登记、核实、录入，共对全区16585名残疾人数据进行动态更新，顺利通过中国残联的检查验收。

【组织工作】 以落实“三项制度”（工作例会制度、教育培训制度、考核奖惩制度）为重点，进一步提升基层残疾人组织和工作者的服务能力。全年共培训街道残联理事长、残疾人工作专职委员、社区残协专职委员16期，累计培训2788人次，基层残疾人工作者素质和为残疾人服务能力明显增强。

【康复工作】 将残疾人康复工作纳入基层医疗卫生服务，依托区残疾人康复中心和社区康复室动态掌握残疾人康复需求，制订个性化康复计划。全年为400余名精神病患者免费送医送药上门，对1071名肢体残疾人、3名聋儿、30名智力残疾人进行康复训练。

【就业托养】 完成4家全省示范性盲人按摩机构、6家市级按摩机构、4家残疾人就业扶贫基地、15名残疾人自主创业人员的摸底、资料审核、上报和扶持奖励资金发放工作；为全区272名残疾人提供职业技能培训，推荐204名残疾人就业，鼓励和扶持12名残疾人自主创业，为伏龙坪41户残疾人家庭开办“农家乐”和从事养殖业提供技术和信息支持；将全区1800名65岁以上贫困残疾人全部纳入区虚拟养老服务范围；为全区2976名重度残疾人提供“免费爱心餐”；为160名重度残疾人提供居家照料服务；与专业医疗机构合作，将84名一级精神病患者全部集中托养；依托辖区老年公寓，将全区有托养意愿的27名残疾人集中托养；依托社区卫生服务机构和民营机构，建立完善社区“阳光家园”，为136名智力、精神残疾人和重度残疾人提供日间照料和志愿服务。

【扶贫解困】 实施“两节慰问”，投入资金208万元，集中慰问2600户残困家庭；为29名残疾人提供500元或1000元的一次性临时救助；发放各类辅助器具200余件，方便残疾人出行和居家生活；深入残疾人家庭，听取残疾人意见，反映残疾人需求，全年共接待来信来访164件次，做到件件有答复，事事有落实。

【助学服务】 将重度残疾儿童全部纳入康复特教中心服务范围，为脑瘫、智障和孤独症儿童免费提供康复训练和爱心营养餐；在区辅读学校开设学前教育康复班，为轻度残疾儿童提供学前教育；辖区各类幼儿园积极创造条件，接受残疾儿童入园学习，与区教育局协调配合，建成城关区特殊教育指导中心，将全区所有具有学习能力重度残疾少年全部纳入区辅读学校就读；积极推进“随班就读”，落实“两免一补”，474名残疾儿童少年进入普通学校就读，义务教育阶段残疾儿童少年入学率达到98%；实施0~6岁孤独症、脑瘫、智障儿童抢救性康复项目，为65名残障儿童实施免费康复训练；为6名重度残疾儿童送教上门，实现义务教育阶段零拒绝。支持残疾人接受高等教育，为87名残疾学生和残困家庭子女提供助学资助。

（尹芙光）

军事·政法

军　事

·中国人民解放军甘肃陆军预备役高射炮兵师第三团·

【概况】　前身为中国人民解放军高射炮兵预备役师第三团，组建于1984年6月。2016年年初，随省军区系统转隶移交中央军委国防动员部，指挥权限由原兰州军区转隶中央军委国防动员部。团党委深入学习贯彻习主席系列重要讲话精神，以强军目标为引领，坚决落实上级党委和城关区委、区政府决策部署，扎实打基础，全面搞建设，突出抓安全，创新谋发展，部队建设呈现持续向上、稳步提升的良好态势。2016年被师表彰为“军事训练先进单位”“后装工作先进单位”。

【团党委能力建设】　始终把党委自身建设和干部队伍建设作为团队持续发展的关键，坚持用理论武装正品行，用思想整风纠偏差，用先进典型立标杆，努力营造团结奋进、敬业干事的良好氛围。按照“五个认清、五个看到、六个肃清”的要求，大力肃清郭徐流毒影响的危害。在事关官兵切身利益的敏感问题上，坚持按照公开、公平、公正原则，极力维护官兵合法权益，为官兵排忧解难。

【思想政治建设】　把政治工作落脚点放在加强作风建设、增强进取精神、稳定官兵思想上，增强官兵立足本职干好工作的自觉性。按照上级指示要求，科学制订学习计划，扎实开展7个专题的党委中心组带机关理论学习，3个专题的“服从改革大局、担当强军使命”主题教育和“新体制、新职能、新使命”主题实践大讨论活动。参加师和省军区政工干部授课比武分别取得第一、第二名，参加省军区歌咏比赛取得第一名。广泛开展群众性新闻报道工作，全年在各类报纸杂志和网络刊稿132篇，其中中央级媒体13篇，被甘肃省军区表彰为“新闻报道先进单位”。

【军事训练】　以省军区岗位练兵比武竞赛和野营外训工作为抓手，按照战时能应战、平时能应急的要求，大力加强战备训练工作，有效提升部队战备训练水平。

坚决落实兰州市委议军会议精神，积极与城关区委区政府协调，大力推进团地下指挥所建设，城关区投入1000多万元经费用于土建和装修工程，投入300多万元用于通指设备采购安装。狠抓岗位练兵比武竞赛活动，先后组织97名现役和预备役人员，参加省军区、师和团组织的强化训练，在师组织的比武考核中，取得16个第一、16个第二、12个第三、1个第四。在省军区的岗位练兵比武竞赛中，取得13个第一、5个第二、7个第三、2个第四。在省军区所有团级单位中取得第一名。严密组织野营外训工作，在师组织的高炮实弹射击中，5次打掉靶牌，40余次命中目标。

【后勤装备保障】　3月份完成所有装备器材清查核对，重新登记造册，实施装备管理责任制。投入经费6万多元用于购置、维修老旧装备器材，解决遗留问题，保持良好装备战术性能。

【安全管理】　以条令条例和六个规范性文件为依据，以“条令法规学习”教育月和“百日安全”活动开展为契机，以大项工作开展为抓手，狠抓管理工作落实，保持团队安全稳定。始终抓住“人、车、密、水、火、电、毒”不放松，在突出弱项、解决难题上下功夫、见实效。加强人员管理，严格车辆管控，突出信息安全保密，确保重点目标部位安全。全年先后投入6.16万元，对供暖、供电、供水线路管网和消防器材、监控系统进行检查维修。

【基层建设】 投入经费100多万元用于战备物资集中采购和设施建设，对团机关“四室两库”和营部、连部“两室一库”进行全面配套建设。全面开展整组工作，对新入队人员的信息进行翔实采集和录入，建立健全预任官兵纸质档案。加强水上救援分队和抗震救援分队建设，编写水上救援分队教学片脚本，组织进行2次演练、1次同步直播，完成教学片制作。组织200多名现任和预任干部进行新《基层建设纲要》培训，使预建党组织作用得到进一步加强。

【支援地方建设】 选派8名官兵对段家滩小学进行国防教育和军训。4月初，出动兵力156人参加黄河沿线整治和皋兰山义务植树活动。参加城关区背街小巷和大气污染整治，10月中旬至12月底，配合火车站街道，在2个社区进行冬防工作集中整治和巡查，对承包责任区开展卫生清理、垃圾清运。做好精准扶贫工作，从9月中旬开始，与榆中县和平镇高岭村和大池泉社区、谷堆岭社区搞好对接，摸清33户（建档立卡户）贫困户基本情况，先后投入10多万元，购买果树苗、复合肥、药品等，帮助33户贫困户脱贫致富。先后接受中央扶贫办、甘肃省、兰州市、榆中县检查验收，受到各级好评。

（张天慧）

·人民防空·

【概况】 城关区人民防空办公室是全区人民防空工作主管部门。2016年，城关区人防全面加强党的基层组织建设和业务建设，加大在廉政教育、组织指挥、战备训练、通信警报、人防工程和应急管理等方面的建设力度；积极探索城市地下空间开发利用；推进人防法规宣传进街道、进社区、进机关、进学校、进网络“五进活动”；以开展“两学一做”为抓手，全面加快人防机关“准军事化”建设进程，进一步完善人防体制机制，不断提升人防建设整体水平，特别是全面完成地面应急指挥所和基本指挥所的前期建设，提高服务经济社会和人防应急准备能力，各项工作取得较好成绩，被市人防办评为人防工作达标先进单位。

【人防组织指挥】 按照全国人防《训练与考核大纲》要求，结合实际制定训练计划及实施方案，组织实施人防指挥部首长机关室内防空袭演练，配合省、市人防办完成人防地面应急指挥中心设备的开通、演练以及机动指挥所跨省联合演练。制定完成1个街道的早期人口疏散方案，完成全区年度人防专业队伍整组组训等工作。

【通信警报】 对全区防空警报网进行维修升级改造，建成城关区人防地面指挥中心和防空警报中间控制站及警报信号塔并投入使用；完成全区“9·18”宣传及警报试鸣任务；加强人防指挥信息数据库建设，充实更新人防指挥信息资料；充分发挥区人防应急指挥所（车）的功能，积极参加各类应急管理。

【工程建设和管理】 重点突出对九州地区自审人防工程项目的监管，加强对早期人防工程隐患的排查；配合市轨道办对轨道交通沿线重要地段早期人防工程进行再普查、再上报，做到底数清、情况明；积极开展人防工程招商引资工作；“结建”政策全面落实，所有办结新建防空地下室项目做到“应建尽建，应收尽收”。（结合城市新建民用建筑修建战时可用于防空的地下室，简称“结建”。）

【行政执法】 全年查处违法案件3起。配合市人防办对在建人防工程、早期人防工程、平战结合人防工程开展执法检查。

【“平战结合”建设】 对全区已建人防工程管理使用情况进行普查；加强对人防平战结合工程监管，制定下发《关于切实做好今冬明春人防平战结合工程火灾隐患排查整治工作通知》和消防安全“抓行业、行业抓”工程实施方案及考评细则，全面落实消防、防汛责任制；组织开展消防安全检查和“清剿火患”行动，全年安全无事故。对符合人防工程使用条件的19家单位发放“人防工程使用证”，平战结合收入10万元。

【宣传教育】 利用“五进”活动（进街道、进社区、进机关、进学校、进网络）和各种有效载体，深入宣传人防法律法规，增强全民国防观念和防空防灾意识。在“5·12”防灾减灾日、“9·18”防空警报鸣响日，通过向机关赠送人防杂志、在党校进行人防知识宣讲、在企业开展防护培训、在社区组织应急演练、在网络公布人防建设动态等，大力宣传并营造良好的人防建设舆论环境。初级中学人防知识教育全年开展学校达到33所。全区

24个街道139个社区人防兼职工作人员全面落实。新增5个社区挂牌成立人防工作站。通过新闻媒体报道警报试鸣的时间、地点和内容，“9·18”警报试鸣日，在国际会展中心开展以“关注人防、关爱生命”为主题的规模较大的人防宣传教育活动，展出宣传图板60块，发放宣传资料15万多份；移动警报车在城区主要街道开展巡回宣传，10个社区在各自地域配合宣传，发放各类宣传材料10万份；配合区应急办、区教育局、区地震局、区安监局在正宁路小学开展防空防震演练，发放宣传材料7万余份。

【机关“准军事化”建设】 按照国家、省、市人防办的要求，在全区人防系统继续开展“创先争优、岗位练兵”和“远学沈阳、近学酒泉”活动；组织人员参观学习天水市人防建设成果；举办通信警报、行政执法、工程质量、财务管理等培训班。结合开展行政效能建设年、“两学一做”等专题教育、在职党员进社区、参加街道“冬防”及周末卫生大扫除、干部帮扶、作风纪律整改和巩固文明单位创建成果等活动，通过硬件建设升级及优化软件环境，进一步规范完善各类规章制度及工作秩序，实现机关日常管理的规范化、制度化和科学化，使区人防机关“准军事化”建设迈上新台阶。

（张林强）

·公　安·

【机构设置】 公安城关分局内设机构25个，派出单位39个，包括29个户籍派出所和8个治安派出所，另有收教所1个、消防大队1个。

【反恐维稳工作】 狠抓反恐维稳工作，确保社会大局稳定。强化情报搜集研判，加大情报信息预知、预警、预防工作，搜集、研判重大信息923条，侦破“5·12”“8·16”“9·1”系列反邪教等国保类案件20起。加强反恐基础工作，开展境外非政府组织、“两新”组织以及涉疆、涉藏人员排摸管控，核查各类涉恐案件线索5条，做到底数清、情况明、动态知。加强落实疏导管控措施，排查各类矛盾纠纷569起，化解涉及土地征用、拆迁安置、劳资纠纷等方面的社会矛盾88件，妥善处置各类群体性事件271起。着力提升应急处置能力，强化应急处突小分队、5个反恐处突点和8个治安巡控点建设，全面启动火车站、西关十字、东方红广场3个反恐治安派出所工作，组织全警开展反恐实战演练3次，进一步规范处置流程，提高处置能力。在服务全区经济和重大项目建设方面，共出动警力1万余人次，配合城市改造、违章拆除、保护性施工、市容环境整治、联合执法等各类活动160余次。

【打击犯罪】 保持严打高压态势，保障群众安居乐业。紧紧围绕公安主业，开展“破案会战”和打击“盗抢骗”犯罪专项行动，严厉打击各类违法犯罪活动。破获各类刑事案件3705起，移送起诉2796人，实现社会治安持续平稳的工作目标。坚持多警联动、集中攻坚、快侦快破，破获命案现案19起，破案率保持在100%；破获命案积案8起。持续推进打黑除恶。紧盯容易滋生黑恶势力的重点场所、重点区域，深入排查涉黑涉恶线索，实行专案专办，先后打掉黑恶势力团伙6个。立足本地禁毒破案。大力开展禁毒破案会战，成功破获“11·9”省督特大贩毒案、“4·18”特大运输毒品案等一系列大案。破获毒品案件545起，缴获毒品海洛因43.403千克、合成毒品5.5千克，起诉毒品犯罪嫌疑人601人，强制隔离戒毒1396人。严打各类侵财犯罪。坚持“打大管小”“破案追赃”相结合，深入推进“破案会战”和打击“盗抢骗”犯罪专项行动，破获“两抢、盗窃”及诈骗案件2367起，破获经济案件185起，有力打压了犯罪分子的嚣张气焰。

【治安管理】 严密治安管控措施，推进“平安城关”建设。坚持“打防并重”理念，推进系统治理、依法治理、综合治理、源头治理，共查处治安案件11356起。圆满完成85批次重要警卫任务和“除夕夜群众敬香祈福”、“两节”、“两会”、兰马赛、兰洽会、丝绸之路国际旅游节、“文博会”等一系列重大活动的安保任务，保障节会安全平顺。对重点区域集中开展反扒行动，二手手机市场、流动人口出租房屋清理整治工作，侦破各类违法犯罪案件394起，关停行业场所12家，有效净化治安环境。督促机关、企事业单位严格落实内部单位安全防范措施，严格防范针对学校、企事业单位的各类暴恐事件。加强火险隐患的排查整改和灭火处置，督促整改火灾隐患1039处，临时查封单位28家，责令“三停”14家，行政处罚67起，全区无重特大火灾事故发生。强化社会面巡逻防范工作。在全区形成“24小时街面全覆盖、重点部位全覆盖、网上网下全覆盖”的治安防控格局。

【人口管理】 按照“六个100%”目标要求，严格实施人机核对，认真开展入户核查，基础信息采集率、录入率达100%。加大重点人口的管控。对7200余名可能危害社会安全的重点人员、易肇事肇祸精神病人、违法犯罪前科人员加强安全监管。对12000余名涉案人员、高危人群，全部采集十指指纹信息和DNA样本，为案件侦查、串并破案提供支持。

【出入境管理】 按照公民出(国)境管理规定，未发生违规办理的情况，办证合格率达到100%。为国家工作人员553人办理证件，上报法定不准出境人员报备信息212条，撤销35人，答复异地办证协查21份。

【执法规范化建设】 牢固树立法治思维，不断增强证据意识、程序意识、权限意识和自觉接受监督意识，在案件办理、执法环节上体现社会公平、彰显法律正义。深入推进“阳光执法”。实现执法信息网上录入、执法活动网上监督、执法质量网上考评，全面推行阳光执法。深化执法监督管理。通过制定流程图，明细案件审批程序，把监督制约机制贯穿到民警执法办案全过程，全局执法卷宗考评率、达标率均达到100%，优秀率达到70%以上。大力提高办案质量。及时开展业务培训、岗位练兵、执法考试，并通过参加旁听庭审、跟班作业等活动，及时发现办案中存在的漏洞和不足，提升执法素养。

【队伍正规化建设】 坚持“实抓工作，严管队伍”，着力建设“信念坚定、执法为民、敢于担当、清正廉洁”的公安队伍。深入开展“两学一做”学习教育，坚持把解决党的领导弱化、党建工作缺失、从严治党不力等突出问题贯穿于学习教育全过程，警示约谈个别存在违纪苗头的重点民警，不断推动作风建设。着力加强警务效能。不断优化户政、治安、出入境等窗口服务机制，延长办公时间，推进网上服务，开展短信提示，畅通“绿色通道”，提高工作效率。深入贯彻中央和省、市委各项规定和警令警纪，严格落实“两个责任”，坚决防止违规违纪问题发生，在全局形成风清、气正、团结、创优的良好氛围。认真落实年休假、年体检制度和科学用警等从优待警措施，缓解民警的心理压力；加强警营文化建设，丰富民警业余文化生活，不断增强公安队伍的凝聚力和向心力。

【基层基础工作】 坚持“人往基层走、物往基层流”，将2016年招录的39名新警，全部分配至基层所队，建成独立社区警务室134个，建立街面“治安巡防点”13个。

(李志喜)

·检察·

【概况】 城关区检察院是甘肃省最大的基层院，在检察改革中，设置12个部门（反贪、反渎、预防按照监察体制改革要求暂予保留除外），员额检察官58人，司法辅助人员60人，司法行政人员22人，工勤14人。先后被评为“全国先进基层检察院”“全国检察宣传先进单位”“全国检察新媒体建设优秀奖”“全国检察机关检委会规范化建设示范单位”，荣获“全省未成年人检察工作先进集体”“全省检察机关规范司法行为专项整治工作先进单位”“全省文明接待室”“全市先进基层党组织”“兰州市模范职工之家”等国家、省、市级荣誉。1名干警被最高检、检察日报社评为“第九届优秀通讯员”，连续两年被省院评为“全省检察系统优秀通讯员”；2名干警分别荣获“全省十佳公诉人”“全省侦查监督业务标兵”称号。

【打击刑事犯罪】 受理侦查机关提请逮捕的各类刑事案件2228件2754人，批准逮捕1922件2303人，不批准逮捕306件436人，不捕率15.83%。监督公安机关立案9件，监督撤案7件，监督行政执法立案18件，纠正漏捕28人，书面监督纠正侦查活动违法情形26件，捕后判轻刑84人。受理侦查机关移送审查起诉的各类刑事案件2493件3249人，提起公诉2358件2946人，不诉21件31人；审查起诉案件办结2897人，纠正遗漏同案犯33人，抗诉1件13人。

【查办职务犯罪】 持续保持打击贪腐犯罪力度不减的高压态势，立案侦查贪污贿赂案件37件43人，全部为大案，其中要案6人（副县级以上），提起公诉38人，法院判决16人。立案侦查渎职侵权案件7件12人，重特大案件3件，提起公诉9人，法院判决2人。

【预防职务犯罪】 向有关部门、单位发出预防职务犯罪检察建议16份，均已收到整改回复。为政府机关、国企、高校、部队及非公企业人员开展警示教育及法治宣传20余次，受众2万余人次。与区民政局联合制定《预防职务犯罪加强联系配合的办法》，共同致力于保障和改善民生。提供行贿犯罪档案查询22035次，日平均查询量92件，最高时达281件。在区工商联挂牌成立检察服务室，并召开2次联席会议，开展警示教育、预防咨询，发放普法资料，将区重大项目建设、非公经济发展各项保障和促进措施落到实处，为城关区经济发展保驾护航。

【保护未成年人健康成长】 受理公安机关提请逮捕117件169人，不捕54件84人，不捕率49.7%；受理公安机关提请起诉112件170人，不诉11件15人，不诉率8.82%；附条件不起诉案件29件44人，附条件不诉率25.88%；捕后判轻刑7人，轻刑率13.46%。在配合高检院开展的庆祝未检工作30年系列活动中，利用“两微一端”平台推出的未成年人法制宣讲课“姣姐课堂”和挽救涉罪未成年人办案纪实H5作品《寒冬里的一缕阳光》，在网络收到大量点赞，得到省院及高检院的通报表扬；6月发布的《关于“校园暴力”案件调研报告》受到省、市、区委领导关注和媒体广泛传播。

【公益诉讼】 通过“保护母亲河公益诉讼专项行动”，共排摸出涉嫌损害公共利益的案件线索11件，办理公益诉讼诉前程序案件7件，对辖区内2起国有资产流失及5起污染环境行为向负有监管职责的行政机关发出诉前检察建议书，对4起拟提起行政公益诉讼案件层报上级检察机关审批后，依法提起公益诉讼。

【其他法律监督】 办理羁押必要性审查案件93件129人，建议变更强制措施48件66人，不立案45件63人；监督纠正监外执行违法数11件。发出检察建议1件，法院采纳1件，建议提请抗诉1件。发出再审检察建议1件，行政检察监督7件。受理举报线索58件，控告申诉案件39件，全部分流转办。办理不服检察机关处理决定申诉案件1件，不服法院生效刑事裁判申诉案件2件，国家赔偿1件，司法救助5件。受理民事检察监督案件10件。

【司法责任制改革】 根据省检察院安排部署，积极组织全院人员开展检察官员额资格审查、考试、考核、民主测评等工作，已确定第一批入额人员名单，共有58名干警入额检察官。将检察人员划分为检察官、检察辅助人员和司法行政人员三类，对内设机构进行合并改革，促进检察官高效、公正办案。

【“两联系、两促进”】 跟进8个省列重点项目进展顺利。在省电力公司、省人民医院、省公航旅等8家单位内建立检察联络室，签订《检企共建协议书》，为企业提供法律咨询服务，帮助解决项目实施中遇到的困难问题，协助开展廉政体系建设，查处职务犯罪，努力为地区建设、企业发展、干部清廉保驾护航。

【接受监督】 定期向人大常委会报告全面和单项工作，听取对检察工作的评议。贯彻落实代表、委员对法律监督工作的决议和决定。邀请人大代表、政协委员及人民监督员来院参加专题“检察开放日”活动，了解接待群众来访、案件信息公开、举报受理、侦查监督、公诉等检察工作的流程，认真听取对检察工作的意见建议。充分发挥人民监督员对检察权运行的外部监督制约作用，召开两次人民监督员会议，加强人民监督员依法履职。

【检务公开】 通过人民检察院信息公开网及窗口接待、电子大屏滚动播放等方式，提供案件程序性信息查询服务，向社会公开重要案件信息和法律文书，增强检察机关执法办案的透明度。官方微博、微信、新闻客户端等新媒体掌上平台，已获得4000多网友关注，发布图文并茂的检察要闻、城检动态、专项工作、先进人物事迹和日常普法等信息2000余条。

【派驻检察室】 根据省检察院和省编委的要求和计划，在城关区24个街道设置18个派驻检察室，开展对基层执法活动、街道（村）组织政务、财务、重大项目等事项的监督，开展对惠农惠民资金发放和公开的监督，送法入户、送法进社区，以及调解基层矛盾等工作；进一步延伸检察职能，全力配合、保障区委区政府征地拆迁、棚户区改造等重大工作的顺利实施，依法查处基层政务人员的职务犯罪案件和侵害群众利益案件；同时结合“两联系、两促进”工作，拓宽联系全区重大项目建设的渠道，为项目建设提供有效的法律保障。

【细化“两个责任”】 层层签订《党风廉政建设责任书》，人人签订《廉洁从检承诺书》，真正把党风廉政建设的“两个责任”融入检察业务、队伍建设、检务保障等各项工作之中。深入开展约谈工作，检察长约谈班子成员、检委会专委及部门负责人，纪检组长约谈部门负责人和干警。在各党支部增设纪检委员，同时兼任廉政监督员，履行好党支部对本支部、本部门的监督职责。

【队伍专业化建设】 有意识地把优秀青年干警放到办案一线，通过搭建导师带教平台、理论调研平台、学习实践平台，着力对年轻干警进行二次培养，为他们尽快成长成才创造条件。通过听庭评议、案件讲评、文书评比、对抗论辩等方式，开展“岗位练兵、岗位成才”活动；利用网上案例研讨、多媒体展示、视频会议等现代科技手段丰富练兵载体；选拔理论功底扎实、实践能力较强的干警参加上级检察机关组织的业务竞赛、业务培训，拓宽视野，提升业务水平。

（刘昕明、马　娜）

·法　院·

【案件数量】 共受理各类案件17310件，同比增加3551件，结案12943件，同比增加1842件。

【服务经济建设】 以刑事审判为依托，及时严厉打击非法集资、制售假冒伪劣商品等违法犯罪活动，营造良好的社会治安环境；以民商事审判为依托，平等保护市场主体的合法生产经营活动，营造诚实守信的经济运行环境，妥善处理重点项目建设和重点产业发展进程中的涉诉纠纷，营造良好投资环境；以行政非诉审查为依托，为依法行政及时提供法律意见，不断优化经济发展所需要的政务、政策环境。

【刑事审判】 受理刑事案件3102件4240人，结案2612件3471人。贯彻执行宽严相济的刑事政策，做到宽严有据、罚当其罪，对犯罪较轻且具有法定从轻、减轻情节及轻微犯罪，依法从轻或者减轻处罚，判处缓刑1725人，免刑43人，稳步推进量刑规范化，力求量刑公正均衡。

【民商事审判】 受理民商事案件10520件，结案7518件。合理处置“僵尸企业”，妥善处理重点项目建设和重点产业发展过程中的涉诉纠纷。注重以调解方式化解纠纷，调撤率56.1%。加大诉前调解与司法确认力度，多元化化解矛盾纠纷。

【行政审判】 审查非诉行政执行案件121件，准予执行20件。受理行政案件9件，结案7件。结合审判中发现的问题为行政执法及时提出法律建议，不断促进依法行政。大力推进行政首长出庭应诉工作，促进行政争议实质性解决，行政机关负责人出庭应诉3件。

【立案审查】 扎实推进诉讼服务中心建设，运用信息技术整合诉讼事项，为当事人提供一站式、综合性、低成本的诉讼服务，使服务更集中、高效。在诉讼服务中心为案件当事人配置可以上网的电脑，提供立案短信通知服务，及时告知当事人立案结果及所立案号，使服务渠道多元化。推行网上预约立案，通过网络预约立案平台，减少办理立案的等待时间。建立远程视频信访接待室，通过四级法院网络远程视频接访平台，实现信访人在区法院即可由上级法院工作人员直接接访，便捷信访途径。建立网上申诉信访平台，使传统意义上的“走访”转变成为“网上访”。公布微信公众号二维码，方便当事人通过手机了解法院定时推送的工作动态，有效搭建互动平台。

【审判监督】 评查各类案件2449件，占年度生效案件的30%。在做好常规评查的同时，对“上级机关督办、交办、转办的案件，改判发回重审和决定再审的案件，本年度新增发生涉法涉诉信访案件，赴省进京信访案件”等四类案件进行逐案评查。其中评查上级机关督办、交办、转办的案件12件；评查改判案件171件，发回重审案件105件，决定再审案件6件；评查本年度新增发生涉法涉诉信访案件10件；未出现赴省进京信访案件。

【案件执行】 受理执行案件3548件，执结2695件，执结标的8.44亿元。进一步加强与公安、金融机构等部门的联动执行，对323名被执行人提交公安机关进行查控，以拒执罪移送公安侦查5案5人。完善执行信息化建设，通过网络专线与各商业银行、信用社等金融机构合作，全方位、全时空掌握被执行人财产。继续加大信用惩戒力度，对373名失信被执行人进行媒体曝光，依法限制其出境、高消费及涉及政府招投标、政府采购项目，推进社会信用体系建设。

【少年审判】 受理未成年人刑事案件255件，审结229件，受理涉及未成年人民事案件166件，审结127件。采用圆桌审判、亲情会见、心理干预等工作方式，落实对未成年人身心健康的关爱与保护。加强延伸工作，坚持社会调查、法庭教育、回访帮教的统一运用，达到寓教于审的目的。

【廉政建设】 落实党风廉政建设主体责任和监督责任，切实增强党组书记第一责任、分管领导分管责任、纪检监察监督责任。党组书记亲自谋划从严治党主体责任的落实，听取意见建议，开展工作调研，督办有重大社会影响的案件，严肃查处群众举报和舆情反映的违纪违法问题。明确分管领导工作目标、工作内容、工作要求，党组书记与党组成员，分管院长、副院长与主管部门，纪检部门与分管领导，分别签订党风廉政建设责任书，以层级管理制度为抓手，逐级强化党风廉政“一岗双责”。采取工作约谈、提醒约谈、告诫约谈与鼓励约谈相结合的方式，党组书记定期约谈党组成员，分管领导定期或不定期约谈庭室领导，庭室领导随时约谈部门干警，形成逐级约谈机制。

【涉诉信访工作】 坚持强化群众观念、加强源头治理、建立长效机制、工作重心下移的理念，完善内部信访工作流程，对来访群众及时接待、答复，对日常来信及时登记、转办，并按照催办、督办制度严格办理涉诉信访案件，畅通群众诉求渠道。定期分析信访案件，重点突破，整体推进，着力解决越级上访和重复上访。进一步建立健全信访工作机制，推行“诉访分离”、信访案件终结、责任通报制度，对案件及时甄别、及时分流、及时导入，以终结促息诉罢访，规范信访秩序，促进问题有效解决。坚持“院长接待日”制度、中层领导轮流接访制度，实现预约接访和定期接访常态化、制度化。接待来访657件787人次，处理群众来信275件，处理相关机关转办函件684件。

【法官队伍建设】 为提升法官队伍正规化、专业化、职业化水平，按照司法规律配置审判人力资源，根据全省司法改革工作统一部署，推进法官员额制改革。全院庭长、副庭长、审判员、助理审判员共121名法官通过个人申请、责任承诺、资格审查等程序，从刑事、民事、行政、执行等四个方向选择一类参加全省法院组织的法官入额考试。考试后，通过对办案数量、质量、效率、办案年限、法律职务及裁判文书、调研成果获奖情况等进行考核，选拔出88名业务水平高、司法经验丰富的法官进入员额，完善司法人员分类管理。

【接受人大、政协监督】 依法接受人大监督，向人大常委会专题报告诉讼服务工作情况，根据审议意见进一步加强诉讼服务中心建设。自觉接受政协民主监督，及时办理政协委员提出的“营造法官办案氛围、净化办案环境，优化办案质量、提高政府公信力”提案，着力解决提案中提出的问题。主动接受舆论监督，完善新闻发言人制度，召开新闻发布会2次，全面发布执行工作的重大举措。

【法院管理规范化】 贯彻落实《甘肃省高级人民法院关于在人民法庭推行法官办案责任制暂行办法》，在6个法庭推行主审法官办案责任制，改变传统的案件汇报及法律文书由院长、庭长签发的模式，通过明晰审判组织权限和审判人员职责，清除审判权运行过程中的行政化倾向，实现司法用权全程留痕，从而使院、庭长不能以审批形式改变主审法官及合议庭意见，真正做到让审理者裁判，让裁判者负责，确保审判权的独立公正行使。

【荣获奖项】 2016年，行政审判庭被最高人民法院评为全国法院先进集体，刑事审判庭被甘肃省人社厅、甘肃省政府防范和处理邪教问题办公室评为全省防范处理邪教工作先进集体，渭源路人民法庭被甘肃省高级人民法院评为全省人民法庭工作先进集体，城关法院被兰州市中级人民法院评为人民陪审员先进集体，3个党支部荣获兰州市中级人民法院先进党组织称号。

（王　丽）

·司　　法·

【概况】 2016年，全区司法行政系统重点突出普法宣传、法律援助、社区矫正安置帮教、人民调解等工作，认真贯彻“工作落实年”相关要求，经费保障到位，工作有序开展，工作成效明显。

【普法工作】 全年开展“周周普法”宣传活动41次，其他各类普法宣传活动50余场次，发放宣传资料45000余份。组织开展培训活动32次。各街道、社区、单位组织各类普法讲座52次。依托节假日组织开展“三下乡”、“3·8”妇女维权日、3·15消费者权益保护日、12·4宪法日等大型公益活动的普法宣传。配合城关区“保民生、促三农”检查机关整治预防涉农领域职务犯罪专项行动工作，发放普法书籍500本，宣传单3000份。建设传统宣传平台，对城关区法治公园进行初步提升改造，更换32块沿街宣传展板。通过微博、微信、手机APP等媒体刊发、转发普法信息。制作完成城关区司法行政工作简介宣传片。设计制作印有普法内容的抱枕、抽纸、汽车安全锤、手机支架、资料袋、笔记本等普法宣传品。上报简报318篇，在城关司法官方微博、微信上发布信息36613条。

【律师工作】 城关区有律师事务所14家、律师72名，法律服务所16个，有专、兼职法律服务工作者43人。律师事务所代理各类案件458件，代理刑事诉讼案件61件，民事诉讼案件112件，行政诉讼案件72件，非诉讼法律事务122件，法律顾问122家，参与信访值班74次，参与信访案件99件。16个法律服务所代理各种案件、代书、咨询、参与司法行政工作、调解重大疑难纠纷等各种法律事务件1317件，诉讼代理案件132件，非诉讼代理案件227件，调解纠纷389余起，担任法律顾问56家并免费担任全区24个街道常年法律顾问，参与街道维稳信访司法中心工作70次。参与信访化解案件53件。在24个街道开展常态化的“法律直通车”活动，做到“一街一所”，落实便民利民宗旨。

【司法公证】 围绕中心，服务大局，参与区委、区政府信访接待，创新服务模式，有效地维护公民、法人的合法权益。办理国内、涉外及涉港澳台各类民事、经济公证3921件，其中国内3744件，涉外及涉港、澳、台177件。

【法律援助】 实施法律援助便民服务“五大工程”，提高法律援助知晓率。为广大困难群众提供一站式法律服务。构建网络，实现城区“十分钟法律援助服务圈”。开设“绿色通道”，快速受理处理案件。法律援助接待群众咨询上万人次，指派办理法律援助案件347件，参与处理群体性信访案件11件，为当事人挽回或获得经济利益过亿元。荣获“第五届全国法律援助先进集体”称号。

【基层工作】 加强司法所规范化建设，健全和完善各项规章制度。对各司法所固定资产进行盘点。对各司法所队伍建设、业务用房情况、办公设备情况和司法行政工作室人员编制情况进行调研摸底。落实司法助理员岗位津贴制度。

【规范化司法所创建】 全区有24个司法所，司法所长23人，司法助理员17人，聘用公益性社区矫正专干31人。按照省级“五好司法所”的标准，大力推进规范化司法所的创建活动，伏龙坪司法所、渭源路司法所、火车站司法所、雁北司法所、雁南司法所基本具备规范化司法所的条件。按省司法厅的统一部署，全部完成省司法厅“智慧司法”系统的建设并投入使用。司法所组织体系健全，全部实现收编直管，人员编制和工作人员全部普遍达到3人，在全省率先实行司法所长公开选拔，全部落实科级（含副科级）建制，工作人员岗位津贴和工作补贴全部落实。

【人民调解】 健全街道“大调解”工作平台，巩固提升已建立的村（社区）、企事业单位矛盾纠纷调解室，加强“大调解”队伍建设，完善“大调解”运行机制，强化“大调解”工作保障。各级各类人民调解委员会470个：街道调委会24个、村居（社区）调委会165个、企事业单位调委会272个、行业性专业性调委会5个、其他组织调委会4个。有2483名专兼职人民调解员：街道279名、村居（社区）调委会1048名、企事业单位1076名、行业性专业性和其他组织80名。研究和制定符合人民调解、行政调解和司法调解有效结合的工作机制，在开展“三调联动”专题调研工作过程中，完成《健全完善矛盾纠纷多元化化解机制的思考》专题调研报告。印制规范化的人民调解案件卷宗和人民调解员证；积极推进专业性、行业性调解组织建设，建立交通事故纠纷、医疗纠纷调解专家信息库，共有各类专家389名入库。2016年全区各级人民调解组织受理各类调解案件9905件，调解成功9878件，调解成功率为99.72%。

【安置帮教和社区矫正】 全年接收社区服刑人员269名，缓刑245名，假释11名，暂予监外执行2名，管制11名。累计接收1832名，累计解除1388名，现在册444名，其中缓刑396名，假释26名，监外执行12名，管制10名。形成城关区社区矫正模式“启航·回归”。320名社区服刑人员发放初步心理测评表，筛查出149人有心理疾病，27人有严重心理问题。与甘肃省应用心理学协会、甘肃省博仁学校等心理学机构建立合作关系，并与西北师范大学心理学院合作建立社会实践基地。在兰州监狱、甘肃省女子监狱成立警示教育基地，定期组织社区服刑人员进行参观并开展警示教育。组织社区服刑人员周五公益劳动日活动。制定和细化《城关区社区服刑人员居住地变更标准》。接收29名外省移交的社区服刑人员居住地变更。

（刘　娴）

经 济

工业、农业、林业、水利

·工 业·

【概况】 2016年，城关辖区有规模以上工业企业46户，其中央属企业10户，省市国有企业11户，外资企业2户，非公企业23户；年产值亿元以上企业17户，其中10亿元以上企业3户：甘肃省电力公司年产值55.5亿元，甘肃中石油昆仑燃气有限公司产值26.72亿元，兰州生物制品研究所有限责任公司产值13.73亿元，上述3户企业2016年完成工业总产值95.96亿元，占全部规上工业总产值的62%。能源（电力、热力、燃气）、生物医药为城关区工业经济两大支柱产业。2016年，城关区完成工业总产值166.88亿元，同比下降10.5%，其中规上企业完成工业总产值154.6亿元，同比下降11.9%；实现工业增加值49.4亿元，同比增长3.5%，其中规上企业实现工业增加值45.4亿元，同比增长3.1%，占当年全区生产总值的5.78%；规上企业主营业务收入完成96.46亿元，同比下降14.65%，实现利润13.72亿元，同比下降41.22%。规上工业增加值增速3.1%，超市定目标任务0.1个百分点。

【节能减排循环经济发展】 制定《城关区2016年节能降耗和循环经济工作要点》《城关区2016年节能监察工作要点》，签订目标管理责任书，将节能目标分解落实到各相关部门、街道和重点用能企业，将完成情况纳入年度考核体系。完善《城关区公共机构节能工作实施方案》《城关区公共机构节能工作目标责任制考核暂行办法》《城关区公共机构能源资源消耗统计工作实施方案》，拟定《城关区2016年循环经济发展实施方案》，组织弘翼废旧电子、陇星热能集团、西北永新等企业参加全市发展循环经济现场会，协助华峰管业、甘肃颐和申报全市循环经济示范企业。储备循环经济项目10余项，申报省、市循环经济项目4项。围绕重点用能企业开展节能监察工作，开展4个项目的节能评估和审查；建立和完善年耗能1000吨标准煤以上重点用能企业能源统计制度；对16户年耗能1000吨标准煤以上的重点用能企业能源管理人员进行能源计量培训；组织辖区年耗能5000吨标准煤以上重点用能用水企业参加全省节能节水培训班。2016年全社会单位生产总值能耗为241.03万吨标准煤，同比下降4%；全区规模以上工业企业综合能源消费量为38.16万吨标准煤，同比降低4.12%；单位工业增加值用水量下降4.8%；各项指标均达到目标要求。

【融资担保监管】 对全区69户担保机构进行上门监管检查，建立担保机构户籍档案卡，并保存其营业执照、融资担保机构许可证、法人身份证复印件等相关资料。做好融资担保机构许可证注册信息变更工作，严格核实申报资料，并出具现场核查报告。共上报变更经营地址5户，更新融资担保机构许可证有效期12户，变更经营范围2户，变更股权1户，变更名称1户。重点检查担保机构当年在保、新增业务明细清单、财务账单、担保合同等相关资料。对城关区2016年前成立的69家融资担保机构开展年审年检工作。配合省工信委分配的会计师事务所对本担保机构进行审计，并上报2015年度年检资料。

根据会计师事务所的审计报告对辖区内融资性担保机构进行年检分类评级打分。除兰州百兴融资担保有限公司为2015年新成立不参加2015年度年检，分类评级结果为：B级19家，C级3家，D级33家，E级13家。向辖区内担保机构下达《关于开展融资担保机构资本金托管有关工作的通知》（兰城工信〔2015〕123号），要求辖区内担保机构于2016年1月12日完成托管金额打入托管账户，已签订《融资担保机构注册资本金托管协议》52家，未签订《协议》16家；2016年应托管金额为0的担保机构5家，签订协议并完全按照注册资本金40%托管的担保机构10家，签订协议只存入部分托管资金的担保机构8家，签订协议未存入托管资金的担保机构34家。牵头组织城关区担保机构成立城关区融资信用担保协会，经民政局备案，下发城关区融资信用担保协会营业执照。

【“两化”融合】 根据《关于组织推荐全市两化融合示范企业及重点项目的通知》精神，由兰州市工信委认定甘肃紫光智能交通与控制技术有限公司、甘肃万维信息技术有限责任公司、兰州海默科技有限公司、兰州西脉记忆合金股份有限公司、甘肃天地印务有限公司和耐驰（兰州）泵业有限公司6户企业为2016年度“两化”融合示范企业。

【“宽带中国”示范城市建设】 完成农村宽带普遍服务行政村的光网建设，接入速率达到12兆位/秒及以上，光纤网络覆盖率达到100%。全面完成全光纤网络城市建设，城市家庭20兆及以上宽带接入能力达95%以上，部分用户达到100兆带宽接入能力。4G网络覆盖率达到95%。成立城关区“互联网+”产业协会，鼓励和引导辖区内的“互联网+”企业抱团发展，促进资源开放共享。

【非公经济发展】 实现非公经济增加值489.53亿元，占全区生产总值的58%，占全市非公经济增加值的36.83%；非公经济主体达到11万户，从业人员达到29.87万人。全区三次产业结构为0.24：14.41：85.35，第三产业占全区生产总值的85.35%，已成为全区的特色支柱产业。全区非公经济上缴税收31.2亿元，实现利润总额99.77亿元，支付劳动者报酬128.24亿元。修订出台《城关区加快非公经济发展实施意见》《城关区现代服务业扶持办法》《城关区兰州创意文化产业园发展扶持办法》等6个意见办法，编制实施《城关区现代服务业发展规划》《城关区文化体育旅游总体规划》《建设兰州区域性金融中心核心功能区规划》《大兰山生态旅游景区总体规划》等5个发展规划，设立4个规模达1亿元的发展基金。修订出台《城关区关于落实大众创业万众创新实施意见》《城关区“双创”示范区建设工作方案》《城关区众创空间（孵化器）认定办法》《城关区众创空间（孵化器）扶持办法》等5个政策性文件，形成集政策扶持、企业培育、认证管理、项目融资、创业培训等内容为一体的“2+X”双创政策体系。加快培育电子商务、会展经济、文化旅游等新兴产业，新建陇E贷、万颗商城2个本土自建电商交易平台，培育壮大秀宝网等十大本土特色电商平台，建成“百合E家”社区电商便民店20余家，实现电商交易额300亿元，同比增长45.6%。成功举办首届台湾名品等展会活动54次，实现交易额80亿元，同比增长11%。建成A9国际、华源文化、甘肃民间博物馆3个文化创意产业园，实现文化产业增加值43亿元，占全区生产总值的比重达到5.1%。发挥财政资金的杠杆作用，注入资金8000万元，与甘肃银行、兰州银行、邮政储蓄银行等金融机构建立战略合作关系，为全区840家非公企业提供担保融资3.35亿元，扶持个人创业3100人，带动就业1.2万人。引进中国投资人中心等6个天使投资资金，为10余个创业团队提供4000余万元投资支持。培育龙头企业，加快产业园区建设，依托淘宝特色中国甘肃馆，建成电商产业聚集平台；依托兰州创意文化产业园，建成文化产业聚集平台，入驻企业100余家，为各类创意文化和科技人才提供就业岗位近1500个。截至2016年底，全区亿元以上销售收入非公企业达到173户。

（王代龚）

·农　　业·

【概况】 2016年城关区有农业人口14734人（户籍人口），3685户，4个涉农街道，18个行政村，耕地面积1000公顷，其中：伏龙坪街道423公顷，青白石街道411.1公顷，盐场路街道139.8公顷，东岗街道33.49公顷。主要种植蔬菜、双垄全膜玉米、脱毒马铃薯、百合、西甜瓜等。实现农业增加值1.81亿元，同比增长2%；农民人均纯收入20985元，同比增长9%。城关区农业经济稳定增长。全年粮食产量700吨；种植蔬菜1520公顷，产量7.42万吨；瓜类种植面积126.7公顷，总产量0.42万吨；畜禽饲养量2万头（只），肉蛋奶总产量0.51万吨。

【科技应用推广】 举办旱作农业栽培技术、农田高效节水技术、蔬菜绿色防控技术、辨别真假农资等各类培训班10期，参训人数1200人次，发放各类培训材料4800余本；引进蔬菜新品种12个，示范推广优良品种66.7公顷。免费发放黄板20000张，应用面积66.7公顷，完成15个土壤样品的采集，推广配方施肥技术1200公顷，施用配方肥333.3公顷。高效农田节水技术推广面积666.7公顷，实现城关区沿黄灌区农业高产高效与资源永续利用。

【农业项目建设】 “兰州市城关区城郊特色蔬菜产业技术集成与示范项目育苗中心建设”是国家科技富民强县专项行动计划项目的子项目，计划投资872.09万元，通过蔬菜繁育中心、标准化蔬菜种植核心示范基地、观光农业园区、蔬菜废弃物资源化利用、清洁田园等项目建设，实现富民强区。已通过区公共交易资源中心确定5家招标单位。农业科技发展计划项目“兰州市城郊特菜高效栽培技术研究”被区科技局批复立项，下达专项资金8万元。

【园艺特产业】 发展高原夏菜、沿黄灌区特色蔬菜等农业支柱产业，形成皋兰山200公顷高原夏菜基地、青白石沿黄灌区200公顷特色蔬菜基地、石沟村66.7公顷西甜瓜基地。开启“开心农场”模式，依托兰山生态游和农家乐夏季纳凉避暑游，免费为农民提供适合家庭采摘蔬菜良种1200袋。根据市场行情和惠农政策，引导伏龙坪街道部分村民示范种植牡丹20公顷，亩产值上万元，已成为区农业经济发展新的增长点。

【农产品质量安全】 全年完成农产品日常检测27.1万例，合格率99.77%；例行监测2210例，合格率99.91%；乡镇检测站全年完成日常检测2090例，合格率99.95%；乡镇例行监测2007例，合格率99.90%；配合农业部抽检213例，合格率98.12%；配合省农牧厅抽检监测样品160例，合格率100%；高原夏菜抽检监测样品120例，合格率100%。“农产品质量安全监管模式示范应用项目”荣获甘肃省政府颁发的三等奖和兰州市政府颁发的二等奖。

【科技兴农】 引进农作物新品种12个，引进示范推广新技术2项。完成玉米双垄全膜沟播技术推广面积143.3公顷。蔬菜面积1517.8公顷，产量74260.4吨。西甜瓜推广面积126.3公顷，产量3464吨。果树产量7231吨。百合种植21.67公顷，产量413吨。完成15个土壤样品的采集，推广配方施肥技术1200公顷，施用配方肥333.3公顷。

【农业综合执法】 出动执法车辆52车次，执法人员189人次，检查辖区农业投入品企业及门店88家。查处动物卫生监督、兽药监管案件19起，罚款10016元。积极推行农药市场准入登记备案管理制度，对农药三证等证件齐全的农药产品，要求经营单位严格执行一产品一备案、一批次一备案制度。

【良种补贴】 免费给农民发放地膜7.5吨，玉米良种2吨，马铃薯脱毒种薯90.8吨。

【农业机械化发展与资金投入】

区农业机械化总动力39828千瓦（其中柴油机总动力21478千瓦、汽油机总动力2700千瓦、电动机动力15650千瓦）。全区共有拖拉机335台（其中大中型拖拉机4台，小型拖拉机331台），配套农机具627部（大中型16部、小型616部）。有耕整机56台、机引犁333台、旋耕机333台、播种机20台、地膜覆盖机35台。有排灌动力机械197台、机动喷雾粉机1800台、畜牧养殖机械145台。机耕面积400公顷，机播面积70公顷，机械铺膜面积70公顷，机电灌溉面积770.33公顷，机械植保面积330公顷，农机化水平为17.22%。全区共计投入资金20.92万元购买农业机械，其中国家补贴6.46万元，农民和企业自筹14.46万元。将农机购置补贴工作情况和进度及时在城关区政府信息公开栏中公示。

【农机执法】 结合农机安全生产行动，田间路查各类农业农械450台次，应检拖拉机335台，实检拖拉机335台，拖拉机年度检验率100%，驾驶员到期审验率100%。

【农业灾害】 区农业灾害主要为大田病虫害，表现为菜花黑腐和灰霉病、菜青虫、小菜蛾、美洲斑潜蝇、蚜虫、小麦条锈病等。为降低病虫害，根据“公共植保、绿色植保”理念，大力推广绿色防控及专业化统防统治，在青白石、伏龙坪、东岗街道设置苹果蠹蛾监测点9个，监测果园面积36公顷。组织开展统防统治，将4吨防控物资送到疫情防控一线，防治面积836公顷，蛀果率控制在0.2%以下。

【农村环境卫生】 制作“加强农业生态治理，防治农田‘白色污染’”宣传彩页600余份，回收废旧地膜15.6吨；做好尾菜处理工作，全年产生尾菜7803吨，处理尾菜2418.93吨。其中，12个尾菜处理池处理尾菜8.3吨，无害化还田技术处理尾菜2380吨，其他由农户以做饲养家禽饲料和掩埋等处理方式处理，处理利用率31%。

【重大动物疫病防控】 2016年全区畜禽养殖总量约2万头（只），其中生猪存栏3010头、出栏6628头，牛存栏1720头、出栏274头，肉羊存栏4528只、出栏2588只，禽类存栏10860只、出栏20699只，肉蛋奶总产量0.51万吨。全区有免疫畜类3.2万头（只）、禽类11.59万羽，免疫率均为100%。采集各类样品890份，免疫合格率达到75%以上，消毒面积达15.59万平方米，奶牛布病检疫430头、结核检疫430头，羊布病检疫2006只。2436份血清经区动物疫病诊断中心实验室做虎红平板凝集试验检测，检测结果全部为阴性，合格率为100%。发放奶牛健康检测合格证书26份。同时，对24个街道、高新区防疫专干及45名村级动物防疫员进行动物疫病防控和动物疫病防控技术工作培训，培训140人次。

【畜产品质量安全】 对辖区内兽药经营企业进行监督检查30余次，出动执法人员40人次，发放监督检查记录30余份，发放告知书50余份。组织全区10家GSP认证兽药经营企业参加省市国家兽药产品经营进销存系统使用培训。产地检疫动物共378头（只），动物产品检疫3418吨，入库检查101次，工作人员现场查验1306次，无害化处理病死奶牛4头。开展“泔水猪”专项整治活动，下发整改通知42份，拆除搬离泔水加温设施4座。

【依法治草】 在完成第一轮3600公顷草原承包工作的基础上，与城关区南北两山环境绿化工程指挥部签订草原管护协议书，共发放奖补资金45万元，购买草原防火物资设备2.6万元。新一轮草原生态保护奖补实施方案已上报区政府审批。

【农村改革】 培训村级财务管理人员和街、村土地确权人员388人次，发放土地确权宣传资料10000余册（份），在10个街道34个村建成“三资”管理平台，对40个村（社区）进行经济责任审计，完成12个村、2125户土地确权摸底调查，外业调查地块7501块938.27公顷，权属信息一轮公示5个村。建成省级示范合作社1家、市级示范社2家。休闲农业产业发展资产总额达3010万元，实现收入435万元，利润235万元，带动农户131户，实现农民就业200余人。培育行业协会和龙头企业21家，龙头企业等产业化经营组织带动农户数同比增长2%。

（宫　皓）

·林　　业·

【概况】 全年共栽植油松、白皮松、丝棉木、竹柳等各类苗木52.1万余株，完成绿化提升改造面积124.32公顷，直播柠籽13.33公顷、板蓝根1.33公顷；全民义务植树265万株；完成2016年度天然林资源保护面积280公顷；全面落实2833.33公顷重点公益林的管护任务。

【林地资源】 全区林业用地面积10780公顷，占全区国土面积的51.87%，其中：有林地2646.67公顷，疏林地60公顷，灌木林地5413.33公顷，未成林地26.67公顷，苗圃地20公顷，无立木林地333.33公顷，宜林地2053.33公顷，林业辅助生产用地226.67公顷，全区森林覆盖率38.93%。

【林木资源】 全区范围内共有植物100多种，禾本科、菊科植物较多，在低洼盐碱地还分布有盐爪爪和碱蓬等。自然植物以抗旱耐碱植物数量占绝对优势，草本主要以蒿类、骆驼蓬、碱蓬，灌木以红砂、枸子、白刺为主。一般植物生长稀疏，其覆盖度阴坡为30%~50%，阳坡为20%~40%。人工栽植的针叶树种有：侧柏、千头柏、圆柏、油松、华北落叶松、樟子松、白皮松、华山松、雪松、云杉、青杆等；阔叶树有河北杨、新疆杨、北京杨、胡杨、旱柳、垂柳、白榆、蒙古黄榆、新疆大叶榆、合欢、国槐、刺槐、龙爪槐、红花刺槐、臭椿、火炬树、槭树、文冠果、五角枫、白蜡、沙枣等；经济果树有杏、桃、苹果、梨、枣等；灌木有柠条、黄刺玫、月季、紫穗槐、锦鸡儿、柽柳、白刺、花棒、沙棘、丁香、枸杞、小檗等。

【野生动物资源】 鸟类有锦鸡、画眉、噪眉、二声杜鹃、戴胜、斑鸠、啄木鸟、金翅雀、麻雀、乌鸦、喜鹊、猫头鹰、布谷鸟、燕子、野鸽、大山雀、文鸟蜡嘴、白胜吉令等；兽类有野狐、家鼠、蒙古兔、松鼠、狗獾、黄鼬、黄鼠；爬行动物有银环蛇、草蛇、土蜥等；昆虫类有6个目，30个科，100多个品种。

【森林防火】 完善制定应急预案防火演练方案，加大宣传力度，新增护林防火宣传牌43块，更换152块，拉设护林防火宣传横幅130条，配备护林防火袖标720个，邀请专业机构开展防火知识宣传讲座1次；不定期对绿化承包单位、2个专业扑火队、2个防火检查站、8个林业管理站以及2个防火瞭望站的消防器材进行专项检查，新配备对讲机23部、灭火弹1150枚、灭火器67个、铁扫把25把，检修、填充干粉灭火器90个；逐步建立和完善护林防火区域联防工作机制和11个片区联防体系，营造群防群治森林防火良好局面；11月24日召开城关地区护林防火动员大会，安排部署今冬明年护林防火工作，签订防火目标责任书。全年未发生森林火灾，森林火灾受损面积控制在0.06‰以内。

【林政资源管理】 开展林地清查行动，不断加强林政执法工作，规范执法程序和行为，及时制止并查处各类毁林事件，林政案件查处率达100%。依法完成林地征占用审核、审批工作，征占用林地审核率和临时征占用林地审批率均达100%。规范木材采伐申报、审批程序，严格控制林木过量采伐；规范木材市场经营，依法打击非法收购、经营、加工、运输木材及其制品的违法和犯罪行为。全年下发林业行政执法通知单73份、南北两山检查告知单73份，上报林业行政案件5起，处罚面积6.13公顷，处罚金额54.2万元。

【林业有害生物防治】 继续完善测报网络建设体系和监测预警体系建设，实施监测面积12733.33公顷次，监测覆盖率100%，测报准确率达90%。种苗产地检疫率达100%。南北两山有害生物发生面积1200公顷，防治面积1200公顷，无公害防治率达100%。

【森林景观提升改造】 完成伏龙坪街道民族村牛家嘴绿化面积7.8公顷，栽植各类苗木2万株；完成伏龙坪街道营盘岭绿化面积10.27公顷，栽植各类苗木1.8万株；完成南山面山、将军山、伏龙坪街道民族村党员林、北出口骆驼岘及货运基地后山景观提升补植面积80公顷，栽植各类苗木6.35万株；完成伏龙坪街道三营村红沟湾、马营沟、苗岭子、四台湾绿化面积22.67公顷，栽植各类苗木10万株；完成北出口、营盘岭、南山面山、将军山秋季补植2万株，麻黄岭直播柠条籽500斤、板蓝根100斤；完成资生堂援助绿化项目，栽植侧柏0.13万株；各绿化承包单位栽植苗木29.82万株。

【经济效益】 林业产值2839.84万元，增长3.9%；增加值1404.01万元，增长17.42%；林业服务业产值921万元，增长5.1%，增加值239.46万元。

【城区森林公园】 城关辖区南北两山范围内有6处森林公园，即五泉山、白塔山2处国家级旅游景区，徐家山1处国家级森林公园，兰山、五一山、凤凰台3处省级森林公园。

（马　蓉）

·水　　利·

【概况】 2016年全区渠系及输水管道维修铺设数量较往年有明显增加，完成农田灌溉4400公顷；征收水资源费12万元，收缴水费25.67万元，完成水利科技培训227人次；通过实施最严格水资源管理制度，全区用水总量控制在1.58亿立方米以内，年内实际用水量为1.5564亿立方米，其中：农业灌溉2647万立方米，工业生产用水3626立方米，城镇生活用水9151万立方米，生态环境用水140万立方米；年内工业增加值用水量为67.78立方米/万元，同比降低10.23个百分点；水功能区达标率为100%；农田灌溉水有效利用系数提高到0.5983；重要江河湖泊水功能区水质达标率提高到100%，用水效率和效益显著提高。

【水利项目】 投资1388万元，完成大砂沟重点山洪沟道防洪治理项目、老狼沟三期洪道治理以及城关区农村饮水安全工程水质检测中心建设项目；投资74万元，对淤积严重的鱼儿沟、老狼沟入水口段、大砂沟穆斯林段进行紧急整治，确保了行洪畅通。投资498.94万元，实施城关区皋兰山灌区东、西盘渠改造工程招投标前期工作。

【水资源管理】 在“世界水日”和“中国水周”期间，开展宣传活动，有效提高社会各界和广大群众节约用水、保护水资源的意识。严格审核取水单位取水量，对持有取水许可证的单位，按时发放取水收费通知单，督促缴纳水资源费，全年共征收水资源费12.28万元。严格审核办理取水许可证，累计发放取水许可证46套。

【抗旱防汛预警】 严格落实24小时值班制度，及时收集水情、灾情，坚持与市防办、区委办、区政府办互通水情、雨情、灾情等，确保防汛抗灾信息及时贯通，累计发布各类预警预报84次。全年累计降雨量448.32毫米，较上年266.7毫米增加68%，组建全区抢险队伍26支，专业抢险队伍2支、突击抢险队伍1支，落实各类抢险人员3500人，落实抢险车辆125台，储备挖掘机、装载机、污水泵、发电机、帐篷、编织袋等各类抗洪抢险应急物资48个种类、9100台（套），基本满足防汛抢险需要。补充建设警示牌7块，完善县级预案1套，乡镇度汛预案25套，村级（社区）预案118套。开展山洪灾害防御知识培训15场，区级防汛应急演练1场，街道防汛演练24场。争取区政府春季抗旱水利维修资金70万元。对4个涉农街道、18个行政村和3个水管单位共计23个水利工程进行春季抗旱检查维修。

【水利安全生产】 严格审查在建的1处水利工程施工现场项目法人资质、施工方监理方资质和安全责任落实等情况，对在建水利工程实施现场安全宣传、机电设备安全管护防护措施等进行集中检查和完善。全年组织开展水利建设项目安全大检查13次。

【水环境治理保护】 加强水政监察及水事违法案件查处力度，共开展水政巡查100余次，处理并答复兰州市民勤通服务热线诉求案件8起，解决处理水事违法案件4起。针对涉及违法侵占洪道的单位和个人，下发限期整改通知书17份，并及时监督整改落实到位。对淤积严重的老狼沟入水口进行清淤疏浚整治，清除淤泥1494.2立方米，清除路面土方330立方米。对金雁、九大、大冷库三处沙场堆砌的沙堆进行清理，清运砂石2.1万立方米，清运土方400立方米，清运垃圾600立方米。

【水利行政管理】 开展水务一体化管理体制改革。完成局属3个水管单位的水价测算工作，水利工程建设和管理改革及基层水利服务体系建设已完成，农业水价改革稳步推进。

（宫　皓）

商贸流通

·商业贸易·

【概况】 以保持经济稳定增长、加快推进现代服务业发展为重点，围绕电子商务、会展、物流、楼宇、总部经济、牛肉面产业等发展，拓思路、创新举、下功夫，以实效业绩服务群众民生，以亮点工作促推商务发展，逐步推动“三产大区”向“三产强区”转变。

【企业培育】 采取培育新上限企业、限下转限上企业的培育方式，培育企业上限入库，对各行业领域做出突出贡献、起到引领示范作用的企业给予授牌表彰，享受政府政策优惠和各方面保障；建立政企联系机制，分行业分领域详细记载企业的业绩规模，动态掌握分析企业运行状况问题和困难，加强政府服务企业的力度和实效。新培育甘肃公航旅国际贸易有限公司、红星美凯龙家居广场、甘肃联升餐饮食品有限公司（麦当劳）等4户企业上限入库，纳入国家统计范畴，累计实现销售额超过105亿元。

【民生服务】 以“便民、利民、服务民生”为重点，在人口密集、需求量大的地方兴建标准化肉菜市场，全年建成3个标准化菜市场。开展冬春储备菜投放工作，在全区标准化菜市场及超市等20多个投放点，投放政府冬春储备菜5000多吨，占全市总投放量的46%；开展“平价肉菜进社区活动”1000次以上，销售平价蔬菜近500吨、平价大肉50吨以上。

【招商引资】 强化新兴产业招商引资力度，新签麦当劳甘肃区域总部、西部汽车电商大厦等10个重点项目，签约总金额20亿元，累计到位资金10.9亿元。

【重点项目建设】 建成投用联合弘物流园区4号电商配送专用仓库；全面完成信合物流园三期工程；甘肃祥和远通物流北工物流园项目一期建成占地1.73公顷的第三方物流平台，提升区物流科技信息化建设水平。继续加快实施“速递易”智能快递柜项目，在大专院校、大型写字楼、社区等布设500余部智能快递终端设备。建成30家“百合E家”社区电商便民店。在伏龙坪、青白石两个街道选址建成10个村邮站，打通服务民生的“最后一公里”。建成并正式启动兰州牛肉拉面产业孵化园，牛肉面体验工坊、调味品生产加工销售及拉面设备制造已投入运营。

【资金争取】 争取省级外贸补贴资金3800余万元；为辖区4个重点电商企业及项目争取市级电商扶持资金165万元；争取市级会展扶持资金90万元。

【专项整治】 对再生资源回收、成品油市场、集贸市场等开展专项整治行动，围绕食品安全、物价供应、市场环境、产品质量、消防安全等内容，开展全区市场经济秩序专项整治工作，营造节假日期间良好的市场经济运行秩序。

【商务会展】 进一步提升兰州年货会、汽车交易会等品牌节会的规模档次，创新培育举办首届台湾名品、首届马拉松体育用品等“新、特、优”自主品牌展会，全年共举办展会活动54次，交易额达80亿元。

【酒类管理】 2016年共出动执法人员检查经营单位3617户；查获违法物品6.9吨，标值25万元；查处违法案件53起，行政处罚51户，进一步整顿规范了城关区酒类商品市场经济秩序，净化了酒类商品市场环境。

（陶永超）

·经济合作·

【概况】 2016年全区共有招商引资项目558项，项目总投资1944.21亿元；到位资金482.57亿元，占市列计划到位资金419亿元的115.17%。其中结转项目150项，总投资1497.85亿元，到位资金288.16亿元；省外项目112项，总投资1349.99亿元，到位资金258.22亿元；省内项目38项，总投资147.86亿元，到位资金29.94亿元；新区项目7项，完成签约总额8.81亿元，占市列计划到位资金6亿元的146.83%；其中新签约总额8.17亿元，结转到位资金0.64亿元。2016年新签招商引资项目408项，项目总投资446.36亿元，到位资金194.41亿元。

【招商引资】 分别赴北京、上海、深圳、广州、厦门、重庆、西安、杭州、温州、义乌、宁波、珠海、无锡等地开展招商活动10余次，重点对接广州碧桂园、北京保利、深圳中基农业有限公司、山东联升食品餐饮有限公司、华夏众创空间发展股份有限公司、重庆力帆、麦当劳等50余家企业、商会，并根据项目特点、问题和要求，分门别类制定跟踪落实方案，按照定项目、定人员、定目标、定奖惩的“四定”要求，逐一落实、对口跟进、主动追踪，有力地促进了碧桂园文旅荟、华歆养老综合体项目、268文化产业基地、麦当劳甘肃总部、东方时尚驾驶员培训中心、CBD汽车城等重点项目线索的跟踪和重点项目引进落实。其中，兰州碧桂园文旅荟综合开发项目、甘肃基因检测技术应用示范中心项目、中基农业等项目签约落地。

【投资促进活动】 进一步完善项目落地服务办公室运行机制。建立高效服务体系，定期召开项目落地工作协调会，加大力度协调解决项目落地过程中存在的困难和问题，加快签约项目落地步伐，提高招商引资工作实效。充分发挥顾问和咨询机构作用，成立企业创新服务联盟。定期与企业家、专家、学者沟通，举办项目交流座谈会等活动，切实为企业解决实际困难。

【项目推介】 新建城关区招商引资信息平台，为有意合作的双方提供有效的洽谈和对接渠道。编印《2016年城关区招商引资导则》，对产业布局、发展规划、优惠政策等投资要素进行统一和汇总；编印《招商引资项目汇编》，从现代服务业、基础建设、文化旅游、科技创新、兰州新区五个方面征集策划包装项目111个，重点推介九州台生态旅游养生文化示范区、大兰山文化旅游开发、甘肃文化旅游资源和大数据平台的智慧旅游、城关区九州大道主食厨房食品园区招商等项目。

【新区招商】 全面协调兰州新区各产业园区及在谈项目进程。引入甘肃基因检测技术应用示范中心、中川牡丹园文化旅游项目等5个项目，总投资额8.17亿元。

【节会招商】 第二十二届兰洽会，城关区签约项目53个，签约总金额452.28亿元。其中：省签项目2个，签约金额45亿元；市签项目15个，签约金额187.5亿元；区签项目36个，签约金额219.78亿元。签约项目数、签约资金额位居兰州市各县区之首。加大对第二十二届兰洽会省市重点签约项目跟踪服务力度，针对其他市列未开工项目的详细进展情况，分类分析研究，提出解决问题的建议对策。

（裴　蓓）

·供销合作·

【概况】 区供销社与市社签订的目标任务基本完成。年度全系统累计完成商品销售总额1466.2万元，社会消费品零售总额1200.5万元，电子商务销售额40万元，农业生产资料供应200万元，再生资源销售额520万元，农副产品购进额45万元。培训农民人数600人次。完成其他营利性服务业营业收入任务，与上年同期相比增速11%。

【解决历史遗留问题】 2016年7月22日，区政府第83次常务会议研究同意并形成纪要，区供销社机关工作人员相关历史遗留问题纳入解决日程，逐步得到解决落实。

【基层组织建设】 安排部署对全区18个农业行政村逐个进行排摸调查和协商沟通，确定具备条件的10个村建设和改造提升村级综合服务社，1个村建立村级专业合作社，并逐级上报市社、省社。获批扶持建设和改造提升2个村级综合服务社。

【社属企业网点管理】 继续加强社有资产、社属企业和经营网点规范化管理，逐步形成常态化规范管理，力求促进增效，不断提升发展。对所有的经营网点加大监管和服务力度，实现安全平稳生产经营，对所有经营网点销售额的统计及时准确，并按要求及时上报市社业务处，力促社有资产保值增值、下属企业和经营网点提高效益。

【重点工作】 为配合兰州市政府在雁滩地区推行瓜果蔬菜进小

区、社区试点工作，从8月初开始，组织人员配合牵头单位兰州市供销合作社做好相关协调协助工作，在区城管委、区执法局、区房管局、雁南街道、雁北街道等部门支持配合下，认真仔细排摸、耐心协商沟通，共在33个小区布设68个农民自产自销瓜果蔬菜销售摊位，配备统一标识的棚亭和转运箱，悬挂统一管理经营制度，并疏导具有瓜果蔬菜自产自销摊位证的农民进入小区布设的固定摊位销售，确定专人盯守。配合市供销社对雁南、雁北、高新雁滩园区进一步排查、摸底，按照300户~500户住户以上规模的小区建设固定自产自销店的原则，定点定位23个小区。

【社会保障】 全社系统共有下岗失业和破产失业人员1700名。2016年，增收节支，筹措资金，缴纳职工基本医疗保险费、大病统筹保险费、生育保险费、工伤保险费约26万元和已达退休年龄人员欠缴的养老保险费约20多万元，确保职工到龄退休、看病就医不受影响，平抚情绪，维护稳定。

【安全生产】 年初下发加强安全生产工作的通知，并与各企业、各经营网点签订《安全生产责任书》，明确各自应承担的责任。适时组织安排区社安全工作小组对各经营网点安全生产方面存在的主要问题和薄弱环节、安全隐患点进行地毯式排查和检查，将青白石商店、回收公司、向阳商场作为防范重点，进行重点督查，发现问题及时督促整改到位，增强安全隐患防范意识。全年全系统未发生安全生产事故。

（安春梅）

·旅　　游·

【概况】 2016年，全区接待国内外游客3016.6万人次，同比增长30.6%；实现旅游总收入271.75亿元，同比增长33.3%。

【旅游规划编制】 编制完成《兰州市城关区文化旅游和体育产业发展规划》并通过专家论证；启动编制《兰州市城关区兰山乡村旅游提升改造方案》和《张掖路—大众巷片区提升改造方案》。

【旅游项目开发】 加大协调服务力度，爱立方婚庆文化创意产业园完成一期婚纱影视拍摄基地土建工程；兰山民族梁现代设施农业观光园完成一期土地整理工程；兰州创意文化产业园A9国际园区基本建成，全区旅游基础设施和公共服务设施不断完善。扶持发展乡村旅游。完成伏龙坪旅游示范名镇（街道）、头营旅游示范村和30户星级农家乐建设工作。深入开展旅游厕所革命，全年新建旅游厕所16座，改扩建1座。申报三星级旅游饭店1家。全区拥有国家A级旅游景区10家、星级旅游饭店36家、旅行社219家，登记备案旅行社分社17家、旅游咨询服务网点243家。指导创建省级旅游示范村1个、市级旅游示范名镇（街道）1个、旅游示范村5个、标准化农家乐255户。

【旅游商品开发】 扶持旅游产品研发，开发敦煌伞艺、敦煌故事绿洲丝巾、敦煌故事隋风丝巾、珐琅彩飞天、佛光图丝巾、珍珠银反弹琵琶等特色旅游产品；扶持兰州重点旅游商品企业陇萃堂开发以兰州本地特产苦水玫瑰为主的玫瑰蜜茶系列产品以及兰州创意文化产业园等新型旅游产品。

【旅游行业管理】 开展旅游市场百日整治、节前安全检查等活动12次，累计出动执法人员100余人次，检查旅游景区26家次、星级饭店53家次、旅行社及服务网点300余家次。编制《城关区旅游行业管理手册》，成立城关区旅游发展行业协会，组建城关区旅游志愿者服务队伍，积极探索“旅游行业协会自管和旅游行政部门监管相结合”的旅游行业管理新模式。制定并印发《兰州市城关区文化旅游市场安全生产专项整治行动方案》《兰州市城关区旅游突发公共事件应急预案》。开展旅行社分社、服务网点的备案登记工作，登记备案旅行社分社23家、旅游服务网点300余家，注销90余家。全年集中开展安全生产大检查活动10次，累计抽查全区旅行社340多次、A级景区30余次、星级酒店60多次，旅游安全做到了零事故。

【教育培训】 加强旅游从业人员的教育培训，举办各类培训班10余期，完成旅游企业从业人员教育培训16000余人次。组织辖区农家乐从业人员、A级景区讲解员参加电子商务、安全生产、业务技能提升的相关培训。全年旅游企业教育培训完成目标任务15000余人，旅游企业从业人员全员培训率达到24.3%。督促辖区星级饭店认真开展业务培训，上报培训资料，进一步提升旅游从业人员的整体素质和业务水平。

【旅游信息化建设】 更新旅游频道信息内容，努力创建信息资源共享、经营状况监管、业务技术指导，集行业监管、游客服务、对外宣传等多功能于一体的城关区旅游业管理新模式。按时报送旅游工作信息和统计报表，向兰州市旅游局报送月统计报表12套；报送元旦、清明节、五一节、国庆节等假期专项报表7份；报送旅游工作信息43条，被采用43条，采用率100%。督促辖区8家A级旅游景区在国家旅游网景区管理系统填报各景区季度、年度经营状况报表，并按时审核。按时填报全国旅游项目管理系统规范在建旅游项目进展情况、资金投入等相关信息。

【旅游景区】 五泉山公园　国家AAAA级景区，位于兰州市区南侧的皋兰山北麓，是一处具有两千多年历史的旅游胜地。五泉山海拔1600多米，占地26公顷，因有惠、甘露、掬月、摸子、蒙五眼泉水而得名。相传汉武帝元狩三年（公元前120年）霍去病征西，曾驻兵于此，士卒疲惫口渴，霍去病手着马鞭，连击五下，鞭响泉涌，遂成五泉。这虽属神话，但五泉山“五泉”的神奇绝妙确为世人瞩目。在唐、宋年间这里就建有寺庙，后毁于兵火。现在建筑1万多平方米，其中崇庆寺、嘛尼寺、卧佛殿、地藏寺等多系明清时代建筑。

兰州水车博览园　国家AAAA级景区，位于百里黄河风情线滨河东路黄河南岸。兰州水车博览园东连中立桥码头、体育公园；西接亲水平台、兰州港、中山桥、白塔山公园等景点。水车博览园以12轮黄河大水车为主景，荟萃中外不同形式、风格迥异的水车排阵，是目前世界上水车品种、数量最多的水车主题公园。其中，兰州黄河水车以其独到的构造、精湛的工艺、雄浑粗犷的独特风格成为中国水车代表和国家级非物质文化遗产项目。

五一山森林生态旅游区　国家AAA级景区，省级森林生态旅游区，总经营面积89.1公顷。旅游区距市中心1.5千米，126路公交车直达山脚下，交通十分便利。自然风光旖旎，环境温馨优雅，负氧离子丰富，是兰州市久负盛名的“绿色氧吧”。登高远望，黄河蜿蜒曲折，满眼高楼林立，景色如画，风光尽收眼底；林间漫步，翠荫如伞如盖，人面桃花相映，似临梦境，倦意随风而去；园中品茗，仰观蓝天白云，近听虫吟鸟鸣，把酒言欢，胜似天上人间。四季皆绿，三季有花，阳春山花烂漫、姹紫嫣红，仲夏绿叶浓荫、苍翠欲滴，金秋霜叶似火、层林尽染，隆冬银装素裹、冰雕玉砌。憩息恬园布局合理，宾馆楼亭独具匠心，服务设施完备上乘，是集休闲、度假、餐饮、娱乐、保健、疗养、会议于一体的旅游胜地。

白塔山公园　国家AA级景区，位于兰州市北，因山头有一座白塔寺而得名。该寺始建于元代，重建于明朝，寺平面呈长方形，白塔居中，塔身为八面七级，高约17米，上有绿顶，下有圆基，通体洁白，挺拔秀丽。塔南是三大寺楼，北面是准提菩萨殿，东西各有配殿数间。登白塔山顶，可俯视兰州市容，白塔与黄河上的铁桥构成雄浑壮丽的画面，成为兰州市的象征之一。

徐家山国家森林公园　国家AAA级景区，位于兰州市城关区黄河北岸，距市中心仅3千米，海拔1550~1750米，为黄土梁峁沟壑地貌，是兰州市南北两山绿化的市内“桃花源”。总面积506公顷，其中森林面积97.4公顷。公园绿化始于20世纪40年代，现有“全国支援甘肃绿化树种纪念林”“中日友好纪念林”“三八纪念林”等林地133.3公顷。山上建有思源亭、中正碑、中日友好纪念林、胡耀邦纪念林、杏花村。

兰山公园　国家AAA级景区，位于兰州市区正南皋兰山山巅，是兰州人民辛勤绿化建造的第一座人造森林公园。公园占地347公顷。东起龙须老狼沟，西至龙尾山枇杷岭，沿山脊有公路相通，公路两侧依山布景，亭台楼阁错落有致；公园内依次建有山门、蝴蝶楼、龙尾山庄、小牌楼、叠翠园、望河楼、钟院、六角亭、三角亭、石牌坊、游乐城、跑马场、龙首山庄等仿古建筑群。山顶公园气势雄伟，远眺俯瞰。公园依山布景，整个山脊有公路相通，低处始自五泉山东侧的枇杷岭，高处至三台阁。山上楼台亭阁，错落有致，红柱碧瓦，相映成趣，是人们纳凉赏景的理想场所。园内三台阁是兰州市南屏障的顶端建筑。高三层，上建一亭，气势雄伟。在此俯瞰市容，黄河穿城而过，市容尽收眼底。傍晚时分，远山云蒸霞蔚，市内万家灯火，场景壮观。公园曲径蜿蜒，游乐城娱乐项目齐全，有小跑车、八卦阵、迷宫、彩宫、魔窟等游乐设施。

特色中国甘肃馆O2O购物体验广场　国家AAA级景区，坐落在体育公园南侧森地国际大厦1—5层，面积2万平方米。该线下体验广场委托国内知名专家规划设计，馆内分为兰州馆等十四个地州市展馆及公共服务区。采用大量历史文献、文物、图片、雕塑，以及现代高科技声、光、电等表现手法，全面展示甘肃的历史文化、特色特产、风土人情、旅游资源等，旨在传承历史、弘扬文化，倾力打造甘肃特色产业品牌。

兰州创意文化产业园　国家AAA级景区，创建于2009年，是依托老厂房改建的以现代艺术为主体，融会历史文化沉淀，融合艺术创作交流、艺术品买卖、艺术品展览展示、艺术沙龙营造、三维创作、多媒体研发应用、动漫设计、艺术表演及娱乐、视听艺术鉴赏等于一体的工业遗存景区。

皋兰山　海拔2129.6米，是兰州城南的天然屏障和第一高峰。这里曾是荒山秃岭，后经过兰州人民上山背冰、灌溉、植树，终于将这里变成一片绿树葱郁、万紫千红的人工山林。兰山公园位于山顶制高点上，远眺俯瞰，兰州全景尽收眼底。解放兰州的营盘岭战场等文物古迹和革命遗址亦在于此。

八路军驻兰办事处纪念馆　甘肃省省级文物保护单位，位于兰州市城关区互助巷2号。八路军驻兰办事处成立于1937年8月，是抗日战争时期中国共产党和八路军派驻兰州的一个公开办事机构，是党领导甘肃抗日救亡、进行后方发动、实现全民族抗战的重要基地，也是中苏国际交通线上的中转站。抗战时期，“八办”在党代表谢觉哉，处长彭加伦、伍修权领导下，坚定执行党的抗日民族统一战线政策，营救被俘流落的红西路军将士，接待党的过往人员，输送进步青年奔赴延安和抗战前线，转运苏联援华物资，指导中共甘肃工委开展工作，被周恩来亲切地誉为“革命的接待站，战斗的指挥所”。1981年正式对外开放，年接待观众上万人次，已成为进行爱国主义教育的重要基地。

金城关文化风情园　位于兰州市区黄河北岸、白塔山下，占地7.1万平方米，总投资3.5亿元。工程于2002年动工，建有各种仿古建筑21栋，总建筑面积4.5万平方米。大片依山而建的仿古建筑群与白塔山公园、兰州碑林、中山桥等浑然一体，蔚为壮观。金城关文化风情园集聚了中国秦腔博物馆、兰州非物质文化遗产陈列馆、兰州彩陶博物馆和兰州影视创意产业开发中心等一批重大文化产业项目，征集并陈列了从最早的秦腔唱本、钢印唱本、脸谱、老杂志、老戏票、演出说明书、人工手画戏服、木偶戏箱、唐代戏俑，到戏曲题材的剪纸、邮票、工艺品，以及黄河水车、太平鼓、永登皮影、羊皮筏子、民间剪纸、香包、脸谱、刻葫芦、泥塑、布艺、傩面制作、苦水木偶等种类繁多的文化遗产，是兰州市近年来倾心打造的一张旨在展示黄河文化、丝路文化、民俗文化的厚重名片。

中山桥　位于滨河路中段，是兰州历史悠久的古桥，有“天下黄河第一桥”之称。中山桥的前身始于明洪武五年（1372年），宋国公冯胜在兰州城西七里处建的浮桥；至明洪武九年（1376年），卫国公邓愈移浮桥至城西十里处，称“镇远桥”；明洪武十八年（1385年），兰州卫指挥杨廉将浮桥移至今日中山桥位置。清光绪三十三年（1907年），清政府在兰州道彭英甲的建议和甘肃总督升允的赞助下，聘请德商泰来洋行在浮桥的基础上建造了黄河干流上第一座大型铁结构桥。铁桥长233.33米，宽7.5米，有四墩五孔，桥面为加厚铁托板条，建桥所用的木板、沙石等材料全部由海外进口，耗银30多万两。初名叫“兰州黄河铁桥”，1942年改为“中山桥”。1954年，兰州市政府对铁桥进行整修加固，加设拱形钢架，使铁桥更加坚固耐用，显得气势雄伟。如今，黄河铁桥已改作步行桥，为国家级文物保护单位。置身桥上，夕阳斜照，河面波光粼粼，放眼可远眺白塔山上白塔入云，收目可近观母亲河穿桥而逝，是为兰州胜景之一。

兰州碑林　位于兰州市黄河北岸白塔山西峰，以地域文化为特色，从书法艺术的角度，展示黄河文化、丝绸之路文化、西部文化的辉煌历史和当代成就。草圣阁一楼，陈列中国传世书法集萃，真、草、隶、篆、行诸种书体，历代名家名作，琳琅满目。二楼，陈列兰州碑林镇馆之宝淳化阁帖、敦煌写经和秦汉简牍，其中敦煌写经、秦汉简牍均为首次勒淤贞石。四楼，陈列林则徐、左宗棠、郭沫若、于右任、张大千、舒同、赵朴初、启功的书法碑刻。五楼，陈列毛泽东和孙中山的书法碑刻。西廊展示甘肃历代著名书法家的书法碑刻。东廊为当代书法家以咏陇诗文为内容的书法碑刻。甘肃著名碑刻，立于碑轩和古碑苑内。陇右书艺院是供书法家和书法爱好者进行书法学习、交流的场所，收藏有书法图书、杂志、报纸、拓片等，可举办书法研讨会、书法学习班、书法展览。

龙源　兰州龙源园地处黄河北岸金城关以西，与黄河水相邻，占地1.3万平方米，东西长300米，南北最宽处60米。龙源园的总体布局为两部分，一是主题工程龙园雕塑。二是相关工程，围绕主题雕塑，辅以龙文化内涵的9个方面景观，如龙文、龙诗、龙图腾、龙字书法、龙成语、龙生九子等。兰州龙源是中国第一个也是唯一一个以“龙”为主题的主题公园。

雁滩公园　始建于1956年，是军民共建的一个公园，位于兰州市东北隅，原来是黄河中的十八个沙岛，因常有大雁在此栖息而得名。近年来，公园内部加设了更多景点，环湖添加了供游客行走、观景的木质栈道，在栈道上设立了木椅，供游客休息，并将连接两岸的桥梁进行了加固。现公园总体呈长方形，面积约14.55万平方米，人工湖占地6.2万平方米。园内现代与古典建筑相互结合，有临水步道、亭、台、楼、阁等各类景观建筑。水面上映着天空和错落有致的亭台楼榭，碧波荡漾、景色如画，宛若西北的“江南”美景。

【旅游促销活动】　举办以“冰

雪冬韵·魅力城关”为主题的2016兰州冰雪欢乐节，活动历时60天，接待游客突破30000人次，成为兰州市民冬季户外活动的理想场所。举办“灵山秀水·多彩城关”2016兰州市城关区文化旅游节，宣布“最美风景在路上”自驾游车队发车，设立城关区文化旅游和体育智库。

【城关区旅游精品线路】 红色之旅、道教圣地、黄土高原风情游（东北线）

兰州—平凉崆峒山—庆阳—延安—壶口

黄河奇观、石林探险游（北线）

兰州—景泰—沙坡头—银川—包头

寻根访祖游（东线）

兰州—秦安大地湾遗址—伏羲庙—天水麦积山—宝鸡—西安—洛阳

锦绣陇原自然风光游（东南线）

兰州—陇南—广元—成都

回藏风情草原风光游（南线）

兰州—临夏—甘南—拉卜楞寺—郎木寺—九寨沟—黄龙

丝绸之路精品游（西线）

兰州—武威—张掖—酒泉—嘉峪关—敦煌—新疆

周边二日游

鲁土司衙门、吐鲁沟国家森林公园二日游

周边一日游

兴隆山、官滩沟一日游

石佛沟、云顶山一日游

刘家峡、炳灵寺一日游

什川梨园、皋兰葡萄园一日游

青城古镇、东滩湿地一日游

黄河石林一日游

【辖区旅行社】 甘肃丝绸之路国际旅行社有限责任公司/甘肃省中国旅行社有限公司/甘肃省中国青年旅行社/兰州招商国际旅游公司/甘肃妇女国际旅行社/甘肃康辉国际旅行社有限责任公司/甘肃兰铁国际旅行社有限公司/甘肃海外旅游总公司/甘肃省中国国际旅行社/甘肃省职工国际旅行社/甘肃华辰国际旅行社有限公司/甘肃兰神国际旅行社有限责任公司/甘肃西部旅行社/甘肃金桥旅行社有限公司/甘肃森林沙漠国际旅行社/甘肃天桥国际旅游有限公司/兰州假日旅行社/甘肃华夏旅行社有限责任公司/兰州文化旅行社有限公司/甘肃省饮食服务公司兰州华联旅行社/甘肃金色假期旅游有限公司/甘肃幸福快车旅行社有限责任公司/兰州春光旅行社/兰州天涯旅行社/兰州利达旅行社/兰州天马旅行社/甘肃金辉旅行社有限责任公司/兰州休闲旅行社/兰州顺达旅行社有限责任公司/甘肃山水旅行社有限责任公司/兰州原野旅行社有限责任公司/兰州陇上行旅行有限责任公司/甘肃绿野旅行社有限公司/甘肃天越国际旅行社有限公司/甘肃国泰旅行社有限责任公司/兰州远方旅行社有限公司/甘肃西域国际旅行社有限责任公司/甘肃金色陇原国际旅行社有限公司/甘肃长城国际旅行社有限责任公司/甘肃中苑旅行社有限责任公司/甘肃科技旅行社有限责任公司/兰州职工旅行社有限责任公司/甘肃四季风国际旅行社有限公司（原西兰）/兰州神州旅行社有限责任公司/甘肃黄河风情旅行社/兰州银河旅行社/兰州金日旅行社有限公司/甘肃世桦旅行社有限公司/兰州新时尚旅行社有限公司/甘肃新中国际旅行社有限公司/甘肃丝路观光旅行社有限公司/兰州天下游旅行社有限责任公司/兰州海洋旅行社有限责任公司/兰州教育旅行社有限责任公司/甘肃安翔旅行社有限公司/甘肃恒信假期旅行社有限责任公司/甘肃省光大旅行社/甘肃新利华旅行社有限公司/甘肃尚格国际旅行社有限责任公司/兰州凯撒旅行社有限责任公司/兰州昌盛旅行社有限公司/兰州嘉禾旅行社有限责任公司/甘肃高原国际旅行社有限公司/甘肃大自然旅行社有限责任公司/兰州艾米丽穆斯林旅行社/兰州黄河明珠旅行社有限公司/兰州龙之旅国际旅行社有限公司/甘肃保利旅行社有限责任公司/甘肃金太阳旅行社有限责任公司/甘肃艺龙国际旅行社有限公司/兰州铁道大西北旅行社/兰州千禧之旅旅行社/兰州圣地阳光旅行社/兰州翱翔之旅国际旅行社有限公司/甘肃黄河石文化旅行社有限公司/兰州飞龙旅行社有限公司/兰州天河旅行社有限责任公司/甘肃国际体育旅行社/兰州丝路国际旅行社有限公司/甘肃新世纪旅行社有限公司/甘肃华欧旅行社/甘肃太阳旅行社/甘肃观天下国际旅行社有限责任公司/兰州新闻旅行社/甘肃美桥旅行社有限责任公司甘肃中信旅行社有限责任公司/兰州春秋旅行社有限公司/兰州畅游天下旅行社有限公司/甘肃万通旅行社有限公司/甘肃方舟旅行社有限公司/兰州花雨旅行社有限责任公司/兰州海天旅行社有限公司/兰州新干线国际旅行社有限公司/兰州飞天旅行社有限责任公司/兰州金色大漠旅行社有限公司/甘肃行家旅行社有限责任公司/甘肃金岛旅行社有限责任公司/兰州风光国际旅行社有限责任公司/甘肃格桑花旅行社有限责任公司/甘肃五洲旅行社有限公司/兰州爱华国际旅行社有限责任公司/甘肃田园国际旅行社有限责任公司/甘肃瑞林旅行社/兰州四季行国际旅行社有限公司/甘肃黄河源旅行社有限公司/甘肃龙源旅行社有限公司/兰州宝中国际旅行社有限公司/兰州世达旅行社有限公司/兰州九天旅行社有限公司/甘肃洮河森林旅行社有限责任公司/甘肃小草旅行社有限公司/甘肃万嘉国际旅行社有限公司/兰州交通旅行社/兰州龙行天下国际旅行

社有限公司/兰州君悦之旅旅行社有限公司/兰州天天游国际旅行社有限公司/兰州嘉诚旅行社有限公司/甘肃云鼎旅行社有限公司/甘肃老年之家旅行社有限公司/甘肃景程国际旅行社有限公司/兰州新视野旅行社/甘肃金龙旅行社有限公司/甘肃爱之旅旅行社有限公司/甘肃新里程国际旅行社有限公司/甘肃五环旅行社有限公司/兰州指南针旅行社有限公司/兰州春天国际旅行社有限公司/兰州星海旅行社有限责任公司/甘肃帅达国际旅行社有限公司/甘肃金泰和旅行社有限责任公司/兰州新青年之旅旅行社有限责任公司/兰州芃源旅行社有限公司/甘肃康桥旅行社有限公司/甘肃致远旅行社有限公司/兰州康隆旅行社有限公司/甘肃省中汇国际旅行社有限责任公司/甘肃凯圣旅行社有限公司/甘肃寻梦香巴拉旅行社有限公司/甘肃华夏飞天国际旅行社有限公司/甘肃美云假期旅行社有限公司/甘肃国之旅旅行社有限公司/甘肃华航旅行社有限公司/甘肃嘉恒国际旅行社有限公司/兰州国宾旅行社有限公司/甘肃云河国际旅行社有限责任公司/甘肃中侨国际旅行社有限责任公司/兰州星广电旅行社有限公司/甘肃晋商国际旅行社有限公司/甘肃平安国际旅行社有限公司/甘肃太和国际旅行社有限公司/兰州远大国际旅行社有限责任公司/甘肃卓越国际旅行社有限公司/甘肃环游天下国际旅行社有限公司/甘肃乐游天下旅行社有限公司/甘肃恒瑞旅行社有限公司/甘肃印象国际旅行社有限责任公司/兰州远通国际旅行社有限责任公司/甘肃观光假日国际旅行社有限公司/甘肃熊猫国际旅行社有限责任公司/兰州康宏旅行社有限公司/兰州春之旅旅行社有限公司/甘肃省中海国际旅行社有限公司/甘肃夕阳红旅行社有限责任公司/甘肃新天地旅行社有限公司/甘肃森林假期国际旅行社有限责任公司/兰州天宇国际旅行社有限责任公司/甘肃江源国际旅行社有限公司/甘肃天地行国际旅行社有限责任公司/甘肃益华国际旅行社有限公司/甘肃阳光假期国际旅行社有限公司/甘肃吉祥国际旅行社有限公司/甘肃大雁之旅国际旅行社有限公司/甘肃永兴丝路国际旅行社有限公司/甘肃春辉国际旅行社有限责任公司/甘肃今之旅国际旅行社有限公司/兰州新光大国际旅行社有限公司/甘肃华联旅行社有限公司/兰州金岛国际旅行社有限公司/甘肃众程国际旅行社有限公司/甘肃众信国际旅行社有限公司/兰州海峡牵手国际旅行社有限公司/甘肃海华国际旅行社有限公司/甘肃新大国际旅行社有限公司/兰州美好国际旅行社有限责任公司/甘肃鑫远旅行社有限责任公司/甘肃银翔国际旅行社有限公司/兰州嘉年华国际旅行社有限公司/甘肃西部文化国际旅行社有限公司/甘肃翡翠年代旅行社有限责任公司/甘肃省嘉华国际旅行社有限公司/甘肃凤凰假日国际旅行社有限公司/甘肃百事通国际旅行社/兰州新都国际旅行社有限责任公司/兰州心悦旅行社有限公司/甘肃阳光之旅国际旅行社有限公司/甘肃世纪阳光国际旅行社有限公司/甘肃锦华国际旅行社有限公司/甘肃新中青国际旅行社有限公司/甘肃悦途国际旅行社有限责任公司/甘肃万达青年国际旅行社有限公司

【辖区星级宾馆】

五星级（1家）

甘肃阳光大酒店

四星级（8家）

兰州飞天大酒店/兰州市西兰国际大酒店/兰州市锦江阳光酒店/兰州饭店/兰州市金轮宾馆/兰州海航空港酒店/兰州蓝宝石大酒店/兰州华联宾馆

三星级（24家）

兰州市金城宾馆/兰州市西北宾馆/兰州市新胜利宾馆/兰州市新世纪宾馆/兰州市东方大酒店/兰州市中山宾馆/兰州市紫荆花酒店/兰州市华辰大厦/兰州市华联宾馆/兰州市华瑞大厦/泰和美达商务酒店/兰州市迎宾饭店/兰州华辰宾馆/兰州市农垦宾馆/兰州市昆仑宾馆/甘肃国际大酒店/兰州市人民饭店/兰州市职工大厦/兰州市华宇宾馆/兰州市虹云宾馆/省农发行培训中心/兰州市庆阳大厦/兰州市石油科技宾馆/兰州大桥饭店

二星级（3家）

兰州市雅居楼饭店/兰州中林宾馆/甘肃金安培训中心

（王　鹏）

经济管理与监督

经济管理

·财　　政·

【概况】　2016年，全区地区性财政收入完成257.18亿元，同比增长6.66%；公共财政预算收入完成357697万元，完成预算的111.12%，同比增长22.23%；公共财政预算支出完成509397万元（含上级下达转移支付和专项支出），同比增长11.1%。

【金融概况】　2016年，驻区银行业金融机构共20家，网点426个；证券公司31家，网点48个，保险公司27家，网点67个，期货公司5家，担保公司114家，小额贷款公司47家，典当公司32家，投资类和非融性担保公司1434家。全区金融机构人民币存贷款余额9731.6344亿元，比上年末同比增长14%。其中，人民币存款余额5421.72亿元，增速3.01%；人民币贷款余额4366.61亿元，增速14.88%。

【助推经济提质增效】　积极推进供给侧结构性改革，全面落实各项税收优惠政策，“营改增”改革减税面达到试点纳税企业总数的97%以上，清理取消与经济发展不相适应的行政事业性收费和政府性基金，企业负担切实减轻。整合优化各类扶持政策，拨付各类企业扶持资金总额8200万元，积极落实现代服务业、科技发展等专项基金，重点支持第三产业发展，三产税收贡献达到国内生产总值的80%以上。编制《城关区现代金融服务千亿产业链工作方案》，发挥好1亿元“双创”小微企业信贷风险补偿基金带动作用，整合7000万元专项资金用于扶持创新创业园、孵化器发展，通过各种渠道为“双创”小微企业融资3.35亿元，解决中小微企业融资难题。

【财政增收】　全年区级公共财政预算收入突破30亿元大关，实现35.77亿元，完成预算的111.12%，同比增长22.23%，实现超收2.39亿元。全年争取到位中央和省级资金3.11亿元。

【财政支出】　全年预算安排“三公”经费486万元，比上年下降1.82%。集中财力向社会保障、教育科技、文体卫生、城市建设等关系经济社会事业发展的重点领域倾斜，推动公共服务均等化、普惠化、优质化发展，提高人民群众生活水平和质量，集中财力办大事，财政用于民生的投入达到28.98亿元，同比增长11.05%，占公共财政预算支出的56.89%。

【确保教育优先发展】　全年投入资金18081万元，用于改扩建5所学校，建成5所现代化学校、2所精品学校和25所特色项目学校，改善义务教育学校基本办学条件。拨付2014.5万元，为24472名幼儿提供免保教费补助。按照国家确定的义务教育阶段中小学生公用经费基准核定学校公用经费，给82所中小学下拨义务教育公用经费补助5000万元。为义务制教育阶段学校发放免费教科书27254套，拨付107.2万元；为农村中小学校发放免费教辅资料159226套，拨付322.51万元。实施农村义务教育学生营养改善计划，落实每生每天4.9元保障标准，拨付98万元为1152名学生累计配送200459份营养餐。

【支持社会事业发展】　全年投入文化体育专项资金2134万元，开展群众性文化活动60余场，有100余支群文团队参加。成功举办首届全民健身节，组织开展全区全民健身运动会等七大群众健身系列活动，竞赛展演700余场次，参与群众达18万余人次。支持公益性文体设施向社会免费开放。全年投入旅游工作经费115万元，支持完成《兰州市城关区文化旅游和体育产业发展规划》，爱立方婚庆文化创意产业园、兰州创意文化产业园A9国际园区等旅游基础设施和公共服务设施不断完善。完成伏龙坪旅游示范名镇（街道）、头营村旅游示范村和30户星级农家乐建设工作。全年拨付公共卫生服务及医药卫生体制改革经费7175万元，计划生育经费3806万元，人均基本公共卫生服务经费提高到45元，城镇居民医保提高到每人每年420元，药品零差率销售达到100%全覆盖。

【完善社保体系建设】 全年筹集发放养老、失业、医疗、生育、工伤等五类社会保障基金11.55亿元，拨付低保金8782万元，安排虚拟养老院运行经费2105万元，城乡低保标准同比提高10%。发放各类救助金9930万元，发放廉租房补贴1500万元，救助困难群众10万余人次，虚拟养老院服务人数达263万人次，1.7万名失地农民纳入社保统筹范围，保障水平不断提高，保障范围持续扩大。落实各类就业再就业资金1.21亿元，培训各类劳动力1.8万人，新增就业5.5万人，重点支持高校毕业生、农民工和就业困难人员实现就业创业。发放医疗救助金1280万元，做好弱势群体关爱帮扶工作。

【推进城市形象提升】 全年环保支出7536万元，城建支出84370万元，农林水支出14367万元，保障性住房支出18115万元。加快实施棚户区改造工程，做好大气污染防治工作，集中开展雁滩地区、背街小巷、“两口两坪”（东出口、北出口；伏龙坪、桃树坪）等综合整治行动。打造城市管理示范街46条，改造小街巷15条，安装小街巷路灯150条，新建垃圾转运站7座、公厕15座、标准化菜市场4个。实施南山面山、北出口等六大景观提升工程，完成城区16条道路绿化提档，建成小游园2个，累计栽植苗木143万株，新增绿化面积35公顷。

【资金监督监管】 强化预算执行刚性约束，严格执行人大批准的预算，预算追加履行人大审批程序。创新财政监督机制，建立“日常监督管理”与“重点专项检查”双线并进、“全程参与”与“全面覆盖”监督模式，对全区230家预算单位组织开展财政资金安全检查等5个全区性专项检查工作，检查面100%。建立“1+7+N”内部控制体系，即1个基本制度、7个专项风险控制办法和各科室内部操作规程，切实提高风险防控能力和内部管理水平。强化政府债务管理，新申报到位政府债券2.5亿元，申报置换政府债券1868万元，偿还截至2015年底逾期债务28562.19万元，偿还率达到100%。

【集中支付全部覆盖】 进一步加强财政管理一体化信息系统建设，健全完善集中支付各项管理制度，提升财政信息化水平，资金实现从预算安排到支付环节信息化“全覆盖”，预算执行信息化和规范化水平大幅提高。优化集中支付审核流程，严格控制授权支付用款计划，对符合集中支付范围内的资金全部纳入直接支付，国库集中支付占总支出比例达68.26%，保障财政资金安全、高效和规范运行。

【政府采购】 制定《关于进一步规范区级政府采购工作的通知》，严格实施政府采购目录、限额标准和预算编制管理，进一步规范政府采购管理。举办全区政府采购培训班，严格审核各类采购项目，实行政府采购全过程监督检查。定期汇总分析各类政府采购数据，不断扩大采购规模，全年组织各类政府集中采购项目1339个，采购金额1.74亿元，综合节支率达13.66%。制定政府购买服务实施方案，在政府规划编制、农产品安全检测、农村土地确权登记、园林绿化管护、违法建设拆除、校园安全服务、政府投资项目审计、国有资产清查、社区矫正系统维护、中小学生体检、公益性文化活动等方面推行政府购买服务，全年累计完成政府购买服务项目72个，资金7092.77万元。

【国资管理】 组织开展2016年全区行政事业单位资产清查工作，建立国有资产信息系统维护长效机制，对各预算单位信息系统中待处置资产进行审核、批复。完善国有资产管理制度，制定《城关区固定资产清查工作整改办法》《城关区行政事业单位固定资产管理实施细则》，针对全区固定资产管理存在的9大类33个问题提出具体整改要求，对整改落实情况进行回头看，检查率达100%。

（韩权龙）

·国家税务·

【概况】 截至年底，全区有征管户数70977户，其中增值税一般纳税人11248户，小规模纳税人32336户，个体工商户27363户。

【依法行政】 2016年，国税收入累计入库税款523160万元，同比增长27.04%，完成年计划119%，其中增值税完成325590万元，同比增长64.03%，增收127090万元；消费税完成51810万元，同比增长40.98%，增收15060万元；企业所得税完成144629万元，同比下降18.06%，减收31879万元。加大税法宣传和调查摸底工作力度，加大重点税源的监控力度，对年纳税额在50万元以上的548户重点税源，深入企业，了解企业的生产经营情况，定期分析税源增减变化，依法征收，依率计征。加大税务稽查工作力度。5月17日，区局联合城关公安经侦中队，成功端掉一个印制贩卖假发票窝点，抓获犯罪嫌疑人2名，查获一批制售假发票作案工具，缴获各种空白国、地税机打发票2300余份。另送公安案件8件，批捕嫌疑人2人，有力打击发票违法犯罪活动，营造良好的税收法治环境。

【税收征管】 从强化税源控管入手，及时与区建设局联系，取得第三方涉税信息147户。以区建设局提供的2016年城关区建设工程在建项目统计表为依托，设立2016年跨县区建筑服务项目明细账，认真开展城关区范围内外地来兰施工企业的“外出经营证明”核销确认工作，并按照预缴比例及时足额入库税款8467万元。全面落实各项税收优惠政策，截至年底，办理退税审批备案7户次，审批退税540.79万元。其中，福利企业2户，退税70.41万元，资源综合利用2户，退税470.38万元。享受增值税减免税备案户941户次，其中，营改增企业税收优惠备案162户，减免增值税销售额308556.17万元，减免增值税37026.74万元。小微企业享受增值税优惠27353户，减免增值税17741万元，其中未达起征点个体工商户21665户，减免增值税15618万元。

【纳税服务】 针对管辖的所有企业建立兰州市城关区国家税务局导税分流工作台账，将纳税人按照企业类型、申报类型、领用发票类型及所涉及的税务事项进行分门别类的数据归集，采用精细化动态分析纳税人每月申报、领用发票量，并根据动态分析数据，科学化配置办税服务厅台口，有效保证纳税人导流工作顺利开展，同时在办税大厅放置涉税业务“温馨提示卡”，方便纳税人整理办税携带资料。在健全办税厅服务机制的同时，进一步深化“便民办税春风行动”，不断加大网上办税服务厅的推行力度，拓宽办税渠道。

【基层党建】 以有效开展“十个好”活动为抓手，紧密联系党员群众。依据工作实际，率先提出领导“一岗三责”和下管一级的工作方法，即分管领导在正确履行岗位职责的同时，要抓好分管范围内的党风廉政工作，同时协助分管部门抓好人员管理、做好思想政治工作，实行下管一级，明确职责，强化责任。持续坚持领导班子成员“四个靠前”工作方式，即靠前了解情况，靠前解决问题，靠前融合感情，靠前考核干部，始终把工作的重心放在基层党组织建设和党员教育管理上，发挥党组和基层党支部的战斗堡垒作用，激发干部队伍的活力，推动税收事业健康发展。

（杜永骁）

·地方税务一局·

【概况】 区地税一局税收征收管理区域东起城关区与榆中县交界处，沿312国道经东岗东路至胜利宾馆，从中山路向南至白银路延伸解放门立交桥南侧一线以北地区，管理纳税人2.1万余户。

【地方税费收入】 2016年，完成各项税费收入299704万元，占年度考核计划的103.8%，增收11015万元。其中地方税收完成153308万元，完成计划的100%。完成社保费146396万元，占年考核计划的108.2%，增收11096万元。代征各项基金2369万元。

【税收征管】 完成2015年度12万元以上个人所得税自行纳税申报、2015年度企业所得税汇算清缴和九州开发区存量房交易减免税终审等重点工作。认真贯彻落实行政事业单位代扣代缴工资薪金个人所得税工作。核准辖区符合代扣代缴义务的省、市、区级行政事业单位387户，代扣代缴税款5098.73万元。

【法制建设】 加强法制培训。参加省、市局统一组织的税收法规培训。全局税务稽查干部先后到地方大学对口参加税收稽查业务培训，有效提升行政执法能力。加大税务稽查力度。安排稽查户74户，查补入库各类税金1984.76万元；配合各管理分局稽查检查119户，查补入库各类税金10104.62万元。严厉打击涉税违法行为，配合公安机关，破获一起贩卖假发票案，抓获犯罪嫌疑人2名，查获作案电脑9台，印章17枚，手机21部，票证383份，涉案金额1100余万元。充分发挥纳税评估作用，完成纳税评估153户，评估入库税款及滞纳金1235万元。

【优惠政策落实】 以“应收尽收、该减则减、应免尽免”为原则，全面落实国家税收优惠政策，支持地方中小企业发展，服务地方经济建设大局。落实企业所得税优惠减免553户，减免税款9105.18万元。

【税制改革】 通过认真调查摸底，核准管户信息，严格清缴发票等工作程序，与国税积极配合，逐户审定核实，完成9399户“营改增”纳税人向城关国税局移交任务。配合上级业务部门，抓好社保费和基金并入“金税三期”初始化数据采集、环境测试运行、基础资料信息完善的试点工作，为社保费和基金正式并入“金税三期”做好准备。

【政策宣传】 在局域网站、办税服务厅张贴“营改增”文件通知，向辖区纳税人先后发放《税宣一本通》等各类宣传资料1200余份。充分利用局域网站、新闻媒体和税收宣传栏，向广大纳税人及时宣传“营改增”规定、“金税三期”应用和小微企业税收优惠政策。印制《办税指南》500本。

【队伍建设】 广泛开展“岗位大练兵、业务大比武”活动，为全体干部职工购买发放《行政管理》《评估稽查》等业务学习书籍1618本。先后组织40多名干部职工，参加省、市局和区委、区政府组织的集中培训。采取“走出去”参观学习、“请进来”举办各类业务培训等方式，先后组织107名干部职工参加税务干部综合能力提升培训班。采取对口培训的方法，组织管理岗位、稽查岗位、纪检监察岗位、社保征收岗位的39名干部，分别到地方大学进行对口专业和从业资格证考试培训，有效增强全局干部的综合素质。

（陈怡成）

·地方税务二局·

【概况】 2016年，各项收入512888万元，其中：地方税收195970万元，占年计划的106.04%，超收11163万元；社会保险费收入310475万元，占年计划的98.89%。

【税收改革】 全面推进税制改革。围绕“营改增”试点要求，与国税部门联动，逐条逐户比对落实，经审核无误后于4月15日完成9328户纳税人的移交工作；国地税合作深入推进，顺利开设“双代业务”，互派人员进驻大厅办理业务，拓展了合作空间，形成合力征管的新思路。

【税收服务】 强化窗口办税人员技能培训。立足“营改增”及国地税双代业务办理的新情况，积极打造“一岗精、两岗通、三岗懂”的业务培训格局，不断提升窗口人员整体业务水平。全面落实首问责任制、限时办结制，在大厅配置自助报税终端设备，压缩办税时间，优化办税流程，让纳税人办理方便税、舒心税。

【法制宣传】 开展税收宣传月活动。紧紧围绕第25个税收宣传月“聚焦营改增试点，助力供给侧改革”主题，深入市区广场和辖区企业，以发放税法宣传资料、走访辖区企业、现场解答涉税咨询等方式，以最新和最热的税收政策作为宣传重点，尤其对“营改增”的实质内涵向纳税人进行宣传和讲解，使纳税人对税收政策有更全新的了解，增进税企沟通，提高税法遵从度。宣传月活动期间，累计发放《税宣一本通》200余份、各种税收宣传单1000余份。

【税收优惠】 受理完结89户纳税人的税收减免事项，减免企业所得税18404万元、房产税114万元、城镇土地使用税744万元、印花税12万元、土地增值税124万元，政策优惠面100%。落实小微企业税收优惠政策，对辖区内178户盈利的小型微利企业减免企业所得税187万元，政策优惠面100%。

【队伍建设】 加强干部教育培训。秉持“把人当人、自己做人、使人成人”的人本带队思路，落实“五个严格”的带队方针，实行严管善待并举的措施，积极开展全员培训，分批次组织干部到知名学府开展综合能力提升培训和赴市局处室及兄弟单位学习先进经验和做法，虚心借鉴长处，弥补自身短板；落实严管善待举措。如实上报领导干部个人有关事项，强化干部外出报备管理，规范出入境管理。

【服务地方发展】 开展“精准扶贫”行动。对区委安排的9名精准扶贫对象开展对口衔接、实地调查、走访慰问活动，为1名帮扶对象办理残疾证、购置轮椅、解决午餐问题，为2名帮扶对象协调解决了工作。组织干部30人次参加城关区法律宣传、学雷锋志愿者服务等活动，组织340人次配合街道做好“兰马赛”服务保障工作、“冬防”和环境卫生专项整治工作；全力做好背街小巷整治工作，投资1.8万元完成车二小巷墙壁的粉刷工作，安排180人次每天参与背街小巷整治工作；超额完成区政府下达的招商引资任务20亿元；参加“一张纸献爱心行动”“慈善一日捐”公益活动，为贫困家庭儿童捐款2.57万元。

（岳魏巍）

·工商管理·

【概况】 2016年，城关区工商局下设12个科室、1个中心、1个大队、27个工商所、1个二级机构（九州经济开发区分局）、3个由区政府批准设立的社团机构（个协、私协、消协）、5个自设机构（企业档案管理室、企业科、巡查大队、机关事务中心、机关服务大厅），担负着辖区220平方千米的市场监管和行政执法职能。

【服务经济发展】 在实行“三证合一、一照一码”改革基础上，不断完善配套措施，提高窗口服务质量，于9月14日和12月1日在城关区全面实行“五证合一、一照一码”制度和个体工商户“两证整合”改革。着力抓好个体工商户向私营企业的转变工作，至年底，全区完成“个转企”280户。积极发挥动产抵押登记职能，受理企业动产抵押物登记617件，帮助企业融资25.18亿元。通过为有意向投资的企业全程提供咨询服务、节假日预约服务、重点项目上门服务、紧急事项延时服务和重大项目跟踪服务等特色便捷服务，以及“以商招商”的工作模式，累计引进项目14个，到位资金10.46亿元。

【注册登记管理】 严格履行后置审批事项“双告知”职责，为186项工商前置许可改后置做好引导和服务，有效推动市场主体登记信息在工商与审批部门、行业主管部门之间的互联互通。截至12月底，全区有私营企业36509户、个体户76747户、农民专业合作社17户。2016年新增私营企业6526户、注册资金152.01亿元，同比分别增长26.39%、36.23%；新增个体工商户10346户、注册资金11.25亿元，同比分别增长11.05%、10.02%；新发展农民专业合作社2户，注册资金100万元。

【合同管理】 以开展“守合同重信用”活动和诚信市场创建工作为平台，加大集中整治力度，重点检查公用事业类合同和旅游类合同中的典型不公平格式条款，免除自身责任、加重消费者责任、排除消费者权利的违法违规行为，努力营造安全放心的消费环境，切实维护广大消费者的合法权益。至12月，受理合同纠纷2103件，调解1761件，审查各类合同120件，办理合同案件4起，对辖区电信、供水企业约谈2次。

【广告管理】 加强对关系人民群众健康安全的食品、药品、医疗、医疗器械广告和其他虚假违法广告的监管力度。针对虚假违法广告活动，加强媒体广告日常监测与监管，加大案件查办力度，分别对媒体、广告主、广告发布者等发布违法广告进行查处。全年查处虚假违法广告案件85起，其中查办的“兰州某医院网络医疗违法广告案”入选国家工商总局新《广告法》实施一周年10起典型虚假违法广告案。

【商标品牌战略】 开展以商标注册、运用、保护为主要内容的商标宣传工作，营造全社会关注商标发展，争创驰名商标、著名商标、知名商标的氛围，逐步形成“企业做商标、市场推商标、消费者认商标、社会爱商标”的良好发展氛围。2016年培育中国驰名商标4件、甘肃省著名商标10件，注册商标894件，甘肃省著名商标续展11件。

【消费维权】 不断完善消费维权网络，基本实现了城乡维权网络的点、线、面全覆盖，形成消费投诉网络健全、维权渠道畅通便捷、消费维权保障有力的服务体系。在全区成立137个“12315”联络站，151个社区“一会两站”，极大方便了广大群众及时就近维权，实现零距离消费维权。全年受理各类消费投诉、举报4086件，办结上报4074件，办结率99.7%，电话回访满意率92.5%，为消费者挽回经济损失138.42万元。

【行政执法】 创新行政执法方式，积极探索信息披露、违法记录公示、诚信褒扬、失信惩戒、告知承诺等信用管理服务机制，进一步完善便民、高效的行政执法查询系统。立足工商职能，加强市场监督，继续开展以打击侵犯知识产权和制售假冒伪劣商品专项行动，加强涉及人民群众生命及人身财产安全等行业的执法检查力度，重点查处利用互联网进行虚假宣传、侵犯注册商标专用权、不正当竞争等违法行为。共办结各类案件579起，其中万元以上案件203起。

【市场整治】 组织安排安全生产整治、春节市场监管、商品交易市场计量器具检查、油品抽检等44项专项治理工作，出动执法人员36633人次，检查各类经营主体40902户次，检查各类市场1009个次。大力开展诚信市场创建活动，创建全国诚信示范市场3个，省级示范性市场8个，市级规范化市场11个。

【打击非法传销】 充分利用“3·15”等活动节点，深入社区、农村、学校、市场、企业等场所，通过散发宣传单、拉横幅、张贴宣传画等形式，开展打击传销宣传工作。通过曝光典型案例，揭露传销伎俩，增强群众的辨别能力和自我防范意识，实现防范教育区域全覆盖、人群全覆盖。

【知识产权保护】 依法加大对商标侵权假冒行为的打击力度，以情节严重、性质恶劣、社会反响强烈的商标侵权假冒案件，特别是涉及生产安全以及侵害驰名商标、著名商标专用权的大案要案为突破口，追根溯源，一查到底，坚决维护商标权利人的合法权益。全年查处商标违法案件62起。

【直销业规范管理】 强化对直销企业的行政指导，引导直销企业切实履行社会责任，促进直销企业依法经营、诚信经营。督促直销企业建立完整的信息公示披露系统，确保准确、及时、真实、完整地向社会及公众披露直销企业相关的最新信息。加强对投诉举报较多的直销企业的日常监管，及时调整规范管理措施，提高监管效能。

【党风廉政建设】 通过签订党风廉政建设和反腐败工作目标责任书，细化分解责任，加强重点部位和重点环节的防范，规范市场监管和行政执法，把党风廉政建设和反腐败工作责任落实到位。全年开展各类约谈85次，约谈349人次，受理各类投诉121起，办结率100%。

【“3·15”宣传活动】 在“3·15”活动期间，配合省工商局对西服、内衣、睡衣3个品种119批次的商品进行抽检，有效净化市场环境。通过召开小额消费纠纷先行赔付工作推进会、发布“兰州市城关区2016年度消费维权十大典型案例”、开展消费维权领导“大接访”活动及“关爱青少年、送法进校园”消费维权教育等活动，广泛动员社会各界积极参与消费维权，培育科学、文明、理性、安全、可持续的消费观念，营造安全放心的消费环境。3月15日，城关区工商局、区消费者协会在东方红广场开展大型宣传咨询活动，现场接受消费者咨询，受理消费者投诉，讲解识假辨假知识。27个工商所同时在各自辖区设立宣传咨询服务点，面向全社会开展形式多样的宣传咨询服务活动。活动中，向广大消费者发放《消费者权益保护法》《12315维权指南》等宣传资料2.5万余份，现场接待消费者咨询800余人次，受理的投诉当场能办理的及时办，不能马上办的告知当事人限期办结，确保受理的投诉事事有答复，件件有交代，让消费者满意。

【社会综合治理】 先后参加南河道市容环境综合整治、背街小巷综合整治、城乡环境卫生综合整治、雁滩地区城市管理突出问题集中综合整治行动及打响“兰州蓝”保卫战等城市管理综合整治工作，依据《关于雁滩区域城市问题的督查调研报告》中涉及的有关问题，结合工商职能和实际整治工作，对雁滩辖区各类经营主体进行清理检查，依法查处无照小加工、小作坊等违法经营行为。配合街道积极加入“兰州蓝”保卫战，搞好大气污染治理工作。加强与街道、公安、消防、安监、卫生等职能部门的协调配合，做好信息沟通工作，加强联合执法，形成监管执法合力。

【个体劳动者协会】 发挥职能作用，团结个体劳动者，配合政府进行市场监管，维护市场公平竞争秩序，有61名个体户受到兰州市工商局、兰州市个体劳动者协会的表彰奖励。通过开展“送温暖、献爱心”等慈善捐助活动，获得各界爱心人士捐款77217元、皮鞋2222双、服装116件。向辖区27户特困个体户及身患重病的个体工商户发放米面油及慰问金16214万元，向贫困地区儿童捐赠校服、书籍、文体用品等价值8万余元的商品。

【私营企业协会】 组织私营企业开展回报社会服务活动，为困难会员、贫困户捐资12.6万元；发动私营企业为贫困山区通渭县北山村捐资86万元，新建村委会办公场地。推荐产生市级先进私营企业60家。2016年被评选为“全国个体私营企业协会系统先进单位”。

【消费者权益保护协会】 宣传“新消费，我做主”消费年主题，在辖区开展“倡导企业诚信经营”活动，推荐申报省级“诚信单位”6家。开展送法下乡，送法进军营、送法进商场、送法进校园、送法进社区、送法进景区、送法进市场活动。发放新《消法》、识假辨假常识等法律法规宣传材料15000余份，接待现场咨询2000余人次。推荐社区消费者代表参加污水处理收费调价听证会。开展校园食品安全讲座宣传活动。区消协负责人还做客兰州晚报，值守报社维权投诉热线电话，协调处理消费者投诉，解答消费者消费中遇到的各种问题。全年受理投诉764件，解诉率达98%以上，为消费者挽回经济损失46.7万余元，接待来访、来电咨询1180人次。

2016年认定甘肃省著名商标一览表

序号	商标注册人	地址	商标	类别	注册号	核定使用商品或服务项目
01	甘肃至仁同济大药房连锁有限公司	城关区	至仁同济及图	35类	4428113	广告；商业信息代理；推销（替他人）；替他人做中介（替其他企业购买商品或服务）；自动售货机出租；人员招收；进出口代理；商业行情代理。
02	兰州侨兴茶叶食品有限公司	城关区	图	35类	4570105	进出口代理；拍卖；推销（替他人）；替他人做中介（替其他企业购买商品或服务）；公共关系；广告；文秘。
03	甘肃安泊尔投资有限公司	城关区	安泊尔	43类	7664300	住所（旅馆、供膳寄宿处）；备办宴席；咖啡馆；自助餐厅；餐厅；快餐吧；酒吧；茶馆；汽车旅馆；养老院。
04	兰州市城关区孙子中式烤肉店	城关区	孙子及图	43类	8064198	餐馆；自助餐馆；饭店；餐厅；备办宴席；流动饮食供应；咖啡馆；茶馆；酒吧；住所（旅馆、供膳寄宿处）。
05	兰州金州餐饮服务股份有限公司	城关区	厚粮及图	43类	8551008	自助餐厅；餐厅；餐馆；快餐馆；流动饮食供应；临时住宿处出租；饭店；供膳寄宿处；鸡尾酒会服务；出租椅子、桌子、桌布和玻璃器皿。
06	兰州段记餐饮管理有限责任公司（段子坚）	城关区	段记	43类	8851561	住所（旅馆、供膳寄宿处）；备办宴席；餐厅；饭店；酒吧；快餐馆；会议室出租；日间托儿所（看孩子）；出租椅子、桌子、桌布和玻璃器皿。

（王勇强）

·物价管理·

【专项检查】 2016年，先后开展节日期间市场经济秩序整治，以及电信行业价格行为、供热计量收费、药品等价格专项检查，检查1100余家单位，查处各类价格违法案件68起。充分利用“12358”价格举报投诉电话，及时处理群众咨询、投诉1650件。

【价格鉴定】 对辖区内涉案赃物、抵债物品的价格评估出具价格结论书981份，评估价值780多万元，为司法、行政执法机关办理各类案件提供准确依据。

【市场监测】 完成粮油、肉类、蔬菜、副食品等市场监测任务，全年采集上报价格监测数据546条次，上报价格监测分析报告13期。为226家民办幼儿园及托护点进行价格报备，对108家物业公司进行初审登记。

【肉菜价格平抑】 加大肉菜价格平抑力度，在辖区60家蔬菜直销店投放“平价菜”3800吨，在辖区24个肉食直销店投放“平价肉（冻肉）”1629.2吨，其中，冷冻猪肉1529.6吨、牛肉78.4吨、羊肉21.2吨。

（魏秀娟）

·统计工作·

【概况】 完成国民经济核算、基本单位、农业、工业、建筑业、房地产开发、批发和零售业、住宿和餐饮业、其他服务业、固定资产投资、能源、劳动工资、企业（单位）研发活动、文化产业、市县社会经济基本情况等多项常规统计调查任务。组织开展全面建成小康社会统计监测、妇女儿童发展规划监测、人口变动和劳动力抽样调查、企业用工调查和企业景气调查等统计调查和监测工作。

【全国第三次农业普查】 完成第三次全国农业普查的机构成立、方案制定、宣传动员、两员培训、地图绘制、清查摸底工作。悬挂75条宣传横幅，张贴400份宣传画；选聘普查员和普查指导员163名；选派50余人次参加省、市培训班，举办4期区级培训班，培训人员500余人次；完成33个普查区、60个普查小区的清查摸底工作。

【法制建设】 做好“数据造假、以数谋私”专项清理，重点清理有无违反统计法精神的文件和做法。对照《统计法》“十三个不得”的要求，对日常统计工作行为开展对照检查，及时纠正工作中的不当行为，按时向上级上报清理报告。加大统计执法检查和法规宣传力度，对15家企业进行上门催报，对7家单位进行数据核查，对20家企业进行执法检查，对4家单位进行立案查处。发放法制宣传手册1000余册，全局“统计执法检查证”持证上岗率100%。

【服务】 全面开展好各项统计调查，充分发挥统计监测预警功能，切实做好全区经济运行分析研判和月度监测预警工作。不断完善统计服务载体，形成“统计年鉴、统计月报、统计公报、统计分析、情况报告、资料汇编”等一系列服务载体，较好地发挥统计数据“晴雨表”“温度计”作用。完成《2015年统计年鉴》的印发，编印《城关区综合统计信息》12期、《统计快讯》40期、《城关区经济社会发展手册》4期。全年撰写各类专题调研报告11篇、分析47篇、信息240篇。

【文化产业统计监测】 建立健全区文化产业单位名录库，及时做好名录维护、更新工作；组织200余户重点企业参加市局培训会，举办培训班4期，培训人员200余人次；严格执行统计数据“三步审核”制度，即街道统计人员初步审核、文化产业电子表格录入审核表二次审核、统计局工作人员最后核查，确保统计数据质量，及时、准确、全面完成24个街道、1600余家文化产业法人单位2015年年报及2016年季报工作。

【工作创新】 针对小康社会建设、新兴服务业发展、电子商务自营平台等方面开展调研，调研企业及住户500余次，形成《城关区非公有制调研报告》《城关区本地电子商务平台发展情况调查报告》《城关区房地产去库存化情况分析》等专题调研报告；通过召开责任单位工作联席会议、召开入库企业业务培训会议、深入企业走访等方式，及时掌握辖区符合或接近入库标准企业运行情况，做好企业新增入库工作，全年新增入库“四上企业”221户。针对当前经济形势，定期召开经济运行分析会，早谋划、早调度、早行动，为区政府做好预警预测工作。

全区经济社会发展重要指标图示

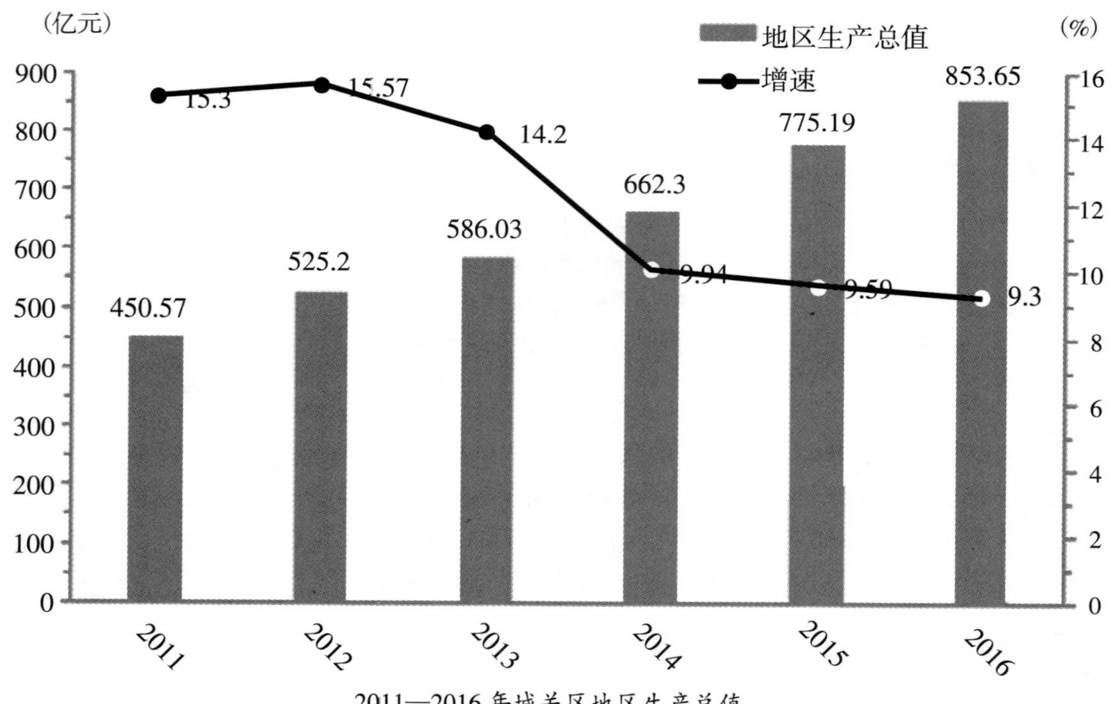

2011—2016年城关区地区生产总值

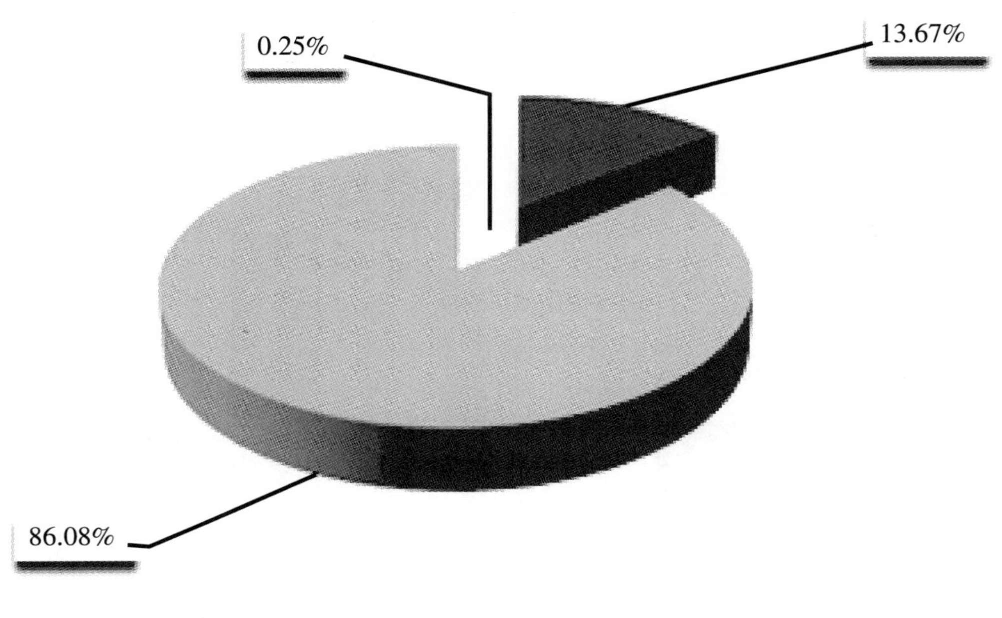

2016年地区生产总值结构

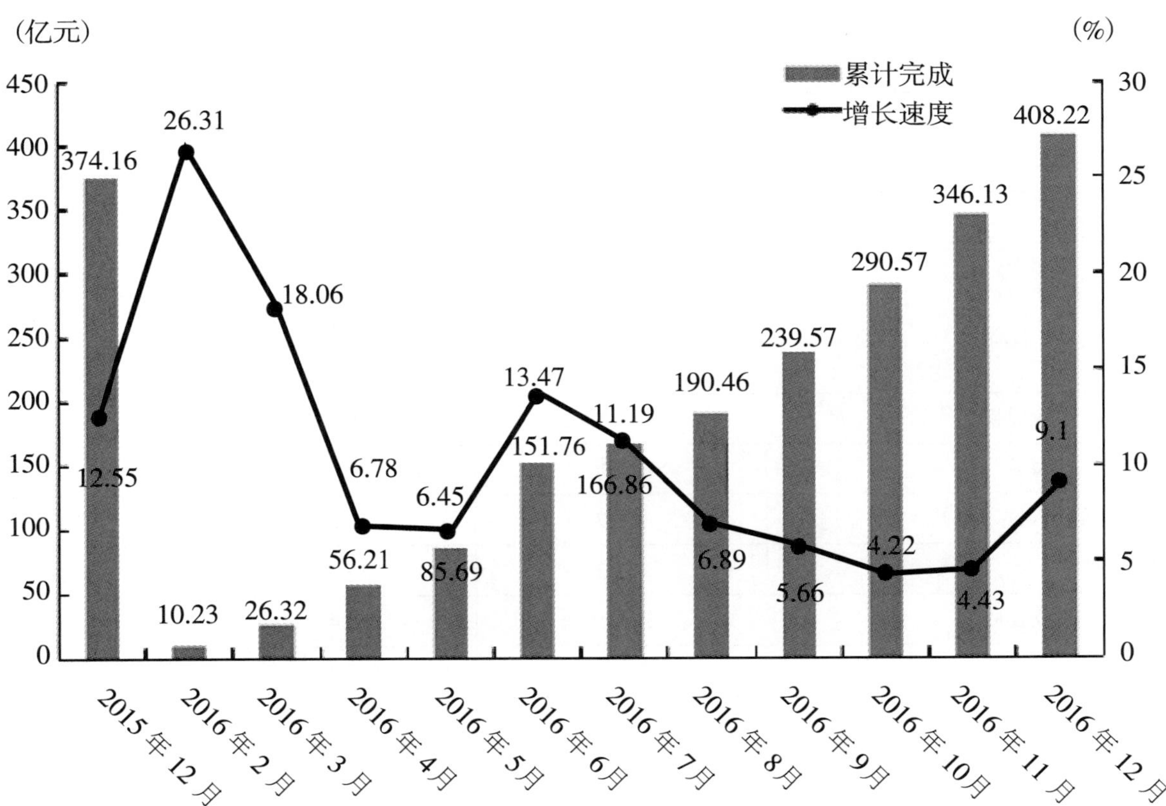

城镇固定资产投资及增长速度

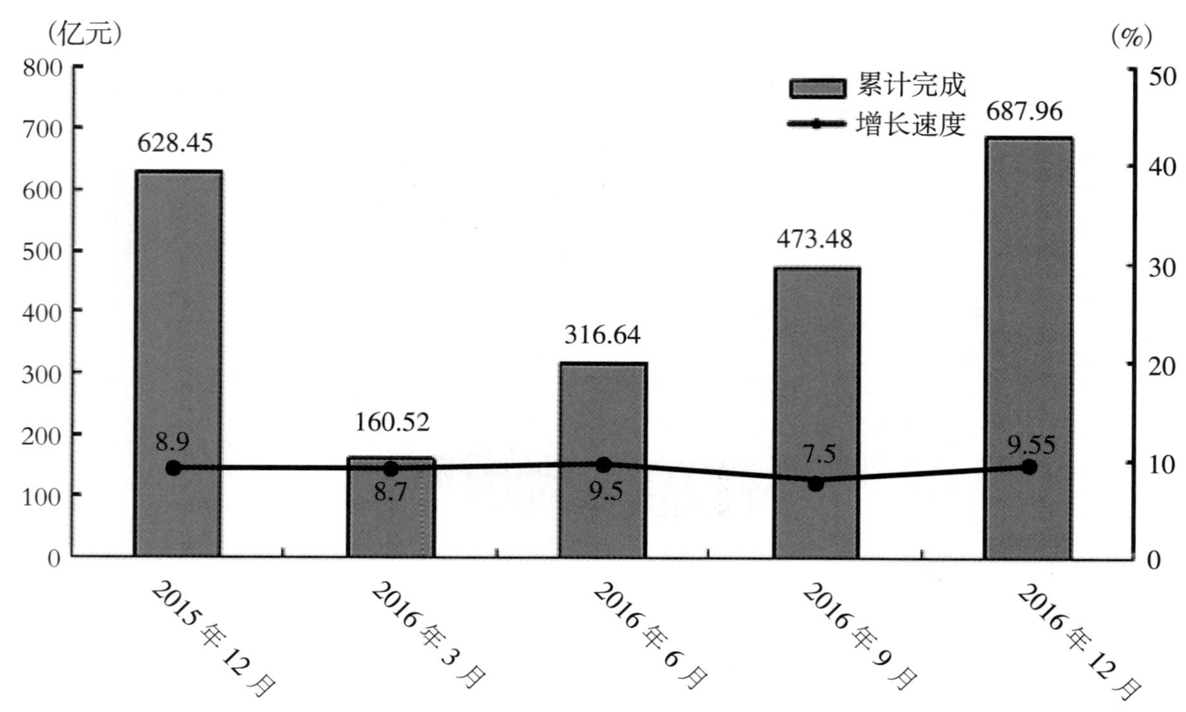

社会消费品零售总额及增长速度

2016年城关区主要经济指标完成情况表

项目	总量（亿元）	增速（%）	排名
生产总值	853.65	9.3	1
第一产业	2.15	5.2	7
第二产业	116.69	5.5	2
第三产业	734.81	9.9	1
规上工业	45.4	3.1	5
建筑业	67.95	7.3	–
城镇固定资产投资总额	408.22	9.1	6
社会消费品零售总额	687.96	9.55	3
公共财政预算收入	35.77	22.23	2
文化产业增加值	42.52	15.89	4
城镇居民人均可支配收入	33399	9.4	3
农村居民人均可支配收入	20780	7.9	5

【街道统计工作】 在24个街道成立统计工作站，统计人员持证上岗率达100%。由街道统计人员负责文化产业、固定资产投资、小微企业、规下工业、限下商业及限下服务业2015年年报及2016年季报报表的下发、收取、初步审核、上报工作。通过视频会、年报会、专业培训会、工作交流会等方式，培训街道统计工作人员500余人次，提高基层统计人员的法律意识和业务能力。

（张艳琴）

·投资项目管理·

【职责调整】 2016年，按照

《兰州市城关区人民政府关于印发城关区政府投资项目管理办法的通知》和《关于调整区政府投资项目管理办公室职责的通知》要求，积极转变工作思路，重新制定新办法下的工作职能。项目办 2015 年 12 月之前的工作职责主要为：负责政府投资建设项目建设过程、进度、质量监督；项目招标前审核；项目变更审核、备案；项目竣工验收、备案工作。调整后主要职责为：负责城关区建设项目工程预算与招标控制价评审；负责城关区建设项目招投标审核、监督、备案及合同文本审核。

【项目监管】 为规范招投标审核，制定工作及审批流程，建立城关区招投标备案系统，安装项目经理 IC 卡刷卡模块，提高工作效率。项目招标完成后，建设单位将草拟的施工、监理等合同报项目办，项目办针对合同价款、各项专用条款、质量保修书等合同细则进行审核，提出修改性建议后出具合同文本审核意见书。同时每月安排专人对接项目建设单位，时时掌握项目进展情况，形成城关区政府投资项目月进度报表，每月底报送区分管领导阅示。全年完成招投标审核备案 113 个，审核并出具合同文本审核意见书 212 份。

【项目评审】 委托具有资质的专业评审机构对区政府投资建设项目进行评审，严格监督评审环节。送审金额 100 万元以上的项目，委托第三方造价咨询机构进行复审，全过程监督复审环节并复核。全年受理工程建设项目评审 266 个，其中已审定项目 259 个，报审投资额 7.68 亿元（其中万达商业广场安置点项目 3.91 亿元），核定投资额 7.05 亿元，核减额 0.63 亿元，核减率 8.2%。

【党支部建设】 项目办有党员 6 名，经区委组织部印发《关于调整全区部分党组织设置的通知》研究决定：成立中国共产党兰州市城关区政府投资项目管理办公室支部委员会，隶属区直机关工委，党支部公章已启用，党支部委员选举结果已批复项目办。

【规章制度建设】 制定城关区政府投资项目工作流程及办理事项、工程造价咨询机构监管考核办法和评审的费用标准。根据区委、区政府工作要求，严格落实首问责任制、评审制度、监管制度。

【工程造价咨询中介机构入围招标工作】 为规范政府投资行为，加强政府投资项目管理，合理确定和有效控制投资，邀请工程造价咨询中介机构入围服务，完成入围招标工作，邀请 13 家投标单位参与竞标，本着公开、公平、公正、优胜劣汰的原则，最终确定 7 家入围单位作为项目办的委托评审机构。

【宣传培训】 采取多种方式开展项目基本建设程序培训。加大宣传力度，定期召开全区范围内宣讲工作，确保各建设单位熟知并掌握项目基本建设程序，严格按程序实施建设项目。组织全区各项目单位培训 3 次。邀请市评审中心领导和专家做项目工程方面的培训讲解。参加评审造价、项目监管、招投标审核备案、省市招投标系统建立与应用等方面的专业性培训，强化和提升项目办业务人员技术水平和工作水平。通过省市及城关区实际发生的有代表性的项目管理案例，分析问题，提出问题，请专家、专业技术人员就实际问题展开专项培训。

（何松涛）

经济监督

·审计监督·

【概况】 2016 年，完成各类审计项目 395 项，提出审计意见建议 74 条。

【全区财政预算执行情况审计】

对2015 年度区级财政预算执行及其他财政财务收支情况进行审计。延伸审计区财政局、区地税一局、区地税二局、区教育局、区卫计局、区就业局 6 个区级单位的预算执行情况。审计表明区级预算执行情况较好，但也查出管理不规范及违规资金 109.04 万元，提出审计建议 6 条。

【政府投资项目审计】 完成盐场堡小学教学综合楼建设项目及室外附属工程、第四十三中教学楼及附属工程、皋兰山农副产品交易中心工程、城关区康乐医院营养配餐中心等 269 项政府投资建设项目审计，核减工程款 8153.31 万元，提出审计建议 25 条。

【经济责任审计】 加大审计力度，采用自审和委托中介机构审计两种方式，完成审计项目 109 项，被审计领导干部 111 人，其中 10 人为任中审计，11 人为离任审计，另有对 90 名即将换届的社区主任、书记的经济责任审计。查出固定资产账实不符等问题，涉及金额 25.98 万元，提出审计建议 38 条，对需要限期改正的，已按审计法规出具审计决定 3 份。

【专项资金审计】 完成区科技局

2011—2013年科学技术专项资金管理使用绩效情况审计、区住房和城乡建设局山洪灾害防治县级非工程措施项目建设专项资金、区卫生和计划生育局2015年专项资金收支情况使用情况审计等10项专项资金审计，提出审计建议5条。

【其他审计】 根据兰州市审计局《2016年兰州市重大政策措施落实情况跟踪审计实施方案》，派出5个审计组、11名审计骨干，对2013年以来榆中县重大政策措施落实情况，特别是对以前年度审计处理未整改落实的问题进行审计。对城关区“双审”整改落实工作进行核实、汇总，整改报告涉及7个方面的30个问题，涉及责任单位44个，已完成整改的问题13个，需要一定时间、分步骤完成整改的问题8个，需要长期坚持、常抓不懈的问题9个。

【其他工作】 配合安宁区审计局完成对城关区2014—2016年3月的稳增长等政策措施落实情况的交叉审计。全力推进“三农”资金审计中心建设和解决人员编制工作。年内派出1名工作人员参加省审计厅组织的3年内新进入审计系统人员培训班，派出2名工作人员参加计算机审计中级培训班并通过考试。向《甘肃审计》等系统内宣传平台及《城关发展》《兰州日报》等报刊及新闻客户端报送信息。所报信息被《甘肃日报》《西部商报》等主流媒体刊载，并被今日头条、和讯网等新媒体平台采用。利用城关区政府政务系统服务器，采集被审计对象财政财务数据，已在平台中采集2013、2014、2015年城关区223个单位财政支出决算明细表等多种数据表。

（刘　暄）

·质量监管·

【概况】 2016年，完成计量器具检定8540台（件），定量包装抽检28户企业293批次；查办行政案件94起，结案94起，其中立案38起，现场处罚案件56起；监察特种设备使用单位599户6167台（件）。

【质量发展及质量管理】 全面履行质量发展领导小组办公室职能，制定《城关区贯彻实施质量发展纲要2016年行动计划实施方案》等文件，落实分解目标责任，开展督查考核工作，确保质量工作各项目标任务全面完成。开展创建“质量强市示范城市”工作，打造城关区虚拟养老院服务质量示范点。围绕供给侧结构性改革，结合质量兴企活动，完成10户服务企业任务。加大名牌申报企业帮扶力度，7家企业列入名牌产品重点培育企业。实施企业信用等级评价制度，推荐5家企业申报信用等级评价。推荐3家企业参加市政府质量奖评选。

【标准化管理】 区政府印发《城关区推进标准化工作发展实施方案（2016—2020年）》，全面建立和落实县级政府层面标准化工作协调机制。全面推行企业产品标准自我声明公开制度，督促29家企业的202项产品标准进行网上自我声明。兰州电线有限责任公司生产的漆包线等3个产品通过采用国际标准验收，兰山公园标准化体系资料已通过省、市审核并打印成册，待国家标准委组织验收。

【计量管理】 制定《兰州市城关区计量发展规划（2016—2020）》。全力推进全区集贸市场在用计量器具免费检定工作。全年检定各类衡器8540台（件），其中检定餐饮、医药、超市、企业等346家单位在用衡器3579台（件），免费检定39家集贸市场各类衡器4961台（件），定量包装抽检28户企业293批次，出具定量包装商品净含量检验报告173份。组织开展春节前超市衡器专项检查行动4次，建立计量器具监管长效机制，有效规范市场环境。积极培育诚信计量示范单位11家，对城关区内5家重点用能单位进行能源计量审查工作。

【质量监督与认证认可】 推行企业分类监管，落实企业主体责任。对辖区208家企业100%实施分类监管，开展分类监管巡查478次。对工业产品生产许可证获证企业25户、“3C”认证获证企业16户实施证后监管巡查75户次。对辖区向社会出具公证数据的实验室和机动车检验机构进行建档85户，已开展监督检查171户次。开展食品农产品认证监督专项检查，检查获证企业9家证书10张。开展危险化学品、危险化学品包装物专项检查。开展获得检验检测资质认定机构检验检测报告质量抽查工作。

【特种设备安全监察】 积极落实特种设备安全责任制及安全责任体系。管辖电梯7063部，锅炉676台，压力容器1092台（个），起重机械363台，客运索道2条，大型游乐设施20台。开展特种设备安全监察专项行动10次，出动人次255人次，车辆100次，监察特种设备使用单位599家，在用特种设备6167台。在对电梯安全专项监察中，发放宣传资料1000多份，下达《特种设备安全监察指令书》362份。接到电梯故障等各类举报投诉169起，其中，“民情通”“12365”服务热线113起，电话投诉

56起，办结率100%，投诉回复满意率达99%。同时，对安全隐患整改情况进行重点复查，形成监察“闭环”。

【稽查打假】　重点开展烟花爆竹、食品相关产品、农资产品、劳动防护用品集中整治，汽车维修行业及非道路移动施工机械、加油站成品油专项检查，雁滩地区制造假冒伪劣产品集中整治，食品接触用不锈钢制品执法打假，质监利剑行动专项检查等专项执法打假行动9次，出动执法人员260人次，车辆130台次，检查商户70户。全年共查办案件95起，其中立案案件39起，现场案件56起，结案案件95起，结案率100%。接待投诉举报2件，解决2件。所办案件案卷差错率小于3%，办案差错率小于0.3%。所办理案件做到事实清楚，证据确凿，适用法律法规正确，无行政复议或行政诉讼案件发生。

【代码管理】　2016年1月1日起，停止办理组织机构代码证。

【技术机构建设】　区质量技术监督检测所下设定量包装室、衡器检定室2个科室。主要承担辖区内量值传递、计量检定和产品质量检验任务，开展的业务有500千克精度Ⅲ级及以下的衡器检定和商品定量包装检查等。

【社会服务】　完成雁滩大整治、背街小巷整治、“冬防”等项工作。实施煤炭驻厂监管，全方位做好煤质监测，有效确保全区“冬防”工作任务的顺利完成。在“3·15”消费者权益日、“5·20”世界计量日、“质量月”“12·4”法制宣传日开展法律宣传咨询活动，积极开展质量技术监督法律法规进社区、进企业活动。发放宣传资料1000余份。被电视报道9次，电台报道4次，报纸报道8篇。深入青白石街道白道坪村和靖远路街道徐家湾社区、西李家湾社区开展联系帮扶活动，解决其实际困难。

（许　娟）

·安全生产·

【概况】　2016年，累计发生生产安全事故24起，死亡22人，致伤5人，造成直接经济损失257.92万元，同比分别下降89.1%、15.4%、92.9%、50.5%，四项指标均呈现下降趋势。

【安全生产责任制】　初步形成覆盖全区的“党政同责、一岗双责、齐抓共管”安全生产责任体系。在教育、住建、九州管委会等10个重点部门设立安全生产应急办公室，各街道安监站调整增加不少于3名专职安全管理人员，每个社区村确定1名安全信息员。全区配备安监专干94人（其中公益性岗位26人），为120名安监干部落实岗位津贴。

【安全生产大检查】　2016年，检查各类生产经营单位、场所4660多家次，查出各类隐患3688处，已整改3230条，整改率87.6%；查处各类交通违法行为23.1万起；下发责令整改书1637份，责令“三停”147家，查处非法经营16家，行政处罚581万元。核发烟花爆竹零售许可证19家，查处非法燃放、储存、运输烟花爆竹行为10余起，收缴烟花爆竹产品858件，发放安全燃放倡议书2万余份。

【职业卫生监管】　开展重点行业领域职业危害专项整治，对13家涉及粉尘的水泥制造、石材加工企业进行全覆盖检查，排查治理隐患52条，累计申报职业危害项目274家。

【安全标准化建设】　持续推进标准化创建工作，严格落实“八个有”标准。给24个街道分别下拨2万元经费，指导开展标准化安监站、安全示范社区创建工作。已有19个街道基本达到市级标准；创建安全生产标准化三级企业4家、小微企业11家。

【事故查处】　按照事故调查处理“四不放过”原则，立案调查兰州碧桂园边坡挡土墙工程项目“3·5”坍塌、兰州宏建商品混凝土有限公司“6·9”高处坠落、甘肃森地润泽物业管理有限公司“9·18”高处坠落3起一般生产安全事故，依法对5家单位和11名责任人进行责任追究，收缴罚款107.2万元。

【安全宣传和培训】　组织开展第15个全国“安全生产月”、“小手拉大手安全促和谐”等宣传教育活动，广泛普及安全生产方针政策和法律法规，累计发放宣传册（单）、书籍60万份；充分利用“两微一端”新媒体优势，在“城关发布”微博、微信公众号和“掌上城关”客户端，推送安全生产、交通、消防信息知识50余篇。向各部门、各街道、辖区重点企业上门发放《甘肃省安全生产条例》《企业安全生产“五落实五到位”规定》等法律法规，对重点单位、部门进行针对性普法。邀请安全生产法律专家，对各街道办事处班子成员、各部门、各村（社区）及法、检两院的党政一把手、中小学校长进行安全生产知识培训，举办培训班8期，培训科级干部1360余人。

（谢耀华）

·食品药品监管·

【概况】 2016年，下辖27个食品药品监督管理所（24个街道食品监督管理所，3个专业市场食品药品监督管理所），监管辖区食品、药品、保健食品、化妆品、医疗器械领域生产经营企业19829家（街道食药所人均监管生产经营户120家），其中食品生产、流通、餐饮服务企业14865家，药品流通、生产企业1024家，保健食品、化妆品企业和美容美发机构1546家，医疗器械生产、经营、使用单位2394家。制定《城关区食品药品监督管理局各街道（专业市场）食品药品监督管理所"网格化"监督制度》，将全区划分为26个一级网格，69个二级网格，严格按照"定网格、定岗位、定责任"要求，狠抓工作"痕迹化"。

【食品市场监管】 围绕食用农产品销售、农村食品市场、进货查验、"四小"（小作坊、小餐饮、小食品店、小摊贩）加工经营行为、学校食品安全等9大领域开展整治。组织各类食品安全整治52次；检查流通环节食品经营户16265户次，检查批发市场、集贸市场665个次，捣毁售假窝点45个，查处各类食品安全违法案件64件，案件总值46.4066万元，罚没金额87.9796万元，查处不符合食品安全标准的食品1978.68千克。全力做好各级各类重大活动的事前监督检查和保障评估，扎实做好驻点监督、留样管理、应急准备等工作，共完成"两会""东川拱北大型祭祀""全省人大第五次会议""兰马赛"等保障工作40余次，一级保障36次，做到零事故发生。稽查局（执法大队）、餐饮服务监管科联合各街道食药所，重点清理整顿校园周边小卖部、小商店（超市）、小食品店以及制售早点的餐饮流动摊贩、学校食堂、餐饮门店等，检查校园周边食品经营户14285户，取缔无证食品经营25户，下发责令改正通知书196份，当场处罚19起，立案查处违法案件48起，下架封存、销毁不合格食品1806袋（瓶）。开展以"食品安全共同监督和谐校园你我共享"为主题的食品安全进校园活动，制作和发放《校园周边食品安全温馨提示》1万余份，发放《中小学生食品安全知识普及宣传册》2万余份，有效保障校园周边食品安全。

【化妆品监管】 对辖区的三大化妆品批发市场进行进一步的整治。以美博城、兰新化妆品批发市场和鱼池口小商品批发市场为重点，出动检查人员70多人次，检查化妆品专营、批发企业280余家，重点检查经营企业是否建立和落实进货查验和索证索票制度，所经营的产品是否在生产日期或限期使用日期之内，特殊用途化妆品是否标示批准文号，进口非特殊用途化妆品是否标示备案号。三大市场的300余户化妆品经营户建档经营率达90%。

【药品生产环节监管】 辖区内医疗机构594家，中药饮片生产企业2家，药品批发企业66家。按照网格化监管模式，充分发挥"一专三员"作用，对辖区内医疗机构单位进行拉网式监督检查，做到辖区内局属医院，社区卫生服务中心、服务站，制剂室单位100%全覆盖，力求不留死角。对辖区内的医疗机构建立诚信档案，动态录入医疗机构登记注册信息、药品日常监管信息、不良经营行为等内容，将企业划分评定为不同的信用等级，实行分级管理、动态考核，增强企业诚信意识，维护药品市场秩序。医疗机构监督检查建档率100%，问题跟踪查处率100%。

【基本药物质量监管】 围绕药品安全高风险品种、城乡接合部重点区域，开展中药材、中药饮片、特殊药品、医用氧、处方药、高温季节药品储存、医疗机构制剂、义齿、植入性医疗器械、避孕套、美瞳等10余类专项检查。2016年，开展日常监督检查医疗机构423家，出动执法人员912人次，检查范围基本覆盖区属医疗机构、疾控中心、民营医院、社区卫生服务中心（站）、各级诊所。

【特殊药品监管】 在日常监管工作中，加强对麻醉药品、精神药品、放射药品、毒性药品、蛋白同化制剂、终止妊娠药品、含麻黄碱药品复方制剂的管理，严防特药流失。规范特药的生产经营使用行为，提高企业依法生产、经营特殊药品和含特殊药品复方制剂的自觉性，确保特殊药品和含特殊药品复方制剂安全、可控。

【药品不良反应监测】 结合日常监督检查，对辖区医疗机构不良反应报告情况进行全覆盖检测，不良反应监测系统注册使用率100%，并通过电话、网络等形式加强辖区医疗机构的联动性，起到互相学习、互相监督的效果。全年上报药品不良反应998例，其中一般病例707例，严重病例34例，医疗器械不良事件报告评价257份。

【药品流通环节监管】 对药品流通及医疗机构等经营场所进行抽查，对相关负责人强调安全生产责任和专项整治要求。加强与辖区卫计局、卫生监督所和刑事司法的衔接。立案30余起，罚没款21万余元，主要涉及非法渠道购进药品、使用过期药品和过期医疗器械、使用假劣药、处方药不凭处方使用等。

【医疗器械监管】 检查医疗机构343家，出动执法人员717人次，立案4起，下发《责令改正通知书》5份。向卫生和计划生育局移交案件线索2起，移交公安案件1起。开展辖区各眼镜批发市场、零售门店专项检查，并对永昌路、皋兰路夜市开展周巡查工作，依法取缔无证销售装饰性彩色平光隐形眼镜和护理液的违法行为。检查隐形眼镜经营企业79家次，出动执法人员200余人次，查扣违法物品720瓶（支），责令改正10家，立案查处6家。按照国家局112号公告有关要求，对辖区体外诊断试剂经营企业进行拉网式检查，并将未上交自查报告的企业列为重点单位开展检查，立案20件。

【药品检验】 强化技术支撑，加大食药抽检频次。及时回应社会舆论焦点及热点食药安全问题，年内完成抽检食品2631批次，其中不合格食品498批次，不合格率19%。抽检餐饮用具约861批次，不合格220批次，不合格率22.6%。同时加强对正宁路夜市安全检测，对发现的问题均上交办案单位依法处理。对中药材中药饮片的染色、增重、掺假，抗肿瘤药物、降糖降脂特效药等进行专项抽检，完成省、市评价性抽检任务115批次，收到检验报告115份，其中不合格药品15批次。自行抽检49批次，收到检验报告35份，其中不合格药品3批次，假药案件全部移送公安机关。

【安全检查】 制定《食品药品安全生产大检查工作方案》，加强日常监管和巡查力度。组织各街道（专业市场）食药所开展餐饮业灶用甲醇燃料专项整治，重点对全区餐饮企业甲醇燃料使用情况进行认真排查。全区使用甲醇燃料的餐饮单位384家，现场检查100余家，责令整改50余家，对相关餐饮单位均进行翔实备案。

【药品、医疗器械违法案件查处】

查处各类违法案件884件，其中食品637件，药品127件，医疗器械98件，保健品12件，化妆品10件，罚没款1059万元；涉嫌犯罪案件移交25件，公安机关立案侦查4件；申请法院强制执行9件。

【信息化建设】 大力推广集票据录入、网上受理、实时监控等功能为一体的食品安全信息电子追溯平台。督促食品批发企业、商场超市全部加入并使用食品安全电子追溯系统，其他食品生产经营主体100%索取“电子一票通”台账。严把注册信息审核关，确保资料准确、真实、有效；加强日常巡查，重点督促小超市、小食品店落实电子一票台账，禁止使用手写“一票通”。加强网上巡查，严查备案信息虚假等问题，督促食品生产商、批发商主动向零售商提供“电子一票通”凭证，督促零售商落实进货查验，全面提升食品追溯平台的应用率。

【宣传教育】 印制新《食品安全法》500余本，《食品安全“新法”知识宣传手册》1.8万册，免费发放。举办各类食品药品安全宣传活动。以“药品安全月”为主题，在金轮广场开展以“关注健康，关爱老人”家用医疗器械保健食品安全进社区和“创新引领共享发展”为主题的宣传活动，6个单位30余名宣传人员和400余名群众参与活动。现场为群众开展健康检查、咨询200余人次。发放保健食品安全、家用医疗器械购买指南等宣传彩页和宣传单1000多份。通过电子屏滚动播放保健食品选择、保健食品鉴别、会议营销保健食品的危害等视频内容，把食品药品安全宣传教育活动进一步向家庭和社会延伸。

【企业诚信档案建设】 要求企业坚持执行“三书一会一公示”及“12310”（一制度二表册三台账十项表格）等监管措施和制度，严格落实食品药品安全员配备、健康培训管理、台账记录等监管措施。加强医疗器械诚信体系建设。将无法找到的21家医疗器械经营企业上报市局进行网上公示并注销其医疗器械经营许可证，将2家医疗器械经营企业上报市局评选为市级“百家诚信企业”。注重培育食药行业信用体系建设。认真执行《红黑名单管理制度》，对列入“红名单”的企业减少检查，加强企业自我管理。对列入“黑名单”的企业通过新闻媒体曝光，增加抽检频次，随时追踪整改情况。强化抽检信息公示。全年通过区政府门户网站向社会公示抽检信息192次。

（杨娟娟）

国土管理
城乡建设与环境保护

国土管理与环境保护

·国土管理·

【概况】 2016年，完成年度基本农田保护面积不少于262公顷、耕地保有量不少于806.95公顷的目标任务。全面参与盐什公路、金融谷、桃树坪棚户区改造、雁白大桥等一批重点项目的土地征收工作。开展不动产统一登记工作，核发中华人民共和国不动产权证书。落实执法监察动态巡查制度，完成卫片执法专项检查工作，国土资源违法案件立案率100%，查处率100%，结案率90%以上。严格落实汛期地质灾害各项制度规定，加大巡查检查力度，开展地质灾害临时性搬迁避让工作，推进地质灾害防治体系建设。完成地籍数据库国土资源政务平台建设。

【地质环境状况】 城关区位处陇西黄土高原西部，兰州河谷盆地的东部，地势南北高、中间低，海拔在1500~2000米上下。基本分为北部土石山梁、南部黄土山梁、中部河谷盆地3种地貌形态。年降水量327毫米，年平均相对湿度56%，属北温带半干旱大陆性气候。由于地质构造复杂，地形起伏大，黄土沟壑纵横，山大坡陡，降水集中，植被稀少，加之人口稠密，人为工程活动强烈，使得区内地质灾害非常活跃，属地质灾害高发区且点多面广，崩塌、滑坡、泥石流、地面塌陷、坡体裂缝等地质灾害均有发生。根据排查数据：城关辖区内共有危害、威胁人民生命财产安全和重要交通、电力、水利和工程设施的地质灾害隐患点1486处，其中滑坡148处、崩塌334处、不稳定斜坡964处、泥石流36条、地面塌陷4处，主要分布于南北两山近山地带和台塬斜坡地带。地质灾害威胁人口达20万人，占全区人口的23.23%，威胁财产194.54亿元。威胁主要分布在南北两山、桃树坪以及伏龙坪地区，灾害涉及12个街道、83个村（社区）及九州开发区，地质灾害已成为城关区主要灾害之一。

【土地分布状况】 城关区总面积20783.98公顷，其中国有土地9709.17公顷，占全区土地总面积的46.71%；集体土地11074.81公顷，占全区土地总面积的53.29%。国有土地中，城镇及工矿用地所占面积最大，为6102.76公顷，占全区国有土地总面积的62.86%。其次是林地和牧草地，为1399.13公顷和1388.69公顷，分别占全区国有土地总面积的14.41%、14.30%。集体土地中牧草地、耕地、林地所占比重较大，面积为6687.06公顷、1511.18公顷、1361.86公顷，分别占全区集体土地总面积的60.38%、13.65%、12.30%。

【矿产资源状况】 由于特殊的地理位置及地质结构，全区可开采矿产资源贫乏，利用价值极低。已发现的主要非金属矿种3个、产地6处，均为矿点。金属矿产仅发现1处锰矿点。开发利用的仅为建筑用花岗岩。建筑用砂矿点主要分布在大砂坪和罗锅沟，从城市生态环境保护的角度看，不易开采。锰矿点由于地质工作程度较低，无法开采利用。

【土地规划】 完成新一轮县级土地利用总体规划调整完善工作；开展土地整治规划、第三轮矿产资源总体规划年度实施方案和“十三五”地质灾害防治规划编制工作。

【耕地保护】 完成年度基本农田保护面积不少于262公顷、耕地保有量不少于806.95公顷的目标任务；建立完善基本农田制度，在保护区设置基本农田保护标识牌；将耕地保有量和基本农田保护任务纳入区级目标管理考核体系；《城关区永久基本农田划定方案》通过专家论证。

【建设用地管理】 配合完成国家、省、市、区重大项目建设用地预审、报批工作，上报审批11个批次建设用地，合计面积49.2013公顷，所有报批项目用地均符合规划，规划符合率达到100%；开展城关区石沟村城乡建设增减挂钩项目复垦工作；2016年城关区农用地转用批准建设用地10宗，总面积39.3673公顷，缴纳新增建设用地有偿使用费1440.9864万元，耕地开垦费108.655万元。

【土地利用】 制定开展国土资源节约集约模范县区创建工作方案，完善相关创建配套制度；年度完成13宗土地的征地工作，总面积14.62公顷，签订协议总金额1331.7553万元；根据检察机关司法建议书，加大对土地年租金追缴力度，全年征收土地年租金1980928元。

【地籍管理】 办理九州经济开发区国有土地使用权登记6宗。配合市不动产登记事务中心进行地籍调查，完成地籍调查96宗，完成主城区外迁市场权属调查24宗，移交登记发证原始档案23宗。完成业务流程再造和窗口建设工作。完成19737件地籍档案的规范整理及数字化。完成18宗集体土地所有权，49宗集体建设用地使用权，3个地籍区、13个地籍子区3197宗农村集体土地宅基地使用权的权属调查和宗地测量以及地籍图测量工作及数据库建设。全面完成2015年度土地变更调查207个图斑的外业核查与内业整理、变更调查工作。

【矿政管理】 征缴入国库矿补费1.53万元、采矿权使用费2500元和矿山地质环境恢复治理保证金3万元。开展非煤矿山安全大检查活动，对非煤矿山企业排查中普遍存在现场安全警示标志设置不足、安全检查记录缺失等问题下达14次督促意见和整改通知，要求落实安全生产工作职责，突出问题整改到位。完成2家建设单位占用及压覆矿产资源登记备案工作。

【地质灾害防治】 开展2016年度城关区突发地质灾害应急演练。编制完成2016年度城关区地质灾害防治方案和城关区重点地质灾害应急预案，实施汛前排查25次、汛中巡查30次、汛后核查20次。在冰雪消融期、重点防范期和极端气象条件下发出加强地质灾害巡查、排查、处置紧急通知14次，发放地质灾害防灾工作两卡6000余份。实施的兰州市公安局第一看守所项目、白塔山公园三官殿项目、甘肃省女子监狱项目已完成施工。兰州市公安局特警支队不稳定斜坡维护已完成总工程量的55%、铁路第三小学项目已完成总工程量的65%、红四村项目已完成总工程量的57%。进一步加快避险避灾临时性搬迁避让工作，全年临时性搬迁安置59户，累计搬迁避让188户、518人。2016年及时处置突发地质灾害共8起（滑坡6起、崩塌2起）。

【执法监察】 年度违法用地面积占用新增建设用地总面积的比例为9%。做好批后监管工作，对下达的357宗用地情况调查上报319宗，完成率89%。对青白石碧桂园等项目实施冬防巡查监控，对4家用地企业违反防治规定的行为进行制止，并督促落实抑尘防尘工作措施。严格动态巡查制度，全年巡查200余次，巡查做到有记录。其中：巡查立案16宗，已依法做出处理，并依据违法案件性质，依法向公安、财政、林业、行政执法部门进行移送。及时办理上级督办、交办、转办和12336举办事项21件，办复率100%。

（曾丕光）

·环境保护·

【项目环保审批及管理】 全面实施环境影响评价制度，要求辖区各建设项目必须进行环境影响评价。严把环评审批关，科学分析评审，在规定时限内做出审批决定，对不符合要求的一律不批。建设项目“环评”执行率100%，“三同时”执行率100%。2016年共审批建设项目296件。

【环境应急管理】 对43家工业企业“突发事故防范措施和应急预案”予以备案，对45家工业企业“危险废物申报登记表”进行备案。在康顺石化有限公司开展环境突发事故防范演练1次。

【环保执法】 开展全区医疗单位、涉重金属、核辐射、化工行业、危险废物、涉水企业、工业企业安全隐患等专项治理工作，督促排污企业全面落实“三同时”制度，建立健全管理制度和应急预案，确保污染处理设施正常运行、危废安全处置、污染物达标排放。协调相关部门进行综合执法，查处各类环境违法案件30件，处罚金额116.59万元。

【水污染防治】 注重源头治理，强化监管，地面水水质达标率达到100%。加强黄河城关段的水环境监管，对黄河城关段沿岸的69个污水排放口、南河道的65个排污口及24条排洪沟进行日常监管，重点摸清污水来源、污水性质。做好污水处理设施的日常监管。对黄河城关段沿岸的污水排放单位坚持周检查制度，对辖区内59家企业及26家医院等涉水企业定期进行监管和废水监测，依据监察和监测结果，对监测超标的单位依法进行处罚。对盐厂、雁儿湾两家污水处理厂的日常运行情况进行严格监管，每周开展一次全面检查，确保污水处理设备正常运行，水质达标排放。黄河城关段水质达标率100%。开展湟水河流域联防联控工作，组织4名业务骨干对黄河上游湟水河流域进行驻区监管3个月，确保黄河水质安全。

【大气污染防治】 2016年，在加强网格化管理的基础上，通过开展臭氧集中整治行动、煤粉锅炉提标治理、汽车维修行业及非道路移动施工机械集中整治行动、祭祀焚烧管控行动、燃放烟花爆竹管控行动，有效控制因人为因素导致重度以上污染天气的发生。发挥指挥部牵头抓总作用，调动全区力量开展有烟煤、木柴清缴行动和小火炉取缔行动，共收缴有烟煤19.81万千克、木柴51.1万千克，取缔小火炉1635台，取缔数量居四区之首。至2016年12月31日，环境空气质量达标天数237天，达标率64.9%；城关区综合指数排名9个月为全市第一、1个月排名第二、2个月排名第三。

【环境噪声监测】 加强对施工噪声、固定声源和社会生活噪声的监督监测管理，完成固定声源监测314家，施工工地监测31家，信访监测169家，在38条主次干道布点监测交通噪声69个，有效监控噪声。对已建成的“环境噪声达标区”进行布点监测，布点监测区域环境噪声101个，达到国家二类区域声环境质量标准。全区交通干线噪声平均等效声级为69分贝，区域环境噪声昼间平均值为55分贝，“环境噪声达标区”达到国家区域环境噪声质量标准。

【辐射环境与固体废物管理】 开展核源及辐射源的监督管理，集中人力对全区75家涉核、涉电磁辐射单位进行4次全面检查，针对检查中发现的问题，提出并落实整改任务。做好辖区内医疗垃圾集中处置监管工作。对辖区内300余家医疗机构危废去向进行2次全面检查，杜绝医疗垃圾乱堆乱放、违规擅自处理等现象。对全区26家汽车4S店的危险废物处置情况进行检查，确保集中处置率100%，工业固体废物处置率100%，放射性同位素与射线装置辐射安全许可证持证率达95%以上。

【环保专项整治】 2016年，通过对90余家企业的监管，督促其进行风险评估，制定环境应急预案，并备案。对全区18家加油站油气回收装置进行全面检查并完成年度监测，确保企业油气回收装置运行正常。积极督促西北永新涂料公司对生产车间的工艺废气进行治理。加强对青白石、雁滩地区小加工、小作坊的查处力度。两次参加由工信局牵头，工商、质检、城管、街道等多部门参加的对青白石、雁滩地区的联合整治行动，共检查企业65家，现场查封2家企业的污染设施和6家企业的电源，没收4家企业的污染设施，对不同程度存在污染的36家小加工企业提出整改要求。对污染严重的单位下达责令停止排污决定书。制定《城关区2016年餐饮业整治方案》；对全区不符合大气污染防治要求，存在油烟污染、炉灶使用燃煤等污染现象的102家餐饮单位下达整改任务；全面完成102家餐饮单位的治理任务并完成验收。

【环境宣传教育和新环保法培训】 牵头组织地球日、环境日等宣传教育活动。通过内部业务培训和聘请法律顾问，开展环保系统新《水十条》《气十条》《土十条》《环评法》等法律法规的学习和培训。为环保系统执法人员配备便携式移动执法终端，执法行为和程序更加完善规范。完成环保系统网站建设与网站信息公开工作。

【生态环境保护执法检查】 对徐家山森林公园、五一山森林公园、兰山公园按要求每季度至少检查一次，坚决杜绝生态环境破坏事件的发生。

【环境信访查处】 全年受理来自区三维数字社会管理系统平台、三维数字便民服务网、“民情通”热线、数字化管理中心、各街道便民服务、甘肃省网上信访信息系统等信访网络平台的信访，同时接受群众来电、来访，区宣传部“舆情回复”，市环保局、区委督查室转办案件，新闻媒体曝光事件，12369环保热线转办的信访案件1866件，已全部查处，查处率100%。

【保障中央环保督察工作】 自2016年12月中央第七环境保护督察组进驻甘肃省开展督察工作以来，共接到市信访工作组转办中央环保督察组信访案件 28 批（第四批至第三十一批），共计 136 件，其中重点案件（带 * 号）16 件、一般案件 120 件，主要涉及油烟污染、扬尘污染、垃圾清运、噪声污染、污水排放等方面的问题。136 件已全部上报办理结果。

（王立鹏）

城乡建设与管理

·城乡建设·

【概况】 城关区住房和城乡建设局为区政府工作部门，主要负责城区园林绿化、公共绿地管护，小街巷和乡村公路改造、养护、管理，保障性住房自建、统计，危房翻建审批及农村危房改造，房屋征收及城中村改造等工作。辖 9 个行政事业单位：区人民防空办公室、区房屋征收管理办公室、区城中村改造办公室、区城市绿化管理所、区市政工程管理所、兰州市雁滩公园、区公路管理段、区保障性住房建设办公室、区建设工程安全质量监督管理站。

【城区园林绿化】 结合春季苗木补栽和三大出入口及雁滩地区综合整治，完成各类乔灌木栽植 100 余万株，新增绿地 35 公顷。

【游园改造建设】 完成 2 处游园建设，其中春园改造共栽植樱花 122 株、紫叶矮樱 1.22 万株、金叶女贞 8600 株，播种草籽 2000 余平方米；鸿运润园东侧小游园为政府与甘肃天鸿金运置业有限公司共建的绿地游园。

【道路绿化提档改造】 完成嘉峪关北路和天水北路等 10 条道路绿化提档工程，共栽植各类乔灌木 4612 株、小灌木 32.5 万株，恢复绿地 5000 平方米，修剪行道树 2000 余棵，安装绿地护栏 1370 米。

【新建道路绿化建设】 对和政南路、鼓楼巷等 6 条道路建设后未配套绿化的主次干道进行覆绿，栽植国槐 198 株。

【城区节会氛围营造】 在城区黄河桥北制作大型绿色雕塑 1 组，在马拉松沿线的雁滩黄河大桥、霍去病游园等 10 余处赛事节点及雕塑周边摆放时令花卉 50 余万盆。

【市政设施管护】 2016 年，对 190 条小街巷进行维修，修复水泥路面 2360.69 平方米、沥青路面 2216.65 平方米、人行道 781.64 平方米，提升检查井 67 座、收水井 24 座，更换道牙 924.3 米，检查井盖 55 座、收水井盖 64 座，疏通管道 79714 米，清掏检查井 4190 座、收水井 2659 座，外运淤泥 359.5 立方米。

【小街巷改造工程】 2016 年，计划改造小街巷 20 条，其中兰州市承建 5 条，城关区承建 15 条。截至年底城关区承建的 15 条小街巷已全面完工。完成城区 150 条小街巷路灯安装工程，完成路灯基座开挖 949 座，基座浇筑 949 座，开挖蓄电池井 210 座，砌筑蓄电池井 210 座。

【市政设施建设】 根据市建设局安排，2016 年城关区需新（补）建市政消火栓 340 个。其中由城关区市政工程管理所负责城区新（补）建 216 个，雁滩环卫市政所负责雁滩地区新（补）建 124 个。至 2016 年底完成概算评审和立项等前期准备工作，计划 2017 年开始实施。此外，根据《兰州市 2016 年城乡基础设施项目计划》，2016 年城关区承担的 1000 个公共停车泊位的新建任务已全部完成。

【市政日常管养】 2016 年累计完成对 494 座检查井、355 座收水井清掏，疏通下水管道 9734 米，外运淤泥 49 立方米，外运垃圾 135 立方米，新砌检查井 2 座，补盖检查井 11 个、收水井 18 个，安装直径 300 厘米波纹管 7.1 米、直径 400 厘米波纹管 84 米，人工回填管槽 9 米，硬化路面 2375.4 平方米，硬化人行道 6 平方米，铺设道板砖 85 平方米，出动车辆 85 台次，人员 526 人次。对伏直公路全线每日进行巡查并清扫，累计巡查长度达 420 千米，清扫 210 千米，清理边沟 1.15 万米，维修边沟 1090 米，清理路肩 1000 米，维修路面 30 平方米，整修路肩 1002 米，清理塌方 65 立方米，累计出动人员 210 人次。

【乡村公路建设】 实施伏直公路大中修工程和小沙沟桥维修加固工程，完成盐什公路落石治理和山体滑坡治理工程，对松动石块安装防护网，挂网 5000 多平方米，锚杆 30 吨，混凝土格梁 150 立方米，土方 2 万立方米，土工格栅 1.08 万平方米。

【冬季大气污染防治】 全面落实城区绿地、行道树及绿地护栏防尘抑尘工作措施，全年累计出动人员 9000 余人次，车辆 1500 余台次，擦洗绿地护栏 32 万余米，冲洗城区分车带绿篱 350 余万平方米，绿地浇灌降尘 40 万平方米，清运各类垃圾 900 余吨。

【保障性住房建设】 2016 年新

开工建设棚户区改造项目13个，合计3547户。九州22号地块公租房廉租房项目基础配套设施建设及室外配套工程已于年底基本完工。

【打击城区非法营运】 2016年查扣车辆289辆，处理285辆（含2015年查扣车辆），上缴罚没收入462.4万元。

【建筑工地安全生产监管】 2016年对全区117个在建施工项目实施6轮安全检查，累计排查各类安全隐患682条，下达限期整改通知书72份，先后对存在严重安全隐患或隐患整改不到位的段家滩陇上小吃城、A9创意国际（改建项目）、省第三人民医院等22个项目下达停工整改通知书，共计完成隐患整改537条。对城关辖区存在占压、包容的98处燃气管网隐患进行跟踪检查，其中38处燃气管网占压隐患已整改，6处占压隐患正在落实整改中，剩余54处隐患未落实整改。

【房屋征收】 2016年城关区共涉及房屋征收项目15个，其中新启动项目7个：轨道交通2号线一期工程建设项目、桃树坪棚户区改造项目、中铁幼儿园棚户区改造项目、力行新村棚户区改造项目、轨道交通1号线省政府站暨中央商务区项目、黄河兰州段湿地修复和东段生态治理项目及T605号道路建设工程。续建项目8个：兰州市通渭路元森黄河大桥建设项目、兰州一中畅家巷危旧房改造项目、佛慈大街棚户区改造项目、徐家湾旧城改造项目、雁儿湾榆钢家属院房屋征收项目、鸿运金茂城市综合体项目、兰钢小区棚户区改造项目及白土巷棚户区改造项目。此外征收工作还涉及万达商业广场安置楼项目。

【城中村改造】 2016年新开工建设安置房17.42万平方米，基本建成20.1万平方米。其中：刘家滩、范家湾、甸子街、东岗镇、小雁滩村城中村改造项目取得施工许可证；段家滩村城中村改造项目已办理选址意见书、用地规划许可证和供地手续；沙洼河村城中村改造项目已办理选址意见书、用地规划许可证和征地结束回函，正在办理土地使用证；五里铺村城中村改造项目已办理选址意见书、用地规划许可证，正在办理土地的转用、供应等相关手续。此外为落实省市有关被征地农民社会保障政策规定，完成城中村改造被征地农民参保17088人，享受6162人，上缴社保资金72884万元。

（王安琪）

·城市管理·

【概况】 2016年，区城管委制定《城关区“三大”出入口综合整治方案》《城关区背街小巷综合整治》等工作方案，有力指导工作开展。承担各项综合整治领导机构办公室职责，积极发挥综合协调作用，向市、区上报工作总结40余篇、信息简报200余条。组织协同市区调研活动4次，为市、区提供《关于城市执法管理体制改革调研工作的汇报》《全区城市管理数据统计》《关于进一步完善和加强街道城市管理工作的意见（征求意见稿）》等5篇报告。在雁滩综合整治中建立《兰州市城关区村社区市容和环境卫生管理办法（暂行）》等8项长效管理办法，在背街小巷综合整治中建立《兰州市城关区背街小巷管理办法（暂行）》等4项长效管理办法。

【督查考核】 按照《城关区市容和环境卫生层级管理绩效考评办法》，开展全区市容和环境卫生督查检查工作，对全区各街道和执法中队城市管理工作进行考核评价，按月下发考评通报11篇。对检查中发现的问题和市级督办问题及时进行交办和跟进督查，下发督办件65件，涉及的150个问题已全部督促解决。

【突出问题专项整治】 自3月中旬开展为期一个月的城市管理突出问题集中整治行动，着重解决部分区域清扫保洁不及时、垃圾清运不彻底、“门前三包”落实不到位、车辆乱停乱放等突出问题16项，并全面整改到位。

【城市管理“互学互查互评”】

3至6月期间，立足于学先进争上游、查不足补短板、抓突击促长效，着重通过“五个坚持”，开展一系列相应工作，使全区城市管理工作水平取得较大提升，并作为经验典型在兰州电视台等媒体专访报道。

【南河道市容环境专项整治】 4月30日至8月30日，对南河道及两侧进行河道治理、市容秩序、环境卫生、绿化带管护、交通秩序、门头立面等五个方面的专项整治，更新沿线门头店招600余个，粉饰立面4万平方米，硬化地面1637平方米，清理河道淤泥砂石8千米，清理引水滩土960立方米，压筑沙坝200米，清理渣土2万立方米。

【城市“三大”出入口专项整治】

5月份起对“三大”出入口开展市容市貌、环境卫生、立面美化、屋顶改造等方面整治。更新门头店招245个，拆除户外广告194处、1.3万平方米，粉饰立面13.2万平方米，新砌和修补围墙2600

平方米，硬化隔离带和路面2104平方米，整治坡面1500平方米，覆盖裸露渣土6000平方米，铲除草坪杂草2.5万平方米，清理各类垃圾1058吨。

【城乡环境卫生综合整治】 6月22日起开展为期一个月的城乡环境卫生综合整治行动，主要开展铁路沿线、城乡接合部环境卫生整治，主次干道、背街小巷市容保洁和垃圾清运，楼宇广告清理及建筑立面美化，火车站、商场等人员聚集区域环境卫生整治，工地扬尘管控及渣土车辆监管等五个方面集中整治，自查自纠整改问题8000余条。

【雁滩地区城市管理整治】 自8月4日以来集中开展雁滩地区城市管理整治工作。完成603号、605号、636号路待建区域征收，打通常顺苑、新港城两处断头路，其余607号等4条断头路征收工作正在推进；拆除各类户外广告6330处、4.3万平方米，粉刷立面20万平方米；对主次干道577个门头店招进行全面提档；清理积存垃圾和渣土12万余立方米；清理河道垃圾2382吨，设置围挡720米，覆盖抑尘网9350平方米；全面检查和规范生产经营，整改违规经营户485家。

【背街小巷市容环境综合整治】

在5月份开展全区背街小巷市容环境综合整治的基础上，11月起通过采取8大行动针对26项城市管理顽疾，组织开展背街小巷综合整治攻坚战，全天候全覆盖开展综合整治。整治中延伸保洁面积20.7万平方米，更换果皮箱198个、垃圾桶1000余个，封闭垃圾道口193个；粉饰立面12.7万平方米，清洗屋面近150万平方米，拆除破损广告牌匾1990个，清理“三乱”广告8000余处；清掏检查井513座、收水井370座，疏通下水管道1万余米；在130条小巷设立交通标识标牌，98条小巷实行单向通行，安装交通标识标牌562块、道钉599组，划定停车泊位3397处，查处机动车乱停放1万余起。检查企业商户1.3万家，限期整改475家。检查娱乐场所1200家，限期整改355家。取缔无证回收站点81家。处罚餐厨垃圾与生活垃圾混装等违规商户124家，罚款13.8万元。

【道路交通安全和其他专项整治】

充分履行道路交通安全委员会职责，开展运输企业检查、隐患路段排查工作，检查运输企业82家，车辆4583辆，驾驶员5221名，排查消除隐患路段13处。相继组织开展“马拉松”“兰洽会”市容环境保障、环境卫生责任制上墙公示、卷闸门统一油饰等工作，切实提高城市市容环境卫生管理水平。

（方宗辉）

·城市发展投资·

【资金情况】 2016年取得国家开发银行棚户区改造资金授信总计5.635亿元，其中：兰钢小区棚户区改造项目3.335亿元；灯泡厂片区棚户区改造项目国家开发银行授信2.3亿元，至2016年12月31日到位1亿元。取得兰州银行借款授信2亿元，全部用于万达商业广场道路拆迁居民安置经济适用房项目，至2016年12月31日到位1.877亿元。

【兰钢小区棚户区改造项目】

项目位于华邦女子内衣广场以东，嘉峪关北路二号街以南，城建小区以西（嘉峪关西路84—154号），嘉峪关西路以北。总用地面积39237平方米；其中包括住宅、商业、幼儿园及基础配套设施，总投资8.76亿元。该项目是城关区2016年省列棚户区改造项目，2016年该项目取得国家开发银行棚户区改造贷款3.335亿元。

【兰州灯泡厂片区旧城改造项目】

项目位于B334号规划路以东，皋兰路街道麦积山路以南，省公路局家属院以西，民主西路以北；总用地面积28575平方米，包括住宅、商业、办公及其他配套设施（住宅面积43617平方米，商业48480平方米，办公写字楼67620平方米，公寓15283平方米）。该项目是城关区2016年省列棚户区改造项目，2016年该项目取得国家开发银行棚户区改造贷款2.3亿元，到位资金1亿元。

【黄河北盐白片区棚户区改造项目】

该项目于2016年列入省列棚户区改造项目，正在申请成立该项目现场指挥部并进行前期经费的申请工作。已委托测绘院对该地块进行重新测绘。该项目涉及农户1126户，人口3180人，居民490户，土地约55.87公顷（其中耕地36.5公顷、住宅14公顷、护坡地53公顷），预留安置点用地15.3公顷，可利用开发的耕地40.5公顷。全村社区居民和农户的拆迁面积约40万平方米，不可预见面积按拆迁面积的13%计算为51709平方米，地下室面积按拆迁面积和不可预见面积总和的8%计算为35957平方米，人均25平方米的保障房79500平方米，总共还建面积约56万平方米。白道坪棚户区改造项目，规划范围为青白石街道沿河六村，包括上坪、大浪沟、碱水沟、青石湾、杨家湾和青山村。项目规划总面积约48.6平方千米，耕地面积442.33公顷，涉及1636户6204人。

【万达商业广场道路拆迁居民安置经济适用房项目】 项目位于雁南街道辖区，即原滩尖子村城中村改造30号安置点，总用地面积291公顷。包括住宅、商业、基础配套设施，总建筑面积14.9万平方米。项目总投资约7亿元。该项目是万达商业广场项目用地及拓建道路被拆迁居民的安置项目，2016年该项目取得兰州银行营业部贷款授信2亿元，已到位1.877亿元。

（刘雪华）

·住房管理·

【住房保障】 2016年，配租保障房任务为1000套，实际分配5255套，超额完成目标任务425.5%。其中配租甸子街、红四村、五一新村廉租房704套；配租五一新村（含外来务工）、五泉南路、皋兰山造林站、兴隆滨河苑（新就业大学生、引进人才）公租房3792套，首次进行三类人员公租住房的配租；分配和顺雅居、排洪南路、金河嘉园、和平镇、轩盛润邸经适房439套，审查通过320户限价商品房申请人资格。同时，全年累计向5167户保障性家庭发放租赁补贴资金1555.6万元。

【物业管理】 建立"城关区物业服务企业信息平台"，严格执行物业工作月例会、联席会制度，并从业主、物业企业、媒体从业人员中聘请物业监督员，共同参与小区监管。全年区、街道物管办累计检查物业小区3600余次，量化考核扣分251次，下发整改通知书488次。牵头实施城关区2016年"三不管"老旧楼院综合改造，指导督促相关街道抓好施工程序，按期完成13处"三不管"老旧楼院改造任务。研究制定《城关区示范性物业管理住宅小区评选打造工作方案》。评选打造出城投水岸茗苑、莱茵小镇等20处示范性物业管理住宅小区。积极协调化解物业管理矛盾、纠纷1211次，处理上访堵路事件12件次，对392家物业企业进行严格的资质审核，通过343家，吊销3家，暂扣45家。同时，受理新申请三级（暂定）物业资质24件，三级升二级4件。

【协调处理各类供热矛盾】 开展供热行业基础设施改造和供热资金拨付工作。在非供暖期内完成"供热跑冒滴漏安全隐患排查消除"整治项目20处，完成"夏季管网维修"项目21处，拨付管网抢修维修资金803.72万元。全力做好2016年采暖期提前供热工作。督促辖区458家供热单位严格按照市政府要求于10月29日凌晨提前供暖，按期供热率达94.3%。对未按期供热的供热单位建立台账，及时协调，逐个销账，11月3日实现全部供暖。强化供热日常监管。坚持实行供热情况"零"报告制度，发现供热问题及时建账销号。截至12月31日共处理供热投诉412件，召开协调会39次，现场勘查供暖管网49次，实施应急管网抢修185处，协调解决因供暖堵路事件2起，供热投诉回复率达到100%。强化供热行业安全管理，开展锅炉和压力容器专项安全检查、2016年供热安全生产专项检查、"供热行业安全生产责任落实百日推进"等一系列安全检查活动，累计查出各类安全隐患276条，向47家供热单位下发限期整改通知书，完成隐患整改267条，隐患整改率达97%。继续推进供热计量收费工作，督促供热单位做好上一采暖期供热费的清算、结算、退费工作，对工作推进缓慢或拒不落实的建设主体和供热单位下发整改通知书36份，约谈企业负责人16人次，联合区物价局、区建设局等相关单位联合检查，督促整改，同时要求各供热单位做好2016—2017采暖期计量收费工作，及时公示热计量表底数。

【全面完成"四项"指标任务】 完成商品房销售面积410.82万平方米，增速30%；房地产业单位从业人员为17321人，增速6.2%；从业人员劳动报酬61173.5万元，增速24%；居民自有住房服务增速5%。

（白　龙）

·环境卫生管理·

【概况】 城关区环卫局主要承担全区107条主次干道、559条小街巷共934万平方米的道路清积水、融雪任务，以及42700吨生活垃圾、131处垃圾收集点、87处垃圾屋、199个垃圾桶的收集、清运、转运工作；负责216座公厕（水冲117座、流动87座、旱厕12座）、13座在用垃圾转运站的日常养管工作；负责2748个果皮箱的安装、翻新、喷漆、擦洗和日常维护工作；同时负责区域环境卫生专项监察管理工作。

【道路清扫保洁】 结合《兰州市城关区环境综合整治攻坚战实施方案》及《兰州市背街小巷综合整治攻坚战实施方案》，严格按照"十净十无五规范"，采用清扫保洁和机扫保洁相结合作业方式，对全区934万平方米的道路实行"一大扫、二普扫、全时段保洁"，确保扫路扫到边、扫地能见底、保洁不断档；同时，环卫局大胆创新，用长宽拖把蘸取煤油对大理石石材路段人行道进行拖擦，达到路面见本色“深度保洁”的要求。

【垃圾清运】 按照“三净二不一定一盖”标准和“五定二好一清”标准对本区范围内（除雁滩、九州开发区）104条清运线路的生活垃圾通过定时定点收集、转运站收集、上门服务收集、垃圾屋收集、小型巡回车巡回收集五种形式进行监管、收集、清运、处理工作，做到垃圾日产日清，不滞留、无残留。新增三条收集路线，设置三条三康压缩车路线，有力推进垃圾不落地工程。

【公厕管理】 对216座公厕根据地理位置和人流量进行安置并实行两班制管理，每班两人，开放时间为，夏季早6：00—晚23：30，冬季早6：30—晚23：00；将全面保洁、定时保洁、随脏随保洁相结合，严格按照“五净六无二好”作业标准，“四心”服务态度，“三服务”服务礼仪，“四包三定”管护责任制对公厕进行管护，确保公共卫生间达到标准。

【渣土监管】 渣土管理按照“道路全覆盖、对接无缝隙”标准，采取卡口点检查与巡回检查相结合的方式，全力做好巡查值守工作，严查无证排放、沿途抛洒、车厢密闭不严、车轮带泥、车体不洁等违规行为，做到逢车必查、违规必究。

【环卫设施管理】 全局有366部专业作业车辆。其中垃圾装卸车、压缩车75辆，用于辖区垃圾收集清运；垃圾转运车11辆，用于将垃圾转运站收集的垃圾转运至垃圾场；扫路车、洗扫车、吸尘车68辆，用于辖区道路机扫及洗扫作业；吸粪车17辆，用于辖区化粪池的清掏清运；小型垃圾收集车51辆，用于辖区沿街门店垃圾收集清运；泔水收集车4辆，用于辖区重点路段餐厨垃圾的收集清运；洒水车、清洗车、高空喷雾车33辆，用于辖区重点路段的洒水压尘及喷雾降尘；隔离栏清洗车3辆，用于城区交通隔离栏的清洗。对2748个果皮箱、垃圾屋等环卫设施做到随坏随修，一次性购置新果皮箱5000个，对原有破旧果皮箱依次进行拆换、补栽；购置、发放带盖生活垃圾桶50余个，在全区设置露天定时收集点和垃圾屋187处。

【环卫宣传】 采取网络、报纸、新闻、标语等多种宣传方式和手段进行保护环境卫生宣传。同时，在保洁员背心前后粘贴“爱护环境卫生共建繁荣夜市”“不乱扔杂物做文明市民”“支持环卫感谢有你”“你随手一扔我披星戴月”等宣传标语，让人们意识到自己的行为对卫生环境的影响，自觉将垃圾扔到果皮箱，从而减少垃圾乱扔的现象。制作宣传标语，贴在清运车辆车身上，让标语随车流动，让市民知晓垃圾不落地工程。

【应急措施】 成立应急领导小组，制定环卫工作应急预案，在处置落叶、铲除冰雪、重大接待和各类突发事件等方面做到“反应快速、行动果断、妥善处理”，全力保障环境卫生干净整洁。

【市容环境卫生综合整治】 对雨水井口周边卫生脏、乱、差，临街商户乱堆乱放杂物、乱泼乱倒泔水，餐饮店“门前三包”及餐厨垃圾分类收运等问题进行彻底整治。同时，对辖区内各商户进行市容环境卫生宣传教育，并与商户签订城关区关于开展市容环境卫生综合整治承诺书。加强三大出入口、铁路沿线、城乡接合部和城中村的环卫工作力量，注重提升城市保洁水平和效率。

【重大节会环境卫生保障】 确保“环青海湖自行车赛”“国际马拉松赛”“兰洽会”“创建全国文明城市”等重大节会赛事期间城区环境卫生干净整洁。保洁时间向全天候延伸；对赛道沿线、重点区域人行道采取湿式机扫和洗扫车联合作业的方式定期进行机械高压冲洗，确保赛道沿线、重点路段干净整洁。

【精品示范街】 最大限度地贴合不同街景环境，为65条示范街“定制”1091个垃圾箱，使之更符合精品示范街的人文环境；对临街路面、果皮箱内的垃圾进行分路段巡回收集。开展“夜市保洁模式”，将凌晨大扫增加为两个班次，第一个班次针对百货类摊点收摊后造成的纸盒、塑料袋等进行集中清扫，第二个班次针对餐饮类摊点收摊后遗留的饭盒、煤灰、食物残渣等垃圾杂物进行彻底清扫。

【“冬防”整治】 通过“垂直管理，条块结合”的方式，对市容环境卫生进行专项治理，包括道路清洗、工地扬尘污染、环卫工焚烧垃圾等，有效防止各类大气污染行为。在黄河北和南山路等城乡接合部，摆放14个小型勾壁式自卸垃圾箱。在109国道和盐什公路、九州大道设三个检查点，分班轮岗夜查道路渣土污染问题。在57辆环卫作业车辆上粘贴宣传标语，营造“冬防”氛围。严控工地防尘，与各地和商砼公司签订责任书，要求工地围挡作业、渣土运输车密闭运输。严控道路扬尘，减少作业过程中的二次污染。严禁垃圾焚烧，要求保洁员、清运人员做到自己不焚烧，并处理或上报发现的垃圾焚烧问题。

【项目建设】 针对转运站无法满足全区垃圾的倾倒和收集问题，在全区设置187处露天定时收集点和垃圾屋，新建压缩式垃圾转运站11座，有效解决垃圾堆积对环境的影响。

（朱 璟）

·数字化城市监督管理·

【市容环境整治】 数字化中心在市容环境整治工作中，通过监督员巡查采集上报受理各类城市案件559900件，立案435649件，处置案件356720件，结案317316件，处置率82.26%；利用视频监控发现群体上访事件287件，火灾225件，夜间视频监控取证露天烧烤12359件，乱倒泔水餐厨垃圾3398件，同步加强与相关职能部门的协调联动治理工作，发送突发性公共事件提示信息10277条。“冬防”期间，数字中心利用视频监控发现上报烟煤污染15909件，露天烧烤8460件。向区委、区政府领导和相关职能部门、街道发送大气污染提示信息3110条。在非法小广告整治工作中，进一步加大追呼系统力度，对采集上报的24942个非法小广告进行追呼遏制，其中取证受理号码4328个，确定加入追呼号码1955个，接受处罚123个，空号621个，呼停号码1262个，呼死率89.65%。在为期一个月的背街小巷治理工作中，及时调整工作时间，推进每日15小时监督监管，落实上报小街巷整治案件55938件，立案46725件，处置41895件，结案37348件。在加强与市级部门联动市容市貌环境整治中，发现反馈上报须市级平台协调解决的城市管理案件44515件。

【网格化管理模式】 全区构建以街道为主的24个一级网格，以社区为主的169个二级网格，以社区再度划分为主的733个三级基础网格，并着力推行“小网格、大职能”的一网多职综合管理模式。2016年，数字化中心会同区城管委进一步健全完善城市网格管理考评机制，在环境秩序方面，重点加强对垃圾倾倒清运、占道经营、违章建筑、乱贴广告等的管理；对出租房屋做好以房管人，及时了解流动人口状况；做好发现治安隐患，完善人防、物防、技防，开展治安巡逻守护等工作；做好安全生产隐患的排查处理、自然灾害的监测预警、食品药品的安全监管、群体事件的排查防范工作；构建起网格员自下而上巡查网格上报案件加分，数字监督员自上而下根据视频抽查核实案件扣分的“双闭环”网格化管理工作流程。全区日均上报网格案件1500件左右，全年网格共自行巡查处理日常案件696986件，上报一般案件5133件，处理率98.65%，审核率99.76%。

【12345民情通】 2016年，开通12345民情通三级平台60个，四级平台202个，共办理民情通热线48112件，供水服务3464件，供电服务171件，供气服务77件，公共交通2件，感谢表扬2件，供暖供热8576件，科教文卫875件，市场监管2642件，涉农诉求42件，环境保护1759件，民政救助981件，劳资社保2484件，公共事业52件，意见建议935件，大气污染833件，食药管理28件，平安校园82件，市政管理1813件，房产物业5388件，城乡建设563件，城市管理14927件，其他2416件。

【数据库建设】 针对城市化进程加快、流动人口日益增多的现状，数字化中心积极探索“以证管人、以房管人、以业管人”的新模式，进一步加强对常住人口、流动人口、企业法人、个体工商户的细致录入与更新纠错工作。全年深入街道社区落实相关指导培训40余次，录入常住人口1018139人，流动人口287991人，录入房屋信息689853条，更新信息147958条，其中更新人口信息103208条、家庭信息26232条、企业法人信息14046条、地理地标信息4472条。接到市三维中心下发纠错数据29818条，已纠错28723条，纠错率93.9%。

【三维服务网】 中心细化责任，成立三维服务网工作小组，每天对全区23个街道、149个社区信息更新情况进行抽查监督，对信息更新不及时、不达标的街道社区第一时间电话沟通督促；每周对街道、社区所录入信息总量进行排名通报。年内按市三维中心要求，分别完成皋兰路街道、张掖路街道、白银路街道网上办事试点建设与培训工作，大幅提升三维服务效能。全年，数字中心三维服务网信息发布228045条，其中社区新闻74861条、社区公告54755条、文明城市信息40333条、平安建设35064条、扶贫济困23032条、县区亮点信息发布2070条。

（王君金）

·城市管理行政执法·

【概况】 2016年，为有效解决城乡接合部等重点区域环境卫生脏乱差问题，加大对流动摊点、店外经营等行为的查处力度，城关区执法局以“五城联创”工作为龙头，加强宣传教育，开展各类整治。累计规范早餐摊点3859个，查处其他摊点45977个，查处店外店45537

个，取缔露天烧烤摊点 1264 个。拆除违法建设 586 处 243488.18 平方米（其中拆除彩钢房 256 处 98417.28 平方米），清理各类户外违法广告 6070 处 137284.44 平方米。同时，严格执行“冬防”期间建筑工地停工相关规定，防止各类工地偷挖、偷建现象，累计下发责令整改通知书 1189 份，查处违规施工车辆 51 台，裸露土方滤网覆盖面积达到 30 万平方米。

【违法建设拆除】 依托年初在《兰州日报》《兰州晚报》等媒体上发布的《兰州市城关区人民政府关于集中拆除违法建设的通告》，刻录整治违法建设宣传光盘，安排执法宣传车在全区范围内进行循环宣传，动员违建当事人自行拆除，同时安排直属二中队对违法建设易发区域进行徒步巡查、宣传，预防违法建设发生。9 月份，再次对全区现存所有违法建设情况进行调查摸底，并登记造册，掌握现实存量。2016 年已拆除存量违法建设 58 处 112836 平方米，处罚 2 处 175914.1 平方米，完成 58%。雁滩区域集中整治启动后，为加强区域整治力量，抽调局直属中队配合辖区中队开展整治工作。先后对影响 603 号、605 号、606 号、607 号规划路贯通工程施工的历史遗留建筑进行拆除，打通“肠梗阻”，有力保障道路贯通工程的顺利实施。累计拆除雁滩区域各类违法建设 253 处 165367 平方米。2016 年，为保障重点项目建设顺利实施，向元森、小天鹅、桃树坪棚户区、黄家园棚户区等项目派驻执法人员，加强项目区内违法建设监控力度。开展北环路沿线区域违法建设整治，发现的 3 处 910 平方米违法建设均已拆除。

【市容市貌综合整治】 加大对流动摊点、店外经营等行为的查处力度，以“五城联创”工作为龙头，加强宣传教育，开展各类整治。依照“定人、定岗、定责、定路段、定时间”的原则，局属各中队实行执法队员包路段工作责任制。针对人行天桥、地下通道管理权限下放及黄河风情线管辖范围调整，加大对天桥、地下通道及风情线日常管控整治力度，对管辖涉及两个中队的天桥、地下通道，则明确责任中队，避免出现管理空挡。对城区主次干道、车站、校园周边等重点区域进行不定时、多频次集中巡查清理，强化“错时上下班”巡查制度。为避免管辖交叉区域管控不到位，局属各中队间不定期开展联片整治行动，有效杜绝占道经营、流动摊点“两头跑”现象。夜市管控在严控入市经营时间的基础上，安排相关中队对夜市外延摊点、烧烤餐饮摊点坚决予以取缔。对不履行“门前三包”责任义务的，责令其限期整改，拒不整改的实行重罚。规范便民摊点，联合区食药局对区内的阳光、昕光、兰州、民生、快乐、古德 6 家早餐公司及 430 余户早餐摊点经营户进行约谈。针对早餐摊点不遵守有关规定、私自延长经营时间、乱摆乱放或改变经营地点、“野早餐”有所反弹等问题，及时组织力量加强早晨 7 时和上午 10 时两个时间段的监管力度，对城区早餐摊点进行全方位的巡查整治。对不按规范时间经营的，通过采取批评教育、现场规范、暂扣早餐车等方式，要求早餐摊主必须严格按照“三个统一”要求规范经营。

【清理城市立面】 在加大日常户外牌匾规范整治的基础上，着重对未经审批或超过审批时限、存在较大安全隐患、影响市容的户外广告牌依法予以拆除。先后组织专业拆除队伍对书刊批发市场、雁滩古玩城、黄河医院、常顺苑、管业市场、瑞湖酒店等多处楼顶大型户外广告设施进行拆除，对常顺苑楼面、美居田园楼面杂乱无章的小广告牌全部进行拆除，对雁北路、雁滩路全段沿街各类指引牌、墙面广告进行集中拆除。通过集中拆除整治，拆除各类户外广告 925 处 33893.50 平方米。组织执法力量，对“三大出入口”范围内存在安全隐患、未经审批擅自设置及未取得设置许可的户外广告设施、门头店招进行清理拆除工作，累计拆除各类户外广告 1335 处 41756.8 平方米。按照《兰州市门头牌匾设置规范》的要求，严把门头设置审批关，对不符合设置要求的，一律要求进行整改，对不符合审批要求和超出审批范围的一律要求整改或向市城管委报批。依托“城市管理一体化示范街”创建工作，联合街道创建了雁宁路、通渭路、飞天路、南城巷、木塔巷 5 条综合管理示范街。通过对巷内设置混乱、陈旧破损门头店招的更换拆除，对占道经营、店外店等违规行为的清理取缔，改善周边市民生活居住环境。

【工地扬尘污染管控】 严格执行“冬防”期间建筑工地停工相关规定，各辖区中队每日安排专人进行巡查，对老化、破损的滤网及时进行修补、更换，防止遇风起尘。强化节日期间巡查力度，防止各工地在节日期间有偷挖、偷建现象。按照在建工地、待拆工地、拆迁工地等实行分类管理，紧盯土方开挖时段、周末施工期等各个环节的施工期扬尘污染问题，摸索各类施工工地及其建筑垃圾清运过程扬尘污染综合整治规律，加强二次扬尘监管工作。落实“属地化、网格化”管理制度，对土方和拆迁工地加大日常巡查。配合市、区委督查室以及街道等单位部门，对全区各类扬尘建筑工地进行“拉网式”检查。“冬防”停工期结束后，要求施工单位拿出《施工工地扬尘实施方案》《扬尘污染防控承诺书》和《复工申请报告》向辖区中队提出验收申请，对于主体在建的建筑工地由辖区中队现场进行勘查，符合“六个百分百”要求的，由中队长在《验收记录表》上签字后方可复工；对城区涉及土方开挖工地，经中队初审同意后报科室统一进行验收，对于不达标的工地，坚决不允许复工。

【数字化案件办理】 累计下派区级数字化案件243612件，结案223893件，按时结案156512件，处置结案率达到90%以上；累计下派市级数字化案件3507件，结案3488件，按时结案3242件，处置结案率99.42%，两次获得市级月排名第一。处理各类信访案件11788件，其中市级部门转办交办405件、区级部门转办交办136件、民情通服务热线9647件、接听电话投诉1566件。

（焦思臻）

·兰州高新区九州经济开发区·

【概况】 开发区规划总面积3278公顷，入驻企业200余家。知名品牌企业有九州主食厨房食品加工园区、爱里、安旗、红房子、吉祥斋、法贝德、面包新语、伊曼斯顿、赛奇、陇萃堂、奔马集团、明旺铜铝材、华宇彩印包装、美东雷克萨斯4S店等。2016年实现地区生产总值6.58亿元，同比增长9.78%；实现销售总收入31.69亿元，同比增长7.83%；实现工业总产值16.87亿元，同比增长8.88%；实现工业增加值3.71亿元，完成年计划的100.27%，同比增长8.19%；实现固定资产投资21.25亿元，同比增长13.94%。

【园区规划】 委托甘肃省城乡规划设计研究院对《兰州九州经济开发区发展规划（2016—2020）》进行修改，报市政府审批。委托市城乡规划院对《九州单元控制性规划》进行修编。协调市国土局在《兰州市土地利用总体规划》调整中对涉及九州区域的土地规划结合开发区项目用地进行调整，完成开发区审核目录修订资料整理上报工作。

【产业发展】 2016年，开发区继续以延伸食品产业链条为重点，主要对九州“主食厨房”食品园区一期15公顷加快引进企业，签约企业105家，正式投产79家，28家正在装修。初步形成食品加工集群，实现园区主导产业提质升级，同时管委会投入200余万元对《兰州市主城区单元控制性详细规划—九州（JZ13）编制单元规划》进行修编，加快推进九州“主食厨房”食品园区二期项目建设。

【招商引资】 2016年开发区引进家用厨房机器人生产一期项目等7个项目，实际到位资金31.2亿元，同比增长1.96%，占城关区到位资金的6.47%；已建成投产4个，开工率57%，到位资金3.2亿元，占城关区到位资金的1.64%。新引进家用厨房机器人生产一期项目等亿元以上企业3个。

【项目建设】 2016年开发区确定18个重点项目，其中结转项目13项，办理相关手续项目2项，新开工2项，建成1项，项目总投资182.89亿元。其中：海亮和园项目累计完成投资1.68亿元，已建成投入使用。九州“主食厨房”食品加工园区项目累计完成投资3.9亿元，已完成一期10.5万平方米的标准车间建设并投入使用，签约105家企业入驻，投产79家，二期正在调整用地规划手续。天昱·凤凰城住宅小区累计完成投资10.5亿元，已完成二期工程，正在进行三期主体施工。甘肃九通置业有限公司“天源九号”城市建设项目累计完成投资11.43亿元，正在进行三期项目室内安装工程和室外工程施工。兰州沃德爱里食品有限责任公司生产基地项目累计完成投资4130万元，已完成厂房主体建设。兰州创客大厦正在办理前期相关手续。

【基础设施建设】 2016年，开发区投入1956.1万元完成九州大道、903号道路、920号道路等道路的路面维修约6480平方米、人行道维修约1250平方米；完成污水管道维修约190米、雨水管道维修约250米，完成各类窨井维修130处；建设完成九州垂直式垃圾转运站及环卫管理用房；实施九州中心广场景观维修工程；完成开发区绿化种植灌木4000株，新增绿地面积0.06公顷、高位水池苗木种植基地0.8公顷，补植雪松9棵，破墙透绿2处；完成九州大道行道树及树穴铺设石子工程；协调甘肃铁道综合工程勘察院有限公司完成对开发区各条道路的雷达探测工作；对罗锅沟九州段洪道污水溢流问题进行综合治理，敷设波纹管1042米，33处污水截流收集到排污主干管，挖污水截流槽24处，砖砌污水井36座，清理淤泥垃圾1350立方米，铺设砂夹石528立方米，整理排洪道20300平方米，清理洪道垃圾5吨。

【科技创新】 开发区积极支持

区内企业开展科技创新，在全志电子、明旺铜铝材、兰州安旗食品、兰州爱里食品等知名品牌和骨干企业的带动下，区内企业重视技术进步和技术创新，争创名牌产品的意识不断增强。甘肃明旺铜铝材有限公司明旺牌节能环保铜母线获得2016年甘肃名牌产品称号。区内兰州全志电子有限公司是国内最早从事可编程序控制器（PLC）研发的企业之一，已初步形成全系列PLC的软、硬件平台核心原创技术，具有良好的可持续发展前景。2016年，企业与北京机械工业自动化研究所和中国工程物理研究院动力部签订《合作研发微型小型可编程序控制器技术标准协议书》，研发微型小型可编程序控制器程序编程语言等三项技术标准。企业成功研制全自动制作豆腐机器人，已进入安装调试阶段。

（王　娟）

·兰山公园建设·

【概况】　兰山山地生态公园位于兰州中心城区南面皋兰山上，海拔2250米，距城区相对高度约600米，总面积200公顷，植被覆盖率达80%。景区主要由三台阁、知春园、牡丹园、水景、文化生态广场、石牌坊、兰山钟院等七大人文园林景观构成。特色景点有兰山烟雨、兰山晨钟、夜观魁星、园林景观、水景等，主要娱乐设施有兰山索道、滑道、空中飞索等。景区周边还有独具特色的农家乐、茶楼等，是一个人文景观与自然风光相交融的旅游胜地。2016年，实现经济收入743万元，与2015年相比增长7%；全年景区接待游人37万人次左右。

【大兰山生态环境建设】　协调兰山42家绿化承包单位，共同实行科学灌溉，全年上水量35万立方米，上水时间560小时，充分满足了兰山林区的绿化灌溉需求。同时，为迎接马拉松赛事，开展除尘喷灌10余次。加强人力、物力的投入，重点对大壑岘（二台阁）广场、长廊面山、枇杷岭和2公顷自有林地进行补植、修整。累计种植云杉、侧柏、山杏等8种苗木15650株，修剪可观赏树木0.4公顷，除杂草2公顷，清理枇杷岭和大壑岘坡面枯死树5000株，对辖区公路沿线行道树及其他林地进行修剪，力争做到绿化管护无死角。

【景区环境美化】　2016年重点对公园主干道、三台阁周围及长廊沿线景观进行补植美化。种植矮牵牛、紫叶矮樱、水蜡等绿植花苗57600株，为景观植被浇水80000立方米，修剪侧柏、云杉、牡丹、大小灌花灌木等共计72690株，清理死枯树90株，粗整地0.4公顷。全年累计修剪草坪10.36万平方米，除草90000平方米。新搭建小灌木防寒棚膜3500平方米，冬灌透水51000平方米。坚持执行“一日一打扫，全天候保洁”管理，共清理垃圾杂物980吨。

【华夏第一长廊建设项目】　总投入5000万元，建成全长5.9千米的兰山华夏第一长廊。该长廊根据兰山地形顺势而布，主体部分布置在兰山山顶的东北侧。长廊积聚了中华民族多种建筑工艺，是兰州集中向外界展示民族特色的窗口。2016年重点完成兰山长廊百名书法家楹联作品展馆（兰山烟雨楼）的装修改造、烟雨楼室外广场的建设。

【招商引资与资金争取】　全年联系招商引资项目2个，实现意向投资4亿元。其中，与甘肃天苑古建公司协作建成普照寺—毗卢殿项目，总投入300万元。与兰州挪威森林农林开发有限公司洽谈建设乡村休闲旅游发展示范体验基地。该项目计划投资3.71亿元，建设面积约52公顷，建设周期5年，建成后将解决740人的就业问题。积极争取省、市旅游发展建设资金200万元。

【安全生产】　结合兰山初春干旱少雨的气候特点，每天组织防火员巡逻不少于3次，始终坚持24小时值班制度，全覆盖进行踩点巡查。2016年专门投入3万元，重新配备灭火器、消防箱、强光手电等消防器材；开展职工护林防火专业知识培训。对各泵房变压器和用电设施进行专项安检，对三台阁景区、兰山索道和项目施工场所的用电线路进行维修，对各绿化承包单位安全消防器材、人员配备、制度落实等进行走访督查，确保及时排除安全隐患，全年未发生任何安全事故。专门聘请有专业资质的维修企业对兰山客运索道沿线250个轮组进行轮衬更换，校对调整固定支架，对上下站大盘及液压系统进行全面维护等，共排查安全隐患38处。全年自主维修57次，开展救护演练5次，使得兰山客运索道的安全运行指标进一步提升。

（魏文婷）

·南河疏浚·

【机构调整】　按照市编委《关于黄河风情线及南河道管理单位机构编制调整的通知》（兰机编字〔2016〕17号），将兰州市南河疏浚工程管理办公室更名为兰州市南河道管理工作办公室；将城关区滨河东路园林绿化管理所机构编制整体划入市南河道管理工作办公室管理；将市生态局承担的南河道两岸绿化职责移交城关区政府，由南河管理办负责养管。根据区编委《关于设立南河道管理工作办公室内设机构的通知》（兰城编〔2016〕13号），南河道管理工作办公室副县级建制不变，下设三个内设机构，分别是绿化管理科、综合管理科、设施管理科。

【基本情况】 承担南河两岸16千米范围内的清扫保洁任务。管护队有保洁人员20名，保洁范围包括河道、堤岸、游览道等，面积近20万平方米。3—10月，在雁滩环境综合整治中，对南河道周边环境进行集中整治，包括河道疏通、铲除枯草乱树、清理河道内沉积的漂浮物、清理树丛垃圾杂物等，清理清运私倒渣土550立方米。反复清理冲洗游览道动物粪便，劝导遛狗市民提高文明意识。保障南河沿线六家泵站取水正常，满足农林灌溉。加强河道沿线管理，全年未发生乱挖乱埋、乱搭乱建等现象。

【临时引水】 3月，采取临时引水措施，在水车渠至城关大桥之间压筑砂坝，疏掏黄河滩涂，将南桥孔黄河水通过水车渠引入南河道，同时在水车渠出口（金雁大桥下）筑坝堵截，确保水车渠来水全部进入南河道，缓解污染，解决南河泵站的春灌水源。

【设施维修】 对全线车损仿木栏杆进行补充维修和纠偏，累计长度420米；对全线9700米仿木栏杆进行饰面喷涂翻新；对下游880米水毁铁艺栏杆进行更换维修；维修游览道破损面层120平方米，移位重建绿地踏步1座。

【成功引水】 自2008年综合治理以来，每逢冬春两季黄河枯水期干流量小于450立方米/秒时，南河道因无法进水而断流，时间长达4—5个月，河床裸露影响景观，积水不畅，春季回暖变质，造成污染。南河道断流或水量不足，还导致南河道2座泵站（共7台水泵）无法取水，影响皋兰山、范家湾、东岗镇、“三山”及981部队农林冬春灌溉。根据2016年4月13日市委市政府主要领导调研南河道时提出的“采取工程措施，实现南河道四季有水”要求，南河办委托兰州市水电勘测设计院进行方案拟定、论证、筛选和施工图勘察设计；工程于2016年12月9日开工，2017年1月17日完工。工程对水上派出所上游观景平台东侧至水车渠进口之间560米黄河河床进行疏浚，开挖一条底宽13米、边坡1∶2、上口宽约20米的梯形引水渠，平均挖深1.2米，设计纵坡0.5‰；同时对第一组水车节制闸之前的250米引水渠实施清淤。本工程共开挖淤泥砂石1.2万立方米，可满足黄河干流量在350平方米/秒时南河道有长流水。此次成功引水，是20世纪70年代南河填河造田近40年来迎来的第一期“冬水”，宣告了南河道多年来枯水期断流历史的结束，是一项具有多方面效益的惠民工程。

（魏清河）

社会事业

教育科技

·教　　育·

【概况】 2016年，城关区属学校101所，其中幼儿园10所，小学73所，初中13所，九年一贯制学校2所，特教学校1所，中等职业学校1所，教师进修学校1所。在校学生78886人，其中幼儿园3330人，小学64414人，初中11013人，特教学校129人。教职工4710人，专任教师4470人，其中幼儿园354人，小学3033人，初中1009人，特教学校35人，中等职业学校39人。

【学前教育】 推进《城关区第二期学前教育三年行动计划(2015—2017)》年度工作任务，新审批7所民办幼儿园，增加学位600余个。先后组织30所公、民办幼儿园参加省级、市级、区级的晋类评估验收。组织开展全国第五个学前教育宣传月等系列活动。按每生每年1000元标准对20000余名幼儿进行保教费补助。学前一年、三年毛入园率分别为97.1%和94.28%。创建省级一类园1所，市级三类园9所，民办二类园6所。

【义务教育】 落实“以流入地政府为主，公办中小学为主”的“两为主”政策，切实保障外来务工人员子女就学权益，3.5万余名流动人口子女全部入学。强化义务教育均衡发展过程督导和跟踪监控，小学和初中差异化系数分别为0.49和0.42，达到国家规定标准。小学和初中入学率、毕业率、巩固率均为100%。2015年中考六科平均成绩442.17分，六科合格率、总分优良率、总分过差率分别为35.16%、25.88%、8.93%。11所中小学获市级教育质量优秀奖，2所小学获进步奖。

【特殊教育】 落实《兰州市城关区特殊教育提升计划》，设立30万元特殊教育工作经费，并以每生500元的标准给予232名儿童学习用品补助。选派12名特教教师分赴北京、江苏开展培训。建成区域共享型资源教室1间，在建1间。实施残疾儿童“零拒绝”政策，安排107名残疾儿童在普通学校随班就读，开展重度残疾儿童“送教上门”活动。

【民办教育】 城关区有民办中小学6所，学生2711人，教职工220人。教师学历100%达标，100%持有教师资格证。全区有非学历民办学校110所，民办幼儿园82所。投入956万元，扶持140余所民办托幼机构改善办园条件，培训民办园保教人员800余人次。组织民办幼儿园教师参加区级教学新秀评选、玩教具制作比赛等活动。完成全区各类民办办学机构年检工作。

【成人教育】 创建市级学习型社区5个。每年组织各类教育培训达到人均30学时，年参培总人数达到常住人口的40%以上。全年共有6431人报名参加成人高考，共完成23个考点、1879场次、55834科次的自学考试任务。

【教育科研】 坚持开展学区连片教科研活动，组织开展教学新秀展示课主题教研活动。利用信息技术，定期组织开展网络教研活动；常态化开展教研员包片区、包学校教科研指导考核工作，通过市级立项课题138项。推进“生本教育”试点工作，制定下发《城关区开展“生本教育”试点实施方案》，在14所学校开展“生本教育”试点工作，召开生本教育试点工作启动会、生本教育试点工作推进会，邀请全国知名教育专家郭思乐家团队对全区中小学幼儿园正副校园长、教科室主任、骨干教师进行生本教育专题培训400人次。

【科技体艺文卫活动】 举办城关区庆祝教师节暨素质教育成果展活动、地区中小学生田径运动会、中小学生合唱比赛、教师合唱比赛，开展书画家进校园活动。举办第七届城关区青少年科技创新大赛，开展“世界地球日”“科技大篷车进校园”等七大科普宣传教育活动。组织参加第31届甘肃省青少年科技创新大赛、第16届机器人大赛和全国无线电测向竞标赛，教育局首次荣获全国无线电测向优秀组织奖。承办全市乡村社区学校少年宫成果展。落实《城关区教育局学生文明礼仪行为规范》，组织全区各校开展“小手拉大手”每月一主题活动，全方位推进文明礼仪教育对家庭和社会的影响力度。共创建6所省级德育示范校、5所省级快乐校园示范校、1所省级语言文字规范化示范校、2所市级语言文字规范化示范校、8所市级足球特色学校、3所市级科技创新教育基地校、3所区级科技特色学校。

【教师队伍建设】 区属中小学专任教师学历合格率均为100%；小学专任教师大专以上学历占98.1%，初中专任教师本科以上学历占90.4%，职业学校专任教师本科以上学历占80%。教师队伍进入173人（调入45人，招聘免费师范生21人，运动员安置5人，人才引进15人，事业单位招考86人，政策安置1人），退出98人（退休45人，调出40人，辞职10人，死亡3人）。中学、小学、幼儿园师生比分别为1∶9.4、1∶19.9、1∶7.6。积极协调省、市编制部门调研教师编制现状，新增教育编制100名。继续强化“三百双千教师培养工程”，依托城关区教师短训中心组织开展17期区级正副校长、学科教师培训活动，参加培训980余人。评选“城关区名班主任”20名，名校长、名师、名班主任工作室积极开展论坛、讲座、跨校带徒等活动。制定《兰州市城关区教育局教师管理办法补充规定（试行)》，鼓励优秀教师、骨干教师到农村和边远学校任教。交流教师145人，提拔交流科级干部26人，聘任中层干部93人（其中交流58人），进一步优化学校管理队伍结构。深化区本、校本及赴外高端培训，多频次、多元化开展校本培训，选派420名中层干部、骨干教师赴杭州、广州、成都等地进行高端培训。50人在全国课堂教学比赛中获奖，824人在省市区级课堂教学比赛中获奖。

【办学条件】 落实《关于加快城关区中小学、幼儿园扩容增量工程的实施意见》，投入3800万元，全面推进5所学校改扩建工程。先后签订元森北新时代、银河国际、碧桂园、恒大绿洲4所小区配建学校无偿移交协议。更新8间计算机教室、48间多媒体教室，建成多功能报告厅4间、录播教室30间。为60余所中小学校、幼儿园配备教育教学设备。小学生均场地、建筑面积分别为5.4、4.5平方米；初中生均场地、建筑面积分别为10.7、7.7平方米；生均图书小学23册，中学33册。小学生机比为8∶1，初中为5∶1。

【教育督导】 设立专项经费25万元确保教育督导工作正常开展。加强督学队伍建设，28名专兼职督学参加了甘肃省第一期督学能力提升集中培训。继续深化责任区挂牌督导工作，指导完善学校《章程》建设。积极落实国家、省市重点教育督导工作，开展中小学开学工作、“五项督查”工作、学校品质提升工作、有偿家教、校园欺凌工作等专项督导，做好公众满意度测评工作。参与开展国家“基于质量监测结果运用”项目县试点工作。

【校园安全】 召开各类安全培训10次，组织各校（园）开展安全教育宣传及演练活动。充分发挥校园警务室及安全监控“云平台”作用，进一步提升校园安全技防。评选“平安校园示范校”5所。加强校车安全监管，获得全市2016年度校车安全管理考核第一名。多部门协同，对31所周边环境问题比较突出的学校、幼儿园进行集中整治，效果显著。全区校园安全管理水平不断提升。

【改革创新】 推进学区化管理改革，强化多种模式办学改革，修订完善《学区化管理考核办法》和《“多种模式办学”考核办法》。各学区、共同体广泛开展干部、教师、课堂教学、教研、学生活动等交流工作，实现优质教育资源的共建共享。积极开展“名特优”教师南北两山及薄弱学校送教活动，促进区域教育均衡发展。推进现代化学校、精品学校、特色（项目）学校建设，投入460万元，建成铁路西村幼儿园等5所“城关区现代化学校”，雁北路小学、伏龙坪小学等2所“城关区精品学校”，建成25所特色（项目）学校。

【“三师一建”活动】 制定下发《城关区教育系统“三师一建”党

建品牌推进方案》，全面细化"1054"工程（"十个一"，五项机制，四个创建）。开展"创新'三师一建'品牌，打造'四优'教育生态"系列活动，举办生本教育启动会，城关区教育系统弘扬苏雁芝教育思想传播师德正能量沙龙活动，城关区名校长、名师、名班主任大讲堂，"走进身边的好学校"观摩活动等近20项，推动师德师能水平不断提升。《甘肃日报》、《兰州日报》、兰州电视台以及多家新媒体对城关教育发展予以多次报道，营造良好的教育发展氛围。

【"智慧教育"建设】 投入1900余万元率先在全省开展"智慧教育"建设，利用多媒体教室、录播教室、安全云平台、视频互动系统和"互联网+"技术，初步建成智慧教育"云平台"，推动教学方式、教研方式、管理方式、学习方式的信息化、现代化。广泛开展校内、校际、跨区域同步教学、同步教研等活动，实现优质教育资源实时共享；建成移动协同办公平台，实现手机端公文处理、安全视频查看、互动交流。

【教师培训基地建设】 筹措300余万元改造城关区少年军校，建成全省首个封闭式教师培训基地。邀请省、市、区专家对干部、教师开展为期一周的集中培训，内容涉及专业素养、心理调适、文体活动等，2016年开展培训17期，培训人数达1000余人，计划三年内对全区所有教师完成轮训。

【科技类活动室建设】 全力推进科技创新教育，投入1200余万元，在全省率先整区推进科技类活动室建设。共建成科技体验馆、创客教室、比特实验室、乐高创新实验基地、脑思维训练室等科技类活动室79个，中小学科技类活动室覆盖率80%。华侨实验学校、十六中等学校机器人科技竞赛水平达到全国领先，在国际机器人挑战赛等多项国内外赛事中屡创佳绩。

（李雨归　苏　鹏）

·科学技术与社会科学·

【概况】 2016年，区级科技经费4308万元，占当年财政支出的1.2%。成功举办城关区第二届大学生创新创业大赛。组织开展"知识产权校企百日服务"等系列活动，充分发挥"科技企业发展引导资金"对城关区扶持"双创"小微企业信贷风险补偿金的作用，帮助兰州正邦自动化成套设备有限公司等三家企业成功融资820万元。年内完成对全志电子等6家企业的贴息146万元。争取资金503万元，实施研政产合作、民生科技等重点科技项目54个。定制开通"城关科普"微信公众号。

【科技计划项目管理】 建成区级科技项目库。受理、审查申报项目，并组织专人实地考察、专家评审。根据区政府"三个倾斜"的原则（向企业自主创新项目倾斜原则、向民生项目倾斜原则、向研政产合作项目倾斜原则），经2016年12月26日城关区政府第2次常务会议讨论通过，确定2016年科技计划项目54项，扶持资金316万元。落实已立项项目的跟踪服务和监督，年内结题33项。

【科技平台建设】 提升城关区科技创业服务中心服务能力和水平，通过省级孵化器认定，并与辖区的9个众创空间联合，签订合作协议；围绕"互联网+"千亿产业链打造工程，创新工作思路，采用"结合型教育+校企联合+孵化器"的创新模式建设信息人才专业孵化器，引导"南特数码"在城关区成立"兰州甲骨文教育咨询服务有限公司"，启动"信息技术IT人才专业孵化器"建设项目；跟踪指导、精准服务城关区生物化工专业孵化器建设和发展，经过2年的培育，已通过省级孵化器的认定。

【科研成果转化】 积极走访院所校企，对接相互优势资源，联合建立技术创新和成果转化基地。年内推荐10家企业与相关院校共建，现代肉羊生产关键技术和甘肃省胶粘剂技术创新两个成果转化基地获批。

【科学技术奖】 协助指导辖区企事业单位进行成果转化，推荐申报省市科技进步奖励评审，2015年获省级科技进步奖42项，市级科技进步奖22项。

【高新技术企业】 2016年城关区有高新技术企业54家。

城关区2016年高新技术企业名单

序号	企业名称
1	甘肃省轻工研究院
2	中国市政工程西北设计研究院有限公司
3	甘肃驰奈生物能源系统有限公司
4	兰州雨思电子科技有限公司
5	兰州铁道设计院有限公司
6	甘肃源岗农林开发有限公司
7	兰州瑞德设备制造有限公司
8	兰州奥普信息技术有限公司
9	中铁西北科学研究院有限公司
10	兰州西脉记忆合金股份有限公司
11	兰州有色冶金设计研究院有限公司
12	兰州北科维拓科技股份有限公司
13	甘肃中太信息科技有限公司
14	甘肃明德伟业生物科技有限公司
15	甘肃宏天亚达电子技术有限公司
16	兰州富美电子科技有限责任公司
17	甘肃普光网络科技有限公司
18	甘肃新天亿环保工程有限公司
19	兰州迅美漆业科技有限公司
20	甘肃省机械科学研究院
21	兰州冠云科技发展有限公司
22	甘肃华峰电子科技有限公司
23	甘肃种业有限公司
24	甘肃蔚蓝建科新材料股份有限公司
25	中昊北方涂料工业研究设计院有限公司
26	甘肃颐和新型材料有限责任公司
27	甘肃金盾化工有限责任公司
28	甘肃土木工程科学研究院
29	甘肃省膜科学技术研究院
30	兰州科尔迅环保科技股份有限公司
31	甘肃路桥建设集团养护科技有限责任公司
32	甘肃锐杰信息科技有限公司

续表

序号	企业名称
33	兰州海默科技股份有限公司
34	兰州科庆仪器仪表有限责任公司
35	兰州宏桥德慧信息服务有限公司
36	甘肃智启明途电子科技有限公司
37	甘肃泰鑫科技发展有限公司
38	甘肃中通申信科技有限公司
39	兰州博阳软件工程有限公司
40	中铁二十一局集团电务电化工程有限公司
41	兰州全志电子有限公司
42	西北永新涂料有限公司
43	兰州佛慈制药股份有限公司
44	兰州生物制品研究所有限责任公司
45	兰州中科凯路润滑与防护技术有限公司
46	兰州正邦自动化成套设备有限公司
47	甘肃华峰管业科技有限公司
48	甘肃信尔达工程试验检测有限公司
49	甘肃璐腾电子科技有限公司
50	甘肃中寰卫星导航通信有限公司
51	甘肃黑马石化工程有限公司
52	甘肃省建筑设计研究院
53	兰州民大土木工程科技有限公司
54	甘肃智联信息科技有限责任公司

【科技兴农】 发挥科技特派员作用，引进农业新品种12个、新技术1项。举办农业科技培训20期，参训人员3000余人次。深入开展科普大篷车“三进”活动。通过展品展演、展板宣传、人员讲解、语音广播等方式开展活动60次，受益达42000余人次。2016年区列科技计划项目经费扶持农业项目4项，扶持金额25万元。

【医药科技产业发展】 2016年城关区科技计划扶持生物医药项目11项，扶持金额65万元。

2016年城关区科技计划扶持生物医药项目情况一览表

序号	项目名称	申报单位	区列资金（万元）
1	利用甘肃道地药材用于增强免疫力产品的产业化研究	甘肃青黛中草药美容研究有限责任公司	4
2	牛病毒性腹泻 qPCR-array 多重检测试剂盒的研发	西北民族大学	8
3	创新中药“优降脂分散片”新药研发	兰州大学	8
4	基于血浆游离DNA进行肿瘤体细胞突变早期筛查关键技术开发与检测体系建立	兰州大学第二医院	7
5	抗氧化保健胶囊的研究及产业化	兰州大学应用技术研究院有限责任公司	6
6	基于增强免疫力药效的黄芪活性成分研究	兰州大学	6
7	糙叶败酱抗癌活性成分研究	兰州市食品药品检验所	6
8	以甘肃道地中药材研制系列功能性化妆品及其产业化	甘肃兰科生物科技有限公司	6
9	槲皮素对糖尿病大鼠肾脏炎症损伤的保护作用及机制研究	兰州大学第二医院	5
10	基于MREM/tBTEM的植物及中草药成分全分析方法	甘肃长元生态农业科技有限公司	5
11	兽药三氮脒三类新药的研发	兰州乾宏农业科技开发有限公司	4

【保护知识产权宣传】 围绕“3·15”、“4·26”、科技活动周、科普活动日等重要节点，以科普画廊、科普大篷车、现场培训为载体，采取进社区、进学校、进机关、进企业、进农村等形式开展知识产权宣传教育，开展“知识产权校企百日服务活动”，印制《知识产权普及知识读本》10万册，向区属中小学生发放6万余册，向企业、辖区居民发放1万余册，深入企业开展知识产权服务50余次。

【知识产权优势企业培育】 落实《兰州市城关区专利资助管理办法（试行）》的规定，受理区级专利费用资助申请276件，发放专利费用资助款项1万元。

【专利申请与授权】 年专利申请量3206件，同比增长40.3%，占全市申请量的42.8%，授权1210件。

【科技交流合作】 围绕“互联网+”千亿产业链打造工程，成立由省内外知名企业、高校、科研院所、行业协会、中介服务机构联合组建的“西部互联网+产业技术创新战略联盟”，搭建“西部互联网+产业技术创新战略联盟网络公共服务平台”，年内扶持“城关区创新创业公共服务平台”“互联网+智能养老服务平台”等信息互联网+项目10项；结合“互联网+产业技术创新战略联盟”建设，引进浪潮集团大数据中心和盛达集团互联网金融中心，与甘肃“1898咖啡”、甘肃悦达通讯合作建成3000余平方米的信息及互联网产业孵化基地，完成“灵活就业人员云网络自主参保登记平台”等产学研合作项目5项。

2016年城关区科技企业情况一览表

序号	企业名称	法人代表	注册时间
1	甘肃华峰管业科技有限公司	陆廷华	2007年9月
2	兰州元创机电科技有限公司	郑文俊	2010年3月
3	甘肃创源电子科技有限公司	成秀兰	2008年12月
4	兰州惠昌再生燃料技术有限责任公司	刘志刚	2008年12月
5	兰州博同信息技术有限公司	王丽华	2000年4月
6	甘肃金籽瓜生物科技有限责任公司	常蓬彬	2003年4月
7	甘肃璐腾电子科技有限公司	惠丽丽	2013年7月
8	兰州洁城环保科技有限责任公司	刘晓辉	2012年7月
9	兰州蝶姿生物科技有限公司	朱继霞	2010年5月
10	兰州柳彬电子科技有限公司	石瑾娥	2014年9月
11	兰州润康爱生物科技有限公司	杨柳	2012年2月
12	兰州迅美漆业科技有限公司	段兢	2003年1月
13	陕西永明项目管理有限公司甘肃分公司	史先锋	2012年5月
14	兰州志摩建材科技有限公司	李明杨	2006年7月
15	甘肃众维卓越节能科技有限公司	李泉	2008年2月
16	甘肃颐和新型材料有限责任公司	黄军妹	1995年7月
17	兰州安杰利生物化学科技有限公司	朱丹	2009年9月
18	兰州奥润环保设备有限公司	郁国宏	2006年3月
19	兰州北方文化影视传媒有限公司	靳宁	1995年
20	甘肃法赛德种业有限公司	张林成	2007年
21	甘肃百特信息科技发展有限公司	崔延寿	2013年1月
22	甘肃智联信息科技有限责任公司	苏得相	2009年10月
23	甘肃慧瑞信息技术有限公司	罗辉	2006年8月
24	兰州加泰恒通电子科技有限公司	马占虎	2012年3月
25	甘肃金盾化工有限责任公司	玛依莎	1999年
26	兰州康寓信生物科技有限公司	王有为	2012年6月
27	兰州天邦生物科技有限公司	肖福	2011年3月
28	兰州伟士达机械科技有限公司	丁伯年	2010年11月
29	兰州正邦自动化成套设备有限公司	贾新红	2004年4月
30	兰州利捷生物科技有限公司	杜得军	2012年1月
31	兰州联众恒通电子科技有限公司	余小东	2012年11月
32	兰州灵雨生物科技有限公司	靳悦	2009年
33	兰州派奥尼生物科技有限公司	海青宏	2006年4月

续表

序号	企业名称	法人代表	注册时间
34	兰州润成医药科技有限公司	赵愫	2011 年 5 月
35	兰州天豪文化传播有限公司	马占虎	2009 年 5 月
36	甘肃信和科工贸有限公司	姚军	2000 年 10 月
37	甘肃省药物研究院	梁仲军	1983 年 9 月
38	兰州宇瑞星耀环保科技有限公司	邵岩奇	2012 年 3 月
39	兰州圆融生物科技有限公司	梁仲军	2008 年 3 月
40	甘肃源岗农林开发有限公司	邢丽光	1998 年 5 月
41	兰州知本化工科技有限公司	蒋德强	2000 年 1 月
42	兰州麦迪生物科技有限公司	薛鑫	2005 年 4 月
43	兰州荣昌生化试剂厂	薛鑫	1999 年 6 月
44	甘肃臻业建材科技开发有限公司	史先锋	2012 年 2 月
45	甘肃陇汇优品电子商务有限公司	张志勇	2014 年 4 月
46	兰州圣脉生物科技有限公司	毛鹏	2010 年 4 月
47	兰州国脉生物科技有限公司	达国祖	2014 年 10 月
48	兰州冠云科技发展有限公司	曹云江	2002 年 6 月
49	甘肃宏博矿山设备科技开发有限公司	董阳	2009 年 11 月
50	兰州宏桥德慧信息服务有限公司	徐洁	2010 年 1 月
51	甘肃合生创展化学工业有限公司	苏振华	2014 年 10 月
52	兰州宇安建筑节能科技有限责任公司	李世望	2013 年 5 月
53	兰州华浩生物医药科技有限责任公司	高羽丰	2014 年 10 月
54	甘肃三思肽科新材料有限责任公司	曹新刚	2014 年 10 月
55	甘肃树洋化工科技有限公司	辛树洋	2014 年 11 月
56	兰州丽源生物科技有限公司	包正宏	2014 年 12 月
57	甘肃智泰新材料有限公司	王得印	2014 年 10 月
58	兰州正谷农业网络科技有限公司	白丽霞	2014 年 12 月
59	兰州康恩生物医药有限公司	魏孔澄	2014 年 12 月
60	兰州启元生物科技有限公司	杨逵	2014 年 12 月
61	兰州淡宁化学有限公司	许言和	2015 年 2 月
62	甘肃启皓生物科技有限公司	李毅	2015 年 1 月
63	兰州雨陆精细化工有限公司	余龙维	2015 年 4 月
64	兰州意联精细化工有限公司	詹智年	2015 年 5 月
65	甘肃子源环保科技有限公司	朱浩	2015 年 6 月
66	兰州快乐细胞生物科技有限公司	韩寅	2014 年 7 月

续表

序号	企业名称	法人代表	注册时间
67	兰州金盾建材科技有限公司	顾文琴	2014 年 9 月
68	甘肃卓益节能环保科技有限公司	刘勇	2017 年 1 月
69	甘肃通亿电子信息技术有限公司	刘鹏	2013 年 12 月
70	兰州泰坦互联网信息科技服务有限公司	尹忠党	2014 年 7 月
71	兰州甲骨文教育咨询服务有限公司	南振岐	2016 年 3 月
72	甘肃万宜科技咨询有限公司	杨成凤	2015 年 5 月
73	甘肃中兴新能源有限公司	郭军	2013 年 8 月
74	甘肃臻业农业科技开发有限公司	史先锋	2012 年 2 月
75	兰州佳汇财务软件开发有限公司	汪佐龙	2016 年 1 月
76	甘肃资博睿通工程项目管理有限公司	陈立娟	2016 年 5 月
77	北京中恒高博知识产权代理有限公司	乔会霞	2015 年 8 月
78	甘肃鑫昊光伏能源工程有限公司	汪鑫	2015 年 4 月
79	甘肃英蓝计算机科技有限公司	张昀	2017 年 1 月
80	兰州航加智能建设科技有限公司	魏振中	2012 年 2 月
81	甘肃乐巢养老运营服务管理有限公司	刘坤	2017 年 4 月

【科技普及活动】 定制开通“城关科普”微信公众号。搭建科普宣传及科普活动综合信息平台，传播科学知识、交流科普经验，为辖区科普工作开辟新路径，微信公众号关注人数已达 10063 人，累计发布科普信息百余条；成功举办第七届城关区青少年科技创新大赛；开展“文化、科技、卫生三下乡”活动，为村民赠送科普图书、学生文具和优良籽种，受到农民群众的欢迎；联合省市开展“全国科普日”系列活动，在兰州文理学院举办启动仪式，组织各街道、有关部门开展科普活动 79 次，参加人数达 17600 余人次，进一步提升了“全国科普日”品牌效应；制作完成《科普惠民生第四辑——20 世纪科技史上的重大发现》系列宣传片，并下发社区、学校；邀请省内外知名专家在第十九中学、大洼山村等学校社区开展科普讲堂巡讲活动。

（谢 婷）

·文化体育·

【文化活动】 繁荣群众文化事业，丰富群众文化生活。2016 年开展“三下乡”文艺演出、首届文化旅游节开幕式文艺演出、纪念建党 85 周年暨红军长征胜利 80 周年系列活动、首届全民健身节暨 2016 年全民健身运动会文体表演、首届甘肃大剧院广场舞圆梦大舞台活力赛和城关区第十一届金城社区艺术节系列活动。全年区文化馆组织和参加各类文化活动 60 余场，100 余支团队、近 50000 人次参加活动。获得由市委市政府颁发的“第五届农民艺术节”优秀组织奖、市委宣传部颁发的“首届甘肃大剧院广场舞圆梦大舞台活力赛”优秀组织奖，被城关区精神文明建设指导委员会评为 2015 年度城关区优秀志愿服务组织。

【文化产业发展】 至 2016 年 11 月，城关区文化产业法人单位 1655 家，资产总额 119.19 亿元，文化产业招商引资累计签约项目 7 个，签约金额 26 亿元，累计到位资金 4 亿元，引进北京酷玩天下信息有限公司、上海奥霓文化传播有限公司等创新型文化企业 5 家；协助完成 3 个重点项目，争取市级专项扶持资金 300 万元，依托金融机构为文化类小微企业融资 2000 万元；促成 A9·国际三创示范园区项目建设实施，协调街道、执法局、消防等部门集中解决项目施工难点 20 余次，入户协调项目建设与周边住户矛盾 50 余次，协助招商入驻企业 12 家，向省市政府、文化部门进行多次专题汇报；帮助甘肃华源文化产业集团成功办理省内第一单文化对外贸易审批手续，助力“中国丝绸之路艺术展”海外巡展圣地亚哥站、纽约站活动的成功举办，整合资源搭建海外人才交流平台“东方创客”；组织企业参加深圳文博会、丝绸之路（敦煌）国际文化博览会等大型展会8场，推介25个区内项目；编制完成《城关区文化旅游体育产业发展规划》《华源文化创意产业孵化基地发展扶持办法》《城关区兰州创意文化产业园发展扶持办法》，搭建文化沙龙，组建城关区文化旅游体育产业智库；举办首届城关区文化旅游节，全年开展文化旅游活动30余场，依托电子竞技馆举办世界电子竞技大赛（WCA）等国际性赛事10余场；初审文化产业类众创空间9家，审核并上报2家，给予众创空间意见并筹建2家。

【艺术节举办情况】 城关区金城社区艺术节自2006年开始举办以来，已连续举办十届，是城关区群众文化队伍集中展示的盛会。9月12日、13日，城关区第十一届金城社区艺术节的压轴活动——“群众文艺团队展演及评审定级”在甘肃大剧院举行。94支群文团队的3000余人参加四场演出活动，内容包括舞蹈、合唱、戏曲、器乐、模特等。本次艺术节活动是城关地区艺术水平高、参与人数多、社会影响力大的群众文化盛会。

【公共文化服务】 完成铁路西村街道等10个街道、5个社区、1个农村文化广场的建设工作。24个街道综合文化站全部建成，18个行政村“乡村舞台”建设实现全覆盖。文化馆免费开放工作常态化、机制化，免费开放服务项目、服务水平和服务功能更加健全和完善。全年举办干部艺术培训班、群文艺术培训班、少儿艺术培训班50余期，群文干部外出辅导培训80余次，参加培训人员近万人。已连续举办四届的“甘肃·兰州高级合唱研修班”已成为亮点培训班。

【文物保护】 完成全国第一次可移动文物普查认定、录入工作，完成第三次全国文物普查工作，公布一批文物保护单位名单。建立完善文物保护机制，组建街道文保员队伍，建立区、街道、社区、文保单位四级文物保护网络，完善文物季度、月、周安全检查制度，逐步完成各级各类文物保护单位“四有”工作。根据第三次全国文物普查，城关区有已公布的全国重点文物保护单位4处，明长城遗址1处，省级文物保护单位9处，市级文物保护单位3处，区级文物保护单位4处，一般不可移动文物25处，不可移动文物保护单位分布于220平方千米的区域内。开展创建历史文化名城工作。

【文化遗产保护】 城关区列入省级非物质文化遗产名录项目3项，列入市级非物质文化遗产名录项目6项，列入区级非物质文化遗产名录项目9项；建成市级非物质文化遗产传习所6个，认定市级非物质文化遗产代表性传承人15人。2016年，完成第四批省级非物质文化遗产名录项目申报工作，推荐3个市级项目申报省级非物质文化遗产代表性项目，“兰州缠海鞭杆”“郭氏正骨法”两个项目申报成功。“非遗进校园”活动逐年提升，在城关区教师进修附小等2所学校开展授课活动。

【文化市场管理】 强化文化市场行政审批工作。全年完成审批、年检、备案291件，并对无证经营的娱乐场所、出版物、打字复印、音像制品等29家经营场所下发《催办通知书》；完善联席会议、案件综合办理等制度，加强与公安、执法、工商、消防等部门的联系，移交存在违规违法经营事项22起；加强专项整治工作，全年开展“五小”行业、冬春消防、校园周边、“扫黄打非”、安全生产、游艺娱乐专项整治等行动128次，收缴盗版音像制品2万余张、盗版书刊3000余册，查扣设备420台，并对存在安全隐患的22家经营场所下发整改通知书，限期整改，跟踪检查；强化关键节点监管工作，在重大节日和中高考期间对全区娱乐场所下发通知，进行现场检查，督促其规范经营。

【新农村文化建设】 2016年，搭建乡村舞台5个，分别是青白石街道的白道坪村、碱水沟村、青石湾村、青山村、马家沟村。利用部分村委会空余办公场所，将村文化体育广场、农家书屋工程、村文化活动室、电影放映室等建设项目进行捆绑整合，已经建成并开展活动。城关区18个行政村都已建好农家书屋和村级文化活动室，搭建了乡村舞台。各乡村舞台都组建了舞蹈健身队、合唱团、秧歌队、戏曲团等文艺团队。文化馆安排文艺骨干不定期地对村民进行辅导排练和文化宣传，现场教授锅庄、健身操、声乐等，组织培训班4期，参加培训人员300多人。节日期间举办歌咏、读书、书法等文化活动，扎实开展“三下乡”、文艺演出、广场舞等活动，组织形式多样的文化演出20余场。

【群众体育】 充分发挥各单项体育协会的作用，组织辖区单项群众竞赛、表演、交流活动60余场次，参与群众达3万余人次。举办国民体质健康达标赛，开展体质监测进机关、进社区、进企业、进军营系列活动，全年完成检测测试 4183 人；举办国民体质监测大讲堂，培育大学生检测人员 100 名；举办社会体育指导员培训班 3 期，培训三级社会体育指导员 530 名。

【青少年体育】 参加兰州市田径、乒乓球、游泳、棋类比赛项目，获 26 个第一名、26 个第二名、23 个第三名；组织城关区田径、三大球、棋类、游泳、健美操、武术等比赛 12 次，参赛人数 4500 人次。全区中小学校根据自身特点开展体育节、校运会、趣味运动会，近 74600 人参加。

【体育产业】 2016 年，完成体育彩票销售 4.38 亿元。

【体育设施建设】 新建全民健身路径 58 条，其中完成市政府实事 28 条路径建设任务、完成区政府实事 30 条路径建设任务；新建大众健身房 3 个、笼式足球场 4 块；建立社区国民体质监测点 2 个。

【体育活动】 举办 2016 兰州国际马拉松赛嘉年华文体分会场、“为兰马喝彩”书画创作等群众性文化活动 60 余场，100 余支群文团队、50000 余人次参加。举办首届全民健身节，组织开展全区全民健身运动会、首届电子体育竞技比赛、国民体质监测达人赛、青少年运动会、“全民行动、全民参与”——群众建设系列活动、百名社会体育指导员进社区、体育传统项目进校园等七大群众健身系列活动，竞赛展演 700 余场次，参与群众 18 万余人次；完成 2016 兰州国际马拉松赛城关段的各项工作任务，组织 5300 名群众参加 5 千米赛事，组织 9 支群众优秀健身队伍、1100 余人在 5 个赛事沿线节点进行现场健身展示。

（王　艳）

·卫生、人口与计划生育·

【概况】 2016 年，城关区有各级各类医疗机构 887 家，其中省级医院 9 家（包括兰泰医院、甘肃省康泰医院）、部队医院 2 家（解放军第一人民医院、兰空机关医院）、市级医院 4 家、区级医院 5 家、其他医院 6 家、社区卫生服务机构 99 家、村卫生室 23 家、民营医院 44 家、小型医疗机构 695 家。有 4 名主任医师、68 名副主任医师、140 名主治医师、862 名住院医师。专业公共卫生机构 4 个，其中卫生监督机构 1 个、妇幼保健计划生育服务中心 1 个、疾控中心 1 个和健康教育所 1 个。大型设备 5 台（DR、CT、彩超），总资产约 895 万元。至 2016 年 12 月 31 日，全区已婚育龄妇女 29.35 万人，出生人口 14595 人、死亡人口 9614 人。总出生人口性别比 106.6，各项指标均符合目标要求。

【项目建设】 2016 年，新签约招商引资项目 4 个，已开工 3 个，到位资金 16650 万元；积极向上争取各类资金，到位省级以上资金 2427.43 万元；完成非税收入 2764 万元。完成伏龙坪街道和伏龙坪街道皋兰山社区卫生服务中心标准化改造工作。

【传染病监测】 2016 年，城关区报告法定管理传染病 6560 例，死亡 6 人；发病率为 505.46/10 万，死亡率为 0.46/10 万，其中甲类传染病 0 种，乙类传染病 11 种，丙类传染病 6 种。报告突发公共卫生事件 8 起（其中Ⅳ级 7 起，未分级 1 起），发病 448 人，无死亡，其中流行性感冒 5 起（包括 1 起未分级）、水痘报告 3 起，分别占传染病暴发报告总起数的 62.5%和 37.5%。同时，重点进行手足口病和菌痢的监测。

【艾滋病防治】 2016 年，城关区通过艾滋病哨点监测共检测 9847 人，HIV（艾滋病病毒感染者）确认 124 人，梅毒确认阳性 417 人；各级医疗机构报告 HIV/AIDS（艾滋病病毒感染者/艾滋病病人)368 人，随访新发和既往 HIV/AIDS1589 人次，HIV/AIDSCD4 检测 400 人，转介肺科医院抗病毒治疗 150 人，关怀救助 HIV/AIDS676 人次，发放救助资金合计 7 万余元。

【免疫规划接种】 2016 年，城关区有预防接种单位 106 家，新生儿乙肝疫苗、卡介苗接种产科医院 21 家，有资质预防接种人员 659 人。全年冷链运转 311 次，下发一类疫苗 210094 支、注射器 235911 支，一类疫苗共计接种 243927 剂次，基础免疫单苗接种率达 98%以上，基础免疫全程合格接种率达 90%，加强免疫单苗接种率达 95%以上；共报告疑似麻疹散发病例 335 例，报告 AFP 病例 47 例，报告疑似预防接种异常反应 178 例。

【结核病防治】 2016 年，辖区定点医疗机构初诊患者共诊断 709 人次，确诊肺结核患者 189 例，其中初治涂阳 40 例，初治涂阴 125 例，未查痰 14 例，结核性胸膜炎 10 例。辖区基层医疗卫生机构管理的肺结核患者人数为 189 人，已管理的肺结核患者人数 175 人，肺结核患者管理率 92.6%。非定点医疗机构网络报告肺结核患者 568 例（其中重卡 82 例、住院 63 人），结核病报告率达 98.7%，结核病患者转诊 397 例，结核病转诊率达 93.9%，追踪访视病人 300 例，追踪到位 284 例，到位率 94.7%。

【慢性病防治】 2016年，登记肿瘤病例报告卡14896张，其中本地病例报告卡3026张，报告率97.58%，漏报率2.42%。死亡病例网络报告8680例，删除897例，终审通过7783例，粗死亡率达6‰，报告率95.80%，漏报率4.20%。辖区153家各级医疗机构开展了肿瘤登记和死亡病例网络报告工作，覆盖率达100%。全区登记高血压患者141630人，管理44615人，规范管理人数38071人，血压控制人数31481人，健康管理率17.05%，规范管理率85.33%，血压控制率70.56%；糖尿病患者1010523人，管理18470人，规范管理人数14569人，血糖控制人数12197人，健康管理率18.34%，规范管理率78.88%，血糖控制率66.04%。登记严重精神障碍患者2961例，检出率2.28‰，管理率55.69%，治疗率71.52%，家属护理教育2320人次，为辖区严重精神障碍患者发放管理治疗基金62.36万元。65岁以上老人161121人，健康管理人数69991人，管理率43.44%。组织城关区卫计系统118人参加国家慢性病中心举办的首届“万步有约”职业人群健走激励大奖赛，取得甘肃省第一、全国209个“慢性病综合防控示范区”第90名的成绩。

【卫生应急】 截至2016年11月底，报告8起（水痘3起93人，流感5起355人）突发公共卫生事件，均为一般及以下事件，手足口病发病886例、痊愈866人，停班38所、停园3所，无死亡。组织完成第十四届兰州春节文化庙会、兰州市元旦登山活动、2016兰州马拉松热身赛暨庆“三八”全民健身健步走活动、2016兰州国际马拉松赛体育文化嘉年华活动、中高考医疗保障、防灾减灾日宣传、兰马赛、兰洽会、旅游节、城关区各街道拆迁医疗保障等70余项卫生保障工作。

【农村卫生工作】 2016年，有12家村卫生室全部达到标准化村卫生室要求。为审核通过的11名60岁离岗村医，发放工龄补助29376元，有13名在岗村医与所辖社区卫生服务中心签订劳动合同，并为其购买职工养老保险，解决村医养老待遇问题。为今后村医有序进入、退出村医岗位奠定基础。

【社区卫生建设与城市卫生服务】

2016年，确定团结新村街道社区卫生服务中心等7家中心为中医养生馆，已完成初步建设。确定伏龙坪街道社区卫生服务中心等10家机构为“医养融合服务点”，开展中医药服务、健康体检等服务，累计开展中医药服务826人，健康体检452人，健康咨询服务1067人。2016年区卫生局以康乐医院为依托，在医院内建立独立养老区域，设立养老床位，组建养老医护团队，完善硬件配置。成立健康促进模式改革领导小组，各街道成立分管领导任组长、各社区主任为成员的街道健康管理小组。2016年年底，市卫计委将社区卫生服务机构设置及执业许可工作下放至城关区。

【卫生监督】 2016年，新发公共场所卫生许可证382户，年检210户，变更19户。二次供水新发证217户，年检151户，变更27户。放射诊疗许可证年检1户。对540户医疗卫生单位进行监督检查，查处47户次，罚款9.47万元，警告3户次。完成医疗机构年度校验现场审核444户。公共场所卫生监督、检查2188户，开展经常性卫生监督检查工作13128户次，监督覆盖率100%。对495户进行空气质量监测，监测项目主要包括甲醛、温度、照度、噪音、风速。对338户新发放卫生许可证单位进行量化分级等级评审，量化评级率达100%。对机关办公场所进行为期10天的控烟专项检查，检查25户次，责令限期改正5户次。二次供水卫生监督检查360户次，监督覆盖率达100%。集中培训420家物业管理公司供管水工作负责人，培训内容为二次供水卫生知识、法律法规。2016年生活饮用水投诉案件70余起，监督员第一时间到达现场处置解决并上报上级部门，调查处置率100%。学校托幼机构卫生监督全年检查中小学142所，托幼机构430余所，出动监督员420人次，出动车辆98台次。与区房管局联合开展生活饮用水监督检查，出动人员451人次、车辆96台次，检查二次供水单位151户次。开展春季、秋季学校及托幼机构传染病防控专项监督检查。开展放射卫生专项检查、医疗美容专项检查、预防接种专项检查、消毒产品专项检查、打击非法行医、中医坐堂医、依法执业、医疗机构控烟、医疗机构传染病防治、二级医院收费、口腔机构（科室）等17个专项检查。开展重要节假日、控烟、公共用品用具消毒效果、游泳场馆、病媒微生物防制等专项监督检查工作。

【医疗质量管理】 加大临床核心制度的落实力度，认真执行“四个排队、八个排队”制度，继续贯彻执行《城关区简化就医流程治理过度医疗减少医患纠纷实施方案》，在城关区人民医院、兰州中医骨伤科医院开展20个病种临床路径，其中骨伤科医院开展10个病种的中医临床路径，入组率增长不低于上一年度的20%，实施单病种质量控制，医疗质量量化管理，开展按病种收费试点，严格控制医疗费用，治理过度医疗，切实把不合理的医疗费用降下来。区属三家医院所有病房均开展优质护理服务，示范病房达100%。8月，城关区下发《城关区卫生和计划生育局开展“感控陇原行”专项质控活动实施方案》《城关区抗菌药物和合理应用专项整治方案》。9月，组织卫监所对局属三家医院院内感染质控工作进行专项督导，三家医院均有健全的医院感染管理体系，定期开展院感防控管理培训。三家医院住院病人抗菌药物使用率33.3%，Ⅰ类切口抗生素使用率80.33%，抗菌药物使用基本合理。兰州中医骨伤科医院信息系统工程建设项目经过前期软硬件招标、机房建设、终端配置、人员培训等工作，医院HIS、LIS、PACS、电子病历、合理用药、防统方等系统均能正常使用，同时完成医院HIS与市级农合平台的对接、市医保直报系统对接、卫生信息专网等全面对接，优化就医流程，方便患者就医，提升医院整体管理水平。

【医学教育】 下发《2016年城关区中医药知识培训工作方案》，采取分级培训方式，负责集中培训局属各医院、各社区卫生服务中心的医护人员，共计培训人员300人。区医院和中医骨伤科医院与甘肃省中医学院附属医院签订对口帮扶协议，每年安排2家医院管理人员、专业技术人员到中医学院附属医院进修学习。外派进修人员17名，其中省外10名，省内三级医院6名，其余1名。完成2016年本系统卫生技术人员继续医学教育工作，覆盖面达100%，重点传染病项目继续教育学分完成率达90%以上，西学中、中学经继续教育学分完成率达90%以上。

【人才队伍建设】 多渠道引进中医药实用型人才。2016年，局属各单位参加兰州市事业单位公开招考，区卫生局招录36人。向榆中、永登等受援单位派遣6名支农队员。

【医疗市场管理】 制定下发《城关区医疗机构设置规划（2016—2020年）》《兰州市城关区医疗卫生服务体系规划（2015—2020年）》及一系列配套管理办法和规章制度。2016年，新设置小型医疗机构9家，换证、变更107家。对567家小型医疗机构进行量化分级评分，拟评A级50家、B级355家。将小型医疗机构量化分级管理制度纳入长效管理机制，促进小型医疗机构管理的规范化、系统化。2016年，受理医疗纠纷38起，成功调解8起，申请医疗事故鉴定6起。

【整顿规范医药购销行为】 2016年，对局属3家医院实行基本药物零差率销售，所有基本药物采购通过甘肃省基本药物采购平台统一购买，取消基本药品加成，逐步实现区级医院由服务收费、药品加成收入和政府补助三个渠道改为服务收费和政府补助两个渠道。

【中医药服务】 2016年，投入1645.8万元用于中医药工作，占卫生事业财政投入比例的6.09%，实施促进社区中医药工作的医保制度，将中医、民族医疗诊疗服务项目列入城镇居民、职工医保报销范围，中医药家庭病床费用起付标准降低20%，报销比例提高15%。在区人民医院设置符合《医院中医药基本标准》的中药房，设立西医科室中医综合治疗室，中医科病床达到20张。实施中医药特色三级医师查房制度，开展中药饮片、中成药、针灸、推拿等15种中医药服务。兰州中医骨伤科医院已通过省级二级甲等中医医院评审，医院骨伤科通过市级重点专科项目中期评估，同时省级重点专科在建。医院创建国家级项目“郭氏正骨流派传承工作室”、第五批全国老中医专家学术经验继承项目“郭宪章名老中医传承工作室”。8月，兰州中医骨伤科医院举办全国名老中医郭宪章学术思想推广会、中医重点专科临床诊疗研讨会。开展全省第二批五级师承教育2015年度考核，城关区共有11名带教老师、33名学徒。3月，下发《关于开展城关区中医药师承教育年度考核的通知》，完成城关区第二批中医药师承教育年度考核。开展名老中医进社区活动，建立名老中医预约诊疗服务模式，开展中医执业医师多点执业试点，打造12个“名老中医工作室”和1个“治未病工作室”，在社区卫生服务机构坐诊的省、市、区级名老中医达36人。举办“智慧中医”软件使用培训班，有90家社区卫生服务机构、249名专业技术人员参加。

【妇幼保健】 全区活产数10332人；产妇产前建卡7372人，建卡率99.14%；产前检查7372人，产检率98.31%；早孕建卡4185人，早孕建卡率55.81%；产妇产后访视7177人，访视率95.71%；产妇系统化管理4156人，系统化管理率55.42%；高危孕产妇管理816人，高危孕产妇管理率100%；产妇住院分娩率100%，剖宫产率33.72%；孕产妇死亡1例；低出生体重223人，低出生体重率2.97%；新生儿死亡31人，新生儿死亡率4.13‰，婴儿死亡39人，婴儿死亡率5.20‰，5岁以下儿童死亡44人，5岁以下儿童死亡率5.87‰；7岁以下儿童健康管理人数55343人，7岁以下儿童健康管理率89.87%，3岁以下儿童系统管理21114人，3岁以下儿童系统管理率81.64%。城镇居民妇女常见病筛查9500例；农村妇女孕前和孕早期新增叶酸服用人数92人，叶酸服用率100%；“宫颈癌”筛查3200人；辖区22家助产医院接受HIV初次产前保健的孕妇19743人；农村孕产妇住院分娩补助110人，补助金额5.5万元，补助率71.43%。

【信息化建设】 2016年，省卫生和计划生育委员会相继推广使用医学出生实名登记系统和全员人口信息系统网页版系统。按照省市区要求，开展相关培训工作。常态开展数据核对、销重补漏、数据质量提升和部门信息比对专项行动，做到人口基础信息准确率98%以上，及时率95%以上。加大对新建住宅小区、城中村和流动人口居住较多区域重点摸排；对人口漏报漏管、当年出生漏报等特殊人群进行清理清查；对历年出生漏统漏报、节育对象等情况进行清理清查。2010年至2015年全区漏统漏报697人，错报65人。2016年，全区育妇已婚、初婚、退龄、节育情况漏报494人，各项信息错报407人。

【流动人口管理服务】 制定《城关区流动人口卫生和计划生育基本公共服务均等化试点工作实施方案》，依托国家和省流动人口平台，建成区、街、社三级专网链接，流动人口一站式服务平台覆盖率达90%以上。2016年，流动人口463922人，其中：流入人口452109人，流出人口11813人，流入已婚妇女89915人。建立流动人口健康档案54718份。

【落实计划生育利益导向惠民政策】

至2016年12月底，城关区可享受独生子女父母奖励费家庭13449户，37657人；计划生育家庭特别扶助1340人，本年度新增185人，退出11人；计划生育家庭奖励扶助628人，其中新增240人；特殊家庭（失独）一次性补助158人；农业放弃再生育奖励198人；涉农诚信计生奖励810人；计划生育家庭意外险2859人；符合升学奖励条件73人；符合农村部分提前五年计生家庭奖励扶助条件674人。累计核拨区级利益导向资金669.1万元。完成利益导向资金确认发放工作。

【计划生育规范化管理】 2016年，共办理一孩生育指标4520例，二孩生育指标2900例，三孩生育指标89例。加强出生人口性别比综合治理，严厉打击"两非"行为，组织开展专项打击"两非"行动2次。落实计划生育政策，对新增的2例手术并发症，鉴定为三级戊等，并纳入利益导向政策；办理政策外生育案件11例，征收社会抚养费407465元，入库407465元。

【计划生育协会建设】 城关区计划生育协会是参照公务员管理的党的群团组织，编制7名，科级职数2名。2016年，全区共有街道级计生协会24个、村（社区）级计生协会166个、流动人口计生协会174个、企业计生协会78个，会员小组652个，协会会员达127361人，占总人口10.56%。创建国家级村居民自治示范点3个，国家级流动人口计划生育协会示范点1个，省级示范点3个。

【健康教育】 举办"千场万人"健康知识大讲堂。每月开展一次健康养生知识讲座，全年累计举办知识讲座7500余场次，受教人数约20余万人次。强化健康知识宣传。编印《城关卫生与健康》12期共3000份，《中国公民中医养生保健素养》手册50000册，编印《控烟健康教育核心信息》折页5万份。按照创建卫生城市标准做到"一病一墙""一策一墙""一类一墙"，年内建成健康文化墙2142块15754.9平方米；开展养生保健知识专题讲座和座谈交流846场次25375人次；举办各种主题"健康沙龙"活动3954场次，受益57071人次；加强健康保健工具包培训工作，举办健康保健工具包使用方法培训142场次，培训医护人员、农民和居民6012人次，其中医护人员12场次、187人次。

（梁　靓）

气象地震

·气　　象·

【气候概况】 2016年平均气温在6.6~11.4度之间，较常年偏高0.6~1.1度，年降水量在309.9~355.4毫米之间，与历年平均值相比正常略多。年日照时数正常略多。年内冷暖起伏大，入春、入夏早，入秋、入冬晚；降水量偏多但雨日偏少。主要的气象灾害有暴雨洪涝、冰雹、大风、大雾、雷电、伏旱、秋旱等，造成部分地方农业损失。总体上看，2016年属于气候条件较好的年景。

【气温】 2016年年平均气温11.4度，较常年偏高1.0度，较上年平均气温偏低0.2度。极端最低气温出现在1月24日为-17.1度，极端最高气温出现在7月4日，为37.0度。

冬季（2015年12月—2016年2月）：季平均气温-2.6度，较常年同期偏低0.1度，属正常。其中1月平均气温为-4.6度较常年同期偏低0.1度；2月平均气温为-0.8度，偏低0.9度。

春季（3月—5月）：季平均气温13.0度，较常年同期偏高1.0

度。其中3月平均气温8.1度，偏高2.0度，为历史同期第7高值；4月平均气温14.2度，偏高1.6度，为历史同期第7高值；5月平均气温16.8度，偏低0.6度。

夏季（6月—8月）：季平均气温23.8度，较常年同期偏高1.8度。其中6月平均气温为22.1度，偏高1.0度；7月平均气温为24.2度，偏高1.1度；8月平均气温为25.0度，偏高3.3度，为历史同期第1高值。

秋季（9月—11月）：季平均气温10.9度，较常年同期偏高0.8度。其中9月平均气温为18.1度，偏高1.2度；10月平均气温11.1度，偏高0.8度；11月平均气温3.5度，偏高0.5度。

2016年12月平均气温为–0.8度，偏高2.4度，为历史同期第2高值。

2016年城关区各月气温分布表

月份	1月	2月	3月	4月	5月	6月	7月	8月	9月	10月	11月	12月
平均温度（度）	–4.6	–0.8	8.1	14.2	16.8	22.1	24.2	25	18.1	11.1	3.5	–0.8
最高温度（度）	7.4	17.7	26.7	29.1	32.2	34.8	37	36.8	29	30	17.8	11.9
最低温度（度）	–17.1	–10.6	–6.6	1.1	4.5	11.7	14.4	14.3	9.4	–1	–6.4	–8.8

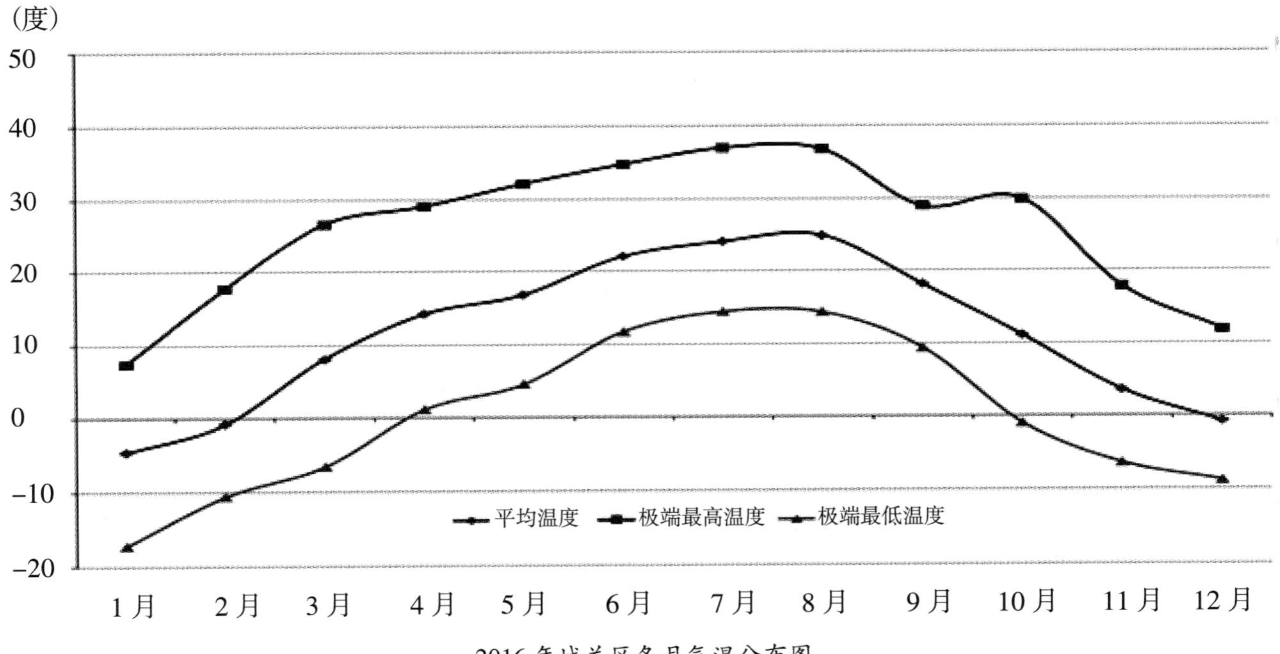

2016年城关区各月气温分布图

【降水】 2016年城关区总降水量332.2毫米，较常年偏多1成左右，全年降水日数为79天，较历年同期相比偏多9天。

冬季（2015年12月—2016年2月）：冬季降水量9.6毫米，较常年同期偏多近8成。其中1月降水量为0.1毫米，偏少9成左右；2月降水量为3.7毫米，偏多3成左右。

春季（3月—5月）：全区降水总量为91.9毫米，较常年同期偏多5成。其中3月降水量为4.3毫米，偏少近5成；4月降水量为25.5毫米，偏多近7成；5月总降水量为62.1毫米，偏多6成。

夏季（6月—8月）：全区降水总量为163.4毫米，较常年同期持平。其中6月降水量为24.4毫米，偏少近5成；7月总降水量为90.5毫米，偏多近7成；8月降水量为48.5毫米，偏少近3成。

秋季（9月—11月）：全区降水总量73.1毫米，较常年同期偏多近2成。其中9月降水量为34.9毫米，偏少1成；10月降水总量为38.2毫米，偏多近8成；11月全月无降水，偏少10成。

2016年12月全区无降水，偏少10成。

2016 年城关区各月降水分布表

月份	1 月	2 月	3 月	4 月	5 月	6 月	7 月	8 月	9 月	10 月	11 月	12 月
降水量（毫米）	0.1	3.7	4.3	25.5	62.1	24.4	90.5	48.5	34.9	38.2	0	0
降水日数（天）	1	2	4	7	6	12	11	7	7	10	0	0

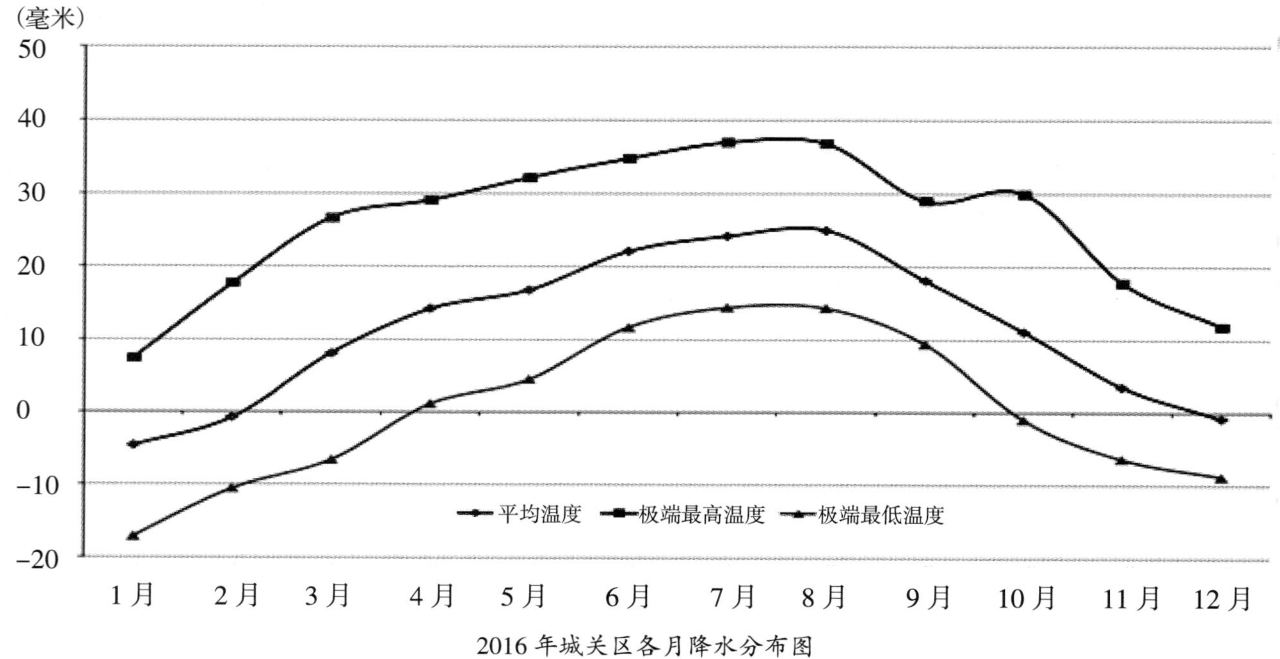

2016 年城关区各月降水分布图

【地温】 2016 年城关区各月地表（0 厘米）平均温度最高值出现在 8 月为 30.4 度，最低值出现在 1 月为−4.7 度。地表极端最高温度出现在 7 月为 70.2 度，地表极端最低温度出现在 1 月为−20.4 度。

2016 年城关区各月地温分布表

单位：度

月份	1 月	2 月	3 月	4 月	5 月	6 月	7 月	8 月	9 月	10 月	11 月	12 月
0 厘米	−4.7	0.3	11.0	19.0	21.6	27.6	29.3	30.4	21.9	12.8	3.1	−2.8
0 厘米最高	19.6	36.1	53.5	57.6	60.7	66.6	70.2	67.6	55.6	49.8	26.8	20.8
0 厘米最低	−20.4	−15.2	−8.9	−0.4	0.4	7.9	11.5	12.8	5.9	−2.1	−10.3	−15.6
5 厘米	−4.5	−0.2	10.4	17.6	20.4	25.6	27.8	28.6	21.0	13.0	3.7	−2.1
10 厘米	−3.9	−0.2	10.3	17.4	20.4	25.5	27.6	28.6	21.4	13.6	4.2	−1.4
15 厘米	−3.4	−0.4	9.9	16.9	20.0	24.9	27.1	28.3	21.5	14.0	4.9	−0.7
20 厘米	−3.0	−0.6	9.5	16.4	19.7	24.5	26.7	28.1	21.5	14.4	5.5	−0.1
40 厘米	−1.5	0.0	8.5	14.9	18.6	22.6	25.0	26.9	21.3	15.8	7.7	2.1
80 厘米	2.4	1.9	7.2	12.5	16.1	19.3	22.1	24.2	21.2	17.5	11.5	6.3
160 厘米	8.6	7.0	7.9	10.8	13.8	15.9	18.4	20.4	20.3	18.7	15.6	11.9
320 厘米	13.6	12.1	11.1	11.2	12.2	13.3	14.7	16.0	17.1	17.4	16.8	15.5

【日照】 2016年全区总日照时数2559.9小时，较常年偏多44.6小时，日照时数最多的月份出现在7月为261.7小时；最少的出现在10月仅为127.3小时。

2016年城关区各月日照时数分布表

单位：小时

月份	1月	2月	3月	4月	5月	6月	7月	8月	9月	10月	11月	12月
日照时数	173.6	201.4	220.8	221.1	233.8	228.5	261.7	213.8	199.2	127.3	163.7	163.8

【大气压力】 2016年城关区平均大气压力最大值出现在2月为854.1百帕，最小值出现在7月为841.8百帕。极端最高大气压力出现在1月为870百帕，极端最低大气压力出现在8月为832.6百帕。

2016年城关区各月气压分布表

单位：百帕

月份	1月	2月	3月	4月	5月	6月	7月	8月	9月	10月	11月	12月
平均气压	852.3	854.1	848.1	845.3	845.5	844	841.8	843.8	848.7	850.5	852.4	852.5
最高气压	870	863.4	861.4	857.6	858	850.9	849.7	855.4	856.6	864.9	864	864
最低气压	841.6	835.1	836.2	835.5	834.3	833.9	833.7	832.6	840.5	838.1	840.5	838.6

【风速】 2016年，城关区年平均风速为每秒1.2米，比历年平均值偏多0.3米。其中10分钟平均风速最大值出现在5月和8月均为每秒1.4米；最小值出现在11月和12月为每秒0.9米。最大风速最大值出现在4月，每秒为7.5米；极大风速最大值出现在4月，为每秒14.7米。

2016年城关区各月风速分布表

单位：米/秒

月份	1月	2月	3月	4月	5月	6月	7月	8月	9月	10月	11月	12月
10分钟平均风速	1.1	1.1	1.3	1.3	1.4	1.3	1.3	1.4	1.1	1	0.9	0.9
最大风速	4.4	3.9	4.7	7.5	5.8	6.6	5.4	4.4	4.2	4.5	4.3	4.2
极大风速	9.8	7.6	9.8	14.7	12.8	14.2	13.4	9.9	8.7	10.3	9.9	10

【相对湿度】 2016年全区年平均相对湿度为49%，较历年同期平均值持平。平均相对湿度的最大值出现在9月为59%，最小值出现在3月为39%。全年最小相对湿度出现在3月仅为4%。

2016年城关区各月相对湿度分布表

单位：%

月份	1月	2月	3月	4月	5月	6月	7月	8月	9月	10月	11月	12月
相对湿度	51	42	39	41	45	45	53	54	59	67	53	53
最小相对湿度	21	6	4	5	6	9	8	16	12	13	15	14

【主要天气现象】

1. 伏旱

伏旱：2016年夏季城关区干旱时空分布不均，特别是受伏旱、秋旱影响较大，从8月上旬至10月中旬，城关区各地降水持续偏少，特别是7月下旬至8月下旬前期城关区天气持续晴热高温，降水显著偏少。

伏旱影响：从8月上旬至10月

中旬气温持续偏高，降水偏少，致使土壤水分蒸散加快，土壤跑墒明显，造成浅山区土壤缺墒或持续缺墒。

2. 大风、沙尘天气

扬沙：年内城关区出现扬沙4站次。

浮尘：年内城关区出现浮尘10站次。

3. 寒潮、强降温天气过程

年内城关区主要出现3次寒潮（强降温天气过程），分别为1月23—24日、11月21—22日、12月25—27日。

4. 高温天气

2016年城关区最高气温≥33度，出现时段为6—8月，集中在夏季，高温日数累计为32天，较常年偏多，为近10年最多。

（任淑媛）

·地　震·

【地震监测预报】 做好监测预报、地震速报工作，高度重视震情监视和跟踪工作，实行单位一把手负责制，明确震情值班制度，进一步强化震情监视和短临跟踪工作的管理，因地制宜地开展地下水、动植物、气象等地震宏观异常观察，及时分析、整理观测资料，认真做好震情监测跟踪。落实短临跟踪预报分析制度，保证监测资料数据的准确性、及时性、连续性。坚持震情会商制度。全年完成周会商48期，月会商12期。加快推进地震宏观测报网、地震灾情速报网、地震知识宣传网和防震减灾助理员“三网一员”的群测群防工作队伍建设，建成街道、社区（村）速报员全覆盖网络，做到布局合理、观测项目有重点且具有代表性。全区有市级骨干地震宏观哨3处（城关区奶牛场、兰州市动物园、伏龙坪奶牛养殖户），1个测报点（金城关中学），3个强震台。

【地震应急救援】 强化基础资料数据库建设，对城关区应急通讯、预案管理、地震应急指挥平台建设、地震应急救援队伍建设、救灾物资储备、避险场所建设、区灾情速报队伍等数据库进行更新。组织24个街道分管防震减灾工作的副主任参加省地震局举办的市县地震应急救援能力第一响应人培训班。通过培训，使城关区防震减灾助理员在学练交替中明确第一响应人的职责，熟悉震后各种紧急情况的处置，进一步深化巩固应急救援知识。

【地震灾害防御】 对中铁二十二局兰州房地产开发有限公司中国铁建·云公馆建设项目、甘肃省林业特种装备储备管理中心棚户区改造建设项目、兰州永新房地产开发有限公司东瓯世贸广场（东部永新商贸城二期）3个建设项目进行建设工程项目抗震设防要求审批。大力实施校安工程。城关区各学校建设中，地震安全性评价工作全面铺开，地震安全性评价工作质量和地震安全性评价结果应用率明显提高。在全区范围内开展建设工程地震安全性评价和抗震设防要求执法检查，被检查的建设单位地震安全性评价报告均通过市安评审核，不存在实质性错误，地震安全性评价结果得到很好应用。全面落实部门权力清单，厘清职责边界，严格依法行政，法无授权不可为。通过全面梳理，梳理出行政权力事项28项，其中行政处罚26项，其他行政权力2项。

【防震减灾宣传教育】 年初制定《城关区2016年防震减灾工作宣传要点》，将防震减灾宣传教育纳入中小学校、幼儿园课堂教育，以国旗下的献词、安全知识竞赛、观看安全教育片、安全知识讲座等形式广泛开展防灾减灾主题宣传活动。党校、行政学院将防震减灾知识宣传教育纳入主体班次培训内容，组织防震减灾法律法规和科普知识专场培训。建设、农水等部门把防震减灾宣传教育与地震安全农村民居建设、新农村建设紧密结合，加大涉农地区地震科普知识和抗震知识的宣传普及。重点做好以防震减灾法律法规宣传为重点的“进机关”活动，以地震科普知识和防震避震知识宣传为重点的“进学校”活动，以《甘肃省防震减灾条例》《甘肃省地震安全性评价管理办法》和抗震设防知识宣传为重点的“进企业”活动，以自救互救、应急避险知识宣传为重点的“进社区”“进家庭”活动，以农村民居建设防震抗震知识宣传为重点的“进乡村”活动。在区保育院及酒泉路等3个街道举办社区主任、楼院长防震减灾知识讲座，约500人参加。151个社区、1799名楼院长的培训任务已全部完成。“5·12”防灾减灾周期间，在酒泉路街道酒泉小院正式启动全省首家防灾减灾安全服务工作站。全区24个街道以多种形式开展以“减少灾害风险建设安全城市”为主题的进社区活动。区地震局制作地震科普知识展板，为社区居民发放家庭防灾减灾知识手册、地震应急避险手册等2000多册。

（韩妮娜）

社会服务与管理

·民　政·

【城市居民最低生活保障】 至

2016年12月，全区有7230户、11090人享受城市低保，月发放保障金577万元；累计保障城市低保对象9万户次、13.9万人次，累计发放低保金7045万元。

【农村居民最低生活保障】 至2016年第四季度，全区共有349户、684人享受农村低保，季发放保障金81.6万元。累计保障农村低保对象4188户次、8208人次，累计发放低保金342.9万元。

【农村五保户供养】 城关区五保供养工作采用分散供养形式。农村五保供养标准与城市“三无对象”低保标准一致。2016年全年累计保障农村五保供养对象132户次、132人次，累计发放供养金9万元。共有11户、11人享受农村五保供养资金，季发放保障金2.2万元。

【城乡医疗救助】 启动农村和城市医疗救助试点工作，医疗救助工作在全区全面开展。2016年，累计救助住院困难群众1287人次，发放医疗救助金835万元。为11999名低保对象、五保对象发放门诊费28万元。

【其他专项救助】 按照《兰州市居民临时救助办法》，对虽已纳入城乡居民最低生活保障和其他专项社会救助覆盖范围的困难人员，因重大疾病、突发性事件及其他特殊原因，导致基本生活出现暂时困难的低保家庭、城乡低收入家庭，以及当地政府认定的其他应予救助对象，给予临时生活救助。明确救助对象和救助标准，规范审批程序，妥善解决城乡居民突发性、临时性生活困难群众的基本生活。实行街道初审、民政局审批的程序，2016年，对52户困难群众进行救助，救助金额18.6万元。为更加有效发挥临时救助“救急难”作用，在各街道设立临时救助“备用金”，为缩短救助时限，对特别紧急的申请，通过街道先行垫付救助金、后补资料的程序进行审批，有效发挥临时救助的作用。

【救灾救济】 2016年5月12日是我国第八个“防灾减灾日”，为增强广大未成年人的防灾减灾意识，提高其应急避险能力，区民政局联合渭源路街道南河新村社区在辖区南河小学共同开展以“安全知识进校园防灾减灾入人心”为主题的系列宣传活动，发放宣传手册及彩页200余份，提高全校师生的防灾减灾意识。

【救灾应急物资储备】 2013年在东岗街道桃树坪村（南山路南侧，区市政所原有仓库）修建全区应急物资储备仓库，投资131万余元，建筑面积332.94平方米。2016年，储存物资有棉大衣990件，棉被4848床，铁条床487张，帐篷193顶，棉帐篷20顶，雨衣1290件，雨伞281把，雨鞋1000双，反光马甲1000件，应急灯10盏，手电筒50把，发电机1台，铁锅20口，树脂碗200个。

【城乡社会救助体系建设】 出台《城关区社会救助“一门受理、协调办理”实施方案》，建立区、街道社会救助综合服务窗口，健全区、街道社会救助申请“一门受理”的两级综合性服务平台，做到资金保障，发放有序，动态管理，应保尽保，城乡低保资金专户管理、封闭运行。在将农村五保对象、城乡低保对象、城乡低收入家庭等纳入救助范围的基础上，逐步将患重特大疾病的特殊困难群众纳入救助范围。救助模式由单一的院后救助发展为参保、院前、院中、院后相结合的救助形式；逐渐取消病种限制，取消救助起付线，救助限额由最初的8000元增加至现在的4万元。2012年开始，城关区开展重特大疾病救助试点工作，对恶性肿瘤、白血病、先天性心脏病、尿毒症、重度精神病等12种大病进行救助。2016年，重特大疾病病种已增加到52种，年封顶线提高到8万元。低保对象的救助比例已达到个人自负金额的80%，低收入及其他救助对象的救助比例已达到个人自负金额的70%，有效缓解困难群众医疗负担，进一步提升救助水平。

【救助管理】 2016年，共计劝离街头乞讨1920余人次；物资救助30余人；区数字化中心派送案件5254件，处理5254件；遣送市救助站流浪乞讨人员240人次；送至市精神康复中心接受救治2人；由外地遣送至本区并妥善安置的流浪乞讨人员8人。

【社会福利事业】 2016年，区民政局完成培育5家养老机构、养老床位达3000张的目标要求。至年底有9家养老服务机构，分别为情暖夕阳老年公寓、小山至善老年公寓、康乐老年公寓、白塔山老年公寓等4家民办养老机构；兰铁老年公寓（铁路局下属单位）、城关区老年公寓2家公办养老机构；甘肃省第二人民医院、甘肃省第三人民医院、甘肃省中医药大学附属医院3家医养结合试点养老养护中心。

【社会组织管理】 做好社会组织审核、登记以及三证合一工作，根据《兰州市城乡基层社会组织登记管理指导意见》和相关文件规定，继续向区政府报告争取资金，落实好社会组织评估工作。严肃查处社会组织违法违规行为，依法取缔非法社会组织。

【城乡社区建设】 出台《关于加强城乡社区协商的实施方案》《关于推进城市社区治理工作的实施方案》《关于深入推进农村社区建设试点工作的实施方案》《城关区深入推进村务监督委员会建设工作的实施方案》。全区有1796名楼院长为53.1万户居民提供服务，共拨付楼院长基础补贴1000余万元。“一刻钟服务社区”推进工作有序进行。继续开展农村社区建设实验全覆盖示范创建活动，全面完成农村社区建设实验全覆盖工作。

【村务公开】 制定出台《城关区村级党组织和第九次村民委员会换届选举工作实施方案》和《城关区社区党组织和第六届居民委员会换届选举工作实施方案》，依法组织第九次村民委员会、第六届社区居民委员会换届选举准备工作。进一步巩固村务公开民主管理工作，公开率达100%，规范率达94%以上。

【区划地名】 完成小区命名、地名命名、门楼牌号发放、设标任务和地名信息数据录入。大力开展平安和谐边界创建示范活动，迎接全市第三轮行政区域界线联合检查工作，主动与相邻县区沟通，联合检查边界工作，对破损、丢失界桩及时修复补栽。

【双拥工作】 2016年春节期间，区委、区政府率领区四大班子走访慰问驻区部队8家，发放慰问金34万元；慰问复员干部154名，慰问金每人800元，共计发放12.32万元；慰问优抚对象600人，慰问金每人800元，共计发放48万元。督促各街道、相关部门开展各类慰问活动。全年区财政划拨双拥创建专项经费28.64万元，下拨社区双拥工作经费12.1万元。2月，完成《中国双拥》杂志全年征订任务，全区共征订双拥杂志116份。全年向省市双拥办报送信息20条。组织军地单位深入开展“双拥在基层”活动。设置双拥宣传公益广告牌206处，发表新闻稿件69余篇，举办国防知识讲座42场，播放爱国主义教育影片74场次，发放宣传资料1.12万余份。组织军地联谊会、座谈会、体育比赛、书画活动等各类宣教活动328次，干部职工和部队官兵受教育面达100%。2016年，接收退役士兵311人。为243人发放兵役优待补助金1055.33万元，为13名退役士兵发放自谋职业补助金27.60万元；发放退役士兵教育培训费109.83万元，教育培训生活补助金14.06万元；为75名符合安置政策的退役士兵发放待安置期间生活补助金45.32万元；为21名现役军人发放三等功奖励金10500元。全面落实退役士兵安置政策，提升安置率，将14名符合安置政策的重点安置对象全部进行安置，安置率达100%。加大退伍军人教育培训工作力度，做到申请参训落实率100%、双证领取率100%，经过教育培训退役士兵就业率达95%。

【殡葬管理】 对四家公墓进行持续检查，责令南山故园、大砂坪公墓、长青园公墓对超大墓穴进行整改。对城关区小金沟基督教墓区下达整改通知书。完成除夕夜、清明节、中元节、冬至节文明祭祀工作。2016年完成40具无名尸体处理工作。对辖区殡葬网点进行地毯式执法检查。

【婚姻登记】 2016年，办理结婚登记8893对（含事实婚姻补办138对），办理离婚登记3114对，补发结婚证1970对，补发离婚证207对。为婚姻当事人查阅婚档近2100余人次，出具婚姻登记证明761份，为当事人出具（无）婚姻登记记录证明146份。依照民政部《婚姻登记档案管理办法》要求，结合规范化建设标准，及时规范整理装订婚姻登记档案。整理婚姻档案14184份，档案入档601盒。真正做到纸张档案留存与电子信息档案双备份，确保档案资料万无一失，维护婚姻当事人合法权益。

（魏清海）

·人力资源与社会保障·

【公务员管理】 2016年，对3180名公务员（参照管理人员）、1821名事业管理人员和2281名工勤人员进行年度考核；对连续三年被评为优秀等次记三等功的112名公务员（参照管理人员）进行奖励并颁发奖章；采取远程网络培训模式，对全区7235名专业技术人员、管理人员和3267名公务员（含参照公务员）进行培训。

【事业单位管理】 完成2016年度全区9302名事业单位工作人员的年度考核工作。审核、上报各系列高级、中级职务任职资格评审人员249人；直接确定初级职称154人、中级职称1人。对全区事业单位专业技术人员取得高、中、初级职务任职资格的317名专业技术人员进行聘用备案。对2016年度全区9300余名事业单位工作人员正常晋升工资考核进行核定。

【人才资源开发】 完成应往届大中专毕业生择业登记2849人，接收未就业学生档案1004份，对外调出学生档案935份。完成城关区2016年选拔高校毕业生到基层从事三支一扶工作，通过资格审查、信息采集、组织报名、考试、公示成绩、体检等程序，按照市分配指标数，录取人员7名。完成城关区2016年引导普通高校毕业生到基层企业服务工作，组织534名普通高校毕业生到辖区范围企业服务，服务期3年。完成2017年出国（境）培训项目申报工作，申报项目2个。选派1人参加学前教育科学体制培训团赴美国培训，选派2人参加就业援助与再就业能力开发培训团赴英国培训，选派1人参加一带一路产业政策与人力资源管理培训团赴俄罗斯培训。

【创业促就业】 深入推进以创业带动就业，认定5家企业为城关区创业孵化基地，使城关区创业孵化基地达到15家。组织开展专场招聘活动120次。认定城关区大学生就业见习基地3家，并推荐申报25家企业成为兰州市高校毕业生就业见习基地。举办各类创业培训活动201场，创业培训2000人，创业指导10000余万人次。举办“牵手企业进校园”西北民大专场、兰州大学专场活动以及“城关区青年创新创业分享沙龙”等活动100余场，吸引1万多人次参与。与中国邮政储蓄银行兰州分行、皋兰新华村镇银行签订小额担保贷款合作协议，开展小贷政策，“万企计划”进企业、进社区、进市场、进精准帮扶户等活动，为符合条件的城乡各类人员和中小企业及时发放贷款14971.06万元，发放“万企计划”贴息贷款1085笔。

【就业援助】 全力打造推广“民生就业360”服务品牌，采取每周六现场招聘会对接就业、人力资源市场服务台推荐就业、就业援助帮扶就业、公益性岗位开发安置就业、落实再就业优惠政策鼓励企业吸纳就业、小额担保贷款扶持创业等多种措施，帮助各类失业人员实现就业55479人，其中就业困难人员实现就业3188人。城镇登记失业率为1.90%，实现了控制在2.6%以内的目标要求。大力实施高校毕业生就业计划，加强高校毕业生就业见习基地建设，累计认定高校毕业生见习基地28家。举办高校毕业生专场招聘会，组织多家用工单位参加各大高校组织的高校毕业生对接会，开展“2016年全国人力资源市场高校毕业生就业服务周”活动，以“真情服务，真心相助”为主题，通过网络和现场结合的方式对高校毕业生开展全方位就业服务。建立健全公共就业服务信息网络系统，基本实现供求双方的有效对接，组织开展“就业援助”“春风行动”“民营企业招聘周”“高校毕业生就业服务月”和“高校毕业生就业服务周”等大型专项活动。举办兰州市城关区第二届大学生创新创业大赛。2016年共有1590多家用人单位33880多名各类求职人员免费参加了区就业局举办的招聘活动。

【农村劳动力就业】 建立农民工工资支付保障联席会议制度和城关区欠薪农民工应急救助金制度，同时为预防因欠薪产生的群体性突发事件，对城关区230个建筑工地张贴农民工维权须知和用工单位须知，并发放“爱心维权卡”600余张。发挥兰州雁滩劳务市场“农民工之家”作用，深入开展进企业、进工地、进楼院活动，在兰海商贸城、大润发超市、雁滩家具市场等务工人员集聚地进行就业创业、法律法规、劳动维权等政策宣传，为农民工提供均等化的公共就业服务，大力推进城乡就业一体化进程。2016年登记进城务工人员1857人，职业推荐成功1510人，并建立跟踪台账，及时做好回访。

【事业单位公开招考】 根据兰州市人社局2016年事业单位公开招考安排，会同区编办及全区事业单位对实际人才需求情况进行摸底，报送招考计划，为全区行政事业单位公开招考232人，为区教育局、区房屋征收管理办公室引进人才16人。

【绩效评估】 完成机关单位正常晋级420人，正常晋档188人，事业单位工作人员晋级薪级7130人，审核退休人员工资123人，审批转正定级112人，职务晋升32人，职称晋升272人，技工晋级55人，重新确定工资124人，审核遗属困难补助8人。

【农民工工作】 为创建“无欠薪”城市，规范城关区建设项目劳动用工管理工作，杜绝因劳资纠纷引发的农民工集体上访群体性和突发性事件，切实维护劳动者合法权益，对区政府在建项目承建企业上门服务，发放兰州市城关区劳动保障监察建议书，推行“一卡通”，落实“黑名单”制度，对未办理开工许可的建筑工地检查率达80%。对430家属地内建筑企业进行排查检查，发放劳动保障监察建议书149份，督促145家建筑工地办理工资发放“一卡通”，涉及人数9700人，发放各类宣传资料6000多份，发放农民工维权须知320多张，在各个建筑工地张贴农民工维权告知牌320张。对在建工地实行劳动监察协管员责任包干制，要求区属单位抓紧对所负责建筑工程项目、建筑施工企业认真进行排查，查找问题，对查出问题的，按照要求整改并将整改结果报区劳动监察大队，大队及时调查检查，做出整改，指导规范企业合法用工。

【劳动关系协调】 2016年，全区劳动监察接待劳动者举报投诉案件11440件，立案370件，结案367件，结案率98%。处置涉及10人以上农民工工资的群体性事件17起，涉及513人，办复率100%。办理“民勤通”热线1900起，政府门户网站各类留言9起，信访回复率100%。全年共追回拖欠劳动者工资654.84万元，清退风险抵押金3万元。为方便劳动者投诉举报，实现“两网化”系统网上案件办理，已办理案件118件。

【劳动保障监察与劳动争议仲裁】

2016年城关区劳动人事争议仲裁委员会共受理劳动人事争议案件425件，立案处理330件，其中结案313件，案件按期受理率达100%，按期结案率达到95%以上。案外协调处理63件，报送工作信息13篇。城关区已逐步构建起“三位一体”（街道社区、事业单位和企业三个劳动人事争议调解组织相互辅助，与基层人民调解组织密切协作）、便捷、高效，有场所、经费、人员保障的开放式劳动人事争议社会化调解网络。24个街道、9个事业单位和5个试点企业均已挂牌，人员、场地、制度建设等初步配备齐全，基层劳动人事争议调解组织渐见雏形。举办全区劳动人事争议调解员业务知识培训班2期，持证上岗的调解员已达200多人。不断推进巡回仲裁庭模式，就地解决劳动争议案件。深入开展仲裁与监察联合办案，与法院推进裁审衔接机制，积极搭建绿色通道，快立、快审、快结，高效、便捷地维护劳动者的合法权益。

【职业技能鉴定】 以技能就业、能力就业为主线，开展城镇失业人员、农村转移就业者、应届高校毕业生、应届初高中毕业生及失业人员就业培训、创业培训，企业新录用人员岗前技能培训、在岗职工技能提升培训和劳动预备制培训。依托区就业培训中心，联合民办培训机构，开设月嫂、保健按摩、办公自动化以及挖掘机、装载机操作驾驶等30多个专业和工种的培训，全年培训各类劳动力19920人。2016年为餐厅服务员、营业员、中式面点师等16个工种1100人颁发初、中级职业技能鉴定证书。

【社会保障】 全年五项社会保险参保人数98987人，征缴五项社会保险基金共计143577万元；城乡居民社会养老保险全面覆盖，累计参保人数17169人，其中有6355人已按月享受基本养老金。完成18267张居民保障卡的发放工作，并对城乡居民中涉及的1053户计划生育“两户”家庭进行统计和信息核对。着力解决被征地农民参保遗留问题，累计参保人数17347人，其中7460人按月享受基本养老金。率先在全省研发“城关区单位缴费网上核定管理系统”。支付企业离退休人员基本养老保险基金7.94亿元，占市定目标7.68亿元的103%，养老金按时、足额发放，发放率达到100%。审核职工基本医疗保险住院病历3.5万余份，审核量62.9%，超出市定任务数2.9%；审核居民基本医疗保险住院病历2.1万份，审核量62.7%，超出任务数12.7%。严格把好城镇基本医疗保险特殊疾病长期门诊审批关，审批办理长期门诊待遇1.5万人次，审核病历符合率达98%以上。审核职工工伤住院病历310余份，准确率达100%。审核职工生育保险支付待遇1710件，准确率达98%以上，其中男职工生育津贴待遇支付申请1346人次。

（王锡礼）

·民族宗教·

【宗教活动管理和保障】 围绕圣诞节、春节除夕、东川拱北“5·03”活动等大型宗教活动，做好活动的协调、保障和服务工作。活动前制作悬挂“消防安全规定”制度牌53件，在报纸、网络等媒体上发布“文明祭祀、文明入园、文明敬香倡议书”，印制发放宣传材料1000余份，制定《2016年除夕夜城关区群众自发敬香祈福活动安全保障工作方案》《城关区东川拱北“5·03”活动维稳工作实施方案》，配合相关部门保障大型宗教活动的有序开展，参加活动的信教群众共计15.5万人次。对伊斯兰教圣纪、荒郊聚礼，佛教水陆法会、清明节追远，道教法会，天主教、基督教礼拜等常规宗教活动进行常态化管理。在活动开展前期悬挂制度牌21块并进行消防安全、应急疏导、食品卫生等方面的检查、指导，确保各类常规活动有序开展。规范场所内部管理。指导宗教活动场所进一步建立健全人员、财务、会计、治安、消防等各项管理制度，建立场所基础台账，做好一寺一档建设。

【政策落实】 对享受低保及五保的信仰伊斯兰教少数民族群众发放清真牛羊肉价格补贴，按照每人每月20元标准，经费由市、区财政5：5承担。为全区1719名少数民族低保、五保户发放清真牛羊肉价格补贴合计41.11万元。在“民族团结进步宣传月”期间，筹集善款18.24万元并开展公益慈善活动；扶贫济困结对帮扶45人次，捐资助学90人次，受益少数民族困难群众485户；在伊斯兰教“尔德节”期间，对10处伊斯兰教宗教活动场所和4名宗教界代表人士进行慰问，发放慰问金1.7万元。争取省市配套资金25万元，购置书籍、桌椅、板凳、电脑等设备，设立少数民族书屋1处、宗教场所图书室5处。为少数民族集中地街道、各宗教团体、机关学校制作民族团结进步宣传板50块；举办消防安全知识、防震减灾知识和财务管理知识专题培训班，全区82处宗教活动场所、140余名负责人参加培训；组织相关街道、部门人员8人参加兰州市民族宗教工作培训班。

【清真食品监督管理】 针对市民宗委对清真食品管理权限下放的新形势，区民宗局审核办理清真食品许可证163份，联合食药、工商联合整治4次，检查清真食品企业800余次。查处举报案件21起，依法取缔7家不合格的清真食品企业经营资质。举办全区清真食品企业负责人培训班，培训76人次。

【依法管理】 2016年，城关区有106名穆斯林群众赴沙特朝觐。按照统一安排，对朝觐人员提供行前及返回体检、护照办理、出国培训、车辆调配、统接统送等服务。东川拱北“5·3”大型宗教活动中，制定《城关区东川拱北“5·3”活动协调指导及维稳安保工作方案》，下发有关单位。在活动中，有来自宁夏、新疆、青海、云南等地信教群众1.5万余人，大小车辆1500余辆。全区24个部门和街道为成员组成的维稳工作领导小组配合协作，各项措施落实到位，活动平稳结束。“开斋节”期间，兰州市部分穆斯林信教群众在大砂坪穆斯林公墓区举行传统的开斋节“出荒郊”大型宗教活动，有来自兰州市的穆斯林信教群众1.5万余人，大小车辆800余辆。春节前夕，制定《城关区2016年除夕夜群众自发敬香祈福活动安全保障工作方案》，下发有关单位，36个单位协同配合、各尽其责，没有发生火灾和踩踏事故。除夕夜，市民赴区内各佛、道教场所敬香祈福，五泉山最为集中，约计11万人，白云观约计3万人。圣诞节前，区民宗局到基督教山字石堂、天主教小沟头堂检查安保工作，对人员流动区域内道路、消防安全器材、照明等方面的情况反复查看，要求各宗教场所有完善的应急安全机制。圣诞节全市5600余市民分赴基督教山字石堂、天主教小沟头堂、基督教五泉西路聚会点，其中基督教山字石堂3000余人，天主教小沟头堂2000余人，基督教五泉西路聚会点600余人。

（马小婷）

街道办事处

临夏路街道

·概　　貌·

【名称来历】　因临夏回族自治州而得名。

【地理位置】　位于东经103°48′39.75″，北纬36°03′34.55″。东起永昌路与张掖路街道相连，南至庆阳路、白银路与白银路街道和伏龙坪街道辖区毗邻，西至雷坛河与七里河区接壤，北濒黄河与靖远路街道隔河相望。街道办事处驻临夏路83号。

【街道沿革】　中华人民共和国成立初期，归第三区一至六街和第五区六至九街共10个街政府管辖：1995年属第一区第十六、十七街和第二区第十一、十二街；1955年改为解放路、洪恩街两个街道办事处；1959年属张掖路公社临夏路管理区；1962年更名为临夏路街道办事处；1969年改称临夏路街道革命委员会；1980年恢复临夏路街道办事处建制，沿用至今。

【政区划分】　下辖付家巷、绣河沿、雷坛河、静安门、西城巷、木塔巷、桥门7个社区。

【人口面积】　辖区总人口53081人，其中常住人口52621人，占总人口的99.13%。以汉族为主，有48981人，占总人口的92.28%；少数民族人口4100人，占总人口的7.72%。非农业人口43000人，占总人口的81.01%。辖区东西最大距离2.42千米，南北最大距离1.89千米，总面积1.04平方千米。人口密度为每平方千米51039人。

【辖区概况】　有宗教团体3个（省伊斯兰协会、省道教协会、市道教协会）；宗教活动场所8处（绣河沿清真寺、桥门清真寺、西关清真大寺、陕西清真寺、白云观、太清宫、西道堂、穆扶提道堂）。辖区有科级以上单位85家，其中省级单位14家，市级单位39家，科（区）级单位30家，驻军单位2家（省军区干休所、中山宾馆）。股份制企业及私营企业740家，有个体店铺、工商户1339个。辖区有普通中学2所，小学3所（中山路小学、上沟小学、新桥小学），大型剧院1所，大型商场3家，医院3家，大型餐饮5家。

·经　　济·

【经济目标完成情况】　2016年，全街固定资产投资上报98900万元；完成第二十二届兰洽会签约项目1个（与甘肃陇源堂电子商务中心签订“陇源互联网+品牌孵化”招商项目）。招商引资工作结转项目4个，新签项目12个，共完成项目投资57350万元。兰大二院二期工程外装饰玻璃幕墙工程完成量100%，水、电、暖、空调、消防安装工程完成量100%，室内装修工程完成量约99%。甘肃农村信用社综合办公大楼地面45层主体工程已竣工。

·社会发展·

【社会保障】　全年办理生育保健服务证301本，其中一孩生育登记190本，二孩生育登记111本；为7对再生育夫妇上报审批三孩保健服务证，办理独生子女证144本，流动人口婚育证78本。组织辖区失独家庭开展活动4次；慰问辖区计生特殊困难家庭 16 户。开展生殖健康讲座、婴幼儿健康知识培训、中老年健康知识讲座、育龄妇女健康普查等形式多样的活动 50 余场次；宣传讲解人口与计划生育政策法规 24 次；500 人参加免费普查，100 多位妇女参加免费孕前优生优育检查。开展健康教育讲座 12 次，健康教育知识宣传 24 期。协调辖区幼儿园、小学和两个接种点开展春季幼儿园儿童和小学生查验预防接种工作，接种率达 100%。享受低保家庭 298 户，403 人，月发放保障金 214161 元；享受大病医疗救助家庭 31 户，临时救助 6 人；登记虚拟养老服务 1045 人。新申请公租房 187 户，年审公租房 32 户。

【劳动就业】 街道劳务输转完成 344 人；大学生见习基地申报 2 家，推荐居家就业 8 家；小额担保贷款（含万企计划）推荐 1124 家，完成放款 529 万元；订单式培训免费培训失业人员 380 人，技能鉴定 48 人。职业介绍成功 70 人，实现高校毕业生就业 30 人。

【综合治理】 街道建成维稳综治信访司法中心，整合资源，建设“一站式”司法服务平台，为居民群众提供优质高效的法律服务。打造桥门社区“法治文化普法社区”阵地，开展群众性法制宣传教育活动。做好两会及重大节日期间的维稳信访工作，及时排查化解群体性上访和进京、赴省、到市非访事件。年内完成辖区企业消防安全生产标准化建设摸排工作。制定并完善街道安全生产监管体系，全方位、无死角排摸辖区各类安全隐患，建立信息翔实的工作台账。全街民间矛盾纠纷调解率 100%，成功率 98%。

【安全生产】 排摸辖区单位 1450 家。向 197 家单位下发《安全隐患整改通知书》，责令其 7 日内整改到位，转办 225 家，现场责令整改安全隐患 36 家。联合燃气公司在全辖区楼栋单元门口张贴安全用气提示 150 张，协调加装居民楼栋防护栏，防止汽车碰撞造成燃气泄漏事故发生。为做好初起火灾的应急处置，桥门社区依托辖区单位志愿消防队伍，在华润万家、亚欧商厦、西单商场、兰大二院 4 家消防重点单位，筹建辖区微型消防站，配备消防器材，开展防火巡查和初起火灾扑救等火灾防控工作。

【城市管理】 全年整治脏源点 102 处，清理生活及建筑垃圾 40 余吨。联合执法 30 余次，清理“店外店”、占道经营等摊点 200 多家，游商 64 处，露天烧烤 25 处，收缴暂扣物品 20 车，督促落实“门前三包”1367 家，拆除各类违规广告 594 处，清理三乱广告 3500 处，粉刷无损、破旧墙体 1500 平方米，清洗、油饰卷闸门 86 家，清除地锁 60 个，托运“僵尸车”5 辆，完成上沟单侧停车、下沟全线禁停目标。“冬防”期间，共摸底商用民用小煤炉 1490 处，制定“引火煤”发放、置换和代售计划，自购引火煤 1800 箱，收缴木柴 1130 千克，收缴有烟煤 215 千克；与辖区商户及单位签订禁放烟花爆竹承诺书 2374 份，全面实行网格 24 小时无缝监控机制、干部包网格下社区制度，进一步明确工作责任，严格工作落实，确保不出现问题。对国土局认定的 78 户（166 人）地质灾害隐患区域居民进行搬迁避让，消除隐患威胁。搬迁安置绣河沿 39—41 号危楼 16 户居民，消除多年的安全隐患和脏乱差现象。解决桥门巷、桥门新居、兰东小区等居民楼院因基础设施老旧、管道破裂等原因造成的供暖问题。

·自身建设·

【机构设置】 临夏路街道党工委下设 1 个机关党支部，7 个社区党支部，社区党员 595 名，在职干部职工 71 名。

【党建】 组织开展专家讲党课、县级领导上党课、主题征文、演讲比赛、现场教育、“两优一先”评选、建党 95 周年纪念及“三学三争三带头”活动，深化学习效果和思想认识。建立党组织书记联系老党员制度。建立微信平台“送学”机制。全年组织老党员体检 21 人，养生知识讲座 5 次，慰问党员 245 名。以自查自改的形式，对 2008 年 4 月以来党员缴纳党费情况进行专项自查。发挥党建引领和党员先锋模范作用，帮扶辖区困难群众 98 人。

【特色亮点】 根据《城关区“城市管理一体化示范街”创建工作实施方案》要求，打造集餐饮、旅游、历史多元文化于一体的品牌古街——木塔巷特色一条街。为深化辖区廉政文化建设，打造桥门巷 50 米廉政文化长廊，营造浓厚的廉政氛围。联合甘肃省军区滨河路干休所对木塔巷社区底巷子进行整治改造，打造底巷子“双拥一条街”。

【荣获奖项】 中共中央授予兰州市城关区人民政府临夏路街道党工委“全国先进基层党组织”称号。

（李　珊）

伏龙坪街道

·概　　貌·

【名称来历】 原名四墩坪，以清代所筑四座墩台而得名，1958年“大跃进”时，取降龙伏虎之义，改为伏龙坪。

【地理位置】 位于东经103°48′29.99″，北纬36°03′03.14″。东与榆中县和平镇马家山相接，南接榆中县和平镇汤家湾，西与七里河区八里镇、西园街道相邻，北与临夏路街道、白银路街道、五泉街道、火车站街道、焦家湾街道接壤。街道办事处驻伏龙坪后街社区中街5号。

【街道沿革】 中华人民共和国成立初属兰州市第九区；1953年2月至1955年11月属第二、第八区；1955年11月至1960年12月属阿干区；1960年划属城关区；1960年12月至1983年4月属皋兰山公社和伏龙坪人民公社（1979年改称伏龙坪街道办事处）；1983年4月至2004年属皋兰山乡和伏龙坪街道；2005年8月撤乡改街，将皋兰山乡的头营、二营、三营、民族、卓家沟、红沟村和原伏龙坪街道的前街、后街、杨家沟合并成为伏龙坪街道。

【政区划分】 下辖前街、后街、杨家沟3个社区和头营、二营、三营、民族、红沟、卓家沟6个村委会。

【人口面积】 辖区总人口19051人，其中常住人口18358人，占总人口的96.36%。以汉族人口为主，有16562人，占总人口的86.94%；少数民族人口2489人，占总人口的13.06%。非农业人口8866人，占总人口的46.54%。辖区东西最大距离6.32千米，南北最大距离1.61千米，总面积20.6平方千米。人口密度为每平方千米925人。

·经　　济·

【经济目标完成情况】 2016年，兰洽会新签皋兰山民族梁薰衣草乡村旅游观光体验生态产业一体化开发项目，引进到位资金3亿元。全年完成上缴非税收入145879.9元。固定资产投资完成24800万元。

·社会发展·

【人口与计划生育】 2016年，全街已婚育龄妇女3669人；初婚74对；全街流动人口8600人；街道计生经费投入50余万元。至2016年10月，共开展免费健康知识培训9期，参与人数592人，孕前优生健康检查35对夫妇。叶酸投服率达到100%。开展免费妇女病普查2次，362人享受服务；免费为老年人体检3次，297人享受服务；农村0~6岁儿童体检，158名儿童参与。当年农村家庭健康建档3956份，城市2065份，流动人口1468份。投入8万余元更新5个农村健康文化大院和头营村健康文化长廊宣传版面共35块，设立避孕药具发放点14个；投入10万元在伏龙坪街道社区服务中心打造“陇家福”幸福寓所。利用微信公众平台、手机短信不定期将各项卫生、计生现行政策及各类活动通知发送至辖区居民手机上，上半年收集辖区居民电话号码3470条，发送政策信息和活动信息52360条。累计利益导向落实1137户，发放64.2万元；两户家庭子女中高考加分3户；考入大学奖励3户；放弃再生育奖励3户；诚信计生奖励33户；长效节育措施奖励6户；独生子女费摸底267户；奖励扶助10人；扩面奖励扶助14人；特别扶助9人。一胎生育服务保健证登记53人，二孩登记30人，办理流动人口婚育证22人，办理独生子女证9人。历年违法生育计生对象104例，征收社会抚养费71例，36.9万元。

【劳动就业】 以各社区、村就业站为依托，全年新增就业600人，其中就业再就业104人，就业困难人员就业78人；劳务输转421人，其中境外就业3人，职业介绍成功46人，就业困难人员援助9人。职业培训397人，其中城镇失业人员职业培训185人，农村劳动力培训完成187人；技能鉴定26人。开发社区就业岗位17个，用工信息采集46条、230岗，信息发布208条、870岗；推荐上报创业项目1个。召开用工洽谈会1次，举办创业明星报告会1次，推荐大学生见习基地1个。上报工作信息18篇，各类报刊、网站发布信息共计10篇。在农民工就业服务管理工作中，对办理进城务工人员就业证的人员及时跟踪回访，并指导110人在雁滩劳务市场登记求职或享受其他就业服务。

【社会保障】 2016年街道共召开“诚信阳光低保”民主评议会5次，新进低保15户25人，停发31户43人，累计发放城市低保金1973848元。农村低保严格执行城乡低保一体化政策规定，全年召开农村低保民主评议会4次，新进低保6户12人，停发13户38人，累计发放农村低保金1251015元。全年发放五保供养经费40800元。发放低保户、五保户参保费9420元，门诊费6420元，困难残疾人补贴35500元，少数民族牛羊肉补贴6120元。为城乡困难群众办理医疗救助130人，发放救助金586655元；全年审报学生（临时）救助31人，发放救助资金51100元。受理审核公租房107户，为上年度申请公租房的48户家庭办理入住。发放公租房住房补贴486810元。两节期间慰问辖区低保户、困难优抚对象、残困家庭等552户，共计发放慰问金433600元，其中慰问困难残疾人115户，发放慰问金92000元；慰问低保特困户40户，发放慰问金32000元；慰问重点优抚对象6户，发放慰问金4800元。拓展“八助”养老服务内容，配合做好辖区老人入住虚拟养老院工作；协助1名“三无”老人入住养老院；为“三无”老人办理住院救助3次，一站式救助3次。

【残疾人救助】 更新残疾人动态信息；共计调查426人，完成调查414人，其中入户调查364人，电话核查50人，未完成调查12人(查无此人1人、已搬迁9人、外出2人)。上报重残护理补贴，农村一级11人，城市一级23人，合计34人；农村二级9人，城市二级22人，合计31人；总计补贴78000元。70岁以上贫困残疾人生活补助46人，城市24人，农村22人，补助金额27600元。上报困难残疾人生活补助140人，每月以低保动态管理，城市停发3人，新增2人；农村停发3人，新增1人。为符合条件的5名残疾人及残疾人家庭办理低保。为社区5名重度残疾人办理免费送餐服务——美伊主食1份。为辖区内2名未能入学的残疾儿童申请送教上门。5月11日下午在辖区红沟村文化广场举行助残日活动，200余人参加，发放辅助器具28件，轮椅3辆，助视器2台，手杖9个，双拐2副，盲杖1个，坐便器4个；展示残疾人手工艺精品21件，发布针对残疾人及其家属的招聘信息23条，政策咨询40人次；助残志愿者和残疾人文艺爱好者86人表演文艺节目15个。为2名老人申请免费白内障复明手术。免费为辖区内12位精神残疾人发放药物4次，为6名困难精神病残疾人家庭申请办理彩票公益项目1800元的药品补助。为4户听力残疾人家庭发放听力无障碍器具。组织辖区内36名残疾人参加免费体检，上报残困家庭子女教育救助1人。

【灾害预防】 落实汛期领导带班、干部值班制度及汛期应急24小时值班制度，对居住在危险点的居民建立电子档案，进行地质灾害预防培训、实战演习，发放两卡（明白卡、避险卡），建立联系电话，实行灾害天气告知制度。2016年搬迁避让地质灾害隐患户128户。

【环境卫生综合整治】 联合辖区派出所、食药所、工商所、执法中队、各社区开展联合执法行动21次，整治乱堆乱放2300处，占道经营310处，取缔流动摊贩590个，拆除破旧门头21处。累计参与30000余人次，清理卫生死角2070处，清理“三乱”小广告7680条，清理山坡垃圾490处，向沿线居民发放环保型垃圾袋3500个。硬化小街巷36条、5800平方米，粉饰小街巷立面20条、15300平方米，对6条小街巷安装路灯70盏，对20条小街巷划立车位246个，粉饰破旧电表箱57个。通过媒体、宣传栏、海报、入户、飞信、微信公众平台等多种方式对冬季大气污染防治、严禁“四烧”等问题进行多频次、全覆盖宣传，制作安装150块户外宣传展板。收缴木柴36578千克，劣质煤10.148吨。加强三维数字化管理手段运用，网格员通过手持终端上报一般案件340件、日常案件500余件。

【综合治理】 制作大型平安宣传喷绘4幅，宣传栏12个，展架8个，宣传展板24幅，黑板报16期，组织开展各类宣传活动12次。开展各类矛盾纠纷排查调处，排查民间矛盾纠纷63起，调处62起。未发生重大矛盾纠纷、群体性事件和重大集体上访、越级上访事件。严格落实“一帮一”工作制度，街道7名基层领导分别帮教1名吸毒人员。积极开展安全生产排查治理事故隐患，全年共计检查单位29家，检查人次达100余人次。

【农村工作】 2016年，发放玉米、洋芋种子92.8吨，地膜1250捆，农药100箱，黄板40箱。参加农村医疗保险795户。举办各类培训班6期，培训人员500人次。按照“一册明、一折（卡）统”补贴发放程序，累计发放农资综合补贴13万元，农机燃油补贴324台，发放资金65100元。完成三营村营盘岭土地流转退耕还林27.33公顷，并进行绿化。

·自身建设·

【党建】 开展“六个一”“读书季”等主题活动，营造浓厚的学习氛围，多角度感受学习教育内涵。做好“结对帮学”，实现党员学习教育“无缝化、全覆盖”。对所有服务项目进行细化、重新归纳，划分为党务服务类、民政服务类、三农服务类、综治法制服务类、劳动保障类、计生服务类、城管服务类、其他服务类等八个模块，列出必办项目58项，并针对各村的实际情况推出特色代理服务，同时规范10项工作制度，制作统一的承办单、明白卡、连心卡、便民服务手册等，供群众查阅，拓宽服务渠道，真正做到“村民动嘴，干部跑腿”。

【廉政建设】 拓展“民情流水线”工程，解决好联系服务群众“最后一公里”问题，实现“无缝化”“零距离”服务群众。开展廉政知识宣讲5次，开展书记上党课5次，其中1次为专题廉政党课。组织党员干部观看廉政警示教育片4次，并对全街58名干部进行党风廉政知识测试。认真组织开展“廉政约谈”86人次，其中工作约谈45人次，提醒约谈39人次，告诫约谈2次，诫勉约谈1次。

（张泽倩）

白银路街道

·概　　貌·

【名称来历】 因地处白银路而得名。

【地理位置】 位于皋兰山西北麓，中山林坡地一带，地势西南高突，东北低平。东起酒泉路，与酒泉路街道相连；西至安定门外、中山路，与临夏路、伏龙坪两街道相接；北沿庆阳路与临夏路、张掖路两街道相连；南依五泉山麓，与五泉、伏龙坪两街道毗邻。街道办事处驻甘南路718号。

【街道沿革】 中华人民共和国成立初期属兰州市四区，设第八、第十二两个街政府；1953年属二区，设第九、第十两个街公所；1955年改称城关区柏道路街道办事处；1957年改为民主西路街道办事处；1958年6月改称白银路街道办事处；1960年3月改建制为白银路人民公社；1962年7月撤销人民公社，恢复白银路街道办事处；1969年改为白银路街道革命委员会；1979年恢复白银路街道办事处建制。

【政区划分】 下辖甘家巷、西北新村、徐家巷、正宁路、安定门5个社区。

【人口面积】 辖区总人口54919人，其中常住人口54349人，占总人口的98.96%。以汉族人口为主，有51229人，占总人口的93.28%；少数民族人口3690人，占总人口的6.72%。非农业人口48579人，占总人口的88.46%。辖区东西最大距离0.753千米，南北最大距离1.552千米，总面积1.7平方千米。人口密度为每平方千米32305人。

·经　　济·

【固定资产投资】 2016年，完成固定资产投资13.1亿元。

【招商引资】 2016年，招商引资完成7.01亿元，其中民生银行兰州分行项目到位资金7亿元，甘肃瑞鑫商业文化创意产业园项目到位资金100万元。

·社会发展·

【城市管理】 严格落实“门前三包”制度，对辖区门店全面排摸统计查漏补缺，2016年辖区门店共1199家，“门前三包”责任书签订率达100%，上墙率达98%。抓好环境卫生整治，兰州国际马拉松赛期间，组织3次大型联合执法活动，各社区清理辖区内楼院乱堆放物品、屋顶垃圾110吨，更换垃圾箱34处，粉刷居民楼道墙面1300平方米，辖区主次干道放置盆花5000盆。完善防汛应急措施，成立防汛工作领导小组，制定防汛应急预案及24小时值班制度，给27户居民发放明白卡，做到防患于未然。

【物业管理】 对辖区物业公司进行物业管理专项整治，对不符合要求的20家物业公司进行扣分处理并上报区房管局。签订物业管理目标责任书、禁放烟花爆竹责任书54份。开展供热站安全生产检查及三维市民卡信息采集工作。督促辖区物业开展小区楼院卫生整治活动20余次，清运垃圾50吨。

【社会保障】 全年实现就业再就业1156人，创业培训推荐20人，完成劳务输转260人，职业介绍成功50人，小额担保贷款推荐10人，万企计划便民服务网点推荐完成10户。完成职业培训340人。组织用工洽谈会1场，下岗失业人员创业明星报告会1场。完成城镇居民养老认证297人，市属企业退休人员认证1500人。发放城镇居民社保卡45张。辖区有低保家庭401户611人，累计发放低保金302881元；低收入家庭36户88人。967人享受社会救助，救助金额1088818元；临时救助60户，发放爱心救助卡60张，救助金8000元。为95户贫困残疾人员家庭发放慰问金47500元；为42名70岁以上贫困残疾人发放生活补贴25200元；为8名特困残疾人发放生活补贴9600元；为108名重度残疾人发放护理补贴129600元。为辖区内的特殊家庭发放特别扶助金349200元，特殊家庭午餐及家政补贴82620元，养老补贴38400元。有廉租房家庭262户，分配入住25户，已全部入住；有公租房家庭185户，135户已分配住房。

【人口与计划生育】 办理一孩生育保健证179本、二孩生育保健证101本、三孩生育保健证2本、独生子女证26本。发放避孕药具1000余盒。组织辖区居民参加健康教育讲座6次，孕前优生检查52对。发放计划生育家庭利益导向资金6000元。给辖区46位“失独”家庭以全方位、多角度、链条式的程序化全程跟踪服务。

【社会治安综合治理】 对辖区630家企事业单位及商铺门店进行安全检查，发现安全隐患106处，现场督促整改38处，限期整改76处。组织教育培训3次，受教育人数1000多人，发放各类安全宣传手册1000余份。规范信访办事程序，实行“一般信息定期报、重要信息及时报、重大信息立即报、非常时期信息零报告”制度。加大矛盾纠纷调解力度，调解民间纠纷12起，调处重大矛盾纠纷2起，调解率100%。成功化解2起农民工讨薪事件。对社区戒毒、康复在册人员建立档案。

【文化建设】 全街有社区文化队伍7支，开展“迎新春庆元旦”文艺会演、“元宵节猜谜语”活动、“共筑中国梦　欢乐幸福年”、“粽叶飘香　浓情端午”、老年书法绘画作品展等文化活动37场，开展社区文化进楼院活动9场。

·自身建设·

【党建】 党工委按照“五严”要求，打牢“学”的基础，坚持“干”字当头，着力“五促”，保障“做”的到位，促进辖区经济发展，全面推动各项工作的贯彻落实，将城市管理、民生保障、信访维稳等重点工作，作为检验党员干部学习成效的“大考场”。排查流动党员93名，失联党员25名，各支部开展专题研讨会24次，讲党课28次，全街各支部共开展集中学习156次。

【特色亮点工作】 2016年，白银路街道打造以正宁路南段为主轴，南城巷为辅线，总长1.8千米的“城市管理一体化示范街”。对沿街店面门头进行统一规范改造，对破损的墙体进行维修。将辖区南甘家巷打造为“山水小巷”，提升城市美化。耗资80余万元，完成5个社区行政服务分离改造工作，并以此为基础探索启动“三社联动”机制。组织开展以“开放空间”模式为主题的干部理论知识培训及居民议事协商等活动，打造以正宁路“爱心驿站”、“亲情为老”志愿活动、“青少年志愿服务”为内容的载体建设。

（唐致勇）

张掖路街道

·概　貌·

【名称来历】 境内主要街道是张掖路，办事处以此得名。

【地理位置】 位于东经103°49′10.35″，北纬36°03′42.25″，东起静宁路与广武门街道相接，南至庆阳路与白银路街道、酒泉路街道相邻，西至永昌路和临夏路街道相连，北与靖远路街道、草场街街道隔河相望。街道办事处驻大众巷118号。

【街道沿革】 办事处地处旧城中心，辖区自清代以来为官署、衙门所在地，故旧有府门街、县门街、布门街、州门十字、道门街等古老街名。民国时，国民党省、市机关也多设在此。兰州解放后，为省、市、区党、政、军领导机关所在地。1949年至1953年3月，辖区属兰州市第一区，设有四至十二街9个街政府；1953年3月，改设为扩大后的第一区十一至十五街公所；1955年11月，为城关区中华路街道办事处和友好路街道办事处；1958年12月，友好路街道办事处并入中华路街道办事处；1959年12月，中华路更名为张掖路，办事处也改名为张掖路街道办事处；1960年4月，与临夏路街道办事处合并为张掖路人民公社；1962年4月，撤销公社建制，恢复原两个街道办事处；1969年改为张掖路街道革命委员会；1979年2月恢复为张掖路街道办事处；2004年12月，城关区乡街整合时，由原张掖路街道大部与原贡元巷街道大部合并而成。

【政区划分】 下辖大众巷、陇西路、金塔巷、曹家厅、贡元巷、山字石6个社区。

【人口面积】 辖区总人口51383人，其中常住人口50967人，占总人口的99.19%。以汉族人口为主，有49372人，占总人口的96.09%；少数民族人口2011人，占总人口的3.91%。非农业人口46961人，占总人口的91.39%。辖区东西最大距离1.3千米，南北最大距离1.2千米，总面积1.46平方千米。人口密度为每平方千米35194人。

·经　济·

【经济目标完成情况】 全年完成固定资产投资5.7亿元，完成招商引资9.39亿元。签约兰州市公共租赁电动汽车项目、汉莎联合商业现代城市综合体项目，拟到位资金6.2亿元。

【重点项目】 完成轨道交通1号线及中央商务区拆迁工作，共涉及1922户居民、14家单位。

·社会发展·

【人口与计划生育】 扎实推进卫生计生机构整合和计划生育服务管理改革，探索卫生计生1+1健康服务模式，提升计划生育家庭民生建设水平。以“小百合在行动”为载体，组织开展亲情牵手活动1次，关爱中老年健康知识讲座6次，义诊1次，关爱失独家庭、关爱女孩、关爱流动人口宣传活动1次，计划生育家庭养老照护培训1次。印制全面二孩政策宣传内容1000余份，人口卫生计生工作服务指南1000余份，发放宣传品及计生药具等2000余件。

【物业管理】 实现物业管理工作全覆盖。辖区共有183个楼院，其中100个为物业公司管理，83个为单位物业后勤管理处管理。召开物业联席会3次，处理各类供热投诉261起。完成辖区物业公司资质审核工作。

【“门前三包”】 2016年街道以打造通渭路示范街为契机，带动辖区1489家门店“门前三包”责任制落实全覆盖。制作张掖路街道“门前三包”服务牌，并在辖区所有门店张贴“文明从一言一行开始，和谐从一举一动开始”腰条。

【病媒生物防制】 在秋季大规模集中投药期间，清理卫生死角56处，清理垃圾23.5吨。为辖区商铺、物业、企事业单位免费发放鼠药1200余袋，杀蟑饵剂80支，杀虫粉剂160包，陶瓷投饵盒230个。

【冬防】 对辖区内3处建筑工地做到全天候、不间断监管，严格落实“六个百分百”工作要求。对辖区小火炉进行动态监管，在全面管控小火炉的同时对“四烧”现象做到现场第一时间劝阻、处置、上报。筹集资金，购买130台“小太阳”电暖气，免费送给家中没有暖气的困难家庭。对辖区内使用小火炉的用户实行24小时监管并提供环保引火煤上门服务。

【社会综合治理】 全年与125家辖区单位签订消防安全工作目标责任书。累计督促排查各类生产经营单位670家，发放督办通知书30份，现场关停1家，限期整改16家。拆除彩钢房3660平方米，累计检查单位、门店、居民院落730家（发放责令整改通知书485家）。检查废品回收站12家（无证经营2家），检查其他重点行业22家。加大安全生产培训工作，开展4次安全生产及消防培训活动，提高辖区居民防灾减灾和遇灾自救能力。通过分级控制、动态管理、重点监控和加强信息搜集力度的“三实行一加强”工作措施，做好重点邪教人员管控。

【社会保障】 向低保户305户433人及时发放低保金221677元。医疗救助37人，救助资金267874元。临时救助5人，救助资金18388元。孤儿救助2人，月救助资金640元。慰问残疾人困难户95人，每人800元，共计76000元。发放轮椅10台，为4户听力残疾人家庭免费配发无障碍设备。为辖区52名70岁以上残疾老人发放每人600元的贫困生活补助。向辖区120名重度残疾人每人发放1200元的重度残疾人护理补贴。

【劳动就业】 实现就业再就业1046人。其中：失业人员再就业完成150人，困难人员再就业完成79人，职业介绍成功53人。小额担保贷款完成213万元，用工信息发布传递完成272条1204岗，劳务输转完成256人。

·自身建设·

【机构设置】 内设党政办、城管办、社会和劳动保障所、社区服务中心、人口和计划生育服务中心等职能服务机构，有干部职工66人。

【基层党建】 按照“1224”工作思路，围绕一个中心，深化两个亮点，抓好两项工作，加强四项建设，倾力打造特色党建、精品党建、品牌党建，建设山字石社区981平方米党建服务阵地，利用“萌芽之窗”“夕阳之趣”等设施齐全、功能完善的学习服务场所，依托“互联网+”模式，为老百姓提供一个集学习、服务、共驻共建为一体的党建服务阵地。

【特色亮点】 全力打造区域化民生党建中心，用民生视角来审视基层党建的思路，纵向“网格化”延伸，党组织全覆盖；横向“社区化”研讨，解决企业参与社区事务、居民生活环境改善等一系列问题；整体“闭合式”运行，街道、社区与单位之间资源共享、协商共建、管理有序、服务一体，实现“小事不出社区，大事不出街道”。“网格化”构建实现党组织全覆盖。街道根据全区统一部署，在区域化党建中引入“网格化”理念，依照“地域相邻、人员相熟、构成相似”原则，将居民楼院、辖区单位、商务楼宇、各类市场、社区民间组织等全部归入网格管理。共设置三级网格，6个社区分别成立大网格；根据6个社区街巷、居民数量、辖区单位等情况，划分24个小网格；最后将楼栋、院落、辖区独立单位划分为多个微网格。辖区单位按照网格参加相应社区、党组织的各类管理、服务、教育活动，构建起“社区党组织—网格党支部—网格党小组”的基本框架，增强党组织工作实效性，实现党组织全覆盖。在此基础上，街道摸索出一套独特的协商议事机制。各社区按照党员数量、分布和网格划分，通过党员自荐、党支部推荐，党员民意代表成立“党员民意代表站”。通过入户走访、电话咨询、召开座谈会等形式，收集辖区单位、社区居民的民情民意，在搜集、上报、督办、评价四步流程后，为社区党的建设工作提出合理化建议，最终形成“小事不出社区，大事不出街道”的“闭合式”良性循环。

（李　岩）

五泉街道

·概　　貌·

【名称来历】 因五泉山而得名。

【地理位置】 位于东经103°49′23.48″，北纬36°02′31.90″。东起蓝宝石宾馆东侧规划路，西至市政大坡，南依皋兰山北麓，北临民主西路与白银路相接，地势西南高，东北低。街道办事处驻闵家桥50号。

【街道沿革】 中华人民共和国成立初属第四区六、九、十3个街政府；1953年属第二区七、八两个街公所；1955年设立城关区五泉街道办事处；1986年有13个居委会；2001年7月，将13个居委会和10个家委会调整为9个社区居委会；2004年12月将9个社区居委会调整合并为闵家桥、禄家巷、力行新村、兰山村、和平新村5个社区居委会；2008年成立五泉村社区居委会。

【政区划分】 下辖闵家桥、禄家巷、力行新村、兰山村、和平新村、五泉村6个社区。

【人口面积】 辖区总人口57982人，其中常住人口57600人，占总人口的99.34%。以汉族人口为主，有54851人，占总人口的94.60%；少数民族人口3131人，占总人口的5.4%。非农业人口47140人，占总人口的81.30%。辖区东西最大距离1.4千米，南北最大距离1.6千米，总面积1.25平方千米。人口密度为每平方千米46386人。

【辖区概况】 辖区有科级以上单位47个。有金昌南路、火车站西路、民主西路、南山路4条主干道，公交8路、12路、18路等通行。著名的五泉山公园位于辖区内，是有2000多年历史的旅游胜地，公园景点以五眼名泉和佛教古建筑为主。

·经　　济·

【发展概况】 2016年完成固定资产任务5.2亿元。配合区统计局，完成全国1%人口抽样调查工作。协调服务企业，调查统计规模以下服务业单位10家，完成文化产业企业调查76家。配合区政府及相关企业推进力行新村棚户区改造项目的征收工作，确保此项工作顺利稳步推进。

【招商引资】 2016年，打造4个包装项目，开工1家，投产2个，引进到位资金5.05亿元，完成年度目标的101%。

【重点项目建设】 自强沟兰州市廉租房建设整体改造项目，位于五泉街道63—343号，规划建成廉租房、经济适用房，占地面积25481平方米，项目总投资3.9亿元，2016年进行续建项目，内外装修、小区绿化正在进行。皋兰山造林站整体改造项目，由城关区政府实施，位于备战路，规划建成休闲区、商住楼、办公区，项目总投资5亿元，四栋楼全部封顶，正进行内外部装饰装修。力行新村棚户区改造项目，由华城盛业房地产开发有限公司实施，位于力行新村64—80号、81—174号，规划建成商业、住宅一体的城市综合体，占地面积18648平方米，总户数451户，项目总投资1.1亿元，2016年为征地拆迁阶段，剩余9户未征迁。万佳置业（万佳润泽园）项目，位于兰州二十七中南侧，拟建设商用住宅，高层，塔楼，占地面积5308平方米，总户数198户，总投资5亿元，该项目共三栋楼，1号、2号、3号楼均已封顶，进行内外部装饰装修。中山林大厦项目，由兰州天力房地产开发有限公司实施，位于中山林十字、白银路1号，拟建设31层高层综合楼、商住楼，占地面积2597平方米，总投资4.5亿元，主体工程已封顶，准备进行内外部装饰。

·社会发展·

【人口与计划生育】 街道与辖区医疗机构兰州市妇幼保健院、兰州仁和医院、社区卫生服务站等定期不定期在五泉下广场、力行新村早市、五泉肉菜市场联合举办“生殖健康进家庭”“婚育新风进万家”、流动人口均等化等宣传活动，有宣传版面展出、问卷调查、免费义诊、药具免费发放等，全年共开展宣传活动6场次。开展“生殖健康服务进家庭”行动和免费孕前优生健康检查，对辖区内202名育龄妇女开展免费生殖健康检查；为12对流动人口进行免费孕前检查和免费计划生育服务，为56名流动人口育龄妇女进行妇女病免费普查。为600户家庭发放独生子女费，完成计划生育家庭特别扶助政策对象的调查、登记、审核、上报工作以及历年扶助对象的年审工作，新增特扶对象15人。落实计生困难家庭的扶助、慰问、低保、廉租房等优惠政策落实工作，创建“幸福家庭”示范户45户、“健康家庭”示范户10户，使困难家庭得到及时有效救助和帮扶。

【劳动就业】 完成就业再就业1504人，其中城镇失业人员再就业214人，帮助大龄困难人员实现再就业106人。劳务输转258人，其中有组织输转117人，境外就业5人。技能鉴定330人，小额贷款推荐14户（102万元），推荐成功9户（63万元）。万企计划推荐47户（704万元），推荐成功3户（50万元）。采集用工信息50条353个岗位。组织失业人员及进城务工人员参加“员工职业意识培训”“沟通的魅力”“市场营销”“保健按摩”订单式培训4批320人。

【社会保障】 大病救助30人，发放救助金266489元；救助低保户、低收入家庭中的困难学生27人，发放救助金40400元；发放丧葬费8人，10758元；双节期间为96户困难群众发放慰问金76800元。低保户370户、556人，月发放低保金268385元，新增低保户28户，停发31户，调标75户，低保金发放率达100%。办理养老保险扩面，完成51人。做好企业、事业单位退休参保社会养老保险人员的接收管理工作，累计接收省属企业退休人员76人，市属企业退休人员1168人，区属企业退休人员1226人；对接收的社保对象进行入户确认及信息登记录入工作。退休人员生存验证1705人，做到无一疏漏。城镇居民基本医疗保险共计参保14508人，其中新参保814人，续保13694人。为辖区60岁以上老人办理虚拟养老一卡通236张，办理代餐卡50张，慰问老人42人，组织66名60岁以上的老人参观农村新变化。

【残疾人工作】 整理完善残疾人数据库台账，街道共有残疾人647人，纳入虚拟养老院的残疾人142人，春节慰问100人，共计发放慰问金80000元。为各类人员190人发放补助，共计196200元。完成精神病服药四个季度共计53人次，参加残联艺术团3人，落实无障碍设施卫生间改造3间。

【双拥】 完成73名重点优抚对象台账的建立和全年优抚金的审核上报及优抚金的发放工作。共计发放金额119万元。发放复转干部生活补贴7.12万元。上报优抚对象住院报销补贴10人次。春节慰问25人，发放慰问金12500元。完成民政局安排的民政代管49人的认证和数据库建立工作。

【廉租房】 廉租房新增人员74户，入住廉租房家庭83户，未分配家庭109户，发放租赁补贴49户，发放金额349920元，未入住人员49户。取消资格1户。

【综合治理】 全年登记流动人口1067人，发放居住证1120件。结合网格化工作管理模式和“楼院长”“楼栋长”管理模式，加强对流动人口的服务管理工作，防止和减少流动人口违法犯罪。

【安全生产】 集中开展人员密集场所消防安全专项治理工作，签订安全和消防目标责任书120份，各社区小门店台账1000份。开展10次安全生产专项行动大检查，拆除和整改违建彩钢房800余平方米。出动检查人员210余人次，检查辖区单位及“九小”场所等365处，现场检查发放安全生产告知书2200余份，排查发现并现场整改隐患145处，完成率100%。

【物业管理】 对辖区61个物业小区（其中专业物业管理小区37个，城关物业管理“三不管”楼院24个）进行认证管理。物管办召集辖区物业企业及供热企业参加业务知识学习及动员宣传5次，参加学习人员达150余人。处理市长专线、居民投诉、供热投诉65件，办结率98%。配合上级主管部门解决停供达15年之久的四毛厂家属院、粮食局家属院72户居民3900余平方米供暖问题。彻底解决困扰87户居民长达4年之久的饮水安全、供暖、下水等问题。组织开展4次形式多样的活动，强化居民小区业主和物业公司的互动交流。报送信息60条，其中4条被媒体报刊选登。对辖区的24家供热站（其中民用住宅19家）进行认真管理，做好安全和供暖工作，10月29日，19家供热企业全部提前供暖。

【“门前三包”】 辖区共有临街铺面1065个，全面落实“门前三包”包抓制度。印刷“门前三包”宣传彩页1000余份，由社区分发到商户手中，提高商户“门前三包”知晓率；包抓干部定期督促商户搞好门前卫生；印制“门前三包”评定表1500份，分发到各个包抓单位及包抓干部手中，实现门前三包”包抓率百分百。

【绿化】 2016年植树200棵，新增绿地0.13公顷，摆放盆花5000盆，完成全年绿化目标任务。垂直绿化1200平方米，屋顶绿化120平方米。

【冬防】 制定2016年冬防工作实施方案，严格落实领导班子社区包片制度，安排落实2016年1至3月冬防值班。全面落实“六个百分百”要求，安排网格员进行网格巡查，结合街道实际，重点监控燃放烟花爆竹、木柴生火、工地扬尘等现象。加强舆论宣传，发放大气污染治理宣传彩页3000份、“致广大市民的一封信”5000份，签订小火炉环保承诺书2000份，签订禁放烟花爆竹承诺书2000份，通过开展以柴换煤等活动，不断提高居民环保意识。

【创建卫生城市】 各社区每天安排专人提前半小时上班，负责对辖区内的广告三乱进行巡查清理，确保辖区主次干道立面和人行道无非法广告，共清除“牛皮癣”12215张；定期组织各社区对辖区内的广告牌、电话亭、阅报栏等公共设施及卫生死角进行巡查并进行彻底清理。在“五城联创”期间，做好辖区楼院卫生整治，结合“周末大扫除”，每周发动辖区物业公司，开展卫生大扫除，对辖区内有物业管理的61个楼院进行定期清理，全年清理卫生死角垃圾500余处，清运垃圾275车。粉刷沿街门店、单位卷闸门1096个，总面积8627.2平方米，提升城市环境面貌。

【防灾应急】 认真做好防汛值班工作，购置发放防汛物资。发放地质灾害明白卡200份和地质灾害宣传资料1500份。

【精神文明建设】 深入推进志愿服务，巩固未成年人思想道德阵地建设，推进道德讲堂等精神文明宣教载体建设，积极探索道德讲堂生活化、需求化。扎实开展“身边好人”、文明家庭创建、“我们的节日主题活动”、选树道德模范、志愿者服务等活动。向辖区居民发放“致市民的一封信”、创建文明城市宣传手册10000余份；在辖区各楼宇院落悬挂“市民公约”；张贴24字核心价值观海报5000份，制作宣传展板300张；张贴“尊德守礼牌”200张；保证辖区餐饮行业内每张餐桌上都放置有“文明餐牌”。针对商铺“店外店经营”、占道经营、辖区内张贴小广告等现象开展多次集中清理整顿工作。

·自身建设·

【机构设置】 内设党政办公室、经济发展办公室、城市管理办公室等9个职能机构，负责辖区日常事务管理和服务工作。有干部职工57人，招聘人员118人。街道党工委下属党支部12个，其中机关支部1个，社区党支部6个，非公企业党支部5个，共有党员869人。

【社区行政服务分离工作】 结合街道实际制定实施方案，梳理并收回各社区民情代办事项19项，组织开展网格员培训6期。印发五泉街道社区行政事务受理中心各项办理业务表格28种，印发“致辖区居民的一封信”17000份。社区行政服务分离工作已在街道5个社区全面推行，社区工作人员全部下沉各自网格，各负其责，由原来的被动服务，变为主动上门服务。

【党的后备力量培养】 制定《五泉街道2016年发展党员工作计划》，培养发展对象2名，参加党课培训2名，新发展党员1名，转正7名，为基层党组织注入了新鲜血液。

【党风廉政建设】 2016年，认真组织开展廉政约谈，建立党风廉政约谈记录台账，共计约谈 23 人次，其中工作约谈 10 人次，提醒约谈 2 人次。严格实行街道重大问题集体讨论制度、“三重一大”等决策程序，建立健全街道党工委中心组学习制度、领导干部廉洁从政制度、街道领导班子及成员绩效考核管理办法、街道机关管理制度、廉政约谈制度等制度，全面推进从严治党，严肃查处违反党纪行为。

【示范街改造】 示范街西邻金昌南路主干道，东至省七建三公司，全长约 250 米，于 2016 年 2 月开始改造施工，运用精美的伊斯兰风格几何图案，由简至繁，以独特的视角，展现伊斯兰文化。同时结合城市管理工作对示范街周边摆摊设点、乱停乱放等现象进行集中整治，对沿街各类小广告进行全面清除，集中清理垃圾 72 吨，更换道路两侧店面门头牌匾 34 家；对道路两旁老旧楼体进行粉饰 5107 平方米；增设清真寺围栏及大门 90 平方米；硬化人行步道，修补墙、地瓷砖 360 平方米；安装阳台护板 48 个；在道路两侧人行道增设装饰花箱 20 个；安装铁艺造型 20 个，装饰浮雕 6 块。示范街改造建设工作全面完工。

（买继文）

酒泉路街道

·概　　貌·

【名称来历】 因酒泉市而得名。

【地理位置】 位于东经 103°49′51.60″，北纬 36°03′01.10″。辖区东与皋兰路街道为邻，南与五泉街道相连，西接白银路街道，北与张掖路街道、广武门街道毗邻。街道办事处驻杨家园 66 号。

【街道沿革】 中华人民共和国成立初期为第二区一、二街和第三区七、八、九、十街；1953 年为第一区一、二、三、七、八街；1955 年设立人民路、和平路 2 个街道办事处；1959 年改为酒泉路、庆阳路 2 个管理区，分属白银路、庆阳路 2 个公社；1962 年合并成立酒泉路街道办事处；1969 年改称酒泉路街道革命委员会；1979 年恢复酒泉路街道办事处；2001 年 7 月将 12 个居委会合并为酒泉路、中山路、庆阳路、民勤街等 4 个社区居委会；2004 年将酒泉路街道的中山路、庆阳路、民勤街 3 个社区划归到张掖路和广武门街道，保留酒泉路社区，改为中街子社区；撤销鼓楼巷街道，重新划分所管辖的 6 个社区居委会，颜家沟社区划归皋兰路街道，撤销小稍门、小沟头 2 个社区，将南稍门、杨家园、张家园 3 个社区并入酒泉路街道管辖，将皋兰路街道的畅家巷社区划归到酒泉路街道管辖。

【政区划分】 下辖中街子、张家园、南稍门、杨家园、畅家巷 5 个社区。

【人口面积】 辖区总人口 56162 人，其中常住人口 55485 人，占总人口的 98.79%。以汉族人口为主，有 52577 人，占总人口的 93.62%；少数民族人口 3585 人，占总人口的 6.38%。非农业人口 50051 人，占总人口的 89.12%。辖区东西最大距离 1 千米，南北最大距离 1 千米，总面积 0.88 平方千米。人口密度为每平方千米 63820 人。

·经　　济·

【固定资产投资】 2016 年完成固定资产投资任务 14.65 亿元。

【招商引资】 着力在总部经济、楼宇经济和旧城改造方面进行策划包装，包装出伊真置业广场、龙井综合体、中科银座等项目，为孵化企业做好宣传，引进亚东五官科医院、陇商商会、88 音乐餐吧、郎廷苍社茶楼、山楂树餐饮等新签项目 12 个，上报包装凝练项目 4 个。招商引资全年任务为 6 亿元，2016 年年底到位资金 11.07 亿元，完成全年任务的 184.48%。引进的甘肃亚东五官科医院、鲁公大宅装饰、威派客 KTV 项目、南关回坊夜市 4 个项目，在第二十二届兰洽会上成功签约。

【重点项目】 亚欧国际项目：项目由兰州民百集团和浙江红楼集团合作开发，位于城关区南关十字东南角，总投资逾 11 亿元，项目总占地面积 9644.6 平方米，总建筑面积 13.7 万平方米，三层地下，将建成 57 层总高度 266 米的集精品商场、五星级酒店、高档写字楼为一体的兰州综合性地标建筑。主体结构已封顶，进行裙房石材挂设，2 号塔吊拆除工程。兰州伊真置业广场：总高 30 层的高端写字楼，建设规模 5.8 万平方米，占地 4500 平方米，计划投资 2.5 亿元，建设用途将以高档办公为主，辅以配套及地下大型停车场。项目已完工，正进行试运行，累计投资 2.6 亿元。招商工作已启动，按业态整层或分区域招租。

·社会发展·

【文化艺术】 街道有文化艺术团体9个，会员170个，演职人员195人，年演出117场次，观众达6120人次；文化馆（站）6个，建筑面积1000平方米；公共图书馆（室）6个，建筑面积190平方米，藏书5000余册。

【教育】 辖区内有幼儿园5所，幼儿托护点2所，在校学生2029人，专任教师203人；小学4所，在校学生4277人，专任教师209人，小学适龄儿童入学率100%；初中1所，在校学生1694人，专任教师156人；省重点高中1所，在校学生2800人，专任教师202人。初中适龄人口入学率、小升初升学率、九年义务教育覆盖率均达97%。

【健康教育】 制定健康教育工作方案，制定一月一例会制度，对各社区妇幼保健工作人员进行系统化、规范化培训，加强孕期健康教育工作，推广标准、规范的健康教育模式，开展健康教育宣传活动12期，办黑板报12期、宣传栏4期。实施心理健康疏导干预行动，积极组织开展公益性健康促进专题宣传、政策宣传，倡导全社会参与健康促进，使合理医疗、追求健康的理念深入人心。

【人口与计划生育】 开展“全面二孩”咨询宣传服务，制作宣传册3000份，入户发放3000份；印制“致新市民的一封信”2000份，流动人口宣传彩页1000份，环保袋1000个，在辖区商务楼座、建筑工地、各类服务机构等流动人口及农民工集中的地方进行发放；制作幸福家庭宣传册100本，幸福寓所宣传彩页1500份；制作陇家福幸福寓所连心卡，与辖区6家门店签订服务协议书，为计划生育特殊家庭提供上门服务。利用“5·29”“7·11”世界人口日、“12·1”艾滋病预防日等在人口密集场所、重要地段开展主题宣传活动6次，举办大型流动人口健康讲座2次，三八妇女节为流动人口免费进行耳、鼻、喉、口腔健康体检，接待群众各类咨询120余次，发放宣传资料500余份，宣传袋800份。开展免费妇女病普查200多人，孕前优生健康检查45人，生殖健康培训6次，建立流动人口健康档案1500份，定期进行流动人口随访服务。

【劳动就业】 完成就业再就业1552人（其中失业人员327人、就业困难人员139人），劳务输转388人（其中有组织输出194人）。举办明星报告会1期，5名自主创业人员为辖区50多名失业人员做了创业报告。完成技能鉴定41人，职业介绍成功64人，联系用工单位采集用工信息100条200个岗位，发布用工信息224条830岗。

【社会保障】 2016年街道在册低保对象327户504人，其中一类“三无”老人5户5人，二类低保家庭195户266人，三类低保家庭129户238人，四类低保家庭1户1人。全年为低保群众累计发放低保金2412447元。2016年4月，对全部在册低保对象进行全面审核，对低保金进行重新核算，共对392户648人进行了提标。全年新增低保人员10户，停发82户。根据低保家庭人员增减或者收入变化等情况，及时对低保金进行调整。为辖区内1名孤儿每月发放孤儿生活补贴640元。全年累计发放各类救助金237765元。2016年受理公租房申请134户，复审54户。街道社会救助综合服务窗口为居民群众开通求助受理专线电话7842186，并进行公示，随时受理困难群众的求助申请。街道有重点优抚对象117人，民政代管人员196人，参战涉核人员17人，遗属14人。全年为重点优抚对象、复员干部、伤残人员累计发放慰问金、补助金1897792元，为民政代管人员发放各类补贴605662元。

【城市管理】 联合工商、执法、食药等部门对城区主次干道、背街小巷违法占道摊点进行全面清理整治，规范集贸市场的临时摊点。共整治占道摊点30余处，店外经营及门前堆物300余处。开展户外广告专项整治行动，对主次干道两侧违规悬挂、破损的广告牌匾，楼院楼道内手写的非法小广告进行全面整治，拆除破损、违规悬挂的广告牌57处，更换破损门头牌匾96个；清除张贴、手写非法小广告600余处。对楼院、楼道内的废弃家具、生活垃圾进行集中整治。出动人员220人，车辆2台，清理废弃家具、垃圾杂物10余吨。开展市容市貌专项整治活动，针对背街小巷内经营户门前乱堆乱放、无照游商多、沿街晾挂、暴露垃圾等问题进行专项整治，共整治规范乱堆乱放行为80余处，清理无照游商42个。拆除地锁42个，违规占道石墩3车。规范小街巷交通秩序和车辆乱停问题，完成7条单边停车泊位规范画线，设立交通标识标牌50余处，形成小街巷交通微循环。集中清理14条小街巷架空线缆，捆扎长度约5500米。重新修订《酒泉路街道数字化城市管理工作管理考核办法》，落实奖惩机制，全年共接收发案1200余件，二次处理3件，超时处理2件，发案率较上年下降近30%。

【城市管理示范街】 自3月起，对金昌南路（甘南路十字至畅家巷东口）中段、金昌南路南段（甘南路十字至颜家沟路口）进行城市管理一体化示范街整体提升改造，打造金昌南路“百年华章”城市管理示范一条街。改造工期为一个月，投入资金223万元，共涉及兰州一中、实验小学、省工商局3家单位及46家沿街门店，改造路段全长993米，拆除破损门头38个，改造更换门头46个，对一些破损的墙面进行修缮、粉刷，面积1000余平方米。

【老酒泉路夜市改造】 由酒泉路街道、执法中队、酒泉路食药所、酒泉路工商所、酒泉路派出所、米库餐饮有限公司共同组成夜市管理办公室对老酒泉路两侧建筑的外立面进行粉刷清洗，清洗总面积约27000平方米；重新布控电表箱，规范商户的用电；购置泔水桶20个，实现夜市垃圾袋装化，避免泔水随意倾倒现象；治理交通秩序，规范车辆乱停现象，设立交通指示牌8个，划立停车位80余个；在夜市南北两侧设立2座夜市牌坊，规范经营范围；对夜市的下水管网进行疏通改造，对老酒泉路全段进行重新铺油并对人行道砖全部进行更换，与夜市商户签订大气污染防治承诺书，开展食品安全培训。改造后南关民族风味夜市彻底摆脱环境脏乱差。

【冬防】 召开全街冬防工作动员大会，深入开展拉网式排查，重点加强小煤炉、燃煤锅炉、二次扬尘、焚烧垃圾和露天烧烤等低空面源污染的整治与监控，完成辖区245个小火炉“一炉一档”的建档归档工作。开展冬防联合整治20余次，收缴木柴325千克，有烟煤1.3吨，发放置换环保煤1000余箱，向辖区居民发放“致全市市民的一封信”10000份，张贴大气污染防治倡议书100张，签订冬防工作承诺书1400份，发放各类煤炭使用宣传册10000份。开展烟花爆竹禁放宣传与监管工作，对辖区所有餐饮酒店庆典婚宴期间是否燃放烟花爆竹情况进行详细摸底，对辖区非法零售烟花爆竹点进行摸底，建立工作台账。发放“致辖区住户、商户的一封信”4500份，签订“烟花爆竹禁放承诺书”1400份，张贴禁放区域提示牌1000份，张贴禁放烟花爆竹宣传公告600份。

【绿化】 对辖区内的仓储绿地、企事业单位的公共绿地、辖区楼院的绿化情况进行摸底，建立绿化台账，做好辖区单位的植树摸底，完成街道绿化任务，新增绿地0.016公顷，植树50株，设置盆花10000盆，新增屋顶绿化和垂直绿化建设。

【社区建设】 率先在全区完成虚拟养老服务升级，成功打造“医养融合健康小屋”，初步实现居家养老服务体系。全面落实精品一刻钟社区服务圈“十个一”要求，深入打造一刻钟社区服务圈微服店，引进双创企业全面实现5个社区一刻钟服务，便捷群众生产生活。

·自身建设·

【机构设置】 街道设有党工委、办事处、人大工委、纪工委等组织，下设党政办公室、城市管理办公室、物业办公室、综合治理办公室、司法所、经济管理办公室、劳动就业和社会保障所、社区服务中心、人口和计划生育服务中心等9个职能科室。有社区党支部5个，党工委1个，非公企业党支部6个。

【党建】 按照党内教育从“关键少数”向广大党员拓展的要求，针对居民党员、流动党员学习教育难的问题，创新学习方式，提出以“一托两化”为主线的党员管理工作模式，并建立“3N+”立体式党员服务管理“金字塔”体系，在此基础上，结合辖区居民党员的居住实际情况，按照就近、灵活、方便的原则，划分62个党员活动网格，每一个网格在日常开展学习的基础上自行开展党员活动，保证各党支部组织生活逐步实现常态化、长效化。街道根据不同党支部和党员特点，推行领导带学、互帮互学、上门送学、音频引学、微信推学和讲党课等“五学一讲”模式，深入开展机关党员“三抓三树三结合”、社区党员“六心一创”“你的声音我的眼睛”等行动，拉近党组织与居民群众的距离，赢得辖区居民群众信赖，实现关键在做的允诺。深化拓展“民情流水线”工程，全力推进行政事务与服务职能分离改革，建设全区示范化社区行政事务受理服务中心，解放社区行政工作压力，有效破解服务群众“最后一公里”难题。

【获奖情况】 2016年，获得甘肃省五四红旗团支部、第二批全国社会工作服务示范单位称号。2016年7月23日，中央政治局常委、中央书记处书记刘云山莅临酒泉路街道调研了解“两学一做”学习教育情况并看望慰问辖区老党员；多次迎接中组部、民政部等中央相关部委、省市区的调研检查指导，受到中央和省市的充分肯定，也赢得了广大干部群众的广泛好评，工作成效相继被中央、省市各大新闻媒体深入报道。

（刘　璐）

广武门街道

·概　貌·

【名称来历】　广武门街道以明清兰州城外郭东北向的广武城门而得名。

【地理位置】　位于东经 103°50′33.60″，北纬 36°03′19.70″。东至东岗西路街道，南与酒泉路街道、皋兰路街道相邻，西与张掖路街道接壤，北隔黄河与盐场路街道、草场街街道相望。街道办事处驻广场北路 96 号。

【街道沿革】　中华人民共和国成立初属第二区第三、五、七、八街政府；1953 年分属一区第三、四、五街公所和三区第一街公所；1955 年成立城关区广武路和广武门外两个街道办事处；1958 年合并为广武门外街道办事处；1959 年属庆阳路人民公社广武门管理区；1962 年恢复广武门外街道办事处；1968 年改为广武门街道革命委员会；1979 年恢复广武门街道办事处。

【政区划分】　下辖大教梁、广后街、新华巷、黄河沿、民勤街、南城根 6 个社区，光辉村 1 个村社区。

【人口面积】　辖区总人口 55348 人，其中常住人口 54879 人，占总人口的 99.15%。以汉族人口为主，有 51790 人，占总人口的 93.57%；少数民族人口 3558 人，占总人口的 6.43%。非农业人口 48673 人，占总人口的 87.94%。辖区东西最大距离 1.38 千米，南北最大距离 0.99 千米，总面积 2.05 平方千米。人口密度为每平方千米 26999 人。

【辖区概况】　辖区地处城市中心区域，有省委、市政府等省市区级行政事业单位 93 家，中海国际、温商控股新广通讯批发商城、中海国际等企业 47 家，商业门店 1085 个，居民楼院 150 个，银监会、保监会、各大银行等金融系统林立，金昌路通讯一条街、新武都路商铺云集，兰州市博物馆、水车博览园、金城盆景园等文化休闲场所集中，具有“地理位置特殊、服务产业繁荣、城市元素集中、文化特色显著”四个特点，是城关区典型的人流、物流集中的城市核心街道。

·经　济·

【重点项目】　鸿运金茂多功能城市综合体项目：总投资 32 亿元，已完 A 塔 18 层，B 塔 15 层，全年到位资金 4.3 亿元。盛世凯旋宫项目：总投资 5000 万元，已完成地上 6 层，全年到位资金 3500 万元。广后街广场综合楼项目：总投资 66000 万元，全年到位资金 4500 万元，已完成地下 2 层工程，进入地上工程。天晟·金色堤岸二期项目：总投资 8 亿元，全年到位资金 1.5 亿元，已完成地下 3 层，地上 5 层建设。三厅家属院旧城改造项目：已完成 608 户中 521 户的入户摸底工作。小北街旧城改造项目、民勤街旧楼改造项目，正积极争取招商。

·社会发展·

【社区管理】　为 7 个社区建立三维数字社会管理公众服务平台。2016 年办理市长热线 750 件，回复政务微博留言 27 条，回复政府门户留言 31 条，出动巡控人员 3000 多人次，巡逻时间 5400 多小时，总巡逻里程达 6.3 万千米，调解矛盾纠纷 38 起，服务群众 280 余次，处理化解群体性事件 30 余起，排查安全生产隐患 29 处，组织消防演练 3 次。在辖区设置 15 个“民情信箱”、7 部“民情热线”，设置“民情 QQ 群”和街道微博、微信平台，收集群众反映的意见建议 9279 条，受理城市管理、医疗卫生、入学就业等方面问题 600 余件。

【城市管理】　制定《广武门街道社区城市管理网格责任图》，对辖区楼群院落、背街小巷、集贸市场等环境卫生、冬防等日常监管纳入网格管理；推进“门前三包”工作，将全街 1085 家门店全部纳入“门前三包”责任公约管理体系中，将武都路打造为示范一条街，充分利用流动红旗、监督牌等手段监管，推进“门前三包”责任制落实；全面开展冬季大气污染防治行动，积极动员各社区、辖区各单位深入开展“治脏”“治乱”“治差”“治污”行动，全街干部职工分为 7 个巡查组，对辖区工地扬尘、小火炉、露天烧烤等情况实施 24 小时监控。处理城管数字化案件 3821 件，清理清除楼顶楼院、卫生死角等 500 余处脏源点垃圾 600 余吨。完成 1 处“三不管”楼院改造工程，将辖区 31 个“三不管”楼院进行物业全覆盖，物业覆盖面积达 277850 平方米。

【拆迁工作】　光辉村城中村改造邓家花园周边征地拆迁已完成征收工作。鸿运金茂城市综合体二期项目407户中373户签订拆迁协议。

【社会保障】　全体干部职工帮扶207户困难家庭，制定长期帮扶规划。为辖区1230名老年人办理虚拟养老餐厅“一卡通”（就餐卡），有424名老年人享受虚拟养老院无偿服务，66名老年人享受虚拟养老院优惠服务。在新华巷、大教梁社区建立助残“阳光家园”，开设日间照料室、康复室、图书阅览室三个功能区，每月定期组织1次以上现场救助活动，为辖区困难残疾人群体提供优质爱心服务。为低保户428户667人发放低保金325600元，发放大病救助49户共计187508元，发放临时教育救助款15000元，向困难残疾人、重点优抚对象、复员干部、特困户发放各类津贴、补贴共计2228690元，爱心衣被储备银行共接受捐款1.9万余元，向31户特困家庭提供救助物品及现金共计49100余元。辖区内计划生育特别扶助对象84人，共计发放补贴462000元；享受特殊家庭养老补贴60人，共计发放补贴72000元；特殊家庭午餐家政补贴23人，发放补贴105570元。特别提标84人，提标金额总计100800元。诚信计生8户，发放补贴10800元。升学奖励6人，发放奖金共计55000元。本年度18100人购买居民医保，已发放社会保障卡14732张；城乡养老保险实际参保人数403人，享受城乡居民养老保险金300人，企业退休移交街道管理人员368人。

【劳动就业】　2016年实现再就业人员1728人，劳务输转328人；有针对性地开展6期劳动技能培训活动，完成创业培训32人，职业技能培训380人，技能鉴定60人。

【精神文明建设】　组织辖区文明单位志愿服务队伍开展学雷锋志愿服务活动。弘扬中华传统文化，春节、清明、端午、中秋开展主题活动13次。街道社区以“道德讲堂”活动为载体，举办道德讲堂30余次，1000余名居民参与其中，为提升居民群众思想道德素质营造良好氛围。推荐“兰州好人”8人，申报文明家庭59户，辖区文明单位46家。

·自身建设·

【党建】　以“三会一课”为依托，开展分散+集中式、碎片+植入式、活动+体验式的“三+”学习形式。找到137名失联党员。各支部讲党课20次，受教育人数2000人次。创新服务载体，拓展“惠民畅心园”党建特色，深化以“党建引领聚民心”“便民服务暖民心”“城管提质利民心”“综治维稳安民心”“志愿服务润民心”“建章立制正民心”为主要内容的“六心”特色服务。通过提供“一站式”的便民利民服务和完善“一刻钟精品服务圈”，最大限度地畅通居民利益诉求渠道，完善社区公共管理与服务职能，努力为居民提供全方位、多层次的优质服务。

【党风廉政建设】　开展廉政约谈52次106人次，开展主体责任宣讲2次，开展廉政大讲堂3次。制定完善党风廉政建设和反腐败工作15项制度规定，组织全体党员干部全面学习《党章》《廉洁自律准则》《纪律处分条例》等党内法规和作风纪律各项规定，对机关18个工作岗位和7个社区（村）级组织进行廉政风险分析与评估，排查出8类19个廉政风险点，开展6次岗位纪律督查行动。

（夏海燕）

铁路西村街道

·概　　貌·

【名称来历】　因地处铁路新村西部而得名。

【地理位置】　位于东经103°50′18.25″，北纬36°02′02.15″。东起皋兰南路与铁路东村街道、火车站街道毗邻，南至皋兰山下，西到五泉下广场与五泉街道接壤，北至民主西路与皋兰路街道接壤。街道办事处驻和平路40号。

【街道沿革】　1955年10月以前属第二区管辖，11月一、二区合并后属城关区；1956年初，平凉路以西，民主东路、西路以南，铁路线以北，五泉大队以东地段，建立铁路新村街道办事处；1959年底为五泉人民公社铁路新村管理区；1962年恢复铁路新村街道办事处；1980年6月，以皋兰南路为分界线，将铁路新村街道划分为铁路东村、铁路西村两个街道办事处至今。

【政区划分】　下辖牟家庄东、牟家庄北、牟家庄南、铁路西村、和政西街、居安6个社区。

【人口面积】　辖区总人口41648人，其中常住人口41091人，占总人口的98.66%。以汉族人口为主，有40625人，占总人口的97.54%；少数民族人口1023

人，占总人口的2.46%。非农业人口37420人，占总人口的89.85%。辖区东西最大距离1.6千米，南北最大距离0.8千米，总面积1.3平方千米。人口密度为每平方千米32037人。

【辖区概况】 辖区有居民小区29个，居民住宅楼221栋。辖区有机关事业单位11家、企业265家，其中，铁路系统单位5家，省级机关事业单位4家，市级单位1家，区级单位2家，部队单位1家，中小学、幼儿园7家，绿色市场、民百艺族等商贸企业和酒店、旅店、网吧等服务业企业25家。

·经　济·

【招商引资】 2016年完成固定资产投资任务3.3亿元，占年计划的40.2%。街道综合收入94.9万元。

·社会发展·

【人口与计划生育】 全年出生270人，死亡152人。已婚育龄妇女7530人，现孕161人，采取各种节育措施5964人。领取独生子女父母光荣证累计3150本。登记流动人口6220人，其中：流入人口5664人，流入已婚育龄妇女1441人，流出人口556人，流出已婚育龄妇女11人。办理一孩生育保健服务证161本，办理独生子女父母光荣证28本，办理流动人口婚育证明11本，办理二胎生育登记74对。

【劳动就业】 就业再就业完成1646人（全年任务1600人），完成率102%，其中失业转就业人员185人，就业困难人员实现就业102人。劳务输转完成320人（全年任务290人），完成110%，其中有组织输转完成171人（全年任务100人），完成171%。职业介绍77人（全年任务70人），完成110%。居家就业完成1人。为22人办理小额担保贷款相关手续，共计贷款172万元。推荐“万企计划”创业贷款25人374万，贷后还款率100%。2016年1月至11月共办理就业失业登记证105本，发证率100%。

【社会保障】 街道全年调整低保户238户371人，停发低保户29户，新增低保户15户。在册低保户共228户、346人，发放低保金190380元。两节期间慰问困难群众48户，发放慰问金38400元；慰问困难党员15人，发放慰问金12000元；慰问双拥优抚对象12名，共计发放慰问金9600元；“两节”慰问复转干部3名，发放慰问金共计2400元；慰问贫困母亲12人，发放慰问金9600元；慰问贫困青少年4人，发放慰问金3200元。贫困学生教育救助20人，发放救助金29900元。特殊困难群众殡葬救助4人，发放救助金5440元。向13户低保和低收入家庭发放医疗救助金104058元。临时救助1户，发放救助金4163元。发放低保门诊费230户，发放金额8300元。为辖区800余名老人换卡（公交敬老卡、虚拟养老一卡通更换为兰州市民卡）。

【双拥】 全街有重点优抚对象37名，其中伤残军人23人，伤残警察4人，参战涉核人员6人，烈士遗属4人，按时足额发放抚恤金，全年为37名重点优抚对象发放抚恤金522576元；为一至四级分散安置残疾军人1人发放护理费21602元；为26人发放优抚对象门诊费16013元。为1人发放退役士兵待安置生活补助1701元。为1人发放复员干部生活困难社保金23272元。

【安全生产】 开展冬季安全生产大检查、烟花爆竹安全检查、人员密集场所消防安全隐患排查整治，校园安全、施工工地安全检查，燃气管网占压隐患排查整治、有限空间作业场所、高层建筑排查等多项专项行动，重点开展特种设备安全、危险化学品安全、食品卫生安全、中小学安全以及居住建筑消防安全和人员密集场所消防安全的专项整治，发出整改通知书3份、安全隐患告知函3份。安排部署“两节”“两会”期间安全生产大检查，共检查辖区单位400余家。开展岁末年初安全生产专项大检查工作，共检查辖区单位200余家。

【综治维稳】 成立街道维稳中心，对区上交办的重点积案和辖区涉访案件进行挂牌督办，并落实责任领导和责任人。全年办结各类矛盾纠纷160起。

【禁毒】 继续开展“我们拒绝毒品”青少年毒品宣传教育活动，重点面向青少年流动人群开展禁毒宣传教育。开展禁毒宣传活动85场次，受教育40000人次。坚持占领法制宣传主阵地，开展每月一次大型教育宣传活动，开展综治禁毒专题宣传教育活动12次，展出宣传展板600块，悬挂横幅40条、宣传挂画60余张，发放宣传材料15000余份，制作黑板报20余块，受教育人数达10000余人。社区戒毒30人，社区康复60人，接受媒体报道6次，领导干部一对一帮教13人，签订不涉毒协议书20人。

【环境整治】 组织联合执法60余次，没收乱堆乱放物品及杂物10余车。开展周末大扫除，实行属地化管理，街道统一安排，辖区单位、包街部门和广大居民群众积极参与，开展周末卫生大扫除48次，累计8600余人次参加，清理脏源点40处，铲除广告1520条，节前全民大扫除3次。

【“门前三包”】 严格落实“门前三包”责任制，由专人负责，组织社区工作人员签订《城关区市容环境“门前三包”责任书》655份，签订率100%。实行动态管理，及时变更，及时补签，联合执法中队、食药所、工商所、派出所开展“门前三包”落实督查活动，对拒不履行义务的门店依法予以警告处罚。

【绿化】 完成全年绿化工作任务，植树50株，增加绿地0.017公顷，增加垂直绿地1200平方米、屋顶绿地120平方米；并对辖区所有树木进行分类摸底，建立街道树木系统台账，辖区共有乔木1219棵，长青树228棵，灌木365棵。

【未成年人思想道德教育】 开展寒暑假教育和“四点半”工程，举办“学习常礼举要、传承中华礼仪”专题讲座6次，开展道德讲堂活动70余场次。各社区经常举办面向未成年人的文化活动、科普教育活动和好书推荐、名著导读等活动，构建学校、社会、家庭“三位一体”的教育网络。

【志愿者服务】 街道各社区联合区内包街单位，组织志愿者在辖区干道、街巷，每日到位进行创建文明城市工作的协助，组织文明引导员在辖区红绿灯路口对市民乱穿红绿灯、横跨绿化带等违反交通规则行为进行监督，引导广大市民自觉遵守交通法规、提高文明素质。组织辖区群众和在职党员4000余人成立各类志愿者队伍30支，共开展志愿活动60余场次。

·自身建设·

【机构设置】 下设党政办公室、城市管理办公室、经济管理办公室等8个职能机构，负责辖区内的地区性、群众性、公益性、社会性各项工作。工作人员50人。

【党建】 街道党工委下设8个党支部，党员1066人。加大居民参与社区管理力度，进一步拓宽牟北社区“居民食品合作社”、和政西街社区“健康心悦驿站”等居民参与式服务的新内涵。加大牟东流动社区和西村流动社区工作力度，切实掌握群众需求，根据工作需要开展现场办公，拓宽工作方式，办理各项业务，宣传各项政策，加大上门错时服务力度，切实解决服务群众“最后一公里”问题。

【纪检监察】 利用街道周一例会组织班子成员和社区主任学习区纪委的有关文件和“四制度一办法”。年初将目标任务进行分解，与各社区签订目标责任书，把任务逐项逐条靠实到责任主体，每月至少2次督查作风建设和街道重点工作的落实情况，严格落实各项制度并对督查问题限期整改，定期向干部职工通报，通报工作不到位的社区和街道部门共19次，限期整改8处。修订完善《铁路西村街道机关考勤制度》《铁路西村街道干部作风建设问责办法》等21项街道制度、20项党风廉政建设和反腐败工作制度，每周对各社区和街道各部门督查2次，督查出勤、为民服务等12个方面的内容，明确提出存在的问题，及时纠正处理。开展落实改进工作作风的监督检查21次，对2起会议室吸烟进行通报批评。深入推进效能风暴行动，对街道“工作落实年”行动中24项重点工作开展常规督查37次，发现问题11个，已全部整改落实。对6个社区主任进行工作约谈各3次，对街道班子成员和7个部门负责人各进行2次廉政教育约谈。与街道干部职工签订“廉政承诺书”53份，签订率100%。发放廉政文化警示教育宣传图片300余张。抓好反腐倡廉警示教育，举办4期廉政大讲堂，参加市、区纪委举办的廉政大讲堂6次，组织干部职工观看廉政警示教育片11次，参与人数共计900余人。

（刘　兰）

铁路东村街道

·概　　貌·

【名称来历】 因地处铁路新村东部而得名。

【地理位置】 位于东经103°50′24.37″，北纬36°02′12.45″。东至平凉路与团结新村街道接壤，南至陇海铁路线与火车站街道毗邻，西与铁路西村街道连接，北与皋兰路街道相邻。街道办事处驻铁路新村东街905号。

【街道沿革】 中华人民共和国成立初，属第四区十一街政府；1953年属第二区第六、七街公所管辖；1956年成立城关区铁路新村街道办事处；1959年为五泉公社铁路新村管理区；1962年恢复铁路新村街道办事处；1969年改为铁路新村街道革命委员会；1979年恢复铁路新村街道办事处；1980

年6月将铁路新村街道办事处以皋兰南路为分界线划分为铁路东村、铁路西村两个街道办事处，原铁路新村街道办事处改为铁路东村街道办事处至今。

【政区划分】 街道下辖和政东街、铁路东村、铁路新村、何家庄4个社区。

【人口面积】 辖区总人口51553人，其中常住人口51122人，占总人口的99.16%。以汉族人口为主，有49687人，占总人口的96.38%；少数民族人口1866人，占总人口的3.62%。非农业人口47490人，占总人口的92.12%。辖区东西最大距离1.03千米，南北最大距离0.92千米，总面积0.77平方千米。人口密度为每平方千米66952人。

【辖区概况】 辖区驻有国家级文明单位1个、省级文明单位1个、市级文明单位5个、区级文明单位9个。有基层党组织8个，其中铁路东村街道机关党支部1个、社区党支部4个、非公经济党支部3个。街道辖区现有党员1375名，其中：正式党员1372名，预备党员3名。另有流动党员51名。

·经　　济·

【固定资产投资】 固定资产投资完成10.80亿元，其中移动公司11294万元，中川铁路城关段环境卫生综合整治一、二标段项目7900万元，甘肃省七建集团设备购置6469万元，中国电信股份有限公司甘肃分公司设备购置9741万元，超额完成年初既定任务。

【招商引资】 2016年，招商引资完成1.59亿元，其中盛世芙蓉项目到位资金6500万元，荷花商务酒店综合楼项目到位资金4800万元，壹运动健身仁恒会所项目到位资金4600万元。

·社会发展·

【文化建设】 全街共有社区文化队伍23支，开展“迎新春庆元旦”文艺会演、“元宵节猜谜语”活动、“共筑中国梦、欢乐幸福年”、“粽叶飘香、浓情端午”、老年书法绘画作品展等文化活动42场，开展社区文化进楼院活动6场。

【人口和计划生育】 2016年街道有特扶人员63人，独生子女残疾28人（每年发放特扶金6000元/人），独生子女死亡35人（每年发放特扶金7200元/人）。发放计划生育特殊家庭养老补贴独生子女死亡对象28人共33600元，独生子女伤残对象17人20400元；计划生育困难家庭春节慰问4户共发放慰问金3200元；为15人发放特殊家庭午餐及家政补贴共68850元；对符合计划生育困难家庭的，参保计划生育意外伤害保险，共参保35户98人。发挥以楼院长民情日志为纽带的楼院长民生服务员作用，建立健全楼院长零距离服务新模式，楼院长与特殊家庭建立一对一帮扶机制，每月上门走访慰问，为特殊家庭提供最亲近的关爱与帮助。全街城市人口政策生育率为100%，出生性别比及分孩次性别比准确率均为100%，已婚育龄妇女节育措施落实率95%，独生子女优惠政策落实率100%，群众满意率90%以上，计划生育优质服务率达90%以上。

【大气污染防治】 严格落实各级网格巡查职责，对划定的5个重点燃煤污染区域安排网格长、网格员、街道社区领导干部进行24小时冬防巡查。张贴、发放“兰州市人民政府致全市人民的一封信”2000余份，入户宣传970户，向市场经营户发放200份；组织干部职工、网格员对棚户区、市场进行逐一入户排查，对辖区内819个小火炉和2个建筑工地分别建立台账，收缴有烟煤662.5千克，为困难群众发放引火煤2100箱，环保洁净型煤360袋，设置集中取火点9处。安排专人对辖区内盛世芙蓉、铁路调度所施工工地进行巡查，督促建筑工地洒水降尘，覆盖裸露建筑废料，确保施工工地落实“六个百分百”管理标准。与辖区门店及酒店签订禁止燃放烟花爆竹承诺书577份，与街道、社区干部职工签订禁放烟花爆竹承诺书116份，处罚个人燃放烟花爆竹2人。加大对全聚德、狗不理、金轮宾馆、艺海大酒店及各物业小区等在重点时间的巡查管控力度；网格员按照所属网格分段包片进行清扫保洁、洒水降尘工作，及时督促物业小区做好湿法作业，督促工地加大洒水频次，并组织社区对火车站西路部分路面、铁路新村东街行包房路段、和政东街进行洒水降尘工作。

【环境卫生】 开展控烟、妇女、儿童、慢性病等健康教育讲座12期，借助健康教育阵地进一步提高居民的健康养身意识。张贴控烟标示850张，制作宣传栏4块，结合第29个“世界无烟日”组织各社区开展以“落实室内公共场所全面禁烟，全民参与控烟行动”为主题的控烟宣传活动，发放《兰州市公共场所控制吸烟条例》2500份，发放关于二手烟危害的宣传资料1000份，控烟健康教育核心信息800份。发放除四害宣传知识手册

2500份，悬挂宣传标语4条。联合城管执法中队、火车站工商所、铁东食药所、铁路东村派出所对棚户区、沿街门店橱窗广告进行多次整治，清理橱窗广告570张，拆除宣传条幅170条，规范占道经营340处，清理商户店外经营356家，拆除电子屏85块，清洗粉刷公共设施43处。清理背街小巷及棚户区生活垃圾、废旧家具、建筑装修垃圾34车102吨。

【背街小巷综合整治】 针对辖区行包房路段、铁路新村东街、何家庄东街小巷长期以来占道停车、道路拥堵、交通不畅、占用消防通道等问题，在“三大整治”行动中，联合交警等部门对行包房路段及部分背街小巷长期占道的水果车、瓜车及“僵尸车”进行清理拖运，安装交通警示标志牌，设置挡车道钉，在行包房路段推行单向交通微循环，拖运“僵尸车”3辆，清理各类占道经营车12辆，清理路障地锁80处，清理占道杂物6吨，安装交通指示牌32套，安装道钉278处，规范4条乱停乱放小街巷。

【环境美化】 2016年完成新增绿地0.017公顷，植树50株。严格落实“门前三包”工作安排，与店铺及单位签订“门前三包”责任公约820家。结合街道“个十百”工作部署，街道干部和社区人员将辖区店铺进行分解包抓，每周对店铺“门前三包”签字情况、包抓干部走访情况及“门前三包”各项措施落实情况进行不少于2次的检查、记录，并督促沿街门店落实“门前三包”责任制。

【计划免疫】 2016年对8月龄至4岁孩童开展麻疹强化免疫430人，接种率100%，进行计划免疫宣传6次。举办健康教育知识讲座4期，集中宣传活动1次，辖区居民健康教育网络覆盖率达95%以上，健康知识知晓率90%，健康行为形成率85%以上。举办健康知识培训班1次。开展大型动物防疫工作4次，举办培训班1次。

【社会保障】 2016年全街享受低保家庭207户308人，发放低保金2035404元。新增低保户6户9人，调标16户31人，停发26户40人；低收入家庭8户19人，停发6户13人。全年医疗救助30人193326元，教育救助大中专学生23名33100元。城乡居民基本养老保险工作全面推进，街道对辖区184名城镇居民养老保险参保人员服务进一步细化，完善参保人员各类台账，按时完成对参保人员养老金资格认证、统计和上报工作。全年完成城镇居民养老保险扩面7人。对1496名企业退休人员进行养老金资格认证服务，养老金按时足额发放率、社会退休人员认证率均达100%。积极推进“民生就业360”服务建设，以高校毕业生、农村劳动力、退役复转军人和有劳动能力残疾人四类群体就业为重点，多方位开发就业岗位，推荐安置1508名失业人员实现就业再就业，推荐各类创业人员申请创业担保贷款831万元。

【老龄工作和残疾人救助】 开展为辖区困难老人、空巢老人打扫卫生、陪伴聊天等帮扶活动，全年共帮扶580余次；办理虚拟养老院就餐卡692张。全年提供残疾人居家养老服务1人，送餐服务72人；每季度为14名精神病患者免费发放药品，组织8名残疾人参加区残联组织的免费体检并发放补贴432元；为4户听力残疾人家庭进行无障碍设施改造；“助残日”为11名家庭困难的肢体残疾人发放轮椅，为2名听力残疾人发放助听器。举办残疾人趣味运动会，鼓励、动员更多的残疾人参与街道社区活动。为45人发放70岁以上贫困老年残疾人生活补助，共计27000元；为66人发放重度残疾人护理补贴79200元，为8人发放机动车燃油补贴2080元。同时开展了全国残疾人基本服务状况和需求信息数据动态更新工作。

【信息化建设】 全面开展“六色百合”工作，对辖区居民按照居住时限在楼层图中划分为六色百合分布图，划分出绿色放心户13551户、蓝色一般户1563户、黄色季访户1054户、红色重点户486户、白色空房户1725户、紫色拒登户92户。在人口登记册中加入民情信息，详细记录本单元的各项民情数据，党员、低保户、少数民族等情况。在原有的六色百合分布图上加盖印章，除用六色百合标记出居民基本情况外，制作和谐章、奉献章、关爱章、关注章四种印章，这些数据记号，可以更加方便地了解哪些人家已经走访，哪些人家没有人在，哪些人家的房已出租，哪些人家的情况特别困难等。不断发挥楼院长能动性，通过入户服务等多种方式，完善各类信息，为居民提供全方位服务。

【社会治安综合治理】 2016年，辖区发生刑事案件111起，破案59起，行政治安案件受理527起，查处86起。成立专门的信访接待场所。街道通过大力宣传，引导涉法涉诉的信访群众通过法院解决信访案件，信访量逐年减少，较2015年同比下降60%。2016年街道发生2起社会突出矛盾纠纷，通过与相关部门积极协调，1件已化解。

【禁毒】 街道、各社区在火车站广场、华润万家超市门口、金轮广场等公共场所和人口密集地悬挂宣传横幅、禁毒宣传挂图，发放《不让毒品进我家》《青少年毒品防范手册》等宣传教育资料。开展各类禁毒宣传教育活动20余次，累计摆放展板80余次，发放各种禁毒宣传海报、资料4000余份，展出毒品预防教育展板64次，办板报24期。街道辖区吸毒人员网内录入445人，死亡29人；失控吸毒人员15名；网内脱毒认定三年以上253人，戒断率为57%；基本做到吸毒人员网上信息与档案内容一致。辖区应尿样检测71人，已检测69人，占应检测数的97%；应检测293次，已检测266次，占应检测次数的91%。吸毒人员出狱、出所衔接率95%，责任社区康复率85%。辖区无非法种植毒品原植物情况。

【安全生产】 街道分别与4个社区、50余家辖区重点单位签订《铁路东村街道2016年度安全生产工作目标责任书》。及时召开街道、社区、辖区单位负责人会议，分析辖区安全生产形势，安排部署安全生产工作；对辖区内商场、网吧、宾馆、饭店等人员密集场所进行80余次安全检查，在检查过程中发现问题与隐患，做到与被检查方边查边改，能整改的立即整改，不具备立即整改条件的限期整改。2016年，街道安全生产各项工作平稳有序，未发生任何重特大安全事故。

·自身建设·

【党建】 2016年，街道党工委把“两学一做”学习教育作为党建工作的龙头任务，具体做到“五抓五促”。邀请市委党校教授上党课，党工委书记带头上党课，真正把“两学一做”学习教育植根于思想深处。开展6次专题学习讨论，引导党员撰写学习心得300余篇，组织党员800多人次参观八路军驻兰办事处，增强党员党性意识。编印“两学一做”学习教育手册，观看专题教育片，增强党员素养。积极开展党员践诺活动，与党员签订公开承诺书，督促党员履职践诺。

【特色亮点工作】 以“风土人情”为主题，打造2条“城市管理一体化示范街”，多次联合城管执法中队对街巷市容环境卫生进行集中整治，开展“门前三包”工作的入户宣传、督促及整治，与沿街门店逐户签订承诺书80份，拆除破旧门头32块，清理拆除户外护栏广告设施40多处约700平方米，拆除户外楼宇大型广告20多处约1300余平方米。

（王 静）

皋兰路街道

·概 貌·

【名称来历】 因皋兰县而得名。

【地理位置】 地处城关区中心地段。位于东经103°50′16.89″，北纬36°02′49.83″。辖区东与东岗西路街道为邻，南连五泉、铁路西村街道，西邻酒泉路街道，北接广武门街道。街道办事处驻詹家拐子2号。

【街道沿革】 中华人民共和国成立初，属四区一、二、十一3个街政府和二区九街政府管辖；1953年3月，为二区一、二、十一3个街公所；1955年11月，属城关区，设底巷子和耿家庙两个街道办事处；1958年2月，两街道合并为曙光路街道办事处；1959年3月，改为皋兰路街道办事处；1959年底，改为庆阳路人民公社皋兰路管理区；1962年撤销公社，恢复皋兰路街道办事处；1968年改称皋兰路街道革命委员会；1979年2月，恢复皋兰路街道办事处，沿用至今。

【政区划分】 下辖郑家台、詹家拐子、王家庄、榆中街、耿家庄、周家庄6个社区。

【人口面积】 辖区总人口58326人，其中常住人口57852人，占总人口的99.19%。以汉族人口为主，有56466人，占总人口的96.81%；少数民族人口1860人，占总人口的3.19%。非农业人口53277人，占总人口的91.34%。辖区东西最大距离1.4千米，南北最大距离1.9千米，总面积2.5平方千米。人口密度为每平方千米23330人。

【辖区概况】 辖区有兰州军区文化站1所；幼儿园4所，小学3所，初中1所；有市级医院1个，区级医院1个，社区卫生服务站5个；有市级体育馆1个。2016年皋兰路街道荣获甘肃省规范化街道工会称号。辖区永利金色花园小区荣获2016年度市级卫生小区。

·经 济·

【经济发展】 2016年完成固定资产投资任务98642万元。招商引资目标分解任务8亿元，完成86143万元，新签项目47个。

·社会发展·

【城市管理一体化示范街建设】 积极开展一体化示范街的改造，以平凉路（南）、金昌南路和甘南路三条路段为主，对道路两侧老旧楼体和路段的破旧墙体立面进行粉饰美化，粉饰墙面370平方米，粉饰楼体2380平方米，粉刷卷闸门672个，清洗34个，对破损门头店招修复改造40个，集中清理道路周边各类垃圾40吨。同时重点对辖区詹家拐子小巷、耿家庄一支路、耿家庄二支路三条小巷进行改造，粉刷墙面9258平方米，拆换门头54个，安装总面积440平方米；设置垃圾收集点1个，设置墙面宣传栏20个、主题小品2个，立面美化装饰2处，金属门油漆2177平方米，拆换卷闸门13套。

【榆中街标准化菜市场建设】 由于榆中街早市长期占道经营，导致通道不畅，救护、消防和社会车辆通行极为不便，且环境卫生脏乱差。为此，街道对榆中街小巷进行整体提升改造，新建成总面积5657.67平方米的标准化菜市场，商铺及个体摊位共计220个。

【医疗卫生】 进行人口数据录入更新，信息录入率、更新率、准确率达99%以上，及时发送、反馈省内外协查信息674条。办理一孩生育保健服务证264本，二孩生育保健服务证170本，独生子女父母光荣证72本，流动人口婚育证明6本，办理再生育审批7户，开具流动人口环孕检单10份。辖区独生子女家庭614户，奖励68520元；上报计划生育意外伤害保险45户130人。利用“3·8”妇女节、“母亲节”、“5·29”协会活动日、“7·11”世界人口日、“9·26”世界避孕日等主题日开展集中宣传活动，参加群众410余人次，发放宣传资料1200多份。撰写人口信息报道155篇。春节前为街道特扶对象发放特别扶助金215400元及养老照护补贴64800元，发放午餐及家政补贴105570元。上报新增的特扶对象，其中独生子女死亡对象10人，独生子女残疾对象6人。摸底辖区失独家庭30户，其中享受住院补贴救助10人。上报2016年度特殊家庭享受养老照护补贴人数68人，合计金额4.08万元。

【环境治理】 清除楼顶平台、楼道院落、背街小巷内乱堆、乱放、乱挂杂物，清理卫生死角和积存垃圾，清除楼顶平台垃圾15处。街道组成综合执法力量对辖区29条背街小巷的环境卫生开展多次集中联合整治，清理脏源点260处，整治楼群院落87处，清理卫生死角230处，清运垃圾60吨，整治乱堆乱放450处，铲除“三乱”广告563处，清理“僵尸车”9辆，整治店外店及占道经营796家。组织动员辖区单位、居民、志愿者参与周末卫生大扫除活动。全面落实“门前三包”责任制和市容环境责任公约，建立“门前三包”巡查台账、处罚台账，共签订“门前三包”公约和责任书1703份，向商户发放《关于皋兰路街道辖区商户落实“门前三包”规范经营的告知书》3200份。全年共接受各类数字化案件1910起，结案率99.9%。

【四害防治】 抓好动物防疫监管和免疫工作，发放碘伏6瓶、禽流感病毒灭活疫苗3瓶、强力消毒灵6袋、注射器（小）等畜禽防疫药物及器具。6月20日至6月29日组织各社区统一开展病媒生物防制集中投药工作，共投放溴鼠灵毒饵10箱、溴鼠灵蜡块7箱、杀蟑胶饵48个、陶瓷投饵器20箱、1.5%杀蟑饵剂3箱、双硫磷10袋。同时在辖区发放张贴防制病媒生物宣传海报390份、寨卡病毒宣传海报3900份、登革热病毒宣传海报3900份。

【生态环境建设】 开展“绿化美化环境”活动。在植树节期间，组织辖区居民开展以“绿化环境，美化家园”为主题的宣传活动，共清除树穴、花坛垃圾2吨，发放宣传彩页100份，制作黑板报12块。新增树木29株，摆放盆花10143盆，垂直绿化1250平方米，屋顶绿化120平方米。全力实施“123456”大气污染防治“蓝天行动”，严格实行24小时值班和巡查制度。对辖区809台小火炉进行全面详细的摸底，建立台账，改造取缔经营性门店小火炉42台；设立集中取火点8处，购买引火煤3500箱，免费向辖区居民发放。严格落实禁放烟花爆竹管理制度，与辖区商户及大型酒店、餐饮店签订《禁止燃放烟花爆竹承诺书》1700份，张贴禁放区域公示牌600个。街道自制6台小型洒水车，做到洒水抑尘无死角无盲点。辖区2处建筑工地管控到位，严格落实“六个百分百”施工要求，未发生二次扬尘。对环保督察问题快速反应及时处置上报。

【防汛】 制定《皋兰路街道地震应急预案》《皋兰路街道防汛预案》，成立领导小组，建立由20多人组成的志愿监测队伍。向各社区补充完善防汛物资，其中雨衣30件、雨鞋26双、手电筒22个、应急探照灯21个、编织袋165个、扩音小喇叭4个、雨伞20把、麻绳1盘、口哨10个、铜锣2个、手摇报警器2个。认真做好防汛值班、防汛通讯、防汛报告等相关工作。在汛期紧张时期，启动街道防汛预案，组织全体街道干部按照防汛值班表，严格落实24小时值班制度。

【社会治安综合治理】 依托街道维稳、综治、信访、司法平台，建立健全社会治安综合治理网络。在辖区4所学校制作毒品预防宣传教育展板10块，印制《皋兰路街道禁毒工作概况》80本；开展“全民禁毒宣传月”“千名领导进千所学校”活动20次；开展外出务工人员禁毒宣传1次；开展“6·26”国际禁毒日宣传活动4次。共计发放宣传手册15300余份，悬挂横幅6条，张贴宣传挂图15张，展出展板28块。对516名入库吸毒人员建立管理档案和帮教档案，需安置社会就业吸毒人员368人，已安置就业264人，安置率71.7%。34人享受最低保障，21人享受公租房。制作安全防范手册20000余册，识别扒窃彩页500余张，安全防范标语30条，积极宣传“平安创建工作”。

【安全生产】 与辖区单位、市场、物业公司、沿街商铺签订《安全生产及消防工作目标责任书》《消防承诺书》各2300余份。开展月度和节会安全生产大检查，检查各类场所200余家，消除隐患300余处，发放整改告知书100余份，上报重大隐患单位8家。排摸彩钢房178家，总面积10430平方米，已整改6780平方米，拆除1732平方米。开展专题宣传活动5次，发放安全生产宣传彩页10000余份，发放培训手册800余本。举行消防培训7次，辖区单位举行消防演练2次。建成街道标准化安监站。

【社会保障】 辖区有城镇最低生活保障户数496户、801人，春节期间为困难群众每户发放慰问金800元，同时以医疗救助、临时救助为补充保证辖区困难居民的基本生活。临时救助2人次，救助金额9093元。医疗救助56人次，救助金额481010元。教育救助64人，救助金额94400元。按时发放公租住房补贴，每户每年发放住房补贴3240元。申请公租房595户，实物配售配租入住公租房284户，另有311户在分配公共租赁住房户享受住房补贴，共发放补贴967140元。开展“拥军优属、拥政爱民”活动，街道有民政代管人员遗属10人，民政代管人员共7批145人，重点优抚对象125人。在“八一”建军节期间，走访慰问辖区军区文化站、西藏军区驻兰州办事处、兰州军区房地产管理局工程环境质量监督站3个部队单位。做好退休人员工作。为4216名企业退休人员办理资格认证，60岁以上老人253人领取社保补贴，15人参加居民养老保险。发放免费居民保障卡1001张。区属集体和街办企业人员、城乡居民和灵活就业人员均纳入社会保障范围。参加城镇居民基本医疗保险16097人，超额完成497人。

【为老服务】 对辖区老年人基本信息进行更新，60岁以上老人6681人，90岁以上老人129人，“三无”老人9人，失独老人322人，失智老人15人，空巢老人2988人。街道以政府购买服务的模式与甘肃惠群社会工作服务中心合作，积极打造“一中心四站”为老服务机构，开设5大功能室为辖区老人提供多样的文化娱乐活动。2016年5月接受了香港无国界社工组织的观摩交流，申请中央财政资金扶持项目1个，旨在为辖区300名困难独居老人、高龄老人、残疾老人开展入户调查和帮扶工作。为65岁以上老人办理虚拟养老院就餐卡2056张，为行动不便老人办理代餐卡282张。开展“医养融合”工作。周家庄社区建成社区健康小屋医疗保健服务站，为老年人免费体检，免费建档，低偿、无偿面向老年人开展医疗保健服务。街道开展以“关爱老人，构建和谐”为主题的走访慰问活动，全年组织辖区老人开展12次健康教育讲座，邀请周家庄社区卫生服务站张军和医师为老人讲解高血压、糖尿病等常见病的预防以及日常护理知识，受益老人达380余人。

【残疾人帮扶】 辖区共有各类残疾人757人，其中智力残疾84人、肢体残疾364人、精神残疾98人、视力残疾114人、言语残疾88人，每年为残疾家庭发放春节慰问金800元。配合区残联和市安定医院按时为21名享受免费药品发放的精神病残疾人免费服药。实现肢体无障碍设施改造全覆盖，为辖区5户听力残疾人家庭进行无障碍设施改造。组织安排残疾人免费就业培训，享受美伊主食免费送餐服务的残疾人203人。按时发放残运人员代步轮椅车。享受燃油补贴13人，每人每年260元。70岁以上老年人困难补助72人，每人每月50元；护理补贴167人，每人每月100元。

【劳动就业】 新增就业人数1630人，签订目标任务1300人；完成失业人员再就业230人；全年完成劳务输转350人。职业培训年任务340人，其中失业人员220人，农村劳动力培训40人，完成341人；完成小额担保贷款及万企计划推荐任务723万元。街道灵活就业人员209人享受社保补贴，发放金额455.202万元。完成技能鉴定 48 人。开展各类招聘会 2 场，明星报告会 1 场，职业培训会 5 期。

【社区建设】　为方便辖区居民办事，建成 5 个集政务服务、便民家政、文体娱乐、医疗卫生、法律咨询、购物餐饮等服务功能为一体的“一刻钟便民服务社区”，推进以政务服务圈、生活服务圈、平安服务圈、文体服务圈、卫生服务圈为内容的“一刻钟五个圈服务”，多个门店加盟，使辖区居民享受到各种便利。组建街道、社区文化体育队伍 21 支，开展市民特色文化活动 41 次，参加人数 1950 余人。

【精神文明建设】　开展“文明单位”“文明家庭”“和谐家庭”等文明细胞的创建活动。发放张贴宣传海报 1950 张，并利用电子显示屏、黑板报、宣传墙等各种形式开展创建宣传。开展“善行义举榜”“孝道红黑榜”“诚信红黑榜”“文明家庭评选”“道德模范走进道德讲堂”“好家风、好家训、好家规、家风小故事征集评选”等主题活动，制作社会主义核心价值观宣传展板 200 余块，建立完善志愿服务工作机制，稳步推进社区志愿服务工作站建设，招募志愿者 5343 人。开展“红红火火过大年”“学雷锋”“我是志愿者志愿服务征文”“辖区文明单位志愿者、志愿服务队网上注册”等主题活动。

·自身建设·

【基层党建】　抓好街道机关和社区党员学习教育。县级领导讲党课 1 次，街道党政主要负责人讲党课 7 次，其他班子成员领学 21 次，到包抓社区讲党课 6 次，组织干部职工集中学习 25 次，党工委中心组学习 12 次，召开 7 次心得交流会、33 次专题学习会、6 次专题研讨会。街道成立两个督导小组，对各社区及非公党组织开展学习讨论、讲党课、专题讨论会等专题教育督促检查 5 次，定期查阅党员干部学习笔记和学习心得，建立“两学一做”学习教育整改台账，梳理整改存在问题 26 条。同时将开展走访慰问活动与推进“两学一做”学习教育紧密结合起来，分别走访慰问帮扶联系户 112 人次，走访慰问辖区中华人民共和国成立前入党的老党员、生活困难的老党员 4 人次，辖区一线环卫工人、社区网格员和楼院长 308 人次。广泛开展党员实践活动。组织召开了纪念建党 95 周年表彰大会，表彰奖励 3 个先进基层党组织、10 名优秀共产党员和 2 名优秀党务工作者。设立党员先锋岗 29 个、党员示范岗 24 个。

【党风廉政建设】　严格考勤管理制度，完善《皋兰路街道工作落实月考核办法》《皋兰路街道工作落实责任追究办法》及厉行节约、“三述”、个人重大事项请示报告等各项制度，组织街道班子成员和社区书记开展 2016 年度述纪述廉述作风活动。严格执行约谈谈话制度和廉政约谈，坚持“三个必谈”。街道党政主要负责人和班子其他成员全年开展约谈 127 人次。强化廉洁警示教育，组织党员干部集中观看《永远在路上》警示教育片 4 次，组织新一届区党代表、人大代表参加履职培训，学习贯彻落实“九个严禁，九个一律”规定，严明换届纪律。开展节假日和其他重要时间节点专项检查，及时发送廉洁提醒短信，签订个人廉洁自律承诺书，强化自律意识。充分发挥纪检监察职能，定期不定期对社区（科室）工作作风、办事效率、任务落实等情况进行明察暗访 20 余次，对发现的问题及时要求整改，对 3 起 8 人违反工作纪律的问题进行全街通报批评。全年未收到上级纪检部门交办的信访案件。

（陆　璐）

东岗西路街道

·概　　貌·

【名称来历】　以东岗镇而得名。

【地理位置】　地处城关区中心地段，位于东经 103°50′37.75″，北纬 36°03′9.22″。东起天水路中段，西至平凉路，南起民主东路，北至南滨河路。街道办事处驻甘南路 171 号。

【街道沿革】　1949 年 9 月为第二区第九街政府，11 月改属七区第二乡；1951 年改为第七区第三街政府；1953 年 3 月属第三区第三街公所；1955 年 11 月属东岗区镇东路街道办事处；1958 年由镇东路街道办事处和宁卧庄街道办事处合并为东岗西路街道办事处；1959 年改为东岗西路人民公社；1960 年 12 月东岗区撤销，划入城关区；1962 年恢复东岗西路街道办事处；1969 年改为东岗西路街道革命委员会；1979 年恢复东岗西路街道办事处；1980 年 5 月，划出天水路以东区域，组建渭源路街道办事处。

【政区划分】　下辖农民巷东、农民巷西、一只船、平凉路、天水路、东岗西路 6 个社区。

【人口面积】　辖区总人口41547人，其中常住人口40769人，占总人口的98.13%。以汉族人口为主，有39906人，占总人口的96.05%；少数民族人口1641人，占总人口的3.95%。非农业人口35563人，占总人口的85.60%。辖区东西最大距离1.3千米，南北最大距离1.9千米，总面积2.4平方千米。人口密度为每平方千米17311人。

·经　济·

【招商引资】　全年招商引资引进到位资金11亿元，占年计划的100.2%。

【项目建设】　完成对盛达金城广场、长业金座、兰州煤矿设计院保障房、银河明珠等重点项目的跟踪服务及协调工作。为楼宇企业提供"一站式""前沿式"便捷高效服务。完成对一只船商务厅家属院、天水路商务厅家属院棚户区改造征地拆迁前的准备工作。

·社会发展·

【城市管理】　开展"周末卫生大扫除"活动，全年组织实施环境卫生综合整治活动60余次，累计排摸脏源点500余处，清除各类积存物、垃圾320余吨，清洗各类残标、小广告近万条（幅），粉刷住宅楼道1.6万平方米，累计擦洗沿街护栏38万米。与1324家门店签订了新的"门前三包"责任公约。全力做好冬防工作，设置集中取火点3处，流动取火点5处，实行网格员24小时巡查，加强辖区670台小火炉的管控，收缴有烟煤468.5千克、木柴3835.5千克，签订《禁放烟花爆竹承诺书》1300份，张贴禁燃通知600张；对辖区3个建筑工地逐家排摸、检查，严格落实"六个百分百"。完成南昌路、平凉路城市管理示范街打造工作。加大对南北小巷、旧大路、前街后巷的整治力度，对临街商铺门头进行统一更换，粉刷美化立面约7000平方米，制作精美画框60余副，有效提升精品示范街的文化品位。对辖区老旧楼院（瑞达服务公司家属院）进行提升改造。

【综合治理】　全力维护辖区社会稳定，排查化解各类矛盾纠纷541件，调处率100%，答复来信来访200件，答复率100%，处理历史遗留信访案件1件，处置率95%；对辖区企事业单位、施工工地、高层建筑、商场及"九小"场所等进行安全检查，共检查"九小"场所1300多家，登记彩钢建筑约6750多平方米，拆除整改彩钢房3613平方米，其中拆除1200平方米，整改2413平方米，完成率53.5%，落实隐患整改233处，处置整改率达到98%；落实学校、家庭、社会"三位一体"的帮教管理责任制，开展法制进校园宣传活动6次。

【计划生育】　开展"生殖健康进家庭"活动，向辖区育龄妇女发放免费体检卡800余张，先后组织低保、特困、特别扶助等群体400多名妇女进行妇科全免费检查。为419户家庭发放独生子女费，金额44845元。

【民生保障】　完成就业困难人员就业136人，办理就业失业登记证214人，完成就业失业登记年审119人次；为个体人员11人办理小额贷款手续；举办4期订单式培训，共培训358人，劳务输转423人；为2488名企业离退休人员办理认证；为辖区低保户258人发放低保金145832元；为89户贫困家庭申请公租房；发放优抚伤残金及烈属、遗属费等1689776元；为115人发放残疾人护理补贴，共11500元；为70岁以上贫困老年残疾人43人发放生活补助共计25800元；完成6个社区的阵地提升改造。为21户失独家庭每户送去一份价值300多元的陶瓷套装电热水壶；定期开展联谊活动，积极为失独家庭搭建亲情互动平台。

·自身建设·

【党建】　开展"我是党员让我来"主题实践活动，实施"搭桥连心"系列行动，推动"党员先锋岗"典型建设，让党员干部切实发挥好先锋模范作用，使每位党员都能在各自的本职岗位上积极履职尽责，增强学习教育的针对性和实效性。以"我是党员让我来"为载体，开展精准帮扶，街道50名干部走访慰问帮扶户210多人次，帮助贫困户制订科学合理的脱贫计划。全面落实党委主体责任，切实提高班子成员履行"一岗双责"的意识和能力，进一步完善《领导干部重大事项报告制》《廉政谈话制度》等12项制度，主要领导与领导班子成员和社区书记开展谈心谈话，针对约谈中存在的问题随时进行提醒和告诫，及时督促整改。

【党风廉政建设】　修订《关于加强机关工作制度建设的若干规定》《东岗西路街道财务管理制度》等各项制度。按照党风廉政党委主体责任和纪检监督责任原则，切实加强作风建设。领导班子成员定期或不定期召集分管科室相关人员学习有关文件精神，对分管科室相关人员开展廉政谈话，召集分管科室负责人研究党风廉政建设工作。全年举办各类学习教育活动10余次，参加人员600人次，班子成员参加率100%，干部职工参加率96%。畅通信访举报诉求渠道。全年共受理群众来信来电来访632件，处理反馈信访件1件，化解率100%，满意率100%。开展廉政文化进机关、进社区活动，举办以“廉政伴我行”为主题的廉政文化活动。

（贾　瑾）

火车站街道

·概　　貌·

【名称来历】　因兰州火车站而得名。

【地理位置】　地处城关区南部，位于东经103°51′54.87″，北纬36°01′34.39″。东至红山根东路社区68070部队与焦家湾南路社区相邻，西至绿色市场东侧105号大院与铁路西村街道相邻，北至火车站东路与团结新村街道、铁路东村街道、嘉峪关路街道接壤，南临皋兰山北麓与伏龙坪街道接壤。街道办事处驻红山根东路95号。

【街道沿革】　中华人民共和国成立初，属兰州市第七区四乡；1953年归二区第五街公所；1955年属东岗区东路街道办事处；1959年为东站公社；1960年归属城关区；1962年现辖区从东站街道办事处划出，成立红山根街道办事处，后改称火车站街道办事处；1969年称火车站街道革命委员会；1979年恢复火车站街道办事处名称，沿用至今。

【政区划分】　下辖车站、红二村、红三村、红西村、红山根、红山根东路6个社区。

【人口面积】　辖区总人口62553人，其中常住人口62164人，占总人口的99.38%。以汉族人口为主，有59504人，占总人口的95.13%；少数民族人口3049人，占总人口的4.87%。非农业人口51580人，占总人口的82.46%。辖区东西最大距离2.42千米，南北最大距离1.89千米，总面积1.04平方千米。人口密度为每平方千米60147人。

·经　　济·

【招商引资】　辖区新签项目1个，结转项目3个。资金目标任务8亿元，完成近1亿元。

·社会发展·

【环境治理】　全年开展周末卫生大扫除51次，街道参与650人次，发动辖区参与2035人次，包街部门参与320人次，累计清理辖区坡面、铁路沿线、楼顶等卫生死角垃圾600处，300吨。全面整治低空面源污染，严格禁止“四烧”现象，在辖区6个在建工地落实“六个百分百”工作要求。全年共发放大气污染防治宣传材料2600余份。严格落实网格化管理，辖区内共有网格30个，网格长30个，网格员92人，街道成立的综合巡查队在辖区内不间断进行巡查。辖区内有小火炉3684台，其中居民用2753台，商户786台，集贸市场138台。为方便居民点火，辖区设置集中取火点20处，流动取火点6处。

【物业管理】　辖区共有20家物业，审核17家，案件200余件，对相关物业下发量化考核22起，下发整改通知书27起，供热量化考核4起，再整改通知3起。

【卫生防疫】　开展春季、秋季病媒生物防制工作，发放病媒生物防制宣传资料1800余份，在规定时间集中投放灭鼠药17件，毒饵盒20件，灭蟑药剂1500袋，杀蟑饵剂50支，降低病媒生物密度。

【数字化城管】　规范数字化城市管理模式运行工作，对区数字化城市管理指挥中心下派督办的各类案卷登记造册，做到案卷随时派遣、随时处理、随时反馈。6个社区及火车站执法中队共处理下派案卷3790件，及时处理3790件，及时处理率为100%。

【社会保障】　全年完成就业再就业任务1637人，完成劳务输转330人，占全年工作任务的110%；开展职业技能培训班5期，培训340人。街道共有低保户430户、670人，新增低保22户、31人，停发47户、78人。共计发放各类低保保障金3201566元。积极开展贫困户和优抚对象的医疗救助，享受医疗救助的72人，发放救助金414068元；享受临时救助的4人，发放救助金7256元；为辖区37户特殊困难家庭学生办理教育救助，救助金额46000元。组织开展老年病免费筛查及“一站式”报销救助服务爱心活动，办理老年人就餐卡627张；“双节”期间慰问辖区115户困难残疾人家庭，发放慰问金92000元；至11月，有257名困难残疾人享受生活补贴，137名重度残疾人享受护理补贴，107 名 70 岁以上困难残疾人得到生活补助 64200 元。开展“圆梦女孩志愿行动”，帮扶辖区“圆梦女孩”12 人，每月开展一对一帮扶活动。

【双拥】 慰问重点优抚对象 18 人，发放“两节”慰问金 14300 元；对 34 位重点优抚对象进行信息核对和抚恤金的审批发放。其中伤残人员 19 人，发放金额 295746 元；参战涉核人员 12 人，发放金额 56980 元；“三属”5 位，发放金额 89319 元。对 2 位伤残军人上报审批住院补助，审批及发放金额为 5981 元；2016 年优抚对象死亡 2 人，上报审批丧葬费补助 22630 元；为 28 名优抚对象上报审批 2015 年门诊补助 14000 元；对无军籍人员进行信息统计、摸底、认证；对 1 名无军籍人员高龄补贴进行上报审批。接收退役士兵 4 人，上报审批待安置期间生活补助 15819 元。

【廉租房】 全年为 26 户困难家庭实物配售和配租五一新村廉租房，办理了入住手续；为 10 户原廉租房申请家庭办理了实物配租和入住手续，同时发放 3 个月住房补贴 8100 元整；为 2015 年 68 户首批公租房申请家庭实物配租，发放租赁补贴 197640 元整。受理公租房申请 103 份，将 70 户新申请家庭和 22 户年审家庭上报进行审核，共发放租赁补贴 298080 元。为 2015 年第二批 22 户公租房申请家庭和 2016 年 27 户公租房申请家庭进行实物配租。

【社会治安综合治理】 强化重点场所及周边治安综合治理。强化流动人口、房屋租赁规范化管理，严抓人口管理工作。辖区内登记在册的流动人口为 17626 人，出租房屋户 3954 家，流动人口登记率达 80%以上。发放各类宣传资料 1000 余份，依法保护外来务工人员的合法权益。

【禁毒】 安置吸毒人员 299 人就业，其中公益性岗位 5 人，原单位安置 15 人，自主就业 279 人，就业安置率 72%，共有 31 名吸毒人员享受最低生活保障。制作禁毒宣传展板 83 块，向单位、学校、重点场所和娱乐场所等发放禁毒宣传挂图 50 余套、禁毒宣传手册及禁毒宣传单 2000 余份，并利用火车站广场大型电子显示屏、电子广告牌等，滚动播放禁毒公益宣传片和毒品预防知识。在火车站广场、公交枢纽等地进行《禁毒法》宣传活动。辖区内禁毒宣传教育覆盖率达 94%以上，居民群众满意率达 92%以上。

【反邪教工作】 组织反邪教宣传培训会议及反邪教进社区、进学校等活动共 25 次，发放宣传单 2000 余份，并在学校、火车站广场 LED 大屏上播放《身边的正邪较量》DVD 光碟，揭露邪教残害生命扰乱社会的罪行。制作《火车站街道家庭拒绝邪教承诺书》3000 份及宣传资料 1500 份，社区工作人员深入小区、居民家中入户宣传，与居民签订“家庭拒绝邪教承诺书”。

【维稳】 街道成立 50 人组成的应急队伍，120 人组成的信息员队伍，64 人组成的辖区单位人民调解员队伍，77 人组成的网格员队伍，为确保信息收集和矛盾排查调处发挥了积极作用。处置群体性矛盾纠纷 7 件、一般性矛盾纠纷 17 件。

【安全生产】 开展安全生产检查，排查辖区 1107 家单位，完善 41 类 1107 份、3 家市场 300 家摊位的台账，对辖区 190 家餐饮场所使用灶用醇基燃料情况进行全面排查，对各单位，按照网格化管理方式分别建立档案，各社区网格员每季度上报检查记录。召集辖区内企业、各相关行业管理部门召开安全生产专项工作会议 7 次，安全生产工作例会 43 次，根据各个时期对安全生产工作的不同要求检查 300 余次，发现安全隐患 11 处，下发整改指令书 11 份。

【精神文明建设】 张贴“践行和培育 24 字社会主义核心价值观”“中国梦”宣传横幅、喷绘和创建宣传海报 4000 余份，发放“致市民的一封信”宣传材料 6000 余份，创建文明城市宣传问卷 16000 余份。以“道德讲堂”为载体，组织街道、社区工作人员开展学习道德模范宣讲教育活动。开展“善行义举榜”评选活动，在街道及各社区分别设立“善行义举榜”，对身边的道德模范、好人好事进行张贴宣传，树立好人好报、关爱他人的价值导向。邀请市级道德模范高平、汤波来街道进行道德模范巡讲活动。以中华传统文化节日为契机，开展“我们的节日”主题活动。发挥志愿服务队伍作用，通过开展走访慰问、爱心圆梦、免费义诊、写送对联、环境清理等志愿服务活动，对辖区空巢老人、留守儿童、残疾人等进行关爱帮扶。2016 年，各社区共成立 10 支志愿服务团队，注册志愿者总人数 7235 人。开展文明劝导活动 80 余次，劝导不文明行为 1000 人次，开展关爱空巢老人、留守儿童等志愿服务活动 50 余次。

【地质灾害预防】 辖区部分地区处于皋兰山滑坡群下方，地质灾害易发，有地质灾害隐患点 6 处。

红山根东路、红山根、红西村3个社区地处地质灾害高易发区，从3月份冰雪消融开始，街道地质灾害专职监测员开始巡查，汛期加强值班监测，落实24小时值班制度，确保一旦有险情预报，能及时把群众转移到安全地带，切实保障人民群众的生命财产安全。

·自身建设·

【机构设置】 有工作人员43人，下设党政办公室、城市管理办公室、物业管理办公室、劳动就业和社会保障所、社区服务中心等10个职能科室，负责辖区各项社会职能的管理和服务。有党总支3个，党支部15个（非公经济组织党支部3个），在册党员808人。

【党建】 深入推行社区行政事务与服务职能分离工作，通过“12345”工作思路（“一个核心”“两个强化”“三个着力”“四项措施”“五个载体”）全面做好社区行政事务与服务职能分离工作。以“一个定位重服务、一个机制强保障、一个深化解难题、一个畅通晓民意”为抓手，以“察民情、晓民意、解民难、排民忧、聚民心”为主线，进一步深化拓展“民情流水线”工程。及时跟进辖区各单位开展联系帮扶工作，梳理完善台账，在春节期间对帮扶对象进行慰问。以“发挥党员作用，服务社区群众，构建和谐社区”为主要内容，组织街道、社区开展“党员岗位认领”“争当岗位先锋”活动，确保“先锋引领行动”扎实有效开展。

（王　丹）

团结新村街道

·概　　貌·

【名称来历】 因各民族群众团结建设兰州而得名。

【地理位置】 地处城关区东南，位于东经103°51′53.77″，北纬36°02′18.61″。东至排洪沟与嘉峪关路街道接壤，西连铁路东村街道，南至火车站东路与火车站街道相邻，北接渭源路街道、东岗西路街道。街道办事处驻团结新村50号。

【街道沿革】 中华人民共和国成立初期，为第二区第五街政府；1953年为第二区第五街公所；1955年11月，属东岗区火车站街道办事处管辖；1960年5月，改为火车站人民公社管理委员会；1960年12月，属城关区火车站管理委员会；1962年7月，火车站人民公社分为东站、红山根两个街道办事处，属东站街道办事处；1966年5月，改为东站街道革命委员会；1970年11月，改为团结新村街道革命委员会；1979年12月，恢复团结新村街道办事处。

【政区划分】 下辖团结新村、定西南路、红星巷、定西二支路、天平街、天水南路6个社区。

【人口面积】 辖区总人口62599人，其中常住人口61906人，占总人口的98.89%。以汉族人口为主，有59661人，占总人口的95.31%；少数民族人口2938人，占总人口的4.69%。非农业人口51481人，占总人口的82.24%。辖区东西最大距离2.7千米，南北最大距离1千米，总面积2.7平方千米。人口密度为每平方千米23184人。

【辖区概况】 辖区紧靠火车站，客流量大，公共场所多，人口相对稠密。辖区有定西路、定西南路、天水南路、平凉路、火车站东路5条大街，有定西一、二、三支路，及红星巷、天平街、排洪沟等7条小街巷。辖区内有大中专院校2所，中学1所，小学3所，幼儿园8所，大型宾馆15家，大型超市1家，集贸市场3个，商业网点500余家，汽车站2个，工商所2个，执法中队1个，食品药品监督管理所1个，派出所1个。

·经　　济·

【经济目标完成情况】 2016年，完成固定资产投资10.97亿元，完成全年任务的100.20%。完成招商引资10.21亿元，完成全年任务的102.10%。

·社会发展·

【劳动就业】 完成就业再就业1478人，其中解决失业人员再就业223人，困难人员就业179人，大学生就业30人，职业介绍成功70人，为城乡富余劳动力做好劳务输转292人，其中有组织输转111人，境外就业4人。为2015年灵活就业人员175人办理社保补贴。开发就业岗位22个，职业介绍成功70人，创业培训推荐5人，召开用工洽谈会1场，创业明星报告会1场，采集发布用工信息342条1388岗，开展职业技能培训5期。办理就业失业登记证386本，推荐上报返乡创业4人，职业培训300人，其中农村劳动力培训30人。

【社会保障】 街道优抚对象共有74人，其中，在乡老复员军人1人，带病回乡1人，病故军属2人，因公牺牲1人，复员干部6人，伤残退伍军人40人，参战涉核人员24人。全年发放伤残金102120元，参战涉核生活补贴330453元。辖区有低保户406户、573人，发放低保金3653859元。“双节”期间慰问困难群众80户，发放慰问金64000元；慰问单亲特困母亲12人，发放慰问金9600元；慰问贫困青少年4人，发放慰问金3200元；慰问贫困统战人士1人，发放慰问金800元；对低保户、低收入家庭31户进行大病医疗救助，救助金349879元；医疗临时救助2人，救助金7950元；慈善救助3人，救助金4000元。新申请公租房140户，其中低保户11户，低收入户129户，年审30户。发放租赁补贴752490元。

【综合治理】 开展禁毒工作“六进”活动，与52家娱乐场所签订禁毒责任书，对辖区2家建筑施工工地、2所小学、3处交通运输行业企业、3家封闭式人员密集场所、1家印刷企业等单位开展主体责任落实及安全管理制度、安全教育培训、应急预案的演练等相关情况进行定期检查。积极普及安全生产及消防安全知识，全年共检查重点单位及居民院落105家，180余次，检查覆盖率100%。认真开展纠纷调解工作，共调解236起，调解成功率100%。未发生重大和群体性事件。积极落实帮教措施，帮教率和安置率均达100%。

【城市管理】 利用多种形式宣传国家卫生城市创建工作，设立宣传栏11个、创卫展板8块、LED显示屏19块、黑板报32期，发放创卫宣传资料12000余份、创建国家卫生城市倡议书1200余份，入户宣传15000余次，开展宣传活动43次；累计清理无人管理楼院、背街小巷、主要干道及绿化带积尘垃圾90多吨，清洗沿街人行道护栏580800余米，清洗公共设施、户外广告680多处。发放各类控烟宣传资料1800余份。投放灭鼠药250袋、鼠夹270个，放置蟑螂屋55个、蟑螂粘贴板63个，放置灭蟑灭蚊药品110袋、灭蟑药剂36管。

【冬防】 对辖区内燃烧设施进行全面调查并建立台账，共有燃煤小火炉1399个，发放环保型引火煤3200箱。实行每日巡查制度，加强监管力度，发现并上报焚烧垃圾、落叶现象8次，发现并督促整改小火炉冒烟现象15次，联合执法、查处没收有烟煤0.75吨。对辖区6个施工工地实行24小时巡查制度，督促施工工地完全按“六个百分百”标准施工，坚决杜绝二次扬尘现象的发生。排摸上报违法建设25处，配合执法中队、派出所拆除违建8处，1处已发询问，限期责改。

【“网格化”管理】 街道有一级网格1个（街道）、二级网格6个（社区）、三级网格24个，保证每个网格至少有5名网格员，各网格员落实早6：00—晚11：00不间断日巡查制度，领取网格化管理台账200本，制作、发放网格化督查棉马甲180个。“门前三包”签订1486家，变更28家，劝导督促整改79家，批评教育58家，处理城管委“门前三包”督办单3条。制定数字化案卷处理情况考核办法，处理四类案卷5011件。

【精神文明建设】 开展群众性经典诵读、节日民俗、文化娱乐和体育健身活动。清明节期间，组织6个社区开展环保祭祀、节俭祭祀、网上祭祀等活动。端午节期间，开展为孤寡老人、困难老人送粽子、送慰问金、送祝福活动。通过入户走访，居民群众、楼院长推荐等形式，努力寻找发现“兰州好人”“道德模范”人物。举办善行义举榜活动4期，开展道德讲堂活动12期。上报审批文明家庭60户。结合“讲文明、树新风”活动，在主干道醒目位置、沿街单位墙面悬挂张贴以“中国梦”“讲文明、树新风”“社会主义核心价值观”为主要内容的户外公益广告宣传牌及宣传画。集中组织志愿者深入社区开展以清洁家园、保护环境和助老、助残、助困等为内容的志愿服务活动，进一步倡导和弘扬“奉献、友爱、互助、进步”的志愿服务精神。

【社区建设】 加强基层组织建设，党工委依托行政事务与服务分离工作，本着小办公、大活动的原则，不断扩大基层党组织阵地，整合办公用房，重点打造定西南路社区、天平街社区和天水南路社区，释放活动阵地3处、75平方米。各社区实行“一口式接件、归口式办理”运转模式，建立街道、社区行政事务受理中心服务大厅，设置5个综合服务窗口，通过学习培训，打造全能型窗口服务人员，熟练掌握各类行政事务的受理材料、办理程序、办结时限等，制定规范的窗口服务人员工作制度和考核制度。在综合服务业务办理中严格按照“民情流水线”工程“五件式”办理流程办理业务，并按照固定公开、集中公示、单项反馈、分散答复、约定告知的要求进行公示反馈。

·自身建设·

【党建】 街道党工委深入学习贯彻十八届六中全会精神，认真组织开展学习11次，邀请省委党校教授刘永哲进行宣讲，开展专题研讨9次，街道班子专题研讨1次。印发相关学习文件360份，利用微信、QQ上传学习内容，317名在职党员进行网络学习，给19名党员邮寄学习资料。完善领导干部学习培训机制，如实记载学习培训情况。购买党章党规、习近平系列讲话等内容学习书籍700本，发放学习记录本696本，印发相关文件、学习资料700份。召开专题研讨会34次，邀请包街领导、区委党校老师讲党课4次，“一把手”讲党课37次，参会党员1500余人次。开展“学党史、知党情、跟党走”“民情心连心”“光荣岁月”三大主题活动，组织辖区党员135人到老党员苏流曾家参观党史物品展览；组织机关党员干部和部分社区党员94人前往中共甘肃工委纪念馆进行爱国主义教育。走访上访户18户、26次，入户走访低保户、困难户、优抚对象等256人次，慰问辖区党员22人。抓好基层组织建设七项重点工作。

【党风廉政建设】 强化主体责任，建立健全内部管理制度，严格遵守各项制度要求。2016年共清查出风险岗位51个，风险点55个。

（白　玫）

渭源路街道

·概　　貌·

【名称来历】 因地处渭源路而得名。

【地理位置】 地处城关区中部，位于东经103°51′49.65″，北纬36°03′20.64″。东临嘉峪关路街道，与拱星墩街道接壤，西至天水路与东岗西路街道相连，南临团结新村街道，北与雁南街道相接。街道办事处驻南滨河东路352号。

【街道沿革】 中华人民共和国成立初属兰州市七区第六乡政府；1953年属三区第三街公所；1955年为东岗区宁卧庄街道；1958年并入东岗西路街道办事处；1960年归属城关区；1980年从东岗西路街道办事处划出，成立渭源路街道，沿用至今。

【政区划分】 辖南河新村、宁卧庄、南昌路、科技街、兰州大学、定西路6个社区。

【人口面积】 辖区总人口53518人，其中常住人口52212人，占总人口的97.56%。以汉族人口为主，有51728人，占总人口的96.66%；少数民族人口1790人，占总人口的3.34%。非农业人口47833人，占总人口的89.38%。辖区东西最大距离1.57千米，南北最大距离2.3千米，总面积3.57平方千米。人口密度为每平方千米14991人。

【辖区概况】 辖区内有东岗西路、天水路、渭源路、定西路、南滨河东路、南昌路、会宁路等道路。114路、138路、58路、115路、10路、128路、117路公共汽车通行。科教文卫资源富集，驻有兰州大学、甘肃中医学院、中科院兰州分院、中国航天科技集团公司五院五一零所、甘肃省人民医院、兰州大学第一医院、甘肃省广播电影电视总局、宁卧庄宾馆等48家单位，其中地级单位14家，县级单位15家，科级单位19家。辖区内有兰州电脑城、兰大电脑城、西北电子商贸城、西北数码广场、航天电脑城等大型专业电器市场以及渭源路市场，个体经营户1997家，法人单位及产业活动单位1245家。有幼儿园7所，在园幼儿980人，专任教师117人；小学5所，在校学生4445人，专任教师179人，小学适龄儿童入学率100%；初中2所，在校学生2800人，专任教师162人。初中适龄人口入学率、小升初升学率、九年义务教育覆盖率均达100%。普通高中1所，在校生1080人，专职教师62人；大专院校3所，在校生43802人，专任教师2595人。中等职业学校1所，在校学生900人。辖区内有国家级技术研究中心3家，省级技术研究中心5家，市级技术研究中心1家，各类科技人才3134人；承担693项研究项目。各级医疗卫生机构8个，门诊部（所）9个；有床位3911张，固定资产总值160828万元。专业卫生人员3754名，其中执业医师1264人，执业助理医师11人，注册护士2153人。2016年医疗机构（门诊部以上）完成诊疗6343.27万人次。辖区有学校体育场17个，看台设座椅3000张。有健身器材176个，健身路径6条。有社区文化活动室7处。有各类文化艺术队伍18支，演出人员505人；有各类图书室7个，藏书316万册。

·经　济·

【招商引资】　完成招商引资5.2亿元；完成固定资产投资13.60亿元；完成飞天家属院旧城改造、五矿家属院旧城改造、南河新村小区旧城改造、科技商贸圈现代服务业、科技一条街现代服务业5个招商推介包装项目。

【重大项目】　甘肃省图书馆扩建项目、中科院兰州分院科苑一区棚户区改造、“十二五”科教基础设施西部生态环境保育与修复综合研究保障条件建设项目、五一〇所棚户区改造项目、甘肃省人民医院住院部二期7号楼和8号楼建设项目、兰大医学院教学实验楼、兰州大学第一医院门诊综合楼等7个重点项目正在快速推进中。

·社会发展·

【劳动就业】　完成就业再就业1630人，援助就业困难人员6人；职业介绍成功70人；完成小额担保贷款155万元；创业培训推荐37人；开发社区岗位18个；返乡创业4人；居家就业项目2个；推荐上报大学生见习基地1个；采集用工信息56条280个岗位；发布用工信息333条1332个岗位；职业培训340人，其中失业人员305人、农村劳动力35人。

【社会保障】　受理低保和低收入家庭医疗救助申请29户（一站式救助定点医院以外的患者），发放救助金21户，金额累计303774元；受理临时救助3户，1户享受救助金1124元；受理丧葬救助申请7户，发放救助金9513元；受理教育救助26人，救助金额38900元；受理新申请公共租赁住房80户，年审23户；为203户发放租赁补贴596970元；办理公共租赁住房申请入住100户。为114人发放残疾人重度护理补贴136800元。按季度为23人发放参战涉核人员补助133860元；为86人发放伤残军人全年补助金和护理费1492489元；为21人按月发放民政代管遗属、老复员军人和临时救助人员补助金137459元；为4人发放复员干部全年生活补助95888元；为2人发放伤残军人住院补助2658元。为符合条件的老年人办理“市民卡”近500张，带餐卡近50张。上报特别扶助对象51人。奖励独生子女家庭578户，奖励金额64180元。

【安全生产】　全年开展大型安全生产检查10余次，检查各类场所200余家，发现隐患300余处。制作并发放宣传彩页5000余份，消防安全彩页1000余份，向辖区餐饮场所、小饭桌、食堂（单位、工地、学校）发放《餐饮场所燃气安全使用10项规定》250余份。

【城市管理】　协调南河新村物业对南河新村小区垃圾收集点进行改造，组织社区开展多次专项整治行动，清理垃圾、废弃家具350车、1750立方米，清理乱贴乱画1600多处，拆除楼院私搭乱建30多间，硬化楼院地面3900平方米。为辖区门店1241家统一油漆卷闸门。针对七中小巷车辆乱停乱放、墙面破旧等问题，进行停车泊位画线，设置车位38个，粉刷墙面250平方米，实现单边停车和微循环。查扣经营物品和工具12车，清理店外经营和游商300余次，拆除户外灯箱广告50多个。油饰南河道800米铁栅栏2500平方米，粉饰临街250个围栏立柱750平方米，临街21个楼道一层500平方米，清洗沿街店面门头71个。

【大气污染防治】　修订联合执法制度，将交警部门纳入联合执法队伍，并将执法次数由原来的每半月一次调整为每周一次。平均每日有30名执法人员参与整治。收缴木柴1250千克、有烟煤500千克，及时制止木柴点火18起，查封10家工地和22辆施工机械车辆，工地实现全覆盖、无扬尘。

【精神文明与社区建设】　评选文明家庭56户，最美家庭2户，推荐区级文明单位2个，省级文明单位1个。建立志愿者服务工作站7个，吸纳志愿者4923人。开展主题活动30余次，2000余人参加活动。辖区居民张雪峰被评为城关区诚实守信“道德模范”。建立“诚信红黑榜”发布制度，开展宣传诚信经营、评选诚信星级店面等活动。辖区文明单位33家，其中省级9家、市级10家、区级14家；文明小区4个，其中市级2个、区级2个；文明社区6个，其中省级1个、市级3个、区级2个。6个社区全部拥有有自主使用权的办公场所，已建成“一站式”政务服务大厅，其中5个社区的服务面积达到220平方米。

·自身建设·

【党风廉政建设】　严格执行党风廉政建设责任制，认真落实“第一责任人”职责，督促班子成员充分履行“一岗双责”职责，将党风廉政建设与各项业务工作同安排、同部署、同落实。层层签订目标责任书，做到目标、任务和责任“三落实”，同时组织领导班子成员签订“一岗双责”承诺书11份。全年开展反腐倡廉专题学习10次，开展以“落实党委主体责任，推进党风廉政建设”为主题的责任宣讲1次，学习文件35篇、典型通报和案例10篇。全年组织观看警示教育片6次，组织党员干部观看优秀党员事迹教育片和历史纪录片6次。

（肖彦苹）

嘉峪关路街道

·概　　貌·

【名称来历】　因地处嘉峪关路而得名。

【地理位置】　地处城关区东部经济带上，位于东经103°52′40.97″，北纬36°01′40″。东至焦家湾街道，南至铁路与火车站街道相邻，西与团结新村、渭源路街道相连，北与拱星墩街道接壤，街道办事处驻嘉峪关西路222号。

【街道沿革】　中华人民共和国成立初期为第七区三乡；1956年为东岗区拱星墩街道办事处；1959年为东岗镇公社拱星墩管理区；1961年属城关区；1962年恢复拱星墩街道办事处建制；2004年12月从拱星墩街道分出嘉峪关路街道。

【政区划分】　下辖嘉峪关路、五里铺、嘉峪关西路、嘉峪关北路、排洪沟、排洪南路6个社区。

【人口面积】　辖区总人口60873人，其中常住人口60506人，占总人口的99.40%。以汉族人口为主，有58718人，占总人口的96.46%；少数民族人口2155人，占总人口的3.54%。非农业人口45522人，占总人口的74.78%。辖区东西最大距离2.4千米，南北最大距离1.24千米，总面积2.53平方千米。人口密度为每平方千米24061人。

·经　　济·

【招商引资】　街道处于兰州东部经济带的“龙头”和“极核”地位。2016年完成固定资产投资11.8亿元，招商引资完成签约资金8亿元。2016年在建重点项目有：兰州东部永新商贸城二期项目，总投资25亿元；兰钢棚户区改造项目，总投资9.6亿元；焦家湾粮库改扩建项目，总投资3.8亿元；兰州晟地公司家属院，总投资1.4亿元。

【非公有制经济】　有大型批发市场13家，主营服装、鞋帽、针织、日用品、小五金、百货、家电、粮油、汽车配件等商品的批发、销售，年成交额达130亿元，比上年增长8%。民营企业有320多家，大型批发市场8家，购物商厦20多座，个体工商户7785个。工业企业二热，承担着向兰州市800万平方米永久住宅冬季供暖的任务，有职工743人，工业生产总值3.2亿元。

·社会发展·

【教育】　有幼儿园3所，幼儿托护点7家，在园幼儿1240名。小学1所，在校学生1160名。专业技术学院3所，普通高等学校2所（中央部委所属高校1所，省属高校1所），普通高等学校举办的成人教育机构1所。小学适龄儿童入学率100%，初中适龄人口入学率100%。小升初升学率、九年义务教育覆盖率均达100%。

【医疗卫生】　甘肃九州中西医结合医院、兰州中医肠胃医院、兰州仁济医院、甘肃中医学院附属医院坐落于辖区内。2016年开展健康教育宣传活动20次，发放健康知识宣传材料5000余份，制作标语横幅25条，出板报12期，接待群众咨询800余人次。落实社区固定晨练点1个。对辖区食品摊点和小餐饮进行集中查处6次，对辖区幼儿园、学校、建筑工地、小饭桌等4处下发整改通知书。

【人口与计划生育】　有已婚育龄妇女7551人，流入已婚育龄妇女5006人，流出育龄妇女122人。为122人办理流动人口婚育证明，办证率100%。与6个社区、27个辖区单位签订了目标责任书。配齐、配强街道、社区计划生育专（兼）职干部队伍。年内共举办大型宣传活动6次，周末联合西部商报开展“名医进社区”系列宣传服务活动6次，宣传群众达1000余人次。组织开展“生殖健康大讲堂”活动6次，发放宣传资料500余份，发放避孕药具400余份。联合5个社区卫生服务站进行免费义诊10次，共计200余人。建立计生特殊家庭档案，扶助特别对象68人；购买计划生育意外伤害保险91户；为455户独生子女家庭发放独生子女费50060元；全面落实利益导向，为5户计生困难家庭发放慰问金和慰问品共计价值4000元，为流动人口1户发放慰问金1000元；向68户特扶家庭发放373200元特扶资金；向68户特扶家庭发放81600元提标资金；向

60人发放养老补贴72000元；向21名特别扶助对象发放午餐及家政补贴106390元。

【劳动就业】 实现就业再就业1664人，完成任务的119%，其中失业人员再就业229人，就业困难人员就业185人，完成任务的204%。实现劳务输转317人，完成任务的122%，其中有组织输转144人，完成任务的158%。3月初组织辖区单位联合6个社区举办1场用工洽谈会，20多人与参会单位达成就业意向。组织1场创业明星经验交流会，6名创业明星与参会人员进行面对面的经验交流；组织5期下岗失业人员、农村劳动力职业技能培训班，培训人数360人次。重点做好对困难人员的就业援助，通过职业介绍、职业指导、职业培训等方式，已援助成功12人，介绍上岗60人次，100%完成目标任务。对辖区6名有创业意愿的大中专高校毕业生进行创业指导。推荐40名有创业意愿的人员到区就业局进行免费实地培训。审核上报小额贷款17人次，贷款成功5人次，万企计划小额贷款推荐上报9人次，贷款成功110万元。开发社区岗位31个，完成任务的100%。采集、发布用工信息330条、1320岗，完成任务的100%。上报工作信息66篇，《兰州日报》《鑫报》采用4篇。对20名有一技之长的下岗失业人员、外来失业人员、新生失业人员、大中专毕业生、外出务工返乡人员进行技能培训，颁发培训合格证书。办理就业失业登记证172本，“金宝网”信息录入中个人、单位已基本完成，录入率达99%以上。职业技能鉴定55人次，完成全年任务的122%。

【社会保障】 2016年，辖区城镇居民养老保险参保缴费19人，待遇享受163人。孤残重病无子女老人11人，退休认证1375人，发放高龄补贴18人。城镇医保参保人员10074人，其中新参保868人，低保214人，新生儿168人，续保8824人。办理医保卡1783张。为新参保居民建立健全账、表、卡、册及相关资料。组织劳保所专干入户摸排孤残重症无子女老人6人。完善“虚拟养老服务一卡通”服务功能，共1251人加入区虚拟养老院。辖区有残疾人444名，智力、精神、肢体和视力四类一级重度残疾人全部纳入服务范围，将老年贫困残疾人和重度残疾人全部纳入托养服务范围。为10名肢体残疾人发放轮椅，每季度为14名精神病患者提供免费服药，每天为85名重残人员提供免费上门送餐服务。资助4名残困家庭子女及残疾学生，发放助学金4600元；为107名重度残疾人发放护理补贴128400元。为40位70岁以上贫困残疾老人发放生活补贴24000元。为8名特困残疾人发放残疾补贴96000元。

【综合治理】 召开综治工作专题会议4次。对单位、沿街铺面、物业小区、重点行业、特种行业及时下达治安隐患通知书3份，督促辖区单位医保小区对单元无电子门的隐患及时进行整改。建立6个社区社会服务管理工作站，健全辖区综治法人代表责任制名册与档案。辖区单位调整38支物业小区巡防小队，街道挑选5支工作纪律严明的巡防小队作为标准化巡防单位，形成齐抓共管。联合辖区派出所、执法队对重点地区（东部市场和瑞德摩尔广场及周边街区）进行多次整治。开展社会管理创新经验推广年活动，实行限时办结：一般纠纷1天内办结，疑难纠纷3天内办结，重大疑难纠纷7天内办结。专业性、行业性调解组织覆盖率达到85%以上，一般性矛盾纠纷排查化解率达到95%以上。开展重大社会矛盾排查化解攻坚活动，重大矛盾纠纷排查化解率达到95%以上。

【禁毒工作】 成立禁毒工作领导小组，每月召开4次会议。建立社区戒毒（康复）工作站，开展“全民禁毒宣传月”活动2次。开展对外来务工人员、农民、农村留守儿童禁毒宣传活动。加强对青少年等高危人群的毒品预防教育工作。进家庭开展宣传活动面达95%以上。集中开展16次禁毒宣传教育活动，展出展板240块，悬挂横幅标语20条，办板报50期，发放传单1800多份，上报信息12篇。

【安全生产】 开展防灾应急教育、公共安全教育“六进”活动，设立嘉峪关路街道安全生产暨消防安全委员会，配备专职人员2名。街道安监站先后召开安全生产会议4次，印发《安全生产会议纪要》4期，培训辖区单位人员6人。发放各类宣传资料1500份。对辖区进行排摸登记，建立基础台账。其中排摸商场、市场18家，幼儿园和托护点10家，网吧5家，学校4家，非公企业10家，机关团体15家，地下场所13家，娱乐行业7家，较大企业9家，共91家单位。检查单位150余家、300余轮次，发现隐患150处，现场整改123处，限期整改27处，下发《兰州市城关区嘉峪关路街道安全生产检查整改意见书》70份。

【环境卫生整治】 开展小街巷综合整治。打造医保小巷、中医附院小巷2条文化长廊。加大综合执法力度，开展综合执法126次，清理流动摊点1350次，宣传规范店外店980家、门头广告30余处，按照“一店一牌”标准拆除胃肠医院等大型户外广告牌2处，督促落实“门前三包”责任制980家次。开展立面整治活动，清洗楼宇5300平方米，粉刷立面、围墙5处、1900余平方米，清理防护栏内杂物220余户，上报违法建筑5处、4300平方米。落实周末大扫除活动，参加单位和门店达52家次，人数160余人次，清除卫生死角34处，清运垃圾75吨。开展春秋两季病媒生物防制工作，安放毒饵站400处，为辖区低保户免费配发除“四害”药品40箱，举办病媒生物防制培训班3次，办理数字化案卷6000余件。

【大气污染防治】 购买洒水车3辆，召开建筑工地大气污染防治现场会2次，组织观摩会1次，下发整改通知2次，排摸小煤炉872个，设置流动取火点14个，为辖区困难户、低保户配发引火煤1500箱，查收有烟煤69袋。

【绿化】 植树300株，摆放盆花5000盆，破墙透绿及立体绿化3处，楼顶绿化1处，新增绿地0.08公顷。

·自身建设·

【街道党建】 新发展党员4名。全面落实从严治党主体责任，狠抓党风廉政建设和反腐败工作，以建立街道“流动党员管理服务站”、社区“流动党员管理服务点”及辖区重点企业“流动党员服务区”为平台，为流动党员传播党务知识及政策，为其提供就业、再就业、救助、权益维护等服务。

【社区行政服务分离改革】 将嘉峪关路社区、排洪沟社区政务服务大厅改造为行政事务受理中心，行政事务和服务职能分离实行“一口受理、协同办理”；制定网格楼院长工作制度和考核办法，规范人员管理，提升服务水平；采取集中培训和分散培训的方式，对窗口人员、社区专干、网格楼院长开展业务培训；全面推动社区工作由“行政化”向“服务型”职能转变。

（段春旭）

焦家湾街道

·概　　貌·

【名称来历】 因地处焦家湾而得名。

【地理位置】 位于城关区东部。辖区东至东岗街道，西至嘉峪关路街道，南至伏龙坪街道，北至拱星墩街道。街道办事处驻东岗东路987—41号。

【街道沿革】 1949年10月至1953年2月属第七区；1953年2月至1955年11月属第三区；1955年11月至1960年12月属东岗区；1960年12月至1983年4月属城关区拱星墩公社；1983年4月至2004年底为拱星墩街道；2004年末从拱星墩街道分出焦家湾街道。

【政区划分】 下辖焦家湾东、焦家湾、嘉峪关东路和焦家湾南路4个社区。

【人口面积】 辖区总人口35001人，其中常住人口34631人，占总人口的98.94%。以汉族人口为主，有34117人，占总人口的97.47%；少数民族人口884人，占总人口的2.53%。非农业人口28682人，占总人口的81.95%。辖区东西最大距离1.9千米，南北最大距离1.4千米，总面积3.51平方千米。人口密度为每平方千米9972人。

【辖区概况】 有中央、省、市企事业科级以上单位38家，其中部队单位8家，学校3所。辖区有国家级文明单位1家，省级文明单位3家，市级文明单位3家，区级文明单位11家，花园式、绿化达标单位1家。中国人民解放军空军机关大院驻辖区中部。兰州最大的食品公司水产冷库位于辖区东南部，有商户近千家，冷冻水产食品交易覆盖西北五省，是甘肃省最大的冷冻水产食品批发市场。驻有规模及以下工业企业2家，从业人员100人，营业收入500万元。辖区内有龙辰机电市场、省食品股份有限公司、焦家湾肉菜市场等大型市场，个体经营户1658家，法人单位306家及产业活动单位81家。辖区有三条主次干道，交通便利，有4路、12路、117路等多条公交线路。2016年街道被评为国家流动人口计生协会示范点。

·经　　济·

【招商引资】 2016年招商引资签约项目2个：兰州氨改氟工程项目，总投资2600万元；焦家湾副食品一条街建设项目，总投资2800万元，确定引进到位资金5400万元。已全部开工。跟踪服务甘肃省食品股份有限公司商住楼项目、和顺雅居项目、焦家湾CBD商业中心项目、焦家湾食品冷库房扩建项目等4个重点项目。

【固定资产投资】 2016年固定

资产投资任务 113067 万元，完成投资 123225 万元，完成全年工作任务的 108%。

·社会发展·

【综合整治】 联合执法队、派出所、工商、食药、环卫等职能部门，着力对辖区市容环境进行综合整治，拆除辖区违章建筑 4 处，与辖区所有门店签订“门前三包”责任书，督促治理辖区环境卫生。街道筹资 139 万元打造南山路“城市管理一体化示范街”。对辖区 8 条背街小巷进行提升改造。安排专人值守辖区施工工地、市政道路开挖现场，严格落实“六个百分百”施工标准。实现物业管理全覆盖，落实物业小区湿法清扫工作，协调处理物业小区内纠纷 10 起。建立全员三包台账，签订“门前三包”责任书。东岗东路 177 家铺面全部签订“告知书”。全年组织 5000 余人次参加周末卫生大扫除，清理卫生死角 145 个，清运垃圾 780 余吨。购置并发放引火煤 1800 箱、无烟炭 10 吨，收缴木柴 800 余千克、有烟煤 5 吨，对辖区 1122 台小火炉及烧烤店全力管控。

【绿化】 全年植树 11230 棵，垂直绿化 1 处 800 平方米，新增绿地 3100 平方米。

【民生保障】 辖区有低保户 132 户、187 人，全年发放低保金 133.7368 万元；实施医疗救助 14 人、7.6721 万元；临时救助 9 人、1.49 万元。继续施行“345”帮扶行动，从辖区 21 家帮扶单位筹集资金 3.75 万元、“慈善一日捐”捐款 0.37 万元，通过衣被储备银行救助 24 人、1.43 万元。残疾帮扶救助 147 人、14.04 万元。街道实现新增就业 1388 人，失业人员再就业 213 人，困难人员就业 115 人，劳务输转 299 人，失业率控制在 2%以内；推荐下岗失业人员小额担保贷款 17 人，发放小额担保贷款 300 万元；推荐符合条件的企业法人 15 人享受“万企计划”扶持政策。公共租赁房年审 7 户，新申请 26 户，配租已入住 3 户，配租未入住 12 户。发放公共租赁住房补贴 15 户，发放金额 18630 元。申请经济适用房家庭 112 户。为 370 对符合政策的育龄夫妇提供生育登记服务。

【社会管理】 街道维稳综治信访司法中心形成了“大维稳、大司法、大调解”的工作格局。每个网格安排 1 名维稳信息员，实现每个社区有 1 名专（兼）职维稳联络员，着力开展社会矛盾纠纷排查化解工作。街道分别与 4 个社区、40 余家辖区重点单位签订《焦家湾街道 2016 年度安全生产工作目标责任书》。实施民生“1+1”工程。建立健全街、社区两级社会管理网络，着力完善“六大巡防网络”，建设完成 4 个社区警务室，积极开展社会综合治理活动，做到各类案件由街道社会管理服务中心统一派遣，社区、部门联动处置，各类纠纷发现率和调解率 100%。

·自身建设·

【党建】 做到“机制完善、资源共享、六联互建”，积极发挥街道“大工委”和社区“兼职委员”作用，完善街道社区与驻区各类组织党建工作联席会议机制、行政事务协调联席会议机制、街道社区与辖区物业企业协调联系会议机制。以契约形式，与驻区单位签订共建协议书，使驻区单位在社会性、群众性、公益性等事务方面承担应尽建设责任，积极开放共享文化、教育、体育等资源，主动参与志愿者行动，逐步形成资源共享的党建工作机制。开展“六联”共建，思想工作联做、社会管理联动、公益事业联办、群众文化联谊、文明城市联创、发展难题联解。建立区域化党建运行机制，建立互利共赢、双向服务，面向群众、服务群众的区域化党建运行机制。延伸拓展“一街一品”“一居一色”为民服务党建品牌创建活动，通过街道社区与驻区单位共商、共建等方式，建成能够推动街居发展、服务街居居民的区域党建精品。

【民情流水线】 持续开展“345”爱心行动、“四个百家”等系列为民服务活动。靠实社区网格化管理责任。借社区行政事务分离改革之机，91 名社区工作人员全部沉入 15 个网格中，划定并公示网格责任区，实现网格责任区内服务管理全覆盖、无缝隙。完善为民服务配套制度 8 项，规范办事流程 18 项，落实效能建设制度 8 项。街道行政事务受理中心人员调整充实到 16 人，实现前台受理、后台办理一体化；补充配备空调、电子显示屏、电子评价仪等设备。街道自筹资金 90 万元，建成 600 平方米的社区文化活动中心，建成 7 个功能厅和其他办公辅助设施。

（高贤宾）

拱星墩街道

·概　貌·

【名称来历】 因境内明长城上

的空心墩台而得名。

【地理位置】 地处兰州市东部城乡接合部，位于东经103°54′13.13″，北纬36°02′22.05″。东接东岗镇，西与渭源路街道相邻，南接焦家湾街道、嘉峪关街道，北与雁南街道、高新开发区接壤。街道办事处驻深沟子102号。

【街道沿革】 中华人民共和国成立前属兰州市第七区；中华人民共和国成立后为兰州市第七区一、二、三乡；1953年为兰州市第三区第四、五街；1956年为东岗区拱星墩街道办事处；1959年8月为东岗区雁滩人民公社第三、四生产大队；1960年12月为城关区雁滩人民公社第三、四生产大队；1962年1月雁滩人民公社第三、四生产大队组成拱星墩人民公社；1967年改称东风人民公社；1964年恢复拱星墩人民公社；1983年4月拱星墩公社改为拱星墩乡人民政府；2004年12月撤乡建街，拱星墩乡改建为拱星墩街道。

【政区划分】 下辖五里铺西、五里铺东、段家滩西、段家滩东、拱星墩后街、东岗东路6个社区和五里铺、段家滩、拱星墩、范家湾4个村社区。

【人口情况】 辖区总人口94660人，其中常住人口94066人，占总人口的99.37%。以汉族人口为主，有92964人，占总人口的98.21%；少数民族人口1696人，占总人口的1.79%。非农业人口59848人，占总人口的63.22%。辖区东西最大距离2.54千米，南北最大距离1.97千米，总面积3.18平方千米。人口密度为每平方千米29767人。

【辖区概况】 辖区有4家大型文化单位，村级文化活动中心2处，各类图书室10个，藏书3万余册。有各类幼儿园6所、托护点16家，小学4所，初中1所；辖区内有大专、高职、大学各1所，各类科研单位8家，省级医疗卫生机构2家，固定疫苗接种点5个。有学校体育场3个，各社区成立业余文化体育队伍7支。境内有东岗东路（312国道）、南河路、瑞德大道等主干道，有10余条公共交通线路。

·经　　济·

【招商引资】 签约引进项目1个，实现到位资金10.67亿元，完成固定资产投资15.5亿元；先后为欣欣嘉园、省第三人民医院综合医技楼、省疾控中心危旧房改造等7个重点项目提供摸底调查、手续办理、征地拆迁等跟踪协调服务32次；范家湾城中村改造项目二期共拆除42个院落，拆迁面积20881.87平方米，已完成全部拆迁任务。

【工商业】 辖区有法人企业815家，个体户8102家，以商贸服务业为主要产业，形成以兰州东部集团为龙头的“东部经济带”，引导和带动辖区现代服务业的发展，促使服装鞋帽、针织用品、小百货、化妆品等产业的进一步集聚。辖区创意文化产业园，集聚各类文化产业单位，为辖区现代服务业发展提供良好平台。

·社会发展·

【文明创建】 2016年推荐、评议“身边好人”王惠杰等20余人。开展以“身边人讲身边事”等为主题的道德讲堂活动90余次，开展“关爱孤残儿童践行青春誓言”等志愿服务活动33次。

【卫生】 承担计划免疫接种点任务500余人次，接种率100%。一类疫苗的合格率达标，免疫合格接种率达95%以上，其他传染病的申请上报及时率为100%。对所有0~6岁儿童的建卡建证率达100%。开展健康教育活动，建有固定的健教宣传橱窗11个、宣传黑板11块，出宣传栏44刊、黑板报60期，向居民发放各类健康知识宣传材料2000余份，发放《健康教育报》12期150余份。

【人口与计划生育】 日常办证及时准确率100%。全面实施“双百”工程，推动流动人口均等化服务。在国家流动人口动态监测中，完成8个样本点共计160户的检测任务，将160条问卷信息录入国家流动人口动态监测数据库，完成国家动态抽样检测工作。接收省内外计生平台协查1640余条，书信协查5人，电话协查3人，流动人口个案信息合格率95%以上，重点对象信息协查反馈率95%以上。全年为流动人口提供环孕情服务85人，孕情服务21人，为流入人口提供孕前优生监测13人，发放叶酸136盒，办理流动人口一孩生育保健服务证84本，设置流动人口免费药具服务点22个、流动人口宣传点15个。

【劳动就业】 完成就业再就业2073人，办理小额贷款22人159万元。推荐小微企业贷款10家，申请贷款金额150万元。推荐便民服务门店贷款15家，申请贷款金额230万元。职业培训开班8期，共培训540人。劳务输转570人，办理就业失业登记证276本。为

150名灵活就业人员发放灵活就业人员补贴。

【社会保障】 街道有低保户279户、417人，发放低保金2533290元；有持证残疾人597名，发放各类优抚补贴149.1965万元。新参保城镇居民医疗保险2065人。新申请公租房85户，复审20户，实物配租140户，发放租赁补贴457380元。为65岁以上老人273人办理就餐卡、代餐卡。为60名伤残军人、1名新增伤残警察和1名烈属换发新的伤残证和烈士证，为一至四级伤残军人3人发放护理费67225元，为2名重点优抚对象发放住院补助23479元。对符合抚恤补助标准的重点优抚对象进行调标。对1名烈属、1名因公牺牲军人家属和15名军队复员干部发放春节慰问金共计13600元，对13名军队复员干部（上半年7人，下半年6人）发放生活困难社保资金共计118314元。为新增2名涉核人员建立信息，对28名参战涉核人员全年发放困难补助金162960元，发放慰问金22400元。为20名精神病患者每季度按时发药，提醒患者及家属按时按量服药，并做好跟踪服务；为116名重度残疾人发放护理补贴13920元；春节慰问残疾人困难户105人，发放84000元；为辖区70岁以上残疾老年人发放困难补贴共计32400元；为135名重度残疾人提供居家托养送餐服务；为5名听力残疾人申请无障碍改造；为3名残疾人申请创业扶持资金；为18人发放残疾人摩托车燃油补贴共计4550元；为30名残疾人提供在兰州市康复中心医院免费体检。

【社会综合治理】 加强巡逻防范，对重点部位进行排摸和集中整治。全年发生各类刑事案件95起，较上年同期下降5.1%，治安案件156起，较上年下降7.3%；组织开展集中整治校园及周边秩序专项行动12次，辖区学校周边环境得到根本性好转。采取治安防控网格化管理，实施无缝隙对接，“捆绑式”防控，全年组织开展综治宣传活动6次，发放宣传资料2280余份，悬挂横幅50条，组织禁毒宣传70场次，展出展板91块，悬挂大幅标语83幅，办板报12期，发放传单8000余份，高危人群受教育3000余人。对辖区内16家托护点进行开园前的安全检查，对存在问题的5家托护点下发整改通知书。全年共发放秋季幼儿保教费补助（托护点）37万余元。

【城市管理】 探索尝试“产权单位、物业公司、经营户、出租户”四位一体的“门前三包”管理模式，筹资4万元为段家滩路沿街店铺配备垃圾桶、垃圾袋，打造干净整洁、经营有序的段家滩“门前三包”管理示范街。通过对背街小巷旧墙面改造升级、灯光亮化美化、涂鸦彩绘艺术创作等举措，将欣欣茗园东侧小巷打造成为集周边居民休闲、年轻人创意展示、游客旅游观光为一体的“城市管理一体化示范街”，并定名为A9创意街。通过网格化管理、重点时段全员上岗，实现“量化指标、细化责任”的精细化大气污染防治工作模式。共设置53个集中取火点，购买引火煤5900箱，收缴有烟煤25吨、木柴35吨，劝返有烟煤拉运车辆403辆。补充登记辖区新增物业公司3家、新增物业小区2处。街道物管办协调组织欣欣茗苑、亚太城市月光、丰和丽园、东城丽珠等4处小区完成居民分户计暖设施设备改造，同时按时完成清算及退费各项工作。

·自身建设·

【党建】 街道党工委以“两学一做”学习教育为党建工作重点，通过严格执行“三会一课”、组织生活会、民主评议党员等制度，创新“六学四做”学习教育载体，分层分类确保学出成效。各支部共组织集中学习40次；通过QQ、微信公众平台推送学习内容200余次；“送学上门”200余次；支部书记讲党课60余次；专题讨论80余次；召开“两优两先”表彰大会、庆祝建党九十五周年文艺会演、心得联评、知识竞赛、演讲比赛等8项主题活动；排摸党员926名，查找失联流动党员32名，新发展党员2名，处置不合格党员1名；补缴2008—2016年度党费共35610.6元。

【党风廉政建设】 街道组织召开“两个责任”专题工作会，通过与班子成员、各（村）社区书记签订《党风廉政建设和反腐败重点工作目标责任书》和《党风廉政建设“主体责任”目标责任书》2类29份，进一步靠实班子成员和各（村）社区书记的主体责任以及纪委的监督责任；对效能督查、廉政承诺、财务管理、公务用车等4项制度和19个重点领域的11项制度进行重新修订完善，全面运行四级约谈机制，重点对执行“六项纪律”、工作落实、为民服务等方面进行约谈，共开展41次、238人次约谈，各（村）社区开展约谈71次、352人；组织286人次参观红色教育基地、观看电教片，在关键节点发送廉政短信900余条，帮助党员干部牢固树立廉洁意识；对1名涉法涉诉党员给予开除党籍处分，对区纪委交办的2条问题线索进行初步核查。

（杨佳丽）

东岗街道

·概　　貌·

【名称来历】　因东岗镇而得名。

【地理位置】　地处城关区行政辖区最东端。东起古城坪、柳沟河，与榆中县和平镇接壤；西至烂泥沟，与拱星墩街道、焦家湾街道相接；南至大洼山北麓；北临南河道，与青白石街道隔黄河相望。街道办事处驻雁儿湾路223—12号。

【街道沿革】　中华人民共和国成立后属兰州市第七区，设第一、第二两个乡政府；1953年属第三区，设第五街公所；1955年属东岗区，为东岗镇街道办事处；1959年改制为东岗镇公社；1961年划归城关区；1962年恢复东岗镇街道办事处名称；1969年改名东岗镇街道革命委员会；1980年恢复东岗镇街道办事处建制；2004年12月街乡整合，更名为东岗街道办事处。

【政区划分】　下辖桃树坪、新兴、振兴、雁儿湾、深沟桥5个社区，店子街、东岗镇2个村社区和大洼山、长洼山2个行政村。

【人口面积】　辖区总人口51203人，其中常住人口50728人，占总人口的99.07%。以汉族人口为主，有49410人，占总人口的96.50%；少数民族人口1793人，占总人口的3.50%。非农业人口34741人，占总人口的67.85%。辖区东西最大距离3.67千米，南北最大距离3.86千米，总面积3.18平方千米。人口密度为每平方千米3710人。

【辖区概况】　街道地处市区东出入口和东部经济圈外围，属于较典型的城乡接合部，是全区4个涉农街道之一。有街道文化站2处，村级文化活动中心2处，居民文化艺术团4个，图书室5个，农家书屋2处，藏书近12300册；有幼儿园8所，小学2所，初中2所，高职院校1所，中等职业学校1所，市属高等院校1所，省属高等院校1所；省级技术研究机构1个，央企技术研究机构1个；社区卫生服务中心1个，卫生服务站4个，三级甲等医院1家。陇海铁路、包兰铁路、兰渝铁路从东南部穿过，312国道和G30高速公路贯通其中，交通便利，是兰州市的东大门。

·经　　济·

【招商引资】　以城市东大门区位优势为依托，稳抓各种发展机遇，全年新签项目64210万元，结转项目15823万元。

【农业经济】　全年蔬菜产量1244吨，出栏肉猪260头，牛奶274吨，禽蛋8.3吨，肉用牛24头，羊6只。大洼山村人均纯收入15000元，长洼山村人均纯收入12900元，农民人均可支配收入与城市居民人均可支配收入差距明显缩小。按期完成第三次全国农业普查工作。

【商贸旅游】　依托山地、林地资源，结合农村实际，培育和发展大洼山村农家乐旅游经济，实现年接待游客量3万余人次，旅游收入200余万元。

【重点项目建设】　完成东岗镇村社区城中村改造征迁村民房屋复核工作；桃树坪棚户区改造项目进展顺利，全年签订征收协议800余份、700户、103424.56平方米，发放原兰渝铁路过渡费1201.41万元。

【动迁工作】　积极推进605号规划路（东岗段）项目建设，经街道多次沟通协调，大洼山村、东岗镇村社区、店子街村社区与征迁方达成一致，并签订征迁协议。同时，协调追回市建投拓建南山路时拖欠东岗镇村社区土地征收补偿款54万元。

·社会发展·

【人口与计划生育】　更新人口信息6963条，新增信息2179条。投入50余万元对深沟桥社区以老年人日间照料为主体的计生幸福寓所进行提升改造。组织社区卫生服务中心开展生殖健康普查，检查42人，发放避孕药具1521人次，为125名新增流动人口建立健康档案，开展农村环孕情检查155人。办理140对夫妇二孩申请，上报符合计划生育家庭奖励扶助条件人员10人，特别扶助11人，农村奖励扶助扩面10人，符合中高考加分政策家庭9户。累计发放困难救助金、春节慰问金10000元，农村助学奖励金15000元，独生子女父母奖励费79035元，全年发放特别扶助、奖励扶助、失独家庭救助、独生子女父母奖励费等计生利益导向资金71.75万余元。

【健康教育宣传】　广泛利用辖区黑板报、宣传栏、橱窗等传统工具进行健康知识宣传，联合社区卫生服务中心开展多种形式的义诊、健康宣传、防病知识讲座等活动5次，向辖区居民发放各类健康教育宣传手册、控烟宣传材料2000余份。累计投放8000元的“灭四害”药品，向辖区居民发放各类防控宣传册、宣传彩页1500余份。

【社会保障】 完成就业再就业2000人，劳务输转471人，超出全年任务的17.75%。小额贷款推荐完成189万元，推荐“万企计划”贴息贷款13家。为城市低保户268户417人发放低保金2379108元，为农村低保户7户19人发放低保金77679元。上报21户低保低收入家庭住院救助、4户临时救助申请及13名教育救助申请，发放救助金210320元。为60户公租房新申请家庭发放公租房租赁补贴194400元，年审19户，发放公租房租赁补贴61560元。春节慰问残疾人100户，发放慰问金8万元，为127名重度残疾人发放两项补贴共计金额152400元，为70岁以上老人75人发放生活补助45000元，为40人提供精神病免费服药，享受美伊主食送餐服务163人。动员广大青年投身国防事业，为部队输送优质青年8名。为无军籍职工发放暖气费277773.33元，重点优抚对象抚恤和生活补助金603883元，优抚对象慰问金14400元，复员干部慰问金2400元，住院补助7051元，退役士兵安置期生活补助6237元。

【环境整治】 开展突击整治行动40余次，组织2000余人次对南河道东岗段、雁儿湾路东延段、东岗立交桥周边、铁路沿线、南山路、桃树坪战备路、312国道、东金公路、古城坪、海宁皮革城周边、南山路坡面垃圾进行清理整治，雇用装载机36台次、大型吊车1次，清理垃圾约2808吨，购置小垃圾桶14个，制作大垃圾箱7个。联合公安、执法、食药、工商等部门对东岗世纪新村开展联合执法活动15次，劝导商铺落实“门前三包”220余次。联合交警部门拖离“僵尸车”13辆，劝离5辆。对六条小巷进行集中整治，清理垃圾、杂物约80吨，拆除地锁35个，粉刷墙面3000余平方米，劝离游商40余次，一条道路实施小街巷单侧画线停车。硬化道路150余平方米，砌筑古城坪青砖文化墙250米，修缮高速公路出口和东岗东路沿线商铺破旧围墙、残垣断壁。更换高速公路东出口沿线门头95块，清洗卷闸门85个，喷漆300个，督促商户擦洗橱窗120处，清理雁儿湾路散乱电缆5处。加大违法建设管控力度，严控建筑工地二次扬尘，向区城管委上报违法建设13处，及时向东岗执法中队流转54处。冬防期间，街道与辖区商铺、住户签订承诺书4000份，发放“致辖区居民的一封信”6000份。登记小煤炉2059个，设置集中取火点2处，发放环保型引火煤3087箱，没收有烟煤4吨、木柴1200余袋。

【城市管理示范街】 街道以“汉唐风”为主题，打造南山路城市管理一体化示范街，以简洁大气的汉唐建筑风格，提升兰州东大门城市形象。改造工程将城市管理与街巷风貌提升改造相融合，在示范街南侧修建300米仿唐实体墙，北侧为620米镂空铁艺文化墙，山体护坡装饰张骞出使西域内容并引入“一带一路”元素，一条红线贯穿示范街始终，营造出厚重的历史文化氛围。

·自身建设·

【机构设置】 街道设有党工委、办事处、人大工委、纪工委等组织，下设13个科室：党政办公室、人大办公室、纪检监察室、武装部、城市管理办公室、综合治理办公室、经济管理办公室、三农服务中心、劳动就业和社会保障所、司法所、社区服务中心、人口和计划生育服务中心、物业管理办公室。街道党工委下辖党支部13个，党总支1个。

【党员管理】 强化党员管理，街道班子成员带头深入党员家中开展摸底，对党员档案、支部生活记录、交纳党费等情况进行系统核查并电话回访，对无联系方式党员多人多批次地通过入户、走访、张贴通知，通过公安计生等系统进行查找，对党员档案进行规范整理。全年共发展党员4人，预备党员转正5人。

【三务公开】 街道每半年将“村务公开”情况制作成“明白册”“明白卡”，形成“村务公开”长效宣传机制。完善“三资”委托代理服务工作相关文件，完善村级权力清单37条，对大洼山村棚户区改造专项资金进行监管，聘请会计事务所对各村、村社区进行清产核资。

【机关效能和党风廉政建设】 扎实开展党风廉政建设和反腐败工作，强化“一岗双责”，认真落实党风廉政建设责任制。结合自身实际推行三级约谈机制，全年共开展约谈141次。严抓来信来访，做好案件查办，全年受理信访举报9件，初核案件6起、立案1起。开展作风建设情况专项监督检查13次，开展节假日前后工作纪律专项督查5次，节假日值班专项督查7次。

（刘天阳）

雁南街道

·概　　貌·

【名称来历】　因位于雁滩路以南而得名。

【地理位置】　位于东经103°36′21″，北纬36°03′41.35″。南与拱星墩街道、渭源路街道、东岗街道相邻，西濒黄河，北邻雁北街道。办事处驻雁滩路3122号。

【街道沿革】　街道为原雁滩乡南部的部分，中华人民共和国成立前雁滩乡为兰州市第七区五、六、七、八4保；中华人民共和国成立后雁滩为第七区八、九乡，里五滩为七乡；1953年，合区并乡，七区改为第三区，雁滩九乡与八乡合并为第一乡公所，里五滩为第二乡公所；1955年改为东岗区雁滩乡和里五滩乡；1958年3月雁滩乡与里五滩乡合并建为雁滩乡人民政府；1958年8月，雁滩乡与青白石乡合并为雁滩人民公社；1960年12月并入城关区雁滩人民公社；1968年为雁滩人民公社革命委员会；1979年2月，恢复雁滩人民公社；1983年2月改为雁滩乡人民政府；2004年12月21日撤乡建街设雁南、雁北两个街道办事处。

【政区划分】　下辖雁宁路、滩尖子、大雁滩、沙洼河、张苏滩、天庆嘉园、南河7个社区和滩尖子村、大雁滩村、沙洼河村、张苏滩村4个村社区。

【人口面积】　辖区总人口119915人，其中常住人口119654人，占总人口的99.78%。以汉族人口为主，有117043人，占总人口的97.60%；少数民族人口2872人，占总人口的2.4%。非农业人口59230人，占总人口的49.39%。辖区东西最大距离4.2千米，南北最大距离1.35千米，总面积4.2平方千米。人口密度为每平方千米28551人。

【辖区概况】　辖区有科级以上单位77个，其中省级11个、地级8个、县级24个、科级34个。有驻军单位5个。有黄河医院、锦华医院、兰州中医骨伤科专科医院3家医院。辖区内有109、116、128等多条公交线路。学校有雁宁路小学、天庆实验小学、雁南路小学等3所小学，兰州市第四十六中学、天庆中学、兰州市外国语高级中学等3所中学，兰州联合中专1所中专院校。

·经　　济·

【经济目标完成情况】　2016年，固定资产投资任务213500万元，实际上报213666万元；招商引资工作结转项目3个，招商引资任务90000万元；共完成项目投资129650万元，完成计划任务144%。

【项目建设】　滩尖子村城中村改造项目一期楼体建设全部完工；格林庭园项目3栋楼已封顶；酒钢结算中心项目主楼、住宅楼全部完工；至诚枫叶国际项目2栋写字楼、4栋住宅楼已完工；银垠大厦烂尾楼改造项目以及兰州市全民健身中心项目正在进行内外装饰；万达拆迁安置点项目、兰州中医骨伤科医院改扩建项目正在积极协调推进。

·社会发展·

【社会保障】　全年办理生育保健服务证415本，流动人口婚育证5本，独生子女证25本，环孕检免费服务凭证203份。为42户困难群众发放医疗救助金429849元。196户286人享受城市低保，月发放保障金167642元。为14名参战涉核人员发放生活补贴75380元，为3名复转干部发放生活补贴26460元，为77名重点优抚对象发放抚恤和生活补助金1303885元，为116名残疾人发放重度残疾人护理补贴139300元，为75名70岁以上贫困残疾老人发放生活补助款45000元，为149名残疾人办理低保，为867名学前教育幼儿发放秋季免保教费补助资金433500元。完成安居小区、工商局家属院老旧楼院改造工作。

【禁毒工作】　制定雁南街道2016禁毒工作重点整治实施方案。以社区为单位，在辖区内各商业广场、公园、物业小区和中小学校进行“珍爱生命，远离毒品”宣传教育，充分发挥“小手拉大手”作用；在校园开展禁毒宣传，开设法制栏目，提高师生的禁毒意识。学校宣传3次，禁毒知识讲座2次，发放禁毒传单500份、挂图21份，受教育学生1200人；公共场所宣传5次，发放传单600多份，设立展板60个，发放禁毒提袋200个，受教育群众1000多人。其中电子屏宣传100次，组织观看禁毒片2次。

【城市管理】 全年先后开展南河北路市容整治、天水北路出入口整治、雁滩地区整治、背街小巷整治4次，重点对环境卫生脏乱差、违规广告牌设置、门头店招破损老化等7类影响市容环境问题开展集中整治。清理各类垃圾杂物4000立方米，清洗主次干道墙面2万余平方米，拆除违规设置广告牌300余个，制作更换沿街门头608个。冬防工作开展以来，严格落实24小时巡查制度，全体干部下沉4个村社区，按照“分片包抓，集中整治”的工作模式，全力做好小煤炉管控、有烟煤木柴清缴、主次干道洒水降尘等各项工作。免费发放引火煤15.2万块，收缴木柴135000千克，收缴有烟煤17500千克。

·自身建设·

【党建】 组织开展“树新风正气、促和谐发展”主题教育、党员承诺践诺、民主评议党员、党员奉献日等活动，切实提高党员先锋模范意识。狠抓党员基础信息管理，规范党费收缴台账、失联党员信息排查、发展党员等基础党建工作。全年补收党费1597元，查找失联党员5名，发展党员6名，组织开展集中学习28次，开展专题研讨会4次，领导干部上讲台10次。

【党风廉政建设】 全面加强反腐倡廉建设和纪检效能工作，及时查纠慵懒散漫、敷衍应付等问题，督促机关干部自觉遵守廉政建设等各项规定。全年出台《“三重一大”工作制度》等20多项制度措施。在元旦、春节、清明等重要节点开展专项检查30余次，审查公职人员操办婚丧事宜4人。党工委书记开展廉政约谈4轮、46人，街道纪委开展廉政约谈1轮、22人。办理区信访室来信2件，接待来访群众19人次。

（段晓娟）

雁北街道

·概　　貌·

【名称来历】 因街道管辖范围在主干道雁滩路的北面而得名。

【地理位置】 位于东经103°52′36.21″，北纬36°03′35″。东至南河道出口，与东岗街道相连；南至雁滩路，与高新技术开发区、雁南街道相邻；西至天水北路，与雁南街道滩尖子社区相邻；北临黄河，与青白石街道隔河相望。办事处驻雁滩路3122号。

【街道沿革】 中华人民共和国成立前为兰州市第七区五、六、七、八4保；中华人民共和国成立后，雁滩为兰州市第七区八、九乡，里五滩为七乡；1953年，合区并乡，第七区改为第三区，雁滩九乡与八乡合并为第一乡公所，里五滩为第二乡公所；1955年，第三区改为东岗区，一、二乡分别改为雁滩乡和里五滩乡；1958年3月雁滩乡与里五滩乡合并为雁滩乡人民政府；1958年8月，雁滩乡与青白石乡合并为雁滩人民公社；1960年12月，雁滩人民公社并入城关区；1962年1月，将拱星墩、青白石划出，雁滩自成一社；1968年，成立雁滩人民公社革命委员会；1979年2月，恢复雁滩人民公社；1983年2月改为雁滩乡人民政府；2004年12月21日撤乡建街，雁滩乡划分为雁北和雁南2个街道。

【政区划分】 下辖雁滩路、中河、雁滩大桥、雁东、雁滨、雁西路6个社区，小雁滩村、北面滩村、刘家滩村、宋家滩村、高滩村5个村社区。

【人口面积】 辖区总人口131774人，其中常住人口131374人，占总人口的99.70%。以汉族人口为主，有128676人，占总人口的97.65%；少数民族人口3098人，占总人口的2.35%。非农业人口66796人，占总人口的50.69%。辖区东西最大距离7.25千米，南北最大距离1.32千米，总面积9.6平方千米。人口密度为每平方千米13727人。

·经　　济·

【经济建设】 2016年，完成固定资产投资234200万元，完成招商引资202053万元，在建项目7个。

·社会发展·

【动物防疫】 春季完成动物防疫畜类14户，其中猪188头，牛181头，羊47只；禽类51户，1920羽。秋季完成动物防疫畜类11户，猪235头，牛190头，羊35只；禽类43户，1780羽。

【计生服务】 辖区已婚育龄妇女28691人，出生人口1529人，流动人口65105人。全年办理一孩生育保健服务证436本，办理二孩生育保健服务证343本，办理独生子女父母光荣证58本，为流动人口办理人口婚育证5本，办理环孕检免费服务凭证1002份，办理再生育证明6份；认真核对申报资料，积极落实优惠政策，发放扩面奖扶、特扶、养老补贴、住院补贴、春节慰问金等524880元，落实独生子女父母奖励费、放弃再生育、手术并发症资金111365元，孕前优生健康检查57对，落实诚信计生资金183600元、升学奖励金150000元。

【劳动就业】 2016年，新增就业再就业2060人，其中城镇下岗失业人员再就业245人，困难人员安置130人。劳务输转480人，其中有组织输转211人。用工信息采集80条320岗，用工信息发布400条1600岗。召开用工洽谈会1次，订单式培训6期430人，召开明星报告会1次，小额贷款推荐完成79万元。

【社会保障】 被征地农民累计参保1638人，享受待遇的1429人，城镇居民医疗保险办理23020人。安装LED显示屏1块，政务大厅设置多媒体触摸显示机1台。完成低保户登记145户178人，累计发放低保金1295200元；为2人发放低保户丧葬费救助金2720元；符合享受公共租赁住房条件的18户；大病救助16户，发放救助金212754元；为110户贫困残疾人发放慰问金，每人800元，总计88000元；为辖区内65名符合条件的残疾人申请70岁以上贫困残疾人生活补助，每人600元，共计发放39000元；为70位一、二级重度贫困残疾人发放护理补贴共计84000元；为3位残疾人发放机动轮椅车燃油补贴780元；为2名低视力残疾人发放助视器；为4名听力残疾人发放听力无障碍设施；为肢体残疾人发放9辆轮椅；对18名残疾人进行免费体检；为12名精神病患者免费发放药品40次；为105户一、二级残疾人低保户提供免费送餐服务。街道积极倡导干部职工参加“慈善一日捐”活动，共筹集捐款8400元。全年共计发放抚恤金929262元，春节慰问金16800元；为5名复员干部发放生活困难补助金104708元，春节慰问金4800元；为51人发放门诊补助13814元；为辖区843名65岁以上老人办理“虚拟养老就餐卡”。

【医疗卫生】 协助做好6所社区卫生服务站机构建设和业务拓展工作。开展健康教育活动13次，居民健康知识知晓率达到90%，健康行为形成率达到90%。

【社会综合治理】 组织（村）社区开展反邪教宣传教育活动12场次，组织学生签订“校园拒绝邪教承诺书”100余份。街道与辖区居民签订“家庭拒绝邪教承诺书”200余份。悬挂反邪教宣传横幅3条，发放宣传材料2000余份，展出展板23块，收集各类宣传照片80余张，受教育人数2300余人。街道、（村）社区联合开展禁毒宣传活动20场次，共展出禁毒宣传展板12块，悬挂横幅10余条、禁毒宣传挂画20余张，制作黑板报10余期，发放宣传材料3000余份，受教育人数3500余人。报送禁毒工作信息25条。开展安全生产、消防安全专项检查6次，存在安全隐患的30家，限期整改的30家，整改率100%。录入省市安全生产综合管理信息平台相关企业基础数据130余家。实现物业管理全覆盖，辖区共有物业小区67家，成立业委会9家，辖区供热站22家。按规定发放5批省、市、区天然气补贴资金4231.53万元。

【绿化】 全年植树2000株，新增绿地7500平方米。种植垂直绿篱200平方米，种植楼顶花园200平方米。

【环境整治】 上报违法建设180处，违建面积138282.8平方米。配合强制拆除违法建设140处，拆除面积9397平方米。清理垃圾约72587吨，全网铺设管道1550米；北出口全面整治，拆除各类广告632平方米，清理垃圾9吨，更换新门头36家，清运“僵尸车”4辆，粉刷墙面7640平方米；背街小巷清理各类小广告31000余条。制止店外经营、占道经营230余家，清理游商560余家，制止乱摆摊设点400余处，清退马路市场2处，规范交通单行停车5处，拆除违规广告牌732处，收缴烧烤炉19个，查收三脚架53个，拆除彩钢房1处。拆除大型违规广告牌130余个、私搭乱建24处、早餐摊点81家、软体广告157处、违规张贴悬挂牌匾150余个、地锁210个；抑尘网覆盖辖区裸露渣土、土地约271600平方米，平整渣土约15000平方米，道路砂化10500余平方米；打通605号道路、新港城十字断头路；对604号道路两侧1000平方米，606号路5300平方米，刘家滩11000平方米，新港城步行街2000平方米，张家滩2000平方米，高滩彩钢房5000平方米墙面，共计35300平方米墙面进行粉刷；对603号、604号道路500余家商户门头统一拆除、更换，约4400平方米，粉饰卷闸门200余个。对辖区605号路清理垃圾168400吨。周末卫生大扫除44次，擦洗天水北路人行道护栏75000余米，参加人数2000余人次。与沿街商户7595家签订“门前责任公约”，签订“门前三包”责任书。

【灾害防御】 上报山洪灾害应急防御预案、危险区人员转移信息表以及社区受山洪灾害影响情况调查表。认真落实24小时防汛值班制度，做好防汛交接班记录。街道开展以“科学防灾，依法应对”为主题的防灾减灾知识宣传活动，受益人数达300余人。

【冬防】 投入16万元为街道和村社区配备7辆冬防巡查车；投入30万元购买引火煤10000箱免费发放至辖区居民手中；自筹资金8万余元，印制发放《关于切实做好冬季防治大气污染综合防治工作的通告》10000份、《维护蔚蓝天空，共建清新兰州——致广大市民的一封信》50000份、《兰州市城关区人民政府关于切实做好大气污染通告》10000份；与辖区商铺、居民签订《雁北街道辖区不使用有烟煤、劣质煤承诺书》10000份，《雁北街道村社区“冬防”治理承诺书》10000份；街道投入资金4000元制作“冬防网格化巡查”袖章400个，投入资金22000元，购买大型喇叭400个、手电筒400个；街道安排洒水车4辆对607号道路、610号道路、608号道路、北面滩、刘家滩、高滩村社区内及高滩开发工业园区进行全天24小时不间断洒水降尘。辖区共划分一级网格1个，二级网格2个，三级网格57个，配备一级网格科级干部包抓人1人，二级网格科级干部包抓人11人，三级网格长57个、网格员101人。

（张 丽）

靖远路街道

·概 貌·

【名称来历】 以地处靖远路而得名。

【地理位置】 位于东经103°48′49.04″，北纬36°04′47.77″。东临草场街，南濒黄河，西邻安宁区，北接皋兰县。面积9.4平方千米。街道办事处暂驻九州大道26号。

【街道沿革】 中华人民共和国成立初属第六区第一、二、三、四乡；1953年9月，属第一、三乡政府改为的金城关回族自治区（次年撤销）及第三、四乡政府第一、二街公所；1955年属盐场区金城关、靖远路两个街道办事处，同年，又将两个街道办事处合并为靖远路街道办事处；1958年属城关区；1959年改为白塔山人民公社；1962年恢复靖远路街道办事处名称；1969年更名为靖远路街道革命委员会；1980年恢复靖远路街道办事处，沿用至今。

【政区划分】 下辖徐家湾、金城关、白塔山、靖远路、西李家湾、朝阳村、九州大道、九州中路8个社区和徐家湾村1个村社区。

【人口面积】 辖区总人口75425人，其中常住人口75109人，占总人口的99.58%。以汉族人口为主，有64467人，占总人口的85.47%；少数民族人口10958人，占总人口的14.53%。非农业人口60050人，占总人口的79.62%。辖区东西最大距离1.3千米，南北最大距离1.2千米，总面积6.4平方千米。人口密度为每平方千米11785人。

【辖区概况】 辖区有各类院校5所，其中普通公立学校3所，即九州小学、金城关回民小学、十九中教育集团河北分校；技术院校2所，即甘肃省石化技师学校、省广电中专长鑫教学部。有2所三级甲等医院，分别为兰州市肺科医院、兰州市第二人民医院。社区卫生服务站3家，分别为九州中路社区卫生服务站、徐家湾社区卫生服务站、金城关社区卫生服务站；卫生服务中心2所，分别为靖远路街道社区卫生服务中心、白塔山靖远路社区卫生服务中心。

·经 济·

【招商引资】 2016年，完成固定资产投资任务121650万元，占计划的100.5%；招商引资到位资金237500万元，完成任务的237.5%。新签项目6个已全部完成。

【项目建设】 对已开工的庙滩子危旧房整体改造、元通黄河大桥、徐家湾旧城改造、星河湾现代服务城等项目进行跟踪服务，及时掌握各个项目的进度和投资情况。

·社会发展·

【创建全国文明城市】 以多种形式宣传“创建全国文明城市”活动数百次，宣传人次10万人次，张贴核心价值观、中国梦宣传海报5100多份，制作宣传横幅数百条，发放《兰州市创建文明城市应知应会》1200多本，动员辖区85家有

LED显示屏的商铺、门店，利用LED显示屏反复滚动宣传核心价值观，营造创建氛围。组织辖区居民参加“兰州好人”“兰州文明家庭”的评选，2016年，街道评选1户城关区“最美家庭”，1户城关区“文明家庭”。

【环境治理】 联合靖远路执法中队、食药、工商等部门对辖区主次干道、背街小巷商铺门店进行整治，整治占道经营294家、乱堆乱放413家，清理清洗建筑物立面11000平方米，清理三乱广告4000余条，清洗、粉刷卷闸门434个，清洗沿街门店128家。对拆迁区建筑生活垃圾全部进行覆盖。对北滨河路大桥西侧两栋楼进行保护性拆除。对元通大桥西侧元森12号地块全部进行两灰夹一白砌墙粉饰。对北滨河路沿线拆迁区域进行砌墙围挡5600米，并对拆迁区所有砌墙围挡按照“两灰一白”标准进行粉刷，共约11200平方米。年内开展联合执法行动17次，整治店外店562家，清理占道经营245家。出动大型履带式挖掘机1台、工程货车9辆，清运各种垃圾310吨，出动车辆90余车次，对辖区脏源点进行彻底整治。出动4辆搬家公司专用车辆将烧盐沟18号89只流浪狗及用具全部搬离至新的狗舍。拆除长期拆迁遗留废旧房屋16间，彻底结束吸毒人员在此聚集吸毒的历史。清运拆迁区域各类垃圾40余吨。覆盖金城关、徐家湾、朝阳村等地裸露拆迁住宅民房及建筑渣土5065平方米，围挡元通大道施工工地1800米。完成烧盐沟、金城关至兰雅亲河湾小街巷单边停车画线5000余米，新增停车位441个，安装规范停车指示牌20个。

【劳动就业】 完成就业再就业任务1500人，临时性任务530人，占年任务的135.33%（其中失业人员再就业261人、就业困难人员再就业130人）；完成大学生就业任务30人；完成劳务输转448人，占年任务的104.2%，其中有组织输出151人；境外就业9人；职业介绍成功81人；推荐小额担保贷款21户159万元，贷款成功82万元；推荐万企计划贴息贷款企业9家，贷款成功10万元；就业困难援助17人；组织辖区失业人员、高校毕业生、农村劳动力举办职业培训共7期，培训480人，完成年任务的100%；技能鉴定27人；推荐大学生见习基地1家；推荐居家就业项目2个；开发社区岗位41个；推荐回乡创业4人；采集传递用工信息220条890岗。3月8日，“靖远路街道春风行动”暨招聘洽谈会在街道举办，提供工种46个、岗位230个，有76人与用工单位签订意向性协议，发放各类宣传资料300余份。3月底，街道保障所组织辖区居民参加区级大型专场招聘会2场；在辖区范围内集中组织1次就业政策宣传活动，并保证每周向各社区居民发布1次用工信息。

【计生工作】 积极开展计生各项政策、人口文化宣传，开展大型宣传活动6场，发放宣传彩页500多份；积极宣传二胎政策，2016年辖区共计生育二胎256人；慰问计划生育特殊家庭，对特扶对象发放节前慰问金3.8万元，奖扶扩面资金4800元；发放宣传材料约2000份，发放计生药具约1500盒。

【社会保障】 街道享受低保人员815户1428人，月发放保障金721301元。新增低保人员31户54人，发放保障金228856元。分配公租房117套，发放公共租赁住房家庭租金补贴818100元。街道慰问城乡困难群众115户，发放慰问金57500元；慰问优抚对象22户，发放慰问金11000元；开展“情暖进万家、服务零距离”活动，慰问困难群众67人，发放米面油67份；慰问老干部职工26人，发放米面油26份；慰问困难党员20人，发放慰问金16000元。积极组织为李积森罹患白血病的妻子捐助爱心款49762元。为张文军年仅9岁、罹患白血病的儿子捐助28666元。雁滩家具市场工商所为辖区8户困难居民送去慰问金22000元，为部分困难群众送去价值50元的购药卡。为60岁以下城镇居民办理养老保险，参保缴费154人，60岁以上城镇居民养老保险参保登记享受498人；异地退休人员认证64人。2016年，城镇居民医疗保险参保19500人。

【社会治安综合治理】 街道分别与包片领导、各社区、重点单位签订安全生产目标责任书108份，安全生产消防承诺书394份；填写安全检查情况记录表560余份，对不合格企业进行复查，直至整改完毕。结合禁毒流动课堂活动，开展禁毒宣传40余次，入户宣传50家。调解民间纠纷20多起，涉及人数70多人次，调解成功率为97%。处理群体性事件7起，市长热线200余起。进京劝返人员4人。对辖区各类地质灾害隐患点、重大项目进行排查，共发现隐患点22处，其中地质灾害隐患点14处，涉及274户1063人1442间房屋。汛期采取24小时值守，发放明白卡69份，予以签字确认，进行动态跟踪。

·自身建设·

【党建】 2016年，投入近3万元，统一给党组织和党员配备配齐配足党旗、党徽、《中国共产党章程》、《习近平总书记系列重要讲话读本》等；组织党员观看红色电影，切实把“两学一做”学习教育内化于心，外化于行。各党支部通过整理党员台账、数据库、组织关系介绍信等方式全面排查党员。合理分类造册，摸清党员底数。推出“四大课堂”：板凳课堂、指尖课堂、帮教课堂、实践课堂。严格按照要求开展专题研讨会4次。积极开展承诺践诺活动，设立岗位10个，签订岗位承诺书403份。

【党风廉政建设】 街道纪工委根据街道廉政约谈制度及目标责任书要求，共开展约谈138人次。对干部下社区开展工作实行微信照片签到、签退制度，并且不定期对街道机关和社区在岗情况进行抽查，共开展督查30次。对街道重点工作和领导安排的重要任务完成情况开展督查，重点针对徐家湾村社区村务公开落实情况、城市管理环境卫生整治、经济指标完成情况等进行及时监督检查35次，确保各项工作有效落实。

【廉政文化载体创新】 有效发挥“七大平台”（传统文化平台、群众生活平台、现代科技平台、社会监督平台、领导宣讲平台、知识测试平台、警示教育平台）作用。联合兰州市委政法委，共同打造廉政文化短信平台，在每周一及重要节假日时间节点，准时编辑“清风廉雨沐基层”廉政短信，发送至街道每位党员领导干部的手机上，以此方式提醒党员干部时刻绷紧廉洁从政的弦，让“廉政短信”成为党员干部随身携带的“小警钟”，全年共发送36期。先后组织全体干部观看《重阳》《承诺》等8部廉政微电影，强化党员领导干部的廉洁意识。

（袁　媛）

草场街街道

·概　　貌·

【名称来历】 因明清兰州北路驿道上的草料场而得名。

【地理位置】 位于东经103°49′55.18″，北纬36°04′14.37″。街道东连徐家山森林公园与盐场路街道接壤，西邻白塔山公园与靖远路街道交界，南临黄河，北邻皋兰县忠和镇，是兰州市区的北大门。街道办事处驻盐场路1562号。

【街道沿革】 1949年至1952年，属皋兰县第一区太平、忠勇、乐天、阜康、定国、永靖6个乡政府；1953年划归兰州市第六区；1955年属盐场区盐场堡、草场街两个街道办事处；1958年属城关区草场街街道办事处；1959年属白塔公社草场街、盐场堡两个管理区；1962年为草场街街道办事处；1969年改称草场街革命委员会；1980年恢复草场街街道办事处。

【政区划分】 下辖草场街、砂坪村、五一山、庙滩子、亚太、大砂坪6个社区。

【人口面积】 辖区总人口80426人，其中常住人口80114人，占总人口的99.61%。以汉族人口为主，有73880人，占总人口的91.86%；少数民族人口6546人，占总人口的8.14%。非农业人口62626人，占总人口的77.87%。辖区东西最大距离5.1千米，南北最大距离4.5千米，总面积6.2平方千米。人口密度为每平方千米12972人。

【辖区概况】 区域内有一纵（佛慈大街）三横（北滨河路、盐场路、109国道）四条交通干道，7、8、22、35、74、81、83、85、86、107、126、144路公交线路通行；有甘肃警察职业学院、兰州城市建设学校2所大中专院校；有兰州大学第二医院康泰分院、甘肃侯丽萍风湿病医院2所医院；有小山至善养老院、康乐老年公寓2家慈善机构；有享誉海内外的“国药佛慈”品牌；有黄河渡口、羊皮筏子、音乐喷泉、黄河风情线北滨河路绿色长廊、天沁神农生态园、五一山庄等文化、旅游、休闲资源。

·经　　济·

【经济发展概况】 2016年，实现地区生产总值18.7亿元，同比增长7.5%；社会消费品零售总额完成12.2亿元，同比增长7.3%；全社会固定资产投资完成13.7亿元，同比增长14.1%；城镇居民人均可支配收入34500元，同比增长6.7%。辖区非公有制企业526家，个体经营户1583户。

【项目建设】 2016年，辖区共有在建项目8个，总投资144.39亿元，其中重点项目4个，占总投资额的96.4%，分别为：易大天地项目，总投资35亿元，已完成15.5亿元；白土巷棚户区改造项目，总投资5.6亿元，今年完成0.46亿元；兰东花园项目，总投资3.6亿元，已全部完成；恒大九州生态园建设项目，总投资95亿元，完成21.6亿元。

【招商引资】 引进甘肃海昌商贸集团有限公司草场街棚户区改造项目，总投资6亿元；兰州亿家安门窗有限责任公司棚户区改造项目，总投资2亿元；兰州小山至善老年公寓养老村项目，总投资2亿元。

·社会发展·

【城镇与生态建设】 结合“三大整治攻坚战”，投资300万余元对北出口和辖区内的楼群院落进行综合整治，制作以太平鼓、水车、羊皮筏子等兰州文化元素为背景的浮雕文化墙，打造佛慈大街一体化示范街；协调城管物业入驻，对辖区“三不管”楼院物业进行全面接管；迁移原燎原马路市场，打通消防生命通道。

【劳动就业与社会保障】 实现就业再就业1635人，劳务输转292人；小额担保贷款推荐16人，贷款141万元；发放低保金452.50万元；医疗救助59人，发放救助金39.53万元；廉租房实物配租配售175户；为辖区90岁以上老人和重病老人免费办理代餐卡；为188名残疾人提供居家托养送餐服务；对辖区内21户失独家庭进行一次性救助，发放救助金40万元。

【冬防】 深入推行“以柴换煤、补贴配售”方式，针对用煤人群发放各类环保宣传单7200余份，补贴配售新型环保引火煤5800余箱；细化网格化管理，落实24小时巡查制度，要求施工单位严格按照“六个百分百”要求做好相关措施，并对重点工地安排专门人员进行值守，严防二次扬尘；积极创建全国卫生城市，清理垃圾约926.4吨，清洗主干道卷闸门1730家，清洗护栏50000余米，清洗小广告、乱贴乱画约7300条，清除卫生死角812处。

【精神文明建设与社区建设】
在继承发扬以往党建品牌的基础上不断创新，提出“八个一”“巧手巧心、渔鱼相生”“党员帮帮忙”“五一管家”等一系列各具特色的社区服务品牌；开展以“做悦读党员、建书香草场”为主题的“读书年”活动；组建民情茶园、青少年RC模型队、民俗文化剪纸队、张真智书法工作室、巧手巧心手工坊等一系列志愿者队伍；提升完善“草场街街道行政事务受理中心”服务功能，实行首问负责制、一次性告知制、限时办结制、联合办理制、责任追究制、窗口AB岗制等各项制度；推动街道社区由“管理型”向“服务型”全面转型。

·自身建设·

【党风廉政建设】 召开党风廉政建设与反腐败工作专题会议4次。街道纪工委与各社区、各科室签订《2016年度党风廉政建设与反腐败工作目标责任书》。开展诫勉谈话、工作约谈等15次，对班子成员、社区书记、科室负责人开展廉政约谈37人次，各类督查31次；针对违反工作纪律、工作拖沓延误等问题进行通报9次，对各社区、办（所、中心）年度工作任务、月度推进情况以及街道社区重大事项进行公示43次。

（肖海霞）

盐场路街道

·概 貌·

【名称来历】 因明代盐场堡而得名。

【地理位置】 地处黄河北岸，位于东经103°50′11.27″，北纬36°04′13.55″。东与青白石街道相连，南临黄河，西与草场街街道毗邻，北与皋兰县接壤。街道办事处驻盐场路365号。

【街道沿革】 明代属兰州，清代至民国属皋兰县。1949年10月至1953年11月属兰州市第六区；1955年至1958年2月属盐场区；1959年至1961年属白塔人民公社；1962年属城关公社；1969年至1981年属城关农村人民公社委员会；1983年4月至2005年8月属城关乡；2005年8月撤乡改街，城关乡改建为盐场路街道，将其原辖光辉村划归广武门街道、五泉村划归五泉街道、徐家湾村划归靖远路街道管辖，将原草场街街道管辖的盐场堡社区、穆柯寨社区、小沟坪社区划归盐场路街道管辖。

【政区划分】 下辖盐场堡、小沟坪、穆柯寨3个社区，草场街村、上川村、盐场堡村、亭子村4个村社区，石门沟村1个行政村。

【人口面积】 辖区总人口67116人，其中常住人口66943人，占总人口的99.74%。以汉族人口为主，有64723人，占总人口的96.43%；少数民族人口2393

人，占总人口的3.57%。非农业人口31977人，占总人口的47.64%。辖区东西最大距离6.51千米，南北最大距离7.22千米，总面积47平方千米。人口密度为每平方千米1428人。

【辖区概况】 辖区地域特点为城乡交错，公共基础设施建设相对滞后，医药研发和生产单位比较集中，土地开发空间较大，具有比较广阔的发展前景。近年来，随着重大项目建设、城中村改造契机，辖区非公商贸经济快速发展，形成以会展业为龙头，非公有制经济与现代商贸服务并举发展的格局，以甘肃大剧院、皇冠假日酒店、港联购物中心以及天源步行街、阿西娅美食城等为主的285户企业，对繁荣辖区经济、提升城市品位起到积极作用。辖区有较大规模企事业单位30余家，部队单位2家，沿街各类门店713个。辖区内有学校4所，其中小学1所，九年制学校1所，中专1所，成人教育学校1所。有幼儿园（幼儿托护点）15所，篮球场3个，综合健身房3个，室外门球场1个，学校操场3个。另有登山步道1条，全民健身路径15条。

·经　济·

【项目建设】 北环路和会展中心配套区二、三期项目已投入使用；草场街村社区虹桥商务酒店已封顶；330千伏变电配套工程、生物研究所职工经适房已建成即将投入使用；日化大厦项目所有楼位地下基础已完成；欧洲阳光城二期项目部分建至14层；昶荣·水岸丽景商住楼建至13层；兰药商住城市综合体项目完成“三通一平”。城中村改造项目，上川安置点7号地块1号楼、28号地块1号楼已完成建设，7号地块6号、7号楼，26号地块1号楼已建成入住。省林科站保障房建设、天添限价房、庙滩子整体改造等项目正在有序建设中。

【招商引资】 固定资产投资完成23亿元，招商引进到位资金25亿元，超额完成全年任务，固定资产投资额全区排名第一。

【农业经济】 开展第三次全国农业普查工作，完成辖区农业普查登记728户，规模农业经营户4户，确权承包土地130.24公顷。2016年完成蔬菜播种155.27公顷，产量9894吨，瓜果类种植面积30.53公顷，产量874吨，全年农林牧渔服务产值238.2万元。

【征地拆迁】 109国道城关段拓建征收工作：完成前期摸底工作，并和征收办初步确定征地范围。423号路、421号路拆迁项目：完成摸底登记工作。423号路拆迁项目共涉及住户17户，征收房屋面积约2812.44平方米；421号路拆迁项目共涉及住户26户，征收房屋面积约13760平方米。张家滩黄河湿地修复治理项目：共涉及45户，已与17户（20院）签订补偿协议，面积10604.38平方米。417号路拆迁项目：已与14户达成征收补偿协议，征收房屋面积约2600平方米，温室大棚及附属物1.2万平方米。剩余1户正在积极商谈中，征收面积约1533平方米。中石油拆迁项目：完成全部拆迁任务。共拆迁5户，房屋面积为433.97平方米，棚房面积为30.8平方米。436号路拆迁项目：共涉及9户，完成8户征收工作（拆除面积为402平方米），剩余1户（127.92平方米）正在协商谈判中。大砂沟洪道拆迁项目：完成全部拆迁任务（共拆迁27户，房屋面积为1900平方米）。“两馆一场”土地征收工作：完成前期的摸底工作。规划范围内共有住户225户，涉及人口800余人，耕地2258公顷，主要建筑情况为，常住户69户180人，宅基地房屋23260平方米，三产房137285平方米，其他建筑（温室、大棚等）36893平方米，正进行土地转性社会稳定风险评估。

【城中村改造】 上川村社区28号地块：在建安置楼2栋，建筑面积约60000平方米。

【棚户区改造】 向棚改办上报兰州正林地块棚户区改造项目、兰药药业家属院棚户区改造项目、果品公司棚户区改造项目、兰州生物药厂家属院棚户区改造项目、甘肃外贸畜产制品总厂棚户区改造项目。

【地质灾害】 完善《盐场路街道2016年重要地质灾害隐患点防灾预案》《盐场路街道2016年地质灾害防治方案》，向各社区（村）下发《盐场路街道2016年地质灾害预警预案》及《盐场路街道2016年地震应急预案》，并要求各社区（村）上报其预案。召开5次地质灾害防治专题会议，向辖区村民发放宣传册2600余份，向重要隐患点受危住户发放明白卡250多份。组织对地质灾害监测员进行2次专业技能培训。

·社会发展·

【人口与计划生育】 全年共办理一孩生育指标174个，二孩生育指标124个，再生育指标1个，补办独生子女父母光荣证38个，办理流动人口婚育证7个。发放宣传单1600多份，宣传册400余本，避孕药具200余盒，享受服务和教育人数在千人以上。为31对育龄夫妇提供免费孕前优生健康检查服务。配合国家卫计委家庭司调研组对辖区6户计生家庭进行入户追踪调查。上报特别扶助对象42人（独生子女死亡26人，伤残16人），合计发放扶助金232800元；奖励扶助对象163人，发放奖励金163000元；为23名考入大学的农村“两户家庭”学生发放奖励金159000元；诚信计生上报161人，每人每年奖励720元；为37户计生家庭办理意外伤害保险；为子女未满16周岁的767户独生子女家庭发放奖励金共计87670元；慰问7户计生困难家庭，共发放慰问金6000元。各社区（村）普遍成立流动人口计生协会，强化“以房管人”工作措施，建立流动人口信息动态数据库，流动人口动态监测抽样调查4个点80户，将每月新增流动人口信息及时反馈给街道卫生服务中心，实现流动人口信息共享，并配合街道卫生服务中心为流动人口建立健康档案，提供各类卫生保健服务。

【劳动就业】 完成就业再就业1935人，完成年计划的101%；推荐有创业培训意愿的人员参加培训报名45人，完成年计划的100%；劳务输转415人，完成年计划的109%；推荐申请小额担保贷款220万元。举办6期职业技能培训，培训432人。

【社会保障】 城镇居民养老保险参保21人，缴费金额14800元，累计享受待遇88人；政府代缴人员35人；新型农村基本养老保险参保94人，缴费金额26000元，享受待遇32人；失地农民养老保险参保697人；村干部养老保险参保11人，金额3300元。城镇居民参加医疗保险人员13177人，其中居民新参保574人，新生儿参保137人，低保户参保391人；退休人员领取养老金资格认证3500人。城市低保共239户396人享受最低生活保障金184921元；农村低保户9户18人享受最低生活保障金共5911元。区级单位慰问辖区困难群众41户，发放慰问金31600元。大病救助48人，发放救助金465473元。发放重度残疾人护理补贴115200元，配合房管局分配公租房50套。

【安全生产】 召开安全生产会议12次，安委会工作会议4次，集中开展辖区安全生产大检查专项治理活动5次。对辖区内4个建筑工地、3家加油站、1家加气站、5家生产单位、3所学校、6家幼儿园、9家幼儿托护点、2家集贸市场、1个家具厂、5家宾馆、5家印刷厂和100余家餐饮企业进行生产安全、消防大检查，下发整改通知书20余份。现场发现隐患立即整改50起，整改复查率100%。对辖区“三合一”场所、小作坊进行摸底并开展安全检查，消除安全隐患。全街没有发生重大安全生产事故，安全态势平稳。街道辖区彩钢房共28926平方米，民用8828平方米，经营彩钢房13035平方米，截至12月，改造6492平方米，拆除3545平方米。危旧房改造共审批24户1870平方米。

【社会治安综合治理】 深化“大巡防”体系建设，成立以20名综治员为主的街道巡防中队，和以辖区13家物业小区203名保安为主的社区巡防小分队。以“平安·和谐·稳定”为主题开展宣传，发放宣传资料1500份。制作宣传栏10块，板报8块，宣传展板40块。受理信访案件54件，个人访28件，群体性10起37次（包括重大事件1件），网上案件16起。共接访800余次、1600余人次。调处各类矛盾纠纷410起，调处率100%，调解成功率98.7%。做好邪教人员教育转化工作。街道共有原“法轮功”练习者28人，21名转化解脱。对4名“诬告滥诉”重点邪教人员加强教育转化。做好易肇事肇祸精神病人随访管控。会同社区工作人员、民警上门进行全方位的排查，建立档案，对已确诊的50名精神病人，通过排查走访掌握其动态情况，落实服务和管控。

【医疗卫生】 辖区草场街社区卫生服务中心和小沟坪、盐场堡社区卫生服务站建立居民健康档案，对街道65岁及以上老年人进行登记管理，开展35岁及以上居民首诊测血压，对已经登记管理的高血压患者1835人、糖尿病患者683人按要求录入居民电子健康档案系统。对辖区33名精神病患者进行规范管理。2016年，0~7岁儿童建卡2508人，建卡率100%，卡证符合率100%，所有接种对象（含流动儿童）中基础免疫和加强免疫单苗接种率均达到95.7%以上。认真落实入托、入学儿童预防接种证查验工作，对查出漏种针次者，按查漏补种原则及时进行补种。设置健康教育宣传栏7处，开展健康教育知识的普及和宣传活动4期，向居民群众发放各类健康教育宣传资料、禁烟小册和禁止吸烟管理法规等手册，开展健康教育讲座12次。

【基础设施建设】 2016年，新建煤粉锅炉供热站1个（八米道），公厕6座，文化宣传橱窗19个，安装卫生责任公示牌24个，新增分类垃圾箱60个，垃圾桶310个，垃圾收集箱105个，勾臂车3个，勾臂箱30个，人力保洁车11个。对红柳滩路、石门沟路、徐家坪路、观象台小巷、西坪进行硬化亮化改造。对109沿线北出口亭子村坡面安装铁皮挡板800平方米，修建旱厕2座。对杨家湾进行集中整治，共粉刷围墙10000余平方米，清理垃圾20余吨。

【绿化】 完成植树500株，新增绿地8160平方米，摆放盆花3260盆，垂直绿化330平方米。

【冬防】 在辖区发放张贴政府通告5000余张，并自制《关于禁止焚烧有烟煤及垃圾废料的通知》《关于集中取火的通知》等有针对性的冬防宣传资料15000余份，发放到辖区单位、居民手中。督促工地严格落实“六个百分百”抑尘措施；街道购置2台洒水车，每日在背街小巷、楼院进行洒水，从源头上防止扬尘产生。在辖区垃圾较为集中、小煤炉较为集中的区域，安装远红外高清监控摄像头5个，实行专人管理，对焚烧垃圾以及垃圾清运情况等进行全天候监控。发放及鼓励居民购置新型引火煤10150箱。

【物业管理】 街道辖区物业小区有欧洲阳光城、云祥花苑、陇能家园、天源嘉泰名居、绿茵花园、天添幸福港、宏兴物业、金万达物业、广盛物业、英联嘉业物业等。全年督促检查物业公司16家，落实21栋楼院卫生的湿法作业和楼顶的清洗工作。配合完成辖区三维自助终端机的布放工作，共布放24台。完成物业管理系统4表14台账的录入和兰州市三维市民卡供热收费功能整合工作。组织昶荣水岸华庭成立业主委员会的前期筹备工作。年初对盐场堡新区及刘家坪部分区域的集中供热进行监管，协调供热站和盐场堡村社区确保盐场供热站锅炉房的建设及运行，确保辖区居民冬季采暖期的正常供暖。5月份配合物管办、供热站、社区对盐场堡辖区供热住户面积进行逐户测量。完成辖区21家供热站住宅面积的审核及供暖补贴的发放工作，补贴面积55.86万平方米，市级发放金额25.705万元，区级发放金额25.705万元，共计51.41万元。2016年—2017年采暖季，供暖用户共574户，供暖总面积139331.7802平方米，应收取暖气费348.3万元，实收暖气费241.78万元。

·自身建设·

【党风廉政建设】 街道纪工委组织全体干部学习《廉政准则》，邀请区纪委副书记董亮做主题为“加强作风建设、推动主体责任落实”的主体责任宣讲，邀请区政协副主席王金明讲党课，邀请区纪委常委、区纠风办主任周娜解读《问责条例》和《实施办法》。街道共收到区纪委交办件6件，已经初核4件。街道自办案件1件，完成初步核实和立案。强化监督制约，狠抓村务公开工作。街道邀请检察院、纪委、农水局经管站就“四议两公开”、村干部廉洁从政进行培训辅导，重申“四议两公开”工作法，各村建立村务监督委员会，负责对本村村务公开情况进行监督。7月26日和9月1日，兰州新区纪工委和人社局以及部分乡镇领导来草场街村社区进行村务公开工作观摩学习。加强对农村集体“三资”管理。坚持季报账制度和财务审计制度，村两委改选前进行集中清查和审计，进一步强化财务纪律。

【精神文明建设】 积极开展精神文明建设，开展未成年人思想道德建设，在传统节日开展“我们的节日”大型群众性文化活动5次，走访慰问特殊群体60余次。各社区成立文明劝导队，对辖区网吧、电子游戏室进行7次督查，组织开展社区、辖区单位道德讲堂200场次，宣传文明餐桌活动5次。开展倡导弘扬孝老敬老社会风尚、勤俭节约宣传教育活动各3次。组织社区、辖区单位及商铺开展诚信建设活动2次。

【社区建设】 盐场堡社区建设成为全国社区侨务工作示范单位、全国社区侨务工作明星社区、市级党建标准化社区、市级文明社区、市级卫生社区、市级充分就业社区、市级科普示范社区、城关区党建工作精品社区、城关区二级无邪教社区、城关区平安社区、城关区人口管理和服务先进社区。穆柯寨社区荣获甘肃省环保厅、甘肃省民政厅颁发的甘肃省绿色社区称号，已建设成为市级文明社区、市社区科普益民先进单位、市交通安全先进单位、市级卫生社区、无邪教社区、平安社区、城关区人口管理和服务先进社区。小沟坪社区建设成为市级党建工作标准化社区、市级文明社区、区级平安社区、卫生社区。

（陶延春）

青白石街道

·概　　貌·

【名称来历】　因青石湾、白道坪、石沟3个自然村名的首字而得名。

【地理位置】　地处城关区东北部，位于东经103°54′11″，北纬36°04′18″。东与榆中县接壤，西与盐场路街道为邻，南临黄河，与雁滩隔水相望，北与皋兰县接界。地势北高南低，依山傍水，柳忠高速、连霍高速、包兰铁路、兰渝铁路贯穿其中。街道办事处驻碱水沟村188号。

【街道沿革】　1949年10月至1951年属皋兰县第一区；1952年划归兰州市第六区；1955年属盐场区；1958年2月属东岗区雁滩人民公社；1962年划归城关区，成立青白石公社；1983年改为青白石乡；2004年12月撤乡建街，改为青白石街道。

【政区划分】　下辖上坪村、石沟村、白道坪村、大浪沟村、马家沟村、碱水沟村、青石湾村、杨家湾村、青山村9个行政村。

【人口面积】　辖区总人口11208人，其中常住人口10984人，占总人口的98%。以汉族人口为主，有11190人，占总人口的99.84%；少数民族人口18人，占总人口的0.16%。非农业人口581人，占总人口的5.18%。辖区东西最大距离10.5千米，南北最大距离10.7千米，总面积75平方千米。人口密度为每平方千米149人。

【辖区概况】　辖区是久负盛名的瓜果之乡，是闻名世界的“白兰瓜”原产地，红富士、红提、高原夏菜等农产品品质优良。辖区土地广阔、可开发性强，有凯瑞商砼、西夏床垫、广庆家居、双虎家私、玉泉山庄等一大批有实力的企业。

·经　　济·

【经济发展】　2016年，街道累计完成固定资产投资19.86亿元，招商引资完成34.89亿元。完成碧桂园项目（三期）的征地拆迁工作，配合相关部门完成项目红线及填方区涉及石沟村的48公顷耕地的征地工作。完成雁白黄河大桥项目范围内26家厂房，38户村民的拆迁安置工作，雁白大桥已实现通车试运行，各标段正在进行边坡防护、绿化等后期收尾工作。完成白道坪南区整体改造项目一期土地57.6公顷的转性、征收工作，其中C片区的手续办理进度较快，已完成预售证办理。马家沟新农村工程除高压线路接入工程正在加紧办理手续外，其余全部完成并于2016年5月31日通过验收。完成碱水沟村、大浪沟村和马家沟村盐什公路拓建项目红线区内村界的土地权属问题。其中，完成涉及马家沟村11户拆迁、35户耕地征收工作；大浪沟村、马家沟村红线内集体林地已签订协议，并交付使用；大浪沟村村委会已签订征地拆迁协议书，完成7家企业的搬迁及0.786公顷耕地与承包农户签订协议及征收工作；完成永安驾校等违法建设的拆除并交付施工方；协调完成大浪沟、碱水沟村农灌管线、电力线路的改迁工作。

【农业经济】　2016年，春耕播种总面积446公顷，其中蔬菜面积105公顷，瓜果面积341公顷。全年顺利申报获批省级公益事业建设“一事一议”财政奖补项目5个。

·社会发展·

【城市管理】　全面落实“门前三包”责任制，与辖区160家商户签订“门前三包”责任公约，建立指导、督促与协作关系。集中开展背街小巷综合整治，对各村主次干道堆积垃圾、墙体喷绘广告、坡面垃圾进行清理整治，共治理坡面10余处，覆盖土方5000立方米，覆盖遮阴网9600平方米，清运垃圾1000余立方米，铲除墙体“小广告”2000余平方米，清洗粉刷墙面3000平方米，清理道路淤泥200余立方米，清运死角垃圾60余立方米。对石台沟、涝坝沟洪道进行清理整治，清理洪道1000余米，清运垃圾20000吨，对1000米洪道坡面进行素土平整。

【生态建设】　在“3·12”植树节和绿化月活动期间，全街道干部及辖区村民600余人参加义务植树活动，清理树穴200个，清理枯枝树木300余株，平整土地1000余平方米，浇水5000余平方米，植树10000余棵，新增绿地1000平方米。加强施工工地管控力度，要求施工工地严格按照建筑工地“六个百分百”要求，做好抑尘工作。为确保盐什公路不产生二次扬尘，做到早7点至次日凌晨4点3辆洒水车不间断洒水作业；对盐什公路两侧裸露土方、砂石进行全覆盖，面积达15000平方米；各村加强村内主次干道、背街小巷的清扫及道路洒水工作。将辖区划分为37个网格区域，早、中、晚重点时段值守巡查，对辖区管控企业，特别是家具加工、木材加工、石材打磨、含有喷漆房的企业进行严格管控，并对存在户外焊接、石料打磨的企业一律进行关停。严格管控烟花爆竹燃放，发放、张贴宣传材料15000余份，与企业商户签订承诺书1000份。联合执法、工商、公安等多部门不定时对辖区企业、项目工地进行检查排摸，对不符合要求的82家小企业实施关停整改，并向辖区居民、企业发放引火煤4000余箱，收缴木柴3905千克、有烟炭6吨。

【社会保障】 2016年，城市低保户17户22人，发放低保金140150元；农村低保户236户408人，发放最低生活保障金2024577元；五保户6户6人，发放供养费48960元。加大社会救助力度，医疗救助51户128人，发放救助金308446元。“爱心衣被银行”救助困难群众6户34人，救助金额12500元；慈善救助困难户2户5人，发放救助金4000元。努力打造“就业最充分”城区，新增就业再就业324人，完成目标任务的101.25%，建立就业再就业报表和台账；劳务输转447人，其中有组织输转121人，完成目标任务的111.60%。小额担保贷款推荐10人贷款94万元（包括农村妇女8人共64万元，万企计划3人共30万元）。开展技能培训2期，培训160人。

·自身建设·

【机构设置】 下设党政办公室、城市管理办公室、社会治安综合治理办公室、经济管理办公室、劳动保障事务所、妇幼保健计划生育服务中心和“三农”服务中心、民政双拥办公室8个职能部门。有干部职工60人。

【党建】 深入开展“为民服务代理制”工作。规范填写登记表、承办单、回复单、工作台账等，全年办理为民服务代理事项5218件，已办结事项5218件，其中当日办结事项5202件。开展软弱涣散基层党组织青石湾村、杨家湾村党支部排摸整顿工作，由市委组织部选调2名优秀党员深入青石湾村、杨家湾村挂职支部第一书记，针对党组织软弱涣散的情况，分析和对照以往存在的问题，建立详尽的整改台账，已全面完成整改。全年领导班子成员学习12次，党员干部集中学习34次；主要领导上讲台讲党课7次，分管领导下村讲党课9次，各支部书记在所在支部讲党课29次；街道及各村党支部组织召开专题研讨会54次。针对农村党员年龄结构差异大、文化基础差、集中学习难的特点，推行年轻党员上门送学、帮学、助学的学习方法；充分利用农村党员远程教育网络信息平台，组织党员开展学习教育，改变党员对传统学习教育枯燥无味、行政命令的“观念认识”，使得学习教育更深入人心、学有所获。

【精神文明建设和平安建设】

开展文明家庭、最美家庭、十星级文明户、优秀志愿社区等评比活动，评选出20户“十星级文明户”、16户“文明家庭”、6户“最美家庭”。组织开展“道德讲堂”活动30次，参与720人次。大力开展志愿服务工作，成立志愿服务队12支，登记在册志愿者685人，召开志愿者培训7次。街道9个行政村已全部建立村级警务室。街道主要领导亲自接待村民，并协调相关村、单位研究解决方案，积极为村民解决上访问题。全年累计接待上访85次，其中群体性大规模上访事件15起，劝阻上访8批次120余人，已经调解成功25起，正在协调中3起。

（赵海桥）

文件选要

中共兰州市城关区委办公室关于印发《中共兰州市城关区委工作落实责任清单制度》的通知

城办发〔2016〕9号

各街道党工委，区委各部门，区直各部门党委（党组、总支、支部），各人民团体党组（支部）：

《中共兰州市城关区委工作落实责任清单制度》（城办发〔2015〕42号）已经区委同意进行了修订，现将修订后的《中共兰州市城关区委工作落实责任清单制度》印发给你们，请认真贯彻执行。

中共兰州市城关区委办公室

2016年2月18日

中共兰州市城关区委工作落实责任清单制度

第一章 总 则

第一条 为了进一步发挥区委在全区总揽全局、协调各方的领导核心作用，确保各项工作落实，促进目标任务实现，根据《中共兰州市委工作落实责任清单制度》，结合《中国共产党地方委员会工作条例》的有关规定，特制定本制度。

第二条 本制度适用于各街道党工委，区委各部门，区直各部门党委（党组、总支、支部），各人民团体党组（支部）等全区各级党组织。

第三条 按照“有目标、可操作、能考核”的要求，对区委安排部署的责任事项，按照“谁主管、谁负责”和“一事一单”的原则，全部建立责任清单。

第四条 本制度包括《工作落实责任清单》（以下简称《清单》）（附件1）、《工作落实情况报告单》（以下简称《报告单》）（附件2）、《责任事项销号单》（以下简称《销号单》）（附件3）、结果运用及责任追究等内容。

第二章 清 单

第五条 《清单》的内容包含责任事项及有关要求、完成时限、区委领导批示、责任领导、责任领导批示、备注等栏目。其中，责任事项主要是以下几个方面：

（一）专项工作。包括常委会工作要点、经济社会发展目标任务、包抓项目、棚户区改造、安全生产、扶贫攻坚、信访包案等专项任务。

（二）会议议定事项。包括区委全委会、常委会、专题会议定事项。

（三）上级机关安排事项。

（四）区委领导交办的其他事项。

第六条 《清单》的拟制、下发和台账：

专项工作《清单》由相关业务部门负责拟制，经分管领导审定、区委主要领导同意后，挂号下发并进行台账（附件4）登记；其他《清单》由区委办公室负责拟制，遵照会议议定结果或经区委主要领导同意后，挂号下发并进行台账登记。

第七条 《清单》的办理：

责任领导收到《清单》后，要在第一时间进行办理，可直接通过做出批示进行安排的，在“责任领导批示”一栏，进行批示安排，明确具体承办单位和相关要求；须召开会议或到现场调研进行部署的，会议或调研结束后，在“责任领导批示”一栏，填写部署情况。

第八条 《清单》的存档、备案和传递：

对于责任领导做出批示后的《清单》，其所在单位办公部门要立即将批示后的原件退回来文单位存档，并对批示进行办理。

第三章 报告单

第九条 《报告单》的内容包含责任事项及清单编号、完成时限、进展情况及问题建议、责任领导批示、区委领导批示等栏目。

第十条 《报告单》的填写、报送和催办：

（一）责任领导明确的责任事项具体承办单位，负责向责任领导所在单位办公部门报送办理情况；责任领导所在单位办公部门，负责按对应《清单》中备注的报送要求和附件2的格式要求填写《报告单》，经责任领导批示认可后报送。

（二）《清单》拟制单位，负责催办责任领导所在单位办公部门；责任领导所在单位办公部门，负责催办责任事项具体承办单位，并督促落实。

第十一条 《报告单》的评估分析：

对于专项工作，《清单》的拟制单位要按时间节点要求对《报告单》进行汇总分析后，认真起草报告呈区委领导审阅；对于其他《清单》，区委办公室要对《报告单》进行认真审核把关后，呈区委领导审阅。

第四章 销号单

第十二条 《销号单》的内容包含责任事项及清单编号、完成时限、完成情况、核查结果、核查人员、责任领导批示、区委领导批示等栏目。

第十三条 《销号单》的填写和报送：

责任事项完成后，责任领导所在单位的办公部门，不再填写《报告单》，应按对应《清单》中的报送要求和附件3的格式要求填写《销号单》；经责任领导批示认可后，申请销号。

第十四条 《销号单》的核查和生效：

（一）专项工作《清单》对应的《销号单》，由拟制单位负责核查，并签注核查意见；其他《清单》对应的《销号单》，由区委办公室牵头，区委区政府督查室、区监察局、区效能办等单位负责进行核查，并签注核查意见。

（二）《销号单》经核查通过，呈请区委领导同意后生效。对应《清单》的拟制单位，在台账中将对应责任事项进行销号。

第五章 结果运用及责任追究

第十五条 《清单》完成情况将作为半年和全年考核的重要依据，纳入全区目标管理考核范畴。

第十六条 责任领导要对执行不力、弄虚作假的责任事项具体承办单位，及时提出问责处理意见。

区委办公室要对不及时、不认真报送推进落实情况的报送单位（《报告单》拟制单位、责任事项具体承办单位）进行通报批评，并会同区纪委、区委组织部对责任事项推进不力、不能按时限完成责任事项，特别是在核查中发现虚报、瞒报等突出问题的报送单位，及时提出问责处理意见。

第六章 附 则

第十七条 全区各级党组织可根据本制度，结合各自实际制定本单位责任清单制度。

第十八条 本制度由区委办公室商区纪委、区委组织部解释。

第十九条 本制度自印发之日起施行。2015年4月30日中共兰州市城关区委办公室印发的《中共兰州市城关区委工作落实责任清单制度》（城办发〔2015〕42号）同时废止。

附件1：

中共兰州市城关区委工作落实责任清单

清单编号：　　　　　　　　　　　　　　　　　　　下发时间

责任事项及有关要求	
完成时限	
区委领导批示	
责任领导批示	
责任领导	
备注	

附件 2：

中共兰州市城关区委工作落实情况报告单

报告时间

区委领导 批　示	
责任领导 批　示	
责任事项及 清单编号	
完成时限	
进展情况及 问题建议	
承办部门 负责人	

附件 3：

中共兰州市城关区委责任事项销号单

申请时间

区委领导 批　示	
责任领导 批　示	
责任事项及 清单编号	
完成时限	
完成情况	
承办部门负责人	
核查结果	
核查人员	

附件 4：

中共兰州市城关区委工作落实责任清单台账

清单编号	下发时间	完成时限	报告频次	责任事项	责任领导	承办单位	完成情况	办理状态

中共兰州市城关区委办公室关于印发《城关区纪检监察组织加强对同级党委及其成员监督工作暂行办法》的通知

城办发〔2016〕10号

各街道党工委，区委各部门，区直各部门党委（党组、总支、支部），各人民团体党组（支部）：

《城关区纪检监察组织加强对同级党委及其成员监督工作暂行办法》已经区委同意，现印发给你们，请认真遵照执行。

中共兰州市城关区委办公室

2016年2月22日

城关区纪检监察组织加强对同级党委及其成员监督工作暂行办法

第一章　总　则

第一条　为加强全区纪检监察组织对同级党委及其成员的监督，进一步落实党内监督制度，根据《中国共产党章程》《中国共产党廉洁自律准则》《中国共产党纪律处分条例》等有关规定，按照中央和省、市、区委关于落实党风廉政建设监督责任相关要求，结合我区实际，制定本办法。

第二条　本办法所称党委，包括全区各级党组织；所称成员，包括区委、街道、部门党委成员；所称纪检监察组织包括区纪委、综合派出纪工委、街道纪工委和部门纪检组织。

第三条　全区纪检监察组织在同级党委和上级纪委的双重领导下，在职权范围内行使对同级党委及其成员的监督职责。党委要支持纪检监察组织履行监督职责，党委及其成员要自觉接受同级纪检监察组织的监督。

第四条　全区纪检监察组织对同级党委及其成员实施监督，要认真贯彻从严治党的方针，坚持实事求是的原则，要以事实为根据，以党纪为准绳。

第二章　监督的主要内容

第五条　全区纪检监察组织监督检查同级党委及其成员执行上级党委决策部署，贯彻党的民主集中制原则，加强党的思想作风建设和思想政治工作，遵守和维护党章、党内各项法规以及党的“六大纪律”等情况。

第六条　全区纪检监察组织要加强对同级党委重大问题决策、重要干部任免、重大项目投资决策、大额资金使用等事项形成和执行过程的监督，确保党委对“三重一大”事项进行决策时，必须坚持集体讨论、民主决策，严禁个人或少数人专断。纪检监察组织主要负责人列席同级党委会议，履行监督职责。

第七条　全区纪检监察组织要加强对同级党委及其成员落实从严治党主体责任的监督，尤其要加强对“一把手”落实主体责任、执行民主集中制、廉洁自律等情况的监督。

第八条　全区纪检监察组织要加强对同级党委在干部选拔任用方面的监督。党委拟选拔任用的干部人选，组织部门在考察、酝酿过程中，应征求该干部所在单位或部门纪检监察组织的意见，在提请党委讨论决定前，应征求同级纪检监察组织的意见。纪检监察组织应及时向征求意见的组织部门反映已掌握的拟任职人选遵守党纪政纪、廉洁自律和执行党风廉政建设责任制等情况。

第九条　全区纪检监察组织要加强对同级党委及

其成员贯彻执行党规党纪等情况的监督，重点对执行《党章》《中国共产党廉洁自律准则》和《中国共产党纪律处分条例》以及公职人员操办婚丧事宜、因私出国（境）、个人重大事项报告等省、市、区委有关作风建设相关规定的监督。对上述规定的执行情况，在按要求向同级党委或有关部门报告的同时，要向同级纪检监察组织报备。

第十条 全区纪检监察组织要加强对同级党委及其成员开展民主生活会情况的监督。同级纪检监察组织要派人参加同级党委的民主生活会，同级党委及其成员在会上要坚持问题导向，认真对照检查，积极开展批评和自我批评。同级党委及其成员的对照检查材料和民主生活会形成的专题报告要报同级纪检监察组织备案，由同级纪检监察组织监督其整改落实情况。

第三章 监督的主要方式

第十一条 全区纪检监察组织要做好对同级党委及其成员的述纪述廉述作风（以下简称“三述”）工作。每年召开“三述”大会，组织干部职工、服务对象对同级党委及其成员遵守纪律、履行职责、廉洁从政、作风建设等情况进行测评和评议。

第十二条 每年年初纪检监察组织应向上级纪委递交同级党委及领导班子成员上一年履行从严治党主体责任情况的报告。报告内容主要包括所在单位廉政建设情况、领导班子成员述纪述廉述作风情况、领导班子及其成员执行个人有关事项报告制度情况，提出工作意见和建议等。

第十三条 全区纪检监察组织对于群众举报或通过其他渠道反映同级党委及其成员明显不属于违法违纪行为的一般性作风问题，反映对象是同级党委的，由纪检监察组织反馈给党委书记或党委班子进行提醒；如果是党委班子成员的，视情况由党委书记进行约谈，纪检监察组织负责人参加。

第十四条 纪检监察组织发现同级党委成员有违反党的纪律的情况，按干部管理权限将问题线索，在报告同级党委和主要领导的同时，上报上级纪委。

第四章 责任追究

第十五条 全区纪检监察组织在正当行使监督职权时，凡发现有拒不执行或违反本规定的，有袒护被监督对象、干扰和阻碍纪检监察组织正当履行监督职能、打击报复执纪人员的，必须查明情况，按有关规定追究其责任。

第十六条 全区纪检监察组织要严格依照本办法履行同级监督职责，履职情况纳入年度工作考核内容。凡有下列情形之一的，对直接责任人进行追究：

（一）参与同级党委“三重一大”等事项，发现违纪问题，未能及时提出纠正意见和建议，造成严重后果的；

（二）不按规定报告、不如实报告或隐瞒不报有关重要情况、举报线索和问题，造成严重后果的；

（三）对明令禁止的不正之风发现后不制止、不查处，造成不良影响的；

（四）其他因工作失职造成严重后果的。

第十七条 全区纪检监察组织要认真履行监督职责，对有意捏造事实诬陷、诽谤他人的，要查明情况，严肃处理。对不正确履行监督工作职责，情节轻微的，给予批评教育、限期改正；情节较重的，责令做出检查、诫勉谈话、通报批评或者调整工作岗位。

第五章 附 则

第十八条 本办法由兰州市城关区纪委（监察局）负责解释。

第十九条 本规定自发布之日起施行。

兰州市城关区人民政府
关于印发兰州市城关区国民经济和社会发展
第十三个五年规划纲要的通知

城政发〔2016〕13 号

各街道办事处，区直各部门，区属各单位：

《兰州市城关区国民经济和社会发展第十三个五年规划纲要》已经区十七届人大五次会议审议通过，现印发给你们，请认真组织实施。

兰州市城关区人民政府

2016 年 2 月 19 日

兰州市城关区国民经济和
社会发展第十三个五年规划纲要

序　言

“十三五”时期（2016—2020 年）是深入贯彻党的十八大、十八届三中、四中及五中全会决策部署，落实“四个全面”战略布局的关键期和全面建成小康社会的决战期，也是我区在经济发展新常态下加快经济结构调整、推进发展方式转变，提前两年全面建成小康社会、推进跨越式发展的重大战略机遇期和攻坚克难的关键期。根据《兰州市第四版城市总体规划（2011 年—2020 年）》《兰州市主城区控制性详细规划》《兰州市国民经济和社会发展第十三个五年规划纲要》和《中共兰州市城关区委关于制定城关区国民经济和社会发展第十三个五年规划的建议》，编制了《兰州市城关区国民经济和社会发展第十三个五年规划纲要》（以下简称《纲要》）。《纲要》明确了全区“十三五”期间的发展目标、主要任务和工作重点，是未来五年我区经济社会发展的纲领性规划，是全区各街道、各部门依法履行职责、编制实施年度计划和制定各项政策措施的重要依据，是全区各族人民共同奋斗的行动纲领。

第一章　发展基础与发展背景

第一节　发展基础

“十二五”期间，全区人民在区委、区政府的领导下，坚持以邓小平理论和“三个代表”重要思想为指导，深入贯彻落实科学发展观，紧紧围绕区委“1366”的奋斗目标和“1165”工作布局，稳增长，促转型，强管理，惠民生，实现了国民经济快速增长，城市面貌显著改观，社会事业全面进步，人民生活水平大幅提升，为实施“十三五”规划奠定了坚实基础。

一、全面推进率先科学发展，综合实力跃上新台阶。“十二五”末，全区实现生产总值 775.19 亿元，较“十一五”末翻了一番，年均增长 15.52%。人均生产总值达到 9324 美元，年均增长 14.38%。社会消费品零售总额达到 628.45 亿元，年均增长 15%。公共财政预算收入达到 29.26 亿元，年均增长 22.7%。完成城镇固定资产投资 374.16 亿元，年均增长 10.55%，“十二五”期间累计完成投资 1507 亿元。

二、大力培育新兴产业壮大，经济结构得到新优化。三次产业比重由“十一五”末的 0.26:22.44:77.3 调整为 2015 年的 0.23:14.84:84.93，第三产业比重提高了 7.63 个百分点。现代服务业增加值占三产的比例达到 55%，比 2010 年提高了 10 个百分点；总部（楼宇）经济、电子商务、特色旅游、文化创意等新兴产业势头强劲，“十二五”期间，累计引进“四个 500 强”企业 110 家，全区商务楼宇增至 106 座，入驻楼宇企业达到 4000 余家；全区电子商务市场交易额达到 287.3

亿元，占全市的40%以上；旅游人数和旅游收入分别达到2309.5万人次和203.8亿元，较“十一五”末分别增长了2倍和2.2倍；文化产业增加值达到37.93亿元，占地区生产总值的比重提高到了4.89%。非公经济增加值达到453.26亿元，年均增长18.72%，占地区生产总值的比重较“十一五”末提高了6.54个百分点。节能减排效果显著，万元增加值能耗和单位工业增加值用水量较“十一五”下降了15%和12%。

三、着力提升城市建管水平，城市形象展现新面貌。碧桂园、太平洋等空间拓展工程累计开发整理土地1.3万亩，城市框架进一步拉开。南山路、金雁黄河大桥、天水路、白银路上跨下穿工程建成通车，改造小街巷200条，建成过街天桥18座，打通断头路9条，城市功能更加完善。累计完成拆迁500万平方米，有力保障了重大项目建设。城中村改造强力推进，开工建设村民安置房174万平方米。新建、改造城市小游园12个，新增城市绿地116公顷，森林覆盖率、绿地率、绿化覆盖率分别达到38.92%、38.07%和42.77%，获得“全国绿化先进县区”称号。实施铁腕治污，城区燃煤锅炉及燃煤污染物排放实现“双清零”，市区老标空气质量优良天数达到313天，为兰州市历史性地退出全国十大污染城市行列做出了积极贡献。完成“三不管”楼院改造315个，实现物业管理全覆盖。主干道清扫率达到55%，可机扫路面机械化清扫率100%，主城区垃圾流动收集实现全覆盖。累计实施皋兰山Ⅱ期、铁路第三小学等13处地质灾害治理工程，安全隐患点大幅减少。采取了垃圾不落地收集、“门前三包”、网格化等一系列精细化管理措施，有效提升了城市形象。

四、努力增强公共服务能力，社会事业取得新进步。科技创新取得新进展，万人发明专利拥有量达到12.01件，分别高出省、市平均量10.6件、4.5件，被国家认定为“全国科普示范县区”。先后投入6.75亿元，新建、改扩建学校27所，新增学位5000余个，建成义务教育标准化学校88所，被国家认定为全省首批国家义务教育均衡县区。文体事业快速发展，累计建成街道文化中心、场、站173个，建成全民健身路径、广场、步道219条。公共卫生服务日臻完善，中医骨伤科医院晋升为“二甲中医院”，新建改建社区公共卫生服务中心7个，社区卫生覆盖率达98%以上，社区中医药服务实现全覆盖，全省中医工作示范区创建通过验收。打造了“三级构架、四级连锁”人口计生公共服务体系，实现了全区人口计生工作由“小计生”向“大人口”、由“区属管理服务型”向“区域服务管理型”的转型升级，连续四年获得全省人口和计划生育工作“创新奖”。

五、切实增进人民幸福指数，生活水平有了新提高。“十二五”期间，全区累计新增就业17.2万人，城镇登记失业率控制在3%以内。实现养老、医疗、工伤、生育、失业保险“五险合一”，城镇居民基本医疗保险参保率达到98%以上。“虚拟养老”模式不断升级，虚拟养老机构达到126家，建成6个街道社区医养融合服务中心，服务规模达10万余人。率先在全省推行城乡低保一体化，城乡低保由2010年的每人每月278元提高到2015年的每人每月515元。构建了区、街道、社区、家庭四级康复服务网络，荣获“全国残疾人之家”称号。累计开工建设保障性住房24947套，分配入住12411套，改造农村危房299户。城乡居民收入持续提高，城镇居民和农村居民人均可支配收入分别达到30535元和19252元，年均分别增长16.06%和9.23%，高于全省、全市平均增长水平。建成7类18个二级社会管理综合平台和24个街道维稳综治信访司法中心，实行街道部门联动和网格化巡查机制，主城区治安巡查和视频监控实现全覆盖。实行重大项目、重大活动风险评估机制，建立了信访案件分级办理机制，信访积案、群访案件得到妥善有效化解。深入开展安全生产排查整治，率先在全省建成食品药品追溯系统。居民群众安全感和舒适度不断提高，社会大局保持和谐稳定。

六、始终坚持破解发展难题，改革开放增添新活力。完成新一轮政府机构改革和事业单位分类改革。深化行政审批制度改革，减少审批事项12项。建成了全省面积最大、功能服务最全、入住人员最多，集政务服务与便民服务于一体的区级综合服务中心，实现一站式和一条龙的政务服务。着力推进行政事务分离精细化管理改革，提高为民服务针对性。积极推进商事制度改革，全面实施“三证合一”登记制度，“十二五”期间新增经济主体47281个，全区各类经济主体累计达到102131户（不含外资企业），较“十一五”末增长了86.2%。稳步推进政府“权力清单”和“负面清单”制度，建成“三张清单一张网”。全区预算单位实现预决算全公开和国库集中支付全覆盖，“营改增”扩大试点工作有序推进，财税体制改革取得阶段性成果。推进农村土地经营制度改革，完成土地流转面积3768亩。正式启动集体经济“三资”委托代理改革。在教育、环卫领域试点开展政府购买服务改革。开放型经济快速发展，五年招商引资到位资金达到1409.55亿元。

专栏 1 “十二五”规划主要经济社会指标完成情况

指标名称	单位	“十二五”预期目标		“十二五”预计完成	
		预期	年均增长（%）	完成	年均增长（%）
地区生产总值	亿元	800	16.7	775.19	15.52
人均生产总值	美元	——	——	9324	14.38
全社会固定资产投资总额	亿元	450	15	374.16	10.55
社会消费品零售总额	亿元	644	15	628.45	15
公共财政预算收入	亿元	22	17	29.26	22.70
非公有制经济增加值	亿元	——	——	453.26	18.72
人口自然增长率	——	5.25	——	5.1	——
城镇登记失业率	——	3.6	——	3	——
森林覆盖率	%	19.5	——	38.92	——
城镇居民人均可支配收入	元	29000	15	30535	16.06
农民人均可支配收入	元	24700	15	19252	9.23

注：生产总值为现价，按可比价格计算；年均增长率按增长总量计算；公共财政预算收入为同口径增长。

第二节 发展背景

“十三五”时期，我区既享有多重国家战略叠加的政策机遇，也面临复杂多变的国内外宏观环境和激烈的区域竞争。总体来说，机遇大于挑战，必须紧紧抓住这个大有作为的重要战略机遇期。

一、面临的主要机遇和有利条件。一是叠加的国家战略政策机遇。国家深入实施西部大开发和“一带一路”战略，支持甘肃加快循环经济发展示范区、华夏文明传承创新区和兰白国家级承接产业转移示范区建设，将为城关发挥省会城市中心城区优势，实现率先跨越发展提供难得的历史机遇。二是中央加强城市工作的政策机遇。中央城市工作会议提出推进城市管理机构改革，创新城市工作体制机制，依法规划、建设、治理城市，促进城市治理体系和治理能力现代化，明确要求加快棚户区和危房改造，有序推进老旧住宅小区综合整治，力争到2020年基本完成现有城镇棚户区、城中村和危房改造，为我区深入推进城市管理和执法体制改革，加快棚户区（城中村）改造，优化城市空间布局，改善居民生活条件，完善城市基础设施建设带来巨大的政策机遇。三是大众创业、万众创新政策机遇。大众创业、万众创新列为我国经济增长的“双引擎”之一，国家相继出台了一系列大众创业、万众创新政策措施，省、市明确支持城关创建全省全市“大众创业、万众创新”示范区并纳入“兰白科技创新改革试验区”范畴，有利于我区加快实施创新驱动发展战略，实现新的发展优势。四是兰州市城市第四版规划获批带来的机遇。兰州市第四版城市总体规划获批，青白石、九州地区纳入主城区建设规划范围，将助推黄河北地区开发建设全面进入快车道。此外，党的十八届三中、四中、五中全会，对全面深化改革、全面依法治国做出了新的部署要求，对激发市场活力、推进依法治理、优化服务方式提出了一系列措施要求，为我们加快推进依法治区、实施各领域深化改革增添了新动力。

二、面临的重大挑战和突出矛盾。一是传统优势面临前所未有的挑战。随着兰州新区的加快建设，资金、市场、人才、政策等要素资源向国家级新区倾斜，兄弟县区竞相发展，大型工业企业和专业市场外迁，传统的商贸优势面临更加激烈的竞争，实现高基数上的高增长压力加大。二是促进产业转型升级任重道远。作为省会中心城区，传统服务业比重大，研发设计、信息技术、节能环保等生产性服务业和文化旅游、教育培训、健康养生等生活性服务业发展滞后，现代服务业结构和质量还不尽合理。三是资源要素制约进一步凸显。受“两山夹一河”的地形局限，城市发展空间和可供开发利用土地有限，黄河北土地开发进展缓慢，加快推进棚户区、旧城区和城中村改造成本逐年加大，给产业规划布局、重大项目引进带来诸多挑战。四是基本公共服务供给不足。上学难、就医难、健身难、住房难、养老难、出行难等问题还没得到有效缓解，推动公共服务由广覆盖向高标准、由均等化向优质化转变难度加大。五是城市建管任务艰巨。人口多，建筑密度大，城市基础设施超负荷运转严重，黄河北、皋兰山地区市政设施十分薄弱，城市安全隐患较为突出，城市建设任务依然艰巨；城市管理仍处于低层次、低水平的运行阶段，管理职能交叉、执法难度大的问题亟待解决，城市精细化管理、长效化运行、规范化推进的任务依然十分艰巨。六是社会治理任务繁重。流动人口管理、社会治安防控及人员密集场所、城乡接合部等重点领域仍有许多薄弱环节，运用法治思维和法治方式推进依法治理还需下大气力。此外，涉及经济社会发展的体制机制还不适应新时代、新形势和跨越式发展的要求，领导干部思想作风和能力水平有待进一步提高，从严治党管党仍需持续狠抓，党员干部先锋模范作用有待强化。

综合分析，“十三五”时期，城关将处于经济社会转型的关键期，传统产业升级换代的加速期，改革发展进入攻坚期，区域竞争激烈，资本外溢加快，要在新的起点上实现更大发展，必须强化全省首善之区意识，以“全省创一流、全国有地位”的标杆来定位每一项工作。要更加注重产业结构转型升级，打破外延空间不足等因素制约，实现经济增长方式由高投入粗放式发展向集约高效的内涵式发展、向绿色发展和低碳增长转变；要更加注重完善城市功能，推动高起点规划、高标准建设、高效能管理，提升综合服务能力；要更加注重区域统筹，进一步完善黄河北地区、皋兰山地区交通、市政等基础设施，实现区域协调发展；要更加注重公共服务能力提升，坚持普惠化、均等化、可持续的发展方向，加快发展社会各项事业，提高社会保障能力和水平，进一步提高群众生活幸福指数和共享水平；要更加注重加强社会治理，进一步健全完善基层综合管理服务平台，健全公共安全体系，推进综合执法，促进司法公正，全力维护社会和谐稳定；要更加注重从严管党治党，严明党的纪律和规矩，全面加强领导班子和干部队伍建设，持之以恒推进干部作风建设和党风廉政建设，为经济社会发展提供坚强的组织作风保证。

第二章　规划总则

第一节　指导思想

“十三五”时期城关区经济社会发展的指导思想是：高举中国特色社会主义伟大旗帜，全面贯彻党的十八大和十八届三中、四中、五中全会精神，以马列主义、毛泽东思想、邓小平理论、“三个代表”重要思想、科学发展观为指导，深入学习贯彻习近平总书记系列重要讲话精神，落实“四个全面”战略布局，严格遵循坚持人民主体地位、坚持科学发展、坚持深化改革、坚持依法治国、坚持统筹国内国际两个大局、坚持党的领导原则，统筹推进经济建设、政治建设、文化建设、社会建设、生态文明建设和党的建设，持续推进幸福美好和谐新城关建设，提前两年在全省率先全面建成小康社会。

专栏2　“十三五”经济社会发展主要指标

类别	指标名称	单位	2020 年完成	年均增长（%）
经济发展目标	地区生产总值	亿元	1139	8
	人均地区生产总值	美元	13385	7.5
	社会消费品零售总额	亿元	967	9
	城镇固定资产投资	亿元	603	10
	公共财政收入	亿元	45	9
	招商引资（5 年累计）	亿元	2000	10
结构调整目标	现代服务业占地区生产总值比重	%	65	—
	文化产业增加值占地区生产总值比重	%	6	—
	R&D 经费占地区生产总值比重	%	3.5	—
	非公经济增加值占地区生产总值比重	%	60	—
	万人发明专利拥有量	件	13	—
人居环境目标	全区森林覆盖率	%	39.4	—
	道路林荫率	%	95	—
	地区绿地面积	达到并超过创建国家园林城市标准		—
	人均绿地面积			—
	城市垃圾无害化处理率	%	80	—
	生活垃圾分类收集率	%	20	—
	主要污染物排放	—	控制在市定目标之下	
	空气质量优良天数	天	250 以上	—
	单位生产总值能耗下降	%	控制在市定目标之下	
民生改善目标	社会保障支出占公共财政预算支出比重	%	50	—
	城镇基本养老保险覆盖率	%	100	—
	城镇职工失业保险覆盖率	%	100	—
	城镇职工基本医疗保险覆盖率	%	100	—
	累计新增就业人数	万人	15	—
	城镇登记失业率控制在	%	4 以下	—
	九年义务教育巩固率	%	99	—
	高中阶段毛入率	%	99	—
	群众安全感指数	%	98	
	城镇居民人均可支配收入	元	49177	10
	农村居民人均可支配收入	元	28288	8

注：生产总值为现价，按可比价格计算；年均增长率按增长总量计算；公共财政预算收入为同口径增长。

第二节 发展理念

如期实现“十三五”时期发展目标，推进经济社会持续健康发展，必须始终不渝地将“五大发展理念”贯穿于“十三五”乃至今后一个时期我区发展的各方面和全过程：

一、坚定不移地推动创新发展。创新是引领发展的第一动力。必须把创新摆在发展全局的核心位置，深入实施创新驱动发展战略，坚持以制度创新促进自主创新，以企业创新带动产业发展，以人才高地构筑创新高地，以环境优势强化综合优势，积极推进大众创业、万众创新，不断催生新动力、新产业、新技术、新业态和新模式，推动经济增长由资源依赖型、投资驱动型向创新驱动型、消费拉动型转变。

二、坚定不移地推动协调发展。协调是持续健康发展的内在要求。推动区域、城乡协调发展，坚持皋兰山、黄河北地区开发与旧城区改造并举、拓展空间与提升内涵并重，有机更新与集约利用相结合，旧城改造突出现代化，皋兰山、黄河北地区开发突出城市化，加快走出一条科学发展、品质提升、集约高效、功能完善、环境友好、全域统筹的新型城市化发展道路。推动产业协调发展，改造提升传统产业，加快培育新兴产业，协调发展生产性服务业和生活性服务业，促进传统产业转型升级和新型服务业发展。促进经济社会协调发展，促进物质和精神文明协调发展，促进各项社会事业协调发展，不断增强发展的整体性。

三、坚定不移地推动绿色发展。绿色是永续发展的必要条件和人民对美好生活追求的重要体现。坚持走生产发展、生活富裕、生态良好的文明发展道路，加强重要生态功能区保护，加快重大生态工程建设，加大重点领域污染防治，在经济发展、社会建设等领域加速构建循环经济体系，推进资源节约集约利用，打造生态文明示范区，建设资源节约型、环境友好型社会，形成人与自然和谐发展的现代化建设新格局。

四、坚定不移地推动开放发展。开放是促进繁荣发展的必由之路。坚持内外需协调、引资和引智并举，抢抓“一带一路”重大战略机遇，发挥区位优势，突出丝绸之路经济带核心节点城市中心区作用，统筹用好内外市场，提升开放型经济发展水平。实施“走出去，请进来”战略，扩大文化旅游合作，推动区域合作发展。

五、坚定不移地推动共享发展。共享是中国特色社会主义的本质要求。坚持以人为本，把提升人民群众幸福指数作为一切工作的出发点和落脚点，认真解决发展中出现的各种民生新问题，加大社会事业投入，推进社会保障制度化、公共安全秩序化，做好富民与强区的有机统一，实现公共服务优质均衡发展，让广大群众在共建共享中有更多的获得感和幸福感。

第三节 发展目标

围绕提前两年率先全面建成小康社会的奋斗目标，综合考虑“十三五”发展环境、发展基础、主要任务和增长潜力，今后五年经济社会发展的主要目标是：

——经济保持稳定增长。地区生产总值突破1000亿元大关，达到1139亿元，年均增长8%。人均地区生产总值达到13385美元，年均增长7.5%。全社会固定资产投资累计完成2500亿元，年均增长10%。社会消费品零售总额达到967亿元，年均增长9%。公共财政收入达到45亿元，年均增长9%。招商引资五年累计到位资金达到2000亿元。

——经济结构不断优化。现代服务业占地区生产总值的比重达到65%；文化产业增加值占地区生产总值的比重超过6%；消费对经济增长的贡献率提高10个百分点；研究与试验发展经费支出占地区生产总值比重提高到3.5%；非公经济增加值占地区生产总值的比重达到60%。

——人居环境质量明显改善。全区森林覆盖率达到39.4%；道路林荫率达到95%以上，城区绿化覆盖率、人均绿地面积达到并超出国家园林城市创建标准；生活垃圾分类收集率达到20%以上；生活垃圾无害化处理率达到80%；各项环保指标达到国家环保模范城市标准，空气质量优良天数保持在250天以上。节能降耗指标控制在市定目标范围之内。

——人民生活水平大幅提升。社会事业和民生保障支出占公共财政预算支出比重超过50%；城镇基本养老保险、职工失业保险和医疗保险实现全覆盖，居民最低生活保障标准稳步提高；5年累计新增就业岗位15万个，城镇登记失业率控制在4%以下；九年义务教育巩固率、高中阶段毛入率达到99%以上；群众安全感指数提高到98%以上；城镇居民人均可支配收入达到49177元，年均增长10%；农民人均可支配收入达到28288元，年均增长8%。完成棚户区、城中村改造500万平方米以上，城市居民家庭人均住房面积达标率达到80%以上。

第三章 推进产业转型升级，打造高端产业集聚区

力争通过“十三五”的努力，实现主导产业高端化、新兴产业规模化、传统产业品牌化，把城关区建设成为高端服务业集聚区和服务全省、辐射西北的重要核心增长区域。

第一节 培育五大千亿产业链，构建多元产业新体系

围绕互联网+经济、现代金融服务、文化旅游体育、养老服务和牛肉面五个产业方向，培育千亿级产

业链，延伸产业链条支撑，构建多元产业新体系，推动经济结构转型升级。

一、打造互联网＋经济千亿产业链。完成“光网城关”建设，宽带用户平均接入速率超过50Mbps，4G网络全面覆盖，5G网络覆盖率达到20%以上，主要指标赶上全国领先水平。充分利用国家“三网融合”试点城市、国家智慧城市、信息消费试点城市、信息惠民试点城市、电子商务试点城市等国家级平台政策，推动开源软件、3D打印、创客空间、众包众筹、工业云等新技术、新模式与传统产业融合发展，支持软件研发、信息技术研发、网络开发与运营、网络增值服务等产业加快发展，扶持甘肃万维、兰州南特数码等龙头企业做大做强，力争到2020年，建设1个信息产业基地，打造10家规模企业、30家“两化”融合重点示范企业和信息化建设示范企业，全区信息服务业增加值达到30亿元以上，年均增长15%以上。实施“互联网+企业”行动计划，鼓励企业运用移动互联网、云计算、大数据、物联网等新一代信息技术，加快推进研发设计可视化、生产制造智能化、生产组织网络化、产品服务个性化，力争“十三五”末，电子商务应用型企业比例达到80%以上。实施“互联网+产业”行动计划，重点突破发展“互联网+”商务、物流、金融等优势产业，打造区域电子商务中心、智慧城市物流枢纽和互联网金融创新区，电子商务成交额年均增长15%以上；培育发展“互联网+”文化、旅游等特色经济，努力打造网络文化高地、智慧旅游示范区；提升发展“互联网+”创新创业、民生服务和城市治理三大公共服务领域，通过线上线下创新发展医疗健康、教育、养老、社会保障、社区服务等新型服务业态，提升电子政务、城市治理水平，营造大众创业、万众创新氛围，努力打造互联网创客基地、互联网应用创新示范区。争取到2020年，我区互联网与经济社会各领域深度融合，网络与实体经济协同互动发展的格局初步形成，“互联网+”经济规模突破千亿元大关。

二、打造现代金融服务千亿产业链。围绕中央商务区建设，加快推进商务楼宇建设和楼宇更新改造，打造一批金融楼宇，增加空间容量，完善交通、停车、公共安全等配套设施，优化金融业入驻环境。建立完善金融业协调推进机制，进一步加强金融业的组织领导，广泛吸引国内外的银行、保险、证券、信托等各类金融机构及分支机构、代表处入驻，争取中国进出口银行和中国出口信用保险公司、华夏银行在城关设立分支机构。细化和创新金融产品，加大期货、基金、征信、审计、融资租赁、股权投资、网络金融等金融新业态的引进，搭建土地、房产、专利技术等有形资产和无形资产的交易平台，大力发展金融后台业务，打造服务甘肃、面向丝绸之路沿线城市的跨区域金融结算中心。积极建立与辖区内保险公司的战略合作关系，开展保险资金与重大项目投资对接活动，扩大保险资金利用规模。统筹运用财税政策，建立健全支持股权投资业发展、促进企业上市、吸引金融机构总部、引进金融专业人才、建设信用担保体系和中小企业贷款风险补偿等方面的高效政策服务体系。力争到2020年，全区各类金融机构存款余额、证券交易额突破万亿元大关，贷款余额突破5000亿元，保费收入突破100亿元，金融服务业增加值达到160亿元，年均增长15%以上，区域性金融服务中心地位更加巩固。

三、打造文化旅游体育千亿产业链。综合利用好“华夏文明传承创新区”建设政策，依托兰州文化创意产业园等产业平台，甘肃省演艺集团等艺术资源优势，赐福巷文化街等交易市场，甘肃报业集团等本地出版传媒骨干企业，制定加快文化产业发展配套政策，推动文化市场、演艺娱乐、印装出版、动漫游戏、民俗文化等文化产业向集团化、连锁化、品牌化方向发展，力争到2020年全区文化产业增加值达到80亿元，年均增长15%，占地区生产总值的比重超过6%。加快特色旅游发展。全力推进大兰山景区和黄河风情线大景区建设，打造黄河风情游、丝路文化游、民俗体验游等特色旅游品牌，提升“黄河风情线一日游”“五泉山、兰山人文历史体验一日游”精品旅游线路内涵，大力引进高端酒店、国内外知名旅行社、旅游企业总部，深入发掘以城关为起点的旅游线路资源，实现城关区与周边旅游资源的有效衔接，把我区打造成为全省乃至西北的旅游集散地、目的地和旅游服务中心，力争到“十三五”末，旅游接待人数和旅游业总收入年均增长20%以上，旅游总收入达500亿元以上，旅游年接待人数突破5000万人次。以兰马赛等品牌赛事为依托，推进户外运动基地建设，包装推广户外综合运动项目，引进培育一批优秀体育俱乐部、品牌赛事，打造徒步、登山等参与类体育活动品牌，培育健身产品装备市场。发展多形式、多层次体育协会和中介组织，加快体育产业行业协会建设，探索建立体育及相关产业分类统计制度。力争“十三五”末，体育产业增加值达到40亿元，占地区生产总值的比重达到3.5%。对接国家产业政策，把准发展趋势和市场需求，建立健全文化旅游体育产业推进机制，制定融合发展措施，拉长文化旅游体育产业链，增加产业附加值。借助各种节会赛事、报纸杂志、新闻媒体、电子网络等多种宣传手段，大力宣传推介，不断提高城关知名度和影响力。

四、打造养老服务千亿产业链。编制养老产业发展指导目录，支持养老服务中小企业加快发展、龙头企业做大做强，培育养老知名品牌，形成一批产业链长、覆盖领域广的养老产业集群。统筹建立集老年产品研发、检测、生产、物流配送、电子商务、展览展销等一体化发展的养老服务产业园区，形成完整的老年服务上下游产业链。进一步降低社会力量开办养老机构的门槛，支持以独资、合资、合作等方式开办、运营养老机构，全区千名老人养老床位达到40张以上，社区老年人日间照料中心床位达到4000张以上。出台扶持政策，支持企业研发适合老年人的助行器具、视听辅助、起居辅助、营养保健、服装饰品、康复护理器械等老年服务产品，引导相关行业拓展老年人文化娱乐、体育健身、休闲旅游、法律服务、老年教育、健康养生、精神慰藉、异地养老等服务范围，增加老年产品供给。依托我区教育资源优势，建设养老服务人员教育培训基地，加强养老专业人才和服务队伍建设，“十三五”末，全区专业为老服务人员达到1万人。推进“互联网+”与虚拟养老工程深度融合，提升日常配餐、医疗保健、心理辅导、日间照料、法律援助等养老服务信息化、网络化、专业化水平。引导和规范商业银行、保险公司、证券公司等金融机构开发适合老年人的理财、信贷、保险等产品，支持发展养老机构责任保险、老年人意外伤害保险、长期医疗护理保险、养老保险等，提升个人养老能力，降低养老机构经营风险。加强养老地产建设，以电投东岗养老园区项目为示范，发展集养老地产、养老服务、老龄产品、老年健康、老年娱乐为一体的养老社区，力争“十三五”末，养老地产占全区商品房市场的比重达到5%以上。

五、打造牛肉面千亿产业链。出台牛肉面产业发展规划和专项扶持政策，成立牛肉面产业发展基金，加大对兰州牛肉面产业的政策扶持和资金扶持力度。建立完善兰州牛肉面行业标准，采取“政府引导，市场主导，社会参与，企业实施”的运作模式，整合兰州牛肉面资源，按照“统一配送、统一标识、统一价格、统一管理、统一质量、统一装饰”标准，加快发展连锁经营方式，扩大连锁经营规模，培育年营业额亿元以上跨区域连锁龙头示范企业10家，建立30个区域性营销中心，发展跨行政区域的连锁经营店10000家以上。紧紧抓住国家实施“一带一路”战略的有利契机，支持有条件的企业跨国界连锁经营，让正宗兰州牛肉面走向世界，打造标准化、国际化、快餐式的牛肉面。突出“兰州”地域特色，选择优质品种种植地区作为兰州牛肉面原材料供应基地，对蓬灰、牦牛肉等关键原料进行原产地保护，注重发挥原产地效应，促进产业链的生成和发展壮大，建成全国首家集设备制造、产品研发、原料生产、加工配送为一体的牛肉面产业基地。加强兰州牛肉面工业化生产研发，实现成品和半成品工业化生产，走工厂化、标准化、规模化的发展道路，扩大产业链的辐射效益和推动效益。发挥大专院校、科研机构的科技优势，采取校企联合方式，组建“城关区牛肉面研发中心”，为兰州牛肉面产业发展提供技术支撑，着力培养符合市场需求的牛肉面管理人才和技术人才，建成2个兰州牛肉面产业人才培训中心、10所兰州牛肉面培训学校。举办“兰州牛肉面博览会”“兰州牛肉面节”等节会活动，加大宣传力度，进一步提升兰州牛肉面的知名度和美誉度，提升市场竞争力。

第二节 提升五大主导优势产业，推动产业转型升级

以提升产业层次，壮大产业实力、构建产业新优势为着眼点，大力发展总部（楼宇）经济、现代商贸业、新型房地产、商务会展、城市物流五大主导优势产业。

一、加快发展总部（楼宇）经济。以发展楼宇经济为载体，构建“内培外引”的总部经济发展模式，加快形成具有比较优势和核心竞争力的产业集群。加快建设红楼时代广场、鸿运金茂等城市综合体建设，结合黄河北地区开发和旧城区改造，规划建设一批特色突出、功能先进、智能化程度高的精品商务楼宇，进一步拓宽总部经济发展载体空间，新增商务楼宇50栋、商业商务面积400余万平方米。打造税收千万元楼宇20座，5000万元楼宇10座，亿元楼宇5座。建立较完善的总部企业发展环境、政策框架和服务体系，重点扶持、培育壮大本地总部企业，吸引国内外知名大企业集团，特别是世界500强、中国500强、中国民营100强及甘肃50强企业来城关设立总部、地区总部、研发中心、营销中心、采购中心，力争到2020年，全区总部型企业达到200家，总部经济对地方税收收入贡献率接近30%。

二、加快发展现代商贸业。坚持市场主导和政府推动相结合，提升传统流通业态和发展现代流通业态相结合，对西关十字、东方红广场、东部市场等大型商圈改造提升，引导传统商贸业走特色化、品牌化发展道路。科学规划地铁站点区域商业开发布局，建设大型购物中心、五星级酒店、商务办公楼、文化广场、酒店式公寓、高档居住区，打造地铁商圈。制定特色街建设规划，出台有效激励导向扶持政策，改造提升张掖路步行街、农民巷风味美食街等现有特色街区，在旧城区改造、棚户区改造和黄河北地区开发中规划

建设一批特色商业街区，力争到2020年，培育知名特色商业街区5条以上。按照人口流向、人口结构及分布规律，完善商业网点布局和商业综合配套，规划建设一批社区购物中心及特色商业步行街区，力争每个社区形成一个购物、服务、餐饮、休闲等相对集中的购物中心。开展传统商贸业与电子商务融合发展的试点及推广工作，支持大型商场、批发市场和连锁超市发展电子商务，创新商业模式。严格落实《国务院关于积极发挥新消费引领作用加快培育形成新供给新动力的指导意见》和《国务院办公厅关于加快发展生活性服务业促进消费结构升级的指导意见》，加快培育新型消费增长点，加快消费转型升级。力争到2020年，全区社会消费品零售总额达到900亿元以上，年均增速保持在9%以上。

三、加快发展新型房地产业。坚持改善民生与推动经济增长并重，优化房地产业发展空间布局，健全多样化、多层次的房地产供应体系，健康有序发展建筑和房地产业。依托省会城市中心区优势，发展商业地产、旅游地产、创意地产、总部经济地产等新兴功能性房地产业，带动商贸、商务、餐饮、娱乐、旅游、文化创意等行业发展。依托黄河北地区的开发，适度建设一批高档次、生态型、智能化高端休闲住宅和星级商务住宅，吸引高端消费者。切实落实好国家房地产市场的宏观调控政策，改善房地产开发结构，科学安排经济适用房和公共租赁房等供应比例，强化政府住宅保障功能。通过加快农民工市民化，把公租房扩大到非户籍人口，扩大有效需求，打通供需通道，帮助房地产企业消化库存，稳定房地产市场。培育壮大房地产服务体系，大力发展房地产咨询、评估、经纪代理、抵押担保等中介服务，形成互相衔接、辐射聚集效应明显的房地产服务业集群。力争到2020年，全区房地产业增加值达到90亿元，年均增速保持在20%以上。

四、加快发展商务会展业。充分发挥我区会展场馆、星级酒店、综合商场集聚优势，加强与国家部委、周边地区、各类协会商会、国内外知名会议展览机构的沟通联系和业务合作，积极承办国际国内大型赛事、文体表演及商品交易会、展览会、博览会、招商会和研讨会等，促进会展与旅游、娱乐、文化、购物等服务业互动融合发展，拉长会展业产业链条，培育、壮大会展经济。制定相关政策，鼓励、引导和扶持社会资本投资会展场馆建设，完善会展业基础设施。力争到2020年，年举办各类展会活动达到100场次以上，成为西北知名的中等规模会展中心，商务会展业交易额达到160亿元，年均增长15%以上。

五、加快发展城市物流产业。加快联合弘快递物流园区、甘肃信和物流园、九州现代物流园等重点物流项目建设，积极发展城市物流，打造西北地区和“一带一路”的重要物流节点。推进物流信息交易平台建设、电子商务等新兴业态发展，延伸产业链条，实现产业扩张和城市发展的互动双赢。综合利用城市交通运输基础设施，推进大型物流企业“出城入园”，建立多层次的城市物流体系，有效降低城市交通运输总量，缓解城市交通拥堵压力。鼓励有条件的重点物流企业建立合作关系，推动城市配送共同化、智能化、规模化、集约化发展。支持大型连锁企业加快建设一批高起点、高标准的现代化配送中心，健全物流配送网络，提升连锁商业配送服务专业化水平，进一步提高连锁企业核心竞争力。支持电子商务企业与第三方物流合作，构建低成本、广覆盖的系统化配送网络，满足网络购物快速发展要求。鼓励购物网站、快递企业与便利店开展合作，为客户提供全天候包裹快件的收寄服务，开展配送储物柜设立试点，逐步实现城市末端配送社会化。“十三五”期间，力争物流经济年均增长10%以上。

第三节　加快推进产业功能区建设

按照“一区、一园、两带、三组团”的空间格局，加快重点产业功能区建设，优化发展空间，集聚要素资源，提升产业集约化发展水平。

一、中央商务区

加快培育以东方红广场、南关十字和西关十字为中心的中央商务区（CBD）和中央休闲购物区（CSD）。重点布局总部经济、高端商务、现代金融、地铁商业、科技研发、电子商务等高端服务业，重点建设总部经济综合体、高端写字楼、商业综合体、国际金融中心，着力构建国内一流、高效快捷、生态绿色的高端服务业核心区，提升全省、全市生产性商务服务功能和高端商业功能。依托亚欧商厦、北京华联、国芳百货等大型商场和购物中心，配套发展餐饮、娱乐、休闲、商住等产业，通过引入国内外知名品牌的旗舰店、各地美食和具有特色的时尚休闲小店，融合各地的时尚、购物、音乐、商务、艺术，打造商业繁华区和时尚消费区。

二、九州经济开发区

围绕食品加工、都市工业、城市物流三大主导产业，加快九州开发区增容扩区，打造现代都市产业园区。加快建设九州“主食厨房”食品加工园区，促进中小食品加工企业向园区集聚，着力引进国内外产业链条长、科技含量高、市场占有份额大的绿色食品加工龙头企业，把九州“主食厨房”建成全省规模最大、功能最全、管理最完善的现代化食品工业园。依托九州北接北龙口物流园，毗邻北环路和109国道的枢纽基础和潜力，通过三条沟开发，加快九州物流园项目建设。以中心城区庞大的信息流、人才流、资金流、现代物流等社会资源为依托，大力发展服装设计与制作、家具制造、广告印刷、装饰装潢、工艺美术等与居民生活紧密相关的占地少、劳动密集型、低污染、能耗低的都市型工业，打造都市工业产业基地。到2020年，园区入驻规模以上工业企业达到15家以上，增加值达到10亿元以上。

三、两大旅游产业经济带

（一）沿黄生态与历史文化观光产业带。立足黄河风情线大景区，依托白塔山公园、五一山公园、徐家山森林公园、黄河湿地等生态资源，开发利用四库全书馆、皋兰文庙、碑林、国学馆、金城关民俗风情园等文化资源宝库，深入挖掘黄河文化、马家窑文化、伊斯兰教文化和民俗文化内涵，加快建设徐家湾民俗文化区、九州生态园、青白石农业观光园、九州台休闲山庄、雁滩黄河大桥至桑园峡黄河湿地公园等重点项目，筹划“黄河印象”场景剧，打造集文化展示、餐饮、娱乐、休闲于一体的历史文化、生态文化特色旅游产业带。

（二）大兰山生态观光休闲产业带。围绕大兰山开发建设，打造集中展示自然生态修复保育、市民休闲游览和特色文化体验等主导功能的兰州生态休闲型景区。重点实施皋兰山、卓家沟、将军岭等生态修复工程，建设山地公园、生态公园、农业观光园、休闲山庄等特色项目，重点发展休闲度假、户外运动、创意农业、体验农业、农家乐、保健疗养等产业，打造集生态旅游、文化旅游、农业观光旅游于一体的生态文化休闲大景区。

四、三大服务业产业组团

（一）河北现代商业产业组团。依托庙滩子、徐家湾、白道坪、碧桂园兰州新城等重大项目建设，重点实施现代住宅、城市综合体、商业综合体建设，重点发展现代商业和社区服务，形成集购物、餐饮、娱乐、休闲为一体的业态配套，发展会展经济、休闲购物、商业旅游等主导产业，将黄河以北地区打造成城市商业新中心。

（二）雁滩段家滩电子商务和文化创意产业组团。重点布局电子商务总部基地、电子商务孵化基地、文化创意设计基地，重点发展电子商务、文化创意、工业设计等现代服务业，重点建设城关区电子商务及文化科技创意产业园、总部经济园和联创广场等项目，打造兰州市文化创意和电子商务中心。依托雁滩都市文化创新区建设，联动万达广场、读者集团、淘宝甘肃馆等资源优势，打造集文化、科技、旅游、金融深度融合，文化事业、文化产业功能兼具，产业聚集、服务配套的都市文化产业聚集区。

（三）东部科技服务和现代商业组团。充分利用中科院兰州分院、兰州大学、科技一条街、航天510所等科教优势资源，重点发展信息技术、科技研发、软件服务、文化创意、工业设计等产业，发展以专业技术为主的服务外包，培育专业性强、知识密集型的现代科技服务产业。结合地铁建设和旧城区改造，顺应大型“物流企业”“专业市场”出城入园，引导东部批发市场、鱼池口小商品批发市场、东岗物流园、兰州货运集散中心等批发市场和物流企业转型发展和提档升级，构建大型超市、专卖店、购物中心、综合商厦等现代零售业态体系。加快实施东部永新二期、海鸿东部国际广场等重大项目，促进连锁经营、电子商务、物流配送等新型业态和新的服务方式，不断提升能级。将东部地区打造成为设施配套、功能完善、辐射面广的科技服务和现代商业产业组团。

第四章　坚持建管并重，打造生态宜居品质区

注重城市空间布局优化调整，着力拓展发展空间，加快棚户区、旧城区和城中村改造，完善城市基础设施建设，加强生态城关建设，打造宜居宜业宜游的现代化中心城区。

第一节　加快城市空间拓展

以盐场、青白石和九州等区域为重点，不断完善相关配套政策，加快土地开发整理，加强基础设施建设，优化产业布局，打造城关经济新的增长极。

一、加快土地开发整理。充分发挥国家低丘缓坡荒滩等未利用地开发利用试点政策优势，采取BT、BOT等多种融资模式，加快实施碧桂园兰州新城、白道坪整体改造、三条岭、三条沟、九州北部、九州生态园等土地开发整理项目，力争到2020年，开发整理土地20平方千米以上，初步形成南北相向、多点支撑的空间发展格局。

二、完善基础设施配套。配合市上加快黄河北公共交通设施建设，建成北环路、雁白大桥，完善路网结构。最大限度地争取省市支持，加快黄河北地区特别是青白石地区供水、供电、供热、燃气和排污管网建设，逐步建立起支撑开发区域经济社会持续、快速、健康发展的基础设施平台。完成城关区文体中心和城关区医院异地建设，配置优质教育、卫生等公共服务资源，以城市功能疏解、产业转型升级带动人口疏解，降低中心城区人口密度。

专栏3 “十三五”主导产业主要项目

产业类型	重大项目
互联网+	光网城关、甘肃省大数据产业技术创新联盟、长城宽带互联网甘肃总部、“互联网+企业”行动计划、“互联网+产业”行动计划、“互联网+创新创业、民生服务和城市治理”行动计划
现代金融服务	中国进出口银行和中国出口信用保险公司兰州支行、民生银行兰州支行、华夏银行兰州支行、兰州金融谷(一期工程)、酒钢会馆及资金结算中心
文化旅游体育	兰州创意文化产业园增容扩区、华源文化创意产业园、城关区都市文化产业园、甘肃瑞鑫商业文化创意产业园、兰州剧院改扩建、黄河文化新媒体艺术馆、甘肃省图书馆扩建、华夏收藏文化博览园、皋兰山红色旅游教育基地、大豁岘龙文化博览园、兰州民俗风情街、五泉山—红泥沟特色风貌区、九州生态园、青白石农业观光园、九州台休闲山庄、雁滩黄河大桥至桑园峡黄河湿地公园、雁滩草地公园、徐家湾旧城改造、兰州水车博览园舞台提升改造项目、兰山山地生态公园
养老服务	电投东岗养老园区、城关区综合福利老年养护中心、城关区“医养结合”养老中心、上海第一康复医院甘肃生态康复中心
牛肉面	牛肉面产业基地、牛肉面产业人才培训中心、牛肉面原材料配送中心
总部（楼宇）	金凯瑞大厦、甘肃非公经济总部中心和商会大厦、兰州创客大厦、兰州市轨道交通1号线工程省政府站暨中央商务区旧城改造、粤商大厦、湖北商会商务大厦、中山林大厦、长业金座、伊真置业广场
现代商贸	名城兰州综合体、兰州红楼时代广场、兰州盛达金城广场、兰州鸿运金茂城市综合体、居然之家商业中心、绿色市场提升改造、甘肃财富中心、黄河云峰国际商厦、九州商务大厦建设、特色街改造提升、兰州海鸿东部国际广场、兰州东部永新商贸城二期、焦家湾CBD商业中心、逸峰国际、胜利宾馆城市综合体、虹桥商务酒店、东方宾馆、中山桥南岸广场（CBD）
新型房地产	鹏博·金城珑园、庙滩子地区危旧房整体改造、衡基盛世芙蓉、欣欣嘉园、易大天地、银河明珠、嘉州润园、白道坪整体改造、盛世凯旋宫二期、日化大厦、星河湾现代服务城、兰州联合伟业空中花园商住楼、逸峰国际、东正大厦、云鼎大厦、扶正太和上城、天星科技园欧洲阳光城二期、万达商业广场道路拆迁居民安置区建设
商务会展	兰州市城市规划馆、利达服装大厦、华邦金城项目
城市物流	联合弘快递物流园区、甘肃信和物流园、九州现代物流园、兰州邮运仓储中心、兰州东部粮油物流中心、青白石物流园

三、加强生态修复和建设。坚持土地开发与生态修复同步规划、同步建设的原则，充分利用自然地形和现状，加快山坡面绿化，形成绿色生态长廊，不断提高植被覆盖率，形成点、线、面结合，中心绿地、街道绿地、庭院绿地三位一体的大绿化格局，在全省率先建成生态修复示范区。采取市、区、责任单位多级联动的方式，积极争取中央资金支持，加快地质灾害治理，从源头上防治土地开发区域地质灾害隐患。

第二节 全面强化城市功能

积极抢抓国家、省、市棚户区改造机遇，加快推进旧城区、棚户区和城中村改造，加快交通、市政等基础设施建设和改造步伐，不断完善城市功能。

一、实施棚户区改造攻坚计划。坚持“政府主导、全区统筹、以大带小、以疏带密、完善功能”改造思路，将棚户区改造与城中村改造、提升完善城市基础设施建设、地质灾害治理进行捆绑，重点改造“两线（青白石、盐场堡、庙滩子、徐家湾滨河路沿线和红山根、红泥沟铁路沿线）、两坪（桃树坪、伏龙坪）、两片区（东岗片区、雁滩片区）”，力争通过5年时间改造城中村250万平方米，全面消除主城区城中村；改善4万余户棚户区居民住房条件，新建住宅6万套、500万平方米以上，基本消除中心城区棚户区。

二、加快城市基础设施建设。配合省、市加快推进轨道交通1、2号线，雁青黄河大桥等交通设施建设，持续推进“上跨下穿”工程和断头路打通工程，完善道路交通网络，缓解城区交通拥堵状况。改造小街巷50条以上，实现小街巷全亮化。加强静态交通规划建设，引导建设公共项目配套停车场，鼓励建设立体停车库和内部停车场向社会开放，新增停车泊位5万个以上。加大老旧管线改造力度，完成城市地下老旧管网改造，将管网漏失率控制在国家标准以内。配合市上全面推进地下综合管廊建设，逐步将供水、热力、电力、通信、广播电视、燃气、排水及工业等八种管线集中铺设，统一入廊，逐步解决城市道路“马路拉链”的问题。建成10个生鲜超市肉菜市场、60座公厕，方便居民日常生活。

三、全面加快“数字城关”建设。配合市上加快建设“数字兰州”“智慧兰州”建设，推进“三网融合”和物联网发展应用，全面完成“光网城关”建设。以创建“数字城关”为目标，大力推广和运用现代科技信息手段，整合全区各类信息管理资源，加快推进政务社会管理信息化进程。加快一批骨干信息应用系统建设，重点建设和完善电子政务、电子商务、城市安全、城市应急指挥、社会保障、地质灾害调查、社区管理等城市管理信息系统，实现信息集成和共享，促进企事业生产、经营、管理基本数字化和网络化。

第三节　提升城市精细化管理水平

坚持“建管并重”，进一步强化管理，逐步实现城市精细化、规范化、科学化管理，不断优化城市环境，提升城市形象和魅力。

一、推进城市管理体制改革。构建“大城管”管理体系，将市容环卫、城管执法、园林绿化、市政养护、数字化监督等城市管理全部纳入“大城管”管理体系，建立“横向到边、纵向到底、全面覆盖、无缝对接”机制，实现城市管理由被动向主动、由粗放向精细、由模糊向清晰的转变，促成部门协作、高效运转、齐抓共管、全民参与的城市管理新格局。全面推行联合执法监管模式，统一开展检查考评、协调督办、投诉受理。推动城市管理重心下移，逐级落实街道、社区、物业管理职责。丰富和延伸网格化管理内容和领域，建立覆盖区、街、社区，联通各职能部门的网格化信息平台，实现管理服务信息即时更新、互通共享，提升城区现代化管理水平。

二、提升环卫专业化作业水平。严格落实市容长效管理机制，加快环卫基础设施建设，探索开展垃圾分类管理，推进环卫作业市场化改革，提高环卫作业机械化水平。全面推行垃圾袋装化上门收集，试点开展分类收集，生活垃圾分类收集率达到20%。建成垃圾中转站60座以上，实现垃圾收集和处理的全封闭运行，杜绝了垃圾处理的二次污染。加快农村环境基础设施建设，试点推行统一收集、综合利用、无害化处理的模式，实现南北两山农村生活垃圾集中处理。加大环卫机械投入，到2020年，机械化洗扫率达到65%，可机扫路面机械化清扫率全覆盖，垃圾清运率和城市清扫保洁率100%，不断完善“水冲洗、机清扫、人保洁”的精细化环卫作业管理模式。

三、加强环境综合整治。建设一支依法、规范、文明的过硬执法队伍，建立发现问题、高效处置、反馈报告、督促检查、追责问责的闭环问题处理机制，加强城市卫生环境综合治理。全力打好城市管理攻坚战，集中整治占道经营、乱停乱放、违法建设、违法用地等城市管理顽疾，打造城市管理示范街、物业管理示范小区，确保违章建筑、违法用地零增长。加大对无证营运机动三轮车、清运生活垃圾车和建筑工程渣土车的管理力度。加快建立政府、社会、市民三方联动机制，切实提高“门前三包”落实率。按照“疏堵结合”的思路，鼓励引导社会资本投资建设规范化夜市，逐步取缔占道经营的夜市。加强河洪道综合整治，高标准完成鱼儿沟、烂泥沟、老狼沟三条洪道治理，确保洪道行洪畅通、环境整洁。推进地质灾害防治体系建设，加快实施皋兰山、伏龙坪、红四村等地质灾害重点隐患区治理工程。

第四节　打造绿色文明生态城区

大力推进南北两山、城市出入口和城市主次干道景观整治提升工程，做好美化、亮化、绿化工作。把改善城区环境质量放在重要位置，推进节能减排工作，全面改善城区环境。

一、实施绿化提升工程。持续加强南北两山景观改造和造林绿化，栽植苗木每年新增45%以上，森林覆盖率达到39.4%以上。加快城区公园、小游园、公共绿地、重点道路和背街小巷绿化带建设，做好屋顶绿化推广工作，大力实施大立体绿化、“破墙透绿”和地铁口的绿地恢复工程，在有限的空间内体现最多的绿量。城区五年累计新增小游园10处以上，全面完成城市主干道绿化提升工程。配合市规划、园林部门，加强绿色图章管理制度，同时协调执法部门，形成联动机制，防止绿地流失。

二、实施都市林业和生态文化教育基地建设。加强都市林业和休闲林业建设，实现以林养林。以兰山、怀洼山、长洼山、“三山”（将军山、麻黄岭、罗汉山）、九州台、五一山、徐家山、小达沟8个生态景观建设区为重点，增加生态人文景观，丰富森林文化的内涵，完善城市调色板和城市“绿肺”的功能。配合都市林业建设，推进城关区生态文化教育示范基地建设，传播生态文化，倡导绿色生活理念，推进生态文明建设。

三、持续加强污染防治。持续抓好煤炭市场整治、低空面源污染整治、机动车尾气整治、集贸市场集中点火、二次扬尘整治、工业污染整治等六大行动，巩固大气污染防治成果，确保空气质量优良天数保持在250天以上。全面加强水污染、固体废弃物和放射性污染等污染源的防治，确保各类污染物排放控制在省市下达目标之内。按照“集中布局与原位处理互补、无害化处置与资源化利用结合”的原则，强化固体废弃物产生源头分类与分流，着力构建生活垃圾和再生资源两大综合回收网络体系，加快实现餐厨垃圾、废旧家具、危险废物、废弃电器电子产品、废旧设备等专项分流回收和综合利用。

四、建设资源节约型城区。实施余热余压利用等节能工程，大力扶持兰州泓翼电子拆解加工中心等循环经济项目。积极推进建筑节能工程，实施新建住宅、办公楼宇和公共建筑的节能规范，全面完成现有居住建筑供热分户计量收费设施改造，建成一批建筑节能示范项目。增强节水意识，提高家庭节水器具普及水平，切实加强公共场所、公用建筑节水工作。推进绿化废弃物循环利用，形成绿化废弃物产业链。宣传和普及节能意识，倡导文明、节约、绿色、低碳消费模式和出行方式，开展各种类型的“两型”创建活动，形成节约能源资源的良好社会氛围。力争到“十三五”末，单位GDP能耗、万元工业增加值用水量控制在省市下达目标范围内。

专栏4 “十三五”城市建设主要项目

分　类	重大项目
空间拓展	碧桂园兰州新城、九州（恒大）生态园、徐家湾旧城改造、白道坪整体改造、九州主食厨房食品工业园二期、兰州国际汽车城、IB中英文学校、星河湾现代服务城、华邦金城城市综合体、兰州诚信经济适用房住宅小区、天力五峰坪住宅小区、三条岭、三条沟、青白石未利用地开发
市政基础设施建设	轨道交通1号线、轨道交通2号线、庙滩子黄河大桥、北环路、雁白黄河大桥、雁青黄河大桥、盐什公路、正林加油站、碧桂园兰州新城供热、甘肃省快速客运汽车站、地下管廊建设
棚户区改　造	草场街保障性住房、兰州银行职工住宅楼、滩尖子村城中村改造、光辉村城中村改造安置楼、航天集团五一○所棚户区改造、北面滩安居小区、段家滩村城中村改造、红泥沟棚户区改造、小雁滩城中村改造、兰林路棚户区改造、正宁路旧城改造、白土巷棚户区、五一山棚户区、红星巷煤勘院棚户区、飞天家园棚户区、中国铁道建筑工程公司中铁一院幼儿园小区棚户区改造、东岗镇村城中村改造、范家湾村城中村改造、店子街村城中村改造、北面滩城中村改造、省手工业联社家属院棚户区改造、省教育社棚户区改造、中铁一院棚户区改造、桃树坪棚户区改造项目、力行新村棚户区、兰钢小区旧城改造项目、和平新村棚户区改造、一只船棚户区改造、省商务厅家属院改造、科苑一区棚户区改造、徐家湾棚户区改造二期、八冶棚户区改造、公房中心红西村棚户区改造、省人民出版社棚户区改造、兰州煤矿设计院棚户区改造、兰州晟地公司汽配公司危旧房改造、甘肃变压器厂棚户区改造、省三建红山根棚户区改造、省储运公司棚户区改造、西北油漆厂家属院改造、兰泰苹果园棚户区改造、甘肃警察职业学院危旧房改造、广武门后街改造一期、兰州国资利民管理公司小车厂棚户区改造、兰州国资利民管理公司新兰药家属院改造、甘肃省轻工业联合会家属院改造、兰州兴华商贸服务公司棚户区改造
生态环境保　护	兰山、怀洼山、长洼山、“三山”（将军山、麻黄岭、罗汉山）、九州台、五一山、徐家山、小达沟8个生态景观建设区；雁滩黄河大桥至桑园峡黄河湿地公园；雁滩湿地公园；皋兰山、伏龙坪及红四村特大型地质灾害治理工程

第五章　突出民生优先，打造幸福指数首善区

坚持着眼根本利益与解决现实问题相统一，推进公共服务均衡化，着力提高人民群众生活水平和质量。加强社会管理能力建设，推进社会管理创新，切实维护社会和谐稳定。

第一节　推进优质均衡工程，建设公共服务示范区

按照国家社会领域各项改革与发展要求，进一步完善社会公共服务体系，优化调整公共服务设施布局，推进公共服务的标准化、社会化、信息化建设，努力提高公共服务效率和水平，更好地满足居民多层次、多样化需求。

一、加快教育现代化建设。加大教育投入，通过新建、改扩建、小区配建等方式，优化学校布局，规划新建8所学校，完成14所学校改扩建项目，新增办学面积15万平方米，增加学位1.8万个，实现教育资源扩容增量。实施《城关区第二个学前教育三年行动计划》，坚持学前教育公益性和普惠性原则，多渠道扩大学前教育资源，逐年提高专项经费，推进学前教育规模与内涵同步发展，学前三年入园率达80%，学前一年入园率达到98%。全面推进“三百双千”教师培养工程，完善校长、教师交流机制和优秀人才引进机制，探索实施校长职级制，不断提升教师职业道德和专业化发展水平，建设一支由30位名校长和100位名师领衔的专业化师资队伍。继续推进多种模式办学和学区化管理改革，优化教育资源配置。深入实施素质教育，强化科技创新和体育艺术教育，建设70所特色学校和32所现代化学校，努力打造城关教育品牌，提升教育发展品质，基本实现教育现代化。构建网络化、数字化、终身化的教育体系，建设人人皆学、处处能学、时时可学的学习型社会。

二、不断完善公共卫生服务体系。全面深化公立医院综合改革，维护公共医疗卫生服务的公益性质，逐步完善“小病在社区、大病到医院、双向能转诊、保健在家庭”的卫生服务体系，实现“十五分钟就医圈”全覆盖。加大卫生服务投入力度，优化卫生资源配置，建成城关区医院、区疾控中心业务大楼，完成兰州中医骨伤科医院扩建和妇幼保健所改造。进一步建立健全疾病预防控制、妇幼保健、卫生监督、爱国卫生等专业公共卫生服务四大体系。改革基层医疗卫生机构运行机制和补偿机制，按照定额定项和购买服务的方式，对基层医疗机构实施补偿。以创建全国卫生城市为抓手，大力开展爱国卫生运动，实施十大提标行动，切实提升城市环境面貌和市民健康水平。

三、促进公共文化体育事业繁荣发展。按照“集成、综合、联网”的要求，构建区、街道文化中心、社区文体站点三级公共服务网络，基本建成覆盖全区、惠及全民的公共文体服务体系。完成城关区文体中心建设，建成国家二级文化馆、兰山全国名家书法馆，新增公共体育场地2万平方米，全区经常参加体育锻炼人口突破60万人。大力发展社区、广场楼院、家庭文化，开展送文化下基层、家庭才艺展示等群众文化活动。实施全民健身计划，积极组织开展群众参与性强、影响面广的各种体育健身活动，向公众逐步开放学校体育设施。加强体育传统项目学校和优秀运动员梯队建设，提高竞技体育水平。

四、加快科技创新能力建设。依托科技创新及新技术应用，拓展新领域、发展新业态，优化产业结构，加快传统产业改造升级，推动智慧城关建设，科技进步贡献率达到55%以上。充分利用各种科技资源为经济建设和社会发展服务，加大研发投入力度，加快构建各类产业集群技术联盟和产学研战略联盟，形成以企业为主体、市场为导向、产学研相结合的技术创新体系。到2020年，全社会R&D投入占地区生产总值的比例达到3.5%以上，高新技术企业累计达到50家，各类研发机构总数累计达到60家，建成10家产业技术创新战略联盟，每万人发明专利授权数达到13件。健全知识产权服务体系，实现知识产权有效转移和转化应用。提升居民与社会经济主体的知识产权意识，鼓励知识产权创造行为，搭建知识产权运用平台，加大知识产权宣传保护力度，加强知识产权管理，进一步发挥知识产权对全区经济社会发展的促进作用。大力开展科普工作，提升市民科学素质，进一步完善科普工作队伍网络化建设，形成政府、企业、社区、学校共同推进科学普及的新局面。

第二节　实施管理创新战略，建设平安和谐示范区

全面做好人口、就业等工作，完善社会保障，创新服务管理，加强社会管理能力建设，确保社会和谐稳定。

一、促进人口健康发展。坚持计划生育基本国策，全面实施一对夫妻可生育两个孩子的政策，统筹人口数量、素质、结构、分布的长期均衡发展。大力实施生殖健康促进工程和优生促进工程，提高出生人口素质。维护妇女儿童和残疾人权益。坚持男女平等基本国策，促进妇女在各方面享有与男子平等的权利，保障妇女合法权益。加强未成年人保护，坚持儿童优先原则，努力保障儿童的生存、发展和参与的权利。创新流动人口服务模式，着力解决流动人口劳动就业、社会保障、子女教育、医疗卫生等问题。

二、提升就业服务水平。建立健全就业服务体系，

实施全民技能振兴工程，推进创业带动就业，发放小额担保贷款6亿元，带动创业就业2万人以上。多形式开发公共卫生、城市环保、社区服务等公益性岗位，统筹抓好“零就业”家庭、“4050”人员、城中村失地农民等重点人群就业帮扶工作，动态消除“零就业”家庭，累计帮助2万名就业困难人员实现再就业。积极发展网上人力资源市场，加强人力资源市场监管，规范中介服务行为，将就业服务信息网络延伸至街道、社区。不断促进劳动关系和谐，强化劳动保障监察工作，建立农民工公共服务机制。“十三五”期间，实现累计新增就业15万人，城镇登记失业率控制在4%以内。

三、不断完善社会保障体系。大力推进社会保险由制度全覆盖向人口全覆盖转变，实现应保尽保。完善机关事业单位退休金制度与职工基本养老保险制度并轨。将机关事业单位工作人员纳入养老、失业、工伤、生育保险范围，落实统一的城镇职工社会保险制度。大力推行企业年金和行政事业单位职业年金，鼓励参加储蓄性养老保险。着力做好非公有制企业、个体工商户、灵活就业人员、失地农民、农民工等群体参保工作，进一步扩大社会保险覆盖面，提高统筹层次。逐步健全以扶老、助残、救孤、济困为重点，以家庭为基础、社区为依托、机构为补充的普惠型社会福利服务体系。建立健全以城乡低保、农村五保供养、医疗救助为基础，以临时救助为补充，与廉租住房、教育、司法等专项救助制度衔接配套，全覆盖、无盲点的社会救助体系，确保人人享有基本生活保障。进一步加强残疾人工作，力争到2020年，全面实现残疾人住房有保障、康复有阵地、就业有岗位、活动有场所，普遍达到小康水平的奋斗目标。提升虚拟养老内涵和水平，建立区、街、社区三级养老服务管理网络，建设“以居家养老为基础，社区服务为依托，机构养老为补充”的养老服务体系。

四、加快现代社区建设。以创建和谐示范社区为目标，以完善和改进社区服务为出发点，以加大政府投入、加强社区基层队伍建设和社区基础设施建设为突破口，全面提升城市社区建设管理水平。不断创新网格化社会服务管理新模式，构建人性化服务、规范化运行、精细化管理、信息化支撑的网格化社会服务管理新模式。全面完成社区行政事务与服务职能分离制度改革，持续加强“一刻钟社区服务圈”建设，提高社区公共服务能力。积极扶持社会组织、社会工作者和志愿者发展，重点加强为老年人、妇女、儿童、残疾人、失业人员等特殊群体服务的公益性社区组织建设。规范和引导各类社会组织健康发展，通过创新社会组织体制提升社区服务质量。

五、切实保障城市安全。按照安全第一、预防为主、综合治理的方针，加大安全生产投入，强化安全技术和装备设施保障，创新安全生产管理体制机制。全面落实企业安全生产主体责任和政府安全生产监管主体责任，建立健全安全生产各项法律法规，严格执行安全生产规定和重大安全生产事故责任追究制度，杜绝重特大事故发生。以道路交通、消防、危险化学品、食品等行业和领域为重点，深入开展安全生产专项整治活动，做好各种安全隐患的评估和排查，使之制度化、常态化。健全对事故灾难、公共卫生事件、食品安全事件、社会安全事件的预防预警和应急处置体系。健全区、街道、社区三级防灾减灾应急管理体系，进一步完善应急管理和防灾减灾电子平台，增强突发事件和风险应对能力。有序推动高空线缆整理，清除破损户外牌匾，消除安全隐患。建立与经济社会发展相适应的社会治安经费保障机制，加强治安基础设施建设，建成公安分局业务技术用房，选址新建城关拘留所，逐步实现全区派出所业务用房达到国家标准。强化社会管理综合治理，实施区域防控、网格巡控、等级防控、技术防控等模式，逐步完善以专业力量与社会力量相结合、现代化科技手段为支持的全方位、全覆盖、全时空动态治安防控体系建设，强化打击整治力度，实现社会治安秩序的持续好转。

六、深入推进文明创建和民主法治建设。全面实施《城关区2015—2017年创建全国文明城市实施方案》和“13586”文明城市创建工程。深入开展文明单位、文明街道、文明社区和双拥共建等群众性精神文明创建活动，调动市民参与文明城区建设的积极性，提升市民对文明城区建设的知晓率、支持率和满意度。以创建文明城市为龙头，全力推进五城联创各项工作。深入贯彻落实《公民思想道德建设实施纲要》，广泛开展社会主义核心价值观主题教育活动，显著提升市民思想道德素质。制定并实施城关区社会信用体系建设规划，建成框架相对完整的社会信用体系，完善信用监督机制、激励机制和管理体系。通过规范政府监管服务、健全行业自律管理、推动中介机构市场化运作，打造诚信城关。全面推进依法行政，严格依照法定权限和程序行使权力、履行职责。健全权责明确、行为规范、监督有效、保障有力的执法体制。做好“六五”普法检查验收和“七五”普法启动实施工作。发展基层民主，完善村民自治、城市居民自治和企事业民主管理制度，使人民群众充分行使民主权利。进一步畅通信访渠道，完善群众诉求表达机制，深化信访代理制度和领导干部接访工作模式。发挥工会、共青团、妇联等人民团体的桥梁纽带作用。加强民族团结，做好民族、宗教、侨务和外事工作。进一步加强民兵、预备役和双拥共建工作，扎实推进军民融合式发展。

专栏5 “十三五”公共服务建设主要项目

分类	重大项目
教育	IB中英文学校、刘家坪学校、兰州市城关区华侨实验中学、刘家滩预留教育用地、金地花园预留教育用地碧桂园小区配建、元森北新时代小区配建、方家湾小区配建、五一新村经适房小区配建
卫生	兰州大学第二医院医疗综合楼二期内科大楼工程、甘肃省人民医院住院部二期建设项目、中医骨伤科医院、妇幼保健所改造、区医院异地重建、上海第一康复医院甘肃生态康复分中心
文化体育	“城关区文体中心”建设（两馆一场）、国家二级文化馆、兰山全国名家书法馆、全民健身路径系列工程、体育公园升级改造
科技	兰州重离子医学研究中心及测试调试中心、兰州重离子治疗中心、通用航空产业园、甘肃纺织科学研究院检测中心及科研基地、城关区生物化工专业孵化器、科迈创新工场、分子E家、城关区科技创业服务中心（孵化器）
城市安全	城关公安分局业务用房、城关拘留所、派出所达标工程、城关区人防应急避难场所及应急指挥中心

第六章 推进创新驱动，打造创新创业示范区

以实施创新驱动发展战略为统领，加快发展众创空间等新型创业服务平台，释放全社会创新创业活力，营造良好创新创业环境，着力打造创新创业的集聚区、先行区、示范区。到2020年，形成100个专业化服务能力居西北领先水平的各类众创空间、“互联网+”创业服务平台，线上虚拟孵化器在孵企业达到7000家，带动就业3.5万人以上。

第一节 推进创新创业改革，全面激发创新创业活力

顺应“互联网+”新经济发展方向和大众创新创业热潮，构建低成本、便利化、开放式、全要素的创新创业生态环境，提升创新创业效率，激发全社会创造活力。

一、完善创新创业政策体系。积极争取兰白科技创新实验区综合政策，不断完善城关区“双创”工作“2+X”政策体系，按照“一园一策、一企一策”的扶持思路，为各类众创空间量身定做扶持政策，施行精准扶持。改革科技创新评价机制，完善科技成果奖励评价办法，建立以产品成果与市场实绩为主的科技创新评价机制。改革科技资金支持方式，改变以直接拨款为主的科技经费和产业引导资金支持方式。充分利用城关区大众创业、万众创新贷款风险补偿基金，建立健全以风险投资基金、风险补偿等金融手段支持研发和产业化的财政支持机制。采取一站式窗口、网上申报、多证联办，以及“先证后照”“三证合一”等措施，降低创业门槛，为创办企业提供便利。以创新创业者为重要服务对象，免费提供人事代理、档案保管、职称评定、社保代理等服务。制定政府购买公共创业服务目录，在养老、医疗、教育、城管等方面，积极引入专业服务机构、咨询机构、行业协会等社会力量参与公共创业服务，切实提高公共服务质量。

二、健全人才引进和培养机制。充分发挥城关区创新人才优势，用好现有人才，采取各种优惠措施，引进一批领军型科技创业人才，培养一批科技创业家，集聚一批高端顶尖人才，以产业集聚带动人才集聚。发挥学校教育培养人才的先导作用，借助兰州大学等大专院校、科研院所，加快培养创新型人才和应用型工程技术人才。鼓励高校、科研院所到大学科技园、科技孵化器中设立产学研基地，支持各类青年科技人才在产业基地和科技园区创新创业。依托重大科技项目、重点学科和重点实验室，培育本土化的创新创业人才梯队。从拥有丰富行业经验和行业资源的企业家、职业经理人、天使投资人当中选拔一批青年创业导师，建立城关区“双创”专家辅导团，为创业者提供更专业化的创业辅导。举办城关区创新创业（创客）大赛、创业沙龙、创业讲堂等活动，搭建创业交流平台，为创业者及时了解政策和行业信息、学习积累行业经验、寻找合作伙伴和创业投资人提供交流、对接和辅导平台。

三、建立完善合作创新机制。加强与兰州大学、中科院兰州分院等科研院所的合作，高标准建设科技企业研发园，促进本区科技园区、企业与国际、国内著名高科技园区、企业间的深度合作。实施孵化器建设“引进来、走出去”战略，鼓励国际知名孵化器到城关新建、参股、合作或受托运营管理孵化器，鼓励

城关孵化器、大企业、投资机构等到国内一流创新要素集聚区创办孵化器，集聚国内一流技术、产品及人才，并推动成功孵化项目到城关落地转移转化和实现产业化。

第二节　坚持多点突破，加快创新创业示范区建设

充分发挥市场配置创业创新资源的决定性作用，发展众创、众包、众扶、众筹空间，培育创业主体，孵育创新型企业，坚持创业承载的“硬实力”和服务支撑的“软实力”并重，加快省级创新创业示范区创建工作。

一、大力发展众创、众包、众扶、众筹空间。充分发挥社会力量的作用，有效盘活现有的各类孵化器、大学创新园、闲置厂房、商务楼宇等存量资源，鼓励多方参与多种形态的众创、众包、众扶、众筹空间发展，发展建设创客空间、“互联网+”、创业咖啡、创业驿站、创意坊等创业载体，创建3至5个集创业培训、实训、孵化、辅导和融资、推介服务等功能为一体的专业化创业示范园区，打造围绕产业发展特色，发展产业定位鲜明的专业型众创空间，推动众创空间错位发展。着力加强各种众创、众包、众扶、众筹空间之间的合作联动与资源开放共享，不断完善富有城关特色的创业孵化空间布局。鼓励有条件的孵化器引进专业化的管理团队，加强与民营资本合作，采取“创投+孵化”“众筹+金融”“众扶+互保”的发展模式，创新项目培育、团队构建、投资对接、担保互保、商业加速、后续支撑的全过程孵化服务。

二、大力培育创业主体。鼓励和支持辖区高校科研院所以及企事业单位的科研人员利用科学知识、科技成果、知识产权和信息，创办、领办或与企业合作创办创新型企业和科技服务机构。实施大学生创业引领计划，鼓励高校院所建立健全大学生创业指导服务专门机构，开设创业教育课程。支持众创空间等新型孵化载体和科技创业企业，建设一批创业实训基地，定期发布创业实训岗位，吸引青年及大学生创新创业。鼓励青年与大学生创新创业者进入大学科技园、大学生创业园和大学生创业示范基地等载体创业孵化。支持各街道利用辖区资源，合作创办创新创业街区、社区。优化创业就业指导和服务，推动大学生、社区青年创新创业。开展海外招才引智，吸引留学归国人员来我区创业创新。鼓励和支持大学生回乡创业、农民工返乡创业、农村劳动力就地创业。做好城镇失业人员、自主择业军转干部和自主就业退役士兵等群体的创业工作。

三、大力加强服务平台建设。以提升完善创业项目植入到产业化的全过程服务为目标，建设创新创业网络平台和创客驿站，为广大创新创业者提供创业导向、资源共享、交流互动、专业咨询等低成本、便利化、开放式、全要素的一站式服务。建设创云服务平台，提供开放式科学文献数据、专利数据信息服务；打造云端创新实验室，虚拟展示试验、检测、加工大型仪器设备资源，提供网络预约实验、检测等服务；支持高校、科研院所、企业开放实验设备和研发工具，为创客群体提供工业设计、3D打印、实验检测等专业化服务；支持先进制造企业为创客群体提供开模、数字加工等制造服务。搭建创新创业创意互动平台。充分运用互联网和开源技术，开办网络创客空间。顺应“互联网+”新经济发展方向，利用大数据、云计算、移动互联网等技术建立“众包”创新平台，探索“众包”创新的机制和模式，支持创业企业将技术需求和研发任务通过“众包”方式开展集成创新。

四、大力培育创新创业文化。营造“勇于创新、无惧失败”的创业理念和“鼓励创新、宽容失败”的文化氛围，鼓励创客文化、极客精神，加大对创新创业文化的宣传力度，形成更加有利于“大众创业、万众创新”的舆论导向。研究制定“城关创新创业风云人物”评选办法，奖励成功创业者、天使投资人、创业导师、创业服务专家等创业明星，推出一批创新创业形象大使。推广先进经验和模式，通过演讲、沙龙、论坛、创业大赛、媒体访谈等方式向社会传播城关创新创业精神，树立一批新时代创业楷模。搭建高端创新创业活动平台，策划举办和承办具有产业特色、国内品牌、国际影响，跨地区跨领域的国际性、全国性、专业性创业大赛、技术论坛、产品展示等创新创业活动，吸聚国内外一流的企业家、天使投资人、知名创业导师汇聚城关，与创业者互动，分享全球信息、技术、投资和商业模式发展趋势。

第七章　全面深化改革，打造活力释放区

坚持把深化改革作为创新之源，把扩大开放作为开发之路，加快建立有利于转变发展方式、科学发展的体制机制，加快形成全方位、多层次、宽领域开放格局，增强中心城区跨越发展的活力和开放度。

第一节　全面深化体制改革，增强跨越发展活力

大胆探索，先行先试，努力在重点领域、关键环节的改革上取得新突破，努力适应经济社会变化新常态，为实现率先跨越发展构建坚实的体制机制保障。

一、打造规范高效的政务环境。建立健全“三张清单一张网”建设体系，打造网上办事的并联审批平台、便民服务平台和阳光政务平台。深化商事制度改革，市场主体登记全程实现网上办理，“十三五”末，

全区各类市场主体突破15万户，年均增长10%。坚持政企分开、政资分开、政事分开、政社分开，以增强和深化政府公共服务能力为核心，结合大部门体制调整设置行政职能和机构，优化区级政府横向职能配置。在街道管理体制改革基础上，进一步下移公共服务和社会管理职能，强化街道、社区公共服务和社会管理职能，提高管理精细化水平和公共服务效能。深化行政执法体制改革，整合执法主体，相对集中执法权，推进综合执法，着力解决权责交叉、多头执法问题，建立权责统一、权威高效的行政执法体制。积极推进政府管理创新，完善科学决策体系，推进决策科学化、民主化。大力加强政府自身建设，进一步加强公务员队伍建设，健全政务服务社会评价体系，建立依法行政、管理科学、公开公正、便民高效的行政管理体制。

二、积极推进重点领域改革。深化党政机构改革，统筹党政群机构改革，理顺部门职责关系。推动党的纪律检查工作双重领导体制具体化、程序化、制度化。加强食品药品、安全生产、环境保护、劳动保障等重点领域基层执法力量。推进工程建设、政府采购、土地招拍挂等公共资源交易统一进入交易服务中心进行交易，实现公共资源交易决策、监督、执行三分离和公共资源交易市场化。推进公共服务市场化改革，扩大政府购买公共服务范围，积极稳妥推进三维信息服务、养老服务、残疾人托养等公共服务向社会购买，加快形成公共服务新机制。加快事业单位分类改革，推动公办事业单位与主管部门理顺关系和去行政化，创造条件，逐步取消学校、医院等单位的行政级别。建立事业单位法人治理结构，推进有条件的事业单位转为企业或社会组织。建立各类事业单位统一登记管理制度。推进环卫管理体制改革，逐步实现城市管理与市场化作业分离，逐步实现城市“管理科学化、服务社会化、运作市场化”改革目标。配合省市全面完成环保机构监测监察执法垂直管理制度改革。切实推进投资体制改革，加快推进PPP模式，吸引社会资本进入交通、水利、环境保护、农业、医疗、卫生、养老、教育、文化等公共服务领域，为广大人民群众提供优质高效的公共服务。积极推进司法、户籍、收入分配等领域改革，促进各项改革协调推进。

三、加快非公有制经济发展。坚持把非公有制经济作为稳增长、调结构、惠民生的重要引擎和新的经济增长点，进一步创造“公平、公正、公开”的市场竞争环境，鼓励、支持和引导个体、私营等非公有制经济健康快速发展。引导非公有制经济转型升级，大力支持非公经济实施科技创新，积极引导技术创新驱动基金向具备条件的非公科技企业投放，促进科技型非公经济集群发展、加快发展。在激发非公经济市场活力上，加大创业扶持力度，健全扶持机制，催生小微企业特别是高成长性创新型小微企业加快发展。建立健全政府部门行政执法行为和非公企业诚信经营信息的网上公示制度，营造非公经济诚信守法的良好经营环境。充分运用贴息、基金、购买服务等方式，吸引和撬动信贷和民间资金。动员、鼓励、支持个转企，引导非公企业参与国有企业改革，推动国有资本和民营资本相互融合，发展混合所有制经济。“十三五”末，非公经济增加值达到685亿元，年均增长8.5%以上。

第二节　扩大内外开放，提升外向型经济水平

以扩大开放为动力，打造“全方位、多层次、宽领域”的开放格局，提高利用外资水平，扩大承接产业转移规模，构建内外互动、互利共赢、安全高效的开放型经济体系。

一、提升招商引资规模和质量。创新招商引资模式，实现“由招商引资向择商选资转变”“由粗放招商向精细招商转变”“由全方位招商向定向招商转变”“由以政府的行政行为主招商向以企业的市场行为主招商转变”四个招商方式转变，大幅提升招商引资质量。充分借助“兰洽会”“民企陇上行”等招商平台，突出棚户区（城中村）改造、黄河北地区开发、五大千亿产业链、五大主导优势产业等重点领域，深入开展产业链招商，实现支柱产业上下游配套服务企业及关联产业招商的新突破。积极吸引国内外知名公司在城关建立地区总部、研发中心、结算中心、营销中心，带动周边地区和上下游产业发展，实现从注重利用外资的规模和数量向提高利用外资的质量和水平的根本转变。提升招商引资服务质量，为招商项目提供咨询、代理、筹建、生产经营全过程服务。“十三五”期间，累计实现招商引资到位资金2000亿元，年均增长10%以上。

二、大力推进新型区域合作发展。增强区域经济意识，发挥中心城区生产要素集中优势，积极开展多层次、全方位区域合作。借助兰州保税区、兰白都市经济圈、兰白科技创新改革试验区、兰白经济区承接产业转移示范区等密集政策优势，建立与兰州新区、兰州经济开发区、兰州高新开发区及周边县区的信息交流机制，推动区域内资源有效配置，培育共同市场，联手做大做强商贸流通业、生态旅游业、现代物流业及总部经济，促进区域经济快速协同发展。积极搭建合作平台，鼓励我区有实力的企业和有上下游产业链的企业参与各大开发区和周边县区的资源开发和产业合作，采取双边或多边合作的模式，推进产业配套，

完善产业链，促进产业优势互补，错位竞争，联动发展。

第八章 建立健全规划实施保障机制

本《纲要》是我区“十三五”期间经济社会协调发展、跨越发展的指导性文件，经区人民代表大会审查批准后，要强化规划组织领导，确保规划的实施，保证规划目标的实现。

第一节 加强和改善党的领导

一、加强党对经济社会发展工作的领导。要充分发挥党委的领导核心作用，把握正确方向，谋划发展大事，解决现实难题，牢牢掌握工作的主动权。加强党领导经济社会发展工作的制度化建设，坚持常委会每季度召开经济社会发展形势分析会制度，及时研判形势，部署相关工作，解决经济社会运行中出现的重大问题。提高党领导经济社会发展工作的法治化水平，切实增强法治观念，严格按照国家法律法规抓企业，上项目，促发展。健全完善有利于科学发展、推进转型发展的考核体系，严格督查考核，形成鼓励实干、风清气正的选人用人导向。汇聚各方合力，统一思想、凝聚共识，最大限度地调动和激发各方面做好经济工作的积极性、主动性、创造性。

二、坚持不懈抓好党风廉政建设。切实加强党风廉政建设主体责任，严守政治纪律和政治规矩，始终把纪律和规矩挺在前面。严格落实中央和省、市改进作风规定，坚持不懈纠正“四风”，着力解决怠政懒政、不作为、乱作为等问题。坚持有腐必惩、有贪必肃，坚决遏制腐败蔓延势头，促进党员干部廉洁自律意识和拒腐防变能力显著增强，形成不敢腐、不能腐、不想腐的有效机制。加强反腐败协作，强化审计监督，形成推进党风廉政建设和反腐败斗争的整体合力，为“十三五”发展营造良好政治生态。

第二节 加强和完善保障机制

一、完善配套政策体系。进一步做好政策衔接工作，加强政策与规划之间的协调，增强政策的协调性、系统性，调动、组织、协调各级部门、社会组织和企业力量，争取更广泛的政策资源和特殊政策在我区“落地”，使财税、产业、土地等政策服从和服务于规划纲要确定的发展目标和工作重点。积极组织财政收入，编制实施好年度财政预算，优化支出结构，逐步提高社会基本公共服务支出占财政支出的比重，加强资金对重点领域和重点项目保障力度。

二、实行目标责任管理。根据规划确定的发展目标，结合年度经济社会发展情况，合理确定年度计划、重大项目建设计划，将规划的实施纳入我区经济社会发展目标管理年度考核体系，形成确保规划实施的制度体系。区发展改革部门和有关部门要加强对本规划实施情况的跟踪分析，做好纲要实施的中期评估和纲要实施完成后的总结评估。对于规划实施中的重大问题要及时向区委、区政府报告，自觉接受区人大常委会对本规划实施情况的监督检查。纲要实施过程中环境发生重大变化，需要对纲要进行调整，要报区人大常委会批准。

三、强化重大项目支撑。深入实施项目带动战略，按照“策划一批、储备一批、开工一批、实施一批”的项目滚动运作机制，强化重大项目的筹划、建设、储备与管理，对项目建设遇到的难题和“瓶颈”制约实行跟踪跑办、全力破解、逐一落实。加强与国家和省市的项目衔接，积极争取国家和省市重点投资项目落户我区。“十三五”期间，确保实施重大项目300项以上，累计完成投资1000亿元。

四、切实加强人才保障。牢固树立人才是第一资源的观念，抓住培养、吸引、使用三个环节。切实加大人才培养力度，推进人才培育市场建设，继续选派中青年骨干人才到国内外高等院校进修和短期培训，培养和造就一批行政管理、经济管理、科技创新、招商引资等方面的优秀人才。创新人才引进机制，拓宽公开招考、公开竞争等选人用人范围，建立优秀人才引进“绿色通道”，重点引进一批与“首善之区”建设相适应的高层次、高素质、高水平人才。设立人才发展资金，奖励有重大创新的管理人才、科技人才、高技能人才和农村实用人才，鼓励企事业单位建立向优秀人才倾斜的薪酬分配制度。创新人才使用和评价机制，创造公开、公平、公正的人才平等竞争环境，探索多元化的人才激励机制，优化人才成长环境，努力培养和造就符合我区发展需要的党政领导干部队伍、各类专业技术人才队伍、企业经营管理者队伍和高技能人才队伍，为全区经济社会发展提供人才保障。

关于印发《城关区“领导干部上讲台”实施方案》的通知

城组发〔2016〕20号

各街道党工委，区委各部门，区直各部门党委（党组、总支、支部），各人民团体党组（支部）：

领导干部上讲台，是贯彻落实《干部教育培训工作条例》《关于加强和改进新形势下党校工作的意见》有关要求，深化干部教育培训改革的重要举措。领导干部上讲台，有利于丰富干部教育培训的形式和内容，有利于受训干部全面正确地理解党的路线、方针、政策，有利于发挥领导干部在政治、阅历等方面的优势，对提高全区各级领导干部综合素质和业务能力具有十分重要的意义。现将《城关区“领导干部上讲台”实施方案》印发给你们，请认真贯彻落实。

中共兰州市城关区委组织部

2016年3月8日

城关区“领导干部上讲台”实施方案

为进一步深化干部教育培训改革，切实提高干部教育培训工作实效，根据市委组织部《关于印发〈兰州市“领导干部上讲台”实施方案〉的通知》（兰组通字〔2016〕7号）精神，结合我区实际，特制定本方案。

一、工作目标

以讲促学，通过领导干部上讲台“讲”，促使领导干部加强学习、深入调研，形成浓厚的学习氛围；学以致用，通过领导干部上讲台“教”，促使参训学员理想信念更加坚定，党性修养进一步增强，推动科学发展、和谐发展的本领不断提升，科学文化素质和业务能力明显提高，为推动城关经济社会发展提供智力支持。

二、授课领导

（一）区四大班子全体领导；

（二）各街道、区委区政府各部门、区直各单位、各人民团体主要负责人。

三、课时要求

区四大班子领导原则上每人每年至少到区委党校讲一次课，授课时间不少于半天；各街道、各部门（单位）党政主要负责人，要积极接受邀请到区委党校或在本单位每人每年至少讲一次课，授课时间不少于半天。

四、授课内容

授课内容立足城关干部的培训需求，根据干部教育培训计划，在认真开展“两学一做”学习教育的基础上，紧密结合经济社会发展的要求，辅导理论、阐明形势、解析政策、交流经验、答疑释惑。主要内容包括：

（一）党的十八届四中、五中全会精神，习近平总书记系列重要讲话精神，《党章》《廉洁自律准则》《纪律处分条例》等政策法规和省、市、区委重大决策部署解读等。

（二）全区重点工作：产业政策、项目建设、征地拆迁、城市管理、生态环境、文化旅游、社会管理、信访维稳、安全生产、精准扶贫、党的建设、党史国史国情、统一战线理论、人文礼仪等。

五、工作要求

（一）申报授课课题。授课领导干部要根据城关经济社会发展现状，深入调研，吃透上情、摸准下情，结合自身实际申报课题，每人至少申报1个课题。县级领导干部课题申报由四大班子办公室负责落实。各街道、各部门（单位）负责申报本单位主要负责人的课题。区委组织部负责对申报课题进行汇总审核，调整相近或相同课题。区委党校负责分类建立全区领导干部上讲台工作台账。

（二）做好授课准备。领导干部授课前，须结合工作实际和培训需求认真备课，自己动手准备讲义。授课内容要注重务实管用，重点讲授相关的理论政策、法律法规、工作方法和实践经验，着重解答工作中重点、难点和热点问题，切实增强教学的针对性和实效性。认真研究讲课艺术，不断提高讲课技巧，增强吸引力、感染力。区委组织部、区委党校负责收集所有领导干部授课讲义，年底统一印刷成册。

（三）精心组织实施。区委组织部和区委党校根据主体班次培训目标和学员需求，按照领导干部上讲台总课时占主体班课时不低于30%的比例制订课时计划，统筹安排授课时间。区委党校要安排本校相关教师全程听课，提高党校师资水平。区委组织部、区委党校要做好教学评估，将理论功底扎实、实践经验丰富、授课效果好的领导干部纳入干部教育培训师资库。

（四）严格政治要求。授课领导干部要严格遵守“学术研究无禁区、讲坛论坛有纪律”的要求，在思想上与党中央和省、市、区委保持高度一致，不得发表与党的路线方针政策相违背的言论，自觉维护党的形象。

附件：

1. 城关区领导干部上讲台授课课题申报表
2. 城关区领导干部上讲台授课质量评估表

附件1：

城关区领导干部上讲台授课课题申报表

填表单位（盖章）： 填表时间：

序　号	姓　名	职　　务	授课题目	主要内容

联系人： 电话： 手机：

附件 2：

城关区领导干部上讲台授课质量评估表

<table>
<tr><td>授课人姓名</td><td></td><td>性　别</td><td></td><td>单位及职务</td><td></td></tr>
<tr><td>授课时间</td><td></td><td>参加人数</td><td></td><td>授课班次</td><td></td></tr>
<tr><td>授课题目</td><td colspan="3"></td><td>课时数</td><td></td></tr>
<tr><td rowspan="12">评估项目</td><td rowspan="2">教学仪表</td><td colspan="2">注重仪容仪表、举止大方、精神饱满</td><td>10 分</td><td></td></tr>
<tr><td colspan="2">口齿清晰、能用普通话教学</td><td>10 分</td><td></td></tr>
<tr><td rowspan="3">教学内容</td><td colspan="2">观点正确、资料翔实、内容丰富、重点突出、条理清晰</td><td>10 分</td><td></td></tr>
<tr><td colspan="2">理论联系实际、紧密联系工作、针对性强</td><td>10 分</td><td></td></tr>
<tr><td colspan="2">课件完整、清晰美观、材料新颖、充分展现主题内容</td><td>10 分</td><td></td></tr>
<tr><td rowspan="3">教学方法</td><td colspan="2">教学方法得当、组织形式活泼</td><td>10 分</td><td></td></tr>
<tr><td colspan="2">采用课堂讲授、互动交流、案例分析等授课方式</td><td>10 分</td><td></td></tr>
<tr><td colspan="2">分析缜密、逻辑性强</td><td>10 分</td><td></td></tr>
<tr><td rowspan="2">教学效果</td><td colspan="2">教学气氛活跃、学员能够理解和掌握重点难点</td><td>10 分</td><td></td></tr>
<tr><td colspan="2">有较强的指导实践作用</td><td>10 分</td><td></td></tr>
<tr><td>总分合计</td><td colspan="2"></td><td>100 分</td><td></td></tr>
<tr><td>评估等级</td><td colspan="2"></td><td></td><td></td></tr>
</table>

注：1. 课前发放此表，课后收回。

2. 评估结果分为四个等级：优秀、良好、合格、不合格。90 分及以上为“优秀”，75 分及以上为“良好”，60 分及以上为“合格”，60 分以下为“不合格”。

中共兰州市城关区委办公室
印发《关于落实全面从严治党主体责任
进一步强化党内监督工作的实施办法》的通知

城办发〔2016〕19号

各街道党工委，区委各部门，区直各部门党委(党组、总支、支部)，各人民团体党组（支部)：

《关于落实全面从严治党主体责任进一步强化党内监督工作的实施办法》已经区委同意，现印发给你们，请认真抓好贯彻落实。

中共兰州市城关区委办公室

2016年3月24日

关于落实全面从严治党主体责任进一步强化党内监督工作的实施办法

为认真贯彻中央和省、市委关于落实全面从严治党主体责任有关要求，切实提高监督、约谈实效，现就进一步强化全区党内监督工作，提出如下实施办法。

第一条 各级党委（党组）是全面从严治党的领导者、执行者、推动者，要自觉把主体责任抓在手上，强化对党员干部尤其是“一把手”的监督工作。

第二条 区委及区纪委、区委组织部要明确分工，厘清责任，各司其职地抓好干部的日常管理和监督。

第三条 区委和区委组织部重点抓好“咬耳扯袖、红脸出汗”的工作，主要对干部在日常工作中存在的倾向性、苗头性问题，及时进行教育提醒。

第四条 区纪委重点抓好对干部执行《中国共产党纪律处分条例》等党纪党规的监督执纪问责工作。

第五条 要分工负责地抓好约谈等监督制度的落实，区委书记的约谈范围为副县级以上领导干部、各街道党工委书记以及权力相对集中、社会和群众关注度较高的重要部门主要负责人，其他人员由区委组织部部长负责约谈。

第六条 各级党委（党组）要坚持民主生活会制度、党风廉政建设主体责任报告制度和约谈宣讲督导制度，督促班子成员严格落实职责范围内的主体责任，主动接受纪检组织监督。

第七条 区纪委受理的来信来访和问题线索，由区纪委分析研判后，不属于区纪委业务范围的，转交区委组织部。

第八条 区委办公室、区委区政府督查室、区效能办等在督查中发现的，对贯彻落实中央和省、市、区委决策部署和安排任务执行不力，以及干部为官不作为或慢作为、乱作为等方面问题的，转交区委组织部。

第九条 对有关部门单位和干部在办理市委网络舆情日报反映事项方面落实不认真、不到位的，转交区委组织部。

第十条 对有关部门单位和干部在办理市三维数字社会服务管理中心转办的群众反映事项方面落实不认真、不到位的，转交区委组织部。

第十一条 区委组织部接到材料后要分析研判核实，属于提醒、函询、诫勉的，按相关规定执行。属于约谈范围的，要列出约谈名单和约谈内容，并随附相关材料，按约谈范围分送约谈。属区委书记约谈的，转交区委办公室做好安排。约谈要安排专人记录，并存档备查。发现有涉嫌违纪的，及时移交区纪委按程序处理。

中共兰州市城关区委
兰州市城关区人民政府
关于全面构建社会矛盾纠纷“大调解”
工作体系和机制的实施意见

城办发〔2016〕10号

为认真贯彻落实党的十八大，十八届三中、四中、五中全会精神，全面推进依法治国战略，深化“平安城关”建设，有效预防和化解社会矛盾纠纷，打造人民群众安居乐业的和谐城区，根据《中华人民共和国人民调解法》等法律法规和市委、市政府《关于全面构建社会矛盾纠纷“大调解”工作体系和机制的意见》（兰发〔2014〕23号）文件精神，现就我区全面构建社会矛盾纠纷“大调解”工作体系和机制，提出如下实施意见。

一、构建“大调解”工作体系和机制的意义及原则要求

（一）目的意义。全面构建社会矛盾纠纷“大调解”工作体系和机制，对于有效排查化解社会矛盾纠纷，保护人民群众合法权益，维护社会和谐稳定，减轻人民群众的负担和诉累，降低行政处理争议和司法定纷止争成本，夯实党执政的群众基础和社会基础，具有十分重要的现实和指导意义。

（二）总体要求。构建由区委、区政府统一领导，区综治委综合协调，区司法局、区政府法制办和区法院分别牵头，有关部门各司其职，依托各街道综治维稳信访司法中心平台，整合社会力量广泛参与，人民调解、行政调解、司法调解相互衔接配合的“大调解”工作体系，健全完善相互联动、相互配合、无缝衔接的工作机制，整合各方资源，运用多种手段，协调各方利益，化解各类纠纷，促进社会和谐稳定。

（三）基本原则

1. 坚持统一领导、协调一致原则，充分发挥党政主导作用，协调整合各方调解力量，统筹解决“大调解”工作中的重大问题。

2. 坚持“属地管理、分级负责”和“谁主管、谁负责”原则，条块联动，各司其职，有机衔接，紧密配合，形成整体合力。

3. 坚持预防为主、源头治理原则，立足抓早、抓小、抓苗头，把矛盾纠纷预防在萌芽状态，化解在基层单位。

4. 坚持依法调解、公正高效原则，依照法律法规和相关政策进行调解，注重法、理、情有机统一，提高调解的权威性和公信力。

5. 坚持调解优先、尊重自愿原则，把调解贯穿于解决民间纠纷、处理行政争议和司法诉讼的全过程，尊重当事人意愿，引导当事人互谅互让。

6. 坚持定纷止争、促进和谐原则，畅通“大调解”与司法裁判、行政裁决（仲裁）、信访工作对接渠道。

（四）工作目标。健全完善覆盖街道、村（社区）和各部门、各辖区企事业单位、各行业的调解组织网络，建立各类调解手段相互衔接、整体效能充分发挥的工作机制，调解成功率明显提高，人民调解成功率达到95%以上，行政调解成功率力争达到60%以上，司法调解成功率力争达到50%以上，实现“小纠纷不出（村）社区、大纠纷不出街道、重大矛盾不出区、矛盾不上交”，“民转刑”案件、集体访、越级访、进京非正常上访和群体性事件明显下降，努力形成“纵向到底、横向到边、上下贯通、层层负责”的大调解工作格局。

二、健全“大调解”工作体系

（一）健全区级“大调解”工作领导机构。区综治委对全区“大调解”工作负总责，定期不定期听取大调解工作情况汇报，研究解决工作中的重大问题。区综治办、区司法局负责“大调解”工作的政策调研、组织推动、协调指导、督查考核等日常工作。区司法局负责全区人民调解工作的组织指导、检查考核和人民调解员的管理培训。区政府法制办负责全区行政调

解工作的组织指导和检查考核。区法院负责全区司法调解工作，对人民调解进行业务指导。

（二）健全街道“大调解”工作平台。区综治委负责各街道“大调解”工作的组织推动、综合协调和督查考核。各街道综治委具体负责辖区“大调解”工作的组织、协调、检查、落实、督办及日常工作。各街道党工委要巩固完善综治维稳信访司法中心（以下简称中心）建设，街道党工委书记兼任中心主任，街道综治办主任和街道司法所所长兼任副主任，负责本街道矛盾纠纷的受理、分流指派和调处化解工作。

（三）健全村（社区）、企事业单位调解室。巩固提升已建立的村（社区）矛盾纠纷调解室，由各村（社区）主任兼任主任，负责本村（社区）矛盾纠纷的排查调处工作；建立健全企事业单位调解室，由企事业单位负责人兼任主任，负责本单位矛盾纠纷的排查调处工作。

（四）建立健全村民小组、居民小区、物业公司和企业车间班（组）调解员队伍。在村民小组、居民小区、物业公司和企业单位车间班（组）成立调解员队伍，主要负责矛盾纠纷排查调解、法制宣传、信息上报等工作。

（五）健全提升社会各方面的调解组织。党政机关、企事业单位、人民团体和非公有制企业都要建立健全调解组织，各街道要督促辖区内供电、供水、供暖、供气、通信等各行业、各系统建立健全各自的调解组织。在区法院及各派出法庭建立人民调解工作室，实现调解网络全覆盖。

三、加强“大调解”队伍建设

（一）加强专职调解员队伍建设。专职人民调解员是“大调解”工作的骨干力量。区政府有关部门可通过提供公益性岗位、购买服务等渠道组建专职人民调解员队伍，采取面向社会、公开招聘的办法，将政治可靠、公道正派、热心调解、具有专业法律知识的人员吸纳为专职调解员，进一步充实基层街道和重点行业领域调解组织力量。

（二）加强兼职调解员队伍建设。兼职调解员是“大调解”工作的基本力量。区司法局要大力加强兼职调解员队伍建设，从法学会会员、法律工作者、党代表、人大代表、政协委员、民族宗教人士等懂法律、懂政策、有经验、会做群众工作、热心公益事业的人员中发展兼职调解员。

（三）加强志愿者调解员队伍建设。志愿者调解员是“大调解”力量的有益补充，也是依靠社会力量促进“大调解”工作的重要体现。区司法局要从退休法官、检察官、警官，离退休干部职工、大学生和乡贤里老等懂法律、懂政策、有经验、会做群众工作、热心公益事业的人员中发展志愿者调解员。

（四）加强专业调解员队伍建设。专业调解员是行业性调解组织的专业力量。要在矛盾多发、易发的企业改制、环境保护、安全生产、交通事故、物业管理、医疗卫生、征地拆迁等部门、领域或行业培养发展专业性专（兼）职调解员，发挥其在解释行政法规和业务方面释疑解惑的专业能力。

四、完善“大调解”运行机制

（一）充分发挥人民调解基础作用，完善人民调解工作运行机制。人民调解由区司法局牵头，主体为人民调解组织。全区各级人民调解组织要充分发挥维稳“第一道防线”的独特作用，围绕党委、政府关注的难点和人民群众关心的热点问题，及时化解各种矛盾纠纷。一是要不断完善人民调解工作运行机制。以《中华人民共和国人民调解法》为准绳，进一步规范人民调解活动。要完善矛盾纠纷排查预警机制，坚持各街道每半月、各村（社区）每周排查一次矛盾纠纷，完善排查登记、预警报告制度，人民调解员要发挥身处基层、熟悉社情民意的优势，及时发现掌握和报告反映苗头性、倾向性问题，将矛盾纠纷和各种不稳定隐患及时纳入工作视线和范畴，做到发现早、介入快、预警及时。二是要完善调处化解机制。街道综治维稳信访司法中心要充分发挥统一排查受理、汇总梳理、分流指派、组织指导调处的作用，做到排查、调解同步进行，排查与调解工作无缝衔接。大力推行人民调解“四联单”制度，不断完善“领导包案调”等行之有效的制度和办法，将矛盾纠纷化解在初始状态，解决在基层单位。三是要完善联动联调工作机制。人民调解组织要加强与各派出所、公安城关分局“110”指挥中心、“4546148”法律援助专线、区信访局之间的沟通联系与协作配合，对争议不大的矛盾纠纷，及时进行调处；对于较为复杂的矛盾纠纷，可邀请相关单位联合调处；对调解不成的，应该告知当事人进入诉讼或仲裁程序；对随时有可能激化或造成后果、影响社会稳定的，应立即采取必要措施进行缓解或疏导，并及时向有关方面反映，引入行政或司法渠道解决问题。积极探索构建网络调解、视频调解平台，为人民群众提供优质高效的调解服务。

（二）认真履行行政调解职能职责，完善行政调解工作运行机制。行政调解由区政府负总责，区政府法制机构牵头，以各职能部门为主体。一是全区政府行政部门要坚持调解先行，充分运用调解手段处理行政纠纷和与行政管理相关的民事纠纷，着力解决影响社会稳定的突出矛盾纠纷。二是要完善内部“接待人员调、责任科（股）室调、分管领导调、主要领导调”的调解机制，调解行政纠纷和相关民事纠纷。三是对有重大影响和涉及全局的矛盾纠纷，要组织相关职能部门和人民调解组织共同进行调解；对不愿进行行政调解或调解未成的，应依法定程序及时做出决定或裁决，并告知和引导不服决定或裁决的当事人运用行政复议、司法诉讼方式解决争议；上级行政机关或人民法院受理后，应积极协助配合解决争议。

（三）有效发挥司法调解主导作用，完善司法调解工作运行机制。司法调解由区人民法院负责。一是要坚持“调解优先、能调则调、调判结合、案结事了”的原则，进一步拓展调解工作范围，将调解从民事案件向行政、刑事自诉、刑事附带民事、执行案件延伸，把调解贯穿于立案、审判、再审阶段全过程。二是积极推行立案前的诉前人民调解引导工作。大力推行巡回调解、邀请调解、委托调解，最大限度提高调解结案率。三是对直接起诉到法院的民事、行政案件，应积极引导其先进行人民调解、行政调解；对经人民调解、行政调解达成协议，自愿申请确认效力的，人民法院应依法及时审查，对符合法律规定的予以从快确认。

（四）完善“三大调解”衔接配合机制。一是政法、综治部门要按照既相对独立、各司其职，又相互衔接、整体联动的原则，有效整合调解资源，最紧密地实现“三调”对接，最大限度将矛盾纠纷化解在初始阶段，化解在基层，化解在诉讼之前。二是要在立案前对接。人民法院在受理案件时，对于能够用人民调解或行政调解化解的纠纷，而未经调解的，应当引导当事人选择人民调解或行政调解先行调解；行政部门在受理案件时，对于能用人民调解化解的纠纷，也应引导当事人选择人民调解的方式解决问题，充分发挥人民调解和行政调解的作用。三是要在案中对接。行政部门在调解案件时，可以委托人民调解组织进行调解；人民法院在调解案件时，可以邀请人民调解组织或行政部门派员参与调解；人民调解组织在调解案件时，可以邀请人民法院（法庭）和相关行政部门派员参与调解，实现“三大调解”优势互补。四是要在调解后对接。对经人民调解、行政调解达成协议，自愿申请确认效力的，人民法院依法及时予以确认；人民法院依法确认调解协议有效，一方当事人拒绝履行或者未全部履行的，对方当事人可以向人民法院申请强制执行，实现“三调联动”的效力衔接。

五、强化“大调解”工作保障

（一）强化组织保障。各街道、各部门要从深入推进“平安城关”“法治城关”“和谐城关”建设，加强基层政权建设，夯实党的执政根基的高度，充分认识加强“大调解”工作的重要意义，切实加强组织领导，强化领导责任制，把调解组织建设列入重要议事日程，建立健全“大调解”工作网络，定期研究，破解工作难题，为“大调解”工作提供组织保障。

（二）强化人员保障。各街道要确定一名分管领导主抓“大调解”工作；全区各部门、各企事业单位及重点行业根据需要设立专兼职调解员；各街道“综治维稳信访司法中心”要从现有工作人员中调剂 2 名专职调解员，在中心开展工作；聘任兼职、志愿者调解员要达到 3~5 人；各村（社区）人民调解委员会配备 1~3 名专兼职人民调解员。

（三）强化经费保障。人民调解委员会工作经费、司法行政机关指导人民调解工作经费按照有关标准纳入同级财政预算。区人民法院调解室、交通事故调委会、各街道综治维稳信访司法中心各聘用 2 名专职人民调解员，其工资标准参照城关区临时聘用人员工资标准执行。凡聘用的人员，报经区人社局审批后，纳入同级财政预算。

对兼职人民调解员调解成功的案件实行个案补贴，有卷宗的案件补贴标准原则上每件按照“一般矛盾纠纷补贴 30~50 元、较复杂矛盾纠纷补贴 100~200 元、重大矛盾纠纷补贴 300~400 元”执行。涉法涉诉信访案件的调处，可参照此标准适当上浮予以补贴。

（四）强化综治维稳信访司法中心硬件和制度建设。加强街道综治维稳信访司法中心、社区调解室规范化建设，落实办公、调解场所及硬件设施。加强制度建设，做到调解工作运行程序规范、文书档案完备、工作台账细致，推进调解工作制度化、规范化。各街道综治维稳信访司法中心的规范提升由各街道牵头负责，各级人民调解委员会的加强提升由区司法局负责。

（五）强化队伍管理培训。区司法局要统一制发人民调解员上岗证书，加强对人民调解员的管理考核。通过多种途径，加大培训力度，进一步优化调解员队伍结构，提升调解员运用法律、法规、政策的水平和做群众工作的能力，夯实维稳工作根基，筑牢社会和谐稳定的第一道防线。

（六）强化信息化建设。依托区三维数字中心平台，建立大调解动态信息资料库，及时掌握矛盾纠纷的总体情况、调处情况，实现横向、纵向的信息共享，以信息化带动和促进“大调解”工作的专业化、规范化。

（七）强化考核检查。把“大调解”工作体系建设纳入平安建设和政法考核内容，严格进行考核。对在调解工作中做出突出贡献的单位和人员进行表彰奖励；对组织领导不力，调解工作不落实，导致发生严重影响社会稳定重大事件的，按照有关规定从严追究相关责任。

兰州市城关区人民政府关于印发《2016年区列为民兴办实事实施方案》的通知

城政发〔2016〕29号

各街道办事处，区直各部门，区属各单位：

现将《2016年区列10件为民兴办实事实施方案》印发给你们，请认真抓好落实。

今年，区政府从解决广大人民群众最关心、最直接、最现实的利益问题入手，经过深入调研、广泛征求意见、反复酝酿讨论，确定区列实事10件。为切实把实事办好，区政府办公室会同各实事牵头单位制定了《2016年区列10件为民兴办实事实施方案》（以下简称《实施方案》），各承办单位要按照《实施方案》的要求，加强组织领导，明确目标责任，细化工作措施，按进度要求高质量地完成实事办理任务。

一、加强领导，明确职责

区政府各分管领导按照各自职责分工分别负责实事的组织领导，区政府办公室负责协调、督促落实。各牵头主办部门是实事办理的责任主体，主要领导是第一责任人，分管负责人是具体责任人。各牵头主办部门要按照《实施方案》的要求，完善工作制度，切实把每件实事的工作任务、进度要求和完成时限等落实到具体责任人，层层建立工作目标责任制。各协办单位要主动配合，积极衔接，解决存在的问题，推进各项实事顺利实施。

二、筹措资金，严格管理

区财政要拓宽筹资渠道，确保资金专款专用，为全面完成实事提供资金保障。同时，要严格执行资金计划，完善资金拨付程序，畅通资金拨付渠道，确保建设资金的及时下达和使用。区审计局要及时审计资金的管理和使用情况，强化审计监督，提高资金使用效益。各责任单位要严格执行资金使用管理制度，实行专户管理、专项拨付、专账核算，保障各项实事资金及时到位。

三、加快进度，强化管理

为民兴办实事关系人民群众的切身利益，各有关部门要按照进度和时限要求，倒排时间，提前做好各项准备工作，保证建设进度。工程类实事原则上要在11月底前全面建成，并在验收合格后当年即投入使用。要加强工程建设全过程的质量监管，严格执行项目法人责任制、招投标制、工程监理制和合同管理等制度，确保按规定程序和要求实施。要严格落实建设单位的责任，对未按规定履行基本建设程序的要严格查处。

四、加强督查，严格考核

区委区政府督查室、区效能办要定期、不定期对实事进展情况进行动态督查。各承办单位每月向区政府办公室报实事进度情况。对执行不力、影响进度的有关单位，要严肃追究责任。各牵头部门要在年底前做好实事项目的验收工作，严格执行国家和省市有关验收规定和标准，按规定验收。真正把实事件件办成优质工程、民心工程、廉洁工程。

兰州市城关区人民政府
2016年4月6日

附件：

2016年区列为民兴办实事实施方案

第1件　建成九州东南出口S417号路，改造小街巷20条，完成150条小街巷路灯安装

（一）实施范围

1. 建成九州东南出口S417号路：工程项目位于城关区九州经济开发区，起点为佛慈大街三角花坛，终点为九州东平台，全长1.98千米，宽度为24米。

2. 改造小街巷20条：实施改造嘉峪关西路、排洪南路等20条小街巷改造整治工程，改造小街巷总长度约10千米，改造面积约4.2万平方米。

3. 完成150条小街巷路灯安装：在主城区已改造整治的小街巷道路中，选择150条小街巷实施亮化工程。

（二）工作进度

1. 建成九州东南出口S417号路：1—3月完成与市城投、市政集团签订三方协议，完成建设用地手续及征地拆迁工作，协调市城投公司办理完成施工、质量、安全备案，并督促其完成补办中标通知书事宜；4—10月市城投公司施工建设，完成工程建设任务；11—12月完成竣工验收。

2. 改造小街巷20条：1—6月完成摸底、编制计划，施工图设计委托、施工单位资质审查登记、招标、确定施工单位并进行公示；7—9月分批开展小街巷改造整治工作，全面完成小街巷改造整治；10月完成工程验收。

3. 完成150条小街巷路灯安装：1—5月完成摸底、编制计划，办理相关手续，进行施工图设计；6—10月配合市路灯所施工建设，全面完成任务；11—12月完成工程验收。

（三）资金筹措

1. 九州东南出口S417号路由恒大集团投资。

2. 改造20条小街巷经费由区财政安排。

3. 150条小街巷路灯安装经费由区财政安排。

（四）责任领导：陈一夫

（五）责任单位

主办单位：区住建局

协办单位：区发改局、区财政局、区审计局、国土城关分局、区林业局、九州管委会、九洲生态园项目指挥部、区政府投资项目管理办公室、相关街道办事处

第2件　实施6所学校改扩建工程，新增办学面积2.3万平方米，学位1500个

（一）实施范围

对南山路小学、和政路小学、红山根小学、范家湾小学、元森北新时代小区配建学校、永昌路幼儿园6所学校以及涉及这6所学校学生过渡的相关学校实施改扩建。

（二）资金筹措

教育费附加中安排。

（三）工作进度

1. 南山路小学教学楼改扩建项目。建筑面积9416平方米；1—6月完成基础施工；7—12月完成主体施工并进入粉刷安装工程；新增学位270个。

2. 和政路小学教学楼改扩建项目。建筑面积12000平方米；1—6月完成招投标工作、基础施工；7—12月完成主体施工；新增学位270个。

3. 红山根小学教学楼改扩建项目。建筑面积6681平方米；3—6月完成局部主体施工；7—12月完成局部主体粉刷安装工程；新增学位245个。

4. 范家湾小学教学楼改扩建项目。建筑面积6649平方米；1—3月完成招投标工作；4—6月完成基础施工；7—12月完成主体施工；新增学位230个。

5. 元森北新时代小区配建学校回收项目。建筑面积11000平方米；1—7月完成教学楼粉刷安装、室内装修及操场等附属工程；8月竣工并投入使用；新增学位1500个。

6. 永昌路幼儿园幼教楼改扩建项目。建筑面积1989平方米；1—6月完成招投标并开工建设；7—12月完成主体施工。

（四）责任领导：陶军

（五）责任单位

主办单位：区教育局

协办单位：区发改局、区财政局、区审计局、国土城关分局、区执法局、区环保局、区政府投资项目办公室

第3件　完成棚户区改造7000套，配租配售保障性住房1000套

（一）实施范围

实施棚户区改造项目23个7000套，其中市、区

城投公司改造项目6个1961套，企事业单位自改项目13个2696套，市场化改造项目4个1439套。

（二）资金筹措

棚户区改造项目资金由建设方自筹。

（三）工作进度

1. 完成棚户区改造7000套。一季度启动中铁一院等3个棚户区改造项目的征收工作；推进省手工业联社等9个棚户区改造项目的征收工作；推进甘肃省警察学院等22个棚户区改造项目的前期建设手续办理。二季度启动省商务厅家属院改造等3个项目的征收工作，推进兰钢小区等10个棚户区改造项目的征收工作，完成省手工业联社等6个棚户区改造项目的征收工作；推进甘肃省警察学院等22个棚户区改造项目的前期建设手续办理，力争完成6个；力促晟地汽配公司等6个项目开工建设，安置约2000套，完成年度任务的33%。三季度推进省商务厅家属院等9个项目的征收工作，完成兰钢小区等10个棚户区改造项目的征收工作；推进甘肃电力变压器公司等13个棚户区改造项目的建设施工手续办理，力争完成8个；力促省手工业联社等10个项目开工建设，完成年度任务的85%以上。四季度办结全部所列项目的建设手续和征收工作并实现全部开工。

2. 配租配售保障性住房1000套。1—3月完成店子街惠安小区、红山四村280套廉租房的分配工作，与市房管局衔接，做好公共租赁住房分配房源的确定工作；4—6月完成300套公租房保障家庭的分配工作；7—9月完成400套公租房保障家庭的分配工作；10—12月完成500套公共租赁住房的分配，经济适用房、限价商品房的分配确认工作。

（四）责任领导：陈一夫、付松华

（五）责任单位

主办单位：区住建局、区房管局

协办单位：区发改局、区财政局、国土城关分局、区征收办、区城改办、相关街道办事处

第4件　新建垃圾转运站5座，新建改建公厕15座

（一）实施范围

拟在排洪南路、焦家湾及东片区、南山路西段新建垃圾转运站。新建改建公厕拟在主城区选址。

（二）资金筹措

区财政安排。

（三）工作进度

5座垃圾转运站：1—3月制定垃圾转运站建设方案，完成选址工作；4—6月制定招标方案提交区公共资源交易中心，完成招标工作；7—9月完成转运站的建设工作；10—12月进行设备的进厂安装和调试并投入使用。

新建改建15座公厕：1—3月制定公厕建设方案，完成新建公厕的选址工作；4—6月进行招标；7—11月对未正常开放使用的公厕提升改造10座；对繁华区域，人流量大、使用频繁的流动公厕，12月底前调整替换5座。

（四）责任领导：宋锦荣

（五）责任单位

主办单位：区环卫局

协办单位：区发改局、区财政局、区审计局、区公共资源交易中心、相关街道办事处

第5件　发放小额担保贷款1亿元，安置困难人员就业2200人，新增就业35000人，职业技能培训9000人

（一）实施范围

1. 小额担保贷款：（1）具有城关区户籍，持就业失业登记证的城镇就业转失业人员、城镇其他失业人员、城镇复员转业退役军人、大中专院校职业学校毕业生、回乡创业带头人、城乡妇女等自谋职业和自主创业的均可申请个人小额担保贷款；（2）在城关区注册登记，当年新招用符合小额担保贷款申请条件的人员达到企业现有职工总数30%（超过100人的企业达15%）以上，并与其签订一年期以上劳动合同的劳动密集型小企业，可申请企业小额担保贷款。

2. 困难人员就业：主要安置大龄（女40岁以上、男50岁以上）、身体有残疾、享受最低生活保障、连续失业1年以上，以及因失去土地等原因难以实现就业的人员。

3. 城镇新增就业：主要为城镇就业困难人员、新成长劳动力、失业人员、进城务工人员、高校毕业生、复退军人、残疾人、失地农民、刑释人员等群体。

4. 职业技能培训：主要为企业在职职工、外出打工和失去工作返乡的农民工、各类失业人员（包括未就业高校毕业生、复退待业军人、刑释人员等）。

（二）工作进度

1. 发放小额担保贷款1亿元：1—3月发放小额担保贷款2300万元；4—6月发放小额担保贷款3000万元；7—9月发放小额担保贷款3000万元；10—12月发放小额担保贷款1700万元。

2. 安置困难人员就业2200人：1—3月安置困难人员就业850人；4—6月安置困难人员就业750人；7—9月安置困难人员就业360人；10—12月安置困难

人员就业240人。

3. 城镇新增就业35000人：1—3月城镇新增就业10000人；4—6月城镇新增就业15000人；7—9月城镇新增就业6000人；10—12月城镇新增就业4000人。

4. 职业技能培训9000人：1—3月技能培训1500人；4—6月技能培训3000人；7—9月技能培训2800人；10—12月技能培训1700人。

（三）资金来源

市财政安排。

（四）责任领导：陈一夫

（五）责任单位

主办单位：区人社局、区就业局

协办单位：各街道办事处

第6件　新建标准化菜市场3个，建成全民健身路径30条

（一）实施范围

新建标准化菜市场3个：严格按照国家标准化菜市场建设规范和标准，在现有标准化菜市场服务半径500米范围以外寻找面积在1000平方米以上的空闲场地或商铺房屋，通过建设钢架结构封闭市场、提升改造原有半封闭菜市场、租赁沿街房屋铺面开办市场等方式，开展实施标准化菜市场建设工作。

建成30条全民健身路径：年内在辖区各社区、广场建成30条全民健身路径。

（二）资金筹措

标准化菜市场建设资金主要依靠建设方筹集资金，政府以奖代补形式给予适当资金扶持。

建成30条全民健身路径资金由区财政安排。

（三）工作进度

新建标准化菜市场3个：3月底前完成标准化菜市场建设摸底选址；4月底前完成设计方案，开工建设；12月底前完成建设。

建成全民健身路径30条：1—3月完成选址工作；4—5月完成政府采购；6—9月完成安装；10月份投入使用。

（四）责任领导：宋锦荣、陶军

（五）责任单位

主办单位：区商务局、区文体局

协办单位：区发改局、区财政局、区住建局、区执法局、区物价局、城关工商分局、区食药局、区政府投资项目办公室、相关街道办事处

第7件　打造城市管理示范街50条，物业管理示范小区20个，改造老旧楼院10个

（一）实施范围

相关街道办事处。

（二）资金筹措

区财政、党建经费、街道办事处各承担三分之一。

（三）工作进度

1. 打造城市管理示范街50条：创建工作分3月底和6月底两批完成。

2. 物业管理示范小区20个：1—3月确定要打造的20处示范性住宅小区；4—12月全面启动示范性住宅小区打造活动，其中二季度打造8处示范性住宅小区，三季度打造8处示范性住宅小区，四季度打造4处示范性住宅小区。打造完成后由区房管局按照《物业管理示范住宅小区标准》检查验收。

改造老旧楼院10个：4—5月筛选符合条件的楼院，上报市房管局，经确认后，各街道制定改造方案；6—10月对确定的10个老旧住宅小区进行集中整治改造；11月30日前区房管局牵头组织检查验收，完成年度任务。

（四）责任领导：寇桂杰、宋锦荣、付松华

（五）责任单位

主办单位：区委组织部、区城管委、区房管局

协办单位：区发改局、区财政局、区审计局、区执法局、区住建局、区环卫局、区政府投资项目办公室、区雁滩环卫市政所、相关街道办事处

第8件　完成综合福利老年养护中心主体建设

（一）实施范围

城关区综合福利老年养护中心建设项目位于城关区大沙坪北环路北侧，总占地面积123.2亩，其中建设用地30.58亩。

（二）工作进度

上半年完成项目的规划手续、土地手续、征占用林地手续，协调国土城关分局将该建设用地纳入土地总规划范围内，办理土地证，完成建设项目可行性研究报告评审，完成地勘报告、环评、能评、灾评、稳评、水电暖气、通信手续等；下半年完成建设工程规划许可证、设计院初步设计、发改或建设局初步设计审查、施工图设计、工程招投标、办理施工许可证及项目主体工程建设。

（三）资金来源

在省财政厅下达我区的专项置换债券中安排。

（四）责任领导：肖正明

（五）责任单位

主办单位：区民政局

协办单位：区发改局、区财政局、区审计局、国土城关分局、区林业局、区环保局、区住建局、区政府投资项目办公室、公安城关分局、九洲恒大生态园项目指挥部、草场街街道办事处

第 9 件　创建药品安全示范门店 40 家，餐饮服务示范店 100 家

（一）实施范围

全区餐饮服务企业及药品零售（连锁）企业。

（二）工作进度

3—6 月制定《城关区 2016 年创建食品药品示范（放心消费）门店实施方案》，对全区药品零售（连锁）、餐饮服务企业进行调查摸底；7—9 月按照《兰州市食品药品安全放心消费企业（门店）管理办法（暂行）》和有关评定细则进行初评，筛选出创建放心消费门店单位名单；11 月 30 日前组成验收评审小组对申报的示范（放心消费）门店进行现场验收审核，通过验收的上报市食品药品安全委员会审批，经审核验收公示并审批后，由市食品药品安全委员会授予示范（放心消费）门店牌匾。

（三）责任领导：宋锦荣

（四）责任单位

主办单位：区食药局

协办单位：相关街道办事处

第 10 件　建成城关区残疾人辅助器具适配中心，完成 100 户残疾人家庭无障碍设施改造，建成 5家示范性社区康复站

（一）实施范围

建成城关区残疾人辅助器具适配中心：依托社会机构由区残联提供场所，选择一家辅助器具适配机构为残疾人开展适配服务。

残疾人家庭无障碍设施改造：全区享受城市最低生活保障的重度听力残疾人家庭。

建成 5 家示范性社区康复站：依托各社区卫生服务中心进行选址建设。

（二）资金筹措

残保金中安排。

（三）工作进度

建成城关区残疾人辅助器具适配中心：1—3 月完成考察、制定建设方案、选择合作单位、选址等工作；4—6 月确定合作单位、进行规划设计；7—9 月建成城关区残疾人辅助器具适配中心，完成相关工作人员培训，开展辅具适配工作。

完成 100 户残疾人家庭无障碍设施改造：3 月底完成调查摸底和公示；4—5 月完成复核、工程招标；6—8 月底进行施工；9 月 15 日前完成工程验收工作。

建成 5 家示范性社区康复站：1—3 月选址；4—6 月配备相关康复器材，培训社区康复协调员；7—9 月建成 5 家示范性社区康复站并为残疾人建档立卡，开展康复服务。

（四）责任领导：肖正明

（五）责任单位

主办单位：区残联

协办单位：区卫生局、相关街道办事处

中共兰州市城关区委办公室印发《关于在全区党员中开展“学党章党规、学系列讲话，做合格党员”学习教育实施方案》的通知

城办发〔2016〕34 号

各街道党工委，区委各部门，区直各部门党委（党组、总支、支部），各人民团体党组（支部）：

《关于在全区党员中开展“学党章党规、学系列讲话，做合格党员”学习教育实施方案》已经区委同意，现印发给你们，请认真贯彻执行。

开展“学党章党规、学系列讲话，做合格党员”学习教育（以下简称“两学一做”学习教育），是面向全体党员深化党内教育的重要实践，是加强党的思想政治建设的重大部署，是推动全面从严治党向基层延伸的有力抓手。全区各级党组织要充分认识开展“两学一做”学习教育的重大意义，以习近平总书记系列重要讲话精神武装头脑、指导实践、推动工作，进一步贯彻落实全面从严治党要求，进一步巩固拓展党的群众路线教育实践活动和“三严三实”专题教育成果，进一步解决党员队伍在思想、组织、作风、纪律等方面存在的问题，努力使广大党员切实增强政治意识、大局意识、核心意识、看齐意识，坚定理想信念、保持对党忠诚、树立清风正气、勇于担当作为，充分发挥先锋模范作用，用实际行动展示共产党人的时代风采。

“两学一做”学习教育不是一次活动，不分批次、不划阶段、不设环节，要突出正常教育，依托“三会一课”等党的组织生活制度，真正把党的思想政治建设抓在日常、严在经常。全区各级党组织要认真落实习近平总书记“区分层次、突出正常教育、有针对性地解决问题”的重要指示精神，对普通党员和县级以上党员领导干部学习内容和学习方式有针对性地做出安排。要围绕区委中心工作，切实将学习教育作为今年和今后一个时期党建工作的龙头任务，坚持把解决党的领导弱化、党建工作缺失、从严治党不力等突出问题贯穿于学习教育全过程，坚持把先锋引领行动作为“两学一做”学习教育的有效载体，坚持把学习教育与推进效能风暴行动、维护社会稳定等有机结合起来，以学习教育推动实际工作，以实际工作牵引学习教育，坚决防止学习教育跑偏走虚，真正做到两不误、两落实。要进一步严肃党的组织生活、严格党员教育管理、严明党建工作责任制，激励基层党组织和广大党员干事创业、开拓进取，为建设幸福美好和谐新城关提供坚强政治和组织保证。

全区各街道、各部门要根据实施方案要求，结合实际制定具体工作方案。开展“两学一做”学习教育的情况，要及时报告区委组织部。

中共兰州市城关区委办公室
2016年5月3日

关于在全区党员中开展“学党章党规、学系列讲话，做合格党员”学习教育实施方案

党中央决定，2016年在全体党员中开展“学党章党规、学系列讲话，做合格党员”学习教育（以下简称“两学一做”学习教育）。这是落实党章关于加强党员教育管理要求、面向全体党员深化党内教育的重要实践，是推动党内教育从“关键少数”向广大党员拓展、从集中性教育向经常性教育延伸的重要举措，是加强党的思想政治建设的重要部署。根据《中共兰州市委办公厅印发〈关于在全市党员中开展“学党章党规、学系列讲话，做合格党员”学习教育方案〉的通知》（兰办发〔2016〕11号）精神，结合我区实际，制定如下方案。

一、总体要求

开展“两学一做”学习教育，基础在学，关键在做。要把党的思想建设放在首位，以尊崇党章、遵守党规为基本要求，以用习近平总书记系列重要讲话精神武装全党为根本任务，教育引导党员自觉按照党员标准规范言行，进一步坚定理想信念，提高党性觉悟；进一步增强政治意识、大局意识、核心意识、看齐意识，坚定正确政治方向；进一步树立清风正气，严守政治纪律政治规矩；进一步深化先锋引领行动，强化宗旨观念，勇于担当作为，在生产、工作、学习和社会生活中起先锋模范作用，为党在思想上、政治上、行动上的团结统一夯实基础，为协调推进“四个全面”战略布局、贯彻落实五大发展理念、全面加快幸福美好和谐新城关建设提供坚强政治和组织保证。

开展“两学一做”学习教育，要增强针对性，“学”要带着问题学，“做”要针对问题改。着力解决一些党员理想信念模糊动摇的问题，主要是对共产主义缺乏信仰，对中国特色社会主义缺乏信心，精神空虚，推崇西方价值观念，热衷于组织、参加封建迷信活动，是非观念淡薄，原则性不强，稀里糊涂当官，浑浑噩噩过日子等；着力解决一些党员党的意识淡化的问题，主要是看齐意识不强，不守政治纪律政治规矩，心中没有装着党章党规，工作没有遵循党章党规，行动没有贯彻党章党规，甚至不拿党章党规当回事，

在党不言党、不爱党、不护党、不为党，无视组织纪律，重大事项不报告，组织纪律散漫，不按规定参加党的组织生活，不按时交纳党费，不完成党组织分配的任务，不按党的组织原则办事等；着力解决一些党员宗旨观念淡薄的问题，主要是利己主义严重，不设身处地为民利民、漠视群众疾苦、与民争利、执法不公、吃拿卡要、假公济私、损害群众利益，落实惠民政策缩水走样、机械执行、死板操作，好事办不好，在人民群众生命财产安全受到威胁时临危退缩等；着力解决一些党员精神不振的问题，主要是工作消极懈怠，搞上有政策、下有对策，合意的就执行，不合意的就打折扣、搞变通，占着岗位不作为、遇到难题不会为、害怕风险不敢为，工作底数不清，基层情况不明，唱功好、做功差，逃避责任，懒政现象突出，先锋模范作用发挥不好等；着力解决一些党员道德行为不端的问题，主要是违反社会公德、职业道德、家庭美德，不注意个人品德，贪图享受、奢侈浪费等；着力解决制度建设不完善、不健全、系统性不够，贯彻落实不到位，制度权威性不强等问题。

“两学一做”学习教育不是一次活动，不分批次、不划阶段、不设环节。要突出正常教育，体现把党的思想政治建设抓在日常、严在经常，把全面从严治党要求落实到每个党支部、每名党员。要坚持正面教育，用科学理论武装头脑；坚持学用结合，知行合一；坚持问题导向，注重实效；坚持领导带头，以上率下；坚持从实际出发，分类指导。要以党支部为基本单位，以“三会一课”等党的组织生活为基本形式，以落实党员教育管理制度为基本依托，发挥党支部自我净化、自我提高的主动性，力戒形式主义，务求取得实效。

二、学习教育内容

1. 学党章党规。着眼明确基本标准、树立行为规范，逐条逐句通读党章，全面理解党的纲领，牢记入党誓词，牢记党的宗旨，牢记党员义务和权利，引导党员尊崇党章、遵守党章、维护党章，坚定理想信念，对党绝对忠诚。全体党员要认真学习《中国共产党廉洁自律准则》《中国共产党纪律处分条例》等党内法规，学习党的历史，学习革命先辈和先进典型，从周永康、薄熙来、徐才厚、郭伯雄、令计划等违纪违法案件中汲取教训，肃清恶劣影响，发挥正面典型的激励作用和反面典型的警示作用，引导党员牢记党规党纪，牢记党的优良传统和作风，树立崇高道德追求，养成纪律自觉，守住为人、做事的基准和底线。科级党员干部还要深入学习《公务员法》《行政机关公务员处分条例》《事业单位工作人员处分暂行规定》《中国共产党党组工作条例（试行）》和《党政领导干部选拔任用工作条例》等规章制度，努力提高思想政治素养和理论水平；与此同时，县级党员领导干部还要深入学习《中国共产党地方委员会工作条例》等党内重要法规制度。

2. 学系列讲话。全体党员要重点学习《习近平总书记系列重要讲话读本（2016年版）》，学习领会习近平总书记系列重要讲话的基本精神，学习领会党中央治国理政新理念新思想新战略的基本内容，学习领会增强党性修养、践行宗旨观念、涵养道德品格等基本要求，着重在掌握基本立场、观点、方法上下功夫。科级以上领导干部还要深入学习《之江新语》《习近平关于实现中华民族伟大复兴的中国梦论述摘编》《习近平谈治国理政》和《习近平总书记系列重要讲话文章选编（领导干部读本）》，对习近平总书记的每一篇重要讲话都要学思践悟、融会贯通。学习习近平总书记系列重要讲话要同学习马克思列宁主义、毛泽东思想、邓小平理论、“三个代表”重要思想、科学发展观结合起来，深刻理解党的科学理论既一脉相承又与时俱进的内在联系，坚定中国特色社会主义道路自信、理论自信、制度自信。同时，各级党委（党组）还要把习近平总书记关于学习毛泽东同志《党委会的工作方法》的重要批示及《党委会的工作方法》纳入各级党委（党组）领导班子成员“两学一做”学习教育重要内容，全面加强领导班子思想政治建设、作风建设和能力建设。

3. 做合格党员。着眼党和国家事业的新发展对党员的新要求，依据党章基本条件，坚持以知促行，做讲政治、有信念，讲规矩、有纪律，讲道德、有品行，讲奉献、有作为的合格党员。把增强“四个意识”作为学习教育的根本要求，引导广大党员主动自觉地向党中央看齐，向党的理论和路线方针政策看齐，坚决维护党中央权威，维护党的领导核心，做政治上的明白人。全体党员要通过学习教育坚定共产党人理想信念，牢固树立党的意识、党员意识，强化党的宗旨意识，积极践行社会主义核心价值观，在推动改革发展稳定实践中建功立业。科级以上党员领导干部要通过学习教育做心中有党、心中有民、心中有责、心中有戒的表率，带头坚定理想信念，带头严守政治纪律和政治规矩，带头树立和落实新发展理念，带头攻坚克难、敢于担当，带头落实全面从严治党责任。同时，无论普通党员还是党员领导干部，还要注重联系本职工作实际，学习好习近平总书记视察甘肃工作时的重要讲话和指示精神，进一步统一思想和行动，明确工作思路目标和努力方向。要围绕区委总体工作思路和当前各项工作部署要求，努力把做合格党员的要求，体现在推进脱贫攻坚、治污染畅交通、维护社会和谐稳定、持续抓作风改作风的担当作为之中，用实际行动展示共产党人的时代风采。

三、主要措施

1. 深入搞好思想发动。思想是行动的先导，认识是工作的基础。各级党组织要采取学习会、座谈会、讲党课等多种形式，引导广大党员认识开展学习教育的重大现实意义，认清自身和党员队伍中存在的突出问题，把牢学习教育的要旨、重点和要求，切实增强思想自觉和行动自觉，从而形成各级党组织全面覆盖、以支部为单位、党组织书记高度负责、广大党员积极主动参与的生动局面。

2. 开展个人自学和集中学习。党员领导干部要读原著、学原文、悟原理，带着信念学、带着感情学、带着使命学、带着问题学。要以党委（党组）会、党委（党组）中心组学习等形式，每次确定 1 个专题，定期组织集中学习。基层党组织要根据实际情况，在坚持每周至少集中学习 1 小时的基础上，对党员提出自学要求，可运用微党课、微视频等学习方式满足党员学习要求。党支部要组织召开全体党员会议，组织党员围绕专题学习。党小组定期组织党员集中学习。

要从实际出发，对不同领域、不同行业、不同层级的党员分别提出具体要求。在农村、社区，针对党员年龄结构差异大、文化基础差、集中学习难的特点，可推行街道党员送学、帮学、助学的学习方法，保证广大党员全程参与，农村要注意避开农忙时节安排学习讨论；在窗口单位和服务行业，要充分利用“三会一课”网络教育平台、微信课堂等网络方式学习，尽量避免脱产开展学习教育，以防止影响日常服务工作。在学校，要针对学校党员工作任务重、文化层次普遍较高的实际，可推行以自学为主、培训为辅的学习方法，避免放暑假耽误学习；在“两新”组织，可因企制宜、因岗制宜，采取小型、业余、分散的方式，在车间、工地、商场等第一线开展学习教育，可推行“十分钟党课”“半小时讲座”等学习方法。对流动党员，流入地、流出地党组织要加强协调配合，按照流入地为主的原则，把流动党员编入一个支部，就近就便参加学习教育。对离退休干部职工党员及年老体弱党员，既要体现从严要求，又要考虑实际情况，以送学上门等适当方式组织他们参加学习教育。

3. 围绕专题深入学习讨论。党支部每季度召开一次全体党员会议，每次围绕一个专题组织讨论。要以“严守党章党规，规范党员日常言行”“增强看齐意识，用习近平总书记系列重要讲话精神武装头脑”“践行‘四讲四有’，做合格党员”“立足本职岗位，发挥党员先锋模范作用”等四个专题，有针对性地开展学习讨论。党支部要结合各自实际，增强个人自学以及党小组、支委会、支部集中学习的针对性和实效性，通过学习讨论，真正提高认识，找准差距，明确努力方向。

4. 创新方式讲党课。讲党课一般在党支部范围内进行。党支部要结合专题学习讨论，对党课内容、时间和方式等做出安排。县级党员领导干部要贯彻落实《兰州市“领导干部上讲台”实施方案》要求，通过廉政大讲堂、以案说纪讲座、廉政巡回宣讲等方式，在党校、所在党支部及各自联系点带头讲党课，到农村、社区、学校等基层单位党支部讲党课。各单位党政主要负责人也要结合本单位的实际，每年至少为本单位党员干部上一次党课。同时，要鼓励和指导基层党组织书记、普通党员联系实际讲党课，注重运用身边事例、现身说法，强化互动交流、答疑释惑，增强党课的吸引力和感染力。要组织党校教师、讲师团成员、先进模范人物到基层一线党支部巡回讲党课。要结合精准扶贫精准脱贫工作，组织结对党支部负责人交叉讲党课，党员共同听党课，增进交流、密切感情。“七一”前后，党支部要结合开展纪念建党 95 周年活动，集中安排一次党课，组织党员重温入党誓词、到红色教育基地接受党的优良传统教育。要开展优秀党课评比活动，确保党课质量，避免扎堆、走过场。

5. 召开党支部专题组织生活会。年底前，党支部以“学党章党规、学系列讲话，做合格党员”为主题，召开专题组织生活会。支部班子及其成员对照职能职责，采取自己找、群众提、上级点、相互帮、集体议的方式，广泛征求意见，进行党性分析，查摆在思想、组织、作风、纪律等方面存在的问题。会前充分开展谈心交心，党支部书记与支部委员、与每名党员，支部委员相互之间要充分交心谈心，力求把思想谈透、把意见谈开。组织生活会上要通报组织开展“两学一做”学习教育的情况。每一名党员都要对照“两学一做”要求，采取口头或书面形式，汇报个人学习、工作及作用发挥情况，查摆问题、分析原因、提出整改措施和下一步打算，要严肃开展批评与自我批评。要组织全体党员对支部班子的工作、作风等进行评议。党小组可参照党支部要求，召开专题组织生活会。

6. 开展民主评议党员。以党支部为单位召开全体党员会议，组织党员开展民主评议，也可与党支部专题组织生活会统筹安排。对照党员标准，以党员思想表现、工作作风、遵守纪律、履行职责、发挥作用、道德品行等为主要内容，按照个人自评、党员互评、民主测评、组织评定的程序，对党员进行评议。党员人数较多的党支部，个人自评和党员互评可分党小组进行。党支部综合民主评议情况和党员日常表现，对每名党员按“优秀、合格、基本合格、不合格”确定评议等次，对优秀党员予以表扬。

7. 处置不合格党员。按照《党章》和《兰州市处置不合格党员实施方案》规定的程序，对超过6个月未与党组织联系且经多方努力确实无法取得联系的，按自行脱党及时予以除名；对确有不合格表现或违纪违法行为的党员，及时给予处置、处分；对民主评议为不合格的党员，区别不同情况，稳妥慎重地集中进行一次组织处置。民主评议党员和处置不合格党员的情况，要及时报告并在上级党委的指导下有序进行。

8. 深入推进先锋引领行动。各级党组织要认真执行《关于进一步深化先锋引领行动的意见》和《关于开展先锋引领行动五项争创活动的办法》，认真落实自身职责，密切协作、加强沟通，步调一致地开展各项工作，有计划、有步骤地推动行动深入实施。要结合各自实际，积极探索党组织易操作、党员好参与、群众能认可、效果能体现的形式，组织党员争创思想道德先锋、优质服务先锋、为民富民先锋、改革创业先锋、清廉实干先锋。继续运用典型引路的有效方式，加大力度发现、培育和树立党员队伍中涌现出的先进典型，大张旗鼓地宣传他们的感人事迹，为党员坚定理想信念、发挥引领作用树立比学赶超的榜样。各级党代表要牢记作为党员队伍中先进分子的特殊身份，以更高标准落实“两学一做”要求，带动身边党员倾力投入学习教育，按照党内有关规定，切实履行党代表建言献策和监督职责。区委将在纪念建党95周年活动中，评选表彰一批优秀共产党员、优秀党务工作者、先进基层党组织。

9. 立足岗位做贡献。各级党组织要着眼于全面提高基层党建工作科学化水平，坚持党建工作重点、亮点、难点、弱点“四点同抓”，广泛开展“服务型基层党组织‘双创’（创新、创优）观摩竞赛”活动，针对不同群体党员实际情况，提出党员发挥作用的具体要求，教育引导党员在任何岗位、任何地方、任何时候、任何情况下都铭记党员身份，积极为党工作。结合不同领域不同行业实际，组织引导党员立足岗位、履职尽责。在机关事业单位以“三优一满意”活动为载体，推行“五务六位”工作法，推进“五创五争”主题活动，重点落实在职党员到社区报到认领服务岗位、直接联系服务群众制度，促进党员模范履行岗位职责；在窗口单位和服务行业以“123”工作法为载体，重点落实党员挂牌上岗、亮明身份制度，引导党员在服务群众中争创优秀服务品牌、党员示范窗口和优秀服务标兵；在社区以“民情流水线”工程为载体，深入推进街道社区行政事务分离改革工作，开展党建工作示范社区、“城市管理一体化”示范街等创建活动，重点落实设岗定责和践诺承诺制度，引导党员在基层社会管理服务中亮身份、树形象、做贡献；在农村以“三争一促”活动为载体，广泛开展农村党组织“星级评定”、为民服务代理、村级契约承诺制等活动，重点落实“支部+协会”、结对帮扶制度，发挥党员带领群众脱贫致富的示范作用；在“两新”组织中以“三亮三比三争做”活动为载体，深入开展党建工作示范点创建活动，重点落实党员示范岗和党员责任区制度，引导党员在企业生产经营中争当先锋；在学校以“三师一建”活动为载体，重点要求党员增强党的意识，自觉爱党护党为党，敬业修德，奉献社会。

四、组织领导

“两学一做”学习教育在区委常委会领导下进行，由区委组织部牵头组织实施，区纪委、区委宣传部、区委党校配合做好相关工作。区委组织部牵头成立协调推进机构，对全区“两学一做”学习教育进行面上指导和工作协调。

1. 靠实工作责任。各级党组织要把开展“两学一做”学习教育作为一项重大政治任务，结合实际做出部署安排，加强具体指导，尽好责、抓到位、见实效。基层党委要对所辖党支部进行全覆盖、全过程的现场指导，帮助党支部制订学习教育计划，派员参加党支部各项活动。区直机关工委、区教育局党委、区非公有制企业党工委要根据本领域、本行业特点，分别制定机关、学校、非公企业党组织开展学习教育的指导意见，强化日常指导督导。各级党组织要把组织开展“两学一做”学习教育的情况，作为2016年度各级党组织书记抓基层党建述职考核评议的重要内容。

2. 强化组织保障。各级党组织要按照《关于开展党员组织关系集中排查的通知》要求，准确把握排查对象、任务、步骤和政策要求，摸清“口袋”党员、长期与党组织失去联系党员的情况，理顺党员组织关系，努力使每名党员都纳入党组织的有效管理。要加大整顿软弱涣散基层党组织工作力度，通过下派优秀年轻干部或后备干部担任下级党组织书记，加强基层党组织带头人队伍和后备干部队伍建设，激发基层干部队伍活力。结合村、社区“两委”班子换届选举工作，选拔党性强、能力强、改革意识强、服务意识强的党员干部担任党组织书记，并通过教育培训，提升综合能力，确保“两学一做”学习教育有人抓、有人管。

3. 加强督促检查。区委将组织成立由组织部、纪委、宣传部、党校等相关人员组成的指导小组，定期不定期地对基层党组织开展学习讨论、讲党课、专题组织生活会、民主评议党员等专题教育进行督促检查，全面了解掌握学习教育进展情况，对达不到要求的，及时进行通报，督促其“补课”；对学习教育组织不力、敷衍塞责，搞形式、走过场、效果不好的，要严肃批评、严肃问责，特别是要追究党组织书记的责任。区属党员人数较多的党组织也要成立指导小组，督促指导下属党组织开展学习教育。

4. 建立长效机制。各级党组织要抓住开展“两学一做”学习教育的有利契机，坚持思想建党与制度治党相结合，加强对党员思想政治教育、日常管理和作用发挥等问题的深入研究，对于新形势新任务下不适应密切联系群众、加强作风建设要求的，要予以修订完善；对于实践证明行之有效、群众认可的制度，要着力抓好落实，特别是要进一步健全完善和严格执行“三会一课”、党员组织生活、党内谈心谈话、民主评议等制度规定，努力把“抓在平常、融入经常”的要求落到实处。

5. 营造良好氛围。区委宣传部要制定宣传方案，发挥舆论主阵地作用，大张旗鼓地宣传“两学一做”中“学”的先进经验和“做”的先进典型，营造学习教育的浓厚氛围。各级党组织也要充分运用传统媒体和新兴媒体，大力宣传中央和省、市、区委关于开展学习教育的安排部署，多形式、多层次、全方位宣传本单位开展学习教育的好做法、好经验、好典型，努力营造出良好的舆论氛围。

6. 坚持统筹兼顾。各级党组织要把开展“两学一做”学习教育同做好当前改革发展稳定各项工作紧密结合起来，同完成本单位各项工作任务紧密结合起来，合理安排时间和精力，把党员干部在学习教育中激发出来的工作热情和进取精神转化为做好工作的动力，用经济社会发展成效检验学习教育成效，坚决防止学习教育跑偏走虚，真正做到两不误、两落实。

关于印发《城关区委全面贯彻落实从严治党主体责任2016年工作要点》的通知

各街道党工委，区委各部门，区直各部门党委(党组、总支、支部)，各人民团体党组（支部）：

《城关区委全面贯彻落实从严治党主体责任2016年工作要点》已经区委同意，现印发给你们，请结合实际认真贯彻落实。

中共兰州市城关区委党风廉政建设主体责任
贯彻落实推进工作领导小组办公室
2016年6月29日

城关区委全面贯彻落实从严治党主体责任2016年工作要点

2016年是实施“十三五”规划的开局之年，今年我区全面贯彻落实从严治党主体责任的总体要求是：全面贯彻党的十八大和十八届三中、四中、五中全会精神，深入学习贯彻习近平总书记系列重要讲话精神，按照中央和省委、市委关于落实全面从严治党主体责任各项要求和区委十届十一次全委会议部署，坚持全面从严治党、依规治党，整体推进党的思想、组织、作风、反腐倡廉、制度“五位一体”建设，进一步充实拓展“3783”主体责任体系，确保全面从严治党主体责任落地生根。

一、强化理论武装，提升党性修养

1. 注重学做结合，深化教育实效，扎实开展“两学一做”学习教育。组织全区各级党组织把开展好“两学一做”学习教育作为一项重大政治任务，结合实际做出部署安排，加强具体指导，采取“三会一课”专题学习讨论、“三会一课”网络教育管理平台、领导干部上讲台讲党课、召开专题组织生活会、民主评议党员、处置不合格党员、立足岗位做贡献等形式，每季度组织党员围绕一个专题开展讨论。特别是结合城关区基层组织实际，以确保“两学一做”学习教育实效为目标，在全区各级党组织和全体党员干部中开展以“双提双守双为”为主要内容的“三双”系列载体活动，确保学习教育有序开展、顺利推进、取得实效。

2. 坚持因地制宜，突出按需培训，着力提升党员干部队伍能力素质。制订2016年区级干部教育培训项目计划，要求全区各街道、各部门在制订全年干部教育培训计划和安排中心组学习时，要结合“两学一做”学习教育，把习近平总书记系列重要讲话精神和《党章》《廉洁自律准则》《纪律处分条例》等党规党纪纳入必修课程。认真执行组织调训制度，严格按照调训条件选派干部参加学习，确保做到应训尽训。在干部教育培训中重点开展好换届培训、领导干部上讲台工作，保质保量完成授课任务。

3. 完善学习手段，拓展学习内容，全面提高学习教育质量。进一步完善《城关区“三会一课”网络教育管理平台管理办法（试行）》，丰富“三会一课”网络学习平台内容，用图片、文字和视频会议等方式动态宣传党组织工作热点和理论知识。组织在职党员通过网络学习平台学习党务知识、观看电教片，学够规定学时后在平台上进行考试检验学习效果。

二、加强班子建设，优化干部选任

1. 抓好领导班子集中换届。严格按照省、市委关于县区换届工作的总体安排，制定《城关区领导班子换届工作意见》，强化领导职责，搞好工作统筹，加强学习宣传，精心组织，周密安排，切实确保换届工作的有序进行。加强对换届工作的组织领导，成立领导小组及工作机构，对换届中的一些重大事项、重大问题及时进行研究，并做出科学决策。严明“九个严禁”换届纪律，加大监督查处力度，始终保持对整治不正之风的高压态势，确保全区换届工作风清气正。

2. 选优配强领导班子。始终坚持把好干部“信念坚定、为民服务、勤政务实、敢于担当、清正廉洁”的五条标准和“三严三实”“忠诚干净担当、心中有党、心中有民、心中有责、心中有戒”的四有要求作为选人用人的标准。要充分考虑不同领导班子的特点，科学配备各级领导班子，选优配强党政正职，实现领导班子成员的合理搭配。坚持老中青结合的梯次配备，统筹把握不同年龄层次干部的配备比例。注重优秀年轻干部和女干部、少数民族干部、党外干部的选拔使用，在保证质量的前提下应配尽配。

3. 完善干部选拔任用方式。深入贯彻落实《城关区党政领导干部选拔任用初始提名办法》，健全完善干部初始提名实施细则，形成民主提名、公开提名、按岗提名、按需提名的工作机制。按照“谁提名谁负责”的原则，实行初始提名责任制，增强各级党组织和领导班子、领导干部在选人用人上的责任意识。坚持平时考核与年终绩效考核相结合、任前考核和跟踪考核相结合，全面掌握干部工作实绩情况。完善干部考核评价机制，加大干部日常考核在年度考核中的分值比重。

4. 加大干部培养交流力度。认真执行《党政领导干部交流工作规定》，积极稳妥地推进科级领导干部交流，注重对从事执纪执法、干部人事、财务审计、项目审批和资金管理等重点岗位领导干部的交流。加大干部的实践锻炼力度，注重在完成重大任务、应对重大事件中培养锻炼干部，有计划地安排年轻干部到招商引资、征地拆迁、项目建设、信访维稳、督查等关键岗位和复杂环境进行挂职锻炼，锻造作风、增长才干。

5. 统筹推进人才队伍建设。切实发挥人才工作领导小组职能。拓宽人才选用渠道，充分利用《兰州市引进急需紧缺高层次及实用人才实施细则（修订）》，努力引进各类人才。完善产学研紧密结合的人才培养模式，充分发挥专家学者在政府重大决策中的智力优势和参谋作用。积极申报对接国家和省市重大人才项目，争取国家和省市对我区人才发展项目的资金支持。积极开展第二届大学生创新创业大赛，促进人才在城关创新创业。加强党政人才、专业技术人才、企业经营管理人才、高技能人才、农村实用人才、社会人才的培训力度，不断提高各类人才整体素质。

三、夯实基层基础，抓实党建工作

1. 深化先锋引领行动。认真落实《关于进一步深化先锋引领行动的实施意见》确定的各项目标任务，组织全区各级党组织开展以争创思想道德先锋、优质服务先锋、为民富民先锋、改革创业先锋、清廉实干先锋为主要内容的“五项争创”活动，充分发挥全区各级党组织和广大党员干部在全面深化改革、维护社会和谐、夯实基层基础、改进工作作风中的先锋模范和引领示范作用，进一步巩固和扩大先锋引领行动成果，为全区经济社会发展提供坚强的政治和组织保障。

2. 扎实开展纪念建党95周年系列活动。制定《关于以“两学一做”学习教育为抓手扎实开展纪念建党95周年系列活动的实施方案》，组织全区各级党组织和广大党员以“歌颂光辉历程，坚定红色信念，凝聚崛起力量，推动科学发展”为主题，开展好“学党史、知党情、跟党走”“民情心连心”“光荣岁月”三个主题活动，并集中发现、总结、宣传和表彰一批先进典型，发挥模范带动作用。

3. 抓好村、社区“两委”班子换届选举工作。提早着手研究，及早动员部署，周密有序地做好村、社区“两委”班子换届选举前的准备工作，制定出具有针对性、操作性的换届选举工作计划和实施方案，并逐项抓好落实。特别针对前期排摸出的村情复杂、干群矛盾突出以及以往选举中问题较多的“难点村”，按照“一村一策、因村施策”的思路，逐个分析村情选情，找出问题根源，有针对性地制定工作预案。同时，坚持把严肃换届纪律摆在突出位置，加大宣传教育力度，积极引导干部严守换届纪律，努力营造风清气正的换届环境。

4. 统筹推进各领域基层党建工作。围绕优化服务抓好城市社区党建：加大行政服务分离改革的考核管理力度，将社区打造成为党联系群众的桥梁纽带。深化“城市管理一体化示范街”打造，提升城市管理水平。深化在职党员进社区活动，搭建省市在职党员为我区经济社会发展和为辖区群众服务的平台。围绕责任落实抓好村和村社区党建：推广为民服务代理制和村干部契约承诺制，结合“两学一做”学习教育和换届选举工作，对现有基层党组织带头人进行理想信念教育培训。围绕提升效能抓好机关党建：推行“五务六位”工作法，推进“五创五争”主题活动，解决一些机关党员干部存在的“僵、满、怕、懒、庸”等问题。围绕拓展品牌抓好学校党建：深化拓展“三师一建”党建工作品牌，促进教育均衡化发展。围绕履职尽责抓好“两新”党建：加大“两新”党组织书记、党员和入党积极分子、党员岗位技能培训三项工程，促进“两新”组织党员为企业和社会做贡献。

5. 健全落实党建工作责任。督促全区各级党组织特别是党组织书记把抓好党建作为最大政绩和主责主业，牢固树立“抓好党建是本职、不抓党建是失职、抓不好党建是不称职”的责任意识，履行好“一岗双责”职责，落实好抓党建工作述职评议制度，确保党建工作责任制真正执行到位。同时，定期对组织工作的指导思想、工作思路、重点任务进行分析汇报，把握好工作原则和工作方向，整合各方资源，调动一切积极因素，实现党建资源效益最大化。

四、加强作风建设，持续改进作风

1. 整改落实工作。采取随机抽查、专项检查、定点督查等方式，认真做好中央、省委巡视组和市委巡察组反馈问题整改、市委党风廉政建设考核反馈问题整改、巡察反馈问题整改、党的群众路线教育实践活动和“三严三实”专题教育活动整改落实情况的专项督查工作。对督查中发现的不履行全面从严治党主体责任或者履行全面从严治党主体责任不力的问题建立台账、严肃问责、抓好整改，推动各级党组织履行主体责任、党组织书记落实第一责任、班子成员落实职责范围内的领导责任。

2. 执行责任清单制度。巩固全区“工作落实年”活动成果，盯紧抓严区委常委会工作要点和确定的重点任务，严格执行区委责任清单管理模式，明确抓落实的具体方向和任务要求，坚持“说了算、定了干、马上办”的工作作风，引导全区上下不拖不等，把精力和重点聚焦到工作落实上，切实解决不作为、不落实的问题。继续做好“三单一网”的公开及运行工作，进一步规范政府部门职责权限，简化行政审批流程。

3. 持之以恒落实中央八项规定精神。严格执行省委双十条、市委十四条、区委十条等作风建设规定，紧盯重要节点，管住重要环节，盯住“关键少数”，加强监督检查。大力整治各种顶风违纪行为，加强对办公用房、公务用车、公务接待、资产管理、财经纪律等方面的监管。特别是对私设“小金库”，借会议、培训、项目实施、宣传推介等名目套取资金，收取费用用于违规支出等问题进行重点查处。组织开展好街道、部门党政主要负责人“三述”工作。密切关注“四风”的新动向、新表现，严肃查处隐形变异的“四风”问题，坚决防止“四风”反弹回潮。

五、强化监督问责，严明纪律审查

1. 执纪监督问责。对司法、审计、信访发现的问题线索，按照“四种形态”严格分类处置，扩大覆盖面，起底问题线索，经常使用党纪处分和组织处理，对发现问题的党员干部及时做好函询、约谈、诫勉等工作，实现减存量、遏增量。盯住重点岗位和重点领域，把党的十八大后不收敛、不收手，政治问题和腐败问题交织，问题严重、群众反映强烈，现在重要岗位且可能还要提拔使用的党员领导干部作为惩治重点，坚决快查快办。

2. 开展专项整治行动。针对全区低保、社保、扶贫等民生领域资金管理情况进行专项检查，严查“四小”、“19个重点领域”和群众身边的腐败问题，重点查处和纠正超标准超范围向群众筹资筹劳、摊派费用，违规收缴群众款物和处罚群众，克扣群众财物、拖欠群众钱款的突出问题，以及集体“三资”管理、土地征收和惠农等领域强占掠夺、贪污挪用、优亲厚友等严重问题，严肃处理在办理涉及群众事务时吃拿卡要甚至欺压群众的违纪行为，让群众真正感受到党风廉政建设和反腐败斗争的实际成效。

六、拓展责任体系，抓好责任落实

1. 拓展“3783”主体责任体系。按照全面从严治党的新要求，进一步健全制度体系，抓住知责明责、履责尽责、问责追责等关键环节，将“3783”主体责任体系内涵向党的思想建设、组织建设、作风建设、反腐倡廉建设和制度建设等各个领域延伸。制定《城关区全面贯彻落实从严治党主体责任 2016 年工作图表》，建立“图表式分责、链条式传导、网格式覆盖、倒逼式追责”的工作模式，形成落实主体责任横向到边、纵向到底工作格局，把全面从严治党作为党建考核体系的重要内容，持续运用好责任清单制度，加强对维护党章、执行党的路线方针政策和决议、贯彻落实中央和省市区委重大决策部署等情况的监督检查考核，用好述职评议考核结果。

2. 加大压力传导力度。严格落实目标考核专题会议、协调推进、签字背书、年度报告、专题报告、约谈提醒、督促检查、社会评价等制度，开展经常性督查、约谈、提醒、教育和批评，逐级传导责任和压力，推动主体责任落实。认真落实区委《关于落实全面从严治党主体责任进一步强化党内监督工作的实施办法》，督促各级责任主体明确分工，厘清责任，各司其职抓好干部日常管理监督。进一步增强基层党组织书记抓主体责任的意识，打通责任落实的“最后一公里”，推动全面从严治党主体责任向基层延伸。

3. 问责倒逼责任落实。把问责作为落实全面从严治党主体责任的重要抓手，对照《中国共产党纪律处分条例》和市委《关于落实党风廉政建设主体责任的实施办法》、区委《关于落实党风廉政建设党委主体责任和纪委监督责任的实施意见》《关于落实党风廉政建设主体责任的实施细则》和区纪委《党风廉政建设目标管理考核细则的通知》相关规定，明确责任追究的具体情形，加大责任追究力度，通报典型案例。严格落实“一案三查”，特别是对执行党的路线方针政策不力，管党治党主体责任缺失、监督责任缺位，“四风”和腐败问题多发频发，选人用人失察、任用干部出现问题，整改不落实的单位和责任人，查清主体责任和监督责任，依照相关规定予以严厉问责。

中共兰州市城关区委办公室关于印发《中共兰州市城关区委全面推进依法治区工作领导小组工作规则》《中共兰州市城关区委全面推进依法治区工作领导小组专项工作组组成及工作职责》和《中共兰州市城关区委全面推进依法治区工作领导小组办公室工作细则》的通知

城办发〔2016〕54 号

各街道党工委，区委各部门，区直各部门党委(党组、总支、支部)，各人民团体党组（支部）：

《中共兰州市城关区委全面推进依法治区工作领导小组工作规则》《中共兰州市城关区委全面推进依法治区工作领导小组专项工作组组成及工作职责》和《中共兰州市城关区委全面推进依法治区工作领导小组办公室工作细则》已经区委同意，现印发给你们，请认真遵照执行。

中共兰州市城关区委办公室
2016 年 7 月 14 日

中共兰州市城关区委全面推进依法治区工作领导小组工作规则

第一章　性质和机构设置

第一条　为全面推进依法治区，加快建设法治城关，根据《中共兰州市城关区委关于贯彻落实〈中共兰州市委关于全面深化法治兰州建设打造全省法治建设先行区的实施意见〉的意见》精神，制定本工作规则。

第二条　中共兰州市城关区委全面推进依法治区工作领导小组（以下简称“领导小组”）是区委领导下的，负责依法治区的部署、组织、指导和协调的领导机构。

第三条　领导小组常设办事机构为领导小组办公室，设在区委政法委，承担领导小组的日常工作。

第四条　领导小组下设的依法执政、执法监督、行政执法、司法执法、普法宣传和法治队伍建设等六个专项工作组，负责《中共兰州市城关区委关于贯彻落实〈中共兰州市委关于全面深化法治兰州建设打造全省法治建设先行区的实施意见〉的意见》相关方面任务的贯彻落实。

第二章　职责任务

第五条　领导小组负责依法治区的总体设计、组织实施、统筹协调、整体推进、督导检查和考核评价。具体职责是：

（一）贯彻落实中央关于全面推进依法治国重要决策部署、省委关于全面推进依法治省的意见及市委关于全面深化法治兰州建设打造全省法治建设先行区的实施意见。

（二）研究依法治区的重要部署和重要工作安排。

（三）研究依法治区的中长期规划、年度工作计划和重点工作。

（四）研究领导小组办公室统筹协调推进依法治区工作的情况报告，研究依法执政、执法监督、行政执法、司法执法、普法宣传、法治队伍建设等各专项法治建设工作情况报告。

（五）组织依法治区考核评价工作，研究区直各部门和各街道党政领导班子和领导干部年度法治建设绩效考核工作。

（六）总结推广依法治区工作先进经验，研究普法工作先进集体和个人评选工作。

（七）讨论需要领导小组研究的其他事项。

第三章　运行机制

第六条　领导小组每年至少向区委常委会报告一次贯彻落实中央和省市委关于全面深化法治建设各项决策部署及工作任务的实施情况，提请区委常委会讨论决定全面推进依法治区的重要决策、重要事项。对需要经过法定程序决定的事项，提请相关机关依法办理。

第七条　领导小组根据工作需要开展专题调研，包括开展重要课题研究、实地调研、网络调查、问卷调查、召开座谈会等。专题调研的具体安排由领导小组办公室根据领导小组组长或者由组长授权的副组长意见，提出建议并组织实施。

第八条　领导小组实行集体讨论重要问题会议制度，每年至少召开 2 次会议，根据工作需要，也可适时召开。

第九条　领导小组会议由组长或者由组长授权的副组长召集并主持，领导小组组长、副组长、成员参加。根据工作需要，可以邀请相关领导同志、有关专家列席会议。

第十条　领导小组会议由领导小组办公室负责组织筹备。

第十一条　领导小组会议由领导小组办公室形成会议纪要。相关单位必须严格执行领导小组会议决定事项，并及时将执行情况报告领导小组办公室。

第十二条　领导小组成员因职务发生变动不再担任领导小组成员的，其职务继任者自动成为领导小组成员。

第四章　其他事项

第十三条　区直各部门有关本部门依法治区的重大和重要工作计划方案，应报领导小组办公室备案。拟开展的重要改革试点，应报领导小组审批。

第十四条　本规则由区委办公室商区委全面推进依法治区工作领导小组解释。

第十五条　本规则自印发之日起施行。

中共兰州市城关区委全面推进依法治区工作领导小组专项工作组组成及工作职责

为充分发挥各相关单位职能作用，全面推进依法治区，按照《中共兰州市委全面推进依法治市工作领导小组专项工作组组成及工作职责》要求，现对原区委全面推进依法治区工作领导小组下设的执法监督、行政执法、司法执法、普法宣传等四个专项工作组的成员单位进行增扩，并增设依法执政和法治队伍建设两个专项工作组，同时，对各专项工作组的职责进行明确。

一、依法执政专项工作组

组　　长：朱家鹏　区委常委

成员单位：区纪委、区委办公室、区人大办公室、区政府办公室、区政协办公室、区委组织部、区委政法委、区委依法治区办、区委政研室、区法院、区检察院、区民政局、区总工会、团区委、区妇联、区人武部、预备役三团。

工作职责：协调各成员单位相互支持、相互配合，推动《中共兰州市城关区委关于贯彻落实〈中共兰州市委关于全面深化法治兰州建设打造全省法治建设先行区的实施意见〉的意见》中相关任务的落实；调查研究依法执政重要问题并提出政策建议；办理领导小组交办的其他工作。

专项工作办公室设在区委办公室，办公室主任由区委办公室主任张兴成同志兼任。

二、执法监督专项工作组

组　　长：高　星　区人大常委会主任

成员单位：区委办公室、区人大办公室、区政府办公室、区委政法委、区委依法治区办、区人大常委会法工委、区法院、区检察院、公安城关分局、区司法局、区政府法制办。

工作职责：协调各成员单位相互支持、相互配合，推动《中共兰州市城关区委关于贯彻落实〈中共兰州市委关于全面深化法治兰州建设打造全省法治建设先行区的实施意见〉的意见》中执法监督有关组织协调和督促检查；调查研究执法过程中的重要问题并提出监督建议；办理领导小组交办的其他工作。

专项工作组办公室设在区人大常委会法工委，办公室主任由区人大常委会法工委主任王振帮同志兼任。

三、行政执法专项工作组

组　　长：张永财　区委副书记、区政府区长

成员单位：区人大办公室、区政府办公室、区委政法委、区委依法治区办、区法院、区检察院、区依法行政工作领导小组成员单位。

工作职责：协调各成员单位相互支持、相互配合，推动《中共兰州市城关区委关于贯彻落实〈中共兰州市委关于全面深化法治兰州建设打造全省法治建设先行区的实施意见〉的意见》中依法行政相关任务的落实；承担依法行政工作有关组织协调和督促检查；协调推动依法行政有关法规政策的实施；调查研究依法行政重要问题并提出政策建议；办理领导小组交办的其他工作。

四、司法执法专项工作组

组　　长：伏禄代　区委常委、政法委书记

成　　员：姚　巍　区委政法委副书记、区维稳办主任

张四恩　区法院院长

王　锐　市检察院副检察长、区检察院检察长

郭玉宏　公安城关分局政委

刘　伟　区司法局局长

成员单位：区委办公室、区政府办公室、区委组织部、区委政法委、区委依法治区办、区编办、区人大常委会法工委、区法院、区检察院、区发改局、区教育局、公安城关分局、区民政局、区司法局、区财政局、区人社局、区卫计局、区政府法制办、区安监局、区食药局、区人武部、预备役三团。

工作职责：协调各成员单位相互支持、相互配合，推动《中共兰州市城关区委关于贯彻落实〈中共兰州市委关于全面深化法治兰州建设打造全省法治建设先行区的实施意见〉的意见》中公正司法相关任务的落实；深化司法体制机制改革，保证公正司法；调查研究执法司法重要问题并提出政策建议；办理领导小组交办的其他工作。

专项工作组办公室设在区委政法委，办公室主任由区委政法委副书记、区维稳办主任姚巍同志兼任。

五、普法宣传专项工作组

组　　长：肖正明　区政府副区长

成　　员：林怡辛　区委宣传部副部长、外宣办主任

杨军民　区委宣传部副部长、文明办主任

刘　伟　区司法局局长

曾照婷　区文体局局长、党委书记

蒋毅群　省小教培训中心副主任、区教育局局长、党委书记

成员单位：区人大办公室、区委组织部、区委宣传部、区文明办、区委依法治区办、区综治办、区直机关工委、区法院、区检察院、公安城关分局、区民政局、区司法局、区教育局、区财政局、区人社局、国土城关分局、区环保局、区建设局、区农水局、区商务局、区文体局、区卫计局、区食药监局、区民宗局、区工商联、区国税局、区地税一局、区地税二局、区安监局、区总工会、团区委、区妇联、区委党校。

工作职责：协调各成员单位相互支持、相互配合，推动《中共兰州市城关区委关于贯彻落实〈中共兰州市委关于全面深化法治兰州建设打造全省法治建设先行区的实施意见〉的意见》中普法依法治理任务的落实；承担法治宣传教育有关组织协调和督促检查；调查研究法治宣传教育重要问题并提出政策建议；办理领导小组交办的其他工作。

专项工作组办公室设在区司法局，办公室主任由区司法局局长刘伟同志兼任。

六、法制队伍建设专项工作组

组　　长：寇桂杰　区委常委、组织部部长

成员单位：区人大办公室、区委组织部、区委政法委、区委依法治区办、区法院、区检察院、公安城关分局、区教育局、区财政局、区司法局、区人社局、区政府法制办。

工作职责：协调各成员单位相互支持、相互配合，推动《中共兰州市城关区委关于贯彻落实〈中共兰州市委关于全面深化法治兰州建设打造全省法治建设先行区的实施意见〉的意见》相关任务的落实；承担法治队伍建设有关组织协调和督促检查；调查研究法治队伍建设重要问题并提出政策建议；办理领导小组交办的其他工作。

专项工作组办公室设在区委组织部，办公室主任由区委组织部常务副部长李嘉晨同志兼任。

中共兰州市城关区委全面推进依法治区工作领导小组办公室工作细则

第一章　机构设置

第一条　为充分发挥区委全面推进依法治区工作领导小组办公室的职能作用，落实全面推进依法治区工作，根据《中共兰州市城关区委全面推进依法治区工作领导小组工作规则》相关规定，制定本工作细则。

第二条　中共兰州市城关区委全面推进依法治区工作领导小组办公室是区委全面推进依法治区工作领导小组（以下简称“领导小组”）的常设办事机构，设在区委政法委，受领导小组领导，承担领导小组日常工作。

第二章　职责任务

第三条　领导小组办公室的主要职责及任务：

（一）贯彻落实领导小组的决定、决议事项和工作部署，结合全区法治建设实际，对全面推进依法治区工作进行研究和谋划，向领导小组提出意见建议。

（二）拟定全面推进依法治区工作的中长期规划、年度工作计划和工作重点，提交领导小组研究并组织实施。

（三）协调相关部门积极推进依法执政、行政执法、司法执法、普法宣传、法治队伍建设等工作，组织开展检查督导，了解掌握工作进展情况，研究提出解决重大问题的意见建议，总结推广典型经验和做法。

（四）组织或配合相关部门开展对区直各部门和各街道党政领导班子和领导干部年度法治建设绩效考核，提出考评建议，报领导小组研究。

（五）组织实施全面推进依法治区工作目标管理，按照依法治区办要求，做好普法先进集体的个人评选工作，报领导小组决定。

（六）组织开展全面推进依法治区工作的调查研究和情况分析，对工作中存在的问题进行研究论证，提出对策建议，并向领导小组报告。

（七）加强与领导小组各专项工作组和各成员单位、各部门的协调联系，收集归纳各部门关于法治建设的意见建议，定期向领导小组汇报。

（八）负责领导小组会议、全面推进依法治区工作重要会议和重大活动的筹备、协调、组织实施工作。

（九）负责全面推进依法治区工作的信息收集、情况综合和工作交流，编发工作简报。

（十）协调、配合有关部门和新闻媒体做好全面推进依法治区的宣传工作。

（十一）负责协调督促领导小组六个专项工作组的工作。

（十二）负责完成领导小组交办的其他事项。

第三章　运行机制

第四条　领导小组办公室根据工作需要召开会议，传达学习中央和省、市委关于法治建设的重要文件，检查对中央和省、市、区委相关工作的安排部署及贯彻落实情况，研究全区法治建设有关工作。

第五条　领导小组办公室根据工作需要，可以召开成员单位联席会议和联络员会议。根据领导小组组长、副组长的要求，可以组织召开专题协调会议、专题工作会议。涉及重要事项的，须报领导小组组长审批。

第四章　其他事项

第六条　各专项工作组、区直各部门报送领导小组的重要文件，报领导小组办公室审核后，根据领导小组办公室主任意见报领导小组组长、副组长审批。

第七条　本细则由区委办商全面推进依法治区工作领导小组办公室解释。

第八条　本细则自印发之日起施行。

中共兰州市城关区委办公室 兰州市城关区人民政府办公室 关于印发《城关区开展社会治安防控体系建设试点工作的实施方案》的通知

城办发〔2016〕57号

各街道党工委和办事处，区委和区直各部门，各人民团体：

《城关区开展社会治安防控体系建设试点工作的实施方案》已经区委、区政府同意，现印发你们，请遵照执行。

中共兰州市城关区委办公室
兰州市城关区人民政府办公室
2016年7月25日

城关区开展社会治安防控体系建设试点工作的实施方案

为全面贯彻落实省、市社会治安防控体系建设工作会议精神，深入推进平安城关建设，按照省上确定我区为社会治安防控体系试点县区的要求，全力打造社会治安防控体系建设“升级版”，争创全省社会治安防控体系建设示范县区，根据市委、市政府社会治安防控体系建设“136”总体工作计划，结合我区实际，特制定本实施方案。

一、指导思想

全面贯彻落实中央和省、市、区委决策部署，着眼防范化解管控各类风险，坚持源头治理，积极破解难题、补齐短板、防控风险、服务发展，努力形成党委领导、政府主导、综治协调、各部门齐抓共管、社会力量积极参与的社会治安防控工作格局，全面构筑点线面结合、人防物防技防结合、打防管控结合的立体化社会治安防控体系建设“升级版”，切实担负起为全省先行先试、示范引领的责任使命，有效保障公共安全，维护城关区社会稳定，打造平安城关。

二、总体目标

2016年7月—2017年7月，利用1年的时间，进一步完善城关区立体化社会治安防控体系建设，积极破解重点人群服务管理、重点行业安全监管、重点领域矛盾化解三大难题，尽快补齐基层基础、社会共治、科技运用、法治保障四个短板，着力提升防控体系信息化、实战化、智能化、现代化水平，推动全区社会治安防控体系建设整体升级，确保全区信访案件、群体性事件、刑事案件总量、严重刑事犯罪、各类重大公共安全事故得到有效控制，社会安定有序，人民群众安全感和满意度明显提升。

三、主要任务

按照“先行试点，逐步完善，总结经验，整体推进”的工作思路，做好三个提升，抓好六张防控网络建设，强化四项重点工作，加强三个能力建设。

（一）做好三个提升

1. 提升两个“中心”建设。一是全面提升街道维稳综治信访司法中心，整合基层力量，以就地维稳、就地治理、就地接访、就地调解为抓手，把各类信访问题吸附在源头和基层，形成“矛盾联调、治安联防、工作联动、问题联治、平安联创”的工作新格局。二是提升城关区司法行政法律服务中心，健全充实3069名专兼职调解员队伍，完善“三大调解”衔接配合机制，完善司法所和派出所协作机制，完善“智慧司法”系统，运用现代科技手段，促进社区矫正人员监管智能化。

2. 提升两个“一万”工程。积极整合基层各级防范力量，完善“万人巡防”队伍建设，推进四级巡防网络，统一标识，规范管理，将全区划分为43个巡区，加强巡防工作，提高街面见警率，强化背街小巷巡逻防控。完成公共部位10000个视频监控探头建设任务，升级改造1000个高清视频探头，形成人防技防密切配合，街面全覆盖、重点部位全覆盖，立体化、全方位、点线面相结合的治安防控格局。

3. 提升三个“平台”建设。以信息化建设为支撑，提升城关区数字化视频监控平台、综治信息化平台和校园安全云平台建设水平，将全区划分为733个三级网格，精细网格化管理，建立1753名综治E通信息员队伍，配备手持数字终端设备全方位及时采集录入共享信息，利用信息技术全时化、可视化、智能化特点，实现治安形势精准研判、风险隐患精准预警，推动社会风险防控和治理模式转变。

（二）抓好六张“防控网络”建设

1. 社会面治安防控网。以形成统一指挥、屯警街头、动中备勤、警民协同、快速反应、内巡外堵、先发制敌的一体化社会面巡逻防控网络为目标，在全区布控340辆警车定位巡逻，建立13处治安巡防点、5个反恐支撑点、3个反恐治安派出所，加强128支群防群治队伍建设，强化对“三不管”楼院和学校周边等易发案区域、部位的治安巡逻。做好114个“护学岗”定点执勤，加强校园安保工作，完成69个校园警务室建设。抓好平安志愿者队伍的招募组建工作，组织30000名平安志愿者上街面、进市场、保平安。

2. 重点人员和重点行业治安防控网。全面实施居住证制度，加强和改进流动人口服务管理，推进“社区民警专职化”和“社区民警网格化”。加强重点人员服务管理，强化涉恐涉稳重点人员基础调查和对反恐重点目标单位的督导检查，加强肇事肇祸精神病患者救治救助和管控工作。加强重点行业治安管控，推进行业场所治安管理信息系统建设及联网应用。开展危爆物品和寄递物流清理整顿专项行动。

3. 街道和社区（村）治安防控网。实施社区警务战略，加强反恐特警大队的建设，加大派出所办公用房建设，2016年建成标准化社区（村）警务室169个，到2017年底，社区（驻村）警务室覆盖率达到100%。强化小区楼院安全防范，严格落实物业企业安全防范责任，力争专职安保力量、技防设施覆盖率达到100%；对单位负责管理的居住小区、办公楼宇靠实防范管理责任，落实门卫看护制度，到2017年底，技防设施建设覆盖率达到100%。大力提升改造“三不管”楼院，消除治安隐患。

4. 单位内部和社会组织安全防控网。严格执行《企业事业单位内部治安保卫条例》，加强机关、企事业单位内部治安防范，督促落实单位内保责任。督促机关、企事业单位加强内部技防设施建设，实现视频监控等技防系统在要害部位、易发案区域全覆盖。加强和完善社会组织和境外非政府组织管理。加强宗教组织、宗教场所管理，依法查处非法宗教活动，妥善化解各类涉宗教纠纷。

5. 社会公共安全视频监控网。按照市上推进公共视频监控建设的总体规划，进一步增点扩面，推进技防建设向社会面、小区楼院、单位内部、背街小巷的延伸，2016年底，重点单位、要害部位和新建小区治安监控覆盖率达到100%。加大城乡接合部、农村地区公共区域视频监控系统建设力度，完成2处铁路沿线高清视频监控点建设任务。推进公共安全视频监控联网，到2020年重点公共区域视频监控覆盖率达到100%，新建改建高清探头比例达到100%，重点行业、领域的重要部位视频监控率达到100%，重点公共区域视频监控联网率达到100%。

6. 信息网络安全防控网。完善区级网络安全风险监测预警和通报处置机制，推进政府机关等重点领域信息系统安全保护设施建设，建立完善区级舆情导控综合平台，实现对网上社情民意的实时掌握、网上治安秩序的有效管控、网上重要事件的及时预警、涉网违法犯罪的快速处置。推进网络安全警务室建设，优化整合150人的“网评员”队伍，依法严厉打击网上违法犯罪活动，规范网吧治安管理，依法治理黑网吧，整治互联网低俗信息，净化网络环境。组建100名网络平安志愿者队伍。

（三）强化四项重点工作

1. 强化维护国家安全和社会政治稳定工作。密切关注“民运”“藏独”“疆独”等组织和重点人员的活动动向，严格落实敏感期防范处置机制，全力防范和抵御“颜色革命”，坚决维护国家政治安全，不断提升情报信息工作能力和水平，完善情报预警研判机制，健全专群结合、人力和技术结合的情报信息工作网络。

2. 强化严打整治工作。持续开展严厉打击盗抢骗、黄赌毒、“两抢一盗”和电信诈骗、网络诈骗及非法集资等违法犯罪活动的专项行动，有效遏制刑事犯罪、毒品犯罪和侵财性犯罪高发的势头。推进“零命案县区”和“零发案社区（村）”创建活动。实施治脏、治乱、治暗、治堵、治破、治危等“六治”工程，加大对治安复杂区域和治安乱点重点地区综合整治力度。推进十大平安系列创建活动，扩大平安建设覆盖面。

3. 强化矛盾纠纷排查化解工作。实施源头治理，全力化解社会矛盾。狠抓“五排查”制度落实，深入开展“重大矛盾排查化解攻坚”行动及大接访、大下访、大排查、大调处活动，开展“化积案、控非访”专项行动，对重点信访件实行领导包案、挂牌督办、清单化管理，集中调处、逐案化解。加强网上信访，畅通民意表达渠道，减少非正常访、赴省去市越级上访，以及群体性事件和“民转刑”“刑转命”案件，努力实现“零”进京上访的目标。

4. 强化消防安全管理。全面加强公共消防基础设施建设，配齐配强消防设施和人员力量，广泛开展防火、灭火、疏散、逃生等消防安全常识教育，加快推进消防水源建设，逐步完善覆盖城乡的火灾防控和灭火救援体系，努力形成社会化消防工作格局。强化消防安全源头管控，定期对重要活动场所、人员密集场所、易燃易爆企业、文物古建筑、地下空间建筑场所和区域开展火灾隐患安全检查，依法整治火灾隐患，确保全区消防安全形势持续平稳。

（四）全面提升“三个能力”

1. 全面提升基层治理能力。区委政法委、区综治委要切实肩负起建设平安城关的主体责任，组织、督促各部门各街道主动担当、主动作为，把精力更多地向平安建设上聚焦，把工作重心放在抓服务、抓管理上，着力破解制约平安城关建设的突出问题，着力解决力量不足、待遇偏低、经费短缺、基础薄弱等困难，不断提高执行力，努力为群众安居乐业创造良好的社会环境。

2. 全面提升齐抓共管能力。政法综治部门要通过统筹资源、整合力量、创新方法、健全机制，构建党政领导、综治协调、部门负责、社会协同、公众参与的工作格局。各职能部门按照“谁主管、谁负责”的原则，进一步厘清职责任务，抓好工作部署，真正做到各司其职、各负其责。相关单位要履行平安建设责任，切实维护内部安全，看好自己的门、管好自己的人、办好自己的事。各街道、各部门要加强协调联动，深入推进平安城关建设。

3. 全面提升法治引导的能力。充分发挥法治的引导、规范、保障、惩戒作用，依法加强管理、依法化解社会矛盾、依法预防打击犯罪、依法维护社会稳定，促进从法治层面解决重点难点问题。维护宪法和法律尊严，加强法治宣传和平安建设宣传工作，促进全民守法，在全社会形成办事依法、遇事找法、解决问题用法、化解矛盾靠法的良好法治环境。全面落实重大事项社会稳定风险评估机制，实现应评尽评。

四、组织领导

为确保社会治安防控体系建设试点工作顺利推进，成立城关区社会治安防控体系建设试点工作推进领导小组。

组　长：王　宏　区委书记
副组长：张永财　区委副书记、区政府区长
　　　　伏禄代　区委常委、政法委书记
　　　　徐安全　区人大副主任
　　　　肖正明　区政府副区长
　　　　张盛明　区政协副主席
成　员：李嘉晨　区委组织部常务副部长
　　　　严　肃　区委组织部副部长、区人社局局长
　　　　杨军民　区委宣传部副部长、区文明办主任

林怡辛　区委宣传部副部长、外宣办主任
魏凯桥　区政府办公室副主任、区信访局局长
张四恩　区法院院长
王　锐　市检察院副检察长、区检察院检察长
赵　林　市公安局副局长、城关分局局长
蒋毅群　省小教培训中心副主任、区教育局局长
胡云鸿　区工商局局长
王　鹏　区工信局局长
陈　陇　区民宗局局长
丁月英　区民政局局长
刘　伟　区司法局局长
罗宏才　区财政局局长
张海宾　区建设局局长
曹　民　区城管执法局局长
严　刚　区安监局局长
董　波　区商务局局长
曾照婷　区文体局局长
姜文秀　区卫计局局长
成维祥　区食药局局长
常沁萍　区房管局局长
付文英　区总工会常务副主席
刘益煜　团区委书记
郭　斌　区妇联主席
王晓伟　区综治办主任

领导小组办公室设在区委政法委，办公室主任由伏禄代同志兼任。

五、实施步骤

全区社会治安防控体系建设试点工作总体分为三个阶段：

（一）动员部署阶段（2016 年 7 月—2016 年 8 月）

召开区综治委会议，研究制定试点工作实施方案，安排部署全区社会治安防控体系建设试点工作，明确目标任务，统一思想认识，靠实工作责任。综治委成员单位细化制定试点方案，报区综治委审核备案。

（二）实施阶段（2016 年 8 月—2017 年 7 月）

召开全区社会治安防控体系建设试点工作推进会议，明确各牵头部门目标任务、时间进度和责任，全面实施全区社会治安防控体系建设试点工作。区综治委加强指导检查，弥补工作不足，督促工作任务落实。

（三）总结阶段（2017 年 7 月）

组建检查验收工作组，采取实地查看、座谈交流等形式，掌握工作进展情况，对全区社会治安防控体系建设试点工作的做法和成效进行回顾总结，对存在的问题深入研究分析，提出加强和改进的意见建议，初步探索出具有示范意义和推广价值的立体化社会治安防控体系建设经验。

六、保障措施

（一）健全完善组织领导机制。健全完善区委统一领导，党政齐抓共管，区综治委牵头负责，各街道、各单位各负其责的社会治安防控体系建设组织领导体制。区综治委要认真履行组织协调、督促指导、检查考评职能，推动各成员单位参与防控工作，加强调查研究，及时研判通报治安形势，协调解决突出问题，统筹推进社会治安防控体系建设。配齐配强基层综治力量，街道综治委主任由街道党工委书记担任，综治办主任由党工委副书记担任，村（社区）综治机构主要负责人由党组织书记担任，并明确 1 名负责人主管综治工作。

（二）健全完善责任落实机制。各单位要按照“谁主管、谁负责”和“条块结合、以块为主”的属地管理原则，进一步量化工作任务，细化各部门职责分工，把社会治安防控体系建设责任落实到具体领导、具体部门、具体人员，形成层级清晰、规范严密的责任体系。政法机关特别是公安机关要充分发挥主力军作用，根据社会治安防控体系建设需要，调整工作重点、警力部署和勤务制度，加强基层基础工作。各部门要结合自身职能，抓好本部门、本系统参与社会治安防控体系建设的任务，扎实推进系统行业平安创建活动，切实做到与部门工作同规划、同部署、同检查、同落实。

（三）健全完善协同配合机制。坚持党委领导下的多方参与、共同治理，发挥政府、市场、社会等多方主体在社会治安防控体系建设中的协同协作、互动互补、相辅相成作用，有效激发社会各方面参与社会治安防控体系建设的积极性、主动性、创造性。大力支持群众组织参与社会治安防控体系建设，将适合由社会组织承担的矛盾纠纷调解、特殊人群服务管理、预防青少年违法犯罪等社会治安防控体系建设任务纳入政府购买服务目录，通过竞争性选择等方式，交由相关社会组织承担。加强城乡社区群众自治组织建设，提高群众安全防范意识，积极动员群众关心支持和参与社会治安防控体系建设。

（四）健全完善考评奖惩机制。严格执行中办、国办印发的《健全落实社会治安综合治理领导责任制》，建立完善由区综治委牵头，纪检、组织、监察、人社等部门共同参与的考核评价机制，将考核结果与干部业绩评定、职务晋升、奖励惩处挂钩，对工作不落实、措施不到位导致发生重大群体性事件、安全生产事故、

恶性刑事案件和突出治安问题的，实行一票否决，严格实行责任倒查和责任追究，对造成重大后果的依法依纪严肃处理。

兰州市城关区人民政府办公室关于印发《城关区简化优化公共服务流程方便基层群众办事创业实施方案》的通知

城办发〔2016〕63号

各街道办事处，区直各部门，区属各单位：

现将《城关区简化优化公共服务流程方便基层群众办事创业实施方案》印发给你们，请认真执行。

兰州市城关区人民政府办公室

2016年8月17日

城关区简化优化公共服务流程方便基层群众办事创业实施方案

为深入贯彻落实《兰州市人民政府办公室关于印发兰州市简化优化公共服务流程方便基层群众办事创业实施方案的通知》（兰政办发〔2016〕100号）文件精神，加快转变政府职能，深入推进简政放权、放管结合、优化服务改革，给群众提供优质、高效、便捷、公平、可及的服务，结合城关区实际，制定本方案。

一、总体要求

全面贯彻落实党的十八大和十八届三中、四中、五中全会精神，按照区委区政府关于简政放权、放管结合、优化服务、协同推进的部署要求，坚持问题导向，创新工作思路，综合施策、标本兼治、立行立改，务求在简环节、优流程、转作风、提效能、强服务方面取得突破性进展，切实解决群众“办证多、办事难”等问题，进一步提升公共服务水平和群众满意度，更好地推动大众创业、万众创新，激发市场活力和社会创造力。

——服务便民利民。简化办事环节和手续，优化公共服务流程，明确标准和时限，强化服务意识，丰富服务内容，拓展服务渠道，创新服务方式，提高服务质量和办事效率，让群众办事更方便、创业更顺畅。

——办事依法依规。严格遵循法律法规，自觉运用法治思维法治方式，规范公共服务事项办理程序，严格限制自由裁量权，维护群众合法权益，推进公共服务制度化、规范化。

——信息公开透明。全面公开公共服务事项，实现办事全过程公开透明、可追溯、可核查，切实保障群众的知情权、参与权和监督权。

——数据开放共享。加快推进“互联网+公共服务”，运用大数据等现代信息技术，强化部门协同联动，打破信息孤岛，推动信息互联互通、开放共享，提升公共服务整体效能。

二、主要任务

（一）全面梳理公共服务事项。各部门、各单位要根据相关法律法规规定，结合已公布的权力清单、责任清单、财政专项资金管理清单、便民服务事项以及规范行政审批行为等工作，对本部门、本单位以及相关国有企事业单位、中介服务机构的公共服务事项进行全面梳理，列出目录并实行动态调整。

梳理范围：以创业创新需求为导向，明确有关政策支持、法律和信息咨询、知识产权保护、就业技能培训等综合服务事项；以公共服务公平、可及为目标，明确公共教育、劳动就业、社会保障、医疗卫生、住房保障、文化体育、扶贫脱贫等与群众日常生产生活密切相关的公共服务事项。

牵头单位：区政务服务中心、区三维数字中心。

责任单位：区政府各部门、各单位。

完成时限：2016 年 10 月 31 日前。

（二）坚决砍掉各类无谓的证明和烦琐的手续。凡没有法律法规依据的证明和盖章环节，原则上一律取消。确需申请人提供的证明，要严格论证，广泛听取各方面意见，并做出明确规定，必要时履行公开听证程序。办事部门可通过与其他部门信息共享获取相关信息的，不得要求申请人提供证明材料。各部门、各单位可结合实际，探索由申请人书面承诺符合相关条件并进行公示，办事部门先予以办理，再相应加强事后核查与监管，进一步减少由申请人提供证明材料的模式，提高办事效率。

责任单位：区政府各部门、各单位。

完成时限：2016 年 10 月 31 日前。

（三）编制公共服务事项办事指南。对所有公共服务事项逐项编制办事指南，列明办理依据、受理单位、基本流程、申请材料、示范文本及常见错误示例、收费依据及标准、办理时限、咨询方式等内容，并细化到每个环节。

牵头单位：区政务服务中心、区三维数字中心。

责任单位：区政府各部门、各单位。

完成时限：2016 年 10 月 31 日前。

（四）公布公共服务事项目录和办事指南。对经审核确认保留的公共服务事项目录和办事指南，通过区政府门户网站、甘肃政务服务网、各部门门户网站以及宣传手册等形式向社会公开，接受社会监督。

牵头单位：区政务服务中心、区三维数字中心。

责任单位：区政府各部门、各单位。

完成时限：2016 年 12 月 31 日前。

（五）大力推进办事流程简化优化和服务方式创新。最大限度精简办事程序，减少办事环节，缩短办理时限，提高服务质量，提高办事效率。加快推进区政务服务中心功能升级，推动公共服务事项全部进驻，探索将部门分设的办事窗口整合为综合窗口，变“多头受理”为“一口受理”，为群众提供项目齐全、标准统一、便捷高效的公共服务。健全完善首问负责、一次性告知、并联办理、限时办结等制度，积极推行一站式办理、上门办理、预约办理、自助办理、同城通办、委托代办等服务。

牵头单位：区政务服务中心、区三维数字中心。

责任单位：区政府各部门、各单位。

完成时限：持续推进。

（六）加快推进部门间信息共享和业务协同。加强协调配合，推进公共服务信息平台建设，加快推动跨部门、跨区域、跨行业涉及公共服务事项的信息互通共享、校验核对。依托“互联网+”，促进办事部门公共服务相互衔接，从源头上避免各类“奇葩证明”“循环证明”等现象，为群众提供更加便利的服务。

牵头单位：区政务服务中心、区三维数字中心。

责任单位：区政府各部门、各单位。

完成时限：持续推进。

（七）扎实推进网上办理和网上咨询。以甘肃政务服务网为依托，推动实体政务大厅向网上办事大厅延伸，凡具备网上办理条件的事项，都要推广实行网上受理、网上办理、网上反馈，实现办理进度和办理结果网上实时查询；暂不具备网上办理条件的事项，要通过多种方式提供全程在线咨询服务，及时解答申请人疑问。逐步构建实体政务大厅、网上办事大厅、移动客户端、自助终端等形式相结合、相统一的公共服务平台，为群众提供方便快捷的多样化服务。

牵头单位：区政务服务中心、区三维数字中心。

责任单位：区政府各部门、各单位。

完成时限：2016 年 12 月 31 日前。

（八）加强服务能力建设和作风建设。各部门、各单位要认真践行“三严三实”要求，建立健全服务规则，恪守全心全意为人民服务的宗旨，着力提升运用新技术新方法为民服务的能力，大力整治群众反映强烈的庸懒散拖、推诿扯皮、敷衍塞责以及服务态度生硬等问题，坚决克服服务过程中不作为、乱作为现象，以扎实的作风为群众提供优质服务。

责任单位：区政府各部门、各单位。

完成时限：持续推进。

（九）强化监督检查和跟踪问效。采取多种措施，定期开展督导检查，加大效能评估和监督考核力度，探索运用网上监督系统，确保服务过程可考核、有追踪、受监督，办事群众可以现场或在线评价。畅通群众投诉举报渠道，完善举报受理、处理和反馈制度，及时解决群众反响强烈的问题，充分发挥群众监督和舆论监督作用。

牵头单位：区政府办公室、区审改办。

责任单位：区政府各部门、各单位。

完成时限：持续推进。

三、有关要求

（一）提高认识，加强领导。简化优化公共服务流程，为群众提供优质高效便捷的公共服务，是加快转变政府职能，进一步推进简政放权、放管结合、优化服务的重要改革内容。各部门、各单位要认真履行好主体责任，主要领导作为第一责任人要亲自抓、负总责，强化组织领导，健全工作机制，指定专人负责，确保各项任务落实到位。

（二）强化责任，务求实效。各部门、各单位要将群众反映的公共服务“堵点”“痛点”“难点”作为改进工作、优化服务的着力点和突破口，进一步简化优化公共服务流程，及时了解群众需求，主动回应社会关切，确保为群众提供优质高效的公共服务。区政府推进职能转变协调小组办公室要充分发挥牵头作用，加强与各部门、各单位的衔接协调，协同推进各项工作。各部门、各单位要各司其职、各负其责，认真抓好组织落实，学习和借鉴市上业务对口部门（单位）的做法和经验，保质保量按期完成各项工作任务。区委区政府督查室要会同有关部门加大监督检查力度，对发现的问题要督促相关部门和单位及时予以纠正。

（三）广泛宣传，营造氛围。各部门、各单位要加强对简化优化公共服务流程、方便基层群众办事创业工作的宣传力度，切实让群众感受到此项工作带来的诸多便利，为深入推进大众创业、万众创新，促进我区经济社会持续平稳健康发展营造良好氛围。

附件1：

区政府部门（区政府直属事业单位）拟保留公共服务事项汇总表

填报单位（盖章）：

序 号	公共服务事项名称	实施机关（单位）	备 注

说明：此表格由区政府各部门、各单位填写。

附件2：

区政府部门所属事业单位拟保留公共服务事项汇总表

填报单位（盖章）：

序　号	公共服务事项名称	实施机关（单位）	备　注

说明：此表格由主管部门汇总填写。

附件3：

区属国有企业拟保留公共服务事项汇总表

填报单位（盖章）：

序　号	公共服务事项名称	实施机关（单位）	备　注

说明：此表格由各企业主管部门汇总填写。

附件 4：

中介服务机构拟保留公共服务事项汇总表

填报单位（盖章）：

序　号	公共服务事项名称	实施机关（单位）	备　注

说明：此表格由行业主管部门汇总，主要填写与行政审批相关的服务事项。

附件 5：

公共服务事项办事指南

填报单位（盖章）：

公共服务事项名称	
办理依据	
基本流程	
申请材料	
示范文本及常见	
错误示例	
收费依据及标准	
办理时限	
咨询方式	
受理机关（单位）	
备　注	

说明：“办理依据”应写明具体条款及内容。

附件 6：

部门（单位）负责人和联络员名单

填报单位（盖章）：

负责人及联络员	姓　名	职　务	办公电话	手　机	备　注
分管领导					
承办处室负责人					
联络员					

关于印发《城关区推进非公有制经济组织和社会组织党的组织、党的工作全覆盖的实施方案》的通知

城组发〔2016〕159 号

各街道党工委，区委各部门，区直各部门党委（党组、总支、支部），各人民团体党组（支部）：

现将《城关区推进非公有制经济组织和社会组织党的组织、党的工作全覆盖的实施方案》印发给你们，请结合实际，认真抓好贯彻落实。

中共兰州市城关区委组织部

2016 年 9 月 7 日

城关区推进非公有制经济组织和社会组织党的组织、党的工作全覆盖的实施方案

近年来，城关区非公有制经济发展迅速，总体规模不断扩大，在优化经济结构、增加财政收入、拓宽就业渠道、促进社会和谐等方面发挥了重要作用，已成为推动全区经济增长的主要力量。各类社会组织在推动经济社会发展方面的作用也越来越突出。进一步加强非公有制经济组织和社会组织党建工作，发挥党组织推动发展、服务群众、凝聚人心、促进和谐的作用，发挥党员的先锋模范作用，对于促进非公有制经济组织和社会组织健康发展，推动全区跨越发展具有十分重要的现实意义。为深入贯彻落实中央和省、市组织部长会议精神，不断扩大党的组织和党的工作在非公有制经济组织和社会组织的覆盖面，根据市委

《关于加强全市社会组织党的建设工作的意见（试行）》（兰办发〔2016〕18号）和市委组织部《全市推进非公有制经济组织和社会组织党的组织、党的工作全覆盖的实施方案》（兰组通字〔2016〕42号）的要求，结合我区非公有制经济组织和社会组织党建工作实际，特制定如下实施方案。

一、指导思想

坚持以邓小平理论、“三个代表”重要思想和科学发展观为指导，全面贯彻落实党的十八大和十八届三中、四中、五中全会精神以及习近平总书记系列重要讲话精神，以党的执政能力建设、先进性和纯洁性建设为主线，以推进党的组织和工作“两个覆盖”为基础，以充分发挥非公有制经济组织和社会组织党组织及党员作用为重点，不断提高非公有制经济组织和社会组织党建工作整体水平，为推动全区非公有制经济组织和社会组织经济持续健康快速发展提供坚强的组织保证，为建设和谐幸福城关凝心聚力。

二、目标要求

按照全面从严治党要求，以理顺管理体系、落实党建主体责任为重点，建立起由组织部门牵头，非公有制经济组织和社会组织党工委统一指导，业务主管部门具体负责，街道和社区（村、村社区）党组织兜底管理的工作格局。突出“无党员抓发展、有党员抓组建、有组织抓发挥作用”的工作思路和“抓点带面、整体推进”的工作方法，不断加大非公有制经济组织和社会组织党组织组建力度，不断扩大党的组织和党的工作在非公有制经济组织和社会组织的有效覆盖，经过3年左右的努力，在全面实现3个100%（非公有制经济组织和社会组织党组织应建已建率达到100%，在非公有制经济组织和社会组织工作的党员100%都纳入党组织的管理，党的工作覆盖100%的非公有制经济组织和社会组织）目标的基础上，使全区规模以上非公有制经济组织和社会组织党组织达到“双强六好”的标准。“双强”：发展强。把党建资源转化为生产力，促进企业经济效益更好、发展活力更足、市场竞争力更强。党建强。党组织在职工群众中的政治核心作用发挥充分，党员队伍发挥作用突出，党建工作制度健全，活动场所设施完善。“六好”：生产经营好。党组织履行职责，充分发挥作用，有效服务和促进企业健康发展。企业文化好。有企业文化建设规划，用企业文化塑造积极进取的理念，营造健康向上的氛围。劳动关系好。重视和谐企业建设，职工合法权益得到保障，生产生活条件不断改善，职工精神风貌良好。党组织班子好。党组织领导班子及成员贯彻执行党的基本路线和方针、政策，服务于企业生产经营，有较强的凝聚力和战斗力。党员队伍好。党员爱岗敬业，先进意识强，能够团结凝聚职工群众，发挥先锋模范作用。社会反映好。企业能够主动承担社会责任，党建工作为发展所需要、为企业经营者所欢迎、为党员职工群众所拥护、为社会所认可。

三、主要任务

围绕上述要求，重点完成七项工作任务：

（一）优化工作机构，建立责任体系

1. 在区委组织部成立区非公有制经济组织和社会组织党工委，下设党建工作办公室，对全区非公有制经济组织和社会组织党建工作牵头抓总、总体协调。

2. 在区民政局成立社会组织党委，由民政局党委书记兼任社会组织党委书记，由区社会组织党工委以及区工商、民政、九州管委会、卫计、司法、教育、工信等业务主管部门党组织负责人担任党委委员。社会组织党建工作实行归口管理，在社会组织党委的统一领导下，各业务主管部门要抽出专门精力和人员，依托现有党办负责指导隶属党委下的社会党组织的党建工作。

3. 在区工商局成立非公企业党委，由工商局党委书记兼非公企业党委书记，将原党工委办变更为非公党委办，并在非公企业党委的领导下，在各工商所相应成立非公有制经济组织党建工作站，具体指导非公有制经济组织的党建工作。

以上成立的工作机构，务必要于9月中旬前完成机构组建和人员配备，明确工作职责，明确1名分管领导主抓此项工作，并指定1名联络员具体负责此项工作。同时，要健全非公有制经济组织和社会组织党建工作机构和具体办事机构，建立统筹协调工作机制，实现上下贯通，全力推进“两个覆盖”工作的落实，增强党建工作的实效性。

（二）合理界定对象，深入开展排摸

1. 科学进行甄别划分。通过“五个甄别”的方式，科学识别私营企业和个体工商户。主要是：从注册名称上进行甄别——个体工商户名称为城关区××路××行（店、部）；个人独资企业的名称为兰州（甘肃）××，合伙企业名称为兰州（甘肃）××有限合伙，有限公司名称为兰州（甘肃）××有限责任公司；从营业执照上进行甄别——营业执照上面标明是个体工商户的就不是私营企业；从从业人数上进行甄别——以从业人数的多少来区别私营企业、个体工商户；从注册资金上进行甄别——个体工商户不需要注册资金也可注册，私营企业的注册分为有限公司（有注册资金）、个人独资企业（无注册资金）、合伙企业（无注册资金）、分公司（无注册资金）；从营业规模上进行甄别——私营企业应具备一定规模，个体工商户可以是作坊、门脸房等。同时，私营企业应具有固定场所和设备，但个体工商户没有此要求。

2. 细致开展摸底排查。立足非公有制经济组织和社会组织点多、面广、量大的实际，采取全方位、立体化排查方法，切实做到工作“横向到边、纵向到底、不留死角”无遗漏。一是开展“整合式”排查。整合区工商、民政、九州管委会、卫计、司法、教育、工信等部门和街道的资源，从非公有制经济组织和社会组织的相关信息着手，利用工商登记、年报、随机抽查、市场巡查、小微企业跟踪服务和开展对专业市场、商业街区的实地走访等契机，进一步摸清非公有制经济组织和社会组织底数。例如：非公有制经济组织中“僵尸企业”有多少家，1 人企业有多少家，50 人以上企业有多少家，100 人以上企业有多少家，10 人以下或 30 人以上的社会团体、民办学校、民办医院以及律师、会计师、税务师事务所等实体性社会组织有多少家等。同时，详细列出目前因非公有制经济组织和社会组织注销和迁出而撤销的党支部名单。二是开展“地毯式”排查。从区工商、民政、九州管委会、卫计、司法、教育、工信等部门和街道抽调精干力量，按照管辖的地域界线，集中利用一周左右时间，采取上门走访、填写调查表、电话询访等形式进行“地毯式”排查，全面摸清实际情况，详细了解非公有制经济组织和社会组织目前党员的人数及党组织关系的隶属，形成可纳入组建攻坚行动的具体名单。三是开展“入口式”排查。日常工作中，要求区工商、民政、卫计、司法、教育、工信等职能部门严格落实“三个同步”，即在登记时，同步采集员工信息，凡符合组建党组织条件的，及时与区委组织部进行沟通，同步建立党组织；在年检时，同步更新党组织和党员信息；在评估时，同步评估党组织作用发挥等情况。同时，要科学界定隶属关系，采取归口管理、行业管理、属地管理、挂靠管理等多种形式，科学合理界定非公有制经济组织和社会组织隶属关系，详细列出目前因企业注销和迁出而撤销的党支部名单。

区工商、民政、九州管委会、卫计、司法、教育、工信等部门和街道每月要及时与区委组织部进行沟通联系，切实做到党组织隶属关系清、党员分布清、班子配备清、经费场地清、活动开展清、工作经营状态清“六个清”。每月上报统计情况时，上报数据必须与党内统计年报数据相符，统计指标和口径须统一规范，坚决防止出现错统、漏统等现象，并在每月月底前将相关数据报表按要求及时上报区委组织部。

（三）明确组建方式，有效加强管控

1. 规范组织设置。一是分层分类集中建：凡有 3 名以上正式党员的，都要单独建立党组织；党员不足 3 名的，依托行业性协会、区域性商会、市场主办者、园区管理者和产业链的龙头企业联合组建党组织。对党员人数少、流动过于频繁的企业，可通过楼宇、市场、行业等划分党建服务片区，并分别建立党建工作服务点。二是明确责任归口建：区工商、民政、九州管委会、卫计、司法、教育、工信等部门和街道，要按照“谁审批、谁组建，挂靠谁、谁管理”的原则，将行业管辖范围内的非公有制经济组织和社会组织纳入党组织工作范围，实行行业统建。三是选派人员指导建：对尚不具备组建条件，或党建工作还不够规范且规模相对较大的非公有制经济组织和社会组织，通过选派党建工作指导员的方法，帮助建立党组织，指导其开展党建工作，努力做到“应派尽派”。四是集中挂牌引领建：通过集中挂牌、集中宣传报道、集中开展活动等方式，努力做到“哪里有群众哪里就有党的工作，哪里有党员哪里就有党的组织，哪里有党组织哪里就有健全的组织生活和党组织作用发挥”，确保从业人员较多的规模以上非公有制经济组织和实体性社会组织有党员、有党组织。

2. 强化管理指导。一是建立“双报表”制度：建立“登记申报、落户申报”的“双报表”制度。区工商、民政等业务主管部门，对新成立的非公有制经济组织或社会组织，注册登记时须指导填写《党建工作申报表》，对已落户及需要年审的非公有制经济组织或社会组织，要负责指导补充填写《党建工作申报表》，做到准确掌握基础信息，好进一步跟进做好党建工作。二是建立“双推荐”制度：针对非公有制经济组织和社会组织党组织组建难的问题，充分利用区就业局流动党支部的人员信息，建立一套无职党员就业需求信息库，按照“双向选择、自主自愿”的原则，积极向非公有制经济组织和社会组织推荐党员员工，为非公有制经济组织和社会组织组建党组织创造条件。三是建立“双孵化”制度：针对联建党组织覆盖企业数较大、党建成效不明显的问题，由区非公党委牵头，开展“片区孵化”和“行业孵化”工作。一方面，对联建党组织中符合单独建党条件的立即着手“孵化”；另一方面，对党员人数不够的，采取下派党员、推荐党员就业、及时发展党员等方式进行“孵化”，提高单独建党比例。同时，建立领导干部直接联系非公有制经济组织和社会组织制度，帮助企业破解党建工作难题。四是建立“双联合”制度：针对非公有制经济组织和社会组织党组织活动开展难的问题，一方面，区非公党委与街道党工委要加强党建工作方面的沟通协调，制定“双联合”机制，依托区工商局所辖各工商所成立的党建工作站，与各街道、社区形成阵地共建、活动共用、党员共管的工作模式，全面提高非公有制经济组织党建工作能力和党组织服务党员的能力。另一方面，将区工商局各工商所所长纳入街道流动党支部委员中，以便于组织协调街道社区与辖区非公有制经济组织共同开展党组织活动，形成对辖区内非公有制经济组织流动党员齐抓共管、合力教育的管理模式。社会组织党委要加强对业务主管部门党委的紧密联合，对设在行政事业单位的协会支部可实行“一套班子、两块牌子”的形式，充分发挥协会支部党员的作用开展好党建工作。

3. 明确责任范畴。对大量分散的小微企业、个体工商户、社会组织，所在街道社区（村、村社区）党组织要切实担负起兜底责任，可通过建立楼宇党组织、市场党组织、街区党组织、行业党组织等办法，将在非公有制经济组织和社会组织中流动性较为频繁的流动党员纳入所隶属街道的流动党支部进行党员教育管理；要发挥好区域性党群活动服务中心的辐射作用，做好宣传党的理论和路线方针政策、服务党组织和党员、服务企业和职工群众等工作。九州管委会要加强对园区非公有制经济组织党建工作的指导和帮助，及时了解存在的困难和问题，协商研究解决的办法，协调各方面关系改善工作环境，引导企业注重在实际工作中培养锻炼企业党务干部，保护和调动企业党务干部的工作积极性。

（四）突出基础建设，提升保障水平

1. 加强阵地建设。通过非公有制经济组织和社会组织内部解决、工作站整合资源解决等途径，切实解决党组织办公及活动场所。采取“一室多用”的形式，根据非公有制经济组织和社会组织规模和党员人数多少，分层次推进办公阵地及设施的规范化建设。对于规模较小、党员人数较少的，要按照有标牌、有党旗、有印章、有基本台账的“四有”标准进行建设；对于规模较大或党员人数较多的，要按照有标牌、有党旗、有印章、有办公及电教设备、有工作台账、有活动室的“六有”标准进行建设。对于条件较好的非公有制经济组织和社会组织党组织，必须建成规格较高、功能较全的“党员活动中心”或“党员服务中心”，面向党员开放，为党组织更好地开展工作、发挥作用提供保障。通过努力，2018 年实现规模以上非公有制经济组织和社会组织党组织活动场所全覆盖，达到“六有”标准；到 2019 年，已建立党组织的都要有活动场所，基本达到“六有”标准。

2. 落实经费保障。非公有制经济组织和社会组织党组织活动经费每年年初由企业党组织根据工作需要和节约的原则，编制年度预算，一般应按职工年度工资总额的 5‰列入企业财务计划。日常开支由党组织负责人提出申请，按企业财务规定核报。同时，从 2017 年开始，区委、区政府把非公有制经济组织和社会组织党工委工作经费、非公有制经济组织和社会组织党组织活动经费纳入财政预算，以满足非公有制经济组织和社会组织工作和活动需要。

3. 促进整体提升。非公有制经济组织和社会组织党工委要定期对企业党组织进行评分定级，采取有力措施，巩固优秀、推动一般、提升后进。探索建立“1+N”非公有制经济组织和社会组织党建工作模式，即由 1 家规模较大、党建工作比较好的企业党组织，联系多家党建工作比较薄弱的企业党组织，形成党建工作“点上开花、整体推进”的工作格局。

（五）抓好党员发展，从严从实管理

1. 做好发展党员工作。按照“成熟一个，发展一个”的原则，加大在非公有制经济组织和社会组织生产一线职工、专业技术骨干、经营管理人员中发展党员工作力度，重视在农民工中发展党员。加大入党积极分子培养力度，把业务骨干、中高层管理人员、群团组织负责人作为重点对象，确定专人进行联系培养，切实建立起一支素质较高、结构合理、数量充足的入党积极分子队伍。

2. 狠抓党员清理整顿。由非公有制经济组织和社会组织党工委牵头，区工商、民政等部门和各业务主管部门配合，结合“两学一做”学习教育中软弱涣散基层党组织清理整顿工作，于今年 10 月底前集中一个月时间开展非公有制经济组织和社会组织党组织及党员清理整顿工作。对长期不换届的督促及时换届；对长期不开展组织生活的，上级党组织要帮助建立健全并督促落实党内生活的相关制度；对党组织班子不健全的，及时选优配齐；特别要对多年不年检或“名存实亡”的非公有制经济组织和社会组织，按国家登记注册的有关规定及时注销；对已经注销的非公有制经济组织和社会组织中成立的党组织，要及时予以撤销。同时，扎实开展党员组织关系集中排查和清理整顿。对超过 6 个月未接转组织关系且不能证明其党员身份的，无特殊理由不按期交纳党费的，按自行脱党及时除名；对确有不合格表现或违纪违法行为的党员，按照党纪党规相关规定及时处置。特别对一些有否定党的领导、否定社会主义制度言行的党员要严肃处理，保持党员队伍的先进性、纯洁性，充分发挥先锋模范作用。

3. 建设党员人才队伍。开展以“把员工培养为生产技术骨干，把生产技术骨干中的先进分子培养为党员，把党员生产技术骨干培养为管理人员，把党员骨干推荐为管理人员，把管理人员中的党员推荐进企业决策层”为主要内容的“三培养两推荐”活动，努力造就一支高素质的党员队伍。建立党员成长档案，定期对党员的工作表现、能力素质、发挥作用进行分析和考核，实行党员成长动态跟踪管理机制，营造尊重劳动、尊重人才、尊重知识、尊重创造的良好氛围。

（六）注重素质提升，加大教育培训

1. 选优配强党组织书记。切实加强非公有制经济组织和社会组织党组织负责人、党务工作者、党员、入党积极分子和业主（负责人）五支队伍建设。党组织书记一般从企业内部产生，原则上应通过选举，由党员业主、党员工会主席、中高层管理人员中的党员担任；对确无合适人选的，可以采取“四推一商议”（党组织推荐、党员推荐、党建指导员推荐、职工推荐，同业主商议）等方式，从机关事业单位管理人员、党建指导员中推荐人选，也可以由上级党组织委派合适的党员兼任。积极推荐优秀专职党务工作者担任联合党组织书记，推动联合党组织经常有效开展活动。在规模大、党员多的企业，积极推行党员出资人和党组织书记“一肩挑”。

2. 多种形式组织培训。进一步健全区委、区非公企业党工委、区非公企业党委、区社会组织党委、各非公党建工作站以及街道党工委上下联动的教育培训机制，大力实施“素质提升”工程，把五支队伍的教育培训列入年度培训计划，分级落实培训责任；区委组织部每年至少举办 3~5 期非公有制经济组织和社会组织党务工作者培训班；区非公企业党工委、区非公企业党委、区社会组织党委、各非公党建工作站以及街道党工委要根据实际情况，不定期地举办专题培训，特别要抓好小微企业党组织书记的普遍轮训，每年至少进行 1 次集中培训，并将培训计划报区委非公企业党工委。在培训内容上，着重突出市场经济、实用技术、党性党纪等方面；在教育方法上，划小教育单元，推行“十分钟党课”、“政治日”谈话等活动方式，增强灵活性和针对性；在培训载体上，通过开展“红色之旅体验”“红色回忆教育”“红色知识学习竞赛”等活动，寓教于乐，在活动中激发热情、提高觉悟。

（七）创新工作载体，开展专题活动

1. 把握整体工作原则。坚持“业余、小型、灵活、务实”的原则，把开展党建主题活动与提高党员和职工队伍素质结合起来、与创建和谐企业结合起来、与促进企业主动承担社会责任结合起来，坚持目标同向、思想同心、工作同力、发展同步，充分发挥党组织“服务企业、服务党员、服务员工、服务社会”的作用，着力培育一批“双强六好”党组织，全力推进学习型党组织建设。

2. 开展特色主题活动。全面推行“党员承诺制”，引导党员在遵纪守法和道德建设方面发挥示范作用，在非公有制经济组织和社会组织改革发展、生产经营管理方面发挥带头作用，体现党员的先进性，增强党建工作的实效性。围绕科学管理、增产降耗、技术攻关等主题，组织党员开展“建言献策”“技术比武”“党员责任区”“党员模范岗”“党员奉献日”“一名党员一面旗”“结对帮扶”等载体活动，构建企业关爱机制，推动企业发展；围绕维护员工合法权益，主动加强与企业主的沟通，引导企业构建和谐劳资关系；围绕“和谐企业”建设，大力加强企业文化建设，积极协调企业与职工、企业与政府、企业与社会各方面的关系，帮助企业化解各类矛盾，督促企业履行社会责任，为企业科学发展营造和谐稳定的环境，不断增强党组织的吸引力、凝聚力和影响力。

四、措施保障

推进非公有制经济组织和社会组织党的组织、党的工作全覆盖，是搞好非公有制经济组织和社会组织党建工作的现实需要，也是全面提高全区基层党建工作整体水平的迫切要求，要切实靠实责任、提高认识、强化督查、广泛宣传，确保各项目标任务落到实处。

（一）落实工作责任。区委把非公有制经济组织和社会组织党建工作纳入全区党的建设总体布局，统一进行规划部署，层层实施目标管理。每年年初，区委组织部要与区非公有制经济组织和社会组织党工委、区非公有制经济组织和社会组织党委以及区工商、民政、九州管委会、卫计、司法、教育、工信等部门和各街道党工委签订关于非公有制经济组织和社会组织党建工作目标责任书；区非公有制经济组织和社会组织党工委要分别与区非公有制经济组织党委和社会组织党委签订关于非公有制经济组织和社会组织党建工作目标责任书；区非公有制经济组织党委要与所属党建工作站签订关于非公有制经济组织党建工作目标责任书；社会组织党委要与所辖协会等党组织签订关于社会组织党建工作目标责任书；九州管委会、卫计、司法、教育、工信等部门也要分别与所辖非公有制经济组织或社会组织党组织签订党建工作目标责任书。区委将非公有制经济组织和社会组织党建工作开展情况纳入党组织书记抓党建述职评议考核和领导班子考核评价的重要内容。完善非公有制经济组织和社会组织党建工作联席会议制度，原则上每半年召开 1 次会议，研究解决有关问题，形成上下联动、共同参与、齐抓共管的工作格局。

（二）提高思想认识。坚持把提高思想认识作为开展非公有制经济组织和社会组织党建工作的“奠基石”，通过多种途径，采取多种办法，加大宣传教育力度，形成社会各界都来关心支持非公有制经济组织和社会组织党建工作的良好氛围。一是强化各级领导的执政意识。通过中心组学习、专家讲学、高层论坛、外出取经等多种渠道，进一步提高各级领导干部对加强非公有制经济组织和社会组织党建重要性的认识，从加强执政党建设的高度切实增强责任感和使命感。二是强化业主致富思源的感恩意识。通过开展形势报告会、非公经济发展历程回顾、富而思源主题教育等活动，让业主（法人）明白自身的成就与辉煌离不开党和政府的好政策，教育业主（法人）把“发展起来靠什么，创办企业为什么，回报社会做什么”作为一个常思常想的问题，从内心理解支持非公党建工作。三是强化党组织的责任意识。通过观摩交流、座谈讨论、学习培训等方式，引导非公有制经济组织和社会组织党组织克服“雇佣”思想，充分发挥党组织政治优势和组织优势，围绕生产经营活动找准工作定位，以“有为”换“有位”。

（三）强化督促检查。加大对非公有制经济组织和社会组织党建工作的督导检查力度。各街道党工委、区非公有制经济组织和社会组织党工委、区非公有制经济组织和社会组织党委以及区工商、民政、九州管委会、卫计、司法、教育、工信等部门每半年至少要开展1次专项督导检查，掌握进展情况，发现问题，及时解决。建立区非公有制经济组织和社会组织党建工作定期报告和通报制度，各街道党工委、区非公有制经济组织和社会组织党工委、区非公有制经济组织和社会组织党委以及区工商、民政、九州管委会、卫计、司法、教育、工信等部门每半年向区委组织部报告1次党建工作情况，每年年底前向区委组织部上报书面专题报告。继续深入开展区非公有制经济组织和社会组织党建工作示范点创建活动，全力打造党建工作示范点，并善于总结示范点党建工作的经验并进行推广，以点带面，全面提高全区非公有制经济组织和社会组织党建工作整体水平。

（四）营造良好氛围。各街道党工委、区非公有制经济组织和社会组织党工委、区非公有制经济组织和社会组织党委以及区工商、民政、九州管委会、卫计、司法、教育、工信等部门要树立“大宣传”意识，结合自身实际制定切实可行的宣传方案，指定专人负责组织实施。通过报纸、电视、《城关发展》杂志、城关党建网、党员干部现代远程教育网络、手机短信、微信平台等各种途径，加大对非公有制经济组织和社会组织党建工作的宣传力度，大力宣传开展非公有制经济组织和社会组织党建工作的目的、意义和工作措施、进展情况以及取得的工作成绩，大力宣传非公有制经济组织和社会组织党建工作成效显著的企业党组织，报道企业优秀党员和党务工作者的先进事迹，报道关心支持企业党建工作的业主，形成强大的舆论声势，为全区非公有制经济组织和社会组织党建工作扎实开展营造良好的舆论环境。

中共兰州市城关区委办公室
兰州市城关区人民政府办公室
关于印发《兰州市城关区公务用车制度改革实施方案》的通知

城办发〔2016〕86号

各街道党工委和办事处，区委和区直各部门，各人民团体：

《兰州市城关区公务用车制度改革实施方案》已经区委、区政府同意，并报经市公务用车制度改革领导小组批复，现印发你们，请认真贯彻执行。

中共兰州市城关区委办公室
兰州市城关区人民政府办公室
2016年10月18日

兰州市城关区公务用车制度改革实施方案

为贯彻落实党的十八大和十八届三中、四中、五中全会精神，推进我区公务用车制度改革，加快建立新型公务用车制度，降低行政成本，按照中共兰州市委办公厅兰州市人民政府办公厅《关于印发兰州市公务用车制度改革实施方案的通知》（兰办发〔2016〕26号）精神，结合我区实际，制定本方案。

一、指导思想、基本原则和总体目标

（一）指导思想

按照中央和省、市关于厉行节约反对浪费的要求，坚持社会化、市场化方向，合理配置公务用车资源，创新公务交通分类提供方式，切实有效保障公务出行，降低行政成本，积极推进廉洁型机关和节约型社会建设，逐步建立制度化、规范化、信息化的公务用车制度。

（二）基本原则

1. 分类保障、注重实效。改革传统的实物供给方式，取消一般公务用车。普通公务出行方式由公务人员自行选择，实行社会化提供并适度补贴交通费用。从严配备定向化保障的机要通信车、应急车、特种专业技术用车和一线执法执勤用车及其他车辆。科学合理利用定向化保障车辆，提高使用效率，降低行政成本。

2. 统筹兼顾、综合配套。综合考虑各种因素，正确处理改革涉及的各方面利益关系，科学制定改革方案和相关配套政策，增强可行性和协调性，确保新旧机制平稳转换、合理衔接。

3. 统一部署、有序推进。坚持先易后难，率先在党政机关及参照公务员法管理的事业单位进行公务用车制度改革，其他事业单位按照中央、省市部署有序推进。

4. 公开规范、提高效能。推进决策公开、执行公开、管理公开、服务公开、结果公开。严格核定车辆编制数，严格执行配备标准，严格推进规范化管理，严格落实管理主体责任，全方位加强对公务用车制度改革的监督，严肃查处各类公务用车违规行为。

（三）总体目标

全区公务用车制度改革工作自市公务用车制度改革领导小组批复本方案之日起组织实施。实现党政机关、参公事业单位公务出行“安全可靠、便捷高效、费用节约、运行规范、监管严格”，基本形成符合区情，与社会主义市场经济体制相适应，与现代化行政管理体制相统一，与经济社会发展水平相一致的新型公务用车制度。

二、改革范围

（一）参改单位

全区各级党政机关，包括区委、区人大、区政府、区政协，区法院、区检察院，各民主党派和工商联，参照公务员法管理的人民团体、群众团体、事业单位（以下简称“参改单位”）。其他事业单位用车制度改革按照省、市统一部署推进。垂直管理系统驻地方单位公务用车制度改革可参照本方案执行。

（二）参改人员

按照国家政策规定，确定为参改单位的全区县（处）级及以下党政机关在编在岗的公务员、参公管理人员及机关工勤人员。其他事业编制人员待省市相关政策出台后，按规定执行。

（三）车辆范围

取消一般公务用车，保留必要的机要通信、应急、特种专业技术用车和符合规定的一线执法执勤岗位车辆及其他车辆。

三、改革任务

（一）改革公务交通保障方式

1. 改革普通公务出行方式。公务交通补贴保障范围为近郊四区及兰州新区，普通公务出行由公务人员自行选择公交、出租、地铁、自驾车等社会交通工具，按国家政策发放公务交通补贴，不再报销交通费用。公务交通补贴保障范围要与差旅费保障范围有效衔接，妥善做好远距离和交通不便地区公务交通及差旅费保障。

2. 适量保留工作用车。公务用车制度改革后，全区党政机关严格按照“只减不增”的原则，合理确定保留公务用车的数量。在确保一定节支率的基础上，按现有一般公务用车总数的23%左右掌握，用于机要通信、应急、接待、保障范围外的调研、组建公共服务平台和领导班子主要负责人定向化实物保障工作用车等。具体安排为：

区委、区人大、区政府、区政协领导班子主要负责人各保留定向化实物保障工作用车1辆，不再领取交通补贴。同时，鼓励其参加公务用车制度改革，按相应标准发放公务交通补贴。

区委办公室、区政府办公室、区人大办公室、区政协办公室共保留8辆机要通信、应急用车，2辆公务接待用车。

青白石街道、伏龙坪街道各保留1辆公务用车，用于机要通信、应急保障。特种专业技术用车经区公务用车制度改革领导小组核定后保留。其余确定保留的一般公务用车一律纳入公务用车服务平台，集中管理，统一调度。

3. 建立区公务用车服务平台。区机关事务管理局根据《兰州市城关区区级机关公务用车制度改革出行保障方案》，制定《关于组建城关区区级机关公务用车管理机构的方案》，组建区直部门公务用车服务平台，在区机关事务管理局加挂兰州市城关区公务用车管理中心牌子，有效保障公务用车制度改革后的公务出行。在社会化交通方式提供不足或成本过高的情况下，也可用于保障各部门跨区域出差、基层调研等公务出行需要。组建公共服务平台所需人员、编制从现有人员、编制中划转，管理人员从事业单位选调，司勤人员从各参改单位择优选用，并逐步核减参改单位工勤人员编制。建立统一的车辆预约服务制度，车辆预约信息向各部门公开。同时，引入竞争机制，鼓励、培育当地社会资源参与党政机关公务用车服务保障。

4. 建立区综合执法执勤用车服务平台。利用中央已明确的部分执法执勤部门的执法执勤车辆与区级行政部门的部分一般公务用车，共同组建区级机关执法执勤用车综合服务平台。区机关事务管理局根据《关于建立兰州市城关区区直部门综合执法用车服务平台的意见》和《兰州市城关区执法执勤用车制度改革办法》要求，于2016年年内组建完成区直部门综合执法执勤用车服务平台，对执法执勤车辆实行集中管理、统一调度。

区级执法执勤部门统一参加公务用车制度改革。区级执法执勤部门保留的执法执勤用车不得超过执法执勤用车编制总数的70%。执法执勤部门的其他一般公务用车全部纳入改革范围。

（二）合理确定公务交通补贴标准

1. 全区公务交通支出总额必须低于改革前公务交通总支出，节支率21.4%。全区公务交通补贴标准按不超过国家标准的150%执行，即县处级每人每月1200元、科级每人每月750元、科级以下每人每月500元。

2. 为解决单位内部岗位之间公务出行差异问题，各参改单位从公务交通补贴总额中划出10%经费作为单位统筹部分，集中用于补充因设立高出行岗位所增加的费用。

3. 公务交通补贴属于改革性补贴，用于保障公务人员普通公务出行，所需经费由区财政纳入预算，在交通费中列支，按月发放，不计征个人所得税。补贴标准按省市部署适时调整。

（三）妥善安置司勤人员

1. 合理设置司勤人员岗位。根据保留公务用车的实际需要，按照公开、平等、竞争、择优的原则，在现有在册正式司勤人员中采用综合竞聘、择优选用等方式确定留岗人员。

2. 妥善安置其他在编司勤人员。按照以人为本、积极稳妥、因地制宜的原则，在做好思想政治工作的前提下，坚持单位内部消化为主，通过转岗、开辟新的就业岗位、提前离岗等方式妥善安置，也可通过遴选，调入公务用车服务平台或其他需要司勤人员的参改单位，不得将其简单推向社会。

3. 处理好单位自行聘用、劳务派遣、签订劳动合同的司勤人员与用人单位的人事劳动关系。按照国家相关规定，维护好相关人员的合法权益，对依法解除人事劳动关系的司勤人员，做好经济补偿工作，所需支出由参改单位按原有经费供给渠道解决。区人社局根据《兰州市城关区公务用车制度改革司勤人员安置实施办法》，负责统筹协调司勤人员安置工作。

（四）规范处置公务用车

区机关事务管理局根据《兰州市城关区公务用车制度改革涉及车辆处置办法》，负责取消车辆的处置工作。统一处置车辆，招标确定评估、拍卖机构，委托中介机构进行资产评估，以评估价作为处置基准价，采取公开拍卖等方式进行公开处置，处置结果向社会公开。车辆处置要防止甩卖和贱卖现象，避免国有资产流失。处置公务用车所得收入，扣除有关税费后全部上缴区国库。处置结果书面通知车辆户籍所在单位，做好处置的账务处理工作。

四、保障措施

（一）加强保留公务用车管理

区公务用车制度改革领导小组办公室（以下简称“车改办”）应严格核定保留车辆的编制和标准，优先调配保留车况新、性能好且符合配备标准的车辆。用于机要通信、相对固定路线执法执勤、通勤等车辆配备更新时应当根据有关规定使用新能源汽车，越野车原则上不能作为机要通信车。严格管理执法执勤用车，核定保留的执法执勤用车要严格配备在一线执法执勤岗位，除涉及国家安全、侦察办案等有保密要求的特殊工作车辆外，其他执法执勤用车一律喷涂明显的统一标识。

（二）严格公务交通补贴发放管理

各参改单位要加强财务管理，严格按照在编在岗公务人员人数和职级核定补贴数额，规范公务交通补贴发放，不得擅自扩大补贴人员范围或提高补贴标准。对未参改的单位和人员，不得发放公务交通补贴。

（三）加强公务用车纪律检查和审计

严肃公务用车纪律，各部门各单位不得以特殊用途等理由变相超编制、超标准配备公务用车，不得以任何方式换用、借用、占用下属单位或其他单位和个人的车辆，不得接受企事业单位和个人赠送的车辆，不得以任何理由违反用途使用或固定给个人使用执法执勤、机要通信等公务用车，不得以交通补贴名义变相发放福利。公务人员不得既领取公务交通补贴，又违规乘坐公务用车。纪检监察机关要及时受理群众举报，纠正和查处违纪违法行为，严肃追究相关责任人的责任。区审计局要将保留的一般公务用车和执法执勤用车、运行维护费用、交通补贴发放、取消的公务用车处置等情况，纳入日常和专项审计监督。

五、加强组织实施

（一）加强组织领导

成立由区政府区长任组长，区委常委、区政府常务副区长任副组长，区政府办公室、区监察局、区审计局、区发改局、区财政局、区人社局、区编委办、区机关事务局、区法制办等单位主要负责人为成员的区公务用车制度改革领导小组，负责指导、协调全区公务用车制度改革工作。

（二）精心组织实施

区车改办负责制定《兰州市城关区公务用车制度改革实施方案》及配套政策，领导小组各成员单位和参改单位要认真研究部署，建立工作机制，按照《兰州市城关区公务用车制度改革实施方案》的要求，明确责任分工，制定实施细则，加强监督检查，确保在规定时间内完成改革任务。改革中遇到的新情况、新问题要及时联系区车改办研究解决（联系人：宋伟荣，联系电话：8103241，电子邮箱：19461255@qq.com），确保改革顺利推进。区公务用车制度改革实施方案报市公务用车制度改革领导小组批准后实施。

（三）加强舆论引导

切实做好公务用车制度改革的新闻宣传和舆论引导工作，广泛宣传相关政策规定、典型经验和成效。做好政策解读，阐释改革的目的和意义，及时回应社会关切，正确引导社会舆论，使广大公务人员和人民群众了解、支持改革，努力营造良好的改革氛围。

附件 1

兰州市城关区公务用车制度改革涉及车辆处置办法

第一条 为规范全区公务用车制度改革涉及车辆的处置工作，根据《甘肃省〈党政机关厉行节约反对浪费条例〉实施细则》《兰州市城关区公务用车制度改革实施方案》以及公务用车管理有关规定，参照省、市公务用车制度改革涉及车辆处置办法，制定本办法。

第二条 党政机关（包括区委、区人大、区政府、区政协、区法院、区检察院，各民主党派和工商联，参照公务员法管理的人民团体、群众团体、事业单位，下同）参改车辆的处置，适用本办法。

第三条 本办法所称参改车辆，是指党政机关公务用车制度改革涉及的所有公务用车，即经批准保留的公务用车和应当核减取消的公务用车。

第四条 从严控制保留车辆。保留车辆的范围仅限于必要的机要通信、应急、基层调研、特种专业技术用车、接待用车和符合规定的一线执法执勤岗位车辆及其他车辆。

在符合配备标准的前提下，应优先保留车况较好的车辆。经批准保留的车辆确因年限较长、车况较差时，可通过申请，采取跨部门调剂的方式，在待处置车辆中调配车况较好的车辆。保留车辆纳入编制从严管理，做好车辆资产登记、过户手续、账务处理等相关工作。

第五条 区机关事务管理局负责制定全区公务用车制度改革涉及车辆的处置方案，对区级党政机关的保留车辆进行审核，并承担区级党政机关及其所属参公事业单位取消车辆的公开拍卖、报废等处置工作。

第六条 核减取消车辆的处置，应当遵循公开公平、集中统一、规范透明、避免浪费的原则，采取公开拍卖等方式进行，防止甩卖和贱卖现象，避免国有资产流失。

第七条 参改单位应当对本级机关及其所属参公管理事业单位的公务用车进行清查登记，确保产权清晰、权属明确、资料完备、证件齐全。

第八条 区机关事务管理局依据市公务用车制度改革领导小组办公室批复的公务用车制度改革实施方案，向市机关事务管理局提出我区拟保留车辆申请，说明保留理由，并附车辆的品牌、型号、牌照号、车架号、使用年限、实际行驶里程等信息。

严禁机关各涉改单位未经核准批复，擅自留用车辆，或巧立名目超标准、超编制保留车辆。

第九条 除经核准保留的车辆外，参改单位的其他公务用车一律取消。取消车辆按以下程序处置：

（一）登记造册。各参改单位依据区车改办核准保留车辆的批复，对未核准保留的车辆登记造册，并将结果报送区机关事务管理局备案。

（二）封存停驶。各参改单位应当在接到本单位保留车辆的核准批复和建成区域性公务用车服务平台、综合执法执勤用车服务平台后，于1个月内将本单位的取消车辆封存停驶，确保机动车辆登记证、行驶证、购车凭证、购置附加费（税）证、交强保险单、车船使用税凭证、组织机构代码证等材料和随车工具齐全，车辆无违法记录、年检有效期在封存停驶之日起6个月以上。车辆手续暂经核准后由车辆所在单位指定专人管理，或交由区机关事务管理局统一管理。

（三）移交车辆。车辆所在单位将核减取消车辆按规定时限移交区机关事务管理局。

（四）鉴定评估。区机关事务管理局、区财政局委托鉴定评估机构进行鉴定评估，并根据鉴定评估结果、车辆实际情况、交通管理法规以及行政事业单位国有资产管理的相关规定，提出车辆公开拍卖或报废的处置意见，报请区车改办审核同意后，根据批复处置意见及时对相关车辆按规定程序进行处置。对黄标车和无法继续行驶的老旧车辆，实行强制报废。

（五）拍卖车辆。拍卖机构或产权交易机构按照区机关事务管理局、区财政局的委托协议，以拍卖的方式公开处置委托车辆。公开拍卖底价以鉴定评估机构的评估价格为基准价，车辆实际成交价格不得低于基准价。处置收入抵扣相关税费后按照非税收入管理的有关规定上缴区国库。

（六）账务处理。车辆户籍所在单位（车辆所属单位），依据有关批复文件、车辆过户、报废或者交易凭证，及时调整本单位资产、财务账目。

第十条 处置车辆所在单位、区机关事务管理局要及时办理已处置完毕车辆的销户、过户等手续。

第十一条 确定取消车辆处置的鉴定评估机构、拍卖机构和集体回收机构。由区机关事务管理局、区财政局按照公务用车制度改革政策和《政府采购法》国有资产管理等有关规定，从具有相应资质的社会中介机构中，以公开招标的方式确定不少于3家的中介机构，择优选择使用。

第十二条 违反本办法，有下列情形之一的，由区财政局、区机关事务管理局责令限期改正；造成国有资产流失的，依法追究相关人员责任。

（一）违反《中华人民共和国采购法》的；

（二）违反《甘肃省〈党政机关厉行节约反对浪费条例〉实施细则》的；

（三）故意拖延或者拒绝处置取消车辆的；

（四）违规进行取消车辆评估和拍卖的；

（五）擅自改变保留车辆用途的；

（六）其他违反本办法的情形。

第十三条 区监察局、区财政局、区审计局应当根据职责分工，依据有关法律和规定，加强对全区车辆处置工作的监管。

第十四条 本办法自公布之日起施行。

附件2

兰州市城关区执法执勤用车制度改革办法

第一条 为稳妥推进执法执勤用车制度改革，规范执法执勤用车管理，根据《兰州市城关区公务用车制度改革实施方案》，参照《兰州市执法执勤用车制度改革办法》，制定本办法。

第二条 本办法涉及的执法执勤用车，是指中央和省市规定配备执法执勤用车的司法和行政部门执行侦查、办案、监察、稽查、税务征管任务等所用的专用机动车辆。执法执勤部门的认定核准以《财政部关于抓紧开展地方党政机关执法执勤用车编制核定工作的通知》为依据，由区法制办负责认定。

第三条 执法执勤用车改革应当坚持满足执法执勤工作需要，从严控制配备范围、编制、标准，做到保障与改革兼顾。

保留执法执勤用车的党政机关仅限区纪委（区监察局）、区法院、区检察院、公安城关分局、区司法局，其余执法执勤部门用车一律纳入区执法执勤综合服务平台，实行集中管理，统一调度。

执法执勤用车配备严格限制在一线执法执勤岗位，机关内部管理和后勤岗位一级机关所属事业单位一律不得配备。

第四条 执法执勤用车纳入公务用车制度改革范围，特种专业技术用车由区车改办报经市车改办审核认定后，予以保留。

第五条 区直党政机关一般执法执勤用车编制在原核定的编制基础上，根据部门职能、机构设置和一线执法执勤岗位等因素，总体上按70%的比例保留。区机关事务局向市机关事务管理局提出我区拟保留执法执勤用车申请，说明保留理由，并附车辆的品牌、型号、牌照号、车架号、使用年限、实际行驶里程等信息。

严禁未经审核批复，擅自留用执法执勤车辆，或巧立名目超标准、超编制留用执法执勤车辆。

第六条 区财政局根据核准的执法执勤用车保留数量和实际保留数量，确定区执法执勤部门单位需扣减的公务交通补贴。保留执法执勤用车数量或比例符合要求的，不扣减公务交通补贴，超过的，每多保留1辆车，每年按6万元扣减公务交通补贴。留车比例超过90%的不计发公务交通补贴。特种专业技术用车不扣减公务交通补贴。

第七条 取消的执法执勤用车恢复购置新车时的外观后，作为取消的一般公务用车，按照《兰州市城关区公务用车制度改革涉及车辆处置办法》有关规定，统一处置。

第八条 探索建立跨部门综合性执法用车平台，优化配置执法执勤用车资源，提高执法执勤用车使用效率。

第九条 执法执勤用车使用单位应当建立健全登记、公示等各项管理制度，加强执法执勤用车的日常使用管理。

除涉及国家安全、侦查办案等有保密要求的特殊工作用车外，执法执勤用车应当喷涂明显的统一标识，集中管理。

第十条 严格按规定使用执法执勤用车，严禁以任何理由将执法执勤用车挪用或固定给个人使用，也不得以任何方式换用、借用、占用其他单位或下属单位的执法执勤用车，不得既领取公务交通补贴又违规乘坐执法执勤用车。

第十一条 执法执勤用车的配备、使用和交通补贴发放等情况，由区监察局、区财政局、区审计局按照职责分工，依照有关法律和规定进行监督检查，对违法违纪问题根据有关规定进行严肃处理。

第十二条 本办法自公布之日起施行。

附件3

兰州市城关区公务用车制度改革司勤人员安置实施办法

为全面推进全区党政机关公务用车制度改革，妥善安置司勤人员，保障公务用车制度改革平稳顺利实施，根据《兰州市城关区公务用车制度改革实施方案》参照《兰州市公务用车制度改革司勤人员安置实施办法》制定本办法。

一、适用范围

全区党政机关（包括区委、区人大、区政府、区政协、区法院、区检察院，各民主党派、工商联，参照公务员法管理的各人民团体、群众团体和事业单位）的在编在岗司勤人员（含汽车维修）和其他用工形式的司勤人员。

二、工作原则

（一）以人为本。各参改单位要认真落实国家、省市公务用车制度改革司勤人员安置政策，充分挖掘单位内部岗位潜力。对因公务用车制度改革而失岗的人员，要坚持以内部消化为主，不能简单推向社会，切实做好司勤人员的安置分流工作，特别是要做好工作年限长、年龄较大司勤人员的安置工作。

（二）积极稳妥。各参改单位要加强组织领导，综合施策，做到政策公开严明，程序科学合理，安置平稳有序，结果群众认可。

（三）因地制宜。各参改单位要按照政策统一规定，兼顾单位管理需要、事业发展需要和司勤人员特点，在相关政策框架内，通过开辟新的就业岗位，多形式、多渠道做好司勤人员的安置工作。

三、安置途径

（一）在编在岗司勤人员

1. 竞聘上岗。各参改单位根据保留公务用车的实际需要，按照国家关于事业单位岗位设置管理的有关规定，科学合理设置司勤人员岗位，从现有在编在岗司勤人员中，通过竞聘上岗、择优选用的方式确定聘用人员，并与其签订聘用合同。

2. 工作调动。对公务用车制度改革单位参改司勤人员，按照公开、平等、择优选用的原则和具体选聘办法，可调入公务用车服务平台工作或其他需要司勤人员的参改单位。

3. 内部转岗。各参改单位可根据实际需要，对在编在岗正式司勤人员，可安排到机关所需的工勤技能岗位从事辅助性工作，或经本人同意可调整到本部门其他单位适合安置司勤人员的空缺岗位，其原有技术等级予以保留，工资待遇保持不变。今后在晋升上一级技术等级职务时，可按原岗位晋升，也可按新岗位晋升。

4. 提前离岗。对距国家法定退休年龄5年以内的在编在岗司勤人员（以车改具体实施时间为界限），经单位审定可以提前离岗。离岗期间由原单位进行管理，工资福利等基本待遇不变，单位和个人继续按规定缴纳各项社会保险费，达到国家法定退休年龄时，再办理退休手续。

（二）其他司勤人员

在编在岗司勤人员不能满足各参改单位保留公务用车用人需要时，可在其他司勤人员中择优选用，严格按照有关政策法规规范管理。未聘用的其他司勤人员，按以下途径安置：

1. 对单位自行聘用的司勤人员，由各参改单位依据《劳动合同法》等有关规定，办理相关手续，并支付经济补偿。经济补偿按其在本单位的工作年限，每满1年支付1个月工资；6个月以上不满1年的，按1年计算；不满6个月的，支付半个月工资。月工资低于当地最低工资标准的，按当地最低工资标准计发。月工资高于当地最低工资标准的，按照劳动关系解除前12个月的应发工资平均数计发。

2. 对劳务派遣司勤人员，由参改单位与劳务派遣机构协商，按《劳动合同法》和《劳务派遣暂行规定》办理。

3. 终止或解除劳动合同人员（含与劳务派遣机构终止或解除劳动合同人员），劳动合同期未满的，按照《劳动合同法》的规定提前解除劳动合同。

四、工作要求

（一）加强组织领导。各参改单位要严格按照国家关于机关公务用车制度改革政策、相关法规和工作要求，加强对司勤人员安置工作的组织领导。主要领导要切实履行第一责任人的主体责任，抽调专门力量实施司勤人员安置工作。在具体工作中要坚持安置原则，规范工作程序。

（二）采取合理措施。各参改单位要按照公务用车制度改革总体部署，结合本单位实际情况，针对安置过程中涉及的途径、岗位设置等事项，在广泛征求各方意见建议的基础上，按照“谁使用、谁负责”的原则，采取科学合理的安置措施，切实维护司勤人员的合法权益。

（三）强化政策宣传。各参改单位要结合本单位车改实际，认真细致地做好政策宣传解释和思想工作，帮助司勤人员了解掌握安置政策，动员引导司勤人员理解和支持公务用车制度改革，确保司勤人员在宽松和谐的气氛中，愉快接收转岗和安置。

（四）严明工作纪律。各参改单位要严格按照规定的范围、原则和要求，积极落实相关政策规定，严格规范司勤人员安置管理，加强对司勤人员安置各个环节的监督检查，坚决维护政策的严肃性。对违反司勤人员安置政策规定的坚决予以纠正，并进行严肃处理。

（五）精心组织实施。各参改单位要周密部署，采取科学有效的安置措施，不折不扣贯彻落实公务用车改革精神，切实抓好司勤人员安置政策的贯彻落实。积极稳妥解决改革工作中遇到的矛盾和问题，确保司勤人员安置工作顺利完成。

附件4

兰州市城关区区级机关公务用车制度改革后公务出行保障方案

根据《兰州市城关区公务用车制度改革实施方案》，为完善区级机关单位跨区域公务出行多元服务体系，实现“公务出行便捷合理、交通费用节约可控、车辆管理规范透明、监管问责科学有效”的改革目标，现结合实际，制定本方案。

一、保留区级机关单位部分车辆

区党政机关纳入参改范围的车辆，按照《城关区公务用车制度改革实施方案》规定中具体保留车辆分配方案实行。对单位保留车辆自行管理，用于保障涉改单位机要通信、应急以及跨区域出行考察、调研、下基层等工作。

二、建立区级机关公务用车服务平台

组建区级一般公务用车服务平台，集中保障区委区政府领导及主要部门跨区域重大调研、检查验收督导及重大项目督查、处置重大应急突发事件等公务活动工作的车辆使用。组建区级综合执法用车服务平台，集中保障中央已明确的部分执法执勤部门和经区政府法制办认定的行政执法任务较重的部门，赴公共交通不便的地域开展行政执法工作的车辆使用。

组建区机关公务用车管理机构，专门负责公务用车服务平台和综合执法用车服务平台的建设、日常管理及车辆调度、维修等工作。

三、规范差旅交通费保障机制

根据《兰州市市级党政机关差旅费管理办法》（兰办发〔2014〕73号）做好交通补贴保障区域和出差补助范围的衔接，公务人员赴车补保障范围外的区域进行公务活动的，差旅交通费按规定标准在本单位报销。

四、建立健全运行监督机制

（一）车辆来源及管理。平台所需车辆由区公务用车制度改革领导小组在涉改车辆中统一调剂解决，实行相对集中、个别分散停放，集中管理，统一调度，设立监督电话，广泛接受社会监督。

（二）经费管理。平台组建启动经费由区财政在车改前经费中审核预留，车辆运行费用按照车改摸底测算的标准，根据平台实际保留车辆数，纳入年度财政预算管理，由区财政核算后，足额拨付平台使用。

（三）维修保险管理。通过公开招标确定维修、保险企业，实行定点维修、定点保险。车辆费用实行单车核算，定期评比通报，做到各项费用开支公开、透明。

附件5

关于建立兰州市城关区区直部门综合执法用车服务平台的意见

为优化车辆资源配置，提高执法车辆综合使用效率，为区直部门执法工作提供用车服务，组建区直部门综合执法用车服务平台。现提出以下意见：

一、保障范围

（一）保障部门

1. 中央已明确的部分执法执勤部门。具体为：区农水局、区林业局、区质监局、区工商局、区食药监局。

2. 区公务用车制度改革领导小组确定的行政执法任务较重的20个部门。具体为：区委区政府督查室、区发改局、区工信局、区商务局、区民政局、区人社局、区城管执法局、区卫计局、区文体局、区城管委、区环保局、区建设局、区安监局、区统计局、区环卫局、区物价局、区民宗局、区房管局、区法制办、区南北两山绿化指挥部。

（二）保障事项

为上述部门公务人员赴公共交通不便的地域开展行政执法工作提供有限保障。

二、车辆来源及管理

区直部门综合执法用车服务平台车辆从涉改车辆中统一调剂解决。留用车辆依照无偿调拨的方式实施。所有车辆集中管理，统一调度，与车管所协调使用专用号段，车身喷涂“执法执勤”标识，安装GPS定位系统，集中停放，提前审批，用车单位凭派车单使用。

三、经费保障

平台组建启动经费由区财政在车改前经费中审核预留，车辆运行费用按照车改摸底测算的标准，根据平台实际保留车辆数，纳入年度财政预算管理，由区财政核算后，足额拨付平台使用。

附件6

兰州市城关区公务用车制度改革实物性保障岗位数量及名单

根据《兰州市城关区公务用车制度改革实施方案》，我区公务用车制度改革实物性保障岗位4个，保留车辆4辆，分别是：

1. 区委书记

2. 区人大常委会主任
3. 区政府区长
4. 区政协主席

附件7

兰州市城关区公务用车制度改革领导小组成员名单

组　长：高文阳　区委副书记、区政府代区长
副组长：王立山　区委常委、区政府副区长、兰山公园建管委主任
成　员：王生堂　区政府办公室主任
　　　　张发育　区纪委副书记、区监察局局长
　　　　李延梅　区委组织部副部长（兼）、区编委办主任
　　　　马　强　区发改局局长
　　　　严　肃　区委组织部副部长（兼）、区人社局局长
　　　　周胜前　区审计局局长
　　　　杨学东　区机关事务管理局局长
　　　　段晓卫　区财政局副局长
　　　　耿玉龙　区政府法制办主任

领导小组办公室设在区发改局，办公室主任由区发改局局长马强同志兼任。

中共兰州市城关区委组织部关于印发《城关区党员积分考核管理办法》的通知

各街道党工委，区委各部门、区直各部门党委(党组、总支、支部)，各人民团体党组（支部）：

为了加强和改进党员管理，充分发挥党员先锋模范作用，切实提高全区党员管理的科学化水平，现将《城关区党员积分考核管理办法》印发你们，请认真遵照执行。

中共兰州市城关区委组织部
2016年11月2日

城关区党员积分考核管理办法

一、总　则

第一条　为贯彻“党要管党、从严治党”要求，进一步加强和改进对党员的日常教育管理，不断增强党员的党性意识、服务意识、纪律意识，督促党员切实发挥先锋模范作用，根据《党章》《中共中央组织部关于做好处置不合格党员工作的通知》《中国共产党问责条例》以及党内相关规定要求，结合“两学一做”学习教育和我区实际，特制定本办法。

二、考核管理对象

第二条　考核管理对象为党组织关系在本单位的党员（预备党员只参加积分活动，不评优）。对年老体弱行动不便的党员，经本人申请，党员会议讨论确认后，可不列入本考核管理办法的考核范围，党组织应指定党员负责与他们主动联系，定期走访，送学上门，向他们传达党内文件精神和党内重要活动的情况，并征求、反映他们的意见建议。

第三条 结合全区各领域党员实际，将党员分为农村党员、机关事业单位党员、企业党员（包括国有企业、非公有制企业、社会组织）、流动党员等四类。

三、考核管理主体

第四条 本考核管理办法由各基层党支部直接负责实施，党支部书记是第一责任人。上级党组织负有对考核管理工作进行督导检查的职责。

第五条 各部门、各单位逐级建立积分管理考核体系，实行分级管理，上级监督指导下级，积分统计公示，信息公开透明，以周期内累计积分对党员日常行为进行考评。

四、考核管理方式

第六条 党员参加组织生活和有关活动时，应及时在积分管理考核登记表上登记；党员出现扣分情形的，经党支部委员会认定后进行扣分。

第七条 考核管理员一般为基层支部组织委员或支部书记。

第八条 考核内容主要是党员履行党员基本义务，发挥先锋模范作用，遵纪守法，遵守社会公德等情况。

（一）农村党员，重点考核是否正常参加组织生活，按时缴纳党费，积极联系群众，在中心工作、重点工作中发挥带头作用。

（二）机关事业单位党员，重点考核是否按时参加“三会一课”，履行岗位基本职责，积极参加在职党员进社区、结对帮扶等志愿服务活动。

（三）企业党员，重点考核是否正常参加组织生活，遵守企业生产管理制度，带头执行安全生产规定，带头钻研业务，积极建言献策。

（四）流动党员，重点考核是否办理流动党员相关手续，参加多重组织生活，定期向流出地党组织汇报基本情况，外出时间超过6个月且地点固定的，有无及时转移组织关系。

第九条 党员积分管理考核办法主要包括基本分（60分）、先锋分和扣分，三项分值相加为综合考评得分，积分上不封顶，扣分扣完为止，具体标准见《兰州市党员积分考核管理办法项目表》（附后）。

（一）基本分（60分）：主要是党员履行基本义务情况。

（二）先锋分：主要包括积极服务群众，参与各类志愿服务活动，向党组织提出合理化建议，发挥党员表率作用、受到各类表彰奖励等情形。

（三）扣分：主要包括不履行党员义务，违反组织纪律，违反社会公德、职业道德、家庭美德，造成不良影响等情形。

第十条 各级党（工）委可在《城关区党员积分管理考核办法项目表》的基础上，结合本部门实际，对表中“其他类似情况”进行自定义。

第十一条 积分途径。通过支部记录、个人申报、党员评议、组织审定等途径进行积分申报和审定。基本分由各支部根据每名党员履行基本义务情况及时进行登记；先锋分通过个人申报、党员评议等途径形成；扣分通过支委会商议、党员评议和群众举报等途径形成。

第十二条 积分登记。全区各级党组织要按照统一的《城关区党员积分考核管理登记表》进行登记，由管理员负责积分登记和录入，支委会负责积分核实。党员参加组织生活、教育培训、志愿活动、进社区服务等集中性活动，原则上应实时登记；因故未能及时登记的，由党员本人提出并由两名党员证明，待下次参加活动时补录。

第十三条 积分公示。各单位党组织应当根据积分情况，6月、12月的25日前将半年全体党员积分明细表通过党务公开栏等形式进行公示，公示时间一般不少于5天。公示期间，党员、群众有异议的，可向所在党支部反映，党支部应及时调查原因并向党员、群众反馈调查结果并备案。

第十四条 积分周期。以每年的1月至12月为一个积分周期，每年12月30日前将全年积分加总，形成全年最后综合得分。新一轮积分周期开始时，上一年度积分自动清零，历史积分由各基层党组织保存，作为历史存档以备党组织和党员查询。

五、结果运用

第十五条 对积分排名靠前10%的党员，在基本分无扣分的前提下，评为先锋型党员，采取灵活方式进行表彰奖励，并优先列为各类评先选优对象；对积分排名中间80%的党员，要积极引导向先锋型党员看齐；对积分排名靠后10%的党员，结合现实表现，党支部书记要约谈提醒，党支部书记排名靠后的由上级党组织负责人进行约谈提醒；对于符合不合格党员认定标准的，要按照《兰州市处置不合格党员实施方案》有关程序做出处置；对违反《中国共产党问责条例》有关规定的，按照条例有关规定及时进行处置。

六、附　则

第十六条 本考核管理办法由区委组织部负责解释。

第十七条 本考核管理办法自印发之日起实施。

中共兰州市城关区委办公室
兰州市城关区人民政府办公室
关于印发《城关区深入推进村务监督委员会建设工作的实施方案》的通知

城办发〔2016〕91号

各街道党工委和办事处，区委和区直有关部门：

《城关区深入推进村务监督委员会建设工作的实施方案》已经区委、区政府同意，现印发给你们，请认真遵照执行。

中共兰州市城关区委办公室
兰州市城关区人民政府办公室
2016年11月3日

城关区深入推进村务监督委员会建设工作的实施方案

为认真贯彻落实全国农村基层党建工作座谈会精神，深入推进村务监督委员会建设工作，进一步强化村级民主监督，完善村民自治组织体系，加强和创新农村基层社会管理，实现惩治和预防腐败体系的构建向村级组织延伸。根据《中华人民共和国村民委员会组织法》、《甘肃省村务监督委员会工作规则（试行)》、《关于深入推进村务监督委员会建设工作的指导意见》（甘办发〔2015〕49号）、《关于深入推进村务监督委员会建设工作的实施意见》（兰办发〔2016〕37号）精神，结合我区实际，现制定如下方案。

一、总体要求

（一）指导思想。全面贯彻党的十八大和十八届三中、四中、五中全会及习近平总书记系列重要讲话精神，坚持加强党的领导与促进村民自治相统一，坚持完善制度与加强监督制约相结合，以健全村务监督机构为基础，以完善村级民主监督工作机制为平台，以规范和制约权力运行为核心，以维护村民合法权益为重点，明确监督职责，改进监督方式，形成监督合力，提高监督效能，促进农村基层干部廉洁履行职责，为建设幸福美好和谐城关提供坚强的政治和组织保障。

（二）基本原则

1. 坚持党的领导。村务监督委员会在村党组织领导下开展工作，在对村民会议和村民代表会议负责的同时，自觉维护村党组织的威信，支持和协助村党组织正确履行职责。

2. 坚持依法办事。村务监督委员会以《村民委员会组织法》《甘肃省村务监督委员会工作规则（试行)》以及有关政策规定为依据，依法正确履行职责，推动村民自治健康有序发展。

3. 坚持因地制宜。明确村务监督的工作重点，切实增强村务监督工作的针对性和实效性。坚持多元参与，充分调动集体经济组织、农民合作组织和各种经济社会服务组织的积极性，使其各有其位、各司其职，形成开展村务监督工作的合力。

（三）工作目标。严格按照《甘肃省村务监督委员会工作规则（试行)》要求，将村务监督委员会与村“两委”换届选举同安排、同部署、同落实；以全区第九次村民委员会换届选举为契机，着力整顿村务监督委员会有名无实、监督不力、徇私舞弊等不良现象，选举出机构设置合理、规章制度完备、运作流程规范、保障措施有力、作用充分发挥的村务监督委员会；要将村务监督委员会工作的重心转移到水平提升、作用发挥上来，更加注重在村务公开、财务公开、村务决策、村重大项目和重大事项中发挥监督作用，注重在村干部述职述廉中发挥监督作用，注重在解决人民群众最关心、最直接的利益中发挥作用。到2017年，村务监督委员会全面开展民主评议、村干部任期和离任审计，建立权责明确、衔接配套、运转有效、依法自治的村级民主监督机制。争取到2020年，实现村级民主监督制度完善、监督形式丰富、民主评议有效、经济责任审计规范的目标。

二、主要任务

（一）规范职能定位。村务监督委员会在村党组织领导下，对村级事务实施监督，向村民会议或村民代表会议负责并报告工作。村务监督委员会不直接参与具体村务的决策和管理，不干涉村两委会正常工作。配合支持村党组织、村民委员会正确履行职责，主要负责对村级事务实行全方位、全过程监督，享有对各项村务活动的知情权、质询权、审核权、建议权等四项权利。

（二）规范监督内容。村务监督委员会要围绕村务活动开展监督工作，重点抓好对村务决策、村务公开、村级集体“三资”管理以及村工程建设项目的监督，及时发现和纠正存在的问题。

1. 在村务决策方面，实行参与式监督。村务监督委员会列席村两委会对一些村级重大事项的讨论，列席村民代表会议对一些村级重大事项决策的表决，对村民委员会贯彻执行村民代表决议实施情况进行监督。

2. 在“三资”管理方面，实行动态式监督。按照事前介入、事中跟踪、事后检查的方式，对村级集体投资经营情况和集体土地、资产、资源处置等情况，必须事先经村务监督委员会审查确认，进行全程动态监督。在民主理财方面，参与制订本村集体的财务计划和各项管理制度，每月定期进行理财审账，财务支出的票据，必须由经办人、证明人签字，村两委会主要负责人联签，再经村务监督委员会的审核和签字后，方可入账报销。

3. 在村务、财务公开方面，实行程序式监督。对村级事务按季公开、重大事项即时公开和村级财务按月逐笔流水账式公开等工作，以及公开内容、时间、程序是否规范等进行全面监督。

4. 在工程项目方面，实行全程式监督。从村级工程立项、项目招标、合同签订、项目变更、质量安全、竣工验收、项目审计、工程复验及资金预决算到资金拨付，村务监督委员会实行全过程监督。

（三）规范监督流程。村务监督委员会按照收集民意、调查分析、监督落实、通报反馈的步骤和专门编制的村务决策、村务公开、村级财务、小额公共资源资产管理等四个方面的监督工作流程图实施监督。

（四）规范工作制度。村务监督委员会在严格执行上级有关规定的同时，积极推动村监会工作创新，不断完善规范村监会工作机制。统一村监会的产生方式、监督流程，明确村监会的职责和义务，建立完善工作例会、工作巡查、工作报告、民情收集、激励保障、村监会办公经费使用管理办法和考核工作制度，形成按制度有效、有序监督的工作机制。

三、方法步骤

（一）安排部署，全面自查（2016年11月3日—12月31日）

1. 深入学习，提高认识。由街道党工委负责组织，认真传达学习《村民委员会组织法》、《甘肃省村务监督委员会工作规则（试行）》、《关于深入推进村务监督委员会建设工作的指导意见》（甘办发〔2015〕49号）、《关于深入推进村务监督委员会建设工作的实施意见》（兰办发〔2016〕37号）等有关政策文件，深刻认识加强村务监督，是村级工作运行机制的创新，不是村级管理体制的变革，不能把村党组织、村民委员会和村务监督委员会搞成“三驾马车”。

2. 统筹安排，加强宣传。街道党工委要根据辖区村务监督委员会工作实际，制定本街道进一步推进村务监督委员会建设工作的工作方案，对村务监督工作的职能、人员构成、内容、程序等提出明确要求，召开村务监督工作专题会议，对进一步推进村务监督委员会建设工作做全面动员和安排部署，同时要借助街道和村的公开栏、微信、QQ、“明白册”、“明白卡”等，深入村民家中进行告知、宣传村务监督委员会建设工作的重要性。

3. 突出重点，全面审计。由区经管站牵头，街道党工委配合，组织力量，对全区18个村、22个村社区的村级财务进行专项审计，为村务监督委员会和村“两委”换届选举顺利进行打下基础。

（二）结合选举，健全机构（根据村委会选举情况确定时间）

新一届村民委员会选举工作结束后，应立即进行村务监督委员会的选举工作，并突出五项要求：

1. 做到工作有人员。村务监督委员会由3至5名成员组成，其中有1人以上熟悉财会业务。提倡村党组织成员，鼓励群团组织负责人、村民小组长和村民代表，通过民主程序兼任村务监督委员会成员；村民委员会成员及其近亲属、村文书、村会计、村报账员不得担任村务监督委员会成员及其下属机构的人员。

2. 做到办公有场所。村务监督委员会应当配备相对固定的工作场所，并配置办公桌椅、资料柜等必要的办公设备；有条件的村，应设置独立的办公场地。

3. 做到对外有牌子。在各村办公楼大门口显著位置统一悬挂“××（街道）××村村务监督委员会”牌子。

其办公场所统一悬挂“村务监督委员会办公室”的门牌。

4. 做到监督有制度。一是完善工作例会制度，村务监督委员会会议原则上每月召开一次，如遇特殊情况可随时召开；二是完善村务监督工作报告制度，村务监督委员会至少每半年向村民会议或村民代表会议报告一次工作，对监督中发现的重要问题及时向党组织和上级有关部门反映。

5. 做到工作有台账。村务监督委员会每次开展工作，都应有专人认真、如实记录，并作为村务档案存档，以备查阅。

（三）加强培训，提升素质（2017 年 4 月 1 日—2020 年 12 月 31 日）

1. 由区民政局牵头，区经管站配合，定期对新选举产生的村务监督委员会成员开展法律、法规、政策、业务和财经管理知识的培训，提高村务监督委员会成员综合素质，增强法纪观念。

2. 由街道党工委和村党组织定期组织召开村务监督委员会业务培训会，进一步提高村务监督委员会成员的履职尽责能力和水平。

（四）完善考核，规范运行（2017 年 5 月 1 日—2020 年 12 月 31 日）

1. 在村党组织的主持下每年由村民会议或村民代表会议对村务监督委员会的工作进行民主评议，也可与村干部述职评议考核一起进行。

2. 街道党工委、办事处每季度对村务监督委员会履职情况进行一次监督检查。

3. 区纪委要对村务监督委员会的工作开展情况进行督导；区民政局要把村务监督委员会工作开展情况作为村务公开的一项内容，要将监督的事项、程序、过程、结果及时向村民公开；要通过入户走访、召开座谈会、查阅档案资料、个别谈话等形式了解村务监督委员会工作开展情况，并将村务监督委员会工作开展情况在全区范围内进行通报。

4. 对村务监督委员会的考核原则上由街道负责，考核分为优秀、称职、基本称职、不称职 4 个等次，考核结果直接和村务监督委员会主任误工补贴挂钩。

5. 街道党工委与村党组织要加强领导，区民政局与区经管站联合深入指导，及时总结，体现工作成效，进一步督促村务监督委员会开展工作形成常态化、规范化。

四、工作要求

（一）加强组织领导，履行主体责任。要认真落实区委书记第一责任人、街道党工委书记直接责任人、村党组织书记具体责任人的工作责任体系，区委组织部负责牵头协调，区民政局具体组织落实，区农水、发改、财政、审计、国土、司法等部门各负其责，形成党委统一领导、党政齐抓共管、农村群众广泛参与的格局。区纪委要指导监督委员会加强对村民委员会权力运行和村干部廉洁自律情况的监督，支持村务监督委员会充分发挥从源头上遏制发生在群众身边的不正之风和腐败问题的重要作用；区民政局要依法进行指导，把村务监督委员会建设工作与村民委员会换届选举、村务公开民主管理工作同部署、同检查、同落实，要切实做好村务监督委员会选举把关工作，积极引导村民将有能力、讲原则的人选入村务监督委员会；区农水局要发挥经管站对农村“三资”监督管理的职能作用，支持村务监督委员会依法依规进行监督。街道党工委要切实加强对村务监督委员会工作的指导，运用“四议两公开”、村务联席会、村务公开、党务公开、村规民约等民主监督的好做法做好村务监督工作。各相关部门要密切协作、紧密配合，形成深入推进村务监督委员会建设工作的合力。

（二）做好政策扶持，落实资金保障。各街道党工委要把建立村务监督委员会作为加强农村党风廉政建设、促进农村经济社会持续健康发展的重大举措摆上重要议事日程，采取切实有力措施，支持村务监督委员会依法依规开展工作、履行职权，保障村务监督委员会的办公场所和办公设施。区财政局等部门要严格按照《甘肃省财政厅关于下达 2013 年县级基本财力保障机制奖补资金的通知》（甘财预〔2013〕87 号）和市财政局、中共市委组织部、市民政局《关于提高村组干部报酬、村和社区办公经费补助标准的通知》（兰财预〔2015〕39 号）精神，落实村务监督委员会办公经费和村务监督委员会主任的生活补助经费，保证村务监督委员会正常运转。

（三）强化责任追究，抓好日常监管。充分发挥涉农街道纪检监督、行政监督、群众监督和舆论监督的作用，加强对农村集体“三资”管理工作的监督检查，对于不认真履行职责的领导和工作人员要严格落实责任追究制度，对实施农村集体“三资”管理工作存在不依规依法办事行为的，要及时予以纠正；对违反法律法规和制度规范，从中谋取私利、造成公共利益损失的，要严肃追究相应的责任。

（四）及时总结经验，落实长效机制。各街道党工委、各部门要加强对村务监督工作的理论研究，及时将成熟的经验做法上升为政策制度；及时发现和宣传各类先进典型，总结推广好的经验做法，形成全区共同参与和推动村务监督委员会建设的良好氛围。区民政局要切实加强对村务监督委员会建设工作的指导和服务，确保村务监督工作健康有序开展。

全区各街道居务监督委员会建设参照此实施方案执行。

附件

城关区村务监督委员会工作流程图

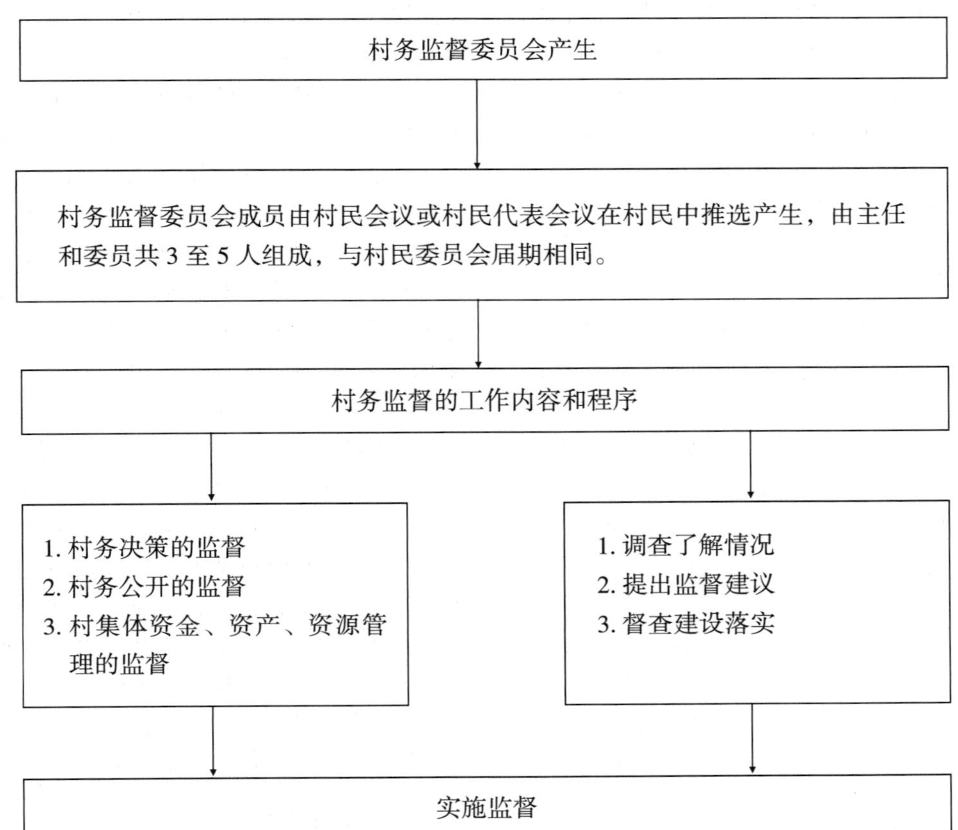

中共兰州市城关区委办公室
兰州市城关区人民政府办公室
关于印发《城关区 2017 年“城市管理一体化示范街”创建工作实施方案》的通知

城办发〔2016〕99 号

各街道党工委和办事处，区委和区直各部门，各人民团体：

《城关区 2017 年“城市管理一体化示范街”创建工作实施方案》已经区委、区政府同意，现印发你们，请认真抓好贯彻落实。

中共兰州市城关区委办公室

兰州市城关区人民政府办公室

2016 年 12 月 8 日

城关区2017年“城市管理一体化示范街”创建工作实施方案

为了进一步改善城市面貌，提升城市形象，增强城市文化软实力，为辖区百姓营造整洁、优美、文明、舒适的生产生活环境，加快建设美丽幸福新城关，根据区委安排，2017年全区将进一步深化推进“城市管理一体化示范街”创建工作，为确保工作扎实有序推进，现结合我区实际，特制定如下实施方案。

一、指导思想

根据党的十八届六中全会和市区党代会精神，区委按照整体布局、统筹推进的原则，以展现城市历史风貌、挖掘城市文化内涵、增强城市艺术气息为重点，通过整治市容环境，规范门头店招，改造绿化设施，提升环卫作业，完善市政设施等措施，将主次干道与周边街巷有机衔接，打造城关独有文化艺术形象。

二、工作目标

此次“城市管理一体化示范街”的创建以打造“历史文化名片、民俗风情名片、城市味道名片”为主题，按照规划设计先行的思路，汇聚专业设计团队潜心聚力，以城关历史人文、街巷地理特征、风土人情为背景量身打造。在设计时要综合考虑设计整体效果、街巷艺术气息、历史人文展示、街面环境卫生、破旧墙面改造、老旧楼体粉刷、违法建设整治、门头店招改造、基础设施完善、城市管理举措等多个方面，和已有82条示范街进行串联衔接，将原来的示范点拓展为风景面，整体提升全辖区街面景观和城市管理水平。

三、总体思路

(一）打造历史文化名片。以“山水名城、黄河之都”为主题，依托南北两山，深入挖掘我区历史人文内涵。在设计上运用中国传统设计风格，按照恢宏大气、清新高雅的要求，统一建筑风格。结合各街道所辖街巷的不同特点，对主次干道、背街小巷内影响市容市貌的各类乱搭乱建临时性用房、陈旧破损以及有碍市容市貌、破坏建筑（构）物风格和城市风貌的各类户外广告进行拆除，对有碍市容环境的公共设施及商铺门面，视情况进行修复、拆除或更换，增加建筑的立体和层次效果。按照园林绿化一级管护标准，加强对示范街苗木和绿地管护工作，对主次干道两旁绿化带进行清洁养护，需要补种绿化的进行补植。按照“高档美观、富有特色”的原则，充分展示兰州“山水名城”的文化底蕴。

(二）打造民俗风情名片。围绕金城风土人情、旅游文化等资源，深入挖掘兰州多民族聚集的地域风土人情特色。按照特色鲜明、风情宜人的要求，对主次干道、小街巷进行改造提升，精心设计城市小品、文化长廊，打造特色商业文化风情线。对周边门头店招进行统一改造提升，粉饰道路两旁老旧楼体，人行道道砖铺设整齐美观；对占道经营、马路市场等影响正常生活经营环境的行为要坚决加以取缔。

(三）打造城市味道名片。围绕丝绸之路美食文化及辖区地域文化，深入挖掘兰州在丝绸古道中的文化底蕴，突出金城兰州独特的民俗文化和饮食文化，精心设计宣传内容，创新展示方式。制定规范经营办法和措施，进一步明确执法、工商、食药、商务、街道、物业公司以及商户责任，对周边摆摊设点、乱停乱放等现象进行整治，并全面清除周边各类小广告，建立健全科学合理的定点垃圾收集办法，在全区道路统一规划、统一实施垃圾定时定点收集机制，全面开展夜市综合整治工作，确保交通顺畅、出行便利。

四、实施步骤

此次“城市管理一体化示范街”创建工作，按照统一设计、统一招标、统一监理、统一施工“四统一”的原则，由区委总体规划、统筹推进。2016年12月各街道作为项目建设责任主体完成创建街巷资料上报；2017年1月完成设计规划；2017年2—3月完成立项、招标工作；2017年4—10月为全面改造实施阶段；2017年11月全面完成建设施工；2017年12月组织全区验收观摩。

五、保障措施

(一）加强协调配合。“城市管理一体化示范街”创建工作作为2017年区委重点工作之一，是提高城市品位、改善人居环境的重要举措。创建工作采取招投标方式建设，各相关部门必须从全局和战略的高度出发，加强项目管理，规范项目审批，把此项工作作为当前一项主要工作来抓，由发改局、项目办、公共资源交易中心在全区范围内精心挑选组建设计团队，拿出切实可行的设计方案，待方案评审议定后，按照特事特办的原则，加快审批速度，保证项目建设按照预定时间完成施工。（责任单位：区发改局、区财政局、区政府项目投资办、区公共资源交易中心；配合单位：24个街道党工委）

（二）靠实工作责任。各街道党工委书记要全面靠实“第一责任人”的职责，亲自负责创建工作各项事宜，充分发挥牵头管理、协调总揽的作用，通过“多角度、深层次、立体化、全方位”的宣传，积极引导居民群众共同参与城市管理。及时协调区级职能部门履行管理职能，密切协作配合，着力齐抓共管，负责创建工作高标准建设、高效率推进，形成推动工作的整体合力，确保创建工作落实到位。（责任单位：24个街道党工委；配合单位：区建设局、区城管执法局、区环卫局、区雁滩环卫市政所）

（三）凝聚工作合力。各相关职能部门根据设计方案，做好门头改造、占道经营、规范夜市、门前三包、道路维护、绿植补栽、设施完善、环卫设施维护和垃圾清运清扫、综合整治等工作。（责任单位：区建设局、区城管执法局、区商务局、区食药监局、区环卫局、区雁滩环卫市政所；配合单位：24个街道党工委）

（四）强化工作监督。依据相关法律法规，对创建工作程序和施工进度及时进行检查督导、纪检监察、规范审计，至少每半月前往街道进行实地查看，督促按要求开展工作，对项目建设推进情况进行实时监督，把创建“城市管理一体化示范街”工作作为年底考核、评先选优的重要依据。（责任单位：区监察局、区审计局、区委区政府督查室；配合单位：24个街道党工委）

中共兰州市城关区委办公室
兰州市城关区人民政府办公室
关于印发《城关区全面推进政务公开工作实施方案》的通知

城办发〔2016〕112号

各街道党工委和办事处，区委和区直各部门，各人民团体：

《城关区全面推进政务公开工作实施方案》已经区委、区政府同意，现印发给你们，请结合实际认真贯彻执行。

中共兰州市城关区委办公室
兰州市城关区人民政府办公室
2016年12月23日

城关区全面推进政务公开工作实施方案

为贯彻落实《中共中央办公厅国务院办公厅印发〈关于全面推进政务公开工作的意见〉的通知》（中办发〔2016〕8号）、《中共甘肃省委办公厅甘肃省人民政府办公厅印发〈关于全面推进政务公开工作的实施意见〉的通知》（甘办发〔2016〕28号）和《中共兰州市委办公厅兰州市人民政府办公厅关于印发〈兰州市全面推进政务公开工作实施方案〉的通知》（兰办发〔2016〕43号）精神，全面推进政务公开工作，现结合我区实际，制定本实施方案。

一、总体要求

（一）指导思想

全面贯彻落实党的十八大和十八届三中、四中、五中、六中全会及习近平总书记系列重要讲话精神，紧紧围绕“四个全面”战略布局，牢固树立“创新、协调、绿色、开放、共享”五大发展理念，坚持依法行政，全面推进政务公开，让权力在阳光下运行，打造法治政府、创新政府、廉洁政府和服务型政府。

（二）基本原则

坚持全面公开。紧紧围绕经济社会发展和人民群众关注关切，全面推进行政决策公开、执行公开、管理公开、服务公开和结果公开，增强政府公信力、执行力，保障人民群众知情权、参与权、表达权、监督权。

坚持依法依规。全面落实党中央、国务院及省、市有关决策部署和《中华人民共和国政府信息公开条例》，依法依规推进政务公开工作制度化、标准化、程序化，以公开促落实，以公开促规范，以公开促服务。

坚持改革创新。坚持把创新突破作为推进政务公开工作的重要手段，创新公开理念、体制机制、方式方法和技术手段，不断提升公开实效。

坚持公众参与。坚持把人民群众满意程度作为衡量政务公开工作效果的重要标准，以满足人民群众需求为出发点和落脚点，以社会需求为导向，以新闻媒体为载体，推行“互联网+政务”，扩大公众参与，促进政府有效施政。

（三）工作目标

2016年，科学设定考核指标及权重，将全区政务公开工作纳入政府绩效考核体系。到2017年，全区政务公开机构健全完善，工作机制进一步理顺；依托城关政务服务网，在网上“晒权”的基础上，全面推行网上“行权”。到2020年，依法积极稳妥实行政务公开负面清单制度，公开内容覆盖权力运行全流程、政务服务全过程，全区政务公开工作总体迈上新台阶。

二、构建权力阳光运行机制

（一）推进决策公开。认真落实《甘肃省人民政府重大行政决策程序暂行规定》《兰州市行政程序规定》等要求，坚持科学决策、民主决策、依法决策的原则，切实把公众参与、专家论证、风险评估、合法性审查、集体讨论决定作为重大行政决策的法定程序，完善依法决策机制，确保决策制度科学、程序正当、过程公开、责任明确。

建立重大行政决策预公开制度。区政府要建立重大决策预公开制度，对涉及群众切身利益、需要社会广泛知晓的经济社会发展重点规划（计划）、重要改革方案、重大政策措施、重点工程项目，除依法应当保密的外，在决策前要通过报纸、广播、电视、政府门户网站等媒体向社会公布决策草案、决策依据以及反馈意见的方式和时限，同时采取听证座谈、调查研究、咨询协商、媒体沟通等方式，深入听取各方面意见，并在政府门户网站上公布意见收集和采纳情况。

牵头单位：区政府办公室

责任单位：各街道办事处、区政府各部门

完成时限：2019年底前完成

探索推进政府会议开放。探索建立人大代表、政协委员、专家学者、利益相关方和新闻媒体代表列席政府有关会议制度，增强决策透明度。对于涉及重大民生问题、社会关注度高的议题，各街道办事处、区政府各部门稳步推进邀请相关方代表列席政府常务会议或部门办公会议。会议召开后，各街道办事处、各部门应在5个工作日内，依法依规公开政府常务会议或部门办公会议议定事项、相关文件等信息。

牵头单位：区政府办公室

责任单位：各街道办事处、区政府各部门

完成时限：2020年底前完成

（二）推进执行公开。主动公开重点改革任务、重要政策的执行措施、实施步骤、责任分工、工作进展、取得成绩、监督方式等信息，根据工作进展公布阶段性成效、后续举措，听取公众意见建议，加强和改进工作，确保执行到位。

推进重大建设项目执行情况公开。重点公开项目的审批结果、招投标、征收土地、设计变更、施工管理、合同履约、工程进度、质量安全、资金管理、交竣工验收等信息，执行部门要在区政府门户网站上设立意见信箱或相关专栏，听取公众对执行情况的意见建议，定期公开意见采纳情况。

牵头单位：区发改局

责任单位：区工信局、国土城关分局、区建设局

完成时限：2017年底前完成

推进审计信息公开。审计部门要规范财政预算执行和其他财政收支审计信息公开，并及时公布审计结果；被审计单位要及时、全面、准确公开整改落实情况。

牵头单位：区审计局

完成时限：2017年底前完成

推进环境保护信息公开。实时发布全区空气质量预测预报信息，公开空气质量指数范围、空气质量级别及首要污染物；加强集中式生活饮用水水质监测公开，定期向社会公开监测信息；加强环境监测执法信息公开，重点公开环境举报投诉渠道、检查依据、违法违规单位名单及处理、整改等情况。

牵头单位：区环保局

完成时限：2017年底前完成

深化财政资金执行信息公开。除涉密部门外，积极推动全市所有使用财政资金部门和单位预决算及

“三公”经费公开。细化预决算公开内容，预决算基本支出全部细化公开到经济分类款级科目，一般公共预算基本支出逐步公开到经济分类款级科目；“三公”经费公开要细化说明因公出国（境）团组数及人数、公务用车购置数及保有量、国内公务接待的批次和人数等信息。

牵头单位：区财政局

责任单位：各街道办事处、区政府各部门

完成时限：2016 年底前完成

推进公共资源交易信息公开。健全公共资源交易信息公开制度，完善区公共资源交易服务平台建设，推动公共资源交易信息互联互通。以工程建设项目招投标、政府采购、土地使用权、矿业权出让、国有产权交易等公共资源交易事项为基本内容，依法公开交易公告、资格审查、成交结果等信息，逐步实现公共资源交易全流程公开。

牵头单位：区公共资源交易中心

完成时限：2017 年底前完成

加强规范性文件公开。对涉及公民、法人或其他组织权利和义务的规范性文件，要按照《兰州市行政规范性文件制定和备案规定》的要求和程序予以发布。区政府及区政府各部门印发涉及公民、法人或其他组织权利和义务的规范性文件，除依法应当保密的外，应通过区政府门户网站集中公开。

牵头单位：区政府办公室

责任单位：各街道办事处、区政府各部门

完成时限：2017 年底前完成

落实规范性文件有效期制度。按照规范性文件有效期制度要求，定期对规范性文件进行清理，清理结果经区政府常务会议审定后，在 15 个工作日内向社会公布。

牵头单位：区政府法制办

完成时限：2017 年底前完成

推进督查信息公开。各街道办事处、区政府各部门要及时公开督查发现的问题和整改落实情况，以及不作为、慢作为、乱作为问责情况，增强抓落实的执行力。

责任单位：各街道办事处、区政府各部门

完成时限：2017 年底前完成

（三）推进管理公开。积极推进权责清单、负面清单公开工作，全面推行行政执法公示制度，重点推进行政许可、行政处罚、监督管理、民生资金分配、价格收费等管理信息公开。

推进权责清单公开。深入推进区政府工作部门权力清单和责任清单公开，大力推动区政府工作部门全面公开权力清单和责任清单，并通过区政府门户网站和城关区政务服务网集中展示。

牵头单位：区编办

责任单位：区政府各部门

完成时限：2017 年底前完成

加强市场准入负面清单公开。借鉴市场准入负面清单国家级试点经验做法，逐步推行我区市场准入负面清单公开，明确政府发挥作用的职责边界，落实市场主体自主权。

牵头单位：区发改局

完成时限：2017 年底前完成

推行行政执法公示制度。加强行政执法信息化建设和信息共享，逐步建立统一的行政执法信息平台。区政府各部门要根据各自的事权和职能，按照突出重点、依法有序、准确便民的原则，推动执法部门公开职责权限、执法依据、裁量基准、执法流程、执法结果、救济途径等，规范行政裁量，促进执法公平公正。

牵头单位：区政府法制办

完成时限：2018 年底前完成

推进行政许可、行政处罚信息公开。除法律法规另有规定外，区政府各部门应将行政许可、行政处罚等信息自做出行政决定之日起 7 个工作日内在门户网站公开，并指导本系统基层单位做好行政许可和行政处罚信息公开相关工作。行政许可信息主要公示行政许可决定书文号、设定依据、项目名称、行政相对人名称及统一社会信用代码、审批部门、许可日期等内容；行政处罚信息主要公示行政处罚决定书文号、执法依据、案件名称、行政相对人名称及统一社会信用代码、处罚事由、做出处罚决定的部门、处罚结果、处罚日期、救济渠道等信息。

牵头单位：区发改局

完成时限：2017 年底前完成

推进监管情况公开。及时公开监管的依据、内容、标准、程序、结果等信息。在安全管理方面，重点推进安全生产、交通运输、工程建设等领域监管信息公开；在公共资源管理方面，重点推进国土资源、保障性住房、生态环境、公共资源交易、民生资金等领域监管信息公开；在医疗卫生管理方面，重点推进医疗服务、价格收费等监管信息公开；在市场管理方面，重点推进国有企业运营、社会信用、文化旅游等监管信息公开。

牵头单位：区安监局、区农水局、区林业局、区卫计局、区食药监局、区房管局、区质监局、国土城关分局、区发改局、区建设局、区文体局

完成时限：2017 年底前完成

推进民生资金分配使用情况公开。公开教育、就业、医疗卫生、社会保障、住房保障、涉农补贴、扶贫等民生资金分配使用情况，尤其要加大扶贫政策、扶贫对象、扶贫绩效、贫困退出、扶贫资金分配、扶贫资金使用、扶贫捐赠等信息公开力度，并建立扶贫公示制度，接受扶贫对象和社会监督。

牵头单位：区财政局

责任单位：区教育局、区民政局、区人社局、区卫计局、区建设局、区房管局、区农水局

完成时限：2017 年底前完成

推进收费信息公开。公布区级行政事业性收费和政府性基金目录清单，明确项目名称、设立依据、征收方式和标准等，对清单之外的乱收费、乱摊派等行为的查处结果也应公开。具体执行单位要在收费场所公示收费文件依据、主体、项目、范围、标准、对象等，主动接受社会监督。

牵头单位：区物价局

完成时限：2017 年底前完成

（四）推进服务公开。建立规范、高效的审批运行机制，积极推进城关政务服务网建设，逐步实现政务服务信息互通共享，重点推进政务服务事项、政府购买服务、企事业单位办事、减税降费、就业创业等服务信息公开。

推进行政许可事项集中办理。严格落实“两集中两到位”要求，将行政许可事项全部纳入审批平台办理，推行一站式服务，接受监督监管，杜绝审批事项体外循环。

推进政务服务信息互通共享。进一步简化优化流程，提高服务质量和效率，实现政务服务网城关子站与区政府网上行政审批系统有效对接；加快建设和推广应用城关政务服务网，实现全区政务服务体系互联互通和资源共享，推动政务服务事项办理由实体政务大厅向网上办事大厅延伸。

推进政务服务事项公开。编制服务事项目录并实行动态调整，实现办事公开透明；制定服务事项办事指南，明确服务事项名称、办理依据、受理单位、基本流程、申请材料、收费依据及标准、办理时限、咨询方式等内容；公布行政审批中介服务事项清单，公开项目名称、设置依据、服务时限。服务事项目录和办事指南要通过政府网站、宣传手册等渠道向社会公布，并确保咨询服务电话畅通。

牵头单位：区政府政务服务中心

完成时限：2017 年底前完成

推行政府购买公共服务、政府和社会资本合作（PPP）提供公共服务的公开。区政府门户网站上设置政府与社会资本合作（PPP）项目综合信息栏目，在不涉及国家秘密、商业秘密的前提下，集中公开本区 PPP 项目概况、采购资格预审、成交结果等信息。

牵头单位：区发改局

完成时限：2017 年底前完成

推进公共企事业单位办事公开。加大教育、医疗卫生、水电气热、环保、交通等领域公共企事业单位办事公开力度。各行业主管部门要加强分类指导，分行业、分领域制定公共企事业单位办事公开规范，组织编制服务事项目录和办事指南，制定公共企事业单位办事公开监督考核制度，切实承担组织协调、监督指导职责，把面向社会和群众服务的公共企事业单位的办事制度、程序条件、服务承诺、收费项目、监督渠道等全部公开，方便企业和群众办事，打通政府联系服务群众“最后一公里”。

牵头单位：区政府政务服务中心

完成时限：2017 年底前完成

深入推进基层政务公开。依托城关政务服务网建设，对基层群众关心的涉农政策落实、农业和农村公共事业投入、征地补偿、土地流转、最低生活保障资金发放、涉农补贴、救灾救济款物发放、各类专项资金使用、财务收支等情况，以及土地征用补偿及分配、新型农村合作医疗、种粮补贴、退耕还林还草款物兑付等事项，结合实际及时公开。

牵头单位：各涉农街道

完成时限：2017 年底前完成

推进就业创业信息公开。区人社局要通过政府门户网站、政务微博等媒体，及时发布国家、省、市、区就业创业政策，做好相关补贴申领条件、申领程序等信息公开与解读。

牵头单位：区人社局

完成时限：2017 年底前完成

（五）推进结果公开。主动公开重大决策、重要政策的落实情况，加大对党中央、国务院、省委、省政府及市委、市政府决策部署贯彻落实结果的公开力度。

加强政府政策公开。推进发展规划、政府工作报告、政府决定事项落实情况公开，重点公开发展目标、改革任务、为民办实事等信息。

牵头单位：区政府办公室、区发改局

完成时限：2016 年底前完成

依法公开人大代表建议和政协委员提案办理结果。进一步加大人大代表建议、政协提案办理结果公开力度，对涉及公共利益、公众权益、社会关切及需要社会广泛知晓的建议和提案办理结果，除涉及党和国家秘密等内容外，原则上要全文公开。对部分涉及面较

宽、情况较复杂的建议和提案办理复文，可采用摘要的方式，公开办理复文的主要内容。

牵头单位：区政府办公室

责任单位：各街道办事处、区政府各部门

完成时限：2016 年底前完成

建立健全重大决策跟踪反馈和评估制度。注重运用第三方评估、专业机构鉴定、社情民意调查等多种方式，科学评价政策落实效果，增强结果公开的可信度。

牵头单位：区政府法制办

完成时限：2018 年底前完成

三、健全政务开放参与机制

（一）不断推进政府数据开放。依托电子政务云平台，建设统一的政务数据交换共享平台，面向社会各行业及民众公开相关政务数据资源，促进政府数据开放。依托政务服务网数据资源，优先推动民生保障、公共服务和市场监管等领域的政府数据向社会有序开放。

牵头单位：区政府办公室

完成时限：2017 年底前完成

（二）主动做好政策解读。坚持政策制定与政策解读同步研究、同步部署、同步推进。对涉及面广、社会关注度高、与群众生产生活密切相关的政策措施，起草部门应将文件和解读方案一并报批，相关解读材料应于文件公开后 3 个工作日内在政府网站发布。出台涉及群众切身利益的重大决策时，要通过新闻发布会、政策吹风、接受访谈、发表文章等方式，讲解政策背景、目标和要点，领导干部要带头宣讲政策。建立健全主要负责同志依托新闻发布平台和新媒体发布重要信息的制度，主要负责同志年内解读重要政策措施不少于 1 次。建立健全专家解读机制，重要政策法规出台后，要及时组织政策参与制定者、有关领域专家学者做好解读，让公众更好地知晓、理解政府经济社会发展政策和改革举措，有条件的单位可根据工作需要，组建政策解读专家队伍或专家库。注重运用数字化、图表图解、音频视频等方式及微博、微信、移动客户端等手段及时准确全面解读政策。

牵头单位：区委宣传部、区政府办公室

责任单位：区政府各部门

完成时限：2017 年底前完成

新闻媒体、新闻网站、研究机构要积极做好党中央、国务院、省委、省政府、市委、市政府及区委、区政府重大政策解读工作。

牵头单位：区委宣传部

完成时限：2017 年底前完成

（三）扩大公众参与。不断健全完善民意汇集机制，拓宽民意表达渠道，进一步激发公众参与政策制定、执行、监督的积极性和主动性。积极探索不同层级、不同领域公众参与的事项种类和方式，不断完善政府网站信息发布、网民留言办理、民意征集等政民互动板块栏目功能，充分利用微信、微博等新媒体及其互动功能，搭建新型政民互动平台，主动问政于民、问需于民、问计于民，增进公众对政府工作的认同和支持。充分利用互联网优势，积极探索公共参与新模式，吸引社会公众参与公共政策制定、公共事务管理，提高政府公共政策制定、公共管理、公共服务的响应速度。鼓励开展政府开放日、网络问政等主题活动，增进与公众的互动交流。

牵头单位：区政府办公室

完成时限：2017 年底前完成

（四）回应社会关切。建立健全政务舆情收集、研判、处置和回应机制，加强重大政务舆情回应督办工作，开展效果评估。对公众反映涉及重大问题、敏感问题的政务舆情，以及涉及政府重大决策和重要工作部署贯彻落实情况等方面的舆情信息，督查部门要进行专项督办，办理结果及时在门户网站发布。区委宣传部要组织好对外媒体的报道工作。

牵头单位：区委宣传部、区政府办公室

完成时限：2017 年底前完成

对涉及本地区本部门的重要政务舆情、媒体关切、突发事件等热点问题，要按程序及时发布权威信息，讲清事实真相、政策措施及处置结果等，正确引导舆论导向，认真回应关切。遇有重大突发事件时，负责处置工作的区政府和各部门承担信息发布的第一责任，主要负责人要当好“第一新闻发言人”。针对涉及突发事件的各种虚假不实信息，迅速澄清事实，消除不良影响，并向宣传机构通报情况。特别重大、重大突发事件发生后，应在 24 小时内举行新闻发布会。

牵头单位：区委宣传部

完成时限：2016 年底前完成

四、完善公开能力提升机制

（一）修订完善制度规范。建立健全政务公开工作制度，对不适应形势要求的规定要及时予以调整清理，建立健全政务公开内容、流程、平台等相关标准。

牵头单位：区政府办公室

完成时限：2017 年底前完成

健全促进依法行政的机制。重点加强执法监督、投诉举报、情况通报等制度，推动相关部门解决行政行为不规范等问题。

牵头单位：区政府法制办

完成时限：2017 年底前完成

继续推进政务服务中心标准化建设。根据《甘肃省人民政府办公厅关于印发〈政务服务中心管理规范（试行）〉等四个规范通知》规定，统一名称标识，明确服务职能，简化审批流程，规范审批行为，提高审批效率。

牵头单位：区政府政务服务中心

完成时限：2017 年底前完成

制定全区政府网站管理办法。按照国务院办公厅网站发展指引，对政府网站建设提出规范性指导意见，明确功能定位、栏目设置、内容保障、安全维护、绩效考核等要求。

牵头单位：区政府办公室

完成时限：2017 年底前完成

（二）建立政务公开负面清单。依法稳妥制定政务公开负面清单，细化明确不予公开范围，对公开后危及国家安全、经济安全、公共安全、社会稳定等方面的事项纳入负面清单管理，及时进行调整更新。负面清单要详细具体，便于检查监督，负面清单外的事项原则上都要依法依规予以公开。妥善处理政务公开与保密的关系，建立健全公开前保密审查机制，明确审查机构，落实审查责任，规范审查程序。坚持“先审查、后公开”“一事一审”原则，按照源头自审、信息公开机构审查、主管领导审核批准后公开的基本程序公开政务信息，未经审查和批准，一律不得公开发布。

牵头单位：区政府办公室

完成时限：2020 年底前完成

（三）提高信息化水平。积极运用大数据、云计算、移动互联网等信息技术，提升政务公开信息化、集中化水平。加快推进“互联网+政务”，构建基于互联网的一体化政务服务体系，重点推进城关政务服务网人口、法人、电子证照和监管信息等基础信息共享数据库建设，促进部门间数据共享，支持行政审批等行政权力和公共服务事项网上公开透明运行，实行在线咨询、网上办理、电子监察，做到利企便民。

牵头单位：区政府政务服务中心

完成时限：2017 年底前完成

充分利用政务微博微信、政务客户端等新平台，扩大信息传播，开展在线服务，增强用户体验。开设并办好政务微博、微信平台，扩大政务信息影响。开通政务微博、微信要加强审核登记，完善管理办法，规范发布程序，确保政务微博、微信安全可靠。

牵头单位：区委宣传部、区政府办公室

完成时限：2016 年底前完成

（四）加强政府门户网站建设。进一步强化政府门户网站信息公开第一平台作用，尽快健全完善政府网站常态化监管机制，做好政府门户网站的可用性、内容更新、互动回应等工作，确保有专人负责网站的信息内容建设。大力推行“统一规划、统一部署、统一管理”的集约化建设发展模式，整合政府网站资源，尽快建设集约化管理的网站群和技术群，要于 2016 年底前组织关停迁移各部门和街道网站，将信息发布、解读、回应、互动、服务等功能整合到区级政府门户网站。加强政府网站信息库建设，着力完善搜索查询功能，提升公开信息的集中度，方便公众获取。强化与中央和省、市主要新闻媒体、主要新闻网站、重点商业网站的联动，充分运用新媒体手段拓宽信息传播渠道，完善功能、健全制度，加强内容和技术保障，将政府门户网站打造成更加全面的信息公开平台、更加权威的政策发布解读和舆论引导平台、更加及时的回应关切和便民服务平台。

牵头单位：区政府办公室

责任单位：区政府各部门

完成时限：2017 年底前完成

（五）抓好教育培训。科学制订业务培训计划，把政务公开列人公务员培训科目，精心安排培训内容，建立培训工作常态化机制，依托党校等教育培训机构，经常组织开展面向领导干部、行政机关工作人员、新闻发言人、政府网站工作人员、政务微博微信相关人员等的专业培训，增强公开意识，提高发布信息、解读政策、回应关切的能力，力争 3 年内将全区从事政务公开工作人员轮训一遍。

牵头单位：区委组织部、区人社局

完成时限：2019 年底前完成

五、强化政务公开保障措施

（一）提高思想认识。各街道办事处和区政府各部门要高度重视政务公开工作，将其列入重要议事日程，要从推进国家治理体系和治理能力现代化的高度，深刻认识全面推进政务公开的重大意义，切实增强责任感和使命感。主要负责同志每年至少听取一次政务公开工作汇报，研究重大事项，部署推进工作。

（二）加强组织领导。各街道办事处和区政府各部门要在党委统一领导下，牵头做好政务公开工作，确定 1 名分管领导，并对外公布。区政府办公室是政务公开工作主管部门，具体负责组织协调、指导推进、监督检查全区政务公开工作。区政府办公室要进一步理顺机制，明确工作机构，配备专职工作人员，把政务公开、政务服务、政府数据开放、公共资源交易监督管理等工作统筹考虑、协同推进。加强政务公开工作经费保障，安排专项经费，为工作顺利开展创造条件。积极探索通过引进社会资源、购买服务等方式，提升政务公开专业化水平。

（三）强化监督考核。2016年底前，区发改局按照《城关区人民政府信息公开工作考核办法（试行）》评分标准，将政务公开工作纳入政府绩效考核体系，所占分值权重应不低于4%。鼓励支持第三方机构评估，积极探索有效方式和途径，充分发挥人大代表、政协委员、民主党派、人民团体、社会公众、新闻媒体的监督作用，对政务公开质量和效果进行独立公正的评估。建立健全激励和问责机制，对政务公开工作落实情况，定期予以通报；对工作落实不到位的，要进行诫勉谈话，限期整改；对违反政务公开有关规定、不履行公开义务或公开不应当公开事项，造成严重影响的，要严肃追究责任。

兰州市城关区人民政府办公室关于印发《城关区医疗卫生服务体系规划纲要(2015—2020)》的通知

城政办发〔2016〕95号

各街道办事处，区直各部门，区属各单位：

经区政府同意，现将《城关区医疗卫生服务体系规划纲要（2015—2020)》印发给你们，请结合各自工作职责，认真抓好贯彻落实。

兰州市城关区人民政府办公室

2016年12月29日

城关区医疗卫生服务体系规划纲要（2015—2020年）

为贯彻落实《中共中央国务院关于深化医药卫生体制改革的意见》《全国医疗卫生服务体系规划纲要》(2015—2020年）精神，促进我区医疗卫生资源进一步优化设置，提高服务可及性、能力和资源利用效率，制定本规划纲要。

第一章　规划背景

现　状

截至2015年底，我区现有各级各类医疗机构887家，其中三级医院9家（包括兰泰医院、甘肃省康泰医院）、二级医院5家；民营医院44家；专业公共卫生机构4个，其中卫生监督所、妇幼保健计划生育服务中心、疾控中心、健康教育所各1个；社区卫生服务机构99家；村卫生室23家；小型医疗机构695家。医院总床位11520张，其中三级8148张、二级1297张、民营医院1616张。每千常住人口拥有医疗卫生机构床位11张、执业（助理）医师4.86名、注册护士6.01名。

我区现有医疗资源比较充裕，但是医院分布不均匀、发展不均衡、基层医疗机构整体服务水平不高等问题突出。

一是医院布局不合理。我区三级医院过于集中，规模扩张速度过快，严重挤压二级医院，特别是区级医院发展空间，以至于区级医院发展缓慢，高素质卫生专业技术人员匮乏，医疗水平不高。

二是基层医疗机构整体医疗水平不高，招聘人员存在流动性大、系统培训缺失，综合素质和技术力量提升速度慢。

三是多元化办医水平较低。民营医院布局不均衡，良莠不齐，有特色的专科民营医疗机构较少，大部分民营医疗机构人员素质较低、流动性大、诊疗水平不高，医养结合的康复、护理、养老等中间性医疗机构缺失。

四是我区疾控中心及妇幼保健所现有业务用房由于建设时间久远，面积狭小，在全省各县区中条件最差，与国家建设标准的差距也非常大。

五是基层医务人员不足。截至2015年底，社区卫生服务机构医务人员总数2317人，其中执业医师553人、全科医师328人、执业助理643人、护士583人、药师78人、技师42人。

第二章　规划目标和原则

第一节　目　标

优化医疗卫生资源设置，构建医疗服务体系层次清楚、布局合理、结构优化、功能齐全的新型城市医疗服务体系，为实现2020年基本建立覆盖城乡居民的基本医疗卫生制度和人民健康水平持续提升奠定坚实的医疗卫生资源基础。

2020年全区医疗卫生服务体系资源要素配置主要指标

主要指标	2020年目标	2015年现状	指标性质
每千常住人口医疗卫生机构床位数（张）	11	11	
区级公立医院	0.9	0.36	
社会办医院	1.5	1.17	
基层医疗卫生机构	1.25	1.1	
每千常住人口执业（助理）医师数（人）	4.86	4.86	
每千常住人口注册护士数（人）	6.01	6.01	
每千常住人口公共卫生人员数（人）	0.83	0.83	
每万常住人口全科医生数（人）	2.6	2.5	
医护比	1：1.25	1：1.23	
城关区人民医院适宜床位规模（张）	500	200	

第二节　原　则

一、坚持健康需求导向。以健康需求和解决人民群众主要健康问题为导向，以调整布局结构、提升能力为主线，适度有序发展，强化薄弱环节，科学合理确定各级各类医疗卫生机构的数量、规模及布局。

二、坚持公平与效率统一。优先保障基层医疗卫生服务的发展，促进公平公正。同时，注重医疗卫生资源配置，提高效率，降低成本，实现公平与效率的统一。

三、坚持政府主导与市场机制相结合。切实落实政府在制度、规划、筹资、服务、监管等方面的责任，维护公共医疗卫生的公益性。大力发挥市场机制在配置资源方面的作用，充分调动社会力量的积极性和创造性，满足人民群众多层次、多元化医疗卫生服务需求。

四、坚持系统整合。加强全行业监管与区域资源配置，统筹当前与长远，统筹预防、医疗和康复，中西医并重，注重发挥医疗卫生服务体系的整体功能，促进均衡发展。

五、坚持分级分类管理。充分考虑经济社会发展水平和医疗卫生资源现状，统筹不同区域、类型、层级的医疗卫生资源的数量和布局，分类制定配置标准。促进基层医疗卫生机构发展，着力提升服务能力和质量；合理控制公立医院资源规模，推动发展方式转变；提高专业公共卫生机构的服务能力和水平。

第三章　总体布局

完善城乡医疗服务体系，逐步实现分级医疗、双向转诊、急慢分治的医疗服务模式。建立以社区卫生服务机构为基础，小型医疗机构为补充，医院为技术支撑的新型城市医疗服务体系。

第一节　机构设置

我区医疗卫生服务体系主要包括医院、专业公共卫生机构、基层医疗卫生机构和个体诊所（见图示）。医院分为公立医院和社会办医院，其中，公立医院分为政府办医院（根据级别划分为三级医院、二级医院）；政府办专业公共卫生机构；区级以下为基层医疗卫生机构，分为社区卫生服务中心、社区卫生服务站及村卫生所；个体门诊部和诊所。

第二节　床位配置

分区域制定床位配置原则。由于我区中心城区医疗资源相对集中，解放门以东、南滨河路（南河路）以南、瑞德大道以西、南山路以北不再设置医疗机构。在社区办医床位中，按照每千常住人口不低于1.5张为社会办医院预留规划空间。

第三节　信息资源配置

加强人口健康信息化建设，到2020年，实现全员人口信息、电子健康档案和电子病历三大数据库基本覆盖全区人口并信息动态更新。积极推动移动互联网、远程医疗服务等发展。

第四节　其他资源配置

一、设备配置

加强区级医院医用设备的更新换代，以保障常见病、多发病及慢性病的诊疗为主，继续推动通用病历和检查、化验结果互认制度。

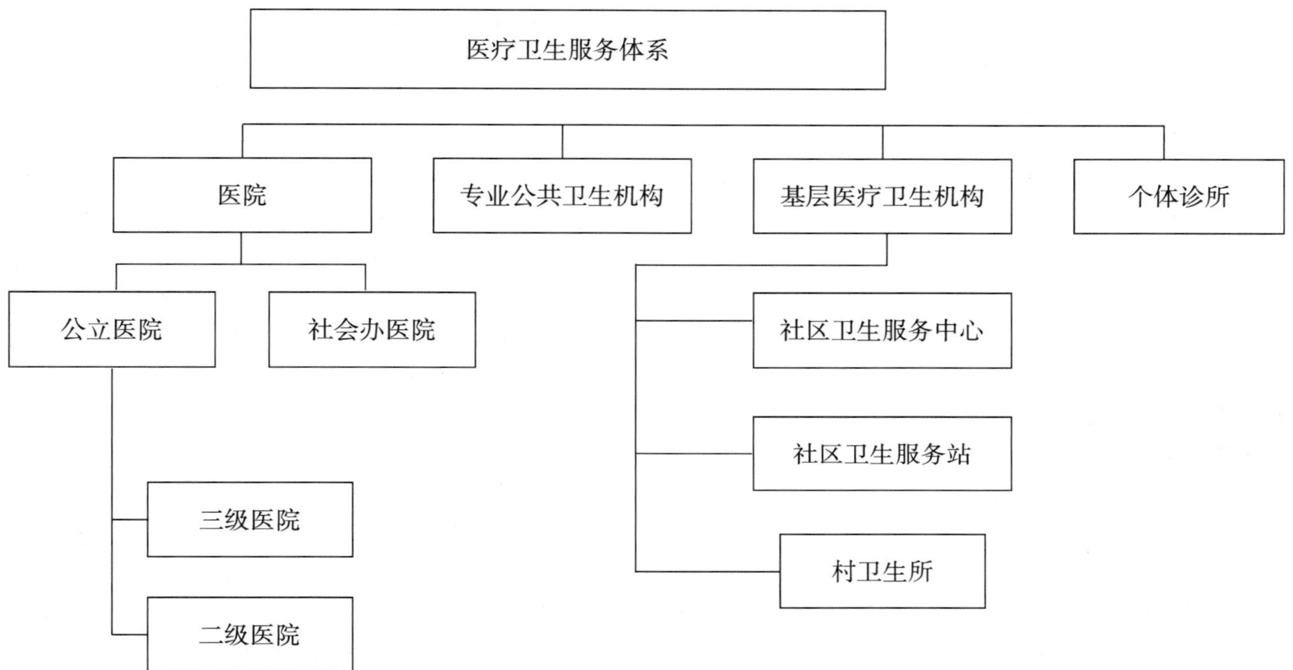

二、技术配置

依托城关区丰富的医疗资源和三级医院雄厚的技术实力，开展全方位、多角度、深层次的交流学习，打造省、市、区医疗技术互通、协调、全面发展的“医联体”模式。

第四章　各级各类医疗卫生机构

第一节　医　院

一、公立医院

（一）功能定位

区级医院主要承担本辖区内居民的常见病、多发病诊疗，急危重症抢救与疑难病转诊，培训和指导基层医疗卫生机构人员，承担相应公共卫生服务职能以及突发事件紧急医疗救援等工作，是政府向县级区域内居民提供基本医疗卫生服务的重要载体。

（二）机构设置

结合城关区城市布局规划、经济社会及人口发展情况，依据辖区服务人口、服务半径、交通等情况，分类确定医疗机构的数量。城关区现常住人口128万人，原则上设置1个综合医院、1个中医专科医院和1个医养结合特色医院。

（三）床位配置

到2020年，城关区人民医院和兰州中医骨伤科医院床位数将达到500张，康乐医院床位数将达到200张。同时，可以按照15%的公立医院床位比例设置公立专科医院。

二、社会办医院

社会办医院是医疗卫生服务体系不可或缺的重要组成部分，是满足人民群众多层次、多元化医疗服务需求的有效途径。到2020年，按照每千常住人口不低于1.5张床位为社会办医院预留规划空间。优先支持举办非营利性医疗机构。引导社会办医院向高水平、规模化方向发展，发展专业性医院管理集团。

第二节 专业公共卫生机构

一、功能定位

专业公共卫生机构是向辖区内提供专业公共卫生服务（主要包括疾病预防控制、健康教育、妇幼保健、综合监督执法），并承担相应管理工作的机构。专业公共卫生机构主要包括疾病预防控制机构、综合监督执法机构、妇幼保健计划生育服务机构等，原则上由政府举办。

专业公共卫生机构的主要职责是，完成上级下达的指令性任务，承担辖区内专业公共卫生任务以及相应的业务管理、信息报送等工作，并对辖区内医疗卫生机构相关公共卫生工作进行技术指导、人员培训、监督考核等。

二、机构设置

专业公共卫生机构要按照辖区常住人口数、服务范围、工作量等因素合理设置。我区设 1 个疾病预防控制中心、1 个妇幼保健计划生育服务中心、1 个健康教育所和 1 个卫生监督所。

第三节 基层医疗卫生机构

一、功能定位

基层医疗卫生机构的主要职责是提供基本公共卫生服务和常见病、多发病的诊疗服务以及部分疾病的康复、护理服务，向医院转诊危急和疑难重症病人。基层医疗卫生机构主要包括社区卫生服务中心、社区卫生服务站和涉农村卫生室。

社区卫生服务中心负责提供基本公共卫生服务，以及常见病、多发病的诊疗、护理、康复等综合服务，并受区卫计局委托，承担辖区内的公共卫生管理工作，负责对社区卫生服务站和涉农村卫生室的综合管理、技术指导和乡村医生的培训等。

社区卫生服务站、涉农村卫生室在社区卫生服务中心的统一管理和指导下，承担相应工作。

二、机构设置

社区卫生服务中心按照街道办事处行政区划或一定服务人口进行设置。到 2020 年，全区建成政府举办社区卫生服务中心 27 个、社区卫生服务站 90 家（其中政府举办的 16 个），政府举办的社区卫生服务中心、站的比重将分别达到 100%和 20%。维持现有涉农村卫生室 13 家。

三、床位配置

到 2020 年，每千常住人口基层医疗卫生机构床位数达到 1.2 张，重点加强护理、康复病床的设置。

第四节 个体诊所

鼓励具有中高级职称的执业医师举办私人诊所，探索成立医师工作室（站），但优先考虑单一科室设置，口腔和美容整形诊所原则上不再设置。在符合条件的城市药店举办“中医坐堂医”诊所，方便社区群众就医，同时鼓励公立医院的医师到有需求的社会办医疗机构开展多点执业。

第五章 卫生人才队伍

第一节 人员配备

到 2020 年，每千常住人口执业（助理）医师数达到 2.5 人，注册护士数达到 3.14 人，医护比达到 1:1.25，公共卫生人员数达到 0.83 人，各类人才队伍统筹协调发展。加强全科医生和住院医师规范化培训，逐步建立和完善全科医生制度。促进医务人员合理流动，使其在流动中优化配置，充分发挥作用。加强公共卫生人员的专项能力建设。

一、医院

以执业（助理）医师和注册护士配置为重点，加大局属医院人才引进力度，改善医务专业技术人员不足的现状，合理确定医护人员比例。未达到床护比标准的，原则上不允许扩大床位规模。

二、专业公共卫生机构

到 2020 年，每千常住人口公共卫生人员数达到 0.83 人，各级各类公共卫生人才满足工作需要。

疾病预防控制中心人员原则上按照直辖市常住人口 1.75/万人的比例核定，其中，专业技术人员占编制总额的比例不得低于 85%，卫生技术人员不得低于 70%。

妇幼保健计划生育机构中卫生技术人员比例应当不低于总人数的 80%。

三、基层医疗卫生机构

到 2020 年，每千常住人口基层卫生人员数达到 3.5 人以上，初步建立起充满生机和活力的全科医生制度，基本形成统一规范的全科医生培养模式和“基层首诊、社区转诊”的服务模式，全科医生与城乡居民基本建立比较稳定的服务关系，基本实现城乡每万名居民有 2~3 名合格的全科医生，全科医生服务水平全面提高，基本适应人民群众基本医疗卫生服务需求。原则上按照每千服务人口不少于1名的标准配备乡村医生。每所涉农村卫生室至少有1名乡村医生执业。

第二节 人才培养

加强卫生人才队伍建设，注重医疗、公共卫生、中医药以及卫生管理人才的培养，制定有利于卫生人才培养使用的实施措施。建立住院医师和专科医师规范化培训制度，开展助理全科医生培训。

加强以全科医生为重点的基层医疗卫生队伍建设，健全在岗培训制度，鼓励乡村医生参加学历教育。创造良好的职业发展条件，鼓励和吸引医务人员到区级医院及社区卫生机构工作。加强公共卫生人才队伍建设，加强高层次医药卫生人才队伍建设，大力支持中医类人才培养。

第三节 人才使用

健全以聘用制度和岗位管理制度为主要内容的事业单位用人机制，完善岗位设置管理，保证专业技术岗位占主体（原则上不低于80%），推行公开招聘和竞聘上岗。健全以岗位职责要求为基础，以品德、能力、业绩为导向，符合卫生人才特点的科学化、社会化评价机制，完善专业技术职称评定制度，促进人才成长发展和合理流动。深化收入分配制度改革，建立以服务质量、服务数量和服务对象满意度为核心，以岗位职责和绩效为基础的考核和激励机制，坚持多劳多得、优绩优酬，人员收入分配重点向关键岗位、业务骨干和做出突出成绩的医药卫生人才倾斜。建立以政府投入为主、用人单位和社会资助为辅的卫生人才队伍建设投入机制，优先保证对人才发展的投入，为医药卫生人才发展提供必要的经费保障。

第六章 功能整合与分工协作

建立和完善公立医院、专业公共卫生机构、社区卫生服务机构以及民营医院之间的分工协作关系，整合各级各类医疗卫生机构的服务功能，为群众提供系统、连续、全方位的医疗卫生服务。

第一节 防治结合

疾控中心要对公立医院、社区卫生服务机构开展公共卫生服务加强指导、培训和考核，建立信息共享与互联互通等协作机制。

进一步明确疾控中心和医院、社区卫生服务中心的职责，着力做好高血压、糖尿病、肿瘤等慢性病的联防联控工作，将结核病、艾滋病等重点传染病以及职业病、精神疾病等病人的治疗交专科医院开展，强化疾控中心对医院、社区卫生服务中心公共卫生工作的技术指导和考核，区卫监所加强对医疗机构的监督检查。

城关区人民医院及兰州中医骨伤科医院要依托相关科室，与疾控中心密切合作，承担辖区内一定的公共卫生任务和对社区卫生服务机构的业务指导。进一步加强社区卫生服务机构队伍建设，拓展社区卫生服务机构的功能，确保各项公共卫生任务落实到位。充分发挥中医药在公共卫生中的作用，积极发展中医预防保健服务。

第二节 “医联体”

建立并完善分级诊疗模式，建立医院与社区卫生服务机构之间的分工协作机制，逐步实现基层首诊、双向转诊、远程会诊、上下联动、急慢分治。以形成分级诊疗秩序为目标，积极探索科学有效的医联体和远程医疗等多种方式。充分利用信息化手段，促进优质医疗资源纵向流动，建立医院与社区卫生服务机构之间共享诊疗信息、开展远程医疗服务的信息渠道。

按照国家政策积极与上级医疗机构协调，引导病人优先到社区卫生服务机构就诊，由社区卫生服务机构逐步承担三级公立医院的普通门诊、康复和护理等服务。推动全科医生、家庭医生责任制，逐步实现签约服务。

医院要通过技术支持、人员培训、管理指导等多种方式，帮扶和指导与之建立分工协作关系的社区卫生服务机构，提高其服务能力和水平。允许医院医师多点执业，促进优质医疗资源下沉到基层。建立区域在线预约挂号平台，医院向社区卫生服务机构提供转诊预约挂号服务，对社区卫生服务机构转诊病人优先安排诊疗和住院；将恢复期需要康复的病人或慢性病病人转诊到病人就近的社区卫生服务机构。

完善治疗—康复—长期护理服务链，发展和加强康复、老年、长期护理、慢性病管理、临终关怀等接续性医疗机构，建立急慢分治的制度，提高医院医疗资源利用效率。

第三节 中西医并重

坚持中西医并重方针，以积极、科学、合理、高效为原则，做好中医医疗服务资源配置。充分发挥中医医疗预防保健特色优势，不断完善兰州中医骨伤科医院、社区特色中医药服务和其他中医药服务提供机构共同组成的中医医疗服务体系，加快兰州中医骨伤科医院的建设与发展，加强城关区人民医院中医临床科室和中药房设置，增强中医科室服务能力。统筹用好中西医两方面资源，提升社区卫生服务机构西医和中医两种手段综合服务能力，到2020年，力争使所有社区卫生服务机构、70%的涉农村卫生室具备与其功能相适应的中医药服务能力。

第四节　多元发展

加强民营医院与区级医院的协同发展，提高医疗卫生资源的整体效率。鼓励社会力量举办中医类专科医院、康复医院、护理院（站）以及口腔疾病、老年病和慢性病等诊疗机构。鼓励药品经营企业举办中医坐堂医诊所，鼓励有资质的中医专业技术人员特别是名老中医开办中医诊所。允许医师多点执业。

建立社会力量参与公共卫生工作的机制。社会力量要加强自身管理，不断强化自身能力，与专业公共卫生机构密切合作，确保公共卫生工作顺利开展。

第五节　医养结合

推进医疗机构与养老机构等加强合作。推动中医药与养老结合，充分发挥中医药“治未病”和养生保健优势。建立健全医疗机构与养老机构之间的业务协作机制，鼓励开通养老机构与医疗机构的预约就诊绿色通道，协同做好老年人慢性病管理和康复护理。增强医疗机构为老年人提供便捷、优先优惠医疗服务的能力。支持有条件的医疗机构设置养老床位。推动二级以上医院与老年病医院、老年护理院、康复疗养机构、养老机构内设医疗机构等之间的转诊与合作。在养老服务中充分融入健康理念，加强医疗卫生服务支撑。支持有条件的养老机构设置医疗机构。统筹医疗服务与养老服务资源，合理布局养老机构与老年病医院、老年护理院、康复疗养机构等。

发展社区健康养老服务。提高社区卫生服务机构为老年人提供日常护理、慢性病管理、康复、健康教育和咨询、中医养生保健等服务的能力，鼓励医疗机构将护理服务延伸至居民家庭。推动开展远程服务和移动医疗，逐步丰富和完善服务内容及方式，做好上门巡诊等健康延伸服务。

第七章　实施保障与监督评价

一、加强组织领导，明确政府及相关部门职责。成立由区政府分管领导任组长，发改、财政、规划、编办、医保、卫计主要负责人为成员的城关区医疗卫生服务体系规划工作的领导小组，建立部门联席会议制度，定期研究。进一步加大对医疗卫生方面的经费投入，确保医疗卫生服务工作的稳步开展。相关部门要各司其职，做好相关工作。

二、创新体制机制。深化医药卫生体制改革，为城关区卫生规划的实施创造有利条件。加快公立医院改革，建立合理的补偿机制、绩效评价机制和人事薪酬制度，推进管办分开、政事分开，实行医药分开。推行医疗责任保险、医疗意外保险等多种形式的医疗执业保险，加快发展医疗纠纷人民调解等第三方调解机制，完善医疗纠纷处理机制。

三、加大资源调整力度。优先加强区级医院服务能力，提高区级医院医疗能力和水平。支持社区卫生服务机构标准化建设，2020年达标率达到95%以上。从实际出发，根据需要积极稳妥地将部分公立医院转为康复、老年护理等医疗机构。

四、强化监督评价。本卫生规划起草和论证完成后，须经省级卫生计生行政部门同意并报城关区人民政府审批，确保规划的可行性、可操作性和权威性。城关区卫生规划的周期一般为5年。

及时发布机构设置和规划布局调整等信息，鼓励采取招标等方式确定举办或运行主体。所有新增医疗卫生资源，特别是公立医院的设置和改扩建、病床规模的扩大，无论何种资金渠道，必须按照区域卫生规划的要求和程序，严格管理。

城关区人民政府要强化规划实施监督和评价，建立城关区卫生规划和资源配置监督评价机制，成立专门的评价工作小组，组织开展城关区卫生规划实施进度和效果评价，及时发现实施中存在的问题，并研究解决对策。评价过程中要实行公开评议、公平竞争，运用法律、经济和行政手段规范、管理和保障城关区卫生规划的有效实施。

区委发文目录

城 发

发文时间	发文号	标 题
3月31日	城发〔2016〕1号	关于进一步做好新形势下民族工作的实施意见
3月31日	城发〔2016〕2号	关于全面构建社会矛盾纠纷“大调解”工作体系和机制的实施意见
4月6日	城发〔2016〕3号	中共兰州市城关区委常委会2016年工作要点
5月6日	城发〔2016〕4号	关于加快农村转型发展步伐推进城乡一体化进程的实施意见
5月24日	城发〔2016〕5号	关于深化安全生产监管体制改革加强基层基础工作的实施意见
5月25日	城发〔2016〕6号	关于对连续三年考核评定为优秀等次的公务员（参公人员）记三等功的决定
5月27日	城发〔2016〕7号	关于召开中国共产党兰州市城关区第十一次代表大会的安排意见
5月27日	城发〔2016〕8号	关于中国共产党兰州市城关区第十一次代表大会代表选举工作的通知
4月6日	城发〔2016〕9号	关于印发《区委全面深化改革领导小组2016年工作安排》的通知
5月31日	城发〔2016〕10号	转发《中共兰州市城关区人大常委会党组关于做好城关区人民代表大会换届选举工作的实施方案》的通知
6月24日	城发〔2016〕11号	关于表彰2016年度全区先进基层党组织优秀共产党员、优秀党务工作者的决定
7月14日	城发〔2016〕12号	关于贯彻落实《中共兰州市委关于全面深化法治兰州建设打造全省法治建设先行区的实施意见》的意见
7月21日	城发〔2016〕13号	关于表彰2016年度优秀挂职记者的决定
8月11日	城发〔2016〕14号	关于2016年上半年全区落实全面从严治党主体责任督查情况的通报
8月23日	城发〔2016〕15号	关于转发《中共兰州市委人民政府关于印发〈兰州市为民服务首接责任制办法（试行）〉的通知》的通知
9月8日	城发〔2016〕16号	关于表彰2016年全区教育工作先进集体优秀教育工作者和优秀教师的决定
10月31日	城发〔2016〕17号	关于给予李嬿嬿同志撤销党内职务处分的决定

11月4日	城发〔2016〕18号	关于印发《中国共产党兰州市城关区第十一次代表大会代表名额调整方案》的通知
11月23日	城发〔2016〕19号	关于印发《抢抓战略机遇加快率先发展为建设美丽幸福新城关而努力奋斗——在中国共产党兰州市城关区第十一次代表大会上的报告》的通知
12月8日	城发〔2016〕20号	关于中国共产党兰州市城关区第十一次代表大会十一届委员会第一次全会和区纪委一次全体会议选举结果的通知

城办发

发文时间	发文号	标 题
1月8日	城办发〔2016〕1号	关于印发《2016年元旦春节期间全区开展重要慰问及相关活动实施方案》的通知
1月21日	城办发〔2016〕2号	关于报送全区党政机关地（厅）级及以下干部职工住房清理工作情况的通知
1月26日	城办发〔2016〕3号	关于成立城关区五大千亿产业链推进领导小组的通知
1月27日	城办发〔2016〕4号	关于印发《城关区文化旅游市场安全生产专项整治行动方案》的通知
2月1日	城办发〔2016〕5号	关于印发《2016年除夕夜城关区群众自发敬香祈福活动安全保障工作方案》的通知
2月4日	城办发〔2016〕6号	关于进一步做好2016年春节期间有关工作的补充通知
2月6日	城办发〔2016〕7号	关于印发《经济责任履行和机构编制情况审计整改工作方案》的通知
2月16日	城办发〔2016〕8号	关于制定2016年全区目标责任书的通知
2月18日	城办发〔2016〕9号	关于印发《中共兰州市城关区委工作落实责任清单制度》的通知
2月22日	城办发〔2016〕10号	关于印发《城关区纪检监察组织加强对同级党委及其成员监督工作暂行办法》的通知
3月1日	城办发〔2016〕11号	关于调整城关区棚户区（城中村）改造工作指挥部组成人员的通知
3月2日	城办发〔2016〕12号	关于成立城市管理及大气污染防治督查工作组的通知
3月7日	城办发〔2016〕13号	关于成立党内法规和规范性文件清理工作领导小组的通知
3月8日	城办发〔2016〕14号	关于在城关区经济责任履行和机构编制情况审计整改工作领导小组中增设调查问责组的通知
3月8日	城办发〔2016〕15号	关于调整城关区大众创业万众创新工作领导小组的通知
3月9日	城办发〔2016〕16号	关于印发《中共兰州市城关区委党内规范性文件清理工作实施方案》的通知
3月9日	城办发〔2016〕17号	关于落实重大项目推进任务的通知
3月11日	城办发〔2016〕18号	关于印发《城关区2016年棚户区改造省列考核项目任务分解表》的通知
3月24日	城办发〔2016〕19号	印发《关于落实全面从严治党主体责任进一步强化党内监督工作的实施办法》的通知
3月29日	城办发〔2016〕20号	关于调整城关区委全面深化改革领导小组成员的通知
3月31日	城办发〔2016〕21号	关于成立城关区大数据工作协调推进领导小组的通知
4月1日	城办发〔2016〕22号	关于做好2016年清明节期间有关工作的通知
4月8日	城办发〔2016〕23号	关于成立城关区党政部门三维数字办公系统建设工作领导小组的通知
4月11日	城办发〔2016〕24号	关于2015年度全区目标考核情况的通报
4月13日	城办发〔2016〕25号	关于印发《市委经济工作暨扶贫开发工作会议主要目标任务涉及城关区任务分解表》的通知

4月15日	城办发〔2016〕26号	关于印发《城关区2016年消防安全专项检查实施方案》的通知
4月18日	城办发〔2016〕27号	关于印发《2016年全区政法工作要点》的通知
4月19日	城办发〔2016〕28号	关于印发《2016年城关区党的密码工作要点》的通知
4月20日	城办发〔2016〕29号	关于印发《2016年兰州市城关区全民健身节实施方案》的通知
4月20日	城办发〔2016〕30号	关于印发《2016年兰州市城关区文化旅游节活动实施方案》的通知
4月22日	城办发〔2016〕31号	关于印发《2016年兰州市城关区目标责任汇编》的通知
4月26日	城办发〔2016〕32号	关于印发《城关区东川拱北“5·03”活动协调指导及维稳安保工作方案》的通知
4月28日	城办发〔2016〕33号	关于印发《“幸福城关好家风”社会主义核心价值观主题教育实践活动实施方案》的通知
5月3日	城办发〔2016〕34号	印发《关于在全区党员中开展“学党章党规、学系列讲话，做合格党员”学习教育实施方案》的通知
5月3日	城办发〔2016〕35号	印发《关于在“两学一做”学习教育中开展“三双”载体活动的实施方案》的通知
5月4日	城办发〔2016〕36号	关于设立城关区“两学一做”学习教育协调推进小组的通知
5月4日	城办发〔2016〕37号	印发《中共兰州市城关区委兰州市城关区人民政府〈关于进一步做好新形势下民族工作的实施意见〉工作任务分解表》的通知
5月13日	城办发〔2016〕38号	关于印发《城关区背街小巷综合整治工作方案》的通知
5月16日	城办发〔2016〕39号	关于成立中国共产党兰州市城关区第十一次代表大会筹备工作领导小组的通知
5月16日	城办发〔2016〕40号	关于成立中共兰州市城关区委换届工作领导小组的通知
5月16日	城办发〔2016〕41号	关于成立中共兰州市城关区委严肃换届纪律工作领导小组的通知
5月17日	城办发〔2016〕42号	关于印发《2016兰州国际马拉松赛城关段组织实施方案》的通知
5月19日	城办发〔2016〕43号	关于做好《兰州市城关区年鉴（2016）》编纂工作的通知
5月31日	城办发〔2016〕44号	关于认真贯彻落实省市维稳工作部署进一步做好当前维稳工作的通知
6月1日	城办发〔2016〕45号	关于印发《城关区固定资产清查工作整改办法》的通知
6月1日	城办发〔2016〕46号	关于转发《中共兰州市委办公厅〈当前基层党组织开展“两学一做”学习教育活动中存在一些亟需解决的问题〉》的通知
6月1日	城办发〔2016〕47号	关于印发《2016兰州国际马拉松赛城关段维稳安保工作方案》的通知
5月19日	城办发〔2016〕48号	关于认真抓好2016年全区各项重点工作任务落实的通知
6月8日	城办发〔2016〕49号	关于印发《第二十二届中国兰州投资贸易洽谈会暨“民企陇上行”活动工作方案》的通知
6月22日	城办发〔2016〕50号	关于印发《兰州市城关区城乡环境卫生综合整治方案》的通知
6月27日	城办发〔2016〕51号	关于增补中共兰州市城关区委换届工作领导小组成员的通知
6月27日	城办发〔2016〕52号	关于进一步做好机关、单位保密自查工作的通知
6月30日	城办发〔2016〕53号	印发《关于加强城乡社区协商的实施方案》的通知
7月14日	城办发〔2016〕54号	关于印发《中共兰州市城关区委全面推进依法治区工作领导小组工作规则》《中共兰州市城关区委全面推进依法治区工作领导小组专项工作组组成及工作职责》和《中共兰州市城关区委全推进依法治区工作领导小组办公室工作细则》的通知
7月18日	城办发〔2016〕55号	关于转发《中共兰州市委办公厅关于印发〈开展“八查八促”落实全面从严治党主体责任的推进行动方案〉的通知》的通知
7月22日	城办发〔2016〕56号	关于印发《2016年上半年全区全面从严治党主体责任落实情况督促检查方案》的通知
7月25日	城办发〔2016〕57号	关于印发《城关区开展社会治安防控体系建设试点工作的实施方案》

		的通知
7月22日	城办发〔2016〕58号	关于调整城关区2016年省列棚户区（城中村）改造项目县级领导包抓责任分工的通知
7月27日	城办发〔2016〕59号	关于印发《城关区赴外招商小组招商工作方案》的通知
8月3日	城办发〔2016〕60号	关于落实《兰州市建设山水城市宜居城市活力城市重点突破三年行动计划（2016—2018）》城关区工作任务的通知
8月2日	城办发〔2016〕61号	关于团结新村街道党工委开展“两学一做”学习教育不严不实问题的通报
8月4日	城办发〔2016〕62号	关于印发《雁滩区域城市管理突出问题集中综合整治行动方案》的通知
8月5日	城办发〔2016〕63号	关于调整区委密码工作领导小组的通知
8月9日	城办发〔2016〕64号	关于印发《城关区2015年度党风廉政建设考核情况反馈意见整改方案》的通知
8月11日	城办发〔2016〕66号	印发《关于推进城市社区治理工作的实施方案》的通知
8月22日	城办发〔2016〕67号	关于继续深入开展雁滩地区市容环境综合整治工作的通知
8月25日	城办发〔2016〕68号	印发《关于深入推进农村社区建设试点工作的实施方案》的通知
8月26日	城办发〔2016〕69号	关于进一步落实《经济责任履行和机构编制情况审计整改工作方案》的通知
8月26日	城办发〔2016〕70号	关于调整中国共产党兰州市城关区第十一次代表大会筹备工作领导小组的通知
8月30日	城办发〔2016〕71号	关于成立城关区雁儿湾片区征收工作指挥部的通知
9月2日	城办发〔2016〕72号	关于进一步加强紧急信息报送工作的通知
9月2日	城办发〔2016〕73号	印发《关于2016年上半年全区贯彻执行中央八项规定精神的情况报告》的通知
9月13日	城办发〔2016〕74号	关于做好2016年中秋、国庆两节期间有关工作的通知
9月13日	城办发〔2016〕75号	关于中秋国庆期间严格落实中央八项规定精神和省市区委各项规定的通知
9月18日	城办发〔2016〕76号	关于深入践行“两学一做”学习教育切实做好城乡困难群众工作的紧急通知
9月27日	城办发〔2016〕77号	关于认真学习贯彻《中国共产党问责条例》和《甘肃省实施〈中国共产党问责条例〉办法（试行）》的通知
9月28日	城办发〔2016〕78号	关于印发《城关区2016—2017年度冬季大气污染防治工作方案》的通知
9月28日	城办发〔2016〕79号	关于印发《城关辖区高校校园及周边环境综合整治工作方案》的通知
9月29日	城办发〔2016〕80号	关于印发《城关区街道纪工委书记、副书记提名考察办法（试行）》的通知
9月29日	城办发〔2016〕81号	关于印发《城关区纪委综合派出纪工委书记、部门纪检组长（纪委书记）提名考察办法（试行）》的通知
9月30日	城办发〔2016〕82号	关于进一步推进全区重大项目建设的通知
10月1日	城办发〔2016〕83号	关于转发《中共兰州市委办公厅关于进一步加强安全生产生活问题隐患排查处置和应急值班工作的通知》的通知
10月14日	城办发〔2016〕84号	关于印发《城关区党政机关及事业单位县级干部和离休干部2016年健康体检实施方案》的通知
10月17日	城办发〔2016〕85号	关于印发《城关区进一步优化社区办公服务环境的实施方案》的通知
10月18日	城办发〔2016〕86号	关于印发《兰州市城关区公务用车制度改革实施方案》的通知

10 月 21 日	城办发〔2016〕87 号	关于印发《城关区雁滩地区“五小”行业综合整治专项行动工作方案》的通知
10 月 31 日	城办发〔2016〕88 号	关于认真贯彻落实市政府主要领导调研城关区时所提任务要求的通知
11 月 1 日	城办发〔2016〕89 号	关于印发《城关区背街小巷综合整治实施方案》的通知
11 月 2 日	城办发〔2016〕90 号	印发《关于进一步加强街道社区社工和志愿者服务的意见》的通知
11 月 3 日	城办发〔2016〕91 号	关于印发《城关区深入推进村务监督委员会建设工作的实施方案》的通知
11 月 4 日	城办发〔2016〕92 号	关于学习贯彻党的十八届六中全会精神的通知
11 月 4 日	城办发〔2016〕93 号	关于对全区背街小巷综合整治开展情况的通报
11 月 10 日	城办发〔2016〕94 号	关于印发《城关区贯彻落实省委十二届十七次全体会议主要任务分解表》的通知
11 月 14 日	城办发〔2016〕95 号	关于对城关区委换届工作领导小组组成人员进行调整的通知
11 月 30 日	城办发〔2016〕96 号	关于转发《中共甘肃省委办公厅甘肃省人民政府办公厅关于进一步严肃机构编制纪律严控总量的通知》的通知
12 月 1 日	城办发〔2016〕97 号	关于成立城关区货运机动车限行管控工作领导小组的通知
12 月 6 日	城办发〔2016〕98 号	关于认真学习贯彻市第十三次党代会精神的通知
12 月 8 日	城办发〔2016〕99 号	关于印发《城关区 2017 年“城市管理一体化示范街”创建工作实施方案》的通知
12 月 8 日	城办发〔2016〕100 号	关于成立“城市管理一体化示范街”创建工作领导小组的通知
12 月 8 日	城办发〔2016〕101 号	关于印发《城关区争创双拥模范城“九连冠”实施方案》的通知
12 月 13 日	城办发〔2016〕102 号	关于调整区四大班子领导包抓街道工作分工的通知
12 月 12 日	城办发〔2016〕103 号	关于调整区委密码工作领导小组的通知
12 月 15 日	城办发〔2016〕104 号	关于区委常委工作分工的通知
12 月 15 日	城办发〔2016〕105 号	关于做好 2017 年度重点党报党刊发行工作的通知
12 月 20 日	城办发〔2016〕106 号	关于印发《城关区 2016 年度“三述”工作方案》的通知
12 月 22 日	城办发〔2016〕107 号	关于分解落实城关区第十一次党代会《报告》主要任务的通知
12 月 22 日	城办发〔2016〕108 号	关于成立城关区村和社区“两委”换届选举工作领导小组的通知
12 月 22 日	城办发〔2016〕109 号	关于成立城关区村、村社区“两委”换届风气巡回督导组的通知
12 月 22 日	城办发〔2016〕110 号	关于印发《城关区村级党组织和第九次村民委员会换届选举工作实施方案》的通知
12 月 22 日	城办发〔2016〕111 号	关于印发《城关区社区党组织和第六届居民委员会换届选举工作实施方案》的通知
12 月 23 日	城办发〔2016〕112 号	关于印发《城关区全面推进政务公开工作实施方案》的通知
12 月 26 日	城办发〔2016〕113 号	关于转发《中共兰州市委办公厅兰州市人民政府办公厅关于对违反会风会纪处理情况的通报》的通知
12 月 27 日	城办发〔2016〕114 号	关于调整“城市管理一体化示范街”创建工作领导小组的通知
12 月 30 日	城办发〔2016〕115 号	关于做好 2017 年元旦春节期间有关工作的通知
12 月 30 日	城办发〔2016〕116 号	关于印发《兰州市城关区交通秩序大整治行动实施方案》的通知
12 月 30 日	城办发〔2016〕117 号	关于印发《兰州市城关区城乡环境综合整治攻坚战实施方案》的通知
12 月 30 日	城办发〔2016〕118 号	关于印发《兰州市城关区背街小巷综合整治攻坚战实施方案》的通知

城政发

发文时间	发文号	标　题
1 月 6 日	城政发 1 号	关于协调解决九州合作新村二区 9 号、10 号住宅楼质量安全问题的请示
1 月 13 日	城政发 2 号	关于申请提前启用中铺子垃圾焚烧发电厂生活垃圾堆放场的请示
1 月 15 日	城政发 3 号	关于四川辉腾建筑劳务公司 10·24 高处坠落一般事故结案批复
1 月 15 日	城政发 4 号	关于甘肃中瀚建筑工程公司 11·8 坍塌一般事故结案批复
1 月 20 日	城政发 5 号	关于城关区 2015 年度实行最严格水资源管理制度工作自查情况的报告
1 月 21 日	城政发 6 号	关于撤销城农林证字〔2004〕第 04077 号林权证的决定
1 月 22 日	城政发 7 号	关于对 S682#、T603# 规划路命名的请示
1 月 25 日	城政发 8 号	关于甘肃乾城电力设备技术有限公司 12·19 中毒和窒息较大涉险事故的批复
1 月 28 日	城政发 9 号	关于申请协调解决城关区辖区市政消火栓维修工作有关事宜的请示
2 月 3 日	城政发 10 号	关于除夕夜群众自发敬香祈福活动安全保障工作的请示
2 月 6 日	城政发 11 号	关于协调解决关闭绿色市场相关事宜的请示
2 月 6 日	城政发 12 号	关于九州开发区全作新村二区 9 号、10 号住宅楼安全性检测鉴定情况的请示
2 月 19 日	城政发 13 号	关于印发兰州市城关区国民经济和社会发展第十三个五年规划纲要的通知
2 月 23 日	城政发 14 号	关于解决青白石青山片区未利用地综合开发项目（一期）相关问题的请示
3 月 1 日	城政发 15 号	关于九州南出口 S417 号道路占用五一山林地事宜的请示
3 月 9 日	城政发 16 号	关于城关区大砂坪小学土地及地上附着物权属相关事宜的批复
3 月 10 日	城政发 17 号	关于城关区 2015 年度第 2 批城市建设用地征收实施方案的请示
3 月 10 日	城政发 18 号	关于城关区 2015 年度第 3 批城市建设用地征收实施方案的请示
3 月 10 日	城政发 19 号	关于城关区 2015 年度第 4 批城市建设用地征收实施方案的请示
3 月 10 日	城政发 20 号	关于城关区 2015 年度第 5 批城市建设用地征收实施方案的请示
3 月 11 日	城政发 21 号	关于申请退还白道坪整体改造项目土地出让金的请示
3 月 11 日	城政发 22 号	关于城关区皋兰山地区耕地退耕还林的报告
3 月 16 日	城政发 23 号	关于上报兰州市南山路建设城关区段征地征收拆迁补偿资金收支情况审计报告问题整改落实情况的报告
3 月 24 日	城政发 24 号	关于移交兰州高新区雁滩园区食品药品相关监管职能的请示
3 月 28 日	城政发 25 号	关于甘肃丹尼尔商贸有限公司“12·24”高处坠落一般事故的批复
3 月 30 日	城政发 26 号	关于解决甘肃银龙房地产公司大砂坪经济适用房在建项目有关问题的请示
3 月 31 日	城政发 27 号	关于公布区级政府部门承接取消调整市级政府部门第十二批行政审批项目的通知
4 月 1 日	城政发 28 号	关于收回国有林地补偿决定
4 月 6 日	城政发 29 号	关于印发 2016 年区列为民兴办实事方案的通知
4 月 7 日	城政发 30 号	关于禁止大型黄牌车辆进入张苏滩菜市场的报告
4 月 15 日	城政发 31 号	关于调整 2016 年省列棚改部分项目有关问题的报告
4 月 19 日	城政发 32 号	关于对兰州市轨道交通 1 号线省政府站及中央商务区国有土地直管公房按原政策出资的请示
4 月 22 日	城政发 33 号	关于下达城关区 2016 年国民经济和社会发展计划的通知

4月26日	城政发34号	关于分解落实2016年全区经济社会发展市定目标任务的通知
5月4日	城政发35号	关于调整使用杨家湾吊桥维修工程结余资金的请示
5月10日	城政发36号	关于命名城关区卫生社区（村）、卫生小区、卫生单位的决定
5月11日	城政发37号	关于报批城关区2013年度第7批城市建设农用地转用和土地征收实施方案的请示
5月11日	城政发38号	关于报批城关区2013年度第9批城市建设农用地转用和土地征收实施方案的请示
5月11日	城政发39号	关于报批城关区2013年度第10批城市建设农用地转用和土地征收实施方案的请示
5月16日	城政发40号	关于尽快落实水泵石安置地确保按期推进轨道1号线省政府站房屋征收工作的报告
5月16日	城政发41号	关于报批城关区2014年度第5批城市建设农用地转用和土地征收实施方案的请示
5月16日	城政发42号	关于报批城关区2015年度第2批城市建设农用地转用和土地征收实施方案的请示
5月16日	城政发43号	关于报批城关区2015年度第7批城市建设农用地转用和土地征收实施方案的请示
5月18日	城政发44号	关于上报兰州经济开发区审核公告项目修订申报材料的报告
5月25日	城政发45号	关于分解落实2016年第二季度主要经济发展目标的通知
6月1日	城政发46号	关于印发城关区现代服务业发展扶持办法（修订）的通知
6月2日	城政发47号	关于印发2016年省列实事实施方案的通知
6月3日	城政发48号	关于黄河兰州段湿地修复和东段生态治理项目涉及兰州二中农场房屋征收事宜的请示
6月12日	城政发49号	关于兰州碧桂园垃圾挡土墙工程项目“3·5”坍塌一般事故结案的批复
6月29日	城政发50号	关于贯彻落实全市重点建高和固定资产投资专题会议精神的报告
6月23日	城政发51号	关于建设兰州九州台生态旅游养生文化示范区项目的报告
6月29日	城政发52号	关于长城宽带网络服务有限公司与市政府兰州市政管理处合作共建数字城市的报告
6月27日	城政发53号	关于恳请协调解决皋兰山区域绿化承包权收归统一管理的请示
6月30日	城政发54号	关于甘肃安邦保温工程有限公司4·30高处坠落一般事故结案的批复
7月27日	城政发55号	关于提请审定《兰州市城关区公务用车制度改革实施方案》的请示
7月27日	城政发56号	关于重新划分轨道交通1号线省政府站及中央商务区项目（G1105号宗地）分期熟化地块和调整建筑密度的请示
7月26日	城政发57号	关于恳请协调解决我区广武门派出所拆迁还建办公用房的请示
7月29日	城政发58号	关于申请审批城关区青白石街道土地利用总体规划修改方案（兰州北绕城东段高速公路盐场堡至什川连接线青白石北互通立交工程）的请示
8月4日	城政发59号	关于黄河兰州段湿地修复及东段生态治理项目和605号路征拆工作进展情况的报告
8月5日	城政发60号	关于雁滩地区生活污水排放有关情况的报告
8月8日	城政发61号	关于兰州宏建商品混凝土有限责任公司“6·9”高处坠落一般事故的批复
8月8日	城政发62号	关于兰州九九八环保科技有限公司“5·28”中毒和窒息一般事故的批复
8月8日	城政发63号	关于兰州市灯泡厂棚户区改造项目改造基础配套设施的请示
8月8日	城政发64号	关于鼓楼巷菜市场回购方案的请示
8月10日	城政发65号	关于兰渝铁路桃树坪隧道洞顶清真寺护坡加固相关事宜的请示
8月18日	城政发66号	关于城关区皋兰山造林站经济适用房项目情况的报告

8月18日	城政发67号	关于分解落实2016年第三季度主要经济发展目标的通知
8月25日	城政发68号	关于申请划拨兰渝铁路失地农民养老保险费用补贴资金的请示
8月30日	城政发69号	关于盐场堡供热站建设项目有关问题的请示
8月30日	城政发70号	关于“中通道”占用徐家湾项目回迁楼建设用地相关问题的请示
8月30日	城政发71号	关于城关区无法继续开展农村土地承包经营权确权登记颁证工作的请示
8月31日	城政发72号	关于恳请协调解决万达广场电源线路工程费用问题的请示
9月2日	城政发73号	关于申请协调解决盐场堡村社区城中村改造剩余安置地块容积率的请示
9月2日	城政发74号	关于将庙滩子整体改造项目一号地块工程纳入兰州市重点民生项目的请示
9月7日	城政发75号	关于公布区级政府部门承接取消调整市级政府部门第十三批行政审批项目的通知
9月7日	城政发76号	关于公布城关区行政审批事项目录和备案制管理事项目录的通知
9月7日	城政发77号	关于黄河兰州段湿地修复及东段生态治理项目兰州文理学院国有土地房屋征收存在问题的请示
9月7日	城政发78号	关于对南河道南北方向13座桥梁命名的请示
9月8日	城政发79号	关于命名邵丽华等同志为城关区名班主任的决定
9月10日	城政发80号	关于确定兰钢小区、兰州灯泡厂棚户区改造项目实施主体的报告
9月10日	城政发81号	关于承诺城关区2016—2017年棚户区改造项目还款的报告
9月9日	城政发82号	关于报批城关区2015年度第8批城市建设农用地转用和土地征收实施方案的请示
9月9日	城政发83号	关于报批城关区2015年度第9批城市建设农用地转用和土地征收实施方案的请示
9月14日	城政发84号	关于申请将兰钢小区（二期）等项目列入2017年城关区省列棚户区改造项目计划的请示
9月14日	城政发85号	关于团结新村街道南砖瓦窑32号住户杨虎纵火阻碍拆除违法建设情况的报告
9月21日	城政发86号	关于核减被征地农民养老保险参保人数的请示
9月22日	城政发87号	关于印发《兰州市城关区行政执法人员资格管理制度》的通知
9月29日	城政发88号	关于表彰兰州市城关区第二届大学生创新创业大赛获奖项目的决定
10月10日	城政发89号	关于建设城关区红山根至营盘岭公路的请示
10月12日	城政发90号	关于解决雁南街道金雁花园停水问题的请示
10月15日	城政发91号	关于将“两馆一场”及盐场堡片区棚户区改造项目列入2017年省列棚户区改造计划的请示
10月15日	城政发92号	关于将伏龙坪街道整体改造项目列入2017年省列棚户区改造计划的请示
10月15日	城政发93号	关于将青白石沿河六村城中村整体改造项目列入2018年省列棚户区改造计划的请示
10月21日	城政发94号	关于协调移交盐场堡供热站运行管理权的紧急请示
10月25日	城政发95号	关于兰州象意空间广告有限公司“9·14”高处坠落一般事故结案的批复
10月26日	城政发96号	关于对昌运大厦重大火灾隐患单位实施销案摘牌的通知
10月24日	城政发97号	关于两区第三轮行政区域界线联合检查工作的情况报告
10月24日	城政发98号	关于两县（区）第三轮行政区域界线联合检查工作的情况报告
10月27日	城政发99号	关于对兰州港联生态环境发展有限公司进行处罚的请示
10月28日	城政发100号	关于变更兰州北绕城东段高速公路盐场堡至什川连接线青白石北互通立交工程青白石段规划设计的请示

11月2日	城政发101号	关于新增雁园街道办事处的请示
11月4日	城政发102号	关于申请将店子街城中村改造等12个项目列入2017年城关区省列棚户区改造项目计划的请示
11月9日	城政发103号	关于决战两个月确保全面完成年度主要经济指标任务的通知
11月10日	城政发104号	关于对兰州创意文化产业园建设A9创意国际项目给予扶持资金的请示
11月10日	城政发105号	关于解决红山根五村58号、59号住宅小区危房问题的请示
11月10日	城政发106号	关于上报城关区统一年产值及区片地价更新成果的报告
11月11日	城政发107号	关于印发城关区创建国家食品安全城市工作方案的通知
11月16日	城政发108号	关于报送兰州市城关区关于在高滩村等重点区域开展建筑工程渣土专项清理大会战的工作方案的报告
11月16日	城政发109号	关于申请调整2016年为民兴办实事有关事项的报告
11月23日	城政发110号	关于申请拨付环卫工作专项资金的请示
11月23日	城政发111号	关于甘肃森地润泽物业管理有限公司“9·18”高处坠落一般事故结案的批复
11月24日	城政发112号	关于处置市粮食局家属院人防通道口溢水问题的紧急请示
11月30日	城政发113号	关于申报李钢同志为烈士的请示
12月1日	城政发114号	关于协调解决轨道交通1号线省政府站项目房屋征收工作有关事宜的请示
12月3日	城政发115号	关于白道坪整体改造项目原经济适用房用地调整为商品房开发用地的请示
12月8日	城政发116号	关于万达商业广场拆迁居民安置项目（30号地块）有关情况的请示
12月12日	城政发117号	关于授予中铁西北科学研究院有限公司等30家企业为2015年度守合同重信用企业的决定
12月20日	城政发118号	关于兰州新河保温材料工程有限公司“10·15”高处坠落一般事故结案的批复
12月22日	城政发119号	关于转发兰州市人民政府令〔2016〕第8号的通知
12月26日	城政发120号	关于报批兰州市2016年度城市建设土地征收实施方案城关区第1批用地的请示

区政府发文目录

城政办发

发文时间	发文号	标　题
1月8日	城政办发1号	关于启用兰州市城关区保障性住房建设办公室印章的通知
1月8日	城政办发2号	关于印发兰州市城关区防治大气污染应急预案的通知
1月12日	城政办发3号	关于印发兰州市城关区第二期学前教育三年行动计划的通知
1月12日	城政办发4号	关于印发兰州市城关区特殊教育提升计划的通知
1月13日	城政办发5号	关于印发兰州市城关区2016年烟花爆竹安全管理实施方案的通知
1月13日	城政办发6号	关于调整部分区政府领导工作分工的通知
1月28日	城政办发7号	关于印发兰州市城关区政务服务中心窗口单位考评细则的通知
2月1日	城政办发8号	关于印发城关区进一步加快养老服务业发展的实施方案的通知
2月2日	城政办发9号	关于印发兰州市城关区旅游突发公共事件应急预案的通知
2月5日	城政办发10号	关于有效解决2016年春节前拖欠农民工工资问题的紧急通知
2月15日	城政办发11号	关于调整部分区政府领导工作分工的通知
2月26日	城政办发12号	关于分解落实2016年全区经济社会发展主要目标任务的通知
3月2日	城政办发13号	关于印发兰州市城关区开展企业离退休人员生存认证工作实施方案的通知
3月15日	城政办发14号	关于启用兰州市城关区妇幼保健计划生育服务中心印章的通知
3月16日	城政办发15号	关于转发市政府办公厅关于印发兰州市贯彻国土资源部协议出让国有建设用地使用权规范（试行）的实施意见的通知的通知
3月16日	城政办发16号	关于印发城关区城市管理突出问题集中整治行动方案的通知
3月21日	城政办发17号	关于加强清明节祭祀服务管理工作的通知
3月22日	城政办发18号	关于调整城中村改造范家湾项目拆迁指挥部组成人员的通知
3月29日	城政办发19号	关于转发市政府办公厅关于印发兰州市未利用地开发管理办法（试行）的通知的通知
3月29日	城政办发20号	关于转发市政府办公厅关于印发兰州市低丘缓坡沟壑等未利用地综合开发利用试点管理办法（试行）的通知的通知
3月29日	城政办发21号	关于进一步加强全区数字化视频监控平台有关工作的通知
3月30日	城政办发22号	关于印发南河道市容环境综合整治工作方案的通知
4月1日	城政办发23号	关于将有关行政审批事项入驻政务服务中心集中办理的通知
4月5日	城政办发24号	关于办理省市区人大代表建议和政协提案的通知
4月5日	城政办发25号	关于成立城关区土地利用总体规划调整完善工作领导小组的通知
4月8日	城政办发26号	关于印发兰州市城关区第二届大学生创新创业大赛实施方案的通知
4月12日	城政办发27号	关于成立城关区生态水系建设工作指挥部的通知
4月12日	城政办发28号	关于推荐宁卧庄社区申报全国社区侨务工作示范单位的报告
4月13日	城政办发29号	关于调整城乡居民最低生活保障和农村五保供养标准的通知
4月14日	城政办发30号	城关区建设宽带中国示范城市实施方案
4月19日	城政办发31号	关于印发第一批信息惠民试点单位及数据整合任务分解表的通知
4月19日	城政办发32号	关于2015年全区三维数字社会服务管理工作情况的通报

4月22日	城政办发33号	关于启用兰州高新区九州经济开发区管理委员会印章的通知
4月26日	城政办发34号	关于印发城关区门头牌匾规范设置管理办法的通知
4月28日	城政办发35号	关于下达城关区2015年2020年2030年水资源管理控制指标的通知
5月3日	城政办发36号	关于加强全区烟花爆竹燃放管控工作实施方案
5月4日	城政办发37号	关于分解落实2016年市政府工作报告涉及城关区主要任务的通知
5月5日	城政办发38号	关于调整城关区人民政府信访事项复查查核委员会组成人员的通知
5月9日	城政办发39号	关于印发城关区2016年审计项目计划的通知
5月17日	城政办发40号	关于印发城关区2016年社会信用体系建设工作要点的通知
5月18日	城政办发41号	关于清理文件的通知
5月17日	城政办发42号	关于印发2016年城关区三不管及老旧楼院综合改造实施方案的通知
5月25日	城政办发43号	关于印发兰州市城关区行政事业单位固定资产管理实施细则的通知
5月25日	城政办发44号	关于印发兰州市城关区权责发生制政府综合财务报告制度改革实施方案的通知
5月27日	城政办发45号	关于印发2016年全区防震减灾工作要点的通知
5月27日	城政办发46号	关于印发兰州市城关区地质灾害2016年度防治方案、重要地质灾害隐患点2016年度防灾预案的通知
6月1日	城政办发47号	关于印发城关区2016年度大气污染防治实施方案的通知
6月3日	城政办发48号	关于印发城关区建设工程安全事故应急预案的通知
6月7日	城政办发49号	关于成立雁儿湾片区征收工作指挥部的通知
6月8日	城政办发50号	关于印发雁儿湾片区整体开发工作任务分解的通知
6月13日	城政办发51号	关于印发进一步做好农民工工作实施方案的通知
6月14日	城政办发52号	关于印发城关区贯彻实施质量发展纲要2016年行动计划实施方案的通知
6月14日	城政办发53号	关于转发市政府办公厅关于印发土地节约集约利用实施意见和进一步规范土地熟化工作的实施意见的通知的通知
6月20日	城政办发54号	关于成立城关区调结构稳增长促发展领导小组的通知
7月1日	城政办发55号	关于推荐宁卧庄社区申报全国社区侨务工作示范单位的报告
7月1日	城政办发56号	关于印发城关区健康促进模式改革实施方案的通知
7月1日	城政办发57号	关于轨道交通2号线一期工程定西路站新增征地范围的通知
7月1日	城政办发58号	关于轨道交通2号线一期工程雁园路站调整征地征收范围的通知
7月1日	城政办发59号	关于上报城关区2016年上半年工作总结及下半年工作打算的报告
7月24日	城政办发60号	关于印发全区防汛工作任务分解表的通知
8月1日	城政办发61号	关于对2016年上半年区政府重点工作任务完成情况的通报
8月1日	城政办发62号	关于印发城关区加强行政审批事中事后监管工作实施方案的通知
8月17日	城政办发63号	关于印发《城关区简化优化公共服务流程方便基层群众办事创业实施方案》的通知
8月17日	城政办发64号	关于上报城关区2012年—2015年政府工作总结的报告
8月15日	城政办发65号	关于调整补充全区社区禁毒专干工作的通知
8月23日	城政办发66号	关于印发城关区构建安全风险分级管控和隐患排查治理双重预防工作机制坚决遏制重特大事故实施方案的通知
9月1日	城政办发67号	关于印发城关区推进标准化工作发展实施方案的通知
9月7日	城政办发68号	关于提请审定《兰州市城关区公务用车制度改革实施方案》的请示
9月7日	城政办发69号	关于印发城关区地方志事业“十三五”发展规划的通知
9月7日	城政办发70号	关于分解落实2016年兰州市推广上海自贸试验区可复制改革试点经验相关工作任务的通知

9月12日	城政办发71号	关于印发城关区2016年度水污染防治行动工作方案
9月18日	城政办发72号	关于将区残联纳入城关区深化医药卫生体制改革领导小组成员单位的通知
8月28日	城政办发73号	关于转发兰州市人民政府办公厅关于做好路面塌陷及地质灾害防治工作的紧急通知的通知
9月23日	城政办发74号	关于加快推进“宽带中国”示范城市工作的通知
9月29日	城政办发75号	关于深入开展全区市容环境综合整治工作的通知
9月30日	城政办发76号	关于开展大砂坪北出口、东岗东出口市容环境整治工作的通知
10月14日	城政办发77号	关于印发《城关区城市建成区违法建设专项治理五年行动实施方案》的通知
11月4日	城政办发78号	关于申请2017年度电子政务建设资金预算的请示
11月9日	城政办发79号	转发兰州市政府办公厅关于兰州市城市停车场设施建设项目审批工作办法（试行）的通知
11月10日	城政办发80号	关于网站自查整改工作报告
11月10日	城政办发81号	关于城关区政府网站检查情况的通报
11月16日	城政办发82号	关于印发兰州市城关区关于在高滩村等重点区域开展建筑工程渣土专项清理大会战的工作方案的通知
11月21日	城政办发83号	关于转发兰州市人民政府办公厅关于立即打响“兰州蓝”保卫战的紧急通知的通知
11月22日	城政办发84号	关于印发《城关区贯彻落实〈全国精神卫生工作规划（2015—2020年）〉实施方案》的通知
11月23日	城政办发85号	关于印发城关区畜禽养殖禁养区划定方案的通知
11月22日	城政办发86号	关于推进简政放权放管结合优化服务改革工作的通知
12月1日	城政办发87号	关于转发甘肃省人民政府督查室关于对全省放管服改革工作和为民办实事落实情况开展专项督查的通知的通知
11月30日	城政办发88号	关于使用正版软件工作的通知
11月11日	城政办发89号	关于印发《城关区开展创建“无传销社区”活动实施方案》的通知
12月7日	城政办发90号	关于转发落实中央第七环境保护督察组交办信访问题查处整改和结果公开的紧急通知的通知
12月2日	城政办发91号	关于上报2016年党风廉政建设和反腐败工作总结的报告
12月13日	城政办发92号	关于印发区政府领导分工的通知
12月13日	城政办发93号	关于转发兰州市人民政府办公厅关于转发甘肃省调整机关工作人员基本工资标准实施意见等三个实施意见通知的通知
12月29日	城政办发94号	关于印发《城关区医疗机构设置规划（2016—2020年）》的通知
12月29日	城政办发95号	关于印发《城关区医疗卫生服务体系规划纲要（2015—2020）》的通知
12月29日	城政办发96号	关于印发《兰州市城关区全民健身实施计划（2016—2020年）》的通知
12月30日	城政办发97号	关于转发兰州市人民政府办公厅关于扶持大数据企业发展的实施意见的通知
12月29日	城政办发98号	关于印发城关区加快推进残疾人小康进程实施方案的通知

2016年城关区国民经济和社会发展统计公报

2016年，在区委区政府的坚强领导下，全区上下积极贯彻创新、协调、绿色、开放、共享“五大发展理念”，坚持以供给侧结构性改革为主线，紧扣发展主题，深入推进稳增长、强管理、保民生、促改革等重要举措，攻坚克难，狠抓落实，经济稳定增长，民生不断改善，开创了城关转型跨越发展的新局面，为建设美丽幸福新城关奠定了坚实基础，实现了“十三五”良好开局。

一、综合

经济实力不断增强。全年实现地区生产总值853.65亿元，同比增长9.3%。从三次产业看，第一产业增加值2.15亿元，同比增长5.2%；第二产业增加值116.69亿元，同比增长5.5%；第三产业增加值734.81亿元，同比增长9.9%；三次产业结构由2015年的0.23∶14.84∶84.93调整为2016年的0.25∶13.67∶86.08。文化产业增加值42.52亿元，同比增长15.89%。

二、农业

农业生产稳步推进。全年实现农林牧渔业增加值2.24亿元，同比增长5%，其中：农业增加值1.9亿元，同比增长4.57%；林业增加值0.14亿元，同比增长17.42%；牧业增加值0.11亿元，同比增长6.48%；农林牧渔服务业增加值0.09亿元，同比下降0.3%。

粮食生产下降明显。全年粮食总产量达477吨，同比下降33.47%，其中：夏粮小麦播种面积50亩，产量7.5吨，与上年基本持平；秋粮玉米播种面积1900亩，同比下降11.63%，产量469.5吨，同比下降33.83%。

蔬菜生产保持增长，畜牧业生产有增有减。全年蔬菜播种面积2.64万亩，同比增长1.8%，产量9.55万吨，同比增长1.27%。从年末存栏看，生猪3209头，同比增长8.56%；牛1788头，同比增长1.02%；羊5307只，同比增长0.76%；家禽1.06万只，同比下降5.36%。从出栏情况看，生猪6091头，同比下降7.52%；牛340头，同比增长13.71%；羊2619只，同比增长1.12%；家禽2.8万只，同比增长76.1%。畜产品肉产量599.25吨，同比增长4.15%；牛奶产量4504吨，同比下降0.53%；鲜蛋产量100.8吨，与上年持平。

三、工业和建筑业

工业增长压力持续加大。全年实现工业总产值166.88亿元，同比下降10.5%，增速同比下降14.5个百分点，其中，规模以上154.6亿元，同比下降11.9%，增速同比下降15个百分点。实现工业增加值49.4亿元，同比增长3.5%，其中，规模以上45.4亿元，同比增长3.1%。从企业经营状况看，规模以上主营业务收入96.46亿元，同比下降14.65%，规模以上利润总额13.72亿元，同比下降41.22%，规模以上产品销售率98.8%，同比下降2.3%。从分行业产值看，电力、热力生产和供应业实现产值65.93亿元，同比下降11.79%，占规模以上工业产值的42.65%；医药制造业实现产值28.02亿元，同比下降5.99%，占规模以上工业产值的18.13%；燃气生产和供应业实现产值26.73亿元，同比下降15.31%，占规模以上工业产值的17.29%。从轻重工业看，规模以上轻重工业产值双双下降，其中，轻工业实现47亿元，同比下降6.9%；重工业实现107.6亿元，同比下降13.9%。

建筑业平稳增长。全年资质内建筑业实现产值460.93亿元，同比下降5.39%。其中：产值上亿元的企业有40家，产值为418.51亿元。实现增加值67.95亿元，同比增长7.3%。全年房屋建筑施工面积达2085.04万平方米，同比增长1.61%；竣工面积530.92万平方米，同比下降12.19%。建筑企业全年在省外完成产值142.07亿元，占全部产值的30.82%。

四、固定资产投资

城镇固定资产投资规模继续扩大。全区正确把握投资导向，优化投资结构，强力推进项目建设，固定资产投资规模持续扩大。全年实现城镇固定资产投资408.22亿元，同比增长9.1%。其中：项目投资227.19亿元，同比增长2.56%；房地产开发投资181.03亿元，同比增长18.6%。从投资构成看，建筑工程258.4亿元，同比下降3.04%；安装工程36.04亿元，同比增长76.4%；设备工器具购置68.97亿元，同比增长19.66%；其他费用44.81亿元，同比增长51.44%。从三次产业投资看，第二产业实现投资26.85亿元，同比增长22.16%，占6.58%；第三产业实现投资380.76亿元，同比增长 8.12%，占 93.27%。

重点项目有序推进。2016 年重点实施的 100 个项目中，已开工项目 85 项，完成投资 196 亿元。酒钢会馆及资金结算中心、伊真置业广场等 12 个项目均已竣工。盛达金城广场、省人民医院住院部二期等 9 个市列重大项目全部开工建设，完成投资 51 亿元。甘肃农村信用社综合办公大楼等 27 个项目主体封顶。庙滩子旧城改造、名城兰州综合体等项目加速推进。

房地产开发投资较快增长。2016 年，占城镇固定资产投资 44.35%的房地产开发投资增速达 18.6%，比全区城镇固定资产投资增速高 9.5 个百分点。按房屋用途分，住宅投资 113.25 亿元，同比增长 19.63%；办公楼投资 29.04 亿元，同比增长 149.48%；商业营业用房投资 21.92 亿元，同比下降 31.56%；其他投资 16.82 亿元，同比增长 17.79%。

五、国内贸易

消费品市场稳步发展。全年批发零售和住宿餐饮业实现销售额（营业额）1925.36 亿元，同比增长 17.15%。实现社会消费品零售总额 687.96 亿元，同比增长 9.55%。全年有 51 户批零住餐企业达到限上标准，通过申报纳入统计范畴。其中甘肃公航旅国贸公司、红星美凯龙家居广场、甘肃联升餐饮食品有限公司（麦当劳）等 3 户企业全年实现销售（营业）额近 200 亿元。亿元市场 14 家，全年实现成交额 197.23 亿元，营业面积 91 万平方米，总摊位数达 11290 个。

商品房销售增势强劲。全年实现商品房销售面积 410.82 万平方米，同比增长 23.84%；销售额 301.19 亿元，同比增长 27.94%。其中：住宅 349.05 万平方米，同比增长 10.13%，销售额 236.46 亿元，同比增长 10.66%；办公楼 37.03 万平方米，同比增长 480.41%，销售额 40.25 亿元，同比增长 277.58%；商业营业用房 20.65 万平方米，同比增长 201.46%，销售额 22.61 亿元，同比增长 168.21%；其他 4.09 万平方米，同比增长 162%，销售额 1.87 亿元，同比下降 29.17%。

旅游经济持续上扬。在兰州国际马拉松赛、兰洽会、城关区文化旅游节、冰雪欢乐节及文明旅游等大型主题宣传活动等节会的强力推动下，旅游经济快速发展。全年接待旅游人数 3016.6 万人次，同比增长 29.08%；实现旅游总收入 271.75 亿元，同比增长 33.3%。

六、财政和金融

财政收支情况良好。财政收入持续增长，重点支出保障有力，财政管理与改革扎实有效，预算执行情况良好。实现地域性财政收入 257.18 亿元，同比增长 6.66%。全年公共财政预算收入 35.77 亿元，同比增长 22.23%。其中：税收收入 30.86 亿元，同比增长 22.25%，占公共财政预算收入的 86.27%；非税收入 4.91 亿元，同比增长 22.13%，占公共财政预算收入的 13.73%。全年公共财政预算支出 50.94 亿元，同比增长 11.1%。

金融信贷规模扩大。金融业存贷款业务健康发展，存贷结构进一步优化，存贷款规模继续扩大。金融机构人民币各项存款余额为 5551.58 亿元，同比增长 10.55%；人民币各项贷款余额为 4180.06 亿元，同比增长 18.58%。

七、科学、教育

科技工作成效显著。以强化创新为主线，不断加快区域科技创新体系建设，科技促进经济社会发展能力进一步增强。全年科技经费投入达 4308 万元；推荐申报国家、省、市科技项目 78 项，其中 32 项获得上级科技部门立项支持，立项金额 503 万元；开展“知识产权校企百日服务活动”，印制《知识产权普及知识读本》 10 万册，向区属中小学生发放 6 万余册，向企业、辖区居民发放 1 万余册，深入企业开展知识产权服务 50 余次；开展科普大篷车“三进”活动 60 次，受益人数 42000 余人次；万人发明专利拥有量达 14.71 件，高出市平均量 0.76 件。

教育事业全面发展。以建设最优化教育城区为目标，集中精力狠抓教育教学质量，各级各类教育事业持续健康发展。年末辖区内拥有各级各类学校 140 所，在校学生 133532 人，教职员工 8964 人，其中专任教师 8177 人；幼儿园 276 所，在园幼儿 38720 人，保教职工 5250 人，新审批 7 所民办幼儿园，增加学位 600 余个。启动并开展了“创新‘三师一建’品牌，打造‘四优’教育生态”系列活动，先后举办了“生本教育”启动会，城关区教育系统弘扬苏雁芝教育思想传播师德正能量沙龙活动，城关区名校长、名师、名班主任大讲堂，“走进身边的好学校”观摩活动等近 20 项，推动师德师能水平不断提升。率先在全省开展“智慧教育”、科技类活动室建设，推动教学方式、教研方式、管理方式、学习方式的信息化、现代化。建成全省首个教师发展培训中心，作为封闭式教师培训基地，2016 年累计开展培训 17 期，培训人数达 1000 余人。

八、文化、体育、卫生

文化体育活动丰富多彩。不断完善公共文化服务体系，积极推进文化建设，文化事业取得可喜成绩。年末登记在册群众文化队伍 206 支，参与人数 8679 人，文化志愿者 2516 人。组织各类文化活动共计 60

余场，100余支团队、近50000人次参加。成功举办了第十一届金城社区艺术节、第四届合唱高级研修班等活动，累计参与人数5000余人。文化市场经营场所共计287家，其中：娱乐场所49家，营业性演出场所16家，图书报刊经营场所151家，打字复印店经营场所41家，音像制品经营场所29家，接收卫星传送境内电视节目许可1家。文物工作坚持“保护为主，抢救第一”的原则，积极开展辖区文物申报工作，目前全区有国家级文保单位4处，省级文保单位10处，市级文保单位3处，区级文保单位4处。体育事业全面发展，以提高广大群众身心健康水平为出发点，不断加大群众公共设施建设力度，全区体育事业进一步发展。年末举办群体竞赛活动168场次，参与人数77240人次，圆满完成兰州国际马拉松赛等品牌赛事保障任务。

公共卫生事业迈上新台阶。以构建适应新时期卫生发展需要为目标，以居民群众得实惠、医疗机构有动力为重点，不断满足群众多层次、多样化卫生服务需求，医疗卫生事业得到长足发展，服务水平不断提高。全年儿童“五苗”接种率达到95%以上，传染病疫情直报符合率达到100%。妇幼保健工作扎实推进，积极开展育龄妇女妇科病筛查工作，全年共筛查9954例，筛查率达到91.33%；7岁以下儿童健康指导52367人，管理指导率91.54%；0~3岁健康指导28630人，指导率83.41%。惠民工程又有新提升，65岁以上老人健康体检32594人次，体检率达到61%；开展养生保健知识专题讲座和座谈交流846场次，25375人次参与；举办各种主题“健康沙龙”活动3954场次，活动受益57071人次，社区居民健康知识知晓率达75%以上。

九、环境保护

区域环境质量不断改善。围绕生态文明建设，扎实推进污染防控、总量减排和民生工程建设，环境保护工作持续健康发展。大气污染防治工作取得成效，年末共取缔小火炉1635台，出动执法人员3085人次，执法车辆3674台次，下发《责令整改通知书》838份，暂扣渣土及商砼车辆50余辆，空气质量达标天数237天。综合实施水污染防治，全面加快水体生态修复，辖区内地表水、地下水、年度水质达标率均为100%。噪声污染防治工作取得成效，全区交通干线噪声平均等效声级为69分贝，区域环境噪声昼间平均值为55分贝，“环境噪声达标区”达到了国家区域环境噪声质量标准。扎实开展核源及辐射源的监督管理工作，有效预防环境污染事件发生，确保了公共环境安全。工业固体废物处置率达到90%以上，放射性同位素与射线装置辐射安全许可证持证率达100%。

十、人口、人民生活和社会保障

人口保持低速增长。年末，全区户籍总人口93.44万人，同比增长0.57%。其中：城镇人口92.59万人，占总人口的99.09%；农村人口0.85万人，占总人口的0.91%。按性别分，男性46.19万人，占总人口的49.43%；女性47.25万人，占总人口的50.57%。

居民生活水平进一步提高。全区紧紧围绕全面建设小康社会这一宏伟目标，不断改善城乡生产生活条件，推进城乡统筹发展，城乡居民收入持续增长，生活水平和生活质量有了较大提高。全年实现城镇居民人均可支配收入33399元，增长9.4%；农村居民人均可支配收入20780元，增长7.9%；城乡居民收入比为1.61。城镇居民家庭恩格尔系数为30.43%，农村居民家庭恩格尔系数为32.98%。

就业工作扎实推进。突出“民生为本、人才优先”就业工作宗旨，不断推动大众创业、万众创新，就业工作取得新成效。全年完成城镇新增就业55548人，安置困难人员就业3193人，城镇登记失业率为1.91%；完成职业技能培训14030人，创业培训1870人，岗位技能提升培训3310人，职业技能鉴定1995人；输转劳动力8662人，劳务收入16315万元；聘请知名企业家、成功创业者、创业投资人举办各类创业活动201场，培训、指导10000余万人次。

社会保障水平全面提升。坚持以人为本、发展为民的思想，着力保障和改善民生，社会保障体系进一步提升。全年参保单位达3628户，参保人数为98987人，征缴养老保险费104286万元，发放企业退休人员基本养老金86545万元，养老金社会化发放率、按时足额发放率均达到100%。全年基本医疗保险基金征缴额37357万元，全区参加基本医疗保险人数为571314人，其中城镇职工、城镇灵活就业人员、城镇居民参加人数分别为93838、26045、451431人。被征地农民参加养老保险工作有序开展，累计参保人数达到17347人，这些参保人员均按规定足额缴清养老保险费用，其中已有7148人按月享受基本养老金待遇。城镇基本医疗保险待遇审核稳步推进，审核住院病历共计60710份，其中职工病历37390份，居民病历23320份，住院病历审核合格率达到98%以上。审核城镇职工、居民长期门诊待遇14873人次（其中职工13436人次，居民1437人次），城镇职工长期门诊待遇初审合格率达99.46%，城镇居民长期门诊待遇初审合格率为99.51%。

注：1. 本公报各项统计数据为初步统计数，统计范围为城关行政辖区内全部社会经济活动。

2. 地区生产总值、各产业增加值增长速度按可比价计算；其他指标增长速度均按现价计算。